鄞州年鉴

2019 YINZHOU YEARBOOK

总第33册

宁波市鄞州区人民政府地方志编研室 编

图书在版编目（CIP）数据

鄞州年鉴. 2019 / 宁波市鄞州区人民政府地方志编研室编. -- 北京：方志出版社，2019.9
ISBN 978-7-5144-3911-3

Ⅰ.①鄞… Ⅱ. ①宁… Ⅲ. ①鄞州区—2019—年鉴 Ⅳ. ①Z525.54

中国版本图书馆CIP数据核字（2019）第252258号

鄞州年鉴（2019）

编　　者：宁波市鄞州区人民政府地方志编研室
责任编辑：梅中英
出 版 人：冀祥德
出 版 者：方志出版社
地址　北京市朝阳区潘家园东里9号（国家方志馆四层）
邮编　100021
网址　http://www.fzph.org
发　　行：方志出版社图书经销中心
（010）67110500
经　　销：各地新华书店
照　　排：南京德玺文化发展有限公司
印　　刷：南京凯德印刷有限公司
开　　本：889×1194　1/16
印　　张：31.75
字　　数：1164千字
版　　次：2019年9月第1版　2019年9月第1次印刷
印　　数：0001~1500册
ISBN 978-7-5144-3911-3　定价：280.00元

编辑说明

一、《鄞州年鉴》由中共鄞州区委、区人民政府主办，鄞州区委党史研究室（区人民政府地方志编研室）主持编纂，是一部系统记述全区自然、政治、经济、文化、社会和生态等方面基本情况的年度资料性文献。1987年创刊，每年编辑1册，《鄞州年鉴（2019）》为第33册。

二、《鄞州年鉴（2019）》以马克思列宁主义、毛泽东思想、邓小平理论、“三个代表”重要思想、科学发展观、习近平新时代中国特色社会主义思想为指导，坚持辩证唯物主义和历史唯物主义的立场、观点和方法，深入贯彻落实党的十九大精神，系统准确地反映区委、区政府的工作，如实反映2018年全区各领域事物变化状况，为全区的改革开放和经济建设服务，为领导决策提供依据，为中外人士了解和研究鄞州提供资料，也为地方留下宝贵史料。

三、《鄞州年鉴（2019）》采用分类编辑法。基本结构为类目、分目、条目3个层次，其中条目为主要的信息载体。卷首设“特载”“专记”“大事记”“鄞州概览”4个类目；百科设“中共宁波市鄞州区委员会”等25个类目；卷末设“附录”“索引”2个类目。

四、《鄞州年鉴（2019）》彩页内容，围绕区委、区政府中心工作，设置数字鄞州、重点企业、商务经济、科技创新、现代农业、美丽乡村、品质社区、海丝文化、休闲旅游等板块。内容和图片以当年度为主，个别有上溯和下延；图片来源较广，因部分单位提供和特别征集的图片拍摄者不明，故每幅图片后均无署名，将征集图片的摄影者署名于书前。

五、《鄞州年鉴（2019）》根据年度特点，在保持框架结构基本稳定基础上，稍有调整：调整“财政·税务·金融”类目，取消“国家税务”分目、“地方税务”分目，设置“税务”分目；调整“卫生和计划生育”类目，设置“卫生与健康”类目和“生育健康服务”分目；调整“附录”类目，取消“‘项目建设攻坚年’活动项目”分目。

六、年鉴的栏目设计和编排次序根据年鉴基本体例和行业分类特点设置，与每个部门行政级别高低无关。收录的资料和记载的事件未予以特殊说明的都局限于2018年度。各单位负责人名录也以2018年度在职者为准。文中所述领导职务以事件发生时的相关主要职务为准。

七、根据行文实际需要，文中部分机构使用规范简称，机构的全称与简称对照表列于目录前。文中未标明党派的“区委”均为“中共区委”，“党员”均为“中共党员”（各民主党派内容除外）。“缩略语”随文注释，简短的在文中括注，较长的在篇末注释，多次出现不重复注释。

八、年鉴卷首有详细的中文目录和英文要目，卷末有按汉语拼音顺序排列的主题词索引、人物索引等，文中信息可由目录、索引、书眉获得。《鄞州年鉴（2019）》有纸型版、光盘版及网络版3种版本，其中网络版可通过手机微信二维码扫码实现移动阅读。

九、《鄞州年鉴（2019）》所采用的稿件由全区各机关单位、镇（街道）、工业园区等单位提供，经《鄞州年鉴》编辑部整理编辑，并经相关单位领导审核。文中所列数据，原则上依据《鄞州区统计年鉴（2019）》，统计年鉴中没有的以主管部门统计为准，有部分数据因统计口径不同或有所差异。

十、《鄞州年鉴（2019）》编纂出版工作得到全区各机关单位、镇（街道）、工业园区等单位的大力支持，广大编纂人员为之付出了艰辛劳动，借此表示衷心感谢。由于成书仓促，水平有限，多有疏漏或不足之处，敬请广大读者批评指正。

《鄞州年鉴（2019）》编纂委员会及编辑部人员名单

《鄞州年鉴（2019）》主要供稿人

（按姓氏笔画排序）

于玲玲	万 犇	马霞维	王竹莹	王丽卿	王邵逸	王冠宇	王晓华	王 晶	王 静
尤文琼	毛 勇	毛超芳	毛颖颖	叶 逸	吕东嫣	朱 渊	朱自勇	朱迪松	朱佳泓
任艳琼	全 尊	庄 健	庄承婷	刘宜峰	刘保锋	许 瑛	孙 侃	孙建阳	孙奎刚
寿施军	劳柯雯	巫利民	李 荔	李川韶	李飞燕	李文博	李永飞	李 晶	李 璐
杨伯龙	杨美科	杨洪涛	励一恺	励寅杰	肖 华	吴占斌	吴科伟	吴德明	邱义斌
何文渊	余晓丽	邹一娜	汪益刚	张 莉	张 杰	张建民	张银飞	张朝霞	张舒雯
张鹏飞	陆 昕	陆颖聪	陆薇媛	陈 弦	陈 盛	陈一令	陈立基	陈武耀	陈凯跃
陈 秦	陈 岘	陈淑蓉	陈 喜	翁东辉	邵丹斌	邵珊珊	邵顺杰	范丁杰	范思齐
林寻忠	林崇杰	周 凯	周银环	周雯雯	周 楼	周 煜	周 霖	周 露	郑小龙
郑 佳	郑柳艳	郑 峰	郑爽爽	胡俊俊	柯伯俊	闻静雯	姜香鹤	洪定迪	洑景亭
姚许一	姚剑峰	袁佳银	夏玲玲	夏燕燕	顾鹏翔	柴华艳	钱 毅	钱 鹤	徐 荣
徐丹丹	徐昆英	徐柯英	徐 浩	徐海蛟	高 翔	郭蔚冉	陶 京	黄小坤	黄宁为
黄 芳	黄 勃	黄 燕	曹文斌	麻万掌	章步颖	彭江一	葛行忠	董 琳	董自龙
蒋 敏	蒋存行	蒋炜福	蒋 哲	韩海军	程 怡	童诗涵	曾 萍	谢春燕	谢琼艳
路慧洁	褚琦玮	蔡开浩	蔡忠明	蔡萍萍	谭 红	戴亚红	戴庆来	魏建辉	

图片主要供稿人

刘立中　李　超　史久阳　薛丛川　胡　勇　曹文斌　郑　磊

2018年，全区实现地区生产总值1623.35亿元；财政总收入453.91亿元，其中一般公共预算收入252.99亿元；固定资产投资550.25亿元；社会消费品零售总额811.14亿元；规模以上工业总产值1401.45亿元；金融机构本外币存贷款余额分别为6304.69和7586.95亿元；城镇和农村常住居民人均可支配收入分别为64888和36589元。

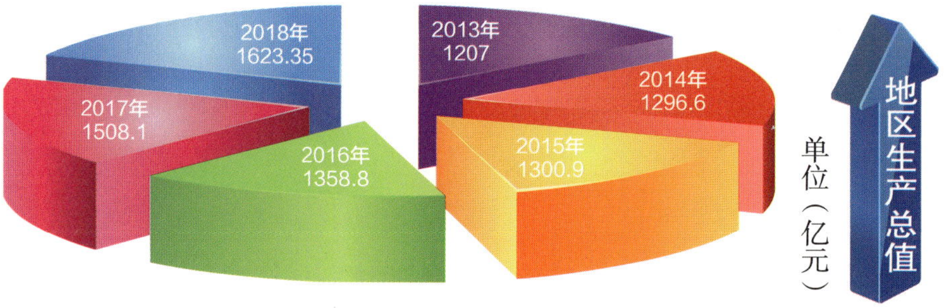

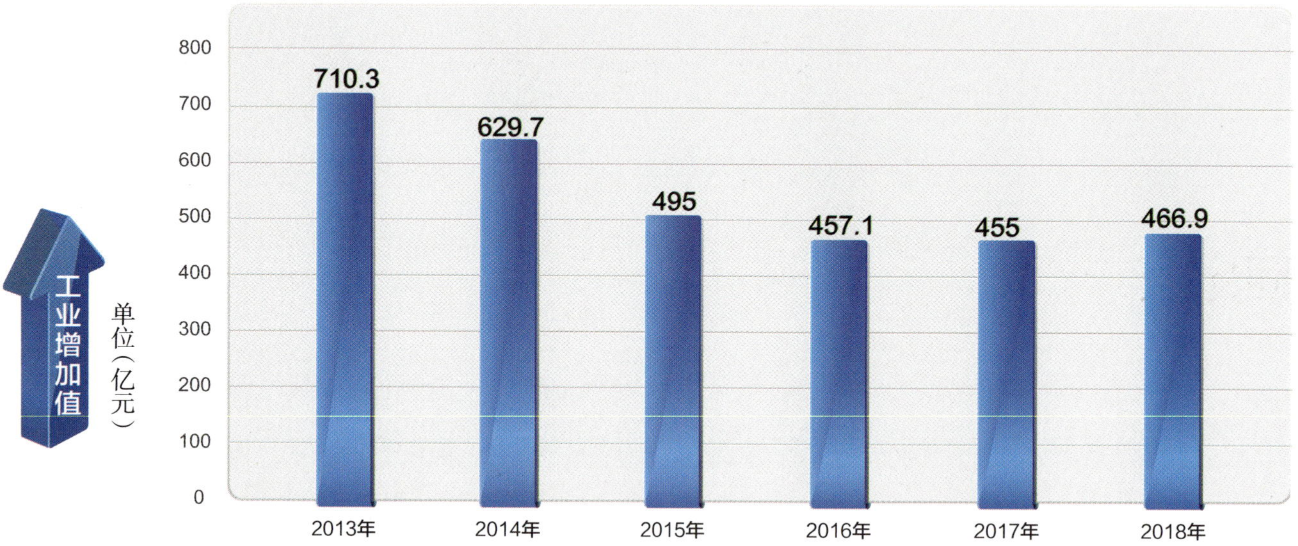

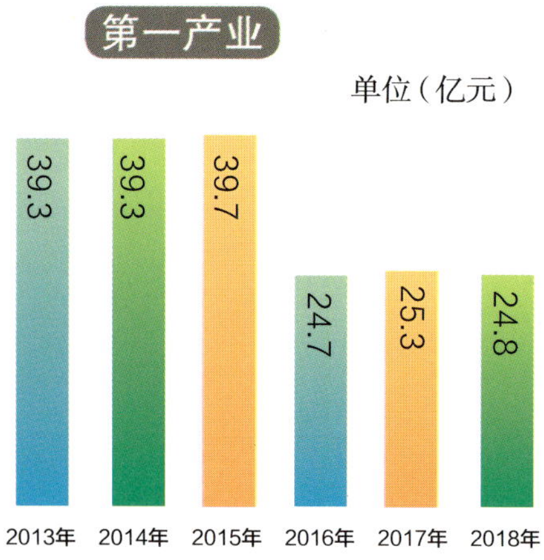

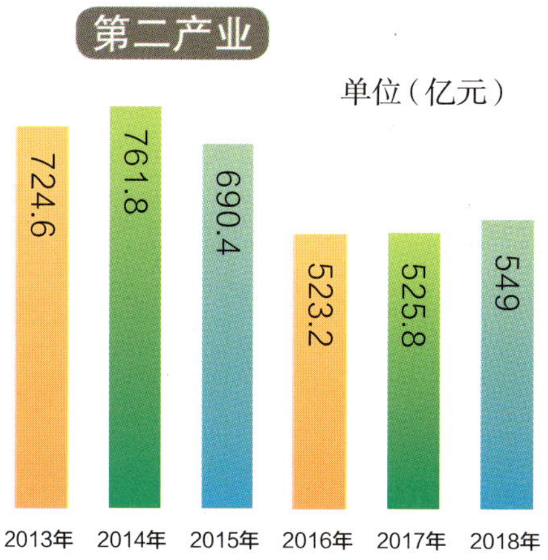

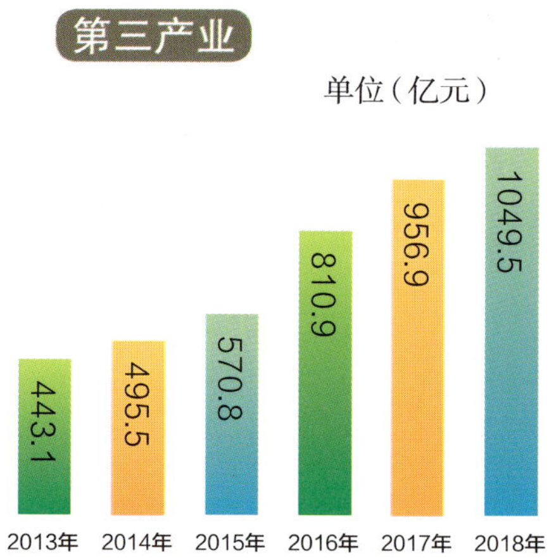

人均地区生产总值

单位（万元）

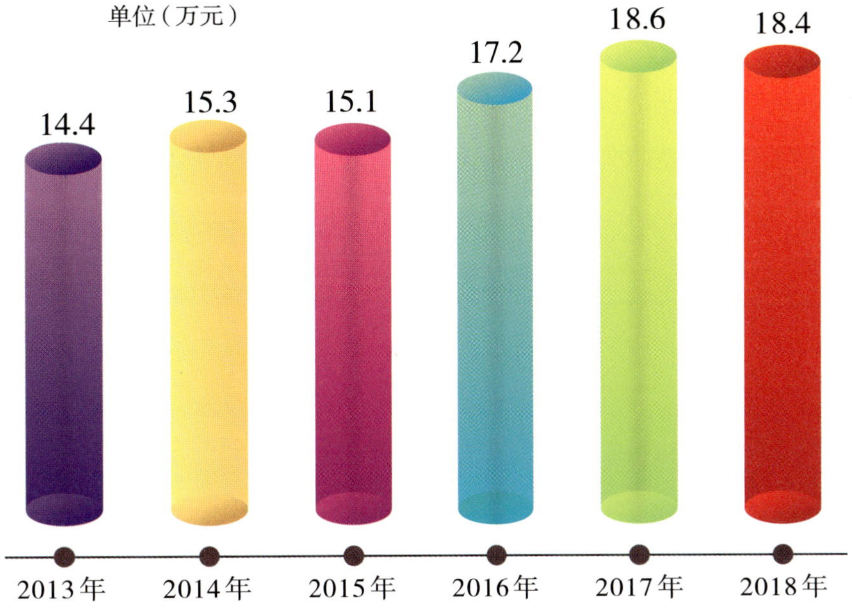

固定资产投资

单位（亿元）

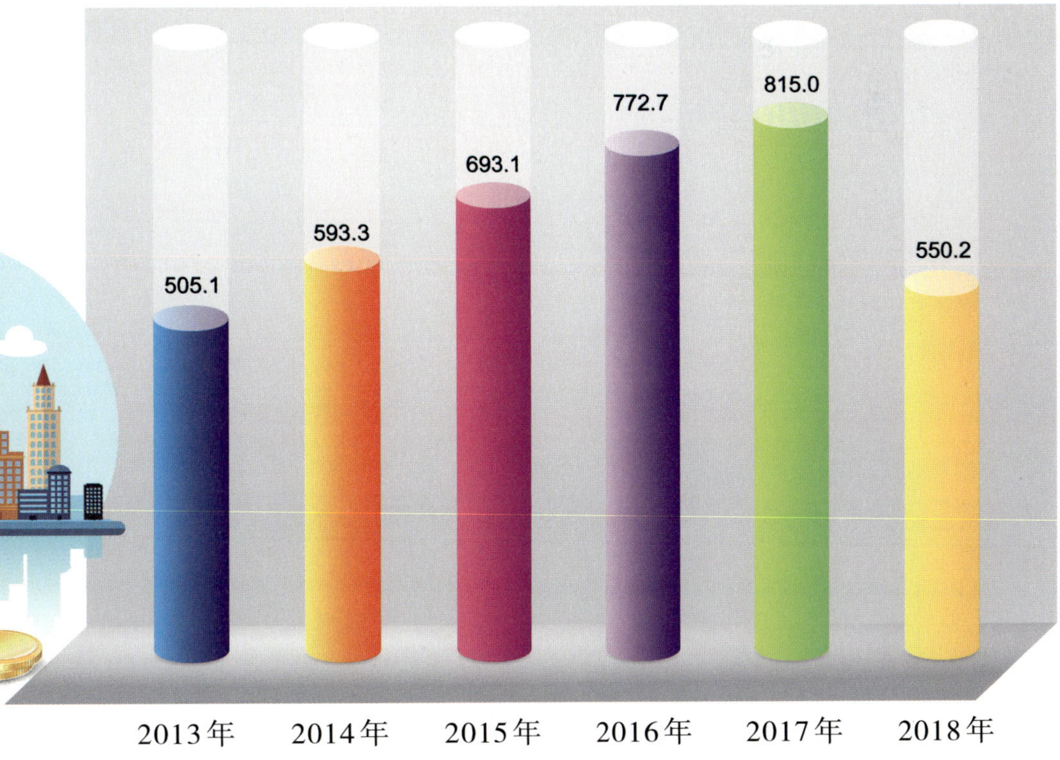

社会消费品零售总额

单位（亿元）

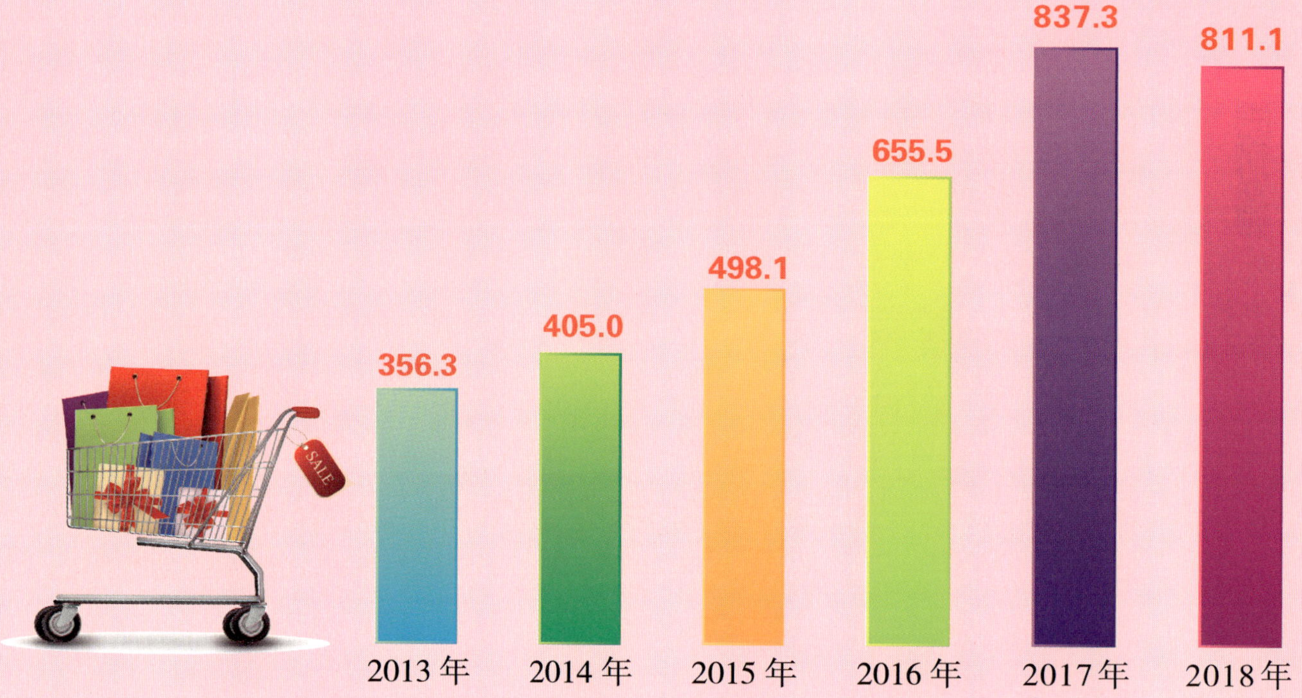

进出口总额

单位（亿美元）

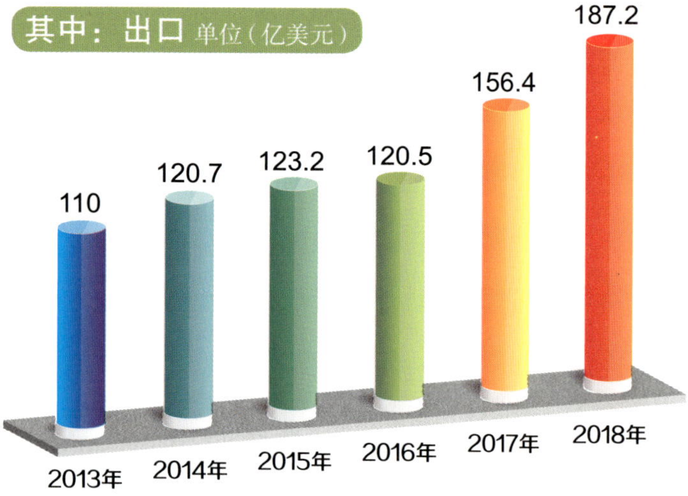

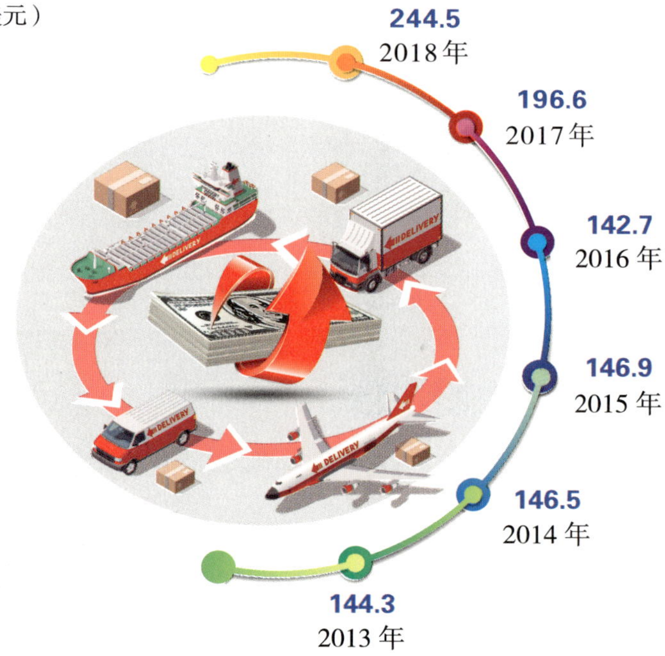

财政总收入

单位（亿元）

其中：一般公共预算收入

单位（亿元）

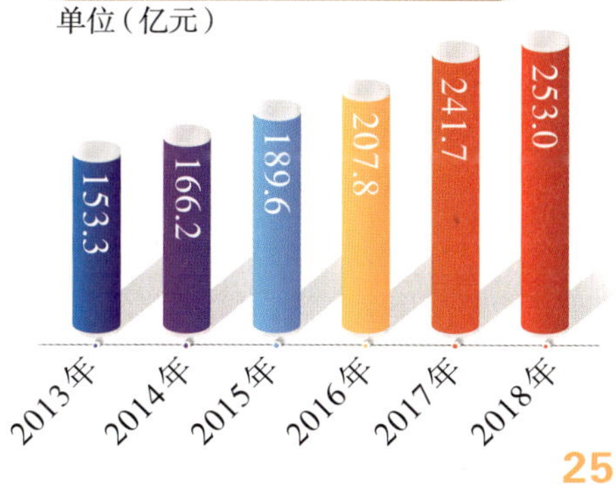

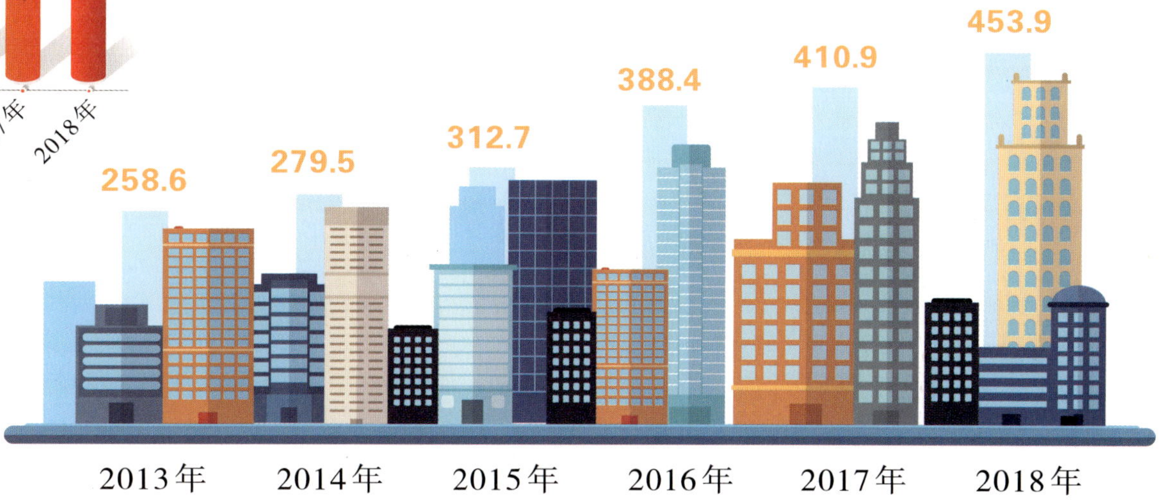

城镇常住居民人均可支配收入

单位（元）

农村常住居民人均可支配收入

单位（元）

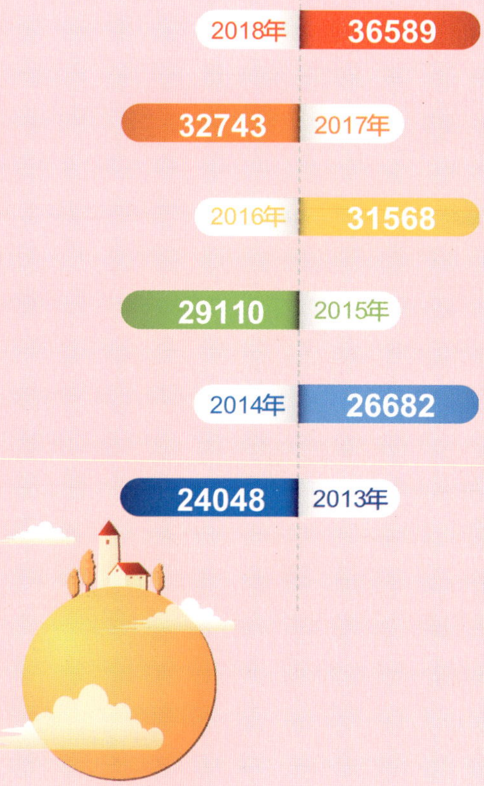

鄞州的一天

	地区生产总值	万元	44475
	规模以上工业总产值	万元	38396
	规模以上工业企业利润总额	万元	2313
	固定资产投资额	万元	15057
	社会消费品零售总额	万元	22223
	财政总收入	万元	9586
	其中：一般公共预算收入	万元	5726
	实际利用外资	万美元	217
	出口总额	万美元	5129
	全社会用电量	万千瓦时	2479
	其中：工业用电量	万千瓦时	1243

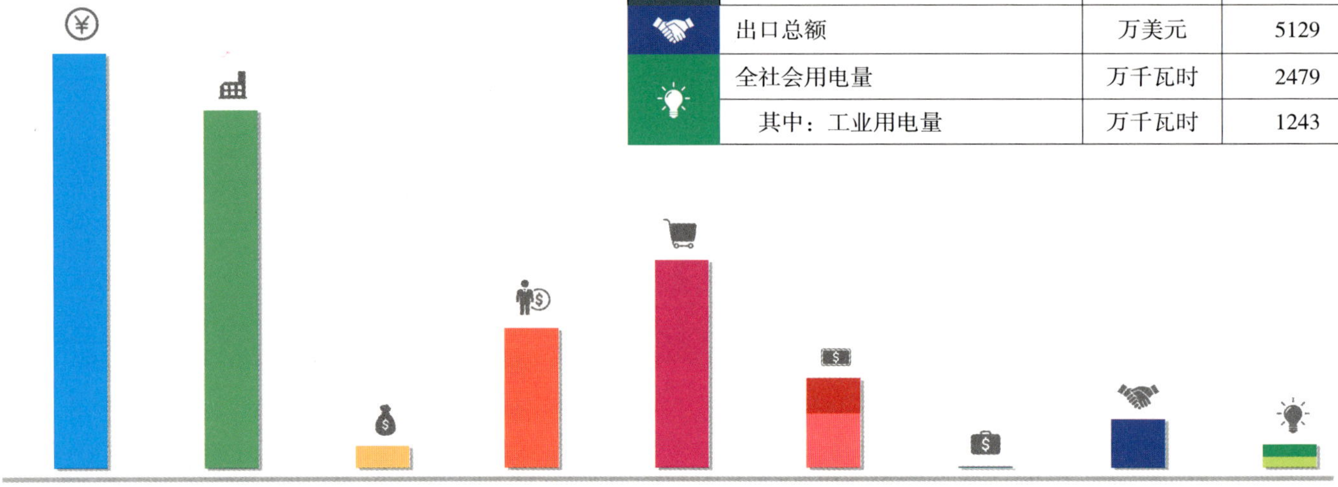

主要经济指标占宁波市的比重

指标名称	计量单位	宁波市	鄞州区	占宁波市比重（%）
地区生产总值	亿元	10745	1623	15.1
规模以上企业工业销售产值	亿元	16513	1389	8.4
固定资产投资	亿元	3403	550	16.2
社会消费品零售总额	亿元	4155	811	19.5
财政总收入	亿元	2655	454	17.1
其中：一般公共预算收入	亿元	1380	253	18.3
全社会用电量	亿千瓦时	775	90	11.6
其中：工业用电量	亿千瓦时	572	45	7.9
出口总额	亿元	5551	1234	22.2
农村常住居民人均可支配收入	元	33633	36589	108.8
城镇常住居民人均可支配收入	元	60134	64888	107.9

2018年11月1日，宁波博德高科股份有限公司获评第三批国家制造业单项冠军示范企业，宁波得利时泵业有限公司入选第三批国家制造业单项冠军培育企业

① 宁波博德高科股份有限公司

② 宁波得利时泵业有限公司

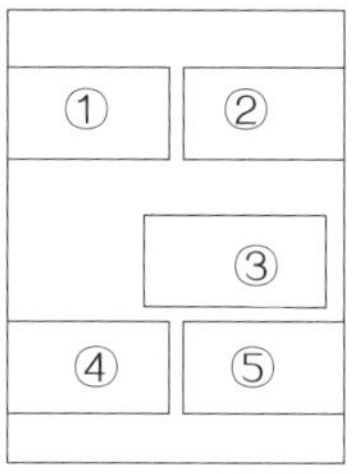

③ 2018年7月9日，日月重工股份有限公司技术中心被认定为第24批国家企业技术中心

④ 2018年9月2日，奥克斯集团有限公司入选2018“中国企业500强”

⑤ 2018年7月13日，宁波培罗成集团有限公司入选2017年服装产业百强企业

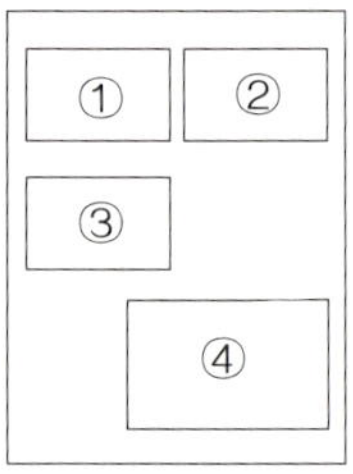

① 2018年10月27—30日，第十一届宁波美食节举行

② 2018年8月10—26日，2018宁波购物节鄞州区活动举行

③ 2018年11月23—25日，鄞州2018主题概念城市车展在环球银泰城举行

④ 2018年12月10—12日，第二届中国（宁波）国际航运物流交易会在宁波国际会展中心举行

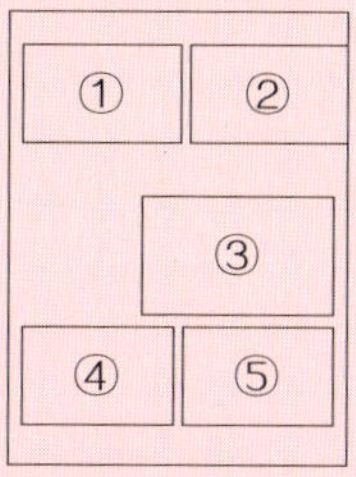

① 2018年9月12—21日，2018年鄞州人才科技智创周活动举行

② 2018年9月12日，鄞州区第三届“甬创·鄞造”创客大赛举行

③ 2018年5月21日，2018年鄞州区科技活动周启动仪式举行

④ 2018年5月25日，鄞州区26家科技型企业集中挂牌仪式在宁波股权交易中心举行

⑤ 2018年10月26日，鄞创科技孵化器管理服务有限公司被评为2017年度国家级科技企业孵化器优秀（A类）

2018年12月29日，鄞州区获评省农业“机器换人”示范单位，姜山镇、云龙镇获评2018年省农业“机器换人”示范乡镇（园区）

① 自走喷杆式植保机

② 全喂入联合收割机

③ 双人弧形茶叶修剪机

④ 多旋翼无人植保飞机

⑤ 多旋播种无人飞机

2018年度浙江省美丽乡村示范乡镇：咸祥镇、横溪镇

① 咸祥镇

② 横溪镇

2018年度浙江省美丽乡村特色精品村：姜山镇甬江村、云龙镇任新村、瞻岐镇岐西村

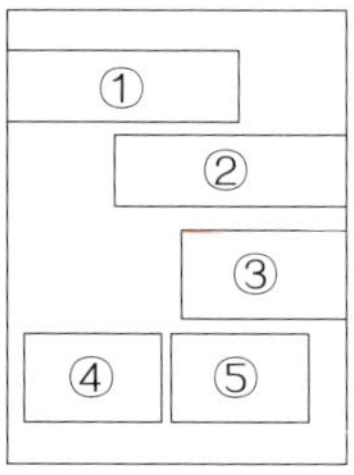

③ 姜山镇甬江村

④ 云龙镇任新村

⑤ 瞻岐镇岐西村

宁波市第三届“品质社区”：首南街道日丽社区、明楼街道和丰社区、东柳街道东海花园社区、东胜街道戎家社区

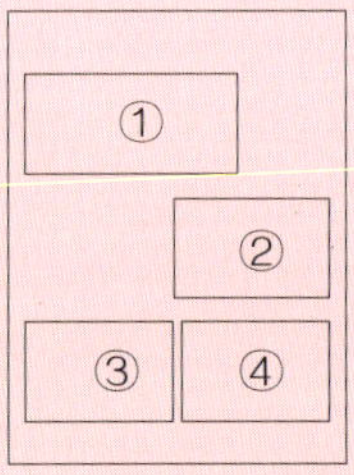

① 首南街道日丽社区

② 明楼街道和丰社区

③ 东柳街道东海花园社区

④ 东胜街道戎家社区

① 2018年12月25日，后塘河（五乡段）被评为2018年省级“美丽河湖”

② 2018年11月5日，大嵩江（沿海中线上游—大嵩大闸）被评为2018年市级“美丽河湖”

2018年10月，东雅新河、长山江河、三桥江首南段等10条河道获评鄞州区“我身边的最美河道”

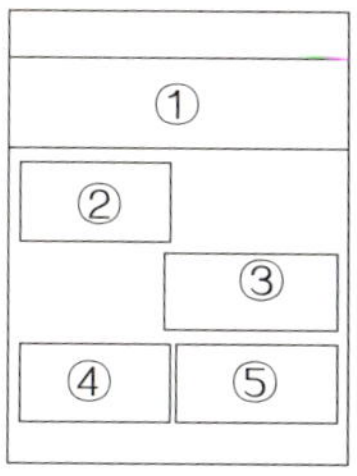

③ 东雅新河

④ 长山江河

⑤ 三桥江首南段

2018年，鄞州区完成美丽经济交通走廊建设里程68.70千米，其中G329国道、鄞城大道、沿海中线、鄞横线为精品示范线

① G329国道五乡段　② 鄞城大道

③ 沿海中线　④ 鄞横线

⑤ 宝瞻公路　⑥ 横邹线

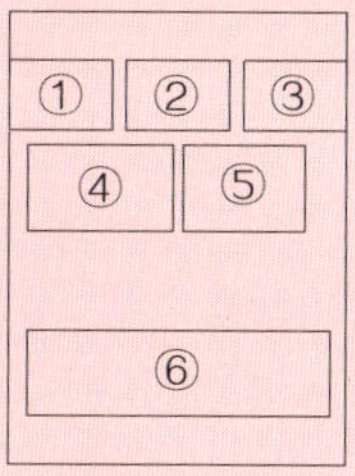

① 2018年8月9日，鄞州区入选“全国青少年校园足球试点（县）区”，鄞州区第二实验小学入选“2018年全国青少年校园足球特色学校”

③ 2018年2月26日，姜山镇中学入选“2018—2021周期浙江省体育传统项目学校阳光体育后备人才基地”

⑤ 2018年6月8日，“俞丽拿小提琴艺术基金宁波实验基地”揭牌仪式在华师大宁波艺术实验学校举行

② 2018年11月30日，鄞州实验中学、宁波市第七中学、四眼碶小学、邱隘实验小学获评全国青少年校园篮球特色学校

④ 2018年2月14日，鄞州区获入选首批浙江省艺术教育实验区，咸祥镇中心小学入选艺术实验学校

⑥ 2018年8月25日，行知实验小学获评全国中小学国防教育示范学校

① 2018年10月22日，“我为戏狂”2018年鄞州区第五届民营戏曲团体汇演举行

② 2018年3月30日，“艺起来”全民艺术普及工程启动仪式举行

③ 2018年12月20日，鄞州区首届“艺起来”群众文化艺术节闭幕式举行

④ 2018年7月19日，鄞州区“艺起来”基层文化团队综艺巡演举行

⑤ 2018年5月18日，2018年第八届王应麟读书节开幕式举行

⑥ 2018年8月24日，首届全国青少年大提琴艺术周暨第七届青少年大提琴比赛开幕式在宁波文化广场大剧院举行

2018年12月15日，中国民间文艺家协会命名鄞州为“中国海丝文化之乡”。鄞州区有天童寺、阿育王寺、七塔寺、庆安会馆、南宋石刻公园等“海丝文化遗迹”

① 天童寺

② 阿育王寺

③ 庆安会馆

④ 七塔寺

⑤ 南宋石刻公园

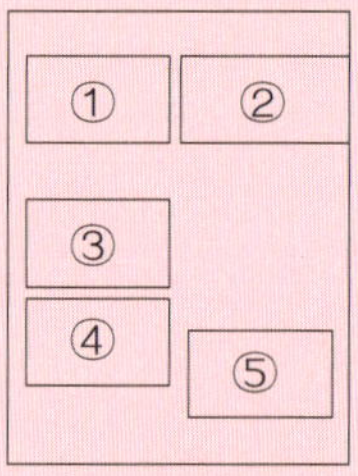

2018年3月24日，2018“美丽鄞州”欢乐游启动，全年共开展21项系列活动

① 2018梦幻天宫自贡艺术灯会

② 2018宁波文化广场水景秀

③ 宁波海洋世界第二届海洋文化节

④ 第三届“姜山如画”草垛文化艺术节

⑤ 2018“日月杯”宁波太白湖国际马拉松赛

① 2018年6月26—29日，2018“鄞州杯”中国国际象棋电视快棋赛在钱湖宾馆举行

② 2018年10月13—21日，2018“鄞州银行杯”国际男子网球挑战赛在鄞州网球中心举行

③ 2018年10月27—28日，2018年宁波·东钱湖中国铁人三项联赛总决赛暨全国铁人三项锦标赛在东钱湖举行

④ 2018年6月10—17日，2018年全国翻波板锦标赛在东钱湖举行

⑤ 2018年10月9—13日，全国青年帆船冠军赛在东钱湖国际帆船港湾举行

① 2018年12月，宁波市眼科医院新院、东部新城社区卫生服务中心试运行

② 2018年6月6日，鄞州浙东骨科医院投用

③ 2018年11月8日，鄞州万达献血屋获评“全国最美献血点”

④⑤ 2018年1月26日，瞻岐镇卫生院、五乡镇卫生院获评全国“2016-2017年度群众满意的卫生院”

⑥⑦ 2018年1月26日，明楼街道社区卫生服务中心、中河街道社区卫生服务中心获评全国“2017年优质服务示范社区卫生服务中心”

有关组织机构全称、简称对照表

全　称	简　称
浙江省全省	全省
浙江省	省
中共浙江省委员会	省委
浙江省人民政府	省政府
中共宁波市委员会	市委
宁波市人民政府	市政府
宁波市全市	全市
宁波市	市
宁波市鄞州区全区	全区
宁波市鄞州区	鄞州区或区
中共宁波市鄞州区委员会	区委
宁波市鄞州区人民代表大会常务委员会	区人大常委会
宁波市鄞州区人民政府	区政府
中国人民政治协商会议宁波市鄞州区委员会	区政协
中共宁波市鄞州区纪律检查委员会	区纪委
宁波市鄞州区监察委员会	区监委
宁波市鄞州区人民法院	区法院
宁波市鄞州区人民检察院	区检察院
中国人民解放军浙江省宁波市鄞州区人民武装部	区人武部
中共宁波市鄞州区委组织部	区委组织部
中共宁波市鄞州区委宣传部	区委宣传部
中共宁波市鄞州区委统战部	区委统战部
宁波市鄞州区民族宗教事务局	区民宗局

全　称	简　称
宁波市鄞州区人民政府侨务办公室	区侨办
宁波市鄞州区归国华侨联合会	区侨联
中共宁波市鄞州区委政法委员会	区委政法委
中共宁波市鄞州区委区政府政策研究室	区政研室
中共宁波市鄞州区委区政府农村工作办公室	区农办
宁波市鄞州区机构编制委员会办公室	区编委办
中共宁波市鄞州区直属机关工作委员会	区直属机关党工委
中共宁波市鄞州区委区政府信访局	区信访局
中共宁波市鄞州区委老干部局	区委老干部局
宁波市鄞州区档案局	区档案局
中共宁波市鄞州区委党校	区委党校
中共宁波市鄞州区委党史办公室	区委党史办
宁波市鄞州区总工会	区总工会
共青团宁波市鄞州区委员会	团区委
宁波市鄞州区妇女联合会	区妇联
宁波市鄞州区残疾人联合会	区残联
宁波市鄞州区工商业联合会	区工商联
宁波市鄞州区文学艺术界联合会	区文联
宁波市鄞州区社会科学院	区社科院
宁波市鄞州区慈善总会	区慈善总会
宁波市鄞州区红十字会	区红十字会
宁波市鄞州区关心下一代工作委员会	区关工委
宁波市鄞州区革命老区开发建设促进会	区老促会
宁波市鄞州区发展和改革局	区发改局
宁波市鄞州区经济和信息化局	区经信局
宁波市鄞州区教育局	区教育局
宁波市鄞州区科技局	区科技局

全　称	简　称
宁波市公安局鄞州分局	鄞州公安分局
宁波市鄞州区民政局	区民政局
宁波市鄞州区司法局	区司法局
宁波市鄞州区财政局	区财政局
宁波市鄞州区人力资源和社会保障局	区人力社保局
宁波市鄞州区环境保护局	区环保局
宁波市鄞州区住房和城乡建设局	区住建局
宁波市鄞州区综合行政执法局	区综合行政执法局
宁波市鄞州区交通运输局	区交通运输局
宁波市鄞州区水利局	区水利局
宁波市鄞州区农林局	区农林局
宁波市鄞州区商务局	区商务局
宁波市鄞州区文化广电新闻出版局（风景旅游局、体育局）	区文广新局（风景旅游局、体育局）
宁波市鄞州区卫生和计划生育局	区卫计局
宁波市鄞州区审计局	区审计局
宁波市鄞州区统计局	区统计局
宁波市鄞州区市场监督管理局	区市场监管局
宁波市鄞州区安全生产监督管理局	区安监局
宁波市鄞州区金融工作办公室	区金融办
宁波市鄞州区行政审批工作办公室	区审管办
宁波市鄞州区工业园区管理委员会	鄞州工业园区管委会
宁波南部商务区管理委员会	南部商务区管委会
宁波市鄞州区长丰开发建设指挥部	区长丰开发建设指挥部
宁波市鄞州经济开发区管理委员会	鄞州经济开发区管委会
宁波市鄞州区广播电视台	区广播电视台
宁波市鄞州区投资合作局	区投资合作局
宁波市鄞州区机关事务管理局	区机关事务管理局

全　称	简　称
宁波市鄞州区房屋征收管理办公室	区征管办
宁波市鄞州区城区重大项目建设管理办公室	城区办
宁波市鄞州区供销合作社联合社	区供销合作社
宁波市鄞州区人民政府咨询委员会	区咨询委
宁波市鄞州区城市建设投资发展有限公司	城投公司
中国中车宁波产业基地项目推进工作领导小组办公室	中车办
宁波市鄞州区“三改一拆”行动领导小组办公室	区“三改一拆”办
宁波市鄞州区“五水共治”工作领导小组办公室	区“五水共治”办
宁波市规划局鄞州分局	区规划分局
宁波市国土资源局鄞州分局	区国土分局
宁波市鄞州区国家税务局	区国税局
宁波市鄞州地方税务局	鄞州地税局
国家税务总局宁波市鄞州区税务局	区税务局
宁波市国家税务局第一稽查局	市国税局第一稽查局
国家税务总局宁波市税务局第一稽查局	宁波市税务局第一稽查局
中华人民共和国鄞州出入境检验检疫局	鄞州出入境检验检疫局
宁波海关驻鄞州办事处	海关驻鄞州办事处
中华人民共和国鄞州海关	鄞州海关
宁波市鄞州区烟草专卖局	区烟草专卖局
宁波市鄞州区气象局	区气象局
中华人民共和国宁波鄞奉海事处	鄞奉海事处
宁波市公安局交通警察局鄞州大队	市交警鄞州大队
宁波鄞州农村商业银行股份有限公司	鄞州银行
国网浙江省宁波市鄞州区供电有限公司	区供电公司
中国电信股份有限公司鄞州分公司	鄞州电信
中国移动通信集团浙江有限公司鄞州分公司	鄞州移动
中国联合网络通信有限公司宁波市鄞州分公司	鄞州联通
浙江省通信产业股份有限公司宁波市鄞州分公司	鄞州通信
中国铁塔股份有限公司宁波市分公司鄞州区办事处	铁塔鄞州办事处

目录
CONTENT

特　载

专　记

大事记

鄞州概览

中共宁波市鄞州区委员会

宁波市鄞州区人民代表大会

宁波市鄞州区人民政府

政协宁波市鄞州区委员会

中共宁波市鄞州区纪律检查委员会·宁波市鄞州区监察委员会

民主党派·人民团体

法治・军事

农业农村・水利

工业·工业园区

服务业

开放型经济·国内经济合作

城乡建设与管理

生态环境

交通·邮电·信息

财政·税务·金融

综合经济管理

科学技术

教 育

文化・传媒・体育

卫生与健康

人力资源和社会保障

社会民生

街道·镇

人物·先进集体

统计资料

附　录

索　引

Main Contents

Special Publications

Feature

Chronicle of Events

A Survey of Yinzhou

Yinzhou District Committee of the Communist Party of China

Yinzhou District People' s Congress

Yinzhou District People' s Government

Yinzhou District Committee of the Chinese people' s Political Consultative Conference

Yinzhou District Commission for Discipline Inspection of the CPC & Yinzhou District Supervisory Committee

Democratic Parties & Social Organizations

Rule of Law & Military Affairs

Agriculture Rural Area & Water Conservancy

Industries & Industrial Zones

Service Industry

Open Economy & Domestic Economical Cooperation

Urban and Rural Construction and Management

Ecological Construction

Traffic & Postal Service and Telecommunications & Information

Fiscal & Taxation & Finance

Comprehensive Administration

Science and Technology

Education

Culture & Media & Sports

Health

特载

高举改革大旗　实干担当奋进
“二次创业”再出发　“两高四好”勇攀高

——在中共宁波市鄞州区委十四届六次全体（扩大）会议上的报告

政府工作报告

——在宁波市鄞州区第十八届人民代表大会第三次会议上的报告

高举改革大旗　实干担当奋进
“二次创业”再出发　“两高四好”勇攀高

——在中共宁波市鄞州区委十四届六次全体（扩大）会议上的报告

市委常委、区委书记　褚银良

（2018年12月28日）

市委常委、区委书记　褚银良

这次区委十四届六次全体（扩大）会议的主要任务是，深入贯彻习近平新时代中国特色社会主义思想，认真落实庆祝改革开放40周年大会、中央经济工作会议精神，全面落实中央和省委、市委重大部署，回顾总结今年工作，部署明年及今后工作，审议通过《中共宁波市鄞州区委关于打造“两高四好”示范区的决定》，大力弘扬“敢为、求实、争先”的鄞州精神，不断激发“实干、担当、奋进”的精气神，“二次创业”再出发，“两高四好”勇攀高，凝心聚力打造“两高四好”示范区。

下面，我代表区委常委会向全会报告工作。

一、聚精会神抓发展，主要工作走前列

今年以来，面对严峻复杂的宏观形势、爬坡过坎的现实挑战，区委常委会围绕省委“八八战略再深化、改革开放再出发”和市委“六争攻坚、三年攀高”，团结带领全区上下心无旁骛谋发展、夙兴夜寐抓落实，结合“六大专项行动”，集中精力抓了四件大事。一是先抓作风，以上率下开展了一大活动。着眼转作风、提干劲、抓落实，大力开展“进企业、进社区、进农村”活动，一方面以学促干，深入学习总书记习近平系列重要讲话精神特别是视察湾底时的重要指示精神，全面落实省委、市委的决策部署，推动上级精神在鄞州的落地落实和创新实践；另一方面示范引领，常委班子带头攻坚破难、带头一线解难，特别是围绕打赢“三大攻坚战”，出台对口帮扶协作三年行动计划，创出了共享稻田、多主体参与等鄞州模式。二是深抓谋划，集思广益绘好了一张蓝图。着眼未来高质量发展，主动从省委、市委的期望要求出发、从鄞州“后行政区划调整”时期的实际出发，深入调研、集思广益，在目标定位上，结合都市核心区、品质新鄞州建设，梳理了“两高四好”示范区的蓝图构想；在主导产业上，依托自身综合优势，明确了“5+5+5”现代产业体系；在空间布局上，着眼产城融合一体发展，提出了拓展“六大新空间”的规划布局，以工业地产模式改造提升小微产业园。三是大抓改革，聚焦痛点启动了一批改革。坚持向改革要红利，深化“最多跑一次”改革，“微审批”平台建设、“全覆盖”服务办理、群众咨询“最多问一次”等走在省市前列；深化基层治理改革，启动涉农资金整合，创新城乡基层公权力“三清单”运行法；深化投融资体制改革，推动国有企业转型发展，优化重组鄞城、鄞通、鄞工等国资平台；深化重点领域改革，完善经济发展、人才新政、降本减负等政策，姜山镇被列入市卫星城试点镇。四是严抓制度，与时俱进出台了一系列意见。扛起全面从严治党的主体责任，一方面标本兼治，狠抓省委巡视反馈意见整改，制订整改方案，落实有力举措，取得了阶段性成效；另一方面固本强基，创新实施全脱产村社“第一书记”下派锻炼机制，出台了激励干部实干担当奋进、工作容错纠错，以及城市党建、党建争强等意见，为区域发展提供了有力保障。

关于今年的工作及成效，主要体现在四个方面。

（一）以“三进”活动为抓手，发展氛围变得更浓，干事创业的精气神明显提振

把基层作为主战场，干部向一线下沉、工作在一线落实、难题在一线破解，发现问题8140个、解决问题6191个。干部作风持续改进。坚持领导带头、上下联动，百家单位千名干部万名党员下基层，强化夜学、夜访、夜巡、夜谈、夜议“五夜联动”，狠抓送信心、送政策、送服务、送点子、送措施、送关爱“六送上门”，既形成大抓基层、大抓作风的导向，又提升了干部服务基层、做群众工作的能力。企业信心得到提振。坚持精准服务、破难创优，召开民营经济发展大会，研究制定降本减负的政策意见，创新首席服务官、首问责任制、专家服务团等机制，主动当好“金牌店小二”“五星服务员”，既构建了“亲清”政商关系，又为企业解决了一批难题，更提振了企业扎根鄞州、共兴鄞州的信心决心。共建氛围更加浓厚。坚持共建共享、共同缔造，强化鼓劲造势，创新推出“堇山观潮”“它山之石”“天南海北鄞州人”等专栏，深入挖掘创业先锋、暖心故事、各行各业先进典型，成立上海商会等乡贤联谊组织，既调动了广大群众、乡贤能人、社会各界的共建热情，又形成了政企干群一起实干、担当、奋进的浓厚氛围。

（二）以“三抢”行动为载体，增长势头变得更稳，经济发展的量质效齐头并进

主动应对困难挑战，迎难而上、破难而进。紧盯指标抢增速。从问题短板出发，打好企业培育、楼宇整规、产业升级、新经济增长点培育等一系列组合拳，千方百计挖存量，想方设法扩增量，GDP、社零、出口等指标总量有望全市第一，商品销售、外贸出口等指标增速全市领跑，连续4年位居全国综合实力百强区第四位。聚焦项目抢投入。大力发扬“六皮精神”，强化“一把手”带头招商、小分队专业招商，签约总投资80亿元的高世代氧化物TFT电子纸项目，引进国内500强企业5家，实到内资、浙商回归资金有望全市第一。大力开展重大项目攻坚，狠抓征迁清零、服务保障，51个地块实现清零，16个省市集中开工项目齐头并进，中车新能源、奥克斯家用空调等一批项目建成投产。创新发展抢效益。坚持向创新要新动能，主抓人才引进、科技创新，人才总量超37万，新增全国制造业单项冠军企业2家、国家级企业技术中心1家，发明专利申请量授权量全市第一。坚持向转型要高质量，联动推进传统产业升级、新兴产业提能，高新技术产业占比提高至63%，69家企业上榜市“亩产论英雄500强”，亩均增加值高于全市平均水平25.8%，“两化融合”水平连续3年全市第一；狠抓服务业规模做大、能级做强，楼宇整规初见成效，金融、商贸、航运、文创等产业全市领跑；加快发展现代农业，完成省级农业“机器换人”示范区、省级农产品质量安全放心区创建。

（三）以“三治”攻坚为重点，城乡品质变得更优，广大群众的获得感持续增强

聚焦民生大事和关键小事，以非常的力度补短板、强治理。强化环境综合整治。着眼整治“脏乱差”，强势推进“三改一拆”“三大革命”，有力整治了一批群众反映强烈的环境顽疾和突出问题，处置违法建筑157.20万平方米，围挡整治提升4.20万米，城乡垃圾分类覆盖率分别提高至87.30%、71.60%。着眼整治“散乱污”，打好产业治污、建网截污等治水组合拳，整治污染企业200余家，5家单位成为污水零直排街道（园区），顺利通过国家黑臭水体专项督查。坚持建设管理共治。围绕城市有机更新和美丽镇村建设，一方面提标建设，加大重点功能区块开发、特色小镇建设，鄞州四明金融小镇蝉联省级特色小镇创建考核优秀，现代电车小镇获评第四批省级创建类特色小镇，云龙镇成为全省小城镇文明行动样板镇，五乡镇、横溪镇通过小城镇环境综合整治省级验收；另一方面提档管理，加大“三微”更新、“四保”联动、精细管理力度，老旧小区治理等成为全市典型，4个镇通过国家卫生镇市级验收，4个社区入围市品质社区20强，2条河道入选省市级“美丽河湖”，新增省市美丽乡村镇村线12个、省级美丽宜居示范村2个、AAA级旅游景区村庄3个。狠抓基层社会治理。深化平安创建，铁腕开展扫黑除恶、类金融机构风险等“1+4”专项活动，狠抓公寓楼宇消防隐患等安全生产专项整治，加大信访矛盾化解稳控力度，涌现了“老潘警调”“书记一点通”和出租房“旅馆式”管理等鄞州版枫桥经验。强化文化建设，深化全国文明城市创建，打响义乡鄞州、“支教奶奶”周秀芳等品牌；举办王应麟读书节等活动，扎实推进全民艺术普及工程，蝉联全省公共文化服务综合评估“十连冠”，成为中国海丝文化之乡。优化民生事业，统筹公共资源布局，一批学校、医院、交通、水利等项目建成运行，品质教育、卫生信息化建设、家院互融养老、社会保障等提质提标，群众的获得感幸福感安全感持续增强。

（四）以“三严”要求为保障，党建工作变得更实，政治清明的好生态逐步形成

以省委巡视组到鄞州区巡视为契机，紧而又紧推进全面从严治党。以严的标准深化思想政治建设。常态开展学习教育，深入学习贯彻习近平新时代中国特色社会主义思想，出台加强领导班子思想政治建设的意见，树牢“四个意识”、坚定“四个自信”、坚决做到“两个维护”。大力加强宣传思想和意识形态工作，严格落实工作责任制，制定责任清单和工作清单，加大主题宣传、舆论引导力度，进一步唱响主旋律、凝聚正能量。以严的要求强化组织队伍建设。坚持党建引领，率先完成党建“亮显工程”，建成全省首家政治生活馆，全面建立街道“大工委”和社区“大党委”制度，陆家堰契约式治理、陈黄村“五小工作法”、奥克斯人本党建、鄞州四明金融小镇“四联四全”模式等得到上级肯定。突出实干导向，建立干部履职负面清单，加大竞标选才、重点工作专项考察等力度，选派优秀干部全日制驻村社担任

"第一书记"，在一线锻炼、一线攻坚中提升能力。以严的措施狠抓党风廉政建设。标本兼治严整改，聚焦省委巡视组反馈意见，坚决扛起主体责任，制订整改方案、层层压实责任，狠抓103项整改措施落实，既整改了突出问题，又建立了制度机制，取得阶段性明显成效。正风肃纪抓常态，深入开展巡察工作，全面落实履责留痕、"四单"督责等有效制度，综合运用监督执纪"四种形态"，加大警示教育、典型案例剖析、案件查办等力度，以零容忍的态度惩治腐败，立案190件、党纪政务处分164人，为90名党员干部澄清事实、消除影响，进一步营造了风清气正的良好政治生态。

二、"二次创业"再出发，"两高四好"勇攀高

当前，鄞州发展进入了"爬坡过坎、翻山越岭、重塑优势、创新攀高"的关键时期，这既是转向高质量发展阶段的规律使然，也是迈入后行政区划调整时期的客观反映。站在新的起点上，鄞州如何跨过坎、翻过山、再出发、勇攀高，考验的是我们的眼界、格局、理念、思维，检验的是我们的勇气、决心、能力、作风。

近期，区委围绕坚定不移把新时代改革开放继续推向深入、推动区域发展再出发勇攀高，在深入调研、多方论证的基础上，提出未来鄞州要推进高质量发展、建设高品质强区，打造政治生态好、经济生态好、社会生态好、自然生态好的全国示范区。打造"两高四好"示范区，是深入贯彻习近平新时代中国特色社会主义思想、深入践行"五大发展"理念在鄞州的具体实践，也是全面落实省委"八八战略再深化、改革开放再出发"和市委"六争攻坚、三年攀高"的重要举措，又是建设都市核心区、打造品质新鄞州的升级版。为实现这一目标，一方面要以翻篇归零的勇气，"二次创业"再出发。改革开放40年来，鄞州抢抓乡镇企业改制、撤县设区等重大机遇，实现了"工业大区""现代都市新区""全国实力强区"的三级跳，成就了"一次创业"的辉煌。我们"二次创业"再出发，就是要不为现有的成绩荣誉所累，以翻篇归零的勇气和姿态，加快实现从全国综合实力强区向全国"两高四好"示范区的二次创业、二次飞跃。另一方面要以勇立潮头的雄心，"两高四好"勇攀高。进入新时代，特别是发展进入新常态，鄞州既面临许多困难挑战，也迎来了不少重大机遇，我们"两高四好"勇攀高，就是要不为眼前的困难问题所惧，以勇立潮头的雄心，提高站位、拉高标杆，与快的赛速度、与高的比质量、与强的争实力，在打擂攀高中跑出加速度、创出高质量。

一要扛起"创"与"攀"的责任担当。当前，宏观形势复杂多变，区域竞争百舸争流，内外因素相互叠加，我们必须把握大势、乘势而上、强势而进。"二次创业"再出发、"两高四好"勇攀高，既是责任使命所在。省委市委对鄞州寄予厚望，明确要求鄞州继续打头阵、当标兵。当前鄞州虽然综合实力位居全国百强区第四，但市内追兵逼近赶超，市外标兵渐行渐远。我们必须跳出鄞州看鄞州，主动在全省全国范围内找坐标、立标杆，上下同心一起翻险峰、攀高峰、登顶峰。也是困难挑战所逼。当前，鄞州正处于新旧动能的转换期、综合优势的重塑期、破茧成蝶的阵痛期，长期积累的结构性矛盾逐步凸现，城乡发展不平衡不充分问题突出，行政区划调整红利释放不充分，这些既是问题短板，也是潜能空间。我们必须与时俱进创新理念、创新路径、创新模式，不断闯出鄞州解法、创出鄞州模式、形成鄞州经验。

二要校准"创"与"攀"的目标方向。当前及今后一段时期，鄞州"创"与"攀"的目标就是打造"两高四好"示范区。"两高四好"的核心要义就是改革创新。"两高四好"，是一个有机的、辩证的整体，"两高"是目标方向，"四好"是支撑脊梁，其中"政治生态好"是核心引领，没有山清水秀的政治生态，就没有心齐实干的发展环境；"经济生态好"是根本基石，没有高质量的发展，就没有高品质的强区；"社会生态好"是重要依托，没有共建共享的氛围，就没有区域发展的社会基础；"自然生态好"是基本底色，没有绿水青山，就没有金山银山。"两高四好"的最终追求就是领跑领先。坚持"跳起来摘桃子"，力争2021年，地区生产总值突破2000亿元、总量达2200亿元，财政总收入突破600亿元，固定资产投资累计2000亿元，外贸进出口突破2000亿元，社会消费品零售总额突破1000亿元，力争全国百强区综合实力排名"稳四进三"。明年初步预期：GDP增长6%~7%，一般公共预算收入增长7%，规模以上工业产值增长10%以上，社会消费品零售总额增长10%，城乡居民人均收入增幅高于地区生产总值，主要发展指标继续领跑领先。

三要优化"创"与"攀"的理念思路。理念决定思路，思路决定出路。"二次创业"再出发、"两高四好"勇攀高，要以改革开放40周年为契机，坚决打破头脑中的坛坛罐罐，以思想大解放推动发展大跨越。要向改革要红利。坚持以供给侧结构性改革为主线，创新发展要用好"两只手"，在发挥政府作用的同时，使市场在资源配置中起决定性作用；产业转型要盯牢"两只鸟"，以科技创新、产业转型来加速凤凰涅槃、腾笼换鸟；环境治理要坚持"两座山"，既要守护好绿水青山，更要转化为金山银山，加快从"粗放发展"向"精明增长"转变；城乡统筹要聚焦"两种人"，坚持以人民为中心，推动城乡一体融合发展、社会事业均衡优质发展。要向风口要机遇。牢固树立"五大发展"理念，抢抓"一带一路"建设、乡村振兴战略，以及"四大建设"、数字经济一号工程等重大机遇，顺势而动、乘势而上，加快形成新的经济增长极、新的发展动能。要向创新要质效。坚持高质量发展，突出质量第一、效益优先，系统推进科技创新、人才创新、产业创新、方法创新，做大做强"5+5+5"现代产业体系，推动经济发展从"要素驱动"向"创新驱动"、从"规模主导"向"质效优先"转变。要向融合要合力。行政区划调整，促进了产业多元化、区域都市化；党政机构改革，加速了体制变革、效率变革。要深入推进发展融合、工作融

合、人心融合，在全面融合中凝心发展、聚力攀高。

四要提振"创"与"攀"的精神劲头。"二次创业"再出发、"两高四好"勇攀高，不是轻轻松松能实现的。要来一次工作作风的大转变。以"三进"活动为抓手，大兴走亲连心之风、调查研究之风、真抓实干之风、攻坚破难之风。要来一次精神劲头的大振奋。以鄞州精神为引领，大力弘扬创新攀高的"六皮精神""四千精神"，人人心无旁骛谋发展、夙兴夜寐抓落实。要来一场争先攀高的大比拼。以实绩实效为导向，以完善发展竞赛、工作争先、业绩亮显等机制，进一步形成"争先恐后、争创一流"的浓厚氛围。

三、聚焦"三个年"活动，大力实施"七大行动"计划

明年，是新中国成立70周年、全面建成小康社会关键之年，也是鄞州"二次创业"再出发、"两高四好"勇攀高的起步开局年。要牢固树立"起步就是冲刺、开局就是收官"的意识，以习近平新时代中国特色社会主义思想为指导，全面落实中央和省委、市委的重大决策部署，围绕稳增长、促改革、调结构、惠民生、防风险，大力开展"三个年"活动，组织实施"七大行动"计划，聚焦重点、攻坚破难、争先攀高，确保高质量发展领跑领先。

"三个年"活动与"七大行动"计划，都是聚焦事关发展大局的重点难点、制约长远发展的痛点堵点，两者相辅相成、互为表里、有机统一。"三个年"活动，是工作载体、是规划图，聚焦的是发展。坚持"一年一主题、一年一深化"，集中精力、集中资源、集中力量攻坚破难。重大项目攻坚年，就是坚持项目为王、项目为纲，千方百计集聚一批优质资本、实施一批重大投资、拓展一批新的空间，为未来发展打基础、增后劲。改革深化突破年，就是坚持向改革要红利、向改革要活力，着力破解"钱哪里来""地哪里来""项目哪里来""人才哪里来""手续怎么办"等难题。基层治理创新年，就是坚持治理先行、基层先抓，以"三进"活动、基层公权力"三清单"运行法、自治法治德治"三治融合"等为依托，进一步强化基层治理、激发基层活力。"七大行动"计划，是主要抓手、是施工图，指向的是落实。坚持"项目化推进、清单化落实"，一项项明目标、定计划，一项项压责任、抓落实，重点抓好七方面工作。

（一）投入要创速，实施项目大攻坚行动

今天的投入，就是明天的产出。二次创业路上，大投入才有大产出、高效益投入才有高质量发展。要抓牢项目建设这个牛鼻子，大抓攻坚、争抢速度。

一要招商先行抢资源、扩增量。招商是源头活水。要大力发扬"六皮"精神，虎口夺食抢客商、抢资源。要转变理念抓招商。牢固树立招商"一号工程"的意识，以争抢的意识、真诚的态度、专业的能力、灵活的方法抓招商，加快从被动等待向主动出击、外行粗放向专业精细、单打独斗向联合联动、政策招商向环境招商转变。要突出重点招大商。把握"高、新、特、优"标准，盯牢产业动态、行业前沿、企业龙头，想方设法招引一批风口项目、补链项目、高端项目，明年力争招引1个以上百亿元项目、5个以上50亿元项目、10个以上20亿元项目。要多路并进大招商。坚持"多主体、多元化"招商，以3个招商常驻点、8个专业小分队为依托，加大机构招商、以企引商、专家荐商、乡贤带商力度，织密企业、商会、行业协会、在外鄞州人等5张招商网，加快形成人人都是招商员、千军万马齐招商的格局。

二要主攻项目提速度、优存量。坚持谋划、规划、策划、计划并重，明年固定资产投资605亿元。建设速度要快上再快。聚焦重大项目，加大集中开工、进度排名、定期对账等力度，一项项压实责任、一个个倒排进度、一月月提速推进，确保新开工一批、新建成一批。投资结构要调好调优。主动针对房地产投资比重过高等问题，加快推进TFT电子纸、博威特殊合金材料、圣龙智能汽车等重大产业项目，提速建设宁波中心、新世界广场、南部商务区三期等城市功能项目，加快推进雁湖路、九曲河、楝树港泵站等基础设施建设，促进投资结构科学化、合理化。谋划储备要求精求细。按照"缺什么、补什么"，谋划一批新兴产业培育、城市空间拓展、功能品质提升等大项目，精细周密做好前期工作，形成持续开发、滚动建设之势。

三要合力攻坚强保障、清变量。审批流程多、地块清零难、上下协调难等问题，是制约项目建设的主要瓶颈。要狠抓征迁清零。区级领导牵头包干、镇街部门联动，综合运用阳光征迁、专案经营、以群带群、司法强拆等办法，力争清零地块40个。要强化全程管控。以主要职能部门和项目责任单位为重点，从前期谋划、审批立项、开工建设、建成运营等环节入手，建立全流程的管控链条、责任链条、工作链条，一环扣一环抓推进。要推进协同作战。以区分管领导为主，建立项目"最多协调一次"的工作机制，分级落实责任单位初步协调、专项小组综合协调、区分管领导专门协调的责任体系，探索实行重大项目"首席服务官"制度，力促项目早落地、早建成。

（二）质效要创高，实施产业大提升行动

经济发展，产业是核心。二次创业路上，没有产业大提升就没有发展高质量。要以质量效益为中心，构建"5+5+5"现代产业体系，加快向产业链高端迈进。

一要抢抓新机遇，做大做强"五大经济"。主动抢抓科技变革、产业变革的窗口机遇，坚持创新引领、融合发展，充分发挥鄞州区位、产业、企业、资源等综合优势，培育新经济新业态、形成新的经济增长极。要优先发展"数字经济"。数字经济，是推动高质量发展的核心力量。要抓牢数字经济一号工程等重大机遇，大力推进大数据、人工智能等与传统产业的深度融合，加大数字化融入、新技术应用、智能化改造力度，形成数字产业集群化发展、传统产业数字化升级的联动之势，明年力争产业提升投入超100亿元、数字经济占GDP比重达40%以

上。要重点发展“平台经济”。重大平台，既是要素资源集聚地、更是新经济新业态孕育地。要着眼从“分散低散”向“集聚集约”转变，发挥产业基地、特色小镇等硬性平台多，创业创新、专业服务等柔性平台多的优势，加快项目集聚、资本集聚和产业创新、业态创新，不断提升“两园区两基地”等产业平台的规模能级，放大航运、会展、广告等专业平台的集聚效应，增强世贸通、中基惠通等服务平台的辐射能力。要大力发展“总部经济”。总部经济，是经济发展的高级形态，也是资源消耗少、投入产出比高的发展模式。要依托现有比较优势，一手抓企业总部的集聚，想方设法引进一批区域性总部和研发、销售、结算等功能性总部，引导区内企业走“总部在鄞、低端在外”的路子；一手抓专业楼宇的打造，深化产业集聚、工业上楼，把低效的商务楼宇打造成都市工业楼、科技创新楼，形成一批专业特色楼宇、亿元税收楼宇。要提升发展“美丽经济”。大力实施乡村振兴战略，树立“大农业、全产业”的理念，加快工、农、文、体、旅全产业融合，谋划建设一批田园综合体、农旅综合体，大力发展农事体验、特色节庆、观光休闲、全域旅游、民宿经济等业态，加快构建十线百村、千里游步道、万亩特色产业基地的格局，明年加快姜山镇省级现代农业园区和2个省级特色农业强镇建设，完成11个现代农业园区改造提升，在资源产业化、产业经济化中，加快把绿水青山转化为金山银山。要创新发展“鄞州人经济”。着眼把在外鄞州人资源转化为产业经济，既要借好“力”，发动他们牵线搭桥，进一步扩大信息流、资金流、项目流、人才流；又要聚好“资”，大力实施鄞商回归、鄞智回归，鼓励他们带着资本、带着团队、带着感情回乡创业。

二要培育大产业，做精做高“千亿百亿产业”。依托先进制造业与现代服务业“双轮驱动”，东部新城与南部新城“双核带动”等优势，存量提升与增量集聚一起抓，主导产业与优势行业一起抓，提升核心竞争力。要主攻“五大千亿级”主导产业。坚持量质并举，提升数字信息、智能制造、金融服务、现代商贸、对外贸易的规模能级。在数字信息上，依托产业优势和特色园区，拉长软硬件设计、生产、服务全产业链，打造以智能装备、集成电路、软件信息为主导的核心产业，明年软件及信息产业增长25%以上。在智能制造上，以“互联网+”“机器人+”为依托，强化协同制造、智能生产和信息服务，狠抓数字化改造，明年实施千万以上技改项目115个。在金融服务上，依托国际金融中心、国家保险创新产业园、鄞州四明金融小镇等平台，狠抓法人机构引进、优质资本集聚、金融保险与实体经济的融合，打造城北“金融总部”、城南“普惠金融”的产业高地。在现代商贸上，提升发展万达广场、印象城等十大重点商圈，错位打造南部商务区水街、下应北路汽车4S大道等十大特色街区，提升“品质商贸在鄞州”的影响力和贡献度。在对外贸易上，抢抓宁波建设“一带一路”枢纽城市等机遇，大力推进跨境电商、跨国并购、海外基地建设，推动国际贸易向高附加值领域、新兴市场拓展。要主抓“五大五百亿级”优势行业。发挥细分行业的产业基础、比较优势和规模效应，加大项目集聚、创新投入、上下游产业链延伸等力度，扶持壮大新材料、智能家电、航运物流、高端汽配、旅游休闲等行业，推动一批产业上规模、提质量，不断增强综合竞争力。

（三）动力要创强，实施动能大转换行动

动力变革，是质量变革的基础和前提。二次创业路上，必须摆脱路径依赖，深入实施创新驱动发展战略，让创新驱动成为高质量发展的新动能、主引擎。

一要强主体，狠抓“四百工程”。企业、人才，是创新的核心主体，要加快变要素驱动为创新驱动、人口红利为人才红利。要一手抓企业梯队建设。坚持“引进、培育、扶持”并举，既要抓顶天立地的大龙头，又要抓铺天盖地的小巨人，通过个转企、小升规、规改股、股上市，力争未来三年，形成一批营收200亿元级的“百亿领军企业”、100家专精特新的“百强单打冠军”、100家“上市及梯队企业”，形成超百亿元、五十亿元、十亿元的企业雁阵群体。要一手抓高端人才争抢。牢固树立人才第一资源的意识，发挥企业、科研院所、专业机构、鄞州籍人士等作用，深入实施“创业鄞州·精英引领”计划，精心开展“人才科技智创周”“百名院士专家进鄞州”等活动，加大活动揽才、专业招才、平台聚才、环境留才力度，大力引进高端人才和创新团队，力争未来三年累计集聚100名领军人才，人才总量、创新团队实现大幅增长。

二要强创新，狠抓“十百千万工程”。主动拥抱科技革命大潮，强化科技创新和成果转化。要提升“十大”高端科创园区能级。坚持政产学研金联动，加快中物院宁波军转民科技园、清华长三角研究院宁波分院、宁波微电子创新产业园等10个科创园区建设，不断提高人才集聚、技术转移、成果转化水平。要建立“百家”高新技术企业梯队。坚持树强扶优，梯度培育和扶持创新型初创企业、高新技术苗子企业、国家高新技术企业做高做精，明年力争新增国家高新技术企业60家、总量达350家。要培育“千亿”高新技术产业。聚焦主导产业和优势细分行业，加大项目投入、企业培育、产业升级力度，推动初创型企业上规模、高成长型企业上台阶、龙头型企业提能级，明年力争高新技术产业产值突破900亿元。要形成“万件”专利授权量。主抓技术攻关、专利申请、标准制定，推进规上企业研发机构、科技创新活动、专利授权“三个全覆盖”，明年力争R&D经费支出增长18%以上，发明专利申请量突破6500件。

三要强民企，狠抓民营经济提升工程。民营经济是区域发展的主力军、顶梁柱。要毫不动摇鼓励支持民营经济发展。着眼移除民营经济发展的“三座大山”，在落实上级政策的同时，完善降本减负、税费减免、市场准入、高效服务等一揽子政策，着力营造一流的营商环境。要坚定不移推进民营企业转型升级。着眼打造一批百亿企业、百强企业、百年企业，突出树强扶优、质量绩效的导向，积极引导民营企业转型升级，大力扶持民营企业科技创新、产业创新、管理创新、模式创新，不断提升亩均产出率、全要素生产率、市场占有率，以民营经济再攀高，推动区域发展大跨越。

（四）机制要创活，实施改革大突破行动

对改革开放40周年最好的纪念，就是坚定不移把新时代改革开放进行到底。二次创业路上，要高举改革大旗，聚焦难点痛点堵点，深入改、全面改、加快改。

一要深化"最多跑一次"改革。依托互联网+，围绕审批事项最少、办事效率最高、政务环境最优、群众获得感最强，创出鄞州新解法、新办法。项目审批要再提速。探索"审批撑柜"、中介集成服务等改革，完善微审批平台、重大项目代办服务、难点问题联合会商等机制，加大多评合一、图审合一、测验合一以及联合测绘、联合踏勘等力度，变串联为并联，明年力争投资项目分类跑进30天、60天、90天。便民服务要再优化。扩大政务服务"一证通办""一事联办"范围，深化商事登记"多证合一""证照联办""照后减证"改革，拓展"最多问一次"政务咨询平台建设，推进镇街公共事务中心的一窗受理、集成服务，努力打通服务基层的"最后一公里"。

二要狠抓要素高效配置改革。着眼破解制约鄞州发展的资源要素难题，深化重点领域改革突破。要大力整合资金。坚持变零为整、化散为聚，深化涉农资金整合，把分散在部门的资金聚起来，按照"项目化推进、集中式投放、竞争性获取"原则，投向重点领域和重点村社，做到"一个龙头放水、集中财力办事"。同时，深化投融资体制、国有企业等改革，组建鄞城、鄞通、鄞工、鄞建"四大集团"，不断提高保值增值、市场融资、服务发展的能力。要大力整理空间。坚持优存量、拓增量两手抓，在启动新一轮土地利用总体规划修编、重点区域规划调整的基础上，一方面狠抓存量土地消化利用，强化"批而未供""供而未用"土地分类处置力度，明年力争盘活各类土地233.33公顷；另一方面深化"亩产论英雄"改革，强化工业企业综合评估，明年启动规上服务业企业亩均效益评估，整治提升亩均税收万元以下低效企业，实现所有工业企业评价全覆盖。要大力整编资源。坚持不求所有、但求所用，建立村企结对、乡贤返乡、鄞商回归等机制，发动工青妇、工商联、商会协会等组织，调动和汇集各方资源共兴鄞州。

三要推进党政机构改革。以加强党的全面领导为统领，严明纪律、周密部署、精心组织，高质量完成机构改革任务。要强化组织领导。认真贯彻中央和省市的精神要求，严格按照区机构改革方案部署，一项项细化任务、压实责任、狠抓落实，确保每一项改革任务都有牵头领导、都能落实到人。要精心组织实施。着眼转变职能、理顺关系，高标准制订部门"三定"方案，从根本上解决政出多门、责任不明、推诿扯皮的现象。着眼积极稳妥、平稳有序，统筹抓好职责划转、部门挂牌、人员转隶等工作，确保思想不乱、队伍不散、工作不断。

（五）平台要创新，实施空间大拓展行动

从某种意义上讲，现代经济就是平台经济。二次创业路上，要坚持"四划"联动，统筹推进空间拓展、平台提升、集聚发展，打造新的经济增长极。

一要高起点拓展"六大新空间"。主动服务宁波"拥江揽湖滨海"战略，打造"一带、一廊、一滩、一城、一区、一圈"。要优化顶层设计。牢固树立"产、城、人"融合与"生产、生活、生态"共生的理念，积极谋划中部"科产城"融合带、城南"智创"大走廊、甬江"时尚"东外滩、姜山"田园城市"卫星城、滨海"山海产城"融合示范区、环东钱湖"绿色创新"圈，优化规划设计、明确功能定位、统筹项目布局。要创新建设模式。探索建立"指挥部+实体化"的开发模式、"功能区块+工业地产"的建设模式、"治环境+提功能"的更新模式、"政府主导+市场运作"的经营模式等，先行打造中部融合带、甬江东外滩、姜山卫星城，启动一批产业性、功能性重大投资，实施一批改造提升类、有机更新类项目，力争3年成势、5年成形。

二要高强度整规"低散低效空间"。坚持眼睛向内、内部挖潜，加大对低散乱企业、低效益空间的整规力度，加快把"低产田"变成"高产方"。要建设提升小微园区。按照专业化、市场化、集约化的理念，创新产城融合、工业地产、政企合作的模式，采取"改造一批、扩建一批、新建一批"的方式，未来三年改造提升26个小微产业园，明年启动新建和改扩建10个。同时，推进"两园区两基地"提能增效，加大项目引进、腾笼换鸟力度，明年整治提升低散乱企业120家。要整规提升商务楼宇。着眼提高注册率、纳税率、贡献率，建立推广"楼长制"，"一楼一长""一楼一策"狠抓楼宇整规，在全过程管理、全领域服务中，促进楼宇企业生产经营全产业纳入、全链条贡献，明年力争楼宇纳税率提高10个百分点。

三要高品质打造"国家省级平台"。抢抓重大机遇，从未来产业发展趋势、自身比较优势出发，推动平台提档升级。要做强国家级平台。用足用好国家"双创"示范基地、国家广告产业园、省"两化"深度融合国家示范区，不断放大产业集聚、示范带动效应。要推动省级平台升级。发挥产业、企业、人才等优势，提升省级军民融合创新示范区、省软件信息服务示范基地、省人力资源产业园的能级，积极争创国家级平台。要借力打造特色平台。依托省市重大战略实施，谋划打造软件产业园、跨境电商园、数字经济创新核心区、国家自主创新示范区园中园、国家保险创新综合试验区核心区等平台，进一步加速新兴产业培育、助推区域创新发展。

（六）全域要创美，实施品质大提档行动

人民对美好生活的向往，就是我们奋斗的目标。二次创业路上，要大力践行以人民为中心的发展思想，补短板、促均衡、提品质，做到城与乡、物与人一起美。

一要着眼建管精细化，打造精美城市。坚持品质优先，以精细化管理三年行动为抓手，让城市更靓丽、更有品位。开发建设要大提速。以“项目化、组团化”思维，加快中部融合带、甬江东外滩等重点区块开发，提速推进宁波中心、城市之光、新世界广场、南部商务区三期等重大功能性项目建设，加大拆迁清零、安置房建设、棚户区改造、重大基础设施建设等力度，明年建成鄞城大道等一批骨干道路，未来三年打通15条“断头路”。改造更新要大提质。着眼“小而精、美而特”，因地制宜推进城市有机更新，对老旧小区和背街小巷，加大微整治、微改造、微更新“三微”力度，实施保洁、保绿、保序、保安“四保”联动，明年启动老旧小区改造50万平方米；对重要节点和重点街区，融入设计、美学、文化等元素，打造城市精品、特色夜景和标志亮点，明年打造6个精品示范区，努力做到一街一景、移步换景。精细管理要大提标。坚持“全域精细化、全市当标杆”，依托智慧城管平台，大力开展征迁地块、建设工地、户外广告、交通秩序等专项整治，强化社区物业管理、业委会建设，加大分类定制、马路办公、综合执法等力度，广泛发动群众、志愿者等参与管理，在共建共享中让城市生活更美好。

二要着眼全域景区化，打造优美乡村。大力探索乡村振兴战略的鄞州路径，在全面治理、全域清爽、全景打造、全员参与中，拉长补短、系统提升。要“点面联动”建设美丽镇村。大力推进小城镇环境综合整治，狠抓环境卫生、镇容街貌和动态管理，推进特色街景打造，明年力争创建国家卫生镇、省级样板镇5个，启动建设市级水环境示范镇1个。多途径实施旧村改造，以改旧、整理、提升为主，加大“三改一拆”“四边三化”力度，培育一批AAA级旅游景区村、生态美村、文明名村，新改建一批“四好农村路”，明年启动18个美丽宜居村建设，创建2个省级、5个市级美丽宜居村。要“串珠成链”打造靓丽风景。依托独特资源，巧借山水形势，加快东吴、横溪、咸祥、塘溪等镇的全域景区化步伐，加强平原绿化、田园绿化、庭院绿化、沿路沿河沿江绿化，把沿线的古村古宅、人文古迹、好山好水、田园风光、美丽河湖等有机串联起来，打造多条各具特色的慢行线、骑行线、风景线和精品线。要“驰而不息”强化生态治理。围绕创建省级生态文明建设示范区，在强化大气污染、餐饮油污、建筑工地扬尘等行业整治的基础上，攻坚推进“五水共治”“污水零直排区”创建，加大管网建设、截污纳管、补水活水、重点断面水质提升、河湖长制落实等力度，明年7个镇街完成污水零直排创建目标；持续推进垃圾分类工作，强化分类指导、精准投放和规范收运，明年城区现有小区、农村垃圾分类覆盖率分别达100%、85%以上。

三要着眼治理科学化，打造和美社会。坚持自治、法治、德治“三治融合”，大力推进社会治理创新，营造文明、平安、和谐的社会环境。要坚持以法治权，深化依法治区。牢固树立法治意识，加强民主政治建设和依法治区，积极支持人大及其常委会依法行使监督权、决定权和任免权，发挥人民政协作为协商民主重要渠道作用，强化统一战线、群团组织、人民武装等的作用，扎实推进依法行政、公正司法、全民普法等工作。强化基层公权力监管，着眼规范行政村、社区、股份经济合作社的公权力，全面实施基层公权力“三清单”运行法，强化清单式定责、流程式明权和全程式监管；加强村监委建设，提高对村务决策、执行、成效的监督力度，在监督看得见、权力管得住、村民做得了主中，创建全国基层公权力运行样板区。要坚持以文化人，弘扬正能量。深化全国文明城市创建、“义乡鄞州”建设，依托周秀芳爱心工作室、最美鄞州人等资源，大力挖掘和宣传可见、可学的身边人身边事，通过教育引导、典型引路、社会主义核心价值观引领，促进人的文明素养提高、社会正能量的增强。要坚持以创增安，誓夺平安金鼎。围绕争金夺鼎，标本兼治防范社会稳定风险，深化扫黑除恶专项斗争，狠抓消防、交通、社会治安等领域突出问题专项攻坚，加强人防、物防、技防、心防建设，加快构建全社会风险预测预警预防和管控体系，严厉打击网络违法、涉众型经济犯罪等活动；着眼创建“无信访积案区”，全面落实坐班接访、定期接访等制度，强化重要时段维稳、重点群体稳控、违法行为打击等力度，在清初访、查重访、化积案中维护稳定和谐。要坚持以治促稳，强化基层治理创新。弘扬新时代枫桥经验，借鉴推广“划船经验”等，一方面创新“问题在基层发现”机制，结合“三进”活动，多种形式建设村民“说事长廊”，探索问题接单、工作派单、解决交单的闭环，把说事长廊建成党群联系点、民情收集点、政策宣讲点、和谐促进点；另一方面创新“矛盾在基层解决”机制，采取中心平台+基层网格、专业人员+普通群众、定期查漏+动态补漏，综合运用人民调解、行业调解、信访调解等方式，充分发挥老潘工作室、老娘舅、小巷法官的示范作用；引导群众和社会组织参与治理，努力把矛盾消除在萌芽状态。

四要着眼服务优质化，打造富美生活。从关键小事出发，办好民生实事。要精准扶贫攻坚。打好扶贫攻坚战，对区外对口帮扶协作地区，主动扛起责任，创新政府主导、多主体参与的帮扶机制，采取资金支持、项目扶持、产业导入、人才培养、服务输送等办法，巩固扩大对口帮扶协作成效；对区内集体经济薄弱村，充分调动企业、乡贤、社会组织等力量，多种途径扶持集体经济发展，明年力争90%的村经营性收入超30万元。要优化公共服务。着眼品质服务、均衡发展，深化教育综合改革，加强集团化办学、中小学校建设、低端薄弱学校改造提升等工作；强化健康鄞州建设，推进医共体、信息化等建设，启动中西医结合医院、基层卫生院改造等工程；优化文化建设，加强海丝文化、精品文化、民俗文化打造，推进省农村文化礼堂示范区创建，提高全民艺术、阅读、健身等惠民工程实效。要完善社会保障体系。坚持尽力而为、量力而行，强化就业帮扶、社保覆盖、精准救助、养老服务等工作，稳定并提高本地户籍养老、医疗等保险参保率，新建一批区域性居家养老服务中心，增强保基本、兜底线的能力。

（七）党建要创优，实施作风大提振行动

作风实则干劲足，党建强则事业兴。二次创业路上，要坚持党建引领、全面从严治党，激发实干、担当、奋进的精气神，营造清明、清正、清廉的政治生态。

一要政治引领强信念、增定力。抓牢思想政治建设不动摇，常态化抓深、抓实、抓到位。要始终旗帜鲜明讲政治。严格遵守政治纪律政治规矩，坚决贯彻中央和省委、市委的决策部署，引导各级党组织树牢"四个意识"、坚定"四个自信"、坚决做到"两个维护"。要注重知行合一强实践。深入学习习近平新时代中国特色社会主义思想，以及系列重要讲话和对浙江、对宁波工作特别是视察湾底村重要指示批示精神，大处着眼、高处谋划、实处发力，切实抓好贯彻落实和创新实践，努力创出鄞州模式、鄞州样板。要深化主题教育抓锤炼。大力开展"不忘初心、牢记使命"主题教育，依托政治生活馆、党建引育示范基地等平台，发挥先锋模范、先进典型的引领作用，加强党性锤炼、教育实践，进一步增强党员干部的初心使命和担当精神。要强化宣传引导聚能量。严格落实意识形态责任，加大重大主题、重要专题的宣传，强化阵地建设管理，创新舆情引导、应对处置的方法，在举旗帜、聚民心、育新人、兴文化、展形象中，弘扬主旋律、凝聚正能量。

二要重心下移抓基层、激活力。牢固树立大抓基层的导向，重心下移、力量下沉，狠抓"鄞领工程"。要到基层一线建强战斗堡垒。以"整镇（街道）推进、整区提升"为抓手，纵向抓到底，实施基层党建"百千万"工程，以划船、湾底、陆家堰和云龙等党建品牌为引领，强化后进党组织整转、星级党组织创建，形成百个党建特色品牌、千个三星以上党支部、万名锋领党员的格局；横向抓到边，统筹推进区域党建联盟、物居党建联建、行业党建整合、企业党建方阵和两新党建示范带建设，进一步扩大基层党组织覆盖面；定向抓到人，加大"第一书记"选派力度，探索村社党建助理员机制，发挥"红匠"工作室传帮带作用，把基层党组织建到最强。要在发展一线锻造鄞州铁军。突出实干实绩导向，抓一线培养，深化"百名干部一线攻坚挂职"计划，在急难险重任务、攻坚破难一线选拔优秀干部；抓精准选配，建立"八二分"日常考察、"三专"重点考察等机制，加大竞标选才、交流挂职等力度，选优配强狮子型干部；抓考核激励，健全领导干部大监督体系、"四述四评一清单"等机制，强化容错纠错机制的实际运用，进一步激发干部干事创业、担当作为的精气神。

三要标本兼治补短板、促清廉。以省委巡视反馈意见整改落实为契机，深化清廉鄞州建设。要把责任全面压紧压实。主动扛起全面从严治党政治责任，健全履责留痕留绩、"四单"督责、报告听取、廉政谈话等制度，层层压实主体责任、监督责任和领导责任。要把问题彻底整改到位。以问题为导向，一手抓省委巡视反馈意见整改"后半篇""回头看"文章，加大整改落实、成效巩固、建章立制力度，确保整到位、改彻底、不反弹；一手抓"庸懒散""中梗阻"问题整改，持之以恒落实中央八项规定精神，紧盯不敬畏、不在乎、喊口号、装样子的问题，紧盯不担当、不作为、慢作为、假作为的问题，以点带面、举一反三，做到见人、见事、见纪律、见制度。要把制度笼子扎紧扎密。强化权力监督，构建纪律监督、监察监督、派驻监督、巡察监督"四个全覆盖"格局，管好关键人、管到关键处、管住关键事、管在关键时，特别是要把"一把手"管住管好；强化重点监督，盯牢项目招投标、工程建设、政府采购、"三资"管理、征地拆迁等领域，以及群众身边的腐败和作风问题，打好专项整治、教育警示、制度防范等组合拳。要把正风反腐引向深入。深化标本兼治，持续加强纪律教育，推进典型案例"六个一"制度、清廉教育基地等建设，有效运用监督执纪"四种形态"，保持正风肃纪、惩治腐败的高压态势，进一步营造海晏河清的政治生态。

四要担当干事优作风、重作为。大力弘扬敢为、求实、争先的鄞州精神，不断激发实干、担当、奋进的精气神。要实干为先，"五夜六送"抓发展。空谈误国、实干兴邦。深入开展"三进"活动，强化"五夜"联动、狠抓"六送"上门，在力量向一线下沉、干部在一线担当、工作在一线落实中，心无旁骛谋发展、夙兴夜寐抓落实。要担当作为，"三担三为"强攻坚。岗位就是站位、有责就要担当。坚持担当、担责、担难一起抓，有为、作为、快为一起强，树立强烈的岗位意识、担当意识，"干"在岗位上、而不是"睡"在岗位上，拿出"逢山开路、遇水架桥"的魄力，拿出"不为困难找理由、只为成功想办法"的勇气，直面问题、直面困难、直面挑战，迎难而上、破难而进，闯出一片新天地。要奋进攀高，"六赛六比"打擂台。工作是舞台、更是赛场。大力开展"鄞州擂台、六赛六比"活动，以上率下、亮绩争先、比学赶超，项目前期打"攻坚赛"、开发建设打"进度赛"、镇街亮绩打"排位赛"、园区基地打"贡献赛"、局长问政打"公开赛"、村社治理打"竞技赛"，在比位次、比项目、比质量，比创新、比服务、比担当中，进一步形成你追我赶、争先恐后的干事氛围，用党员干部的实干指数、基层组织的先锋指数，换取鄞州高质量发展指数、群众幸福指数。

同志们，历史只会眷顾坚定者、奋进者、搏击者，不会等待犹豫者、懈怠者、畏难者，让我们高举习近平新时代中国特色社会主义思想伟大旗帜，上下一条心、拧成一股绳、铆足一股劲，咬定目标、攻坚破难、奋力前行，"二次创业"再出发、"两高四好"勇攀高，以优异成绩向新中国成立70周年献礼！

（区委办公室）

政府工作报告

——在宁波市鄞州区第十八届人民代表大会第三次会议上的报告

代区长　王兆波
（2019年1月16日）

代区长　王兆波

2018年工作回顾

2018年是全面贯彻党的十九大精神的开局之年，是改革开放40周年，也是鄞州顶住压力、砥砺前行的一年。一年来，面对骤然增多的风险挑战、爬坡过坎的严峻考验、日趋激烈的区域竞争，我们坚持以习近平新时代中国特色社会主义思想为指导，在上级和区委的坚强领导下，在区人大、区政协的监督支持下，全面落实省委“八八战略再深化、改革开放再出发”和市委“六争攻坚、三年攀高”决策部署，大力开展“三进”活动和“六大专项行动”，全力打好三大攻坚战，有力推进了经济社会协调稳步发展，基本完成了区十八届人大二次会议确定的目标任务、民生实事，连续4年位居全国综合实力百强区第四位，获评中国知识产权领域最具影响力县域第一位、全国绿色发展百强区第二位、科技创新百强区第三位、投资潜力百强区第八位。预计，全年实现地区生产总值1820.11亿元，增长5%，总量稳居全市首位、全省第三位；完成财政总收入435.91亿元，增长6.10%，一般公共预算收入252.99亿元，增长4.70%；城镇和农村居民人均可支配收入达到6.49万元和3.66万元，增长8.40%和8.80%；金融机构本外币存贷款余额达到6259.30亿元和7651亿元，增长7.60%和22.50%。

一、改革开放全面深化创新红利不断释放

改革呈现多点突破好态势。“最多跑一次”基本实现政府办事事项全覆盖，100个行业审批实现“一件事”一窗办结，143项事项“一证通办”，363项事项全程网上办理，“微审批”平台获中国“互联网+政务”50强，在全国率先推行远程视频审批、审批与信用挂钩应用。深化“亩均论英雄”改革，规模以上工业亩均增加值和税收分别达到152.70万元、42.90万元，分列全市第一、第二，4家企业进入全市制造业亩产前十名。启动“标准地+承诺制”改革，61公顷工业用地以“标准地”出让。开展第三次全国国土调查、农房确权登记发证、国有划拨土地使用权补办出让等工作，建成高标准农田1200公顷，实施垦造耕地72.47公顷，拆除复耕18.33公顷。深化国资国企改革，鄞城集团挂牌成立，鄞通、鄞工、鄞建集团启动组建。制订乡村振兴三年行动计划，推行城乡基层公权力“三清单一流程”运行法。全区承包土地流转率达到80%，100个村实现整村流转，农业适度规模经营率达到65%，128个村完成农村土地承包经营权确权登记颁证任务。深化完善股份合作制改革，52个村（社）通过改革完善方案。姜山列入宁波卫星城市试点镇。深入推进军民融合，建立退役士兵三级服务网络，棚改涉军房产处置取得突破性进展。第四次全国经济普查完成主体清查。推动集团化办学，深化学校作息、作业等改革，启动实施医共体改革，完善养老服务机构市场化运营机制。在全市率先建成流动人口心灵家园、启动社会组织创新园建设。

民营和外向优势得到巩固。召开民营经济发展大会，设立中小企业融资担保公司，出台降本减负促进实体经济稳增长15条政策，为企业减负超过50亿元。推行商事登记简易注销、跨部门双随机抽查等惠企制度，营业执照办理承诺时间压缩到2个工作日，新增小微企业1万余家，实有市场主

体达到13.80万户。强化一把手招商、小分队招商，总投资80亿元的高世代氧化物TFT电子纸项目成功签约，盛吉盛半导体、泰康医养综合体、亚马逊宁波跨境产业园、多牛传媒等一批有影响力的产业项目顺利落户，实到外资7.90亿美元、内资142亿元、浙商回归资金156亿元。积极应对中美贸易摩擦，进出口总额达到1590亿元，其中出口1200亿元，增长15%；实现服务外包执行总额91亿元，跨境B2B出口额25.90亿美元，获评省外贸十强县（市、区）第二位。新批境外投资企业23家，对外投资额达到3.30亿美元。

自主创新能力进一步增强。研究与试验发展经费占地区生产总值比重达到2.0%。新增中国驰名商标1个，专利和发明专利申请量、授权量四项指标均居全市首位，奥克斯获得全省首批“品字标浙江制造”和“一带一路”认证，开天工程参与完成的复合地基项目获鄞州史上首个国家科技进步一等奖，明州医院和宁波市第六医院参与完成的脊柱创伤修复项目获国家科技进步二等奖。启动“百企攀高、千企创新”工程，新增市创新型初创企业357家，新认定国家级知识产权优势企业7家、省级专利示范企业3家，高新技术企业总数达到291家。拥有国家级企业技术中心8家、双创平台16家，鄞州科技大市场入库科技成果1020项。推出人才新政22条，新增市级院士工作站3家，拥有全国示范院士工作站2家，柔性引进院士5人，聘任9名院士、专家担任城南智创大走廊顾问，新增入选国家重点计划人才5人，市级以上各级计划人才（团队）达到93人（个）。

二、经济运行平稳有序，转型发展提速增效

投资稳健增长。召开重大项目暨拔钉清零攻坚誓师大会，完成固定资产投资550.20亿元，其中17个省市重点项目完成投资67.40亿元，100个区级重点实施类项目完成投资227.80亿元，省市县长工程年内开工率达到60%，技改、高新技术产业、交通、生态环境和公共设施投资分别增长10%、25%、110%、40%。强化用地保障，新增建设用地249.87公顷，增长359%。优化土地出让体制，出让土地137.6公顷；其中工业用地78.53公顷，增长156%，出让规模创五年来新高。消化“批而未供”土地291.27公顷，盘活存量建设用地143.33公顷，低效用地再开发106.67公顷。

结构效益向好。坚持产村联动，编制实施农业重点项目三年滚动计划，启动现代农业园区改造提升11个，创建5亿元以上市级示范性农业全产业链1条，“鄞州雪菜”入选全国名特优新农产品目录，成为省级农业“机器换人”示范区。工业质量持续攀升，规上工业增加值达到280亿元，全员劳动生产率达到每人每年18万元，装备制造业、高新技术产业增加值占规上工业比重达到63%和60%，战略性新兴产业增加值增长45%；新增市级以上制造业单项（隐形）冠军16家、上云企业3770家；两化融合发展指数达到94.60，连续3年居全市第一；整治提升“低散乱”企业219家，盘活低效厂房40.50万平方米。建筑业总产值达到844.50亿元，增长10.40%，总量位居全市第二。服务业影响力不断扩大，位列省服务业强县（市、区）综合评价Ⅱ类第二。实现社会消费品零售总额810亿元，增长9%；批发零售业销售额4300亿元，增长19%；网络零售额460亿元，增长30%。商品房销售面积达到339万平方米。新增航运物流企业142家，波兰船级社成功落户；金融业实现增加值172亿元，新增“新三板”挂牌企业2家、甬股交挂牌企业96家。软件和信息服务业收入达到200亿元，蝉联全市第一；旅游总收入达到258亿元，增长15%；会展、广告设计、人力资源、法律服务等产业规模保持全市首位。

载体提档升级。鄞州四明金融小镇年度考核位列全省第三，进入省级示范评选名单，获评国家AAA级旅游景区；现代电车小镇被列入第四批省级特色小镇创建名单；宁波保险科技产业园顺利开园，武汉大学宁波国家保险发展研究院落户鄞州区；拥有各类电子商务园区11个。鄞州工业园区智能空调、汽车零部件等重大项目竣工投产，鄞州投创中心获省级军民融合产业基地考核优良，鄞州经济开发区二期建设拉开框架，中车产业基地集聚浙江中车新能源等企业16家，宁波微电子创新产业园获评省级产业创新服务综合体创建单位，鄞州成功创建省级集成电路产业基地。楼宇经济集聚效应加速显现，全区商务楼宇面积达到488.30万平方米，入驻率78.80%，实现税收76亿元；新增税收超亿元楼宇2幢，总数达到20幢；完成楼宇企业整规679家。

三、城市能级持续提升，全域联动进程加快

城市承载力再上台阶。积极融入宁波“拥江揽湖滨海”战略，编制完善中部区域融合发展、美丽乡村建设等规划，统筹推进城市有机更新。东部新城完成投资160.40亿元，建成市图书馆新馆、城展馆等项目，启动建设中央公园、明湖等项目；南部商务区三期建设扎实推进，四期地块成功出让；金钟、海田等地块开发提速，长丰热电厂地块完成拆除，南余、桑家等地块拆迁取得突破，全区完成征迁118.30万平方米。鄞城大道鄞州段、宁南南路（庆元大道—北大路）等骨干道路建成通车，实施主次干道整治5条，创建美丽经济交通走廊68.70千米，新建改建农村公路58.40千米，轨道交通、宁奉城际铁路、金甬铁路、象山湾疏港高速等工程扎实推进。新增公共停车位6000个、老旧小区停车位600个。建成110千伏及以上变电站5个，投用滨江、定桥生活垃圾中转站。奉化江、东江、大嵩江堤防工程全面建成，20个小区中高层住宅完成二次供水改造。

环境大整治成效明显。召开城市精细化管理大会，创新老旧小区微整治、微更新、微改造模式，实施保安、保洁、保绿、保序“四保联动”，清理“僵尸车”1900余辆，整治提升围挡4.20万米、“桥头跳”134处，孔雀小区在全省率先开展住宅专项维修资金补缴工作。深入推进小城镇环境综合整治，整治路域环境问题1.20万处，

清除垃圾17万吨，五乡、横溪等8个镇通过省级验收。咸祥获评省森林城镇，塘溪、东吴分别列入省级旅游风情小镇和市级乡村全域旅游示范区培育名单。新增国家级和省级美丽宜居村3个，创建市级美丽乡村示范村5个、风景线1条，A级以上景区村庄达到33个，其中AAA级旅游景区村庄6个。新建改建各类公厕662座。大力推进垃圾分类、源头减量、回收利用，城市居住小区和农村生活垃圾分类覆盖率分别达到93.40%、75%。拆除违建181万平方米，完成"三改"196.90万平方米，拆后利用率达到76%。攻坚实施"五水共治"，推进"污水零直排区"创建，2条河道入选省市级"美丽河湖"，创建市级水环境示范镇村4个，整治平原生态河道15千米，疏浚河道60千米，清淤42.60万立方米，调水活水2.20亿立方米，162个村完成生活污水治理，通过国家城市黑臭水体专项督查。开展"大棚房"、殡葬领域突出问题等专项整治，清理永久基本农田内经营性花木种植266.67公顷。整治金属表面处理企业38家、废弃矿山5座，新增全国绿色矿山2座，环境空气优良率提升到87%。开展第二次全国污染源普查，持续抓好上级环保和海洋督察反馈意见整改工作，落实生态环境状况报告制度。

文化软实力领跑全市。顺利通过省文明区复评，云龙成为省小城镇文明行动样板镇。深入推进义乡鄞州建设，新增"中国好人"2位、红十字博爱家园20个，春城社区获评全国最美志愿服务社区。区英雄烈士纪念馆一期工程基本建成。形象宣传片《鲜活鄞州》成功发布，《蔡康国》《策反》等文艺精品上映播出。"艺起来"等活动惠及群众70余万人次，全国青少年大提琴艺术周活动落户鄞州，组建宁波青少年交响乐团，新建文化礼堂（家园）32个，成为国内首家"中国海丝文化之乡"，蝉联全省公共文化服务综合评估"十连冠"，瞻岐创建为省文化强镇。成功举办国际男子网球挑战赛、跑遍鄞州系列马拉松等赛事，云龙镇龙舟队代表宁波市参加省龙舟锦标赛，总成绩位居第二；鄞州区运动员在省第十六届运动会上取得41金38银的佳绩，金牌数、总分均居全市第一。

四、民生短板加快补齐，治理体系更加优化

"关键小事"办实办好。实施失业保险城乡一体化政策，新增创业实体2.50万家，创业带动就业8.40万人，新增就业4.10万人，城镇登记失业率为2.10%，鄞州大学生（青年）创业园成为国家级海峡两岸青年就业创业基地。户籍人口养老保险、医疗保险参保率分别达到98%、98.80%，残疾人"两项补贴"惠及1.40万人，低保标准提高到每人每月885元。完成棚户区改造15.80万平方米，棚改安置房新开工2144套、竣工4500套。募集慈善款项1亿元，发放社会救助资金1.60亿元。"精准帮扶"综合保险惠及困难家庭5110户，政策性农业保险农户自付比例降至6.20%。

公共服务稳步提高。新投用学校（幼儿园）7所，新增普惠性民办幼儿园5所，改建学校食堂4所，开展校外培训机构专项治理，获评全国中小学校责任督学挂牌督导创新区、青少年校园足球试点区等称号。出台《健康鄞州2030行动纲要》，市眼科医院、东部新城社区卫生服务中心等投入使用，实现省卫生镇全覆盖，创建为全国流动人口基本公共卫生计生服务均等化示范县（市）区。公共场所母婴室配置率达到85.90%。建立区家院互融中心，新建区域性居家养老服务中心5家。新建改建菜市场9家。

社会形势保持稳定。出台加强社区建设实施意见和全省首个社区服务类国家标准，23个社区完成标准化改造，"365社区服务工作法"入选全国百例优秀社区工作法。强化镇（街道）"一中心+四平台+全科网格"功能，创新推进"老潘警调""访调对接"等模式，信访积案化解、"鄞州无欠薪"行动等工作成效明显。强势推进扫黑除恶专项斗争，加快"雪亮工程"建设，实施二手车、套路贷、违规养犬、车棚车库违规住人等专项整治，P2P网贷机构从年初的71家减少到1家，整改违规群租房2135户，刑事立案数下降20.80%。加强防灾减灾救灾和应急处置工作，提前完成"除险安居"地质灾害隐患点综合治理。深入推进安全生产领域改革发展，消防、道路交通等安全工作得到加强，爱心企业向社会捐赠电动车安全头盔18万顶，安全生产事故数和死亡人数分别下降60.90%和26.10%。落实食品药品安全党政同责，开展非洲猪瘟疫情防控行动，获评省级农产品质量安全放心区。

一年来，我们切实加强政府自身建设，制订实施"两强三提高"建设行动计划，深入开展"大学习、大调研、大抓落实""五夜联动"等活动，出台容错纠错、激励干部实干担当奋进等规定，完善区政府领导定期碰头交流、分工负责抓落实等机制，干部精气神明显提振。严格落实全面从严治党主体责任，持之以恒推进党风廉政建设，省委巡视组反馈意见整改取得阶段性成效。主动接受人大法律监督、政协民主监督，开展《民情面对面・向人民报告》政情直通等活动，610件建议提案按期办复。主动公开政府信息2万余件，行政机关负责人出庭应诉率达到87.8%，成为法治政府建设"最佳实践"全省试点。启动政务数据共享工作，全面推广政务钉钉。172项重点工作列入政务督查"执行台账"。公共事务受理中心接处群众各类诉求超42万件，区公共资源交易中心入选全国县级十佳公共资源交易机构。制订政府隐性债务五年消债计划，清理盘活财政结余资金14.50亿元，探索开展自然资源资产责任审计。深化公车改革，推进办公用房合理配置，拍卖处置行政事业单位房产2425平方米，"三公"经费压减16.80%。加强咨询委、社科院等智库建设，成立美丽乡村建设研究会。

一年来，我们坚持政府、企业、社会协同共进，扎实推进东西部扶贫协作，建立与和龙、延吉"三年行动、十大援助"帮扶协作体系，探索实施"共享稻田"、村企结对、百名专业技术人员赴延边等举措，发挥周秀芳等爱心品牌影响力，落实财政帮扶资金

6629.40万元，筹集社会帮扶资金（物资）1236.70万元，启动建设91个帮扶项目，其中10个产业项目惠及1514户2662名贫困人口，为和龙、延吉脱贫攻坚贡献了鄞州力量。启动鄞州-衢江山海协作升级版工作，产业合作项目到位资金达到3.20亿元。

一年来，我们全力支持宁波国家高新区、东钱湖旅游度假区开发建设，着手调整梅墟街道行政区划，科普、档案、史志、气象、侨务、对台、海关、工青妇、工商联、国防动员、民族宗教、烟草管理、关心下一代、机关事务管理、革命老区建设等工作取得了新的成效，鄞州区与波兰华沙中央区建立友好交流关系。

各位代表！

回顾一年来同舟共济的拼搏之路，我们深感信心就是力量、团结就是力量。鄞州区之所以能够迎难而上、平稳发展，离不开上级和区委的正确领导，离不开全区上下的共同努力，离不开社会各界的关心帮助。在此，我代表区人民政府，向在鄞州工作生活的全体人民，向社会各界、驻鄞解放军和武警官兵，向所有关心支持鄞州发展的海内外朋友，表示崇高敬意和衷心感谢！

回顾一年来稳中求进的转型之路，我们深感创业才有出路、攀高才能取胜。实践证明，只有坚定不移地把握经济新常态，激发创新潜力和市场活力，推进高质量发展，才能切实增强经济竞争力和抗风险能力，才能有效解决发展不平衡、不充分的问题。

回顾一年来攻坚克难的奋斗之路，我们深感问题不容忽视、矛盾亟待化解。从工作完成情况看，地区生产总值、一般公共预算收入增速未能实现预期目标，虽然有统计方法制度改革、减税降费政策实施等客观因素，但也反映出政府招引重大产业项目的成效还不够明显、推进重大项目的效率还有待提高等问题。从发展质量看，长期积累的结构性矛盾逐步凸现，传统产业改造提升还需加速，新动能还不够强劲，民营企业和实体经济面临困难明显增多。从群众期盼看，民生领域还有不少短板，老旧小区整治、美丽乡村建设任务繁重，城市管理、生态建设、公共服务、社会治理还有待加强。同时，一些政府工作人员不担当、不作为、慢作为等现象一定程度存在，行政区划调整的红利仍未完全释放。对此，我们将高度重视，采取有效措施，认真加以改进和解决。

2019年主要任务

当前世界面临百年未有之大变局，变局中危和机同生并存。我们既要充分估量面临的困难挑战，又要深刻理解重要战略机遇期的新内涵。只要我们振奋精神、抢抓机遇，集中精力把自己的事情办好，就一定能够化危为机、开创新局，在高质量发展的路上越走越稳健、越走越宽广。根据上级精神，结合鄞州实际，区委十四届六次全会提出未来鄞州要推进高质量发展、建设高品质强区，打造政治生态好、经济生态好、社会生态好、自然生态好的全国示范区，力争到2021年，实现地区生产总值2200亿元，财政总收入600亿元，进出口总额2000亿元，社会消费品零售总额1200亿元，全国百强区综合实力排名“稳四进三”。

2019年是新中国成立70周年，也是鄞州“二次创业”再出发、“两高四好”勇攀高的起步之年。今年工作的总体要求是：高举习近平新时代中国特色社会主义思想伟大旗帜，全面贯彻落实党的十九大、十九届二中、三中全会和中央经济工作会议精神，认真贯彻省委、市委、区委的重大决策部署，围绕稳增长、促改革、调结构、惠民生、防风险，深入落实“巩固、增强、提升、畅通”八字方针，突出稳企业、增动能、保平安，大力开展重大项目攻坚年、改革深化突破年、基层治理创新年“三个年”活动，组织实施项目大攻坚、产业大提升、动能大转换、改革大突破、空间大拓展、品质大提档、作风大提振“七大行动”计划，聚焦重点、攻坚破难、争先攀高，确保区域发展领跑领先。

今年全区经济社会发展主要预期目标建议为：地区生产总值增长6%，一般公共预算收入增长7%，固定资产投资增长10%，城镇登记失业率控制在2.50%以内，城乡居民收入增长与经济增长基本同步，节能减排降碳完成市下达目标。

重点做好以下六方面工作：

一、做强做优实体经济，构建现代产业体系

大力发展主导产业。统筹实施产业大提升行动，做大做强数字经济、平台经济、总部经济、美丽经济、鄞州人经济“五大经济”，提升发展数字信息、智能制造、金融服务、现代商贸、对外贸易“五大千亿产业”，培育壮大新材料、智能家电、高端汽配、航运物流、旅游休闲“五大五百亿优势产业”。实施数字经济三年行动计划，重点布局集成电路产业，积极打造智能家电、智能汽车零部件、软件和信息服务等产业集群，数字经济占地区生产总值比重达到48%。坚持优化存量、做大增量两手抓，改造提升时尚服装、五金工具等传统优势产业，大力发展医药健康等高成长性产业，促进制造业高质量发展，规上工业增加值增长6%。推进互联网、大数据、人工智能与实体经济深度融合，增强云制造、云服务平台带动功能，净增上云企业3530家。依托国际金融服务中心、鄞州四明金融小镇、宁波保险科技产业园、金融硅谷等平台，加快壮大金融产业集群。提升航运信息、航运交易、航运服务平台影响力，港航物流上规模企业达到220家。

推进贸易强区建设。优化外贸环境，引导企业发展跨境电商、设立海外基地、开展跨国并购，推动国际贸易向高附加值领域、新兴市场拓展，外贸上10亿美元、上亿美元企业分别达到3家、28家。支持企业拓展国内市场，在同等条件下加大本地产品政府采购力度。打响“购在鄞州”品牌，提升发展万达广场、东部银泰城等十大重点商圈，错位打造东裕里、集盒等十大特色街区，组织举办全年不落幕的各类商贸节庆活动，着力引进培育商

贸连锁业态、新兴业态，形成30亿级商业综合体1个、10亿级3个、5亿级3个，新增邻里中心2个，社会消费品零售总额增长10%。扩大服务型消费供给，积极发展会展、广告设计、影视传媒、法律服务、审计咨询等服务业。

加快科技成果转化。围绕科技创新“十百千万计划”目标，实施动能大转换行动。推进中物院宁波军转民科技园、清华长三角研究院宁波分院等科创平台建设，支持龙头骨干企业创建国家级企业技术中心、省级企业研究院等，研究与试验发展经费占地区生产总值比重达到2.50%，高新技术产业产值达到900亿元。开展“人才科技智创周”“百名院士专家进鄞州”等活动，提升产业创新服务综合体、众创空间能级。加快科技大市场“难题库、技术库、人才库、服务库”建设，技术交易额达到13.50亿元。建立知识产权质押融资平台，健全知识产权综合管理服务体系和保护协作机制，专利授权量达到11000件，其中发明专利1600件。稳步推进“民参军”，军民融合产业产值达到130亿元。

保障产业发展空间。做强双创示范基地、广告产业园等国家级平台，提升软件和信息服务产业示范基地、人力资源产业园等省级平台能级，谋划打造软件产业园、跨境电商园、数字经济创新核心区、国家自主创新示范区园中园、国家保险创新综合试验区核心区等平台，“三园区一基地”产值达到720亿元。调整优化全区土地利用布局，狠抓存量土地消化利用，力争盘活各类土地233.33公顷。启动规上服务业企业亩均效益评价，实现“亩均论英雄”工业企业评价全覆盖，整治提升亩均税收万元以下低效企业。创新发展工业地产，未来三年改造提升新型小微企业园26个，今年启动新建和改建扩建10个。整治“低散乱”企业120家。深化楼宇整规，力争楼宇纳税率提高10个百分点。

二、打造一流营商环境，支持民营企业发展

壮大市场主体。坚持引进、培育、扶持并举，支持行业龙头骨干企业加快发展，力争未来三年，形成一批营收200亿级的“百亿领军企业”、100家专精特新的“百强单打冠军”、100家“上市及梯队企业”，累计集聚100名省级以上重点计划人才。深入实施新一轮小微企业三年成长计划，新增市场主体3万户、“小升规”企业60家、市级以上单打冠军5家。建立创新型初创企业、高新技术苗子企业、高新技术企业“雁阵”发展梯队，新增高新技术企业60家。推进“凤凰行动”鄞州计划，鼓励企业开展增发融资、兼并重组、股改上市，新增直接融资200亿元。实施“外智柔引”三年行动，积极争抢海内外高端人才，大力培养本土骨干人才，新增入选国家、省重点计划人才各4人。

优化政务服务。实施改革大突破行动，推进“最多跑一次”标准化建设，全面推广“一窗通办、一网通办、就近能办”，扩大电子证照（签章）应用，完善信用审批机制，争创“无证明”城区。打好标准地、承诺制、代办制、中介提速、区域评价、流程优化等组合拳，力争企业大型投资项目90天、一般项目60天、小型项目30天内完成开工审批。深化商事制度改革，让企业在申请开办、用电用水用气、纳税等方面更为便利。建成投用市民服务中心，深化“最多问一次”政务咨询平台建设。

减轻企业负担。积极践行“亲”“清”新型政商关系，加快兑现各类扶持举措，尽力帮助企业解决难题。全面落实企业帮扶“白名单”、降本减负、市场准入等一揽子政策，实施涉企行政事业性收费和政府性基金清单外“零收费”，进一步加大小微企业财产保险力度。依法保障企业经营权、财产权，开展民营企业“法治体检”活动，严格保护经营管理者个人合法财产不受侵犯。全面推动执法监管“一次到位”，着力构建事前管标准、事中管检查、事后管处罚、信用管终身的监管体系。

开展精准招商。大力发扬“六皮”精神，坚持“招大引强、招新引优”，组建“八大重点产业”招商小分队，探索北上深驻点招商，创新鄞商回归、鄞智回归等载体，织密企业、商会、行业协会、在外鄞州人等招商网络，实到外资、内资、浙商回归资金均增长8%，力争招引1个以上百亿元项目、5个以上50亿元项目、10个以上20亿元项目。

三、深入推进乡村振兴，创出特色亮点品牌

建设有乡愁的宜居镇村。编制鄞州乡村振兴战略规划，完善镇村规划体系，做好古镇古村落历史文化遗存和风貌保护，引导镇村个性化发展。挖掘小城镇资源禀赋优势，纵深推进小城镇环境综合整治行动，省级样板镇达到3个。推动美丽宜居村建设串点成线，提升村主入口、停车场、主要道路、公共建筑等形象功能，推进危房治理和农房改建，建成美丽宜居村18个，创建市级美丽乡村示范村7个、风景线1条。

建设高质量的美丽经济。围绕打造绿色都市农业强区目标，加快姜山省级现代农业园区和咸祥、横溪省级特色农业强镇建设，积极打造有影响力的农产品品牌，到2020年，蔬果、林特、水产、种业占农业比重达到70%。推进农业重点项目和规模化“三品一标”生产基地建设，建成市级多彩农业美丽田园示范基地、现代农业庄园各3个，完成现代农业园区改造提升11个，建设粮食绿色高产高效示范方10个、美丽生态牧场2家、水产养殖示范基地133.33公顷。围绕打造全域旅游品牌，大力发展观光农业、农事节庆、乡村旅游、民宿经济，创建A级景区村庄14个，其中AAA级旅游景区村庄2个。全力推动天童风景名胜区创建AAAA级旅游景区，争创AAAAA级旅游景区。加快开发首南石家村、横溪农旅小镇、天童养生度假园区、康养勤勇等旅游项目。

建设更高效的涉农体制。大力推进科技进村、资金进村、青年回村、乡贤回村。深化涉农资金整合，按照“项目化推进、集中式投放、竞争性获取”原则，投向重点领域、重点区域。积极扶持集体经济薄弱村，提升村级集体经济造血功能，90%的村经营性收入

超过30万元。完善股份经济合作社运行机制，健全农村集体经济审计工作机制。推进农村承包地“三权分置”改革、适度规模经营，完善土地经营权流转机制和服务体系，全区承包土地流转率达到85%。以农村宅基地及房屋确权登记发证为契机，实施全域土地综合整治，探索闲置宅基地和房屋流转开发利用，努力突破农村建设用地瓶颈。完善“三位一体”农合联网络，建成示范性镇级现代农业服务中心5家，筹建产业农合联3家。

四、聚焦资源整合融合，增强辐射带动功能

实施空间大拓展行动。开展国土空间规划研究，推进“多规合一”。按照大区块、组团化、成片区协同推进思路，加大与高新区、东钱湖旅游度假区和东部新城建设指挥部、市轨道交通集团、市开投集团的联动力度。建立“指挥部+实体化”的开发模式，高标准建设“一带、一廊、一滩、一城、一区、一圈”六大新空间，启动城中村改造102.80万平方米。高起点打造城区中部“科产城”融合带，推动长丰—宁丰区块沿江项目落地，启动仇毕区块合作开发和前殷区块安置房建设，谋划推进中河工业区、矮柳—王家弄等区块开发，确保三年初见成效、五年基本成形。加快建设城南智创大走廊，推进东部新城中央商务区、中央公园等建设，狠抓东片区拆迁清零；加快南部商务区三期、四期地块开发建设，实施区域景观提升工程。提升甬江时尚东外滩功能形象，抓好江南等地块拆迁，推进潜龙、南余、桑家、明一、渔轮厂等地块开发，基本建成新世界广场一期。抢抓轨道交通建设机遇，推进姜山卫星城市发展三年行动计划，打造田园城市。提升瞻岐微旅小镇、咸祥蓝色海湾小镇、塘溪旅游风情小镇特色档次，努力打造滨海“山海产城”融合示范区。高水平开发东钱湖区域，推动东吴、五乡、云龙、横溪、下应等镇（街道）合力建设环东钱湖绿色创新圈。

实施项目大攻坚行动。聚焦高新产业、城市功能、基础设施、生态环保和社会资本等重点领域，加快推进博威特殊合金、维汇智能电商物流、宁波中心、城市之光等项目建设，基本建成宏泰广场南区、华侨城欢乐海岸等项目，固定资产投资确保达到605亿元，力争突破650亿元，未来三年累计达到2000亿元。有序实施491个政府投资项目，完成年度投资125.60亿元。推进雁湖路改建、鄞县大道改造提升等工程建设，打通桑田北路（曙光北路—甬江大道）、首南东路（下应南路—福庆路）等“断头路”，整治提升天童南路（日丽中路—泰安中路）、甬江大道（中兴北路—常洪隧道）等主次干道。高水平建设“四好农村路”，创建盛宁线等美丽经济交通走廊7条，改造提升农村公路10千米。推进九曲河、印洪碶配套河道、庙堰碶泵站、鄞东南排涝闸等工程建设，开工建设楝树港泵站、新杨木碶水闸改造等项目。建成大河变迁扩建等项目，推进充电站（桩）建设，电力投资达到10亿元。抓好明湖后塘河以北等37个地块清零，全区征迁141.40万平方米。深化投融资改革，做大做强四大国资集团，积极争取地方政府专项债券额度，规范实施PPP、“XOD+PPP”等模式。

实施品质大提档行动。深入推进城市精细化管理三年行动，构建全民参与、全域治理的良好格局。全力落实征迁地块管理、交通秩序整治、积水防治、夜景亮化、建筑垃圾处置、群租房及车棚车库管理、餐饮油烟管控等27个重点任务，打造背街小巷示范区6个，新建改建城乡公厕227座。提升住宅小区品质，启动老旧小区整治改造50万平方米，完成32个小区中高层住宅二次供水改造。推广智慧停车系统，新增各类停车位5000个。全面加强生态环境保护，打好污染防治攻坚战。落实生态文明示范创建三年行动计划，推进蓝天、碧水、净土、清废行动，配合做好中央环保督察“回头看”。深化“五水共治”，创建市级“美丽河湖”2条、“污水零直排镇（街道）”7个、水环境示范镇村4个，建成污水管网24千米，完成河道综合整治15千米、疏浚40千米、清淤40万立方米，调水活水1.80亿立方米。深化“无违建”创建行动，推行住宅小区执法清单制度，集中整治新增违建、较大面积违建、“两路两侧”违建和别墅违建。抓好农业面源污染、永久基本农田内经营性花木种植、殡葬领域突出问题等整治，建设珍贵彩色森林66.67公顷，创建“一村万树”示范村4个。推进垃圾收运、回收利用、终端处理相互衔接，城市居住小区、农村生活垃圾分类覆盖率分别达到100%、85%。

五、促进民生持续改善，着力创造美好生活

提高社会保障水平。把稳就业放在突出位置，促进高校毕业生、就业困难人员、农村转移劳动力、退役士兵等重点人群就业创业，创业带动就业7万人。推进社保扩面，户籍人口养老保险、医疗保险参保率保持稳定，确保扶贫对象应保尽保。打好低收入百姓增收攻坚战，加大因病致贫家庭救助力度，完善低保边缘家庭救助措施。全面开展家院互融养老服务，探索搭建智慧养老云平台，加快建设区域性居家养老服务中心、社区嵌入式养老微机构和中央厨房。实施危旧房改造5万平方米，棚改安置房新开工2000套、建成3000套。加强全装修住宅质量监管，保障购房者合法权益。健全退役军人服务体系，扎实抓好国防动员、双拥共建、优抚安置等工作。加强“菜篮子”工作，推进菜市场改造提升。保障妇女儿童、残疾人合法权益。

办好均衡优质教育。召开全区教育大会，出台加快推进教育现代化等举措，深化集团化办学，加大教学骨干交流轮岗、驻点帮扶力度，推进优质教育资源向农村学校、薄弱学校延伸覆盖。大力培养名校长、名教师、名班主任，开展教师“区管校聘”制度改革。建成潘火实验中学、学士小学等学校（幼儿园）5所。健全课后托管服务体系，开展流动人口子女义务段积分入学工作。鼓励社会资本兴建外籍人员子女学校、特色幼儿园，抓好低端民办学校（幼儿园）撤并整改提升工作，引导培训机构规范发展。

深化健康鄞州建设。探索“互联网+医共体”建设新路径，支持区级医院争创三甲医院，加大与区外高水平医院、医学院校合作力度，加强基层医疗机构建设，深入推进名医下乡，提高家庭医生服务水平。加快建设区妇幼保健院、明楼街道社区卫生服务中心等项目，启动建设中西医结合医院、鄞州人民医院东院区等项目。鼓励社会办医，促进健康服务业发展。推进中医药事业发展，抓好慢性病综合防控、心理健康服务、妇幼健康服务、残疾康复等工作，加强儿童青少年近视防控，打造医养融合健康服务E站30家。深入开展全民健身工程，打造千里健身步道，引进一批高等级体育品牌赛事。

加大扶贫协作力度。完善与和龙、延吉的对接机制，深入开展产业合作、劳务协作、技术帮扶等活动，拓宽社会参与方式，加大对建档立卡贫困户的帮扶力度。创新产业扶贫方式，南部商务区民俗风情特色街区建成开业。深入实施山海协作工程，推动鄞州与衢江等地在招商引资、飞地经济等方面开展深度合作。

各位代表，今年我们要继续按照代表票决结果，办好10个民生实事项目，不断提升人民群众的获得感、幸福感、安全感。

六、推动共建共治共享，提高社会文明水平

打响鄞州文化名城品牌。加大鄞州形象宣传推广力度，深入打造佛教、海丝、书法、博物馆等文化品牌，举办庆祝新中国成立70周年系列文化惠民活动，创作一批具有地域特色、社会效益的文艺精品，让更多人了解鄞州、走进鄞州、选择鄞州。常态化推进文明城市创建，加强道德典型挖掘培树，做强红色力量慈善义工大队、周秀芳爱心驿站等义乡鄞州品牌，培育市级农村文明示范线1条，让鄞州处处展现文明之美。提高文化礼堂（家园）覆盖率和使用率，新增文化礼堂（家园）39个。有序推动中心城区老旧厂房向文创园区转型，促进文化产业加快发展。

提升基层治理现代化水平。弘扬新时代“枫桥经验”，推动“三清单一流程”向所有村（社区、股份经济合作社）覆盖，实施法律服务进村（社区）为民工程，加快构建自治、法治、德治“三治融合”体系。坚持“村事民议”“村务民定”“村权民管”，扩大村规民约、社区公约覆盖面，“说事长廊”达到50个。加强社会工作人才和志愿者队伍建设，提高社工待遇，80%社区成为规范化社区，创建特色化社区40个。大力培育政府职能承接型、补位型社会组织。发挥业委会作用，积极开展选聘物业企业、监督物业维修资金使用等工作。健全物业服务标准化体系，加强物业监管，及时查处物业企业不良行为。

举全区之力争夺“平安金鼎”。扎实推进“清初访、查重访、化积案”行动，妥善处理征地拆迁、劳资关系、环境污染、房地产等引起的矛盾纠纷。推动扫黑除恶专项斗争向纵深开展，加快“雪亮工程”建设与应用，加强网络治理，依法打击黄赌毒、盗抢骗等违法犯罪活动。深入开展互联网金融整治，持续打击恶意逃废债、非法集资等违法金融活动。强化安全生产党委政府领导责任、部门监管责任、企业主体责任，加强消防、道路交通、建筑施工、高危行业等重点领域的安全防控，抓好违规群租房、工业厂房改公寓楼等专项整治。扩大食品安全责任保险覆盖面，建成食品安全追溯联动平台。整合应急救援队伍，提升防灾减灾救灾能力。积极开展流动人口量化积分管理和心灵家园建设。

努力建设实干担当奋进的高效政府

站在“二次创业”的新起点，踏上“两高四好”的新征程，全区政府系统一定要按照“两强三提高”要求，大力弘扬“敢为、求实、争先”的鄞州精神，心无旁骛谋发展，夙兴夜寐抓落实，切实做到对人民负责、受人民监督、让人民满意。

加强政府系统党建工作。把加强党的全面领导贯穿到政府工作的全过程、各领域，严格执行党章党纪党规，认真落实全面从严治党主体责任和意识形态工作责任制，坚决做到“两个维护”，推动上级和区委决策部署加快落地。深入开展“五夜联动”“六送上门”“牢记初心使命、勇于实干担当”等活动，提高“三进”的针对性和实效性。

提升执行力和工作成效。坚持以实绩论英雄，实施作风大提振行动，开展“鄞州擂台·六赛六比”活动，落实容错免责机制，激励广大干部担当担责。强化正风肃纪，大力整治不作为、

姜山镇景江岸村文化礼堂

慢作为、“庸懒散”等行为。加强学习培训，提升干部专业化水平和处理复杂问题能力。完善督查事项准入制度，建立政府督查专员制度，清理规范基层“七多”问题。以政府数字化转型为抓手，推广应用“浙里办”“浙政钉”，梳理建立政务数据资源目录，深入开展数据整合、共享利用等工作，切实提高政府履职效能。扎实推进第四次全国经济普查和第三次全国国土调查，开展数据库建设等工作。持续抓好区划调整后续工作，稳妥推进行政机构改革和政府职能转变，促进工作全面融合、人心全面融合。

争当法治政府建设标杆。依照宪法法律行使职权、开展工作，带动全社会诚信守法。自觉接受人大法律监督、政协民主监督以及监察、司法、审计、舆论、群众监督，严格执行区政府组成人员列席人大常委会会议制度，完善重大事项向人大报告、向政协通报制度。推进政府与政协面对面协商，健全行政决策专家论证、公众参与、风险评估、集体议定、执行情况第三方评估等制度，发挥党校、咨询委、社科院、美丽乡村建设研究会和社会智库作用，广泛听取民主党派、工商联和工青妇等人民团体意见。推动执法力量下沉，加强行政执法公示和全过程记录。落实政务“五公开”要求，做好政策文件宣传解读，提高政务舆情回应水平。

扎实推进清廉政府建设。认真落实党风廉政建设“一岗双责”，驰而不息整治“四风”，特别是力戒形式主义、官僚主义，努力营造政府系统风清气正的政治生态。举一反三抓好省委巡视组反馈意见整改工作，加强对招投标、征地拆迁、项目建设等重点领域的监管和廉政风险防控，严查严防“小金库”，切实规范权力运行。完善财政资金绩效管理体系，加大涉企、涉社区等资金统筹力度，积极消化政府隐性债务，严格压缩行政性经费和一般性支出。加强国有资产监管，建立向人大报告国资管理情况制度。

各位代表！伟大梦想是拼出来、干出来的！40年来，鄞州在改革开放、创业创新的澎湃浪潮中，中流击水，激流勇进，创造了一个又一个精彩传奇，成就了“一次创业”的辉煌业绩！今天，我们唯有推进“二次创业”再出发、“两高四好”勇攀高，才能开创未来、赢得未来！让我们更加紧密地团结在以习近平同志为核心的党中央周围，高举习近平新时代中国特色社会主义思想伟大旗帜，在中共鄞州区委的坚强领导下，坚定信心，锐意进取，扎实工作，以优异成绩迎接中华人民共和国成立70周年！

（区政府办公室）

注：

“六争攻坚、三年攀高”：市委于2018年2月提出，“六争攻坚”指项目争速、产业争先、科技争投、城乡争优、服务争效、党建争强；“三年攀高”指通过“六争攻坚”行动，到2020年，宁波的经济社会发展水平上一个台阶。

“三进”：指区委提出的进企业、进社区、进农村。

“六大专项行动”：是区委在十四届三次全会上提出的“重质量、抓落地”招商引资增效行动、“破难题、提实效”重大项目攻坚行动、“强创新、转动能”发展质量提升行动、“创精品、增亮点”城市品质提档行动、“治环境、创特色”美丽乡村建设行动、“严纪律、强作风、提效能”保障发展行动。

“三清单一流程”：指权力清单、责任清单、负面清单和权力运行流程图。

“大棚房”：指以农业设施为名，所进行的非农业违法建设。

“两强三提高”：指省政府提出的强谋划、强执行，切实提高行政质量、行政效率和政府公信力。

“五夜联动”：指区委提出的利用周二晚上集中夜学、夜访、夜巡、夜谈、夜议。

“十百千万计划”：指在科技创新方面，力争到2021年，打造高端科创服务平台10个、国家高新技术企业达到500家、高新技术产业产值突破1000亿元、年专利申请量达到20000件。

“八大重点产业”：指金融保险、航运物流、旅游休闲、房地产建筑、投资超50亿元以上大项目、新一代信息技术、新材料、高端装备。

“三品一标”：“三品”指无公害农产品、绿色食品、有机农产品，“一标”指农产品地理标志。

“三权分置”：指落实集体所有权、稳定农户承包权、放活土地经营权，形成层次分明、结构合理、平等保护的格局。

“三位一体”农合联：指集生产、供销、信用于一体的农民合作经济组织联合会。

PPP：指政府和社会资本合作，是公共基础设施中的一种项目运作模式。

“XOD+PPP”：该模式以XOD模式为导向，以PPP模式为方式，解决城市基础设施建设融资问题。“XOD”指以城市基础设施为导向的城市空间开发模式的拓展。

“六送上门”：指区委提出的送信心、送政策、送服务、送点子、送措施、送关爱。

“鄞州擂台·六赛六比”：是区委在十四届六次全会上提出的，“六赛”指项目前期打“攻坚赛”、开发建设打“进度赛”、镇街亮绩打“排位赛”、园区基地打“贡献赛”、局长问政打“公开赛”、村社治理打“竞技赛”，“六比”指比位次、比项目、比质量、比创新、比服务、比担当。

基层“七多”：指职责事项多、工作台账多、机构牌子多、考核督查多、创建评比多、政府APP多、上墙制度多。

“浙里办”：指浙江省开发的一款为群众提供掌上办事的APP，涵盖数百项便民服务应用。

“浙政钉”：指浙江省政务掌上办公APP，通过政务钉钉系统实现全省跨地域、跨层级沟通和扁平化管理。

政务“五公开”：指决策、执行、管理、服务、结果公开。

专 记

“三进”活动

“最多跑一次”改革

鄞州年鉴

2019 YINZHOU YEARBOOK

“三进”活动

2018年9月3日，鄞州区印发《关于印发〈鄞州区关于开展干部“进企业进社区进农村”活动的实施意见〉的通知》，全区正式启动开展“进企业进社区进农村”（简称“三进”）活动。

区四套班子领导带头进企走村入社，一线调研、现场办公，67家区级机关单位分组分批深入村社企业，帮助解决事关经济发展、民生实事、平安综治、环境整治、基层党建等各类问题，21个镇（街道）以周二驻村夜学为载体，开展夜学、夜访、夜巡、夜谈、夜议“五夜联动”，每人每月走访联系群众不少于12户。全区共走访3000余家“四上”企业，收集梳理企业关心问题6131个，其中已协调解决5802个，正在协调解决329个，问题解决率94.63%；走访353个村（社区），收集梳理群众关心问题3689个，其中已协调解决2725个，正在协调解决964个，问题解决率73.87%。

办好民生实事。区委办根据区委主要领导姜山镇新张俞村现场办公指示要求，会同该村充分结合自然资源禀赋和历史文化底蕴进行系统性开发，制订出台新张俞村《乡村振兴工作方案》《历史文化名村保护规划》《旅游总体规划》，完成鄞城大道至新张俞村公路提升工程方案设计，电力线路落地工程细化施工方案，并进行招投标，文化礼堂建设上报市农村综合改革一事一议综合奖补项目。区委政法委针对基层信访矛盾问题，参与下应街道江六村的党员代表、股东代表大会，面对面听取与会代表的诉求意见，并上门对重点村民开展谈话摸底，调处矛盾纠纷。鄞州公安分局开展“僵尸车”“违规养犬”专项整治行动，清理“僵尸车”1641辆、捕抓流浪犬582只；开展全区群租房及违规车棚车库出租专项整治活动，共排查出租房屋27.80万户、整改违规群租房1966户。区综合行政执法局针对小区违建问题，联合区住建局、属地镇（街道），在新交付住宅小区推行“三位一体”防违控违工作法，遏制小区内私搭乱建、违规装修等乱象。区交通运输局针对交通出行问题，深入横溪镇梅岭村、杨山村开展现场办公，梅岭村桥梁钢护栏安装完成，杨山村边坡整治委托设计单位进行勘察设计。区水利局针对水环境问题，完成云龙镇冠英村水环境建设规划初稿，基本完成冠英村市级水环境整治项目申报，云龙镇前徐村吴家桥拆建工程启动实施。各地各部门解决经济发展类问题346个、民生实事类问题640个、平安综治类问题358个、环境整治类问题927个、基层党建类问题213个、其他问题241个。

解决企业难题。针对企业发展过程中遇到的问题困难，协调解决中哲公司闲置地块开工、书城大楼7幢1号产权分割登记、贝斯美公司一企一策兑现、奥克斯公司工业厂房不动产权证办理、恒舒房产公司配套道路建设、大东南万象科技公司厂房转让等事宜。针对企业提出的营造公平公正市场竞争环境、提高政府扶持奖励政策的精准性和公平性、助力推进最多跑一次等意见建议开展协调。协调解决李氏实业公司扶持政策落实、新曙光公司政府保障房工程合同纠纷调解、中淳高科等公司原材料涨价、永和佳杰制衣公司社保政策变化等事宜。协调解决科达工贸公司搬迁及土地供应、德鹰精密机械公司因企业扩大再生产需临时使用周边部分地块、美康中医院周边道路等基础设施配套建设加快推进等事宜。各地各部门共计解决要素保障类问题1270个、技术创新类问题530个、行政审批类问题731个、政策落实类问题1087个、其他问题2184个。

增添发展动能。区委统战部针对基层村（社区）发展问题，组织全区7个民主党派基层组织、工商联、党外知识分子联谊会等党派和统战社团，共同开展“同心共建美丽乡村”系列行动，与咸祥镇西宅村、横溪大岙村等示范村建立共建帮扶机制，促进基层经济社会事业全面发展。区发改、经信、商务、投资合作、金融等部门针对企业降本减负难、融资难等问题，开展精准服务，开展宣讲、帮助企业用足用好现有政策并围绕企业转型升级、投资落地等问题，指定专门联络员具体联系协调，开展包干式精准服务、店小二式贴心服务。制订出台区降本减负15条新政，减少企业融资成本、用工成本、财务成本、用地成本等，全年为企业减轻负担超50亿元；推动设立区中小企业融资担保有限公司，为14家中小企业提供融资担保资金3605万元。区科技局针对科技成果与产业发展“两张皮”问题，推行专家企业“一对一”问诊、科技政策送上门、培育技术经纪人等做法，走访调研企业120家、挖掘企业技术难题80余项、推广科技成果转化清单70余项、安排专家团队与企业进行面对面对接交流70余次。

提炼经验做法。区政府办针对社区反映的专职社工配备不足、流失严重、待遇较低、负担较重等问题，开展调研，会同区民政局等部门制订起草《进一步加强专职社区工作者队伍建设的实施意见》。区委组织部针对党内政治生活形式易走样等问题，与基层党组织书记开展面对面交流，确定40家区级“党建争强”示范性基地，并在下应街道湾底村开设全省首家政治生活馆，全面打造“旗舰式”红色基地群。区委宣传部针对农村文化礼堂建设出现的新情况新问题，调研走访87个行政村、发放调查问卷2600余份，形成文化礼堂建设专题调研报告并落实相关工作举措。区住建、财政等部门针对老旧小区整治改造问题，会同属地镇（街道）创新工作模式、整合资源力量，对全区74个老旧小区实施整治改造，制订出台《关于推进涉居建设项目整合改革的实施意见》《老旧住宅小区改造专项资金管理办法》等文件，“三微”等典型经验做法得到市委主要领导肯定并在全市重点推广。

（郑　峰）

“最多跑一次”改革

2018年，鄞州区推进“最多跑一次”改革，高评通过全省专项审计。对照省级相关指导目录，梳理群众和企业办事事项1111项，“最多跑一次”覆盖率100%；通过集中现场办公，精简556个事项，142个审批事项由承诺件变即办件。取消361项材料，其中取消124项证明材料、24项意见材料，减少承诺办事时间共4373天，平均提速89%。全区21个镇（街道）全部覆盖，实现“最多跑一次”事项数3367件；“最多跑一次”延伸至351个村（社区），村可办、代办事项数703项。鄞州区“最多跑一次”改革经验做法被《经济日报》等媒体报道。

打通“中梗阻”。推进一窗受理平台和统一权力运行系统建设，实现一窗受理平台与省市区三级49个自建业务系统的对接。通过现场办公，完成20个部门724个事项约2750个材料数据共享需求确认，并全部完成在统一受理平台的共享配置。通过省数据共享平台申请各类数据接口216个，全年发起各类数据查询调用105.63万次。除特殊事项外，区本级政务服务依申请公开事项已全部开通网上申报。行政审批事项85%以上实现在线申报，178项事项全程网上办理“零跑腿”，105项事项实现手机APP办理，21个事项实现远程视频审批，100余个事项实现“微信审批”。推进“最多跑一次”改革向医疗等领域延伸，印发《鄞州区进一步“改善医疗服务行动”助力医疗卫生服务领域“最多跑一次”改革实施方案》，区域分级诊疗平台使用覆盖率在90%以上；基层医疗卫生机构与区级综合医院慢性病用药目录配备一致率在85%以上；家庭医生签约率重点人群68%；所有医疗机构实现母子健康手册电子化。商事登记再优化，推行“容缺受理”，减少办事群众往返窗口办事；推进“网上登记”，全年受理网上设立登记户10685件，办结9868件。印发《探索组建中介联合体推进中介集成服务改革的实施办法》，对投资项目实施综合咨询、联合评估、集成测绘等一站式集成服务改革。

推进“大融合”。按照“应进尽进”的原则，除省里不宜进驻行政服务中心的办事事项之外，其他政务服务事项向行政服务中心全进驻，事项进驻率97.29%；试点“无差别全科受理”，印发《鄞州区无差别全科受理考级制度管理办法（试行）》，推行工作人员考级制改革，公安、人社等窗口实现“无差别全科受理”；对于业务量较分散的部门，创新集中授权审批模式，科技局、教育局、财政局、统计局、供销社、档案局、侨办、民宗局8个部门63个审批事项由区审管办“一窗受理”审批。实现面包糕饼现场制售、类金融机构、“身后一件事”等100个行业审批“一件事”办结；人社养老、医保、核算等部门组建联办窗口，实现“一站式”服务。以个人身份证作为统一凭证，利用大数据、云计算技术，实现18个部门，143项事项（除公积金、交警事项，已划归市级），56.30%的民生服务事项实现“一证通办”，全区办理“一证通办”事项8万余人次。按照全市要求，县（市、区）级477项行政审批事项均可实现全城通办；区审管办联合区国土分局，全市首个区级不动产抵押登记银行窗口在鄞州银行正式运行，实现不动产抵押登记与银行贷款业务“无缝对接”；社保卡中心将业务下放至36家合作银行网点，实现社保卡业务多点办理。

建立“新机制”。首推“难办事项不过周”机制，通过联合会商会审、实地踏勘、沟通协调，受理问题解答420次，召开专题协调会18次，协调难办事项80余项，办结率100%，共有包括南部商务区A区等20个项目受益。应用“快速审批”机制，探索“快速审批”2.0版，区域内（包括东部新城）立项的一般企业投资项目房建类项目审批时间缩短至80天、一般工业（物流）类项目时间缩短至50天，平均提速60%。创新“三测合一”机制，对符合现场测量条件的项目，测量机构承诺10个工作日内出具测量成果，测绘时间减少60%，测绘费用降低40%。健全会商会审机制，健全并完善市、区两级联动的会商会审服务机制，与市审管办对接，为18个项目召开市、区会商会审，解决审批难点80余个，涉及投资金额近25亿元。完善项目代办机制，全年代办项目162个，完成前期审批76个，竣工投产13个。

创新“新亮点”。首创“微信审批”平台，该相关做法在2018年“最多跑一次”改革省片区会议中作为先进经验推广，并获第四届中国“互联网+政务”50强优秀实践案例；全区27个部门300余个事项实现“微信审批”，受理审批事项11000余件，办件时间平均缩短3天。首创审批与信用平台挂钩应用，梳理36个部门1000余项行政服务事项，结合征信系统，对失信者进行联合惩戒9起。试行分段式审批制度，如针对高层房建项目设计时间长、地下施工时间长等实际问题，在企业达到“统一设计单位、统一监理单位、统一施工单位、统一图审单位”的“四统一”承诺条件下，允许企业投资项目，实施分段审批即“地上、地下部分”分别图审、领取规划许可证、施工许可证的制度。深耕“最多问一次”，整合“12333”等政府专线28条，一个号码“81812345”即可受理全区各项审批政策咨询、365项民生求助、100%全覆盖问政投诉事项，全年受理企业、群众反映问题42.60万件，“民生e点通”板块网友贴文受理量6341件。

（黄　芳）

大事记

1月	7月
2月	8月
3月	9月
4月	10月
5月	11月
6月	12月

1月

2日，云龙镇在第六批浙江省文明村镇评选中获评省文明镇，成为本次评选中鄞州区唯一入选的镇。

5日，省农业厅、省旅游局公布2017年浙江省休闲农业与乡村旅游示范县、示范乡镇、示范点名单，横溪镇获评浙江省休闲农业与乡村旅游示范乡镇。

6日，省文化厅公布第五批省非物质文化遗产代表性项目代表性传承人名单，鄞州区龚红兵等6人入选。

同日，鄞港澳台新春团拜会在深圳举行，来自香港、澳门、台湾的近120名鄞州乡贤代表参加。

9日，鄞州区村（社区）史志编纂研讨会暨"九方下应"系列丛书首发式在下应街道湾底村举行。

11日，《宁波市鄞州区城乡居民最低生活保障实施办法》颁布实施。

12日，全省市县方志系统"十业十佳"推评会在杭州召开，《鄞州史志》入选"刊"业最佳，是全省唯一入选的史志刊物。

19日，鄞州区首个创业加速器平台启迪之星（宁波）加速器开业典礼暨启迪之星机器人加速营在姜山镇举行开营仪式。

22日，区委经济工作会议召开，会上表彰"大力神鼎"奖和国家专利金奖等获奖企业。

26日，鄞州区第十七次"慈善一日捐"活动结束，募集善款5079.24万元。

29日，区首本新版农村土地承包经营权证书发放给云龙镇姚家浦村村民姚继光。

2月

1—6日，中国人民政治协商会议第十六届宁波市鄞州区委员会第二次会议召开。

3—6日，宁波市鄞州区第十八届人民代表大会第二次会议在区文化艺术中心举行。

6日，学士小学校长周培利作为全国唯一校长代表，出席全国中小学校责任督学挂牌督导工作新闻发布会介绍鄞州经验。同时鄞州区成为宁波市首个入选"第二批全国中小学校责任督学挂牌督导创新县市区名单"的县（市、区）。

9日，世纪大道快速路（东苑立交—百丈东路南）一期工程全线开放交通，该快速路是鄞州区首条南北向的快速大通道。

24日，全区实施"六大专项行动"动员大会召开。

同日，省委农村工作电视电话会议召开，鄞州区获评2017年浙江省社会主义新农村建设优秀单位，鄞州区连续第9年获此荣誉。

3月

1日，中共宁波市鄞州区纪律检查委员会十四届三次全会召开。

2日，宁波伏尔肯陶瓷科技有限公司签约引进中国工程院院士王玉明，王玉明是鄞州区企业签约引进的第一位中国工程院院士。

6日，鄞州区精准帮扶综合保险项目正式签约，保费由财政全额出资，为全区贫困家庭提供总风险保障金额13.87亿元。

7日，鄞州区举行纪念三八国际妇女节108周年大会暨女性发展论坛。

9日，由市长杰米·查菲带领的澳大利亚冈尼达郡市政府代表团到鄞州区考察交流。

23日，区委召开领导干部会议，传达学习全国"两会"精神，对全区学习贯彻工作作出部署。

24日，2018"美丽鄞州"欢乐游启动仪式暨长三角旅游全媒体走进鄞州采风大会在天宫庄园举行。

28日，浙江食品安全工作电视电话会议召开，鄞州区作为全省首批食品安全示范县（市、区）受到表彰。

29日，"影视与时代同行，产业与文化融合——鄞州区影视文化产学研基地揭牌暨影视产业发展论坛"活动举行。鄞州区影视文化产学研基地落户南部商务区。

同日，全省建设平安浙江工作视频会议召开，鄞州区获评全省平安区。

4月

3日，全国学雷锋志愿服务工作推进会在北京召开，鄞州区中河街道春城社区获评2017全国"最美志愿服务社区"。

同日，第十二届"最美鄞州人"评选结果揭晓，叶伟棠等10人获评。

9日，设计高度409米的宁波中心大厦举行动工仪式，该大厦为在建的全省第一高楼。

11日，全省科学技术奖励大会召开，鄞州区获评省人才工作目标责任制考核优秀单位。

25日，中国专利保护协会在北京发布2017年中国知识产权领域最具影响力榜单，鄞州区入选2017年中国知识产权领域最具影响力县域，排名第一位。

5月

4日，全区文明创建总结表彰暨深化文明城市创建动员部署大会召开，助推宁波争创全国文明城市"六连冠"。

9日，全省对外开放大会召开，鄞州区获评2017年度浙江省外贸十强县（市、区）。

10日，第二届全国保险财务创新论坛暨第八届保险财资论道在鄞州区开幕。

11日，鄞州区美丽乡村建设研究会成立，并召开第一次会员（代表）大会。

18日，首位中国科学院外籍院士落户鄞州区。国际著名控制理论专家安德森·林奎斯特及其技术团队与浙江一舟电子科技股份有限公司签约。

23日，《宁波市鄞州区人力资源服

务产业三年行动计划（2018—2020年）》发布，开全省先河。

6月

1日，全市对外开放大会召开，公布开放型经济工作考核、重点开发区域工作考核等情况，鄞州区在全市开放型经济工作考核中位列第一等次。

2日，鄞州区社区学院和华东师范大学职业教育与成人教育研究所签订合作协议，挂牌成为华东师范大学职业教育与成人教育研究所实验学校。

7日，2018中国·宁波新材料产融高峰论坛暨鄞州区重大项目签约仪式在开元名都大酒店举行，28个项目参加签约，总投资279.45亿元。

8日，全国首个保险科技产业园——宁波保险科技产业园开园。

12日，位于鄞州区的宁波帮严氏建筑群（善园）入选浙江省不可移动文物保护优秀案例。

24日，中国社会科学院科研局副局长张国春、浙江省人民政府地方志办公室主任潘捷军、中国地方志指导小组办公室期刊处处长程方勇等一行15人组成的“特色小镇与和谐发展”国情调研组到鄞州专题调研鄞州四明金融小镇建设。

28日，鄞州区政治生活馆开馆，是浙江省首家全景式的政治生活馆。

29日，鄞州团代表、宁波市善园公益基金会理事长严意娜当选中国共产主义青年团第十八届中央委员会候补委员。

同日，鄞州区“支教奶奶”周秀芳登上中央委员会精神文明建设指导委员会办公室主办的6月“中国好人”榜。

7月

5日，国家税务总局宁波市鄞州区税务局挂牌成立，原宁波市鄞州区国家税务局、宁波市鄞州地方税务局正式合并。

6日，鄞州区塘溪镇塘头村村民徐兰芳家庭获评第十一届全国五好家庭。

13日，鄞州区获评2017年度美丽宁波建设工作考核优秀单位、2017年度“五水共治”考核优秀单位。

18日，鄞州区首个智慧菜市场——惠风西路菜市场通过竣工验收。

19日，全国首个健康云地图在鄞州区疾控中心官方微信上线。

25日，鄞州区举行第十八次“慈善一日捐”活动启动仪式，活动现场收到个人捐款7.86万元。

26日，北京多牛互动传媒股份有限公司与东柳街道签约。

2018年6月7日，宁波市鄞州区重大项目签约仪式举行

8月

2日，鄞州区网络社会组织联合会成立，是全省成立的首家县域网络社会组织联合会。

4日，鄞州区金家漕小学手球队以全胜成绩，在2018年丹麦维堡国际青少年手球锦标赛决赛中获得U10岁组男女冠军。

6日，鄞州区召开省委第十巡视组巡视工作动员会。会议传达省委书记车俊关于巡视工作讲话和指示精神，进行动员讲话，并提出相关要求。

9日，区政协举行“请你来协商·书记与委员面对面”协商会，针对城市精细化管理有关问题进行研讨。

15日，鄞州区召开全区领导干部会议，宣读省委和市委对鄞州区委主要领导人事调整决定，胡军不再担任鄞州区委书记，褚银良任市委常委、鄞州区委书记。

20日，宁波市鄞州区中小企业融资担保有限公司挂牌成立，是鄞州区首家地方性国有融资担保公司。

24—30日，区政府承办的首届全国青少年大提琴艺术周暨第七届青少年大提琴比赛举行。

29日，全省首个社区安宁疗护（临终关怀）病房在明楼街道社区卫生服务中心安宁疗护中心挂牌成立，是全省首个社区安宁疗护（临终关怀）病房，也是全市首个在市卫计委注册的临终关怀科。

30日，鄞州公安分局钟公庙派出所获评公安部“一级公安派出所”。

9月

4日，鄞州区各单位相继开展以“夜学夜议夜访”为主要内容的“周二夜学”活动。

6日，鄞州区举行“义乡鄞州、与爱同行”慈善之夜大型文艺晚会，向奥克斯集团有限公司等24家单位颁发“慈善之光”爱心企业奖，向周秀芳等10位市民颁发“慈善之星”爱心个人奖。

7日，鄞州区召开组织工作会议暨“三进”活动部署会，市委常委、区委书记褚银良出席并讲话。

8日，鄞州区召开先进制造业高层论坛暨项目对接会，区内153家相关企业参加论坛。

12日，海峡两岸青年就业创业基地和示范点授牌仪式暨经验交流会在鄞州区举行。鄞州区大学生（青年）创业园获评海峡两岸青年就业创业基地。

同日，浙江中车新能源科技有限公司揭牌成立。

16日，“丰收鄞州·情满大地”中国农民丰收节——2018鄞州区美丽乡村庆典活动在下应街道天宫庄园举行。

同日，鄞州区举行2018年人才科技智创周综合签约颁奖仪式。15个重点人才项目团队落户签约，7家新建海内外人才工作联络站授牌。

17日，全球保险产品创新大赛暨全球科技赋能保险高峰论坛在鄞州区举行。

20日，2018中国浙江·宁波人才科技周“院士工作站”授牌仪式举行，鄞州区新增3家院士工作站。

28日，鄞州区与波兰华沙市中央区建立友好交流关系签约仪式举行。

30日，鄞州区英雄烈士纪念馆公祭广场敬献花篮仪式在咸祥镇芦浦村举行。

10月

8日，《人民日报》发布2018年中国中小城市科学发展指数研究成果，鄞州区获“全国综合实力百强区”第四名、“全国中小城市绿色发展百强区”第二名、“全国投资潜力百强区”第八名、“全国科技创新百强区”第三名。

10日，鄞州籍院士柴之芳正式入职宁波材料所核能材料工程实验室，担任首席科学家。

11日，华瑞电器股份有限公司与中国工程院院士李德群签署合作协议，在智能制造、专业人才培养等方面开展合作。

15日，鄞州区政协庆祝改革开放40周年书画展开幕，现场展出近70幅作品。

17日，“支教奶奶”周秀芳获评全国脱贫攻坚“奉献奖”，并受到中央领导接见。

19日，区直机关“红色讲堂”开讲。中共上海市委党校习近平新时代中国特色社会主义思想研究中心研究员刘泾，作习近平新时代中国特色社会主义思想专题讲座。

25日，《鄞州日报》以《铁血忠魂铸鄞州 浩然正气留人间》为题，介绍18位鄞籍和新民主主义革命时期对中共鄞州历史影响较大的革命英雄烈士。

26日，鄞州区鄞创孵化器连续3年获评国家级科技企业孵化器考核评价A类（优秀）。

27日，第十一届宁波美食节在宁波文化广场开幕。

29日，区人大常委会首次启用“线上+线下”组合模式联系接待选民。

30日，“首届海峡两岸网络新媒体大陆行”联合报道团一行60人到鄞州区，考察并采访海峡两岸青年就业创业基地、宁波诺丁汉大学、湾底村。

同日，省委第十巡视组向宁波市鄞州区反馈巡视情况。

11月

1日，《鄞州日报》以《鄞州区中共党史教育基地巡礼——不忘初心筑根基 红色基因永流传》为题，介绍党领导鄞州人民在进行革命、建设和改革的历史进程中留下的10个重要党史胜迹。

5日，宁波中车新能源科技有限公司获授浙江省经济和信息委员会颁发的浙江省“隐形冠军”企业荣誉牌匾，成为鄞州区唯一上榜企业。

6日，鄞州企业宁波世贸通国际贸易有限公司获全国“首批外贸综合服务优质服务商”称号。

15日，区委、区政府召开全区民营经济发展大会。会议学习贯彻总书记习近平在民营企业座谈会上的重要讲话精神，落实省、市有关会议精神，鼓励支持民营经济发展。

同日，鄞州区第二届“十佳品质社区”、第三届“最洁美村庄”评比举行，明楼街道和丰社区等10个社区，姜山镇花园村等10个村分别获“十佳品质社区”和“最洁美村庄”称号。

同日，鄞州区人大常委会和延边州延吉市人大常委会缔结为友好合作单位。

23日，国字号肝胆胰疾病专家蔡秀军工作室在鄞州人民医院举行落户揭牌仪式。

25日，宁波市发布2018年宁波市制造业“亩均论英雄”排行榜，包含行业榜、企业榜（即“亩产英雄500强”）、县（市、区）榜三个榜单。鄞州区有69家企业上榜“亩产英雄500强”。

29日，鄞州区与江苏汇博机器人技术股份有限公司签订相关战略合作协议。

12月

6日，由宁波市鄞州区人民政府地方志办公室整理、宁波出版社编辑的康熙《鄞县志》、乾隆《鄞志稿》、咸丰《鄞县志》影印出版，鄞州区旧志整理工作完成。

15日，中国民间文艺家协会正式发文，命名鄞州区为“中国海丝文化之乡”。

19—20日，区委召开读书会，谋划研究鄞州发展思路。

20日，全国公共资源交易年会召开，鄞州区公共资源交易中心获评全国十佳公共资源交易机构（县级）。

26日，上海鄞州商会（乡贤联谊会）在上海成立。

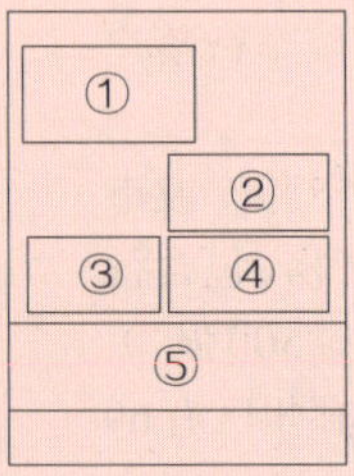

① 2018年12月29日，宁波科学探索中心获评国家AAAA级旅游景区

② 2018年2月8日，鄞州四明金融小镇景区获评国家AAA级旅游景区

③ 2018年10月23日，咸祥镇南头渔村创建为省级休闲渔业精品基地

④ 2018年12月14日，东吴镇勤勇村入选2018年度省级休闲旅游示范村

⑤ 2018年12月11日，东钱湖入选中国体育旅游十佳目的地

鄞州概览

自然环境

历史文化

区划人口

名优特产

经济和社会发展

组织机构及其负责人

鄞州年鉴

2019 YINZHOU YEARBOOK

自然环境

【地理位置】 鄞州区位于北纬29°37′17″~29°56′56″，东经121°07′58″~121°53′23″。地处浙江省东部沿海，东接北仑港、宁波保税区，西部与海曙区接壤，南部紧邻奉化区，东南临象山港与象山县隔海相望，北部与江北区、镇海区隔江相望，是宁波市中心城区之一，为宁波市政府所在地。海岸线总长25.66千米。陆域面积814.20平方千米，海域面积53.70平方千米。市政府驻鄞州区宁穿路2001号，区政府驻首南街道惠风东路568号。电话区号0574，邮政编码315100。

【地形地貌】 鄞州区地处杭州湾南侧、宁绍平原东部，地势东高西低。奉化江作为界江自南而北流过。姚江自西而东沿西部北边流淌，在三江口与奉化江汇合为甬江。甬江自西向东沿东部北边流向镇海区。东部境内大嵩江自西向东，流入象山港。地势总体形成中部平原（宁绍平原）、鄞东山区（系天台山余脉）、大嵩滨海平原和象山港海域4个地理单元。东南部丘陵山地面积为375.48平方千米，有太白、福泉、金峨诸山，以太白山最高，主峰高程海拔656.90米；最低点位于瞻岐镇岐化村下新塘畈，海拔1.50米。

【海涂】 鄞州区东临象山港，海岸线南端为咸祥镇芦浦村，北端为瞻岐镇卢一村，总长25.66千米，由海塘及山脚线组成，其中海塘21段总长24.30千米。辖象山港海域面积53.65平方千米，海域东北与北仑区海域相连，西南与奉化区海域相连，东南与象山县海域相连。海水平均深度约10米，最深处在南端，为23.50米，平均潮差3.20米。最高潮位与最低潮位之间海涂总面积1086.67公顷，可利用面积366.67公顷，其中146.67公顷被利用。海涂与海底平缓，向南东倾斜，底质由粉砂质淤泥构成。所辖象山港海域中有石质岛礁7处。

后塘河五乡段

【水文潮汐】 鄞州区境内河道属甬江、大嵩江两大流域，其中甬江流域面积577平方千米，占区内面积的71%；大嵩江流域面积240平方千米，占区内面积的29%。省级河道有甬江和奉化江2条，总长34.16千米；市级河道有甬新河、东江、鄞东南沿山干河、小浃江、前塘河、中塘河和后塘河7条，总长75.51千米；区级河道有九曲河、三桥江、大东江、小洋江、渡驾桥江、印洪碶河（后西河）、新杨木碶河、杨木碶河、大涵山港、后塘河（山区）、咸祥河、大嵩江12条，总长108.44千米。平原河流总长度1195千米，河网密度每平方千米3.11千米。奉化江从奉化区流经鄞州区西侧，沿姜山镇、首南街道、钟公庙街道、东郊街道、白鹤街道、百丈街道汇入甬江，甬江沿鄞州区北侧东胜街道、明楼街道、新明街道、梅墟街道入北仑区，总长34.16千米。境内有横溪、三溪浦和梅溪中型水库3座，总库容35787万立方米。境内潮水为不规则半日潮，沿海、感潮河流皆然，相邻高（低）潮的潮高不等，通常夏至日高潮潮位晚上与白天相差最大，冬至日高潮潮位晚上与白天相差小。甬江为弱潮河口，潮差均值为1.62米。象山港系半封闭型港湾，潮差均值为3.50米。2018年，姜山站警戒水位1.90米，保证水位2.30米，平均水位1.31米，最高水位2.09米（9月17日）、最低水位0.91米（8月12日），历史最高水位3.15米（2013年10月8日）；五乡碶站警戒水位1.90米，保证水位2.40米，平均水位1.29米，最高水位1.84米（9月17日），最低水位0.91米（8月12日），历史最高水位2.82米（2012年8月8日）。平均年降水量均值1760.90毫米，属平水年，降水量空间和时间上分布不均匀，东部山区降水较集中。

【气候】 2018年，鄞州区气温明显偏高，降水量、降水日较常年偏多，日照时数较常年偏少，天气气候总体正常，气象灾害影响程度一般。主要气候特点：冬季，气温比常年略低，雨量比常年偏少，雨日和日照时数接近常年；春季，气温比常年偏高，雨量、雨日比常年偏少，光照比常年偏多，强对流天气频繁；夏季，气温比常年偏高，雨日基本持平，雨量异常偏多，日照时数偏多，梅雨期时间偏迟，梅雨量偏少，有6个台风影响；秋季，气温略偏高，雨量偏少、雨日偏多，日照时数偏少；11月、12月气温比常年偏高，雨量、雨日明显偏多，日照时数偏少。年平均气温18℃，比常年偏高0.8℃；年极端最高气温为37.9℃，出现在6月27日；年极端最低气温为-5.2℃，出现在1月13日。年内2月、10月平均气温偏低，1月、7月平均气温持平常年，其余各月平均气温均不同程度地偏高，其中，9月、11月、12月偏高1℃以上，3月、4月、5月偏高2℃以上。年降水量1597.80毫米，比常年略偏多，5月、8月偏多50%以上，12月偏多180%；年雨日172天，较常年偏多。年日照时数1683.80小时，比常年略偏少，其中12月偏少最多，近73%。

【重要天气事件】 春旱。3—4月降水量133.30毫米，比常年同期（239.60毫米）偏少106%。实施人影作业1批次，发射火箭弹4枚，增水320万吨。

强对流。3月4日夜里，鄞州多地初雷乍现，电闪雷鸣、风雨大作。该过程是一次低槽气旋东移引发的飑线强对流天气，全区普遍出现6~7级风，部分地区出现8级雷电大风，其中福泉山最大达到19.90米/秒。

5月高温。5月12日入夏，较常年偏早16天。入夏后气温急速攀升，5月16—17日连续两天出现高温，破全区最早出现高温日的纪录，并破5月极端高温纪录。

梅雨。6月20日入梅，7月9日出梅，入梅和出梅日期均晚于常年，梅期偏短。梅雨量209.30毫米，较常年偏少19.70%。入梅后出现两轮集中降水过程，第一阶段6月19—23日出现2场过程性暴雨，第二阶段6月28日至7月7日多雷阵雨天气，降水分布不均，局地性短时强降水、雷雨大风等强对流天气多发，造成一定影响。

台风频繁。有6个台风影响鄞州区，分别是8号“玛莉亚”、10号“安比”、12号“云雀”、14号“摩羯”、18号“温比亚”和25号“康妮”。主要特点为影响台风个数多、影响间隔时间短、路径怪异、登陆点少见、移速快、造成的影响风大雨不大等。其中“安比”“云雀”和“温比亚”3个台风登陆上海，“云雀”和“温比亚”2个台风同在8月由东向西进入杭州湾，均属历史罕见。受台风影响，内陆地区频繁出现6~8级大风，高山和沿海地区出现8~10级大风。

12月阴雨寡照。12月累计降水量152.30毫米，是常年平均值的2.8倍，有气象记录以来第四多。月日照时数仅34.20小时，比常年（129.30小时）偏少七成以上，为历史同期第二少。其中3—16日出现了持续两周的阴雨寡照天气，日照时数0小时，打破历史同期最少纪录。

（区委党史办、区水利局、区气象局）

历史文化

【政区沿革】 鄞地春秋时属越国，战国时属楚。秦时，置鄞、鄮、句章3县，属会稽郡。3县区域大致包括今宁波市（除余姚市）及舟山群岛。其中，鄞县治今奉化区白杜，鄮县治今鄞州区五乡镇同岙，句章县治今江北区慈城镇王家坝村一带。其时，今鄞州区南部属鄞县，东部属鄮县，西北部属句章县。汉时，鄞县、鄮县属大县，句章县属小县。王莽新朝，曾改鄞县为谨县，鄮县为海治县。东晋末年，句章县治迁小溪，即今海曙区鄞江镇。隋开皇九年（589年），鄞、鄮、句章3县一统，又合并余姚县，名句章县，治小溪，属吴州。隋大业元年（605年），属会稽郡。唐武德四年（621年），句章县析出余姚县，置鄞州，属县不可考。武德八年（625年），废鄞州为鄮县，属越州。唐开元二十六年（738年），鄮县分为鄮、慈溪、翁山（今舟山）、奉化4县，脱离越州，上设明州管辖，明州和鄮县治均在小溪。唐大历六年（771年），鄮县治迁至平原中心三江口。长庆元年（821年），明州治迁至三江口，鄮县还治小溪。五代后梁鄮县属明州望海军，开平三年（909年）避讳，改鄮县为鄞县（此后至2002年，县名一直未变），并还治三江口。是年，析鄞县东北部置望海县（后为镇海县）。北宋建隆元年（960年）起，鄞县属明州奉国军。熙宁年间（1068—1077年），鄞县先析出3个乡置昌国县（今舟山定海），后又析出3个乡（今属北仑区）归定海县。此后，鄞县县境基本稳定。南宋庆元二年（1196年）起，属庆元府。元至元十四年（1277年），属庆元路。明太祖吴元年（1367年），属明州府。洪武十四年（1381年）至清末，属宁波府。民国初，属会稽道，后依次属第五特区、第六行政督察区、第二行政督察区、第二专区。1927年，鄞县城厢析出，设宁波市。1931年初，宁波市撤销，城厢仍划归鄞县。1949年5月，宁波解放，鄞县城厢再次析出，设宁波市。其时，鄞县属第二专区（11月改称宁波专区），县治迁福明，9月迁姜山，年末设置5个区、49个乡。1951年3月，县治迁回江东区。1958年12月，鄞县建制撤销，并入宁波市。1961年12月，鄞县恢复建制，属宁波专区（1970年改为宁波地区），1983年属宁波市。是年，石碶乡段塘、丁家、吴家、粮丰4个村划归海曙区；潘火乡部分行政村划归江东区。次年，邱隘区福明乡划归江东区，石碶、望春两乡部分行政村划归海曙区。是年，恢复钱湖区（1950年撤销），辖原邱隘区莫枝、高钱两镇乡及原横溪区韩岭、下水两乡。1992年5月撤区扩镇并乡，8个区撤销，52个乡镇并为23个。2002年2月1日，撤销鄞县设区，更名为宁波市鄞州区，区政府驻宁波市鄞州新城区惠风东路568号。2003年组建4个街道，其中梅墟街道委托市科技园区管委会管理，东钱湖镇委托市东钱湖旅游度假区管委会管理。2008年调整钟公庙和下应街道，组建钟公庙、下应、首南和中河4个街道。2012年8月16日，调整下应街道行政区划，原潘火管委会（鄞州投资创业中心）托管的下应街道鄞县大道以北区域单设街道，名潘火街道。2016年9月14日经国务院批准，将原江东区管辖的行政区域划归鄞州区管辖；将原鄞州区管辖的集士港镇、古林镇、高桥镇、横街镇、鄞江镇、洞桥镇、章水镇、龙观乡、石碶街道划归海曙区管辖。

【名胜古迹】 鄞州区境内有国家森林公园（天童国家森林公园）1个、国家AAAA级旅游景区4个［天宫庄园休闲旅游区、宁波（鄞州）博物馆、宁波科学探索中心、宁波海洋世界］、省级风景名胜区2个（天童-五龙潭、东钱湖风景名胜区）。省级旅游经济强镇横溪镇；省级特色旅游村有湾底村、走马塘村、黎山后村、梅山村、上周村、童夏家村和南头村。国家级重点文物保护单位有横省石牌坊、天童禅寺、阿育王寺、庆安会馆、大运河-宁波三江口5处；省级文物保护单位有沙氏故居、童第周故居、周尧故居、大革命时期宁波总工会旧址、七塔禅寺、宁波水利航运遗址碑—甬东天后宫碑、和丰纱厂旧址、蔡氏宗祠、大嵩所城遗址9处，区级文物保护单位64处。

天童景区位于东吴镇，阿育王景

天童禅寺

区位于五乡镇，总计33.66平方千米，由天童禅寺、天童森林公园、小白塔和阿育王寺4部分组成，属低山丘陵区。天童禅寺、阿育王寺均为全国重点寺院，相距5千米。其中，天童禅寺在海内外负有盛名，为日本曹洞宗的祖庭；阿育王寺有释迦牟尼舍利子。天童森林公园1992年被批为国家森林公园，被国际植被学会主席称为不可多得的“浙江植物基因宝库”。

东钱湖又称钱湖，是浙江省著名的风景名胜区、国家级旅游度假区，距宁波城东15千米，面积22平方千米，是浙江省最大的天然淡水湖，面积为杭州西湖的4倍。郭沫若誉之为“西子风韵、太湖气魄”。历史遗迹颇多，有陶公钓矶（传说是范蠡与西施隐居地）、霞屿锁岚、二灵夕照等十大胜景，以及南宋石窟“补陀洞天”、元塔二灵塔、王安石庙等70余处古迹、21处文物保护点和200余具南宋时期石雕。湖区的胜景还有王安石纪念馆、岳鄂王庙、台湾文献初祖沈光文雕像、书法泰斗沙孟海书学院、世界昆虫分类学家周尧昆虫博物馆、蝴蝶阁、湖滨公园等。

宁波天宫庄园休闲旅游区位于下应街道湾底村，总面积106.70公顷，以生态农庄为特色，是集新农村展示、文化旅游、亲子游乐于一体的国家现代农业示范区、全国农业旅游示范点、国家AAAA级旅游景区。主要景观有牡丹园、盆景园、科普长廊、桑果园、深加工基地（酒厂）、酒文化公园、绿色餐厅、酒友俱乐部、西江古村、宁波非物质文化遗产展示中心、宁波市服装博物馆和亲子乐园等。

宁波海洋世界位于宁波儿童公园东首，占地约10500平方米，是宁波唯一展示海洋生物、宣传海洋知识的现代化专业水族馆，获评国家AAAA级旅游景区、中国水产学会科普教育基地、全国海洋知识教育基地等荣誉。宁波海洋世界有水族馆、海洋剧场两个场馆。水族馆建筑规模10000平方米，展示有以神秘的吴哥窟景观、古老的埃及文化、沧桑的圆明园遗址为背景的海洋鱼类展示区，有全国独一无二的三种（跃层式、180°、270°）海底观光隧道组合，美人鱼表演区、海豹表演区、两栖动物展示区、儿童游乐区和海洋特色精品商场。海洋剧场建筑规模5800平方米，馆内设有日本瓶鼻海豚、俄罗斯白鲸、南美海狮、北极狼、北极狐、跳岩企鹅展示区，海洋科普教育长廊、海象喂食互动区、海洋科普馆。

宁波（鄞州）博物馆是国家AAAA级旅游景区，位于首南中路，建于2008年。采用“新乡土主义”风格，获全国建筑工程最高奖“鲁班奖”，设计者王澍。主题陈列有“东方神舟宁波史迹陈列”“明清竹刻艺术陈列”“阿拉老宁波民俗陈列”。

宁波科学探索中心，位于市文化广场西北区块，是一家主题乐园式的超大型科技馆。总建筑面积约55000平方米。六层空间分布了常设展厅、临时展厅、球幕影院、报告厅、多功能厅等体验展示空间，极具互动性和体验性。展馆二层分设“海洋”“和谐家园”和“宇宙”展厅，展馆三层分设“人体与脑”“人的技能”和“科学的乐趣”展厅，展示内容围绕“人·探索”为核心，分别通过对自然环境探索和对人本探索两条支线进行演绎，在注重科学知识普及的同时，激发人们对科学的探索欲望，传播科学思想、科学方法、科学精神。

庆安会馆位于宁波三江口东岸，又名甬东天后宫、北号会馆，始建于1850年，是祭祀中国航海保护神“妈祖”的殿堂和从事海运舶商们的议事聚会场所，系中国八大天后宫和七大会馆之一、江南现存两处融天后宫与会馆于一体的古建筑群之一。现存建筑有宫门、仪门、前戏台、正殿、后殿、后戏台、左右厢房、耳房以及其他附属用房，占地面积约5000平方米。建筑装饰采用砖雕、石雕和朱金木雕等宁波传统工艺，堪称宁波近代地方工艺之杰作。天后宫内建有前后分别为祭祀妈祖和行业聚会时演戏用的两戏台，为国内罕见。1997年起，市文化局将其改建为浙东海事民俗博物馆。2001年6月，被国务院公布为第五批全国重点文物保护单位。是年12月8日，对外开放。馆内陈列以建筑为载体，辟与海运民俗、商贸有关的“妈祖祭祀场所”“天后圣迹壁画”和《明州与妈祖》半景连环场景以及宁波与“海上丝绸之路”图片展等，展示妈祖文化和浙东海事民俗。

七塔禅寺位于百丈路183号，全称七塔报恩禅寺，初建于唐大中十二年（858年），历史上为浙东佛教四大丛林之一。1983年，被国务院批准为全国首批重点开放寺院。寺院殿堂结构为典型的禅宗伽蓝七堂建制，主要建筑有七佛塔、山门牌楼、天王殿、圆通宝殿、三圣殿、法堂暨藏经楼、玉佛阁、祖堂、钟楼、鼓楼、东西厢房、综合楼等。寺内保存寺院开山祖师心镜藏奂禅师舍利塔、宋代大铜钟两口、宋元寿山石雕十八罗汉一堂、《龙藏》一部、梵文贝叶经一束280片、清代石刻五百罗汉造像图等珍贵文物。

【历史名人】 自北宋端拱二年（989年），至清光绪三十年（1904年），鄞县历代文武进士及第者计1205人（其中6名文状元，1名武状元），居全省首位。《二十五史》从《宋史》开始，至《明史》，及《清史稿》，被收录的鄞县人物有120余人。历史上著名政治家有黄晟、史浩、金忠和钱肃乐、邵基，现当代革命家朱镜我、沙文汉、陈修良和著名烈士忻元华等。哲学家宋代杨简、明代黄润玉，史学家南宋王应麟，文学家清代周容，藏书家明代范钦，内家拳大师清代王征南。近现代有故宫博物院院长马衡、考古学家王仲殊、历史地理学家张其昀、历史学家陈炎和楼邦彦、国学家戴君仁、幼儿教育家张雪门、高等教育家陈裕光；画家陈莲涛和沙耆、童中焘，书法家朱复戡和沙孟海，音乐演奏家俞丽拿、马友友，武术家邵善康，国家队乒乓球队教练傅其芳、篮球队主教练钱澄海。近现代科学家有童第周、纪育沣、周尧、朱元鼎、任美锷、徐秉汉等；医学家有曹炳章、金韵梅、董廷瑶、范文虎、宋溪云、陆银华等。全区有鄞籍"两院院士"43位，其中健在29位。近现代实业家有银行家胡孟嘉、国货业巨子李康年、橡胶大王余芝卿、钟表大王孙梅堂、建筑巨头张继光、旅日巨商张尊三、药业巨子鲍国昌等；慈善家、港商曹光彪、李达三、李惠利，新加坡商人胡嘉烈等。

【方言】 鄞州区方言是宁波方言主流，属于吴语太湖片甬江小片。鄞州区方言大体可以划分为东区、中区2个区域，区域内部差异较为显著。区域差异之外，还有老派、新派之分，语音、词汇两个方面为主要体现所在，老派方言中尽可能多地延续语言传统分，新派方言吸收影视、网络流行语言，有日趋与普通话同化的倾向。

（区委党史办）

区划人口

【行政区划】 2018年，鄞州区辖15个街道、10个镇。分别为下应街道、钟公庙街道、梅墟街道、中河街道、首南街道、潘火街道、百丈街道、东胜街道、明楼街道、白鹤街道、东柳街道、东郊街道、福明街道、新明街道、聚贤街道；瞻岐镇、咸祥镇、塘溪镇、东钱湖镇、东吴镇、五乡镇、邱隘镇、云龙镇、横溪镇、姜山镇。其中梅墟街道、新明街道和聚贤街道委托宁波高新区管理，东钱湖镇委托东钱湖旅游度假区管委会管理，行政区划上均属鄞州区管辖。至年底，全区有行政村201个、社区152个、城镇居委会6个。

【人口】 2018年末，鄞州区总户数35.62万户，户籍总人口90.21万人，其中城镇人口71.20万人，乡村人口19.01万人；男性44.09万人，女性46.12万人。按户籍人口计算的人口密度为每平方千米1108.02人。全年出生9608人，人口出生率为10.83‰；死亡5117人，人口死亡率为5.77‰，人口自然增长率为5.06‰。

（区统计局）

名优特产

【邱隘咸齑】 邱隘雪菜是宁波的传统特产之一，2003年，其生产地邱隘被命名为"中国雪菜之乡"。其选用当地特有的蔬菜良种雪里蕻。传统用洗净的屙缸腌制雪菜，风味独特，贮存长久。20世纪80年代摒弃屙缸，采用新工艺，远销海内外。

【姜山草籽种】 姜山草籽种量大质好，化肥稀缺时期，除自用外，远销省内外。化肥充裕后衰落，被列入区种质资源保护范围。

【大松石】 大松石产于咸祥镇球休山，又名大嵩石、牛祭石、羊求休、灯明冻，是一种玉石、玩赏石。其特点是温润、凝结、细腻、光洁、亮泽。清乾隆年间海宁陈目耕的《篆刻针度》中介绍16种印石，大松石排名第三，仅次于青田县的冻石、封门石。现在大松石非常罕见。

【福泉山茶叶】 东海龙舌花茶产于东钱湖福泉山茶场。福泉山茶场引进优良茶树品种36个，名茶有"东海龙舌""云雾春""佛茶""白茶"等。其中"东海龙舌"以其外形扁平、嫩黄带毫、汤色清澈明亮、滋味浓醇爽口有回味而闻名海内外。2002年获评浙江省无公害名特优茶，福泉山茶场被宁波市评为绿色农产品茶叶基地。

【湾底桑果】 桑葚（桑果）是卫生部批准的"药食同源"水果。湾底桑果采摘基地果园占地面积30余万平方米，是国内最大的桑果种植基地。品种主要为"大十"，每平方千米产量可以达到

第六届雪菜文化节

2000千克。同时，桑果是2007年度宁波市十大精品水果之一，2004年始每年4月、5月举办桑果节，吸引数十万名游客游览采摘，是庄园重大活动之一。

【李家洋榨菜】 五乡镇的李家洋榨菜色泽碧绿，块茎饱满，经过独特的3道腌榨工艺，制成的榨菜味道鲜美。

（区委党史办）

经济和社会发展

【综合实力】 经济总量。初步核算，2018年，全区实现地区生产总值1820.11亿元，按可比价格计算，增长5%。其中，第一产业增加值25.14亿元，增长0.80%；第二产业增加值622.60亿元，增4.10%；第三产业增加值1172.38亿元，增长5.60%。三次产业比重依次为1.40%、34.20%和64.40%。按户籍人口计算，人均GDP（按年平均汇率折算为20458美元）13.54万元，增长1.70%。

财政收支。财政总收入435.91亿元，增长6.10%。一般公共预算收入252.99亿元，增长4.70%。税收收入404.55亿元，增长8%。其中，增值税169.12亿元，增长0.50%；个人所得税43.64亿元，增长2.80%；企业所得税117.30亿元，增长20.60%。

就业和再就业。净增城镇就业岗位41259个，8167名城镇失业人员实现再就业。年末城镇登记失业率2%。

【农业和农村建设】 农业。实现农林牧渔业总产值36.20亿元，增长1.20%。其中，农业产值26.40亿元，增长1%；林业产值1.01亿元，增长3.80%；畜牧业产值1.13亿元，增长1.70%；渔业产值5.12亿元，减少1.10%；农林牧渔服务业产值2.54亿元，增长8.40%。农林牧渔业增加值26.43亿元，增长1.30%。粮食作物播种面积127.60平方千米，增长2.70%；粮食亩产435.60千克，增长3%；粮食总产量8.34万吨，增长5.70%。油料作物播种面积4.76平方千米，增长71.20%；花卉苗木播种面积17.40平方千米，减少10.10%；蔬菜播种面积83平方千米，减少4.40%；果用瓜播种面积12.53平方千米，减少15.10%；席草播种面积2.97平方千米，增长42.80%。年末生猪存栏数0.64万头，减少56.20%；年末家禽存栏数为11.84万只，增长47.60%。全年肉类总产量为1003吨，减少50.80%；水产品总产量1.46万吨，增长2.10%。

农村建设。拆除农村旧房4.9万平方米，拆除地块7.55公顷，完成21个美丽宜居村设计方案并启动实施。全区有美丽镇村合格村99个，示范村8个，正在创建7个，风景线已创建2条，在建1条，示范镇创建2个，在建1个。

【工业和建筑业】 工业。实现工业增加值466.88亿元，增长2.60%，占地区生产总值的比重为28.80%。全区有规模以上工业企业1041家，实现规模以上工业增加值279.53亿元，增长2%。规模以上工业销售产值增长7.70%，产销率99.10%；出口交货值增长8%。分行业看，在规模以上工业31个行业大类中，工业增加值前五大行业分别为汽车制造业、电气机械和器材制造业、通用设备制造业、金属制品业、计算机通信和其他电子设备制造业，增加值分别增长0.90%、1.50%、3.70%、5.70%和5.30%。规模以上工业主营业务收入1424.67亿元，增长9.80%；利税总额121.57亿元，增长0.20%；利润总额82.29亿元，增长4.10%；从业人员平均人数16.33万人，下降3.50%。

工业创新转型。规模以上工业技术（研究）开发费34.37亿元，增长13.60%；新产品产值增长8.70%，新产品产值率提高到38.40%。规模以上工业中，战略性新兴产业、高新技术产业和装备制造业增加值分别为73.19亿元、174.09亿元和195.41亿元，增长39.70%、0.30%和5.10%，占规模以上工业增加值的比重达到26.20%、62.30%和69.90%。

建筑业。全区有资质以上建筑施工企业166家，建筑业产值844.50亿元，增长10.40%，其中建筑工程产值771.20亿元，增长12.80%；安装工程产值70.92亿元，下降6.90%。建筑企业全部合同签订额1249.75亿元，增长7.40%，其中新签订合同830.85亿元，增长5.80%。房屋施工面积3970.32万平方米，下降14.60%，其中本年新开工面积1906.15万平方米，增长34.40%。

【固定资产投资和房地产业】 固定资产投资。完成固定资产总投资550.20亿元，其中17个省市重点项目完成投资67.40亿元，100个区级重点实施类项目完成投资227.80亿元。固定资产投资同比下降18.50%，其中基础设施投资增长36.70%。工业投资增长13.40%，其中工业技改投资增长21.50%。民间投资下降22.10%。

房地产。房地产业投资额下降26.20%，其中房地产开发业投资下降28.70%，住宅开发投资下降33.70%。商品房屋销售面积339.10万平方米，下降4.80%，其中住宅销售面积234.40万平方米，下降13.70%。商品房屋销售额782.10亿元，增长8.20%，其中住宅销售额628.29亿元，下降1.90%。

【国内贸易】 贸易。批发零售业商品销售额4677.19亿元，增长18%，其中限额以上销售额3260.86亿元，增长23.50%。住宿餐饮业营业额133.97亿元，增长13.10%。全年社会消费品零售总额811.14亿元，增长8.50%，其中限额以上社会消费品零售额307.08亿元，增长7.10%。限额以上企业销售的商品类值中，汽车类零售额138.04亿元，增长3.80%；石油及制品类零售额30.70亿元，增长20.90%；服装鞋帽针纺织品类零售额32.29亿元，增长5.30%；粮油食品类零售额20.74亿元，增长28.20%；日用品类零售额10.50亿元，下降17.40%；中西药品类零售额15.08亿元，增长28.60%。

商品市场。鄞州区拥有各类商品交易市场91个，成交额394.71亿元；网上交易市场9个，成交额40.14亿元。

商务楼宇。纳入统计的商务楼宇有135幢，总商务面积483万平方米，实际入驻企业13816家，入驻面积388万平方米，入驻率80.30%。

【对外经济和招商引资】 进出口。进出口总额1610.87亿元，增长20.70%，其中进口额377.04亿元，增长39.30%；出口额1233.83亿元，增长16%。以美元计价，进出口总额244.46亿美元，增长24.10%，其中，进口额57.26亿美元，增长43%；出口额187.20亿美元，增长19.30%。按贸易方式分，一般贸易出口总额180.11亿美元，增长20.50%；加工贸易出口总额7.05亿美元，下降4.80%。按企业类别分，生产企业出口额49.49亿美元，增长13.60%；三资企业26.34亿美元，增长20.70%；外贸公司104.04亿美元，增长18.80%。按产品类别分，机电产品出口97.25亿美元，增长19.70%；高新技术产品出口8.93亿美元，增长32.40%。按国别地区分，出口新兴市场72.45亿美元，增长20.20%；出口"一带一路"沿线国家（70国）57.53亿美元，增长20.80%。

外资。新设外商投资企业113家，合同利用外资8.73亿美元，实际利用外资7.91亿美元。

内资。引进重大内资项目41个，总投资572.10亿元，实际引进内资141.30亿元。引进浙商回归项目126个，包括新项目53个，结转项目73个，实际到位资金167.04亿元。

【旅游、交通运输、供电】 旅游。旅游总收入260.39亿元。接待国内外游客2233.34万人次，其中接待入境游客21.16万人次。旅游外汇收入10612万美元。至年底，累计有国家AAAA级旅游风景区4家，AAA级旅游景区4家。增加花级酒店2家、金叶级绿色旅游饭店2家，累计有星级旅游饭店16家、花级酒店11家、绿色旅游饭店14家、宁波市特色客栈1家，旅行社、分社增至119家。

交通运输。鄞州货物运输量4155万吨，其中公路货运量3151万吨；货运周转量1187848万吨千米，其中公路货运周转量265379万吨千米；客运量477.94万人，其中公路客运量477万人；客运周转量83870万人千米，其中公路客运周转量83857万人千米。年末公路总里程达1015千米（不包括城市道路），其中高速公路94.50千米、一级公路86.90千米、二级公路133.70千米、三级公路177.80千米、四级公路522.10千米。农村公路网密度、公路网面积密度为每百平方千米124.71千米，以人口计量为每万人11.65千米。

供电。全社会用电量90.47亿千瓦时，增长9.20%。其中，工业用电45.35亿千瓦时，增长8%；城乡居民生活用电17.32亿千瓦时，增长13.30%。

【金融、上市、保险】 金融。全区有金融机构277家。年末金融机构本外币各项存款余额6304.69亿元，增长4.80%；本外币贷款余额7586.95亿元，增长13.90%。年末金融机构人民币存款余额为6087.33亿元，增长5.60%，其中储蓄存款余额1549.72亿元，增长7.70%；金融机构人民币贷款余额为7247.58亿元，增长14.80%。

上市。全区上市公司19家，其中境内上市14家、境外5家，上市公司数量居全市第一。

保险。全年鄞州本级保险公司保费收入73.15亿元，增长17.80%。其中财产险保费收入24.88亿元；人身险保费收入39.63亿元；财产险合计理赔支出21.54亿元。保险中介机构代理保费收入1.21亿元。

【科学技术、教育、人才】 科学技术。专利申请量17550件、授权量9945件，发明专利申请量7201件、授权量1524件，各项专利指标连续9年居全市首位。奥克斯空调等3家企业获得第二十届中国专利优秀奖，14个专利在市发明创新大赛上获奖。全年新认定高新技术企业51家，总量289家，登记备案创新型初创企业357家，总量1829家，数量均居全市首位。增加院士工作站3家，总量21家。增加省级企业研究院3家，市级企业研究院6家，省级高新技术研究开发中心8家、市级企业工程（技术）中心22家，规上企业86%以上建有研发机构。国家级众创空间7家，国家级孵化器3家，占全市1/3。4家加速器投入运行并获区级备案。

教育。区本级有普通中学27所，在校学生29091人，专任教师2114人；小学54所，在校学生70844人，专任教师4165人。小学入学率、巩固率和升学率均达到100%；初中入学率、巩固率和升学率均为100%。应届初中毕业生升入高中段比例为99.10%；义务教育学龄人口入学率达100%。

人才。全区人才总量37.80万人，其中省以上"千人计划""万人计划"专家50人，市"3315计划"以上的专家及团队数超过100人，数量占全市的1/6。增加国家创新人才推进计划专家、省"千人计划""万人计划"专家各4人，市"3315"系列计划专家17人；享受国务院特殊津贴专家15人，省突出贡献专家3人，市领军和拔尖人才29人（第一、二层次），副高及以上职称4876人，高技能人才2.20万人。市级以上"千人计划"和"万人计划"、市级以上企业工程中心、院士工作站、博士后工作站等重点指标总量均居全市第一；鄞创孵化器成为中国留创园孵化基地，是全省唯一入选的国家级留学人员创业园区。

【卫生、文化、体育】 卫生。全区有医疗卫生机构581个，其中医院36家（综合医院13家，专科医院18家，中医医院2家，中西医结合医院2家），社区卫生服务中心12家，标准社区卫生服务站102家，乡镇卫生院9家，门诊部74家，村卫生室159家，诊所和医务室181家，急救中心1家，妇幼保健院1家，专科疾病防治院1家，疾病预防控制中心1家，卫生监督所1家，其他卫生机构2家。共有各类医院床位8551张，卫生技术人员14405人，医师5360人，注册护士6222人。全年总诊疗1185.45万人次（其中门诊1111.79万人，急诊53.76万人），住院病人实际占用床日271.53万天。

文化。全区有物质文化遗产保护单位、点和名录862处，其中国家级文保单位5处、省级文保单位9处；拥有库藏文物档案藏品20569件（套），其中珍贵文物740件（套）。有国家级非物质文化遗产名录4项、省级20项、市级50项、区级101项。累计建成博物馆21座、在建2座。“天天演”文化惠民工程共演出744场次，惠及观众76万余人次。举办鄞州区第八届王应麟读书节、鄞州区首届“艺起来”群众文化艺术节等大型文化活动，承办“一人一艺杯”宁波市首届舞王争霸赛暨颁奖盛典活动、2018“立德树人 美育启智”高雅音乐普及暑假大师公开课及首届全国青少年大提琴艺术周暨第七届青少年大提琴比赛活动。

体育。新建社区多功能运动场4个、中心村全民健身广场2个、体育休闲公园2个、笼式足球场14个、游泳池3个，人均体育场地面积2.32平方米。举办2018“鄞州杯”中国国际象棋电视快棋赛、2018“鄞州银行杯”国际男子网球挑战赛、“三英杯”全国乒乓球邀请赛等国际国内大型赛事。举办本级群众性体育赛事、活动69次，参加群体赛事活动近23万人次。承办2018年浙江省击剑冠军赛、2018年宁波市青少年网球比赛、2018年全国国际象棋棋协大师赛、2018年浙江省第11届青少年健美操锦标赛等市级以上青少年赛事。体育社会组织241家，举办各类活动140次。鄞州区成为宁波市首批入选全国青少年校园足球试点县（市、区）。“鄞州国际男子网球挑战赛”成功入围2018年省重点培育品牌体育赛事名录。

【人民生活、社会保障】 居民收入。城镇常住居民人均可支配收入64888元，增长8.40%。可支配收入中，人均工资性收入39986元，人均经营净收入7226元，人均财产净收入8680元，人均转移净收入8996元。城镇常住居民人均消费性支出42027元，其中人均食品支出10338元，人均交通和通信支出6191元，人均教育文化娱乐服务支出5106元，人均居住支出11499元。城镇常住居民人均自有现住房面积38.51平方米。农村常住居民人均可支配收入36589元，增长8.80%。农村常住居民人均生活消费支出24225元，增长9.10%，人均用于食品支出7234元，人均衣着支出1361元，人均交通和通信支出4778元。平均每百户农村家庭拥有彩色电视机173台、家用电脑58台、空调机170台、电话机55部、移动电话216部、电冰箱100台、洗衣机91台、汽车58辆。农村常住居民人均自有现住房面积34.73平方米。

社会保障。基本养老、医疗、失业、工伤、生育保险的参保人数分别为52.60万人、55.27万人、50.37万人、56.62万人、47.20万人。户籍人口医保参保率为98.80%。职工医保和城乡居民政策范围内住院医疗费的基金平均支付比例分别稳定在85%以上和73%左右；城乡居民医保基层医疗机构普通门诊政策范围内医疗费的基金平均支付比例在60%以上。农村“五保”对象供养标准和困难群众最低生活保障标准为人均每月885元。全年发放低保金3862.10万元，发放困难残疾人生活保障金2135万元，支付重特大病医疗金1427.30万元。有养老机构床位7302张，建成居家养老服务站10个，累计有居家养老服务站320个。

【市政公共服务、环境保护、能源、社会安全】 市政公共服务。改造城中村84.19万平方米、旧厂区25.52万平方米、旧住宅区87.21万平方米，拆除违章建筑181.01万平方米。纳入鄞州区管理的各类市政设施包括桥梁453座；地下排水管道671千米，城市道路总长344千米，人行道面积223万平方米，各类市政设施完好率达到98%以上。城区保洁的道路面积为1122万平方米，长效保洁覆盖率为100%，机扫率为86%。每日处理生活垃圾1760吨，生活垃圾集中收集行政村覆盖率和无害化处理率均达到100%。

环境保护。落实中幼林抚育面积300万平方米，其中重点区域181.50万平方米。全区生态公益林建设面积13760万平方米。完成山地营造林面积50万平方米，其中珍贵树种造林面积25.53万平方米。拥有国家级生态镇8个，省级生态镇1个，国家级生态村1个，市级生态村171个，市级以上环保模范（绿色）单位174家。化学需氧量和氨氮排放量分别减少492吨、55吨，分别削减6%、3%；二氧化硫和氮氧化物全年排放量减少557吨、550吨，分别削减1%、1%。

能源。规模以上工业企业能源消费量比上年增长7.70%，单位工业增加值能耗上升4.60%。

社会安全。发生各类生产经营性事故27起，减少60.90%；死亡17人，减少26.10%；受伤13人，减少80.90%；直接经济损失183.64万元，减少29.40%。其中，生产经营性道路交通事故18起，减少69.50%；死亡人数8人，减少38.50%；受伤人数13人，减少79.40%；直接经济损失3.64万元，减少64.10%。食品安全定量抽检5113批次，抽检批次合格率为98.14%，项次合格率为99.77%；食品安全评价性抽检533批次，批次合格率为95.12%，项次合格率为96.85%。药品监督抽检合格率97.50%。

（区统计局）

注：

（1）本部分各项数据来源于《2018年宁波市鄞州区国民经济和社会发展统计公报》，所列各项数字均为初步统计数，具体数据以统计年鉴资料为准，最新数据也可在鄞州区人民政府·统计局网站、鄞州统计微信号查询。

（2）全区生产总值、各产业增加值绝对数按当年价格计算，增长速度按可比价格计算，人均生产总值按户籍人口计算。

（3）规模以上工业企业指年主营业务收入2000万元及以上工业企业。

（4）固定资产投资统计范围为计划总投资500万元及以上的项目。

（5）限额以上批发业指年主营业务收入2000万元及以上批发企业（单位）；限额以上零售业指年主营业务收入500万元及以上零售企业（单位）；限额以上住宿餐饮业指年主营业务收入200万元及以上住宿餐饮企业（单位）。

组织机构及其负责人

区四套班子领导机构

中共鄞州区委员会

书　记：胡　军（8月止）
褚银良（8月始）

副书记：陈国军（11月止）
王兆波（12月始）
朱法传

常　委：王兆波
陈杰农
张相晋
陈　虹
蔡利丰（10月止）
徐卫成
方飞龙
沃勇特
康志刚（4月始）
邱啟旻（10月始）
朱剑涛
陆朝晖（12月始）
徐梦周（挂职，7月止）
曾有仙（挂职，1月止）
杜　伟（挂职，5月始）
邱啟旻（挂职，12月始）

鄞州区人民代表大会常务委员会

主　任：杨慧芳

副主任：林　琪
夏素贞
陈家连
胡开通
吕红琴
钱　芳

党组书记：杨慧芳

党组副书记：林　琪

党组成员：陈家连
胡开通
崔伟高
张定龙
吕红琴
钱　芳

鄞州区人民政府

区　长：陈国军（12月止）

代区长：王兆波（12月始）

常务副区长：王兆波（12月止）
沃勇特（12月始）

副区长：朱晓丽
卜明长
梅益进
戴华祥

党组书记：陈国军（12月止）

党组副书记：王兆波

党组成员：卜明长
梅益进
戴华祥
朱剑涛
傅纪德
金伟杰
水旭东
忻思忠
陆朝晖（11月始）
高利丰（挂职，8月止）
金永虎（挂职，6月始）
郭正吉（挂职，6月始）

政协鄞州区委员会

主　席：郑坤法

副主席：沈剑波
华志苗
叶天奔
黄碧英
周义定
王孝嗣

秘书长：孙亚飞

政协党组书记：郑坤法

政协党组副书记：沈剑波

政协党组成员：戴嘉敏
华志苗
周义定

区纪委（区监委）

中共鄞州区纪律检查委员会

书　记：张相晋

副书记：林　敏

常　委：李　琪
陶　飞
郭成奎
卓　娅

鄞州区监察委员会

主　任：张相晋

副主任：林　敏

委　员：陶　飞
卓　娅
张刚军
毛高琪（5月始）

办公室主任：穆时洪

宣传教育室主任：陈　瑜（5月止）

干部室主任：毛高琪（5月止）
陈　瑜（5月始）

党风政风监督室主任：陆　璐

信访室主任：虞峥鸥

案件监督管理室主任：岑士杰

第一纪检监察室主任：邵国恒

第二纪检监察室主任：任　启（12月止）

第三纪检监察室主任：任鹏鸿

第四纪检监察室主任：何忠杰

第五纪检监察室主任：朱永波

案件审理室主任：刘保华

区委巡察办主任：李　琪

区委巡察办副主任：平晓波

纪检员：史一鸣

审判、检察机构及人民武装

区人民法院

院　长：王松来

副院长：黄文波
姚世国
吴启贤
郑贤达
水旭波
金　首（12月止）

纪检监察组组长：章信祥

政治处主任：鲍根月

审委会专职委员：高志刚
周　颖
徐力英
张宝琴

执行局局长：谢贤芳

大嵩法庭庭长：李建宏

邱隘法庭庭长：陈高龙

姜山法庭庭长：周小鸥

东钱湖法庭庭长：陈文生

党组书记：王松来

党组副书记：黄文波
姚世国

党组成员：吴启贤
郑贤达
章信祥
水旭波
金　首（11月止）
鲍根月
高志刚

区人民检察院
检察长：吕益军
副检察长：赵　敏
毕建国
施源明
吴静儿
张红军
朱全宝（挂职，12月始）
政治处主任：曹丰达
检委会专职委员：陈　静
金忠义
章晓民
章建军
东钱湖检察室主任：钱　忠
福明检察室主任：陈聪聪
党组书记：吕益军
党组副书记：赵　敏
毕建国
纪检监察组组长：王　骏
党组成员：施源明
吴静儿
张红军
曹丰达
陈　静

区人民武装部
部　长：康志刚
政　委：石怀兵
副部长：梁洪振
党委书记：石怀兵
党委副书记：康志刚
纪委书记：梁洪振
党委委员：吴志鹏
余有良

区委工作机构及党群各部门

区委办公室
主　任：徐卫成
副主任：王升涛
虞文平
胡光飞
杜建海（兼）
办公会议成员：徐国平
副主任：徐海平（兼，12月止）
徐　明（兼，12月止）
卢善听（兼）
金菲惠（兼）
计　伟（兼）
办公会议成员：傅怀锋
李云峰（12月始）
纪检监察组组长：徐国平
纪检监察组副组长：郑肖骏
台办主任：卢善听
台办副主任：茅晓军
保密局局长：徐云亚
机要局局长：罗旭东

区委组织部
部　长：陈杰农
常务副部长：俞林明
副部长：石信康（兼）
蒋丽芳（兼）
陈雅君
罗峥嵘
两新工委书记：罗峥嵘
两新工委副书记：魏仲庆
人才办主任：陈雅君（3月止）
人才办常务副主任：陈雅君（3月始）
人才办专职副主任：赵　永
纪检监察组组长：吴洁瑜
纪检监察组副组长：周爱明
部务会议成员：周丽君
吴洁瑜
魏仲庆
阮　错
赵　永
组织员：陈雅君
严晓蔚

区委宣传部
部　长：方飞龙
常务副部长：郁健平
副部长：邵　斌（兼）
张行君
应林辉
部务会议成员：竺灯波
何小红
童科军（1月止）
张绘薇
钟正中
纪检监察组组长：竺灯波
纪检监察组副组长：李国定
文明办专职副主任：何小红
网信办主任：应林辉（兼）
网信办专职副主任：徐　铭

区委统一战线工作部
部　长：陈　虹
常务副部长：朱英海
副部长：徐自力（兼）
严玉英（1月止）
肖忠文（1月始）
严伟强（兼）
张　涛
章燕飞
部务会议成员：应超武
高雅清
纪检监察组组长：应超武
纪检监察组副组长：任　新

区民族宗教事务局
局　长：严伟强
副局长：朱明霞
毕金玉

区侨务办公室
主　任：陆盈盈
副主任：张根柱

区侨联
主　席：严玉英（2月止）
肖忠文（2月始）
副主席：金岐伟

区委政法委员会
书　记：朱法传
常务副书记：吴敏刚
副书记：王兆波（兼）
蔡利丰（兼，11月止)
陆朝晖（兼，11月始)
胡贤君
曾　毅

委　员：王松来（兼）
吕益军（兼）
蒋晓东（兼）
朱启木
敬小红
李海滨
周元嗣
王　理
简芽香
计　伟（兼）
纪检监察组组长：朱启木
纪检监察组副组长：盛晓东（1月止）
许利君（1月始）

区委区政府政策研究室
主　任：徐　明（12月止）
王升涛（12月始）
副主任：张科杰
熊英勇
室务会议成员：傅行芳

区委区政府农村工作办公室
主　任：徐海平（12月止）
副主任：徐光良
唐元震
办公会议成员：钱赛红

区机构编制委员会办公室
主　任：邱爱民
副主任：陈济南
蔡华平
办公会议成员：惠河源

区直属机关党工委
书　记：李明阳
副书记：傅　强
张　艳
纪工委书记：肖康焕
党工委委员：肖康焕
钟学军
朱　俊

区委区政府信访局
党组书记：金菲惠
党组成员：楼章高
陈　斌
史国君
邱忠海
宫玉艳
郑　栩（挂职）
局　长：金菲惠
副局长：楼章高
陈　斌
史国君
邱忠海

区委老干部局
局　长：周丽君
副局长：蒋丽芳
程洪彬
陈海燕
局务会议成员：章素霞
蔡浩平
陈　恩

区档案局（馆）
局（馆）长：王　宁
副局（馆）长：丁坚玲
戴惠芬
王春微
党组书记：王　宁
党组成员：丁坚玲
戴惠芬
王春微
朱罗贤
马培刚

区委党校
校　长：陈杰农
副校长：杨开建
潘敏敏
行政学校校长：王兆波
行政学校副校长：杨开建
郑炀和
党委书记：杨开建
党委副书记：潘敏敏
党委委员：刘　智
戴青建

区委党史办公室
主　任：杜建海
副主任：应建炳
鄢　舟

区总工会
主　席：钱　芳
副主席：阮善良
范海锋
周迎春
胡美星
钟维红（挂职，12月始）
张肖荣（挂职，12月始）
谢华波（兼，12月始）
潘超宇（兼，12月始）
经审委主任：徐　滨
党组书记：阮善良
党组成员：范海锋
周迎春
胡美星

共青团鄞州区委员会
书记：张　军
副书记：郭琼颖
张　华
赵　涵（挂职，9月止）
党组书记：张　军
党组成员：郭琼颖
张　华

区妇女联合会
主　席：姚燕君
副主席：赵　雅
陈仁波
赖静怡
卢培军
张亚芬（兼职）
姚春梅（兼职）
周俏维（挂职，12月始）
党组书记：姚燕君
党组成员：赵　雅
陈仁波
赖静怡
卢培军

区残疾人联合会
理事长：毛建平
副理事长：朱亚萍
朱怀全（6月止）
全连明
毛亚听（6月始）
黄　成（兼，12月始）
党组书记：毛建平
党组成员：朱亚萍

朱怀全（5月止）
全连明（12月止）
郭　军
毛亚听（5月始）

区工商业联合会
主　席：谢识才（兼）
常务副主席：徐自力
副主席：徐自力
陈晓娟
蔡继杰
严一帆
杨和荣（兼）
张文阳（兼）
陈会甫（兼）
赵宏明（兼）
傅明康（兼）
仇　坤（兼）
孙菊波（兼）
邹炳德（兼）
竺保国（兼）
竺晓东（兼）
周巨乐（兼）
郑嘉丰（兼）
施　云（兼）
贾　骏（兼）
徐文卫（兼）
章建平（兼）
党组书记：徐自力
党组成员：陈晓娟
蔡继杰
严一帆
邬　红

区文学艺术界联合会
主　席：邵　斌
副主席：杨慧月
江志勇
史晓卿
党组书记：邵　斌
党组成员：江志勇
史晓卿
钱秀娴

区社会科学院（区社科联）
院长（主席）：陈萍萍
副院长（副主席）：吴志远
副主席：张科杰（兼）
潘敏敏（兼）
党组书记：何学军
党组成员：吴志远
张科杰（兼）
潘敏敏（兼）

区慈善总会
会　长：陈振国
副会长：杨亚飞
马伟平
马嘉凤
钱旭利
陈耀芳
毕伟国
朱红英
刘新宇
李　健
邹炳德
沈云康
宋济隆
张文阳
陆宏国
林　红
竺晓东
赵宏明
徐文卫
黄金宝
傅明康
秘书长：金文耀

区红十字会
会　长：卜明长
常务副会长：李鹏程
副会长：王正娟
陈明庭
忻明飞（兼）
毛盈飞（兼）
仇建辉（兼）
孙　鸿（兼）
刘建军（兼）
党组书记：李鹏程
党组副书记：王正娟
党组成员：陈明庭

区关心下一代工作委员会
主　任：陈勤俭
副主任：楼爱萍
虞文平（兼）
忻明飞（兼）
俞林明（兼）
张行君（兼）
周丽君（兼）
叶　夏（兼）
赵晓国（兼）
赵贤君

区革命老区开发建设促进会
会　长：唐　军
副会长：倪明龙（5月止）
蔡桂芬（6月始）
秘书长：蔡桂芬（5月止）
吴岳成（6月始）
副秘书长：陆瑞康（5月止）

区人大常委会、区政协机关

区人大常委会机关党组
党组书记：崔明飞（5月止）
蔡建泓（5月始）
党组成员：柯　伟
李仲安
徐志荣
莫菊妃
张理勤（5月止）
徐海平（12月始）
陈琪树
肖梅飞（1月止）

区人大常委会办公室
主　任：崔明飞（5月止）
蔡建泓（5月始）
副主任：肖梅飞（1月止）
高露露
陈科达

区人大常委会法制内司工作委员会
主　任：柯　伟
副主任：钱　飞

区人大常委会财政经济工作委员会
主　任：李仲安
副主任：候　科

区人大常委会教科文卫工作委员会
主　任：徐志荣
副主任：郑红年

区人大常委会代表工作委员会
主　任：莫菊妃
副主任：潘岳峰

区人大常委会城建环保工作委员会
主　任：张理勤（5月止）
　　　　徐海平（12月始）
副主任：施武能

区人大常委会农业和农村工作委员会
主　任：陈琪树
副主任：郭　松

区政协机关党组
党组书记：孙亚飞
党组副书记：鲁宝明
党组成员：裴渭干
　　　　李聪慧（12月止）
　　　　马晓英
　　　　刘玮枫

区政协办公室
主　任：鲁宝明
副主任：王宏标
　　　　陈继梅

区政协提案委员会
主　任：裴渭干
副主任：罗华峰

区政协经济科技和城建资源环境委员会
主　任：李聪慧（12月止）
副主任：赵文军

区政协教文卫体和文史资料委员会
主　任：马晓英
副主任：汪晓红

区政协社会法制和港澳台侨委员会
主　任：黄明伟
副主任：俞惠芬

区政协委员工作委员会
主　任：刘玮枫
副主任：朱蓓蕾

区政协农业农村工作委员会
主　任：冯浙萍
副主任：钱雪君

区政府工作部门

区政府办公室
主　任：傅纪德
副主任：汤旭波
　　　　毛　勇
　　　　张敏儿
　　　　李建卫
　　　　顾月祥
　　　　忻明飞
　　　　许佳锋
　　　　张振鹏（兼）
党组书记：傅纪德
纪检监察组组长：张　青（12月止）
纪检监察组副组长：章飞军
党组成员：汤旭波
　　　　毛　勇
　　　　张敏儿
　　　　李建卫
　　　　张　青（12月止）
　　　　顾月祥
　　　　忻明飞
　　　　许佳锋
　　　　蔡蓓颖
　　　　曹明艳
　　　　林　炼
　　　　邬田田
流动人口办副主任：徐红庆
区委区政府接待办主任：张振鹏
法制办主任：曹明艳
区政府督查室主任：王发振

区发展和改革局
局　长：应勇波
副局长：高毓武
　　　　钱安宁
　　　　翁亚清
　　　　高汉荣
总经济师：张景献（8月止）
党委书记：杨奇伦
党委副书记：应勇波
　　　　高毓武
党委委员：钱安宁
　　　　翁亚清
　　　　高汉荣
　　　　张景献（7月止）
　　　　朱东起
　　　　方玉华
　　　　王　敏（5月始）

区经济和信息化局（智慧办）
局　长：李永伟
副局长：张志达
　　　　杨东光
　　　　傅学军
　　　　孙巨华
总工程师：沈红丰
智慧办主任：张志达
智慧办副主任：冯　豪
党委书记：冯伟民（8月止）
党委副书记：李永伟
　　　　张志达
纪检监察组组长：徐　敏
党委委员：杨东光
　　　　傅学军
　　　　孙巨华
　　　　徐　敏
　　　　沈红丰
　　　　冯　豪

区教育局
局　长：王建平
副局长：章建丰
　　　　俞鹏年
　　　　仇建辉
　　　　陈仁飞
　　　　王耀鹤
党委书记：杨飞华
党委副书记：王建平
纪检监察组组长：徐红光
党委委员：章建丰
　　　　俞鹏年
　　　　仇建辉
　　　　徐红光
　　　　陈仁飞
　　　　王耀鹤

李正卡
徐蓓春

区科学技术局（科协）
局　长：叶　龙
副局长：杨盛苗
胡校生
王荣方
秦天雄
李小海
科协主席：俞　蓉
科协副主席：徐　超
党组书记：毛国宏
党组副书记：叶　龙
俞　蓉
杨盛苗
胡校生
党组成员：王荣方
秦天雄
李小海
徐　超
史燕萍

宁波市公安局鄞州分局
局　长：蔡利丰（10月止）
陆朝晖（10月始）
政　委：朱乐定
副局长：许国平
陆　俊
王伟祥
徐德云
朱　斌
郑光华
张　洪
督察长：谢小明
政治处主任：陈立军
信息指挥中心主任：余　春
信息指挥中心教导员：郑丽芬
刑事侦查大队大队长：严丰达
警务督察大队大队长：傅忠宁
警务督察大队教导员：龚文军
国内安全保卫大队大队长：俞伟利
国内安全保卫大队教导员：史久志
反恐怖大队大队长：徐国良
治安大队大队长：高安飞
治安大队教导员：朱赛维
禁毒大队大队长：鲍　云
禁毒大队教导员：钟安康
经济犯罪侦查大队大队长：张建高
经济犯罪侦查大队教导员：戴行诚
巡（特）警大队大队长：柯宗伟
巡（特）警大队教导员：王功伦
网络警察大队大队长：包国华
网络警察大队教导员：张银生
法制大队大队长：方建明
法制大队教导员：毛春光
出入境管理大队大队长：董美娟
出入境管理大队教导员：黄坚强
党委书记：蔡利丰（10月止）
陆朝晖（10月始）
党委副书记：朱乐定
许国平
纪委书记：谢小明
党委委员：陆　俊
王伟祥
徐德云
朱　斌
郑光华
张　洪
谢小明
陈立军
金肖飞
严丰达
余　春

区民政局
局　长：李青萍（5月止）
副局长：毕未辉
杨秀明（12月止）
刘建军
熊　瑛（3月始）
党委书记：张培吉
党委副书记：李青萍（5月止）
毕未辉
党委委员：杨秀明（12月止）
戴小如
刘建军
欧阳锡祥（12月始）
杨　波
薛　艳
焦泰森

区司法局
局　长：蒋晓东
副局长：徐光耀
胡永齐
陈小华
俞伟民
沈　军
党组书记：蒋晓东
党组副书记：徐光耀
胡永齐
党组成员：陈小华
俞伟民
沈　军
童素琴
杜光华

区财政局
局　长：徐源忠（5月止）
李青萍（5月始）
副局长：岑卢艳
杨国定
叶良春
国资办主任：徐源忠（5月止）
李青萍（5月始）
国资办副主任：江　泳
郑少军
总会计师：虞文萍
预算局局长：毛盈飞
国资办主任助理：王锐（挂职，6月止）
党组书记：涂更生
党组副书记：徐源忠（5月止）
李青萍（5月始）
岑卢艳
党组成员：杨国定
陈　黎
叶良春
江　泳
郑少军
徐　奕

区人力资源和社会保障局
局　长：石信康
副局长：胡冬平
王平均
凌　燕
谢华波
邓　伟
党委书记：钱孝平（12月止）
石信康（12月始）

党委副书记：石信康（12月止）
胡冬平
党委委员：范　骏
王平均
凌　燕
谢华波
邓　伟
张佩莉
崔　莉
朱红燕
局长助理：赖敏雅（10月始）

区环境保护局
局　长：童建业
副局长：徐　龙
陈孟军
任尧军
总工程师：王丽萍
党组书记：童建业
党组成员：陈孟军
任尧军
黄　津
任意芬

区住房和城乡建设局
局　长：纪　杰
副局长：谢登峰
林海康
陈　刚
徐宁军
张　明
党委书记：周　君
纪检监察组长：王洁龙
党委委员：谢登峰
林海康
陈　刚
徐宁军
张　明
王洁龙
盛　丹
程丽芳（5月始）

区综合行政执法局（城市管理局）
局　长：刘学文
副局长：毛斐恩
卢　彤
杜路畅
方　华
董嘉平
巩小亮
孙　静
区智慧城管中心主任：杨淑英（6月始）
东部新城城市管理中心主任：卢　彤（兼）
大嵩新区分局局长：陈　臻（兼）
东部新城执法中队中队长：张　宏（8月始）
党委书记：刘学文
党委副书记：毛斐恩
卢　彤
杜路畅
党委委员：方　华
董嘉平
王挺飞
谢　琦
巩小亮
陈　臻（兼）

区交通运输局
局　长：王　辉
副局长：黄碧英
冯培荣
徐宏光
童高平
阮鸿荣
总工程师：姜金环
党委书记：王　辉
党委副书记：冯培荣
党委委员：徐宏光
童高平
阮鸿荣
朱德良

区水利局
局　长：郑贤斌
副局长：程　斌
朱世炯
陈逸明
总工程师：刘美芬
党委书记：郑贤斌
党委委员：程　斌
朱世炯
陈逸明
斯隆洲

区农林局
局　长：杨国财
副局长：胡尚鹏
钱连波
王文华
总工程师：王伟国
农机站站长：顾崎峰
党委书记：杨国财
党委副书记：胡尚鹏
纪检监察组组长：楼海波
党委委员：钱连波
王文华
方志军
楼海波
顾崎峰

区商务局（粮食局）
局　长：严岩平
副局长：许苏甬
陈岳振
陈一川
尚春根
元　波
张　民
党委书记：严岩平
党委委员：许苏甬
陈岳振
陈一川
尚春根
张　民
陈　波
叶宏伟

区文化广电新闻出版局（风景旅游局、体育局）
局　长：蔡建泓（5月止）
王力波（5月始）
副局长：施国裕
施建华
陆立平
鲍　磊
徐　兵
周玲智
张　颖
党委书记：蔡建泓（5月止）
王力波（5月始）
党委副书记：施国裕

党委委员：施建华
陆立平
鲍　磊
徐　兵
周玲智
张　颖
沈戈锋
何华云（12月始）

区卫生和计划生育局
局　长：水黎明
副局长：陈良儿
毕校龙
梁晓明
孙　鸿
叶慰军
党委书记：谢赛定
党委副书记：水黎明
陈良儿
毕校龙
党委委员：梁晓明
孙　鸿
叶慰军
李崇迅
徐晓良
朱　宇
陈学敏
白廷军

区审计局
局　长：余晓虹
副局长：蔡　洲
张　剑
程　洪
王安国
投资审计中心主任：黄　青
总审计师：李　骏（2月始）
党组书记：郝军海
党组副书记：余晓虹
蔡　洲
党组成员：张　剑
程　洪
王安国
丁孟云
黄　青
李　骏（1月始）

区统计局
局　长：吴锡辉（12月止）
徐　明（12月始）
副局长：章立伟
丁柏荣
裘松涛
周学军
毛　健
励佩珍
党组书记：徐　明（12月始）
党组成员：章立伟
丁柏荣
裘松涛
周学军
毛　健
陈　敏

区市场监督管理局
局　长：沈　军
副局长：严朝君
邵华燕
陈国君
江　斌
郑继军（2月止）
冯利成
高志康
沈宇燕
陈春阳
戴　路
总工程师：周政艺
党委书记：顾同盟
党委副书记：沈　军
严朝君
纪检监察组组长：毛春范（1月止）
郑继军（2月始）
党委委员：邵华燕
陈国君
江　斌
郑继军
冯利成
周政艺
毛春范（1月止）
高志康
沈宇燕
陈春阳
戴　路
陈亚元

区安全生产监督管理局
局　长：钱帅鸿
副局长：王良君
徐　斌
郑则旺
党委书记：钱帅鸿
党组成员：王良君
杨剑锋
徐　斌
郑则旺
王仁伟
季东升（12月始）

区委区政府接待办
主　任：张振鹏

区金融办
主　任：戴国兴
副主任：张良平
裀慧宁
王鸿宾
陈　良（兼）

区行政审批管理办公室
主　任：李春丽
副主任：张　嵘
王　斌
杨燕明
党委书记：王兆波
党委副书记：李春丽
张　嵘
党委委员：戴细祥
王　斌
杨燕明
李　芳（兼）
翟承君（5月始）
应　宇

鄞州工业园区管委会
主　任：屠斌斌（5月止）
张景献（8月始）
副主任：李洪平
朱亚红
郑剑华
党工委书记：沃勇特
党工委副书记：屠斌斌（5月止）
张景献（7月始）

党工委委员：李洪平
朱亚红
郑剑华
陈　良

宁波南部商务区管委会
主　任：金伟莉
副主任：唐炜铭（12月止）
周永宽
吴素芬
陈维军
党工委书记：钱范杰
党工委副书记：金伟莉
党工委委员：唐炜铭（12月止）
周永宽
吴素芬
陈维军
程丽芳（5月止）

长丰开发建设指挥部
总指挥：陈世能
副总指挥：陈小华
楼铁坚
党组书记：陈世能
党组成员：陈小华
董森明
楼铁坚

鄞州经济开发区管委会
主　任：应勇波（5月止）
郑冠勉（5月始）
副主任：竺益忠
龚彩波
陈　臻
王　良
党工委书记：应勇波（5月止）
郑冠勉（5月始）
党工委副书记：竺益忠
党工委委员：龚彩波
陈　臻
王　良

区广播电视台
台　长：朱鸣鸿
副台长：陈幼云
陆佩芬
洪晓薇

党组书记：朱鸣鸿
党组成员：陈幼云
陆佩芬

区投资合作局
局　长：郑冠勉（5月止）
屠斌斌（5月始）
副局长：周亚君
杨志军
王　广
党组书记：陈　军（12月止）
屠斌斌（12月始）
党组副书记：郑冠勉（5月止）
屠斌斌（5月始，12月止）
党组成员：周亚君
杨志军
王　广

区机关事务管理局
局　长：李　波
副局长：张　承
施　峰
党组书记：李　波
党组副书记：张　承
党组成员：聂继军
施　峰

沙孟海书学院（周尧昆虫博物馆）
院　长：钱丁盛
副院长：张忠良

区房屋征收管理办公室
主　任：郑　杰
副主任：沈建华
朱银春
印　佾
党组书记：郑　杰
党组成员：沈建华
朱银春
印　佾
姜海波

区城中村改造办公室
主　任：郑　杰
副主任：赵海波
张高峰（兼）

城区重大项目办
主　任：寿建昱
副主任：钱　磊
娄伟京
叶慧娜
丁优伟（挂职，6月始）
党组书记：王国章
党组成员：钱　磊
娄伟京
叶慧娜
任柳峰（挂职，9月始）
王　煊（挂职，9月始）

区公共项目建设中心
主　任：陈　刚

区供销合作社
主　任：胡岳明
副主任：朱周平（12月止）
王伟国
盛晓东（1月始）
党委书记：胡岳明
党委委员：朱周平（12月止）
王伟国
盛晓东（1月始）

铁路东站区域综管办
主　任：刘学文
副主任：卢　彤
孙　静

区人民政府咨询委员会
主　任：沈　权
副主任：忻国龙
吴海平
秘书长：胡岳明
委　员：王国坚
张瑞良
叶彭君
徐源忠（5月始）
办公室常务副主任：史锡君

鄞城集团
董事长：王　翔（8月始）
总经理：胡文吉（8月始）
副总经理：高　坚（8月始）
马春梅（8月始）

张振斌（8月始）
党委书记：王　翔（7月始）
党委副书记：胡文吉（7月始）
高　坚（7月始）
纪委书记：袁　磊（7月始）
党委委员：马春梅（7月始）
张振斌（7月始）
袁　磊（7月始）

中车办（产城公司）
中车办主任：戴志君（12月止）
中车办常务副主任：王永坚
中车办副主任：陈斌义
巫莲莲
总经理：王永坚
副总经理：巫莲莲
党委副书记：王永坚
纪委书记：陈斌义
党委委员：陈斌义
巫莲莲

宁波鄞州农村商业银行股份有限公司
董事长：周建斌
监事长：梁雪琴
行　长：仇　坤
副行长：蔡武红
林永生
洪皓辉
胡文意
王　来
董事会秘书：王　来
首席信息官：叶凯锋
党委书记：周建斌
党委副书记：梁雪琴
仇　坤
纪委书记：梁雪琴
党委委员：蔡武红
林永生
洪皓辉
胡文意
王　来

宁波市直属管理单位

宁波市规划局鄞州分局
局　长：陈建权
副局长：包　钢
唐琼芳
汪国新
钟　乐（3月止）
党组书记：陈建权
党组副书记：包　钢
党组成员：陶秀国
唐琼芳
汪国新
钟　乐（3月止）

宁波市国土资源局鄞州分局
局　长：钱　磊
副局长：曹立国（3月止）
朱永祥
卢　明
褚正权
党组书记：曹立国（3月止）
钱　磊（3月始）
党组副书记：钱　磊（3月止）
朱永祥
纪检监察组长：卢　明（1月止）
方　引（1月始，9月止）
党组成员：卢　明
褚正权
夏瑜蕾

鄞州区国家税务局
局　长：吕建华（7月止）
副局长：胡　萍（7月止）
黄　旻（7月止）
邵建耀（7月止）
党组书记：吕建华（6月止）
党组成员：胡　萍（6月止）
黄　旻（6月止）
邵建耀（6月止）
施树声（6月止）
纪检监察组组长：施树声（6月止）

鄞州地方税务局
局　长：李至峰（7月止）
副局长：吴晓芬（7月止）
谢盛龙（7月止）
戴　晔（7月止）
党组书记：李至峰（6月止）
党组成员：吴晓芬（6月止）
谢盛龙（6月止）
戴　晔（6月止）
纪检监察组长：谢盛龙（6月止）

国税地税征管体制改革过渡期
联合党委书记：吕建华
（6月始，10月止）
联合党委副书记：李至峰
（6月始，10月止）
联合党委委员：胡　萍
（6月始，10月止）
黄　旻
（6月始，10月止）
谢盛龙
（6月始，10月止）
戴　晔
（6月始，10月止）
邵建耀
（6月始，10月止）
施树声
（6月始，10月止）
纪检监察组组长：施树声
（6月始，10月止）

鄞州区税务局
局　长：吕建华（7月始）
副局长：李至峰（7月始）
胡　萍（7月始）
黄　旻（7月始）
谢盛龙（7月始）
戴　晔（7月始）
邵建耀（7月始）
党委书记：吕建华（10月始）
党委副书记：李至峰（10月始）
党委委员：胡　萍（10月始）
黄　旻（10月始）
谢盛龙（10月始）
戴　晔（10月始）
邵建耀（10月始）
施树声（10月始）
纪检监察组组长：施树声（10月始）

宁波市国家税务局第一稽查局
局　长：黄佰桥（7月止）
副局长：戚国君（7月止）
董世煜（7月止）
党总支书记：黄佰桥（8月止）

宁波市税务局第一稽查局
局　长：黄佰桥（7月始）
副局长：戚国君（7月始）
单守永（7月始）
董世煜（7月始）
党总支书记：黄佰桥（8月始）
党总支副书记：单守永（8月始）

鄞州出入境检验检疫局
局　长：吴勇敏（4月止）
临港办事处主任：梁启平（4月止）
副局长：陈忠达（4月止）
许建林（4月止）
胡世涛（4月止）
蔡　航（挂职，2月止）
党组书记：吴勇敏（4月止）
党组成员：梁启平（4月止）
陈忠达（4月止）
许建林（4月止）
胡世涛（4月止）
蔡　航（挂职，2月止）

宁波海关驻鄞州办事处
主　任：葛惠珍（12月止）
副主任：赵　君（12月止）
杨　璐（12月止）

鄞州海关
关　长：葛惠珍（12月始）
副关长：杨文潮（12月始）
陈忠达（12月始）
胡世涛（12月始）
赵　君（12月始）

区烟草专卖局（烟草公司）
局长（经理）：丁丹峰（5月止）
副局长：陈世国
副经理：马战军（5月止）
童云川（5月始）
党组书记：丁丹峰（5月止）
党组成员：陈世国
马战军
童云川（5月始）

区气象局
局　长：胡春蕾
副局长：万宁姚
骆后平
党组书记：胡春蕾
纪检监察组组长：万宁姚
党组成员：万宁姚
骆后平
顾人颖

鄞州日报社
社长、总编：邵　波
副总编：罗涟浩
葛吉华
陈　勇
党总支书记：邵　波
党总支委员：罗涟浩
葛吉华
陈　勇

宁波鄞奉海事处
处　长：王继荣
政　委：何章才
党总支书记：王继荣
纪检委员：何章才
党总支委员：罗朝辉
高　玮
陈禅国

国家统计局鄞州调查队
队　长：任　川
副队长：陈丹凤（9月止）
党组书记：任　川
党组成员：陈丹凤
纪检监察组组长：陈丹凤（10月始）

市交警鄞州大队
大队长：朱连军
教导员：胡　畏
市交警局事故大队副大队长：翁定华
副大队长：陈　文
冯亦斌
黄　斌
党总支书记：朱连军
党总支副书记：胡　畏
党总支委员：翁定华
陈　文
冯亦斌
黄　斌
俞放鹿

区供电公司
执行董事：邵伟明
总经理：朱顺波
监　事：竺建国
副总经理：潘沛峰（1月始）
董元龙
燕俞波
工会主席：杨亚光
党委书记：邵伟明
党委副书记：朱顺波
竺建国
纪委书记：竺建国

中国电信鄞州分公司
总经理：韩　雄（9月止）
副总经理：周立伟（9月始）
黄　红
郑培坚
孙利成
毛高松
党委书记：韩　雄（9月止）
党委副书记：周立伟（9月始）

中国移动鄞州分公司
总经理：李　平
副总经理：庄玲玲（4月止）
吴志江
应　嵘
胡忠娥

中国联通鄞州分公司
总经理：陈叶能
副总经理：毛洁明
叶素萍
刘　维

中国通信服务鄞州分公司
总经理：朱　武
副总经理：张　波
总经理助理：石玮翔
综合部主任：胡佳玮

中国铁塔鄞州办事处
主　任：周　浩

区盐务管理局
局　长：邬孝甫

中国邮政集团公司宁波市分公司鄞州分局（分公司）
局　长：徐新华

镇（街道）机构

瞻岐镇

党委书记：史新跃
党委副书记：姚平达
　　郑　辉（5月始）
党委委员：陈　磊
　　蔡华锋
　　忻剑波
　　周燕华
　　蔡　演
　　陆亚龙
人大主席：陈红光
人大副主席：谢国华
镇　长：姚平达
副镇长：周燕华
　　王　敏（5月止）
　　金　桥
　　宋志武（3月始）
　　方　杰
纪委书记：陈　磊
总工会主席：俞光国

咸祥镇

党委书记：洪　峰（12月止）
　　凌剑晖（12月始）
党委副书记：荆英姿
　　毕延斌
党委委员：陈　力
　　龚杰栋
　　陈巧艳
　　吕　君
　　何庞杰
　　卢华丰
人大主席：傅建宁
人大副主席：王世军
镇　长：荆英姿
副镇长：吕　君
　　张志刚
　　谢德宝
　　李晓峰
纪委书记：陈　力
总工会主席：张肖荣
妇联主席：张淑琴

东吴镇

党委书记：张　磊
党委副书记：汪　辉
　　胡文吉（1月止）
　　胡　军（1月始）
党委委员：胡　军（1月止）
　　吴理俊
　　钱　晖（1月始）
　　吴明霞
　　钟维红
　　邱侠豪
　　蔡俊勇
人大主席：沈光伟
人大副主席：陈悠芬
镇　长：汪　辉
副镇长：钟维红
　　陈　波
　　丁绍江（12月止）
　　吴　斌（1月始）
纪委书记：吴理俊
总工会主席：俞优维

塘溪镇

党委书记：陈德全
党委副书记：陈　勇
　　庄　琪（1月始）
党委委员：姜启超
　　蒋　昀（1月始）
　　施巧灵
　　孙华怡（11月止）
　　钱春雷（12月始）
　　赵　涌（12月始）
人大主席：方　毅
人大副主席：周海云
镇　长：陈　勇
副镇长：孙华怡（11月止）
　　严峰杰
　　俞光国（1月止）
　　施　刚（1月始）
　　陈　基
纪委书记：姜启超
总工会主席：周红辉（6月始）

五乡镇

党委书记：戴志君（12月止）
　　郑　杰（12月始）
党委副书记：朱　兵
　　应超武（1月止）
　　张　力
党委委员：陈国民
　　李宣波
　　竺幽兰
　　吴祈德
　　蔡勤勇（2月止）
　　蒋万云（1月始）
人大主席：周名耀
人大副主席：林召国（2月止）
　　蔡勤勇（2月始）
镇　长：朱　兵
副镇长：郑　辉（5月止）
　　沈　远（7月始）
　　吴贝迪
　　张晓男
　　林东波
纪委书记：李宣波

邱隘镇

党委书记：卢明娟
党委副书记：任　广（9月止）
　　韩　洁（12月始）
　　吴虹岗
　　周时奋
党委委员：陈鸿飞
　　全未辉
　　周飞波
　　王克峰
　　尹金涯
　　陈嵘嵘
人大主席：周启波
人大副主席：应咪琴（1月止）
　　包信荣（1月始）
镇　长：任　广（9月止）
副镇长：周　辉
　　上官福足
　　赵蓉婷
　　吕　辉
纪委书记：陈鸿飞
总工会主席：陈张伟（6月始）
妇联主席：胡伟儿

云龙镇

党委书记：陈建恩（12月止）

洪　峰（12月始）
党委副书记：王晓晖
叶仕兴
党委委员：王　飞
陈海娜
胡毓敏
周志平（7月始）
张海峰（12月始）
李进驰
周剑平
人大主席：姜国民
人大副主席：陆松标
镇　长：王晓晖
副镇长：周志平（8月始）
高一波
翁海峰
葛立邦
纪委书记：陈海娜
总工会主席：林世洪
妇联主席：冯　琼

横溪镇
党委书记：陈贤富
党委副书记：庞超静
王裕春
党委委员：励吉波（12月止）
夏　勇
程庆红
任培亚
杨南渭
张海峰（12月止）
人大主席：徐卫东（5月止）
人大副主席：项建海
镇　长：庞超静（1月始）
副镇长：杨浩律
陈申波
童明彪
纪委书记：励吉波
妇联主席：周俏维（6月始）

姜山镇
党委书记：沃勇特
党委副书记：凌锡辉
童科军（1月始）
傅文忠（11月止）
党委委员：张定龙
任　启（12月始）
陆梁峰
严频燕
贝傅杰
龚旭东（1月始）
人大主席：邵文龙
人大副主席：郑咪玉
镇　长：凌锡辉
副镇长：詹　祥
陈红山
蒋优丰
章　斌
纪委书记：张定龙
妇联主席：王金晶（6月始）

潘火街道（投资创业中心）
党工委书记：张　宾
党工委副书记：王　宁
唐科成
党工委委员：钱海波
杜雄杰
李　唯
周　萍
何裕定
叶仁达
人大工委主任：杜　彪
人大工委副主任：陈汉军
办事处主任：王　宁
办事处副主任：李建杰
吴慧娜
费志强
郭建良
纪工委书记：杜雄杰
总工会主席：钱建华

福明街道
党工委书记：张飞忠
党工委副书记：邱　伟
韩　洁（12月止）
卓世波
党工委委员：俞云波
应钟铱
盛文柯
林　烜
朱英姿
张友龙
杨方波
陈颖资
李春伟（1月始）
乌仁托雅（挂职）
人大工委主任：王伟国
人大工委副主任：郑黎震（1月止）
徐凌峰（1月始）
办事处主任：邱　伟
办事处副主任：俞云波
盛文柯
杨方波
陈颖资
李春伟（12月始）
赵振宇（挂职，5月止）
纪工委书记：朱英姿
总工会主席：金　红

东柳街道
党工委书记：沈家瑜
党工委副书记：陈　启
陆文杰
党工委委员：李一峰
薛　伟
陆　维
李军辉
张代祥（12月止）
朱风华
李宁豫
陈　锐
人大工委主任：章耀祥
人大工委副主任：吕　萍（12月止）
办事处主任：陈　启
办事处副主任：李一峰
陆　维
朱风华
李宁豫
纪工委书记：李军辉
妇联主席：戴丽萍

中河街道
党工委书记：朱叶锋
党工委副书记：叶海东
乐　辉
党工委委员：周宏杰
翁飞岳
孙　妍
竺培勤
张成龙
董　强

陈　洁（挂职，4月止）
人大工委主任：许国华
人大工委副主任：翁萍华
办事处主任：叶海东
办事处副主任：赵春晖
邬亚萍
蔡晨捷
陈天培
陈　洁（挂职，4月止）
纪工委书记：翁飞岳
总工会主席：徐立群

东郊街道
党工委书记：葛欲栋
党工委副书记：邱　春
叶孝国
张水霞
党工委委员：俞守华
王正栋
卢　刚
娄为强
王鹏程
王洁菁（1月始）
杨　昊
人大工委主任：胡忠良
人大工委副主任：陆忠义
办事处主任：邱　春
办事处副主任：俞守华
卢　刚
娄为强
王鹏程
纪工委书记：王洁菁（1月始）
总工会主席：王金华
妇联主席：王高伟

下应街道
党工委书记：夏国芬
党工委副书记：郁柏其
钱　彪
党工委委员：张素淑
陈小波
夏　杰
倪　骋
张亚平
周灵军
人大工委主任：陈福祥
人大工委副主任：徐利军（12月止）
办事处主任：郁柏其
办事处副主任：蔡曙东
徐峥波
周文杰
任斌腾
纪工委书记：张素淑

明楼街道
党工委书记：史海良
党工委副书记：夏红霞
岳　玲
党工委委员：项　伟
易婷婷
张雄军
汪静萍
魏　强
林煜华
胡张法
马道永
人大工委主任：丁亚力
人大工委副主任：黄　渊
办事处主任：夏红霞
办事处副主任：项　伟
汪静萍
胡张法
魏　强
纪工委书记：易婷婷
总工会主席：蔡　军

百丈街道
党工委书记：邵英豪
党工委副书记：马荧波（5月止）
董家俊（7月始）
孙　巍（1月始）
党工委委员：陈世聪
胡军涛
胡海雄
王　坚
董旭光
陶跃进
陆　雁
袁明博
俞复玲（兼）
人大工委主任：吴志明
人大工委副主任：程雪东（1月始）
办事处主任：马荧波（5月止）
董家俊（8月始）
办事处副主任：胡军涛
王　坚
董旭光
袁明博
纪工委书记：陶跃进
总工会主席：余昌伟
组织员：周容彬

东胜街道
党工委书记：王力波（5月止）
马荧波（5月始）
党工委副书记：王小铮
虞曙峰
党工委委员：严志勇
卢伟芝
周　豪
应乾坤
邵鸿松
林佩燕
赵　锟
陈　哲（1月始）
人大工委主任：陈伟智
人大工委副主任：蔡永红
办事处主任：王小铮
办事处副主任：严志勇
卢伟芝
周　豪
邵鸿松
纪工委书记：应乾坤
总工会主席：王维平

白鹤街道
党工委书记：祝健敏
党工委副书记：李　静
卢娟华
党工委委员：周　涛
严青春
陆晓敏（1月止）
顾世东
石　艳
黄志利
徐东潮
陶日明
王　斌（1月始）
人大工委主任：陈永春
人大工委副主任：邵永定
办事处主任：李　静

办事处副主任:周　涛
陆晓敏(1月止)
顾世东
黄志利
王　斌(1月始)
纪工委书记:严青春
总工会主席:沈万金
妇联主席:俞霞红

首南街道
党工委书记:王　新
党工委副书记:刘　刚
周明峰
童文宏
党工委委员:施永达
周侗都
卢　豪
张碧云(1月始)
陈孟伟
人大工委主任:周小涛
人大工委副主任:夏明凤
办事处主任:刘　刚
办事处副主任:楼浩峰
余平君
沈　远(5月止)
钱俊军(8月始)
龚卓蟒
纪工委书记:施永达

钟公庙街道
党工委书记:陈福定
党工委副书记:金建永
董家俊(7月止)
应英彪(12月始)
庄　琪(1月止)
陆晓敏(1月始)
党工委委员:张碧云(1月止)
岑崇巍(1月始)
严　俊
郑建波
徐伟达
人大工委主任:蒋守国
人大工委副主任:戴铁军
办事处主任:金建永
办事处副主任:任琦峰
唐佩红
裴志刚
周利峰(2月始)
纪工委书记:谢光海
总工会主席:岑崇巍

东钱湖镇
党委书记:章　昊(12月止)
陈建恩(12月始)
党委副书记:凌剑晖(12月止)
杨洪波(12月始)
党委委员:张勋胜
童云雨
徐麦喜
翁豪军
张松波
王春翰
人大主席:章　昊
人大副主席:俞伟国
镇　长:凌剑晖(12月止)
副镇长:王春翰
谢孝华
仇凤花
王意红
纪委书记:童云雨
总工会主席:赵洪海

梅墟街道
党工委书记:孔志平
党工委副书记:何卫林
邵孟力(5月止)
汤晓刚
党工委委员:邱君良
俞凯通
钱国军
凌　莉
茅海虎
人大工委主任:邵孟力(7月止)
傅明龙(7月始)
办事处主任:何卫林
办事处副主任:邱君良
俞凯通
庞春琴
陈　超(6月始)
纪工委书记:凌　莉

新明街道
党工委书记:周伟杰
党工委副书记:王　立
王学波
党工委委员:赵雪明
汪文渊
裘名洪
张江涛
人大工委主任:范刚军(7月止)
高余丰(7月始)
办事处主任:王　立
办事处副主任:裘名洪
汪志云
纪工委书记:赵雪明
总工会主席:柴益祥

中共宁波市鄞州区委员会

鄞州年鉴

2019 YINZHOU YEARBOOK

概　述

【概况】2018年，鄞州区实现地区生产总值1820.11亿元，比上年增长5%，总量位居全市第一、全省第三；财政总收入435.91亿元，增长6.10%；一般公共预算收入252.99亿元，增长4.70%；社会消费品零售总额874.99亿元，增长8.80%；外贸进出口总额1841.13亿元，增长17.80%；城镇常住居民人均可支配收入64888万元，增长8.40%；农村常住居民人均可支配收入36589万元，增长8.80%；连续4年名列全国综合实力百强区第四，位居全国中小城市绿色发展百强区第二、科技创新百强区第三。

全年召开区委常委会、理论中心组学习会等专题学习37次，举办主体班次36期、参学参训1.70万人次。针对总书记习近平考察湾底时作出的重要指示精神，在湾底村召开常委（扩大）会议，进行现场重温、现场学习、现场部署。开展“三进”活动，百家单位千名干部万名党员进企业、进社区、进农村，夜学、夜访、夜巡、夜谈、夜议“五夜联动”，送信心、送政策、送服务、送点子、送措施、送温暖“六送上门”，发现问题9820个、解决问题8527个、问题解决率86.83%，得到省委、市委主要领导批示肯定，《浙江日报》《浙江政研》等报道刊发鄞州做法。选派“第一书记”，以全脱产挂职、全日制住村的方式，首批选派46名区级机关优秀干部，引导村社谋发展、破难题、走前列，开展各类活动180场次，解决实际问题337项。区级领导带头走访企业，带动各级各部门走访“四上”企业3000余家，收集梳理问题6131个、解决率94.60%；召开民营经济发展大会，研究制定降本减负15条。

总投资80亿元的高世代氧化物TFT电子纸项目落户，引进国内500强企业5家，实到内资、浙商回归资金位居全市第一。17个省市重点项目、100个区级重点实施类项目提速推进，中车新能源、奥克斯家用空调等一批项目建成投产。实施创新驱动发展战略，新引进市级以上各类人才19人，专利和发明专利四项指标位居全市第一，获得国家科技进步奖大奖两项，实现一等奖“零的突破”，获评中国知识产权领域最具影响力县域第一名。新增全国制造业单项冠军企业2家、国家级知识产权优势企业7家、国家级高新技术企业41家，69家企业上榜市“亩产论英雄”500强、其中4家进入全市十强、总量第一。提升主导产业质效，高新技术产业产值占比60%，战略性新兴产业增加值增长59.70%，规模以上工业亩均增加值和税收分别位居全市第一、第二，两化融合发展指数连续3年位居全市第一；优势行业首位度提高，金融业增加值172亿元，软件信息收入位居全市第一，商贸、航运、会展、商务等行业全市领先，位居省服务业强县（市、区）培育综合评价Ⅱ类第二；对外开放走在前列，出口突破1200亿元，对外投资额3.30亿美元，位居省外贸十强县（市、区）第二。

推进党政机构改革，召开区委常委会、区委全会、动员大会等一系列会议，涉改机构全部挂牌、班子成员全部到位、人员转隶基本完成。推进“最多跑一次”改革，微审批、最多问一次、集中授权审批、“三测合一”等走在前列，项目代办覆盖率100%，企业投资项目审批全流程审批“最多100天”实现率100%，政府审批事项“最多跑一次”实现率100%。推进要素制约改革，组建鄞城、鄞通、鄞工、鄞建“四大集团”，完成楼宇企业整规679家、新增税收超亿元楼宇2幢，消化“批而未供”土地291.27公顷、盘活低效用地233.33公顷、征迁清零185公顷，出让工业用地78.53公顷，创五年新高。推进基层治理改革，推进说事长廊建设，梳理制定权力清单、责任清单、负面清单和权力运行流程图；把分散在17个部门的6.70亿元涉农资金整合，做到多个管子进水、一个池子蓄水、一把龙头放水。

完善科学民主依法决策机制，创新人大执法检查、政协“请你来协商”等工作载体，法治政府建设成为“最佳实践”全省试点，发挥统一战线、群团组织、人民武装等作用，家事审判、司法宣传、未成年人检察等工作走在前列。加强与东部新城、东钱湖、高新区联动发展，谋划“六大新空间”开发建设，姜山镇成为卫星城市，新增国家级和省级美丽宜居村3个，创建AAA级旅游景区村庄6个；推进城乡精细化管理，4个镇通过国家卫生镇验收，4个社区入围市品质社区20强。强化环境整治，打好治水拆违、环境综合整治等组合拳，狠抓垃圾分类、围挡整治、大棚房整治，处置违法建筑157.20万平方米，整治提升围挡4.20万米、“桥头跳”134处，城乡垃圾分类覆盖率分别提高至87.30%、71.60%，2条河道入选省市级“美丽河湖”，5家单位成为污水零直排街道（园区）。改善社会民生，统筹推进“五金富民”、弱势群体帮扶，城镇登记失业率在2.10%以内。打响“爱心奶奶周秀芳”等品牌，成为国内首个“中国海丝文化之乡”，蝉联全省公共文化服务综合评估“十连冠”。品质教育、卫生信息化建设、家院互融养老等创出亮点，信访矛盾化解、安全生产监管、扫黑除恶等深入推进，涌现“老潘警调”“书记一点通”和陆家堰“契约式”管理、出租房“旅馆式”管理等鄞州版枫桥经验。

强化党委主体责任、书记第一责任人责任、班子成员“一岗双责”，严格落实党组织主体责任“双报告”、镇（街道）和区级机关党建和人才述责评议、全面从严治党督责等机制，特别是把年度全面从严治党主体责任细化为20项工作重点。针对省委巡视组指出的七方面18个具体问题和提出的4项意见、建议，区委常委会带头把35项任务、103项具体举措落到实处，除9个计划在2020年前完成外，其余94个已经基本整改完成，建立健全了干部管理、作风建设、党风廉政等方面的制度机制60余项，取得阶段性成效。党建“亮显工程”实现三级全覆盖，党建示范片、党建联盟、鄞领驿站、政治生活馆建设走在前列，明伦村“轮值村官”、奥克斯“人本党建”等模式得到上级肯定和推广。全年选拔调整干部4批次138人，其中，提拔转重55人次，新选拔任用区管党政正职8人，“竞标选才”公开比选产生2个区管正职、3个区管副职，消化超配区管干部67名。印发推进清廉鄞州建设的决定，完善区管干部“年度履职负面清单”，全年书面函询33人次、诫勉15人次；开展批评和自我批评，严格执行中央八项规定精神、“六项纪律”和廉洁从政各项制度规定；深化监察体制改革，创新政治巡察方式，加大典型案例剖析、案件查办等力度，全年立案190件，党纪政务处分164人。

（区委办公室）

重要会议

【十四届区委全体（扩大）会议】 2018年8月2日，十四届区委四次全体（扩大）会议召开。区委委员、区委候补委员，区纪委委员，区人大、政府、政协领导班子成员以及部分区党代表等近300人参会，会议由市委常委、区委书记胡军主持。会议认真学习贯彻总书记习近平对浙江工作的重要指示精神，以及省委十四届三次全会和市委十三届四次全会精神，总结上半年工作，部署下阶段重点任务，审议通过《中共宁波市鄞州区委关于推进清廉鄞州建设的决定》，动员全区各级党组织和广大党员干部，开展“大学习大调研大抓落实”活动，聚心聚力抓发展，抢先争优抓落实，以再出发的劲头推动鄞州高质量发展。

12月28日，十四届区委六次全体（扩大）会议召开。区委委员、区委候补委员，区纪委委员，区人大、政府、政协领导班子成员以及部分区党代表等近300人参会，会议由市委常委、区委书记褚银良主持。会议深入贯彻习近平新时代中国特色社会主义思想，认真落实庆祝改革开放40周年大会、中央经济工作会议精神，全面落实中央和省委、市委重大部署，回顾总结2018年工作，部署2019年及今后工作，审议通过《中共宁波市鄞州区委关于打造“两高四好”示范区的决定》，大力弘扬“敢为、求实、争先”的鄞州精神，不断激发“实干、担当、奋进”的精气神，“二次创业”再出发，“两高四好”勇攀高，凝心聚力打造“两高四好”示范区。

【全区民营经济发展大会】 2018年11月15日，全区民营经济发展大会在区文化艺术中心大剧院召开。区四套班子领导褚银良、陈国军、杨慧芳、郑坤法等出席会议，区委副书记、区长陈国军主持会议。市委常委、区委书记褚银良在大会讲话中强调指出，全区各级各部门和广大民营企业要认真学习贯彻总书记习近平在民营企业座谈会上的重要讲话精神，全面落实省、市有关会议精神，毫不动摇地鼓励支持民营经济发展，政企同心、上下同欲，“二次创业”再出发、“两高四好”勇攀高，奋力推动民营经济高质量发展，加快推进鄞州发展领跑领先。日月重工集团、欧琳集团、宁波德鹰精密机械有限公司、宁波华茂国际贸易有限公司等4家民营企业，区法院、区发改局、区经信局、区人社局、区环保局、区商务局、区市场监管局、区金融办、区国土分局、区税务局、海关驻鄞州办事处等11家单位在会上分别发言。全区各镇（街道）党政主要负责人和分管负责人、区级机关有关单位主要负责人、民营企业家代表等430人参加会议。

（钱　毅）

2018年11月15日，全区民营经济发展大会召开

重要调研

【郑栅洁到鄞州区调研】 2018年5月23日，省委副书记、市委书记郑栅洁到鄞州区调研，市、区领导施惠芳、胡军、陈仲朝、徐卫成、沃勇特、戴华祥陪同调研。郑栅洁一行考察奥克斯集团有限公司塑胶分厂，听取奥克斯集团有限公司董事长郑坚江关于奥克斯智能工业园的生产经营情况并对企业发展给予肯定。8月17日，省委副书记、市委书记郑栅洁考察鄞州区东柳街道“老潘警调中心”，接待宁舟新村居民代表王吉飞等4人，听取全市和鄞州区的信访工作汇报。施惠芳、褚银良陪同调研。

【傅自应到鄞州区调研】 2018年6月6日，商务部国际贸易谈判代表兼副部长、党组副书记傅自应到鄞州区调研，市、区领导裘东耀、胡军、徐卫成陪同调研。傅自应一行考察奥克斯集团有限公司，听取奥克斯集团、宁波世贸通、宁波电子口岸跨境平台关于企业运营情况的汇报，并表示肯定。

【葛慧君到鄞州区调研】 2018年7月5日，省政协主席、党组书记葛慧君到鄞州区调研专项集体民主监督工作，市、区领导杨戌标、胡军、陈仲朝、林静国、陈文祥、郑坤法、梅益进陪同调研。葛慧君一行考察泰安学校、东部新城垃圾中转站、白鹤街道丹顶鹤社区、美康生物科技股份有限公司，对鄞州区专项集体民主监督工作表示肯定。

【成岳冲到鄞州区调研】 2018年7月12日，副省长成岳冲到鄞州区调研，市、区领导胡军、徐卫成、卜明长等陪同，成岳冲一行调研茅山卫生院，对鄞州区卫生信息化工作表示肯定。

【王昌荣到鄞州区调研】 2018年3月14—15日，省委常委、政法委书记王昌荣到鄞州区调研政法综治工作。市、区领导胡军、黎伟挺、朱法传、徐卫成陪同调研。王昌荣在鄞州区法治文化中心，了解基层法律服务工作的经验，并在浙江海泰律师事务所勉励律师以人民为中心，将服务触角延伸到基层第一线。王昌荣勉励党员干部重心下沉，用心服务，让群众的安全感、幸福感持续增强；希望鄞州区按照"排头兵""示范地"的要求，夯实基础、探索创新，继续为全省做好标杆，为各项事业发展提供有力保障。

【江小涓到鄞州区调研】 2018年5月29日，国务院副秘书长江小涓到鄞州区科技信息孵化园调研工业互联网发展。省、市、区领导郑栅洁、胡军、施惠芳、陈仲朝、徐卫成、戴华祥等陪同调研。江小涓到宁波易联汇商信息科技有限公司，详细询问企业发展模式、人才结构、研发团队等情况，并听取企业平台利用物联网、大数据、云计算等技术搭建"云工厂"的案例介绍。江小涓勉励企业进一步优化商业模式，力争在工业互联网创新领域取得更大突破，为国家智能经济和"中国制造2025"建设贡献力量。

【朱从玖到鄞州区调研】 2018年5月29—30日，副省长朱从玖一行到鄞州区东海航运保险股份有限公司、中基宁波集团股份有限公司等单位调研保险、外贸等现代服务业发展情况。市、区领导胡军、刘长春、梅益进陪同调研。朱从玖现场了解鄞州区保险创新发展情况，并到宁波华保信息科技有限公司、浙江云透物联科技有限公司实地考察。他希望地方政府能够因地制宜，出台人才新政，高效引进高端金融人才，充分整合各方资源提升保险服务水平，全面打造保险产业生态链体系。

9月10日，副省长朱从玖到鄞州区福明街道人大代表联络站考察，实地了解人大代表联络站建设运行情况并听取部分省、市、区三级人大代表和群众的意见和建议。市、区领导褚银良、李关定、陈国军、杨慧芳等参加座谈。

【彭佳学到鄞州区调研】 2018年8月28日，副省长彭佳学到宁波市南区污水处理厂、南部商务区地下公共管廊区域、宁波微萌种业有限公司等地调研。市、区领导褚银良、卞吉安、徐卫成、朱晓丽、梅益进等陪同。

【任贤良到鄞州区调研】 2018年9月5日，全国人大常委会社会建设委员会副主任委员、中国网络社会组织联合会会长任贤良考察宁波互联网发展孵化基地暨鄞州区网络社会组织联合会基地。市、区领导褚银良、胡谟敦、方飞龙等陪同考察。

【刘奇到鄞州区调研】 2018年9月18日，江西省委书记刘奇，江西省委副书记、代省长易炼红率江西省党政代表团到鄞州区欧琳集团有限公司等地考察。省、市、区领导郑栅洁、陈金彪、施惠芳、褚银良、徐卫成、戴华祥陪同考察。

【黄建发到鄞州区调研】 2018年9月20日，省委常委、组织部部长黄建发一行到百丈街道划船社区、奥克斯集团有限公司等地调研。市、区领导钟关华、褚银良、陈国军等陪同调研。

【孙景淼到鄞州区调研】 2018年11月13日，省政协副主席、党组副书记孙景淼率调研组到鄞州区调研"请你来协商"基层协商平台建设工作和贯彻落实中办相关文件情况。市委常委、区委书记褚银良，市政协副主席林静国，区政协主席郑坤法，副主席华志苗等参加相关座谈。

【袁家军到鄞州区调研】 2018年11月29日，省长袁家军到宁波国家自主创新示范区内的韵升控股等企业调研。在鄞州区相关企事业调研时，区领导褚银良、王兆波、戴华祥等陪同。

【王辉忠到鄞州区调研】 2018年12月19日，全国人大华侨委员会委员王辉忠一行到鄞州区奥克斯集团有限公司等地，围绕推动建立现代化交通综合运输体系、切实降低物流成本等议题进行调研。市、区领导余红艺、褚银良、王霞惠、杨慧芳等陪同调研。

（钱　毅）

全面深化改革

【概况】 2018年，鄞州区确定"全区通办"、存量土地盘活利用、制造业单项冠军培育、涉未成年人案件"一站式"改革、医疗卫生"双下沉、两提升"等24个年度重点改革项目，新增"浙江制造"品牌培育、浙江省"红十字强基工程"等5个省级以上改革试点，在中央媒体宣传特色改革经验近10次，改革做法被省市领导批示近10次，医疗信息化、投资项目"标准地"、老潘基层治理等改革项目全省领先，鄞州"微审批"获2018年中国"互联网+政务"50强。全区召开全面深化改革领导小组会议、领导小组办公室会议等3次，区委常委会、区政府常务会议多次讨论国有资产改革、乡村振兴战略三年行动计划等改革相关议题，出台相关改革政策文件20余项。

【经济体制改革】 2018年，鄞州区紧盯重大项目，加强改革创新，推进经济体制改革。深化"最多跑一次"改革。推行"全科"窗口，实现"一窗受理"审批，加快政务服务"一证通办"改革，实现18个部门"一证通办"事项

143项，363项事项全程网上办理，实现“最多跑一次”镇（街道）全覆盖，351个村（社区）可办、代办事项数703项，在国内首推审批与信用挂钩应用，首创视频远程审批和开评标现场“微信直播”，“微审批”平台入选中国“互联网+政务”50强。推进姜山镇卫星城市发展试点。制订《关于姜山镇深化改革加快卫星城市发展的试点方案》，出台《鄞州区姜山镇卫星城市发展三年行动计划（2018—2020年）》，推进行政管理体制、要素保障机制、户籍管理体制、开发建设机制、社会管理机制等改革。深化“亩均论英雄”改革。出台工业企业单位资源占用产出绩效综合评价工作实施意见、实施办法、考核办法等文件，建立综合评价联席会议、督察考核等工作制度，全区共846家规模以上企业参评，规模以上工业亩均增加值和税收分别达到152.70万元、42.90万元，位列全市第一、第二，4家企业进入全市制造业亩产前10名，81家企业上榜宁波市工业亩产英雄500强榜单。创新存量土地盘活利用机制。出台《关于加快盘活存量建设用地的若干意见》《关于加强出让土地开竣工管理工作的通知》等文件，完善“批而未供”“供而未用”土地消化利用和低效用地再开发工作机制，消化“批而未供”土地291.27公顷，盘活存量建设用地143.33公顷，低效用地再开发106.67公顷。推进“标准地+承诺制”改革。出台《鄞州区加快推进“标准地”改革实施方案》《鄞州区“标准地”控制性指标（工业项目）》，明确全流程管理操作流程和具体要求，3个省级工业园区全部施行“标准地”出让制度，61公顷工业用地以“标准地”出让。

【民主法制领域改革】 2018年，鄞州区探索推进民主法制领域改革。深化民生实事项目代表票决制。加强对项目实施情况的跟踪监督，制订《鄞州区人大常委会关于对民生实事项目开展跟踪监督的实施方案》，构建民生实事项目闭环式监督体系，各镇实现民生实事项目代表票决制全覆盖，姜山镇作为全省唯一一个乡镇人大在全省深化民生实事项目人大代表票决制工作座谈会上作交流发言。健全人大代表履职监督机制。打好对口督办、协同督办等监督组合拳，制定代表履职清单，组织108名代表向选民述职并接受评议，代表对办理工作的满意和基本满意率达到100%，促成问题解决或基本解决的占到53.60%。率先推行“请你来协商”平台试点。精心组织“书记与委员面对面协商”，创新开展“民情恳谈协商”，推进委员工作室建设，把平台建设成为政协特有的开放、务实、高质量的综合性协商平台。规范政协委员履职行为。印发《政协委员履职工作规则（试行）》《委员履职积分管理细则（试行）》《委员持证视察制度》《优秀委员评选表彰办法（试行）》等管理制度，有效激发委员履职热情。加强行政应诉监督管理。建立开庭前案情会商和解、行政机关负责人出庭应诉审批、行政机关应诉情况考评督查等制度，实行全过程诉讼跟踪，行政机关负责人出庭应诉率达到87.80%。推进司法责任制改革和综合配套改革。制定法官入额考核办法，健全检察官办案绩效考核机制，加快实现员额法官检察官办案一线到位。加强涉未成年人案件一站式改革。在全国首创“一站式”办案救助机制的基础上，进一步优化救助机制、规范办案标准，在全市率先建立社会支持体系，创新“刑民一体化”办案机制，探索监护侵害刑事案件与撤销监护权民事案件一体办理，最大限度实现对未成年人全方位司法保护，1起案件被评为全省未成年人司法保护精品案例。

【文化体制改革】 2018年，鄞州区有序推动文化体制改革。构建“178”（一起办）网络社会柔性治理新模式。成立首个区网络社会组织联合会党委，互联网企业建立党组织20个、党员1061人，建立网络企业、网络社团、网络媒体、网络自媒体四大分会，推出数据资源、传播矩阵、政务对接、网络公益、培育孵化、网络民生、青少年引导七大服务功能，组织策划每日轮值当家、每周溢彩公告、每月线下交流、网络直播、行走镇街、网络安全宣传、正能量传播、网络读书八大常态活动。建设志愿服务制度化体系。在全市率先建立鄞州WE志愿服务平台，完善志愿服务工作三级网络，区级层面成立志愿服务总会，各镇（街道）、相关部门成立分会，村（社区）成立志愿服务站，全区行政村志愿服务站建成率达到71%，市级以上文明村志愿服务站建成率达到100%，中河街道春城社区获评全国最美志愿服务社区，福明街道福明家园社区“小种子”公益亲子阅读社获评全国最佳志愿服务组织，周秀芳获评全国最美志愿者。推进农村文化礼堂建设。制订《鄞州区农村文化礼堂建设规划（2018—2020）》，新建农村文化礼堂23个、覆盖率超过60%，新增五星级礼堂3家、四星级礼堂9家，三星级及以上礼堂覆盖率达到35%，通过省农村文化礼堂先进区复评。创新文化产业发展机制。发挥《鄞州区文化创意产业园区认定及管理办法》的导向作用，开展第一批区级文化创意产业园区申报，宁波国家广告产业园区、和丰创意广场入选浙江省重点文化产业园区，宁波卡酷动画制作有限公司、宁波音王集团有限公司入选2017—2018年度国家文化出口重点企业，2018年全区规模以上文化产业实现增加值110.65亿元，比上年增长14.80%。

【社会体制改革】 2018年，鄞州区有效推进社会体制改革。完善“老潘警民联调”矛盾化解机制。以“老潘工作室”为“旗舰店”，改建23个警调工作室为“加盟店”，实现镇（街道）全覆盖，建立健全网上调解、预约调解、巡回调解、上门调解等制度，通过“专业”带“群众”，打造枫桥经验升级版，全年全区24个警调工作室年均调解矛盾纠纷4800余起，110警情纠纷就地化解率95%以上，调解成功率高达98.70%。创新“书记一点通”基层服务机制。完善“书记一点通”党群联系服务模式，用一个“904901”全村通用的统一号码热线，让村民一键连线村支部书记，让书记在全天候连通、全领域引领、全方位服务中发挥核心主体作用，实现行政村、重点群体和党建工作“三个100%全覆盖”。建立健全社会救助全流程管控体系。制定出台《鄞州区城乡居民最低生活保障实施办法》，委托第三方开展精准化收入核查，在全省首创“精准帮扶”综合保险项目，探索建立“救助救灾+保险”模式。推进医疗服务综合改革。纵深推进以分级诊疗为核心的综合医改工作，强力推进医共体、医联体、专科联盟等建设，创新实施线上医疗、移动结算、远程诊断、微信导诊、移动医疗、智能e站等“互联网+惠民”项目，鄞州医疗机构100%加入分级诊疗平台，患者的检查报告100%信息化覆盖，成为国家医疗健康信息互联互通标准化成熟度四级甲等县（市、区）级单位。深入推进教育综合改革。推进教育区域融合发展，设立城南、城北教育管理服务中心和城南、城北成人学校，启动幼儿园课程改革，持续抓好深化集团化办学、千校结对、智慧教育等工作，深入推进作业分层、作息时间改革。

【生态文明体制改革】 2018年，鄞州区加强生态环境保护，推进示范区创建，推进生态文明体制改革。开展省级生态文明建设示范区创建。颁布实施《宁波市鄞州区生态文明建设规划（2017—2025年）》，制订《鄞州区生态文明建设示范区创建工作实施意见》等纲领性文件，建立健全生态文明建设示范区创建联动机制，完成省级生态文明建设示范区创建工作报告并向省生态环境厅申报创建。推动环评审批制度改革。区级环保办理事项全部实现“最多跑一次”，重点完成1个省级工业园区和两个省级特色小镇的“规划环评+环境标准”改革，23个项目环评由报告表改为登记表。健全污染防治机制。在水污染防治方面，不断强化五大行业整治；在大气污染防治方面，推进区域扬尘防治、工业VOC治理、城市机动车减排及农村秸秆禁烧等专项工作；在土壤污染防治方面，开展农用地和重点企业土壤污染状况详查、污染地块治理修复及风险管控、工矿企业和农业面源污染防治等土壤污染防治相关工作。理顺环境监测机制。国家全面上收国控考核断面监测权，同步实施“采测分离”，水样采集和分析测试工作交由不同监测单位承担，改变现行属地监测模式，从机制上与利益相关方脱钩，统一引入第三方机构开展水质采样、送样和水质自动监测站运维工作，强调全流程各环节留痕质控，实现水环境监测“国家考核、国家监测、数据共享”。

【党的建设领域改革】 2018年，鄞州区强化党建引领，推进党的建设领域改革。完善实干实绩干部工作机制。深化完善“竞标选才”、年度考核“四述四评一清单”、重点工作专项考察等制度，组织开展“百人挂职”行动，先后选派170余名不同层面干部到“六争攻坚”、涉军棚改拆迁、环境顽疾整治等重点工作一线破难解困，21名机关年轻处级干部挂职镇（街道）党（工）委副书记，46名优秀干部全脱产挂职村社“第一书记”。率先实施党建“亮显工程”。编印全市首个党建亮显标识应用规范，制定城市党建“鄞领工程”系列文件，推行街道“大工委”和社区“大党委”制度，探索项目党建、综合体党建、商务社区党建等模式，打造形成了涵盖5家分站和70余家爱心点的“鄞领驿站”服务格局。建立“三进六送”一线服务机制。紧紧围绕省委“大学习大调研大抓落实”决策部署，深化干部进企业、进社区、进农村“三进”活动，完善班子成员包片包干、镇干部周二驻村、街道干部周二夜学等制度，建立健全问题发现、分析处置、跟踪督促、成效巩固等机制，切实提高送信心、送关爱、送政策、送服务、送帮扶、送点子的实效，区四套班子领导进企业400余家次，牵头解决各类问题500余个。

【纪律检查体制改革】 2018年，鄞州区狠抓工作落实，推进纪律检查体制改革。深化监察体制改革，坚持把党的领导贯穿纪检监察工作全过程，制订出台进一步深化监察体制改革试点工作实施方案和责任分解，全面贯彻纪委监委合署办公要求，一体推进纪检监察体制和内设机构改革，实现“1+1>2”的改革效果。深化派驻机构改革，将派驻机构统一更名为“派驻纪检监察组”，授予部分监察职能和权限，实现监察职能横向拓展。深化“四单”督责机制，把纪律监督、监察监督、派驻监督、巡察监督发现的问题有机嵌入到责任链条，分别向责任单位党组织、纪检组织、行业主管部门以及分管联系的区领导发放《整改通知单》《问题告知单》《廉政建议单》《廉政函告单》，推动主体责任、监督责任、监管责任、领导责任等四个层面责任落实。

（蒋　敏）

区委办公室工作

【概况】 2018年，区委办公室组织召开“四办”主任联席会议51次，区委一周工作安排51期；承办参办全区性会议和活动195次，其中全委（扩大）会议3次、常委会议34次、书记专题会议23次，接待或参与接待中央、省市级领导、各地党政考察团批80次，到镇（街道）、区级机关有关部门调研55次。接收上级文件801件、发文350件，整理文书档案33盒1002件。落实精简文件简报的各项举措，区委主要文件数量与2017年基本持平。全年上报省、市信息1600余条，信息得分2792分，被中共中央委员会办公厅录用24条，中共浙江省委员会办公厅录用50条，中共宁波市委员会办公厅录用212条，多条信息获市委主要领导批示。

起草区委全会、读书会、民营经济发展大会、城市管理大会、“三进”活动动员会、村社“第一书记”选派动员会等各类文稿370余篇210余万字，编发《区委办通报》32期，关于“二次创业再出发、两高四好勇攀高”、开展“三个年”活动、实施“七大行动”计划、打造“5+5+5”现代产业体系、实施“四百工程”和“十百千万工程”、打造

"六大新空间"等思路举措被区委主要领导采纳，文稿质量得到区委主要领导、各级部门的肯定。起草区委副书记各类讲话稿90余篇、近30万字，统筹协调与党群部门及相关区领导之间的工作，周密安排区委副书记每周每月工作。牵头组织全区乡村振兴、平安建设、基层治理等方面相关工作及调研督查活动60余次；组织召开各类动员部署会、工作推进会、协调会60余次；接待或参与接待各地党政代表团、考察团、督查组、调研组30余批。

做好"法治鄞州"领导小组办公室日常工作，制定《鄞州区党政主要负责人履行推进法治建设第一责任人职责清单》，牵头推进"村民说事"，配合做好城乡基层公权力"三清单"运行法有关工作，推进法治镇（街道）先进单位创建，切实发挥组织协调、督促检查等职能。牵头推进民主法治领域改革各项工作。做好党内规范性文件备案审查工作，审核并向市委报备党内规范性文件33件。按照区委全面从严治党"四专"建设方案，做好区委全面从严治党主体责任工作的统筹协调、组织落实、督促指导和监督检查工作。指导镇（街道）和区级机关党组织建立专门机构、落实专门人员，督促推动痕迹管理、日常管理等专门平台发挥作用，把责任履行到底到位。建立区委政治生态建设状况定期分析制度，坚持问题导向，强化分析研判，引领带动全区营造良好政治生态。

【保密工作】2018年，鄞州区采取保密知识测试、党政办公系统网上警示教育提醒、重大敏感时期微信群预警、制作保密宣传笔品等形式，开展保密宣传教育。印发《关于开展机关、单位保密自查、自评工作专项检查的通知》，督促机关单位做好自查自评工作。做好全国"两会"、世界互联网大会等重大会议期间保密专项督查，为重大会议营造安全保密的政治环境。做好机构改革期间保密工作专项督查，对机构改革涉及的单位，跟踪做好涉密计算机和保密技术防护专用系统管理，对报废电子设备及保密废纸组织集中销毁。加强互联网出口和门户网站监管，确保每日两核、即查即处常态化工作机制，对发现通过互联网传输涉密信息、工作秘密的单位，建立定期通报和工作约谈制度。组织开发常驻式互联网电脑检查软件，通过后台检查方式对全区机关单位近2000台互联网电脑进行扫描，督促各单位对发现的敏感文件及时进行处理。联合区规划局进行测绘地理信息成果保密专项检查，杜绝测绘地理信息失泄密隐患。

【督查工作】2018年，鄞州区围绕区委全会报告、区委经济形势分析会、全区重大项目及征迁"拔钉清零"40天誓师大会等大会精神，做好重要工作任务分解，组织开展围挡整治、环境综合整治、征迁"拔钉清零"等重点专项督查活动19次，编发《鄞州督查》报告110期。印发区领导"七联七促"（联镇村促发展，联企业促增长，联项目促进展，联人才促贡献，联征迁促清零，联招商促落地，联信访促稳定）活动工作方案，梳理明确镇街（机关）督查工作联络员和分管领导。全程参与国家城市黑臭河水体专项督查迎检、城乡环境综合整治"攻坚月"等专项工作。跟踪督办甬新河泛太平洋酒店附近污水直排问题、甬台温高速复线塘溪镇沿线山塘开挖问题、金桥水岸小区附近区域违建拆除问题、云龙镇冠英村涉河违建拆除问题等市、区领导重点关注的督办事项。全年办理上级领导批示件180件、区委领导批示件1519件，跟踪督办《今日聚焦》《第一聚焦》曝光问题18件。

（黄小坤）

组织工作

【概况】2018年，鄞州区有基层党组织2938个，其中党委129个、党总支159个、党支部2650个；另有部门党委17个，各类党组30个。全区党员60398人，其中，女性22663人，少数民族171人，45岁及以下27871人，大专及以上33958人。全年新发展党员409人，其中女性165人。

鄞州区组织工作得到省委、市委领导批示和肯定近10次，被省级以上主流媒体、刊物刊用信息文稿近100篇。开展"城乡融合"环境品质提升专项考察和"竞标选才"，多批次组织"百人挂职"行动，特别是选派46名优秀干部脱产挂职担任村社"第一书记"，全区党员干部加强协作配合和交流融合。印发《关于进一步激发人才创业创新活力加快建设国内一流人才强区的若干意见》，打造涵盖"一带二中心三谷四园"的宁波城南智创大走廊，高规格举办鄞州人才科技智创周活动，组织百家鄞企走进中科院上海分院"借力借智"，柔性引进王玉明、安德森·林奎斯特等5位院士，全区人才总量37.13万人，其中高层次人才超过8000人，包括自主培育"省千"等29人、市"3315计划"专家团队53个。

印发城市党建"鄞领工程"系列文件，探索项目党建、综合体党建、商务社区党建等模式，建成3家分站点和70余家爱心点"鄞领驿站"。推广"书记一点通"，建成全省首个政治生活馆和宁波第一农村党支部（农会）陈列馆为代表的40家区级"党建争强"示范性基地，中新社、人民网、《浙江日报》等十余家知名媒体对政治生活馆进行集中报道，其中，湾底村党群服务中心和颜志定先进事迹展厅被评为"宁波市首批党员教育示范基地暨红色基地"。新建书香、善园公益、文创党建联盟等，探索创新陆家堰党建引领乡村契约式治理模式，以及明伦村"轮值村官"、陈黄村"五小工作法"等，基层党组织的组织力稳步提升，俞复玲作为全省唯一社区书记代表，入选"全省改革开放40周年40人"。

【干部选拔任用培育】2018年，鄞州区围绕实干实绩，印发并落实《激励广大党员干部实干担当奋进全力推动高质量发展建设高品质强区的实施意见》，树立"重实干、重实绩、重一线"的选人用人导向。加大"竞标选才"力度，首次面向全区推出区管正职作为竞标岗位，共推出2个区管正职和3个区管副职岗位。推行“专项考察”工作，围绕市委“六争攻坚”决策部署，组织开展“城乡争优”环境品质提升专项考察，考准干部关键时刻的政治担当和现实表现，并督促相关问题整改落实。开展“百人挂职”行动，选派170余名不同层面干部到“六争攻坚”、涉军棚改拆迁、环境顽疾整治等重点工作一线破难解困，重点选派21名敢担当肯作为的区级机关年轻处级干部到各镇（街道）挂职担任党（工）委副书记，选派两批次101名优秀干部担任村（社）“第一书记”，实行全脱产挂职。

【干部日常监督管理】 2018年，鄞州区开展专项“大排查”，配合省委巡视组、省委组织部选人用人专项工作检查组、市委组织部干部大监督检查组，对全区选人用人和干部监督工作进行全方位体检，抓好各项问题的整改落实。全年因未如实报告个人有关事项、违反出国（境）管理有关规定等原因，8名干部被诫勉，1名干部被取消任用资格，3名干部被移交纪委处理，并对10家存在问题较多的单位进行书面函询。围绕工作实绩、依法办事、德行作风、廉洁自律四方面内容，将未完成、未达标、被通报等20种负面情形列入“年度履职负面清单”，年初对上一年度涉及7种负面情形的17人次进行年度考核扣分。结合区划调整后新鄞州实际，制定出台容错纠错实施办法，坚持“三个区分开来”“实事求是”“一事一议”原则，明确容错的4个适用条件、11种具体情形和6步针对性操作性强的认定程序。

【“书记一点通”党群联系服务模式推广】 2018年，鄞州区推广“书记一点通”党群联系服务模式，安装电话终端设备14000余户，工作微信覆盖61000余户，实现行政村、重点群体和党建工作“三个100%全覆盖”，相关做法得到省委书记车俊和省委副书记、市委书记郑栅洁等省市主要领导肯定。基层社会治理模式不断创新，陆家堰党建引领乡村契约式治理工作经验相继被新华网、浙江卫视等媒体报道，明伦村“轮值村官”和陈黄村“五小工作法”相关做法被中组部和省委组织部刊物录用。

【区域党建联动共建】 2018年，鄞州区制订全区两新组织“党建争强”三年行动计划，成功打造和丰、书城、集盒、善园公益及商务社区5个党建联盟，初步建成东外滩、“一镇四园”、公益服务3个党建综合体，其中，鄞州四明金融小镇“四联四全”工作模式有关做法被《浙江日报》等报道。律师行业党委和共业、盈科、同舟所获评全市律师行业先进党组织，“红匠特训营”集团化办学模式被《浙江共产党员》《非公有制企业党建》等集中报道，奥克斯党建工作得到省委组织部部长黄建发肯定。

【人才开发】 2018年，鄞州区人才工作以平台建设、制度完善为抓手，大力推进人才集聚，加快推进宁波城南智创大走廊融合创新建设，编制《宁波城南智创大走廊建设规划》，聘请9位院士专家作为大走廊顾问团，“千人产业园”引进中国工程院院士王玉明，“鄞南智造（数字）谷”首次签约引进外籍院士安德森·林奎斯特，建设鄞州区首个外籍院士工作站。与瑞中科创中心合作设立中瑞（宁波）科创园，与创新工场合作成立创新奇智宁波公司，与国际知名企业亚马逊合作设立亚马逊宁波服务中心，落户全国首个保险科技产业园，入驻复立保险科技研究院，鄞州区入选省级集成电路产业基地。引进启迪孵化器和启迪加速器。鄞创孵化器作为全省唯一入选的国家留学人员创业园区，鄞州四明金融小镇成为全省唯一金融类示范小镇候选对象。加快推进深化人才发展体制机制改革，创新推出鄞州区史上政策体系更全、支持力度最大、发展理念更新、服务内容更实的“鄞州人才新政策22条”，对高精尖人才引进、创业创新举措完善、人才发展平台打造等6个方面进行全面升级。推进“一镇（街道）一品牌”工程建设，咸祥镇推出“抢人才——蓝海行动”，制定全市首个乡镇级人才蓝皮书。推进人才项目申报工作，9个人才团队进入“省千”“省万”最终答辩，入选“市3315系列计划”申报17个，28个项目入选“创业鄞州·精英引领计划”，数量与质量较往年均有明显提升。办好2018年鄞州人才科技智创周，同时，举办全国激光学术会议、国际化人才甄选洽谈会等活动。

【外籍院士工作站建立】 2018年5月18日，浙江一舟电子科技股份有限公司与外籍院士安德森·林奎斯特双方签订协议，合作共建一舟股份院士工作站。安德森·林奎斯特是中国科学院外籍院士、瑞典皇家工程院院士、俄罗斯科学院外籍院士。该工作站为鄞州区首个外籍院士工作站，双方依托工作站联合开展智慧城市数据大脑平台系统科技攻关项目——“大数据采集、管理、分析、运用的智能化研发项目”计划项目。

【2018年鄞州人才科技智创周】 2018年9月12—21日，2018年鄞州人才科技智创周活动举行。本次活动周共有3项综合活动、8项专题活动和4项关联活动，邀请到“两院”院士、海外高层次人才等100余人，展示高新技术成果近百项，组织企业、人才项目对接800余人次，吸引各类人才超过2000人。活动周期间达成项目合作意向120余个，签约落地大瀚人力、宁波复立保险科技研究院等行业知名企业（单位）10家，引进20余个高端人才团队。同时，揭晓2018年“创业鄞州·精英引领计划”人才项目28个，项目总体成熟度较高，其中已落户的项目，注册资金总额达2.30亿元，吸引风投资金（企业资本）达1.70亿元。

【“百名鄞州企业家进中科院上海分院”活动】 2018年11月28—29日，“百名鄞州企业家进中科院上海分院”活动举行。该活动邀请区内100余家企业到上海与中科院上海分院系统19

个部门60余位院士专家联动，是鄞州史上最大规模的产学研合作活动，也是中科院上海分院首次将对外合作下沉到县（市、区）一级。活动期间，鄞州企业与中国科学院上海分院系统现场签约项目3个，达成意向合作36个，解决企业难题40余个，现场对接120余人次，10余家企业向专家发出考察邀请。

【“宁波城南智创大走廊”启动建设】2018年，鄞州区围绕省大湾区大花园大通道建设，超前谋划并主动对接融入宁波甬江科创大走廊建设规划，高标准建设打造宁波城南智创大走廊，联合宁波发展规划研究院，突出“智创”特色，编制《宁波城南智创大走廊建设规划》，以世纪大道—甬台温高速为主轴，形成以“一带二中心三谷四园”等专业化园区为节点、覆盖面积220平方千米的南北向廊状空间，构建“一带二中心三谷四园”空间格局，着力打造涵盖“三大国家级、六大省级”平台载体的“智创硅谷”。组建包括20个区级机关和21个镇（街道）在内的智创大联盟，强化队伍建设、实施工作例会、明确目标任务、实现资源共享，进一步认领目标任务，明确时间节点。同时，聘请9位院士专家作为大走廊顾问团，为大走廊发展建言献策；邀请19位科技部领军人才实地走访廊内企业，进行把脉问诊、破解难题。

（朱迪松）

宣传思想工作和精神文明建设

【概况】2018年，区委宣传部印发《鄞州区党委（党组）理论学习中心组学习实施细则》，组织区委理论学习中心组学习24次，以及各镇（街道）、各部门党委（党组）理论学习中心组学习1200余场次。承办浙江省第九届微型党课大赛及微型党课20年座谈会，董国福、孙伟儿入选浙江省基层宣讲名师，全国微型党课发源地的地位得到巩固。举办全区第十六届微型党课大赛，获市微型党课大赛一等奖1名、二等奖2名及优秀组织奖，获市“我最喜爱的习总书记一句话”比赛一等奖1名、三等奖1名及优秀组织奖。组织红飘带、机关铁军、工人先锋、三五支队等宣传队伍，开展面向基层党员、群众的授课活动3100余场。现代商城商圈党校、东胜街道工作委员会党校分获全市示范基层党校和先进基层党校荣誉。

探索“178”（一起办）网络社会柔性治理新模式，得到全国人大社会建设委员会副主任委员、中国网络社会组织联合会会长任贤良，以及省委宣传部副部长、省委网信办主任朱重烈的肯定，并获2018年全市宣传思想文化工作创新奖。“鄞光溢彩”网络社会组织基地获评全省网络社会组织“文润同心”工程示范基地，“溢彩”网络主题行动获评全省网络社会组织“文润同心”工程品牌项目。

电影《面条女孩》等7个项目入选市文化精品扶持项目，居全市第一。电视剧《小巷总理》被列入国家广电总局2018—2022百部电视剧计划，广播剧《蔡康国》在中央人民广播电台首播，原创音乐剧《牵手》作为省内唯一剧目参演第三届北京天桥音乐剧演出季。打造海丝文化品牌，举办2018“海上丝绸之路·非遗鄞州”创意设计大赛、“从这里出发——宁波‘一带一路’主题音乐会”，创建成为国内首个“中国海丝文化之乡”。举办“第八届王应麟读书节”，承办“首届全国青少年大提琴艺术周暨第七届青少年大提琴比赛”活动、2018“立德树人 美育启智”高雅音乐普及暑假大师公开课，推动俞丽拿小提琴艺术基金落户鄞州。获得全省公共文化服务综合评估“十连冠”，“文化发展指数”（CDI）在全市位居前列。国研经济研究院东海分院入选市“泛3315”文化创新团队，姚林和张红坤入选市宣传文化系统“六个一批”人才，陈盖洪工作室获评市第七批文艺家工作室。宁波国家广告产业园区、和丰创意广场入选浙江省重点文化产业园区（2017—2018年度）。发挥《鄞州区文化创意产业园区认定及管理办法》的导向作用，开展第一批区级文化创意产业园区申报。2家企业入选2017—2018年度国家文化出口重点企业，5家企业入选省第三批成长型文化企业。全区规模以上文化产业实现增加值110.65亿元，比上年增长14.80%。

【精神文明建设】2018年，鄞州区推进实施新一轮文明城市创建，召开全区文明创建总结表彰暨深化文明城市创建动员部署大会，在宁波市文明指数测评中，鄞州区得分位居全市各区第一，在省文明区复评中，鄞州区得分位居全省第一，区委宣传部（区文明办）获市委、市政府集体三等功，区综合行政执法局等44个单位获宁波市创建全国文明城市集体嘉奖。深化

2018年9月16日，宁波城南智创大走廊“院士专家顾问团”聘任仪式举行

2018年11月15日，鄞州区第二届“十佳品质社区”、第三届“最洁美村庄”现场评选暨颁奖活动举行

社区品质提升行动，4个社区获评宁波市第三届“十佳品质社区”，2个项目获评宁波市2018年度社区文明创建十佳创新品牌。拓展深化群众性精神文明创建活动，43个单位分别获评市级文明村镇、市级文明单位、市级文明校园，1户家庭获评全国五好文明家庭、浙江省最美家庭，1户家庭获评浙江省十佳最美家庭，10户家庭获评市级文明家庭。推进农村环境卫生长效化建设，创新推出行政村洁美指数排行榜，全区行政村8小时以上动态保洁率88.50%，行政村网格化管理率100%。开展小城镇文明行动，省小城镇文明行动测评成绩位居宁波市A（优秀）档，云龙镇获评2017年度浙江省小城镇文明行动样板小城镇。咸祥镇“鲜美咸祥”文明示范线开线，东吴镇“魅力太白”、横溪镇“灵秀横溪”两条文明示范线“三美三化”水平稳步提升。

印发《鄞州区人民政府关于贯彻〈宁波市文明行为促进条例〉的实施意见》，加大对不文明行为的执法力度。开展“微岗WE公益 人人来领岗”2018年鄞州区“3·5学雷锋”志愿服务邀约行动，建立鄞州WE志愿服务平台，全区注册志愿者人数近22万人，占常住人口比例约17%，全区行政村志愿服务站建成率71%，市级以上文明村志愿服务站建成率100%。中河街道春城社区获评2017年全国最美志愿服务社区，周秀芳获评2018年全国最美志愿者，福明街道福明家园社区“小种子”公益亲子阅读社获评2018年全国最佳志愿服务组织，邱高华获评宁波市最美志愿者，银巢未来助力退休老人“再社会化”获宁波市志愿服务项目大赛金奖。

实施暖心故事挖掘机工程，持续开展鄞州好人、最美鄞州人和道德模范评选，全年新增“中国好人”2人、“浙江好人”5人、“最美浙江人·浙江骄傲”1人、“宁波好人”10人、“鄞州好人”48人、鄞州区道德模范10人、鄞州区道德模范特别奖1人。推进道德模范工作室建设，新建韩翠菊爱心工作室等2个工作室，俞复玲道德模范工作室获评市级示范性道德模范工作室。培育周秀芳爱心品牌，成立周秀芳爱心基金，开展红花小学建设资金募集活动，并在吉林省和龙市建立“周秀芳爱心驿站”。周秀芳先进事迹得到市委书记郑栅洁2次批示，并作为市级重大典型进行宣传。举办第二届鄞州区道德模范颁奖仪式、“区第十二届最美鄞州人表彰仪式、我们的节日——善园善集”等活动。

【文化礼堂建设】 2018年，鄞州区新建农村文化礼堂23个，累计建成110个，覆盖率60%。印发《鄞州区农村文化礼堂建设规划（2018—2020）》，提出三年全覆盖目标。区级财政投入建设资金480万元，活动补助100余万元。完善《文化礼堂建设与管理运行奖补办法》，以奖补规范文化礼堂运营。创新设立区、镇两级农村文化礼堂服务指导中心，相关经验在省文化礼堂建设推进会上作交流。培育三星级文化礼堂16个、四星级文化礼堂9个，瞻岐镇东一村、云龙镇陈黄村、东吴镇西村村获评省五星级文化礼堂。承办宁波市2018“我们的村晚”活动和文化科技卫生“三下乡”活动。印发《2018年鄞州区农村文化礼堂资源配送菜单》，开展文化礼堂“七进”活动，全年举办才艺大赛、礼堂村晚、乡村礼仪等活动1742场次。舞蹈《奶奶的朋友圈》和情景诗朗诵《一个

2018年12月13日，“鲜美咸祥”文明示范线开线仪式举行

村庄的梦想》入选浙江省第五届农村文化礼堂“我们的村晚”节目选拔展演曲目。

（蔡忠明　励一恺　李　晶　张舒雯）

统一战线工作

概　述

【概况】 2018年，区委统战部健全区委统战工作领导小组，完善工作开展规则、成员单位职责分工两大机制，先后召开联席会议、协调会议和推进会议4次，对当前统战各领域重点工作进行研究部署。完成区工商联、区民族团结进步促进会、区基督教“两会”以及区新联会的换届工作，在全市率先实现7个民主党派基层委员会、统战性社团组织全覆盖和基层侨联组织全覆盖。各民主党派、无党派人士全年累计向中央和省市上报社情民意近200篇，其中，《借势借力 融入融合 关于全面加快高品质强区建设的思考和建议》等调研成果得到区委领导批示；民建《关于深化推进综合性医院在我市医养结合中作用的建议》得到市委书记郑栅洁批示；致公党《关于加快推进综合管廊建设的提案》等调研课题入选致公党中央提案并提交全国“两会”调研报告。落实宗教场所规范管理，维稳工作实现“零报告”。开展“寻梦中国·正言正行”主题教育活动，引导宗教与社会主义相适应。针对民营企业需求，打造“名企访学”“鄞商发展论坛”“企情调研”“鄞商企业发展服务中心”四大平台。全年接待美国、新加坡、加拿大、中国香港等国家和地区华人华侨、留创人员到鄞州区联谊交流考察1677人次，开展合作交流活动36场次。促成宁波首家16one漂洋购在南部商务区欧洲华商大厦开业以及霍普金斯大学医学院与鄞州区咸祥中心卫生院签约人才培养合作项目。华人华侨分布涉及的国家和地区从原来的36个增加到73个，并建立海外侨务联络站10个，聘请海外侨务大使5人。

【戴均良调研鄞州统战工作】 2018年4月18日，中央统战部副部长戴均良一行到鄞州网络统战实践创新基地“鄞地新力量·网联驿站”调研网络界人士统战工作，参观WE+酷窝联合办公空间、“西门町吃在宁波”自媒体孵化园、鄞地“新力量·网联驿站”等特色功能区，与鄞州区网络界人士代表梁丰、周奇等进行交流，对鄞州区网络界人士统战工作取得的成绩、展现的风貌、发挥的作用表示肯定，并对做好下一步工作提出指导和意见。宁波市委常委、统战部部长梁群，中央统战部八局巡视员许睢宁，浙江省委统战部副部长张润生，宁波市委统战部副部长卢文祥，鄞州区委副书记朱法传，区委常委、统战部部长陈虹等陪同调研。

2018年3月29日，全区统一战线“同心共建美丽乡村”行动启动仪式举行

【“同心共建美丽乡村”行动启动】 2018年3月29日，鄞州统一战线工作部举行“同心共建美丽乡村”行动启动仪式，现场为10个“同心共建美丽乡村示范村”代表授牌，并捐赠美丽乡村建设资金。区非公经济人士代表、民主党派基层委员会代表以及统战社团代表分别作表态发言。当天同步开展“同心·惠民”各民主党派联合惠民活动，为当地群众提供医疗、教育、法律、农技等现场咨询交流服务。“同心共建美丽乡村”行动将重点围绕咸祥镇西宅村、咸祥镇横山村、东吴镇童一村等10大示范村，谋划落实帮扶项目，促进村容村貌改观和乡风文明。

【纪念“五一口号”发布70周年经典雅颂活动】 2018年5月24日，鄞州区举办“初心·合作”——纪念“五一口号”发布70周年经典雅颂活动。整场晚会由统一战线成员自编自导自演，先后上演朗诵《永远不分离》《同心颂》《不忘历史 砥砺前行》、二重唱《不忘初心》、琵琶独奏《紫气东来》等14个节目，展示近年来鄞州区统一战线事业发展取得的成绩，表达鄞州区各民主党派成员、统战团体组织同心向党、携手并肩的信念。鄞州区各民主党派基层组织、统战各团体负责人及代表，街道统战委员、知联分会代表等近120人参加活动。

【区律师界党外知识分子联谊会成立】 2018年9月7日，鄞州区律师界党外知识分子联谊会成立大会召开，首届理事共36人，来自全区65家律所中综合表现靠前的24家律所，其中包括2家省名所和4家市名所的负责人或骨干。会议选举产生鄞州区律知联第一届理事班子成员，浙江天册（宁波）律师事务所主任程慧当选会长。鄞州区委常委、统战部部长陈虹，区政协副主席、区知联会会长黄碧英出席会议。

2018年9月7日，宁波市鄞州区律师界党外知识分子联谊会成立大会召开

鄞州区委统战部、区司法局负责人、区台办、区工商联负责人及区律知联理事等近60人参加会议。

【澳门宁波市鄞州区乡贤联谊会成立】2018年11月18日，澳门宁波市鄞州区乡贤联谊会成立大会在珠海举行。大会通过第一届理事会章程，任命产生第一届理事会班子成员。会长由澳门万胜集团副董事长李杰志担任。区委常委、统战部部长陈虹出席并致辞。澳门宁波市鄞州区乡贤联谊会于2016年10月20日完成注册，第一届会员人数共有45人，来自澳门各行各业。理事会班子成员由名誉会长、会长、副会长、顾问、监事长、常务理事、秘书长组成，共计12人。

【香港鄞州同乡会八周年庆典】2018年6月24日，香港鄞州同乡会举行八周年庆典，当晚产生新一届理事会、监事会成员，授牌第五届鄞州同乡会名誉会长。此次庆典以宁波发往全球甬籍乡贤乡亲的“家书”为主题，在现场安排改革开放40周年——鄞州风情摄影展，从建设成就、品质生活、民族宗教等方面呈现鄞州这座具有2200余年历史底蕴的文明古邑，吸引近500人次参观。庆典的文艺会演环节主要围绕同乡会代表宣传家书、独唱以及鄞港两地大合唱《我是中国人》等展开，共计600余位嘉宾参加。

【区新联会原创舞台剧《唤醒心力量》首演】2018年10月28日，区新联会原创舞台剧《唤醒心力量》在宁波文化广场大剧院首演，该剧讲述在宁波某高端公寓社群里4个不同职业、不同烦恼的新的社会阶层人士互帮互助的励志故事。《唤醒心力量》是区委统战部、区新联会为联合更多“鄞地新力量”而定制的一台沉浸式原创舞台剧，从策划、编排到出演，全部由区委统战部、区新的社会阶层人士代表承担，体现自编自导自演的特色，首演共吸引600余名市民到场观看。

【上海鄞州商会（乡贤联谊会）成立】2018年12月26日，上海鄞州商会（乡贤联谊会）在上海成立，这是鄞州区继成立北京、广东、川渝商会后的第四家异地商会。大会选举产生鄞州上海商会（乡贤联谊会）第一届理事会会长、执行会长、监事长、执行副会长、常务副会长、副会长、秘书长，上海长江联合金属交易中心有限公司董事长蒋良德当选会长。市委常委、区委书记褚银良到会祝贺并致辞。区领导朱法传、陈杰农、陈虹、梅益进、戴华祥等参加成立大会。在上海鄞州籍部分“两院”院士、在上海鄞州籍企业界人士以及在教育、医疗、金融、文艺等各界著名乡贤200余人参会。

（韩海军）

侨务和港澳事务

【概况】2018年，鄞州区有归侨侨眷、港澳同胞眷属、归国留学人员和留学生眷属8.50万人，海外鄞籍华侨华人、港澳同胞、留学生8.20万人，华人华侨分布73个国家和地区，建立海外侨务联络站10个，聘请海外侨务大使5人。侨务特色引领工作“发挥侨力优势引才引智，助推鄞州经济快速发展”获评宁波市侨务系统二等奖。

全年接待美国、新加坡、加拿大等国家和中国香港等地区华人华侨、留创人员到鄞州区联谊交流考察1677人次，开展合作交流活动36场次。促成宁波首家16one漂洋购在南部商务区欧洲华商大厦开业以及霍普金斯大学医学院与鄞州区咸祥中心卫生院签约人才培养合作项目。

在鄞州区第二届国际化人才甄选洽谈会上，33家重点企业推出150余个中高端岗位，吸引350余名国际化人才到场洽谈，其中外籍人才70人。

举办香港鄞州同乡会八周年庆典、鄞港澳深新春团拜会、中秋茶话会，向鄞籍港胞发放家书600余封，拜会在香港鄞籍重点人士，联系香港工商联人士；在香港举办改革开放40周年——鄞州风情摄影展、“一带一路”青年企业家交流会，展现鄞州风采、增进两地交流。举办“前沿中国·归巢计划——魅力鄞州行”、“认识祖国”2018香港青少年游学团访鄞、“燕归鄞 筑梦行”主题活动、“汉字棋”推广汉语文化等活动，涵养侨海新生代统战资源。推进侨务捐赠工作，侨胞全年捐赠总额145万元。

【黄庆苗祖居对外开放】2018年5月17日，鄞州区举行港胞黄庆苗祖居开放仪式，将新修缮后的祖居作为村史、村情陈列室、名人文化观光地以及爱国爱乡教育基地。该修缮工程自2016年启动，由黄庆苗资助，云龙镇党委牵头落实方案修缮、施工组织以及周边环境规划等具体工作，在修缮过程中，云龙镇充分尊重黄庆苗的桑梓之情，把祖居基本还原成黄庆苗老宅原貌，并局部复原生活场景，加强祖居人文底蕴。宁波市甬港联谊会原会长卢良宝，宁波市侨办副主任陈进军，鄞州区委常委、统战部部长陈虹，宁波市侨办侨政处处长黄海等出席活动。

【为侨法律服务工作站成立】 2018年7月27日，由区侨办、侨联和区司法局共同主办，宁波市律协鄞州区二分会协办的为侨法律服务工作站揭牌仪式在南部商务区欧洲华商大厦举行。该工作站首批法律服务团成员由20名资深律师组成，服务内容包括：对侨界群众和侨资企业在日常工作和生活中涉及的法律问题提供免费法律咨询和指导，对涉及的有关民事、刑事、行政诉讼事项进行优先优惠代理；为有关侨资企业投资、经营、融资上市、并购重组等相关经济活动中涉及的非诉讼法律事务提供服务；根据需要安排法律知识讲座，进行普法宣传。

【隋军调研鄞州海归人才创业创新工作】 2018年6月7日，中华全国归国华侨联合会党组成员隋军率领中华全国归国华侨联合会调研组一行到鄞州区调研海归人才创业创新工作。调研组一行到鄞州科技信息孵化园，了解该园的发展历程、孵化服务、众创空间、研发新品等情况，对该园积极吸引海归人才以及海外人才创业发展取得的成果表示肯定。随后分别调研宁波宝略智能科技有限公司和宁波京琼机械制造有限公司。

【全市首张港澳台居民居住证发出】 2018年9月1日，任职于宁波诺丁汉大学的林老师在鄞州区首南街道派出所完成台湾居民居住证申领流程，成为全市首位申领居住证的港澳台居民。该居住证是国务院办公厅为便利港澳台居民在内地（大陆）工作、学习、生活，保障港澳台居民合法权益，于8月6日制定《港澳台居民居住证申领发放办法》，并于9月1日起正式实施。港澳台居民凭居住证，在内地可以依法享受劳动就业、参加社会保险、依法缴存提取和使用住房公积金等3项权利，以及接受义务教育、基本公共就业服务、基本公共卫生服务等6项基本公共服务。同时，还可以享受在居住地办理机动车登记等9个方面的便利。

【区留创会二届二次大会召开】 2018年12月21日，鄞州区留创会二届二次大会在鄞州新城区雷孟德大厦召开。会议总结回顾2018年工作情况，部署安排2019年主要任务，重点抓好强化思想引领、服务创新发展、勇担社会责任、焕发组织活力等工作。会上对鄞州留创会专家顾问举行授牌仪式，对理事会成员进行调整，还举办迎新晚会。市侨联主席李承成出席会议，区委统战部、区委人才办、区人力社保局、区科技局、区民政局、区侨联、侨办等部门领导及留创会100余名成员参加会议。

（韩海军）

民族宗教事务

【概况】 2018年，鄞州区有少数民族46个，人口4.84万人，其中，少数民族常住人口5596人，涉及39个少数民族。有宗教活动场所80处，其中，佛教60处，常住僧人596人（备案255人）；基督教20处，教职人员39人，信徒11000余人。

区行政服务中心民族宗教事务“最多跑一次”窗口全年完成行政许可3件，审核转报2件。开展“十百千万”普法工程，七塔禅寺、姜山基督教堂创建为省级普法基地。划分宗教场所网格125个，实现基层网格员巡查宗教活动场所常态化。“佛诞一日捐”募集善款90余万元，位居全市第一。天童禅寺、阿育王寺、七塔禅寺全年接待游客30余万人次，其中，海外境外游客3.60万人次。完成81处民间信仰活动场所登记编号工作，符合登记条件场所登记率100%。太白庙、钟公庙被评为市级重点民间信仰活动场所。

开展贫困少数民族家庭送温暖送爱心活动，慰问少数民族特困家庭70余户，发放困难扶助金4万余元。为温州市文成县上坑村、丽水市云和县安溪乡落实帮扶资金120余万元。开展民族团结进步“六进”宣传10余次，辐射少数民族群众2000余人次。成立东柳街道老潘民族工作室，打造东吴镇中心小学民族体育基地、潘火街道爱音美民族宣传厅、下应街道海创社区民族文化广场等阵地。全区21名少数民族运动员代表宁波参加省民运会，取得2金7银6铜的成绩。

【“老潘少数民族工作室”揭牌成立】 2018年1月17日，“老潘少数民族工作室”揭牌仪式在东柳街道华光城社区举行，市民族宗教事务局副局长李伟波、区政府党组成员高利丰出席仪式并讲话。“老潘少数民族工作室”由民族团结文化墙、民族风情书画廊和民族议事厅组成。“老潘少数民族工作室”是探索新形势下城市民族工作的一次有益尝试，是依法妥善处理涉及民族因素矛盾纠纷的重要平台、帮扶救助困难少数民族群众的重要渠道和宣传民族政策、融洽民族感情的重要窗口。至年底，工作室开展各类少数民族群众参与的主题活动60余次，为少数民族群众调解矛盾纠纷近百起，发放各类帮扶资金近10000元。

【纪念圆瑛大师140周年诞辰（圆寂65周年）暨第四届天童禅宗文化研究交流大会】 2018年10月15—17日，纪念圆瑛大师140周年诞辰（圆寂65周年）暨第四届天童禅宗文化研究交流大会在天童禅寺举行。中国佛教协会副会长演觉及来自海内外近300名佛教界、学术界代表参加活动，省民宗委宗教一处处长、省佛教协会秘书长吴梦宝，市委统战部副部长、市民宗局局长金黎萍，区委常委、统战部部长陈虹出席活动并讲话。研讨会为期两天，共分为五场，围绕圆瑛法师的爱国思想、圆瑛法师的佛学思想、圆瑛法师的佛学思想及佛教文化三部分展开。

【浙东佛教文化研究院成立仪式暨第二届天台佛教学术研讨会】 2018年11月10日，浙东佛教文化研究院成立仪式暨第二届天台佛教学术研讨会在七塔禅寺举行。省民族宗教事务委员会宗教一处处长、省佛教协会秘书长吴梦宝，区委常委、区委统战部部长陈虹，市民族宗教事务局副书记、副局长周悦德等为研究院揭牌。中国人民大学佛教与宗教学理论研究所执行所长张风雷、北京大学佛教研究中心执行主任王颂及来自全国各地的50余位学者参加学术交流。本届学术研讨会以“四明知礼与宋代天台佛教”为主题，收到学术论文40余篇。

【《宸奎阁碑铭》文化论坛暨《〈宸奎阁碑铭〉考释》首发式】 2018年12月22日，《宸奎阁碑铭》文化论坛暨《〈宸奎阁碑铭〉考释》首发式在阿育王寺举行，100余名市、区文化界相关人士共同探讨《宸奎阁碑铭》作为“海上丝绸之路”的见证物和活化石的当代价值。《宸奎阁碑铭》为宋代大文豪苏东坡撰文并亲书，碑初刻于北宋元祐六年（1091年），历史上，元、明、清都曾重刻。其中，阿育王寺保存有此碑的元代残石，以及明代重刻碑。《〈宸奎阁碑铭〉考释》由宁波出版社出版，著名书法家陈振濂题写书名，为市文联2018年度文艺创作重点项目。

（庄承婷）

政策研究

【概况】 2018年，区政研室起草《中共宁波市鄞州区委关于建设都市核心区推进新一轮城市发展的决定》《中共宁波市鄞州区委关于高举习近平新时代中国特色社会主义思想伟大旗帜，加快建设都市核心区打造品质新鄞州的决定》，制定出台《2018年全区经济发展的若干政策意见》《鄞州区涉及民生政策调整完善方案》《2017年鄞州区百强企业评选办法》等文件。起草《2018年鄞州区经济社会发展思路研究》《鄞州建设都市核心区全面提升城市品质的思路研究》《关于新形势下提升决策服务水平的对策研究》《关于提升执行力推进决策部署落地落实的对策研究》《鄞州推进产业国际化打造“一带一路”建设综合试验区关键节点》等专题调研报告，牵头调研促进东部新城与鄞州区融合发展机制，调整鄞州工业园区体制，梳理全区城乡开发建设体制。优化竞赛考核，起草《鄞州区“名城强区”战略指标体系》，创新实施镇（街道）经济发展竞赛，制定镇（街道）、工业园区、南部商务区管委会目标管理考核实施意见。推进军民融合、“特色小镇”培育、报网媒体融合等改革项目，建立健全改革项目推进、督查、考核“三位一体”机制，制定出台《改革目标管理考核办法》等刚性保障制度。上报政研改革信息10篇，《鄞州区推进工业供给侧结构性改革的思路研究》获年度宁波市党政系统优秀调研成果奖。刊发《今日鄞州》6期12000余册。举办第七届“今日鄞州”摄影比赛。

【重点课题研究】 2018年，区政研室围绕区委“建设都市核心区、打造品质新鄞州”的重大决策部署，起草《中共宁波市鄞州区委关于建设都市核心区推进新一轮城市发展的决定》，提出鄞州建设都市核心区、推进新一轮城市发展的总体目标、发展要求和重点举措。按照省委十四届二次全会、市委十三届三次全会和区委决策部署，起草《中共宁波市鄞州区委关于高举习近平新时代中国特色社会主义思想伟大旗帜，加快建设都市核心区打造品质新鄞州的决定》，提出高举习近平新时代中国特色社会主义思想伟大旗帜，统筹推进新时代“五位一体”总体布局，着力建设现代化经济体系，发展社会主义民主政治，推动社会主义文化繁荣兴盛，坚持在发展中保障和改善民生，全面建设“美丽鄞州”，努力开创建设都市核心区打造品质新鄞州的崭新篇章。科学研判2018年鄞州经济社会发展的总体形势，起草《2018年鄞州区经济社会发展思路研究》，提出2018年经济社会发展总体要求，正确处理好“五大关系”推进经济社会高质量发展，为区委2018年决策部署提供参考。起草《鄞州建设都市核心区全面提升城市品质的思路研究》，分析新时期都市核心区主要特征和鄞州建设都市核心区现实基础，提出建设都市核心区全面提升城市品质总体要求、发展方向以及对策措施。

【重要政策制定】 2018年，区政研室牵头制定出台《2018年全区经济发展的若干政策意见》，坚持工业企业和服务业企业并重、传统产业和新兴产业并重、经济补助和环境优化并重，重点扶持智能经济和服务经济，推动品牌战略、创新战略、开放战略、人才战略，推进经济转型升级。起草《鄞州区涉及民生政策调整完善方案》，对照“就高调整、优化整合、跟随调整、不作调整、政策取消、另做方案”6大类项要求，整合67项民生政策。起草制定《2017年鄞州区百强企业评选办法》，百强企业评选分“大力神鼎”“大力鼎”“实力骨干企业”3个类别。

【体制机制优化】 2018年，区政研室牵头调研促进东部新城与鄞州区融合发展机制，在产业发展、项目服务、行政审批、城市管理、社会事务、统计数据、协调机制等方面建立互动互促的沟通联系机制，协调推进鄞州区与东部新城融合发展。牵头调整鄞州工业园区体制，理顺园区与姜山镇在组织领导、日常管理、财政管理、考核激励等方面的体制。牵头明确南部商务区产业发展定位，明确在广告文创、金融服务、国际贸易、商务服务等方面的产业发展定位，提高南部商务区的产业吸引力，实现与中央商务区的错位发展。牵头梳理全区城乡开发建设体制，在城乡建设、城镇建设、旧村改造新村建设等方面理顺相关部门职责，促进城市区块开发、城市有机更新和城乡品质提升。牵头梳理公共资源交易监管体制，理顺区公共资源交易监管中心和相关部门职责，实现公共资源交易管理、服务和监督的有效分离。

【竞赛考核实施】 2018年，区政研室创新实施镇（街道）经济发展竞赛，设置一般公共预算收入、规模以上工业增加值、招商引资总额等14项指标，引领各镇（街道）比发展规模、比发展速度、比质量效益、比潜力后劲。制定镇（街道）目标管理考核实施意见，注重市级指标落实，围绕经济建设、政治建设、文化建设、社会建设和生态文明建设，镇选取61个指标，街道选取58个指标，明确基本分、奖励分、倒扣分标准以及计分办法。制定工业园区目标管理考核实施意见，创新设置共性指标和个性指标，引导各园区特色发展、差异发展。

（徐　荣）

2018年4月23—29日，鄞州区与南投县"三字经"文化交流活动举行

台湾事务

【概况】 2018年，鄞州区台办接待南投县副议长潘一全、南投佛教协会理事长、台湾中华青年发展两会等团组42批次1153人次。为台商解决子女就学问题共19个，为台资企业解决实事15起。全区台资企业共有106家，台胞450人，台属2780人。

【鄞州区第二届海峡两岸菁英论坛暨两岸文创企业交流合作论坛】 2018年9月，鄞州区举办第二届海峡两岸菁英论坛暨两岸文创企业交流合作论坛，来自台湾的青年企业家和在宁波的台籍创业者共100余人参加论坛。本次论坛以"融文化 · 联两岸 · 创新域"为主题，就两岸文创产业发展的现状及趋势展开互动交流。旨在搭建两岸文创合作桥梁，透过两岸文创人的对话，打造两岸青年创业创新的一片沃土。

【"三字经"文化交流活动】 2018年4月23—29日，鄞州区与南投县"三字经"文化交流活动在德培、镇安小学举行，共同宣扬中华优秀传统文化，来自台湾南投县埔里小学的37名师生，与德培小学师生进行交流活动。德培小学的学生演绎《三字经》朗诵、《弟子规》等充满古典韵味的节目，台湾埔里小学表演《回乡偶书》《枫桥夜泊》等独具台湾特色的节目。为更好地让台湾小朋友们融入当地生活，27名埔里小学的同学由27位德培小学学生一对一结对，共同体验课堂和家庭生活。中央电视台第四套节目对该活动进行专题报道，取得良好的社会反响。

【台湾学生夏令营活动】 2018年7月8—14日，区台办联合宁波诺丁汉大学，邀请62名台籍高中生到鄞州进行为期7天的夏令营活动。参加夏令营的学生们体验宁波诺丁汉大学的课程，参观宁波天一阁、南塘老街、奉化溪口、北仑港等，加深对宁波社会、经济、文化的了解。

【浙台合作周鄞州专题活动】 2018年9月12—16日，浙台合作周鄞州专题活动举办。一是举行海峡两岸科技与农业融合发展论坛，活动由鄞州区人民政府主办、鄞州区台办承办，鄞州区大学生（青年）创业园、鄞州区海峡两岸青年就业创业基地协办，两岸农林界、科技界、台企代表、青年代表等140余位嘉宾参加，鄞州区副区长朱晓丽参加活动；论坛上，4位来自两岸的优秀青年企业代表分别就智慧农业与科技化发展、农业大数据理念技术、资讯技术产业化发展、企业大资料应用及发展等

2018年9月，鄞州区举办第二届海峡两岸菁英论坛暨两岸文创企业交流合作论坛

2018年9月12日，"海峡两岸青年就业创业基地"示范点授牌仪式在鄞州区举行

主题进行分享演讲；与会嘉宾还以科技与农业融合发展的趋势与未来、两岸青年交流与文化融合为主题进行交流讨论。二是举办鄞州区海峡两岸营销思维与营销战略讲座，台湾市场营销管理导师黄玉生为到场的50余名两地企业负责人就选择合适的营销方式，推动品牌建设等进行讲解及答疑；讲座过程中，两地企业进行深入探讨。浙台合作周鄞州专题系列活动，致力实现海峡两岸创业事业"交流、合作、共赢"的理念，深化鄞台两地合作交流。

【鄞州区大学生（青年）创业园获评"海峡两岸青年就业创业基地"】 2018年9月12日，"海峡两岸青年就业创业基地"示范点授牌仪式在鄞州区举行。中共中央台办、国务院台办主任刘结一向23个新设立的海峡两岸青年就业创业基地和示范点授牌，鄞州区大学生（青年）创业园被授予"海峡两岸青年就业创业基地"称号。鄞州区以区大学生（青年）创业园为核心平台，依托宁波南部商务区、鄞州投资创业中心和鄞州经济开发区，成功创建国家级"海峡两岸青年创业基地"。该基地引进落户台资企业8家，引进台湾籍人才10人，其中博士5人；接待台湾客人来访15批次，共计256人。中央电视台第四套节目和台湾省中视对基地工作进行专题报道。

【区第六次台胞台属代表大会】 2018年6月28日，鄞州区第六次台胞台属代表大会召开，正式代表64人，特邀代表21人，共计85人。根据区台联会章程，区台联会第六届理事会组成人员15人，设会长1人，常务副会长1人，副会长3人，秘书长1人，理事9人，实行等额选举。

【台湾媒体访问鄞州】 2018年1月，鄞州区接待台湾省台中市传播媒体采访记者协会理事一行23人，针对城市发展建设进行沟通交流。7月，接待两岸媒体团一行34人，中天电视台、联合报及联合新闻网等台湾媒体深入鄞州各地，了解鄞州经济、文化、教育等各项成就，取得良好效果。10月30日，"首届海峡两岸网络新媒体大陆行"62人到宁波集中采访，旨在从经济、科技、文化、民生、生态等多角度立体报道大陆改革开放40年的发展成就，讲述两岸同胞在改革开放大潮中风雨同舟、砥砺前行的故事。

（王丽卿）

区直属机关党建工作

【概况】 2018年，区直属机关党工委下辖72个单位党组织，其中机关党委单位4个，党总支单位18个，党支部单位50个，党员4886人，下辖机关团组织32个、妇委会组织50个、工会组织50个。全年审批27个单位党组织换届选举，调整8个单位党组织负责人，1个单位党支部升格为党总支，4个单位机关党委成立机关纪委，考察预审党员发展对象6人，吸收预备党员26人，批准党员转正13人，培训党员发展对象78人，面谈入党积极分子21人。

发放《中国共产党章程》《党的十九大报告学习辅导百问》等书籍12000余册，围绕《习近平新时代中国特色社会主义思想》等专题举办6期"红色讲堂"，受教育党员2000余人次，开通"红色鄞领"微信公众号，通过党建课堂、党建动态等栏目宣传党建理论、展示党建成果，累计发布信息380余条，关注人数4500余人。走访督导56个区直机关单位党组织，提出整改落实意见120余条。配合区委宣传部组织举办"不忘初心、牢记使命"区第十六届微型党课比赛，选拔推荐14名区级机关选手参加决赛。建立健全机关干部志愿者队伍，登记注册1300余名机关干部志愿者，创建垃圾分类"绿色先锋"队伍，牵头组织"垃圾分类、机关先行"系列活动。组织10余家机关单位32名党员志愿者在东吴镇文化艺术中心举办"红色先锋·鄞领幸福"党员志愿集中服务活动，现场为居民群众提供政策咨询、卫生保健、家电维修、垃圾分类、消费者维权等便民服务，发放资料1200余册，受惠群众500余人次。组织102名新录用机关干部到望春监狱接受警示教育，召集110名重点岗位中层干部参加区法院案件庭审旁听。

发挥党建引领作用，征集党建创新成果作品49个，党建调研文章85篇，《巡察视角下加强机关党建工作的思考》《增强基层党组织政治功能研究》等17个调研创新成果作品获通报表彰。落实党建经费下拨和使用管理规定，工委党费100%返还给各机关党组织，全年返还党费119.66万元。落实锋领指数评议党员和星级指数评议党组织制度，所有机关党员参评率100%，其中锋领党员621名，对699

个基层党支部（党总支、机关党委）进行星级评定，其中五星级党组织62个。对6个三星级党组织负责人进行谈话。组织72个机关党组书记就履行职责抓机关党建工作开展书面述职，对全区机关党建工作进行集中检验。

【“党员先锋岗”创建活动】 2018年，区级机关部门30余个一线服务窗口开展“党员先锋岗”创建活动，通过亮身份、亮职责、亮承诺和窗口现场明察暗访及走访征询有关企业群众代表等举措，督促相关服务窗口单位进一步优化服务作风、提高工作效率，不断增强企业和群众的满意度和获得感。经评审，区人力社保局的医疗保障中心窗口、区人民法院的诉讼服务中心窗口、区行政审批管理办公室的项目审批代办中心等10个区级机关服务窗口评为年度“党员先锋岗”。

【机关单位综合评议】 2018年，鄞州区组织“两代表一委员”、企事业代表、村社负责人、机关干部代表等7类人员对74个区级机关单位在围绕服务基层、服务效能、责任担当、勤政廉洁、工作实绩5个方面进行综合评议，以网上评议为主，参评人数2207人，经区委、区政府审定，区科技局（科协）、鄞州公安分局、区政府办、区气象局等15个单位为民主评议机关先进单位。同时，收到涉及57个单位部门评议意见建议268条，经梳理后评议意见建议全部反馈给各有关单位，要求有关单位整改落实或提出解释意见。

【党组织分类考核】 2018年，鄞州区根据区直机关各单位的性质和特点，将72个区直机关单位按设党委的区级机关、未设党委的区级机关和园区管委会及部分企事业单位等分成3个层面，实行分类化、条目化、量化考核，通过平时了解掌握情况、季度工作交流、信息上报、年终查阅台账资料等办法对党建目标管理考核意见中的基础工作、深化工作和创新工作进行量化考核。经考核，区委办机关党总支等18个单位为年度目标管理先进党组织，区信访局机关党支部等20个单位为年度目标管理优胜党组织。

（陈立基）

信访工作

【概况】 2018年，鄞州区四级上访总量1687批次，全省排名30名之外。百万人口上访数1422.10人次，处于全省较低水平。国家信访局登记72人次，比上年下降51%，全年“零非访”。办理初信初访29179件，日均130余件，整体按期转交率、按期告知率、按期受理率、按期办结率、回访核实率等指标均在99%以上，对信访部门满意率99.35%，“初转重”比率3.21%，居全市领先水平。全区信访重点人员从上年的134人下降到76人，下降43%，其中“逢会必访”对象从上年的29人减少到10人。鄞州区获评全省首批“无信访积案县市区”、2018年度全市信访工作目标管理考核优秀。

【信访工作制度落实】 2018年，鄞州区推动区镇领导干部值守接访、阅批群众来信、牵头协调重要信访问题、包案化解稳控等制度的深入落实，形成“以上率下、齐抓共管、各负其责”大信访工作格局。区委常委会、区政府常务会议先后4次研究信访工作；区委把信访工作纳入党建述职；区委、区政府主要领导就信访工作批示18次，阅批群众来信或办理情况报告144件次；区领导参与值守接访128天次，值守接访工作先后2次被省信联办点名表扬，源头稳控、责任落实、交办督办件办理等方面未被省市通报负面问题。鄞州区强化重点人员“一人一案”化解稳控责任，坚持“教育疏导一批、有效化解一批、就地稳控一批”，做好“平时常态”和“重点时段”两个管控，督促镇（街道）建立信访应急处置队伍，落实“一人一案”稳控机制，较好地实现各类信访对象“稳得住、接得回、不倒流”。全国“两会”、“中非合作论坛”等重要节点均实现进京越级上访“零登记”；全区10个街道实现进京登记数量下降，5个镇（街道）实现进京“零登记”。

【信访积案化解】 2018年，鄞州区部署开展重点领域、重点群体、重点问题、重点人员“四大攻坚”行动，以困难帮扶、温情贴靠、“以打促化”等方式，综合施策化解积案要案。全年办理省、市领导批示件32件次，其中省委副书记、市委书记郑栅洁批示件29件次，全部在10日内办理办结；攻坚化解或初步化解各类积案67件，总量居全市第一，其中8件国家信访局交办积案、2件省交办积案100%办结；21件市级积案化解18件，化解率85.70%，4件市领导包案件在上半年提前化解。

（巫利民）

机构编制管理

【概况】 2018年，区编委办推进机构改革、“最多跑一次”等各项改革，优化机构编制配置，为建设“两高四好”示范区提供体制机制保障。全区各级各类编制18310名，其中，行政编制3180名、工勤编制81名、事业编制15049名。

根据省、市统一部署，组织各部门动态调整和规范“最多跑一次”事项，梳理和公布部门“最多跑一次”事项共计1108项，占相关部门在用办事类行政权力事项的99.90%。协同区审管办、区电子政务办集中开展现场办公，对办事材料进行再精简，在承诺时限上实现缩短，22个部门精简事项556个，142个审批事项由承诺件变即办件，取消361项材料，减少承诺办事时间共4373天，平均比“八统一”标准提速89%。

联合区巡察办开展机构编制督查，参与三轮区委巡察工作，完成18家单位机构编制事项的配合征询，发现问题11个，部分已整改销号。探索机构编制巡察监督联动机制，初步拟定《鄞州区机构编制执行情况巡视监督办法》，建立起征询机制、联动和共享机制、通报和核实机制、“回头看”

四大机制。此外，与区审计局联动，对经济责任审计涉及的10家单位开展机构编制事项审计，未发现明显违反机构编制规定的问题。梳理、整顿区划调整前后部门存在的机构编制违纪违规问题，实行不定期“回头看”和销号制度，供后续用编核编参考。

【机构改革】 2018年，区编委办组建工作专班，制订总体方案，掌握上级最新改革部署和动态，结合走访调研，组建机构改革人员编制调配小组。逐条对照中央改革方案，对涉改单位职能职责、机构设置、领导职数、中层职数、人员编制、实有人员、编外用工数，承担行政职能事业单位情况等进行“全链式”汇总造册，做到“底数清、情况明”。经省委、省政府批准，12月市委、市政府印发《宁波市鄞州区机构改革方案》。同时，配套推动事业单位分类改革。推进生产经营类事业单位改革，与区住建局对接区建筑设计院的改革转制问题。启动行政职能类事业单位改革，探寻还政于政的准确路径，全面清理剥离行政职能。

【镇（街道）“四个平台”建设】 2018年，区编委办协同区委政法委持续完善区级综合指挥中心建设，印发《关于进一步规范网格化管理工作的实施意见》，按照“七统一”标准推进“全科网格”建设。督促部门将力量下沉一线，增加派驻机构力量，如综合执法局力量下沉率为86.20%，市场监管所力量下沉率为67.50%，各镇（街道）都有一名副所长以上级别干部和一名普通干部具体落实平台事宜。督促部门落实“派驻机构负责人任免征得镇（街道）同意”等规定，经统计，8个派驻部门的派驻机构负责人任免均提前以书面形式征求所在镇（街道）意见。根据省、市要求，对全区镇（街道）工作人员、村（居）主职干部、全科网格长，派驻机构人员四类人员，开展浙江政务服务网移动客户端注册使用工作。与区电子政务办对接，8月组织各镇（街道）综合信息指挥室工作人员、8家区级部门的“基层治理四平台”具体牵头科室责任人先后进行两次业务培训，并召开浙江政务服务网移动客户端注册使用视频会议。全年完成客户端注册8000余个，超额完成市级指标。

【机构编制管理】 2018年，鄞州区严格执行用编使用标准，累计核减各单位用编申请30%以上。机构改革开始后，出台《关于明确机构改革期间科级干部选拔任用有关问题的通知》等审核规则，采取同步审核、一事一议的方式，严把各类用编用职关口。推进部门下属事业单位间的人员流动及机关下沉基层人员流动的用编用职工作，累计完成涉及13部门下属50余家事业单位的人员调整，并在完成教育、公安、农林等部门人员分流，高中段上收人员划转收尾后，理顺教育系统直属事业及新设立学校相关人员。加强编外、国企的用工管理，保持全区编外控制数基本不变，调整部分区级公立医院备案数，重新核定中小学空编顶编数，对一线执法及“最多跑一次”改革相关的控制数使用予以适当倾斜，其他使用核准一律从严从紧。

【机构编制实名制管理】 2018年，鄞州区率先在全市试点上线机构编制实名制2.0系统，全程参与系统的测试及研发，对问题排查及功能优化提供数十类近百项测评意见和建议。区编委办与区委组织部、区人力社保局的干部备案、工资、社保等外部流程无缝对接，印发《区机关事业单位实名制系统业务办理流程》《区编委办机构编制实名制系统管理制度》等规定，形成内外闭环“全无纸化”作业流程。开展实名制2.0系统全员培训，先后组织3个批次7个班级400余人的“上机”操作，督促各单位自查自纠，共完善各类数据2000余项。

【事业单位登记管理】 2018年，区编委办办理事业单位设立登记8家、注销登记51家、变更登记364件；办理机关群团统一社会信用代码设立8家、注销3家、变更17家；应参加年度报告公示单位365家，全部按时完成，公示率100%；抓好中文域名注册和网站挂标工作，确保挂标识率100%。同时，开展“双随机一公开”执法检查活动，参与执检事业单位13家。探索事业单位登记管理新方法，宁波鄞州中医院作为其他组织利用国有资产举办的非营利性医院，于3月20日完成事业单位法人登记，成为全市第一家登记为事业单位的民办医疗机构。

（孙　侃）

党校工作

【概况】 2018年，区委党校举办计划内各级各类主体班30期，其中区管干部班11期、中层干部班7期、基层干部班12期，培训学员3129人次；区内委托培训班次19期，受训人数3409余人次；外训班33期，共计1519人次；教师外出宣讲总量达到246场次，受训人数2.60万人次。

在部分主体班中推出自主选学，拟定政治理论与党性修养、宪法与法律素养、区域经济发展等6个主题，使学员可以根据自身需求和兴趣爱好、工作档期选择培训内容，从根本上解决干部培训覆盖面过窄、单一的问题。强化问题导向、实践导向，在重点班次或重点课程安排互动环节，把教学由单向注入式改为双向交流式。与鄞州电视台《他山之石》栏目合作，在中层干部班中开设专题研讨，在选题策划中突出“带着问题找经验案例”，梳理自身短板，寻找先进经验，重视可操作性。针对干部成长的不同阶段特征，分层分类设计教学菜单，注重办学效果。在新提任区管干部培训班，采用“五位一体”的立体教学模式，即课堂教学+网络学习+现场教学+资政报告撰写+考试测评。针对“一把手”班，实施“3+1”的培训框架，即设置“政治理论和党性修养”“领导素养与能力”“区域科学发展”三个模块，采用异地培训模式。

以“不忘初心、厚植信念”主题为统领，全年举行教研活动24次。联合慈溪党校共同举办试讲评课活动，提升备课质量。7个新专题获得通过，走上讲台，其中“弘扬宪法精神 维护宪法权威”一课获得第六届浙江省党校系统精品课程评比精品奖。区党政领导干部（包括区级领导）、乡贤名人到校授课84课时，占主体班总课时量的20%以上。以外派学习、跟班听课、名师指导、下派基层锻炼等方式倾力提高本校教师教学能力和水平，其中孙伟儿获省委宣传部“浙江省基层宣讲名师”称号。

科研资政工作成效明显。立项课题：省委党校系统十九批课题结题4个、市委党校课题结题1个、省委党校系统二十批课题立项2个、2018年中华文化研究中心“浙江文化与海外统一战线”招标课题立项1个、2018—2019年度浙江省社会主义学院新时代统一战线理论与实践研究基地委托课题立项1个、2018宁波市社科院基地课题1个。理论研讨：4篇文章参加省委党校系统理论研讨会，其中3篇分别获得一、二、三等奖；宁波改革开放40周年理论研讨会获得两个三等奖、1个优秀奖；宁波市人大立法三十周年征文获1个二等奖；鄞州区第二届哲学社会科学优秀成果评选获1个一等奖、1个三等奖。《南高教园区人才溢出效应问题研究》《找差距、强优势、补短板——鄞州全国百强区相关指标分析》《关于科技政策助力中小科技成长型企业的提案》《关于建立专业专职的家庭社工队伍的提案》《关于加强高素质技工人才队伍建设的提案》《关于加强本区职业教育的几点建议的提案》《关于促进鄞州乡村旅游发展的建议》7篇资政文章分别被录用。区委组织部课题《书记一点通》、区侨联《海外留学归国人员创新创业问题研究》，区委宣传部课题“从鄞州经济发展看改革开放40周年”，首南街道合作课题“共识论坛：首南基层协商民主的探索与实践”；钟公庙街道合作课题“钟公庙街道‘党建+四社联动’运行机制研究”等均高质量完成，获得有关单位好评。

2018年3月21日，全市名师工作室集团化办学暨“红匠特训营”2018年秋季班开班仪式举行

【“红匠特训营”开班】 2018年3月21日，鄞州区名师工作室集团化办学暨“红匠特训营”2018春季班在区委党校开班。“红匠特训营”设春季班、秋季班，每年安排2期，每期3个月左右培训时间，每周固定安排1个教学单元，计15个教学单元。计划通过3年左右时间，实现全区所有村、社区和重点两新组织党组织负责人轮训全面覆盖。“红匠特训营”通过建设基层党务工作者教育培训共同体，进一步充分发挥俞复玲、吴祖楣、董国福3位红匠名师的“传帮带”作用，培育更多“红色匠人”，指导打造更多可看可学可复制可推广的特色品牌，确保“红匠”精神薪火相传。除整合3位名师外，还面向全市，从有关市、区党政机关、党校系统、高校及基层党组织中物色30余名党务工作者或在党的基层组织建设研究方面的有建树的专家级担任讲师，通过“大课+小课”“通识+专业”“线上+线下”“理论+实践”等“多维度”培训模式，提升教育培训的含金量。同时，分别设置破解停车难、村庄环境整治、办好企业文化等调研课题，分组调研形成调研报告。秋季班结业时还举办首期“红匠特训营”课题答辩会，网络平台全程直播，收到较好的培训成效。

【鄞州区—延吉市扶贫协作及创业致富带头人培训班在区委党校开班】 2018年11月4—10日，鄞州区—延吉市扶贫协作及创业致富带头人培训班在鄞州区委党校举办。本次培训班的

2018年11月4—10日，鄞州区—延吉市扶贫协作及创业致富带头人培训班在区委党校举行

对象为延吉市非公企业出资人及基层企事业单位党务干部、延吉市委组织部的带班干部等46人。延吉市委组织部常务副部长成伟出席开班式。鄞州区委党校为本次培训精心设计教学计划和接待方案。根据参训对象以基层党务工作者和企业出资人为主的情况，本次培训班主要采用现场考察为主，辅以领导及专家讲座、交流研讨等多种教学方式。在结业仪式上，延吉市委组织部非公党建办公室主任崔传民和4位学员代表进行学习体会交流发言。他们表示，要以此次培训为起点，推动两地党建与企业发展互融共促，协同发展。11月11—17日，第二期培训在区委党校开班，培训班的对象为延吉市6个街道的领导干部及其所属社区书记等81人。

2018年6月12日，慈溪市委党校、鄞州区委党校“不忘初心 牢记使命”主题教育联合教研活动举行

【主体班教学与电视台合作专题研讨】2018年，区委党校与鄞州电视台《他山之石》栏目合作，在中层干部培训班中开设专题研讨，在选题策划中突出“带着问题找经验案例”，梳理自身短板，寻找先进经验，重视可操作性，陆续为学员播放“洪塘老街蜕变的启示”“湖州织里：为群众要有担当精神”“杭州城西科创大走廊：串珠成链打造创新‘金钥匙’”等专题片，促进学员干部带着问题去学习和思考，把科研资政的成果延伸到学员教育上。学员表示，这些地方的先进经验让人深受启发，值得鄞州借鉴，在具体工作中非常具有操作性和指导性。

【“不忘初心 牢记使命”主题教育集体备课会联合教研活动】2018年6月12日，区委党校联合慈溪市委党校共同举办“不忘初心 牢记使命”主题教育集体备课会联合教研活动，宁波市委党校有关领导以及两校主要领导参加活动。此次备课会备课主题明确，聚焦主业热点。两校各自选派3名教师带着各自近期新准备的专题参加试讲交流，包括“不忘初心 牢记使命——中国共产党的性质、纲领”“坚定文化自信 做新时代中国特色社会主义的践行者”“从鄞州发展看改革开放40周年”等6个专题。在试讲后安排互评环节，由对方学校的听课人员对讲授情况发表意见，评课人无论是学校领导，资深教师，还是新锐教师，都提出很多新颖中肯的看法。最后设置专家点评环节，聘请上级党校分管领导、教务管理和教学专家进行总结性点评，高层次多角度对课程的设计、讲授和改进提出评价建议，并对活动本身提出完善意见。

【区委党校一课程获全省党校系统精品课评比精品奖】2018年12月3日，第六届浙江省党校系统精品课程评比结果揭晓，区委党校讲师应雁的“弘扬宪法精神 维护宪法权威”课程获评精品奖。此次评比共收到来自省级、市级、县区级党校推荐申报课程34课，经过为期2个月评选工作，最终评选出精品奖10课，优秀奖15课。省党校系统精品课评比不区分层次级别，省、市、县推荐的课程在同一标准下同台竞技，此次获奖是区委党校首次摘得此项奖牌。

（李永飞）

老干部工作

【概况】2018年，鄞州区有离休干部97人。其中，抗日战争时期19人，解放战争时期78人；享受地厅级待遇4人，享受县处级待遇42人；外地离休干部安置在鄞州区17人。全区有退休干部5993人，离退休干部党支部98个。

组织情况通报会138次，座谈会78次，上门走访慰问6537次。同时依托老干部活动阵地，每季在学士点、民安点活动中心举办文化百科大讲堂，组织开展“我的初心”微故事征文活动，收到老干部投稿30篇，被市委老干部局录用3篇。印发《关于给予离退休干部党支部书记工作补贴的通知》，落实每人每月300元的工作补贴。推进区划调整后离退休干部党组织融合，全年新增离退休干部党支部7个。开展“银辉”党建工作，在东柳街道安居社区新成立“银辉”党支部和银辉志愿者服务队。

【全区离退休干部理论学习培训】2018年5月11日，区委老干部局开始分期分批就近举办全区离退休干部理论学习培训，1200余名离退休干部参训。培训共分9个批次，6月底结束，聘请党校教师分别就“新时代新思想新使命新征程——十九大精神解读”“不忘初心 牢记使命——中国共产党的性质、纲领”和“宪法与宪法精神”进行专题授课。通过培训，使离退休干部党员对党的十九大精神、党史知识、宪法精神，以及习近平新时代中国特色社会主义思想有更系统更深刻的理解。

【离退休干部党建工作积分制管理】 2018年，区委老干部局对积分制管理办法进行细化完善充实，在基础积分中增加规范化和发挥正能量作用要求，在创新积分中增加“银辉”党建创建内容和工作联动的要求，使积分制管理导向作用更加明显，发挥激励作用更加突出。同时规范组织建设，各支部“三会一课”、组织生活等不断规范，普遍实行每月一次支部固定组织生活日制度。离退休干部党支部书记定期片组活动成为党建工作交流指导的重要载体，分片配联络员制度使老干部局与离退休干部支部联系更加紧密。

【许宏彬调研鄞州老干部精准服务工作】 2018年4月27日，中共中央组织部老干部局局长许宏彬一行3人到鄞州区调研老干部精准服务工作。省委老干部局局长鲍秀英，市委常委、区委书记胡军，市委组织部副部长、老干部局局长俞小勋，区委常委、区委组织部部长陈杰农等陪同调研。许宏彬听取鄞州区委老干部局的有关工作情况汇报，对鄞州区实行精准服务老干部的做法表示肯定。

老干部们在区老干部活动中心书画室交流

【老干部活动阵地建设】 2018年，鄞州区建好、用好、管好老干部活动中心和老年大学“两个阵地”。潜龙点老干部活动中心投入资金20万元，对主楼和附属楼进行大规模维修。民安点老干部活动中心更新各活动室的活动制度。针对学士点和民安点两个校区管理体制、招生政策、人员配备、经费使用等方面的差异，在先期广泛调研论证，召开学员代表座谈会的基础上，出台《鄞州老年大学2018年秋季招生办法》，两校区实行统一收费政策，共招生8275人，全部通过网上报名缴费录取。同时，进一步推动老年大学开门办学，开启区、镇（街道）、村（社区）、养老机构、个人等多渠道的办学模式。通过开展教学检查，组织全面听课，评选优质教案等活动，加强教学质量评估，提升教师课堂教学水平。

【区第六届老干部文化艺术节】 2018年10月15日，鄞州区第六届老干部文化艺术节开幕式在区文化艺术中心举行。市委常委、区委书记褚银良出席开幕式并致辞。区领导陈国军、杨慧芳、陈杰农、徐卫成、华志苗等出席开幕式，区级机关、镇（街道）分管领导、老干部工作者及部分离退休老同志等700余人参加开幕式。褚银良代表区委、区政府向广大老领导、老同志表示崇高的敬意和衷心的感谢。他指出，尊老爱幼是中华民族的传统美德，关心关爱老干部是党的光荣传统，区委、区政府将一以贯之重视老干部工作，认真贯彻总书记习近平关于老干部工作的重要讲话指示精神，让老干部老有所学、老有所为、老有所养、老有所乐，在全社会营造敬老、爱老、为老、助老的良好风尚。开幕式上，还安排由老同志自编自导自演的开场鼓舞《火红的夕阳》、越剧表演唱《花开新时代》、大合唱《共圆中国梦》等节目。

（陈武耀）

2018年10月15日，宁波市鄞州区第六届老干部文化艺术节在区文化艺术中心举行

宁波市鄞州区
人民代表大会

概　　述

重要会议

重要活动

重点代表建议办理

概　述

【概况】 2018年，宁波市鄞州区第十八届人民代表大会实有代表323人，其中工农代表159人，占49.53%；党政干部代表84人，占26.17%；专业技术人员代表72人，占22.43%；军人及其他代表6人，占1.87%。中共党员代表210人，占65.42%；非中共党员代表111人，占34.58%。妇女代表115人，占35.83%。具有大学以上学历的代表203人，占总数的63.24%，其中硕士研究生以上学历的代表55人，占总数的17.13%。召开常委会会议7次，作出决议决定14项，听取和审议“一府两院”专项工作报告30项，开展执法检查4次，组织视察调研31次，依法任免常委会工作人员11人次，决定任免政府组成人员14人次，任免监察人员1人次，任免审判检察人员16人次。

依法对财政预算调整、政府债务限额和新增地方政府债券预算调整、梅墟街道行政区划调整等事关全区改革发展的重大事项作出决议决定。持续深化民生实事项目代表票决制工作，重点加强对项目实施情况的跟踪监督，落实三项报告制度，采用全程动态监督方式，并通过鄞州电视台“民情面对面·向人民报告”政情直通栏目，听取项目完成情况报告，开展满意度测评，构建民生实事项目闭环式监督体系，实现行使重大事项决定权与监督权的有机结合。鄞州区民生实事项目跟踪监督的相关做法被中央广播电视总台、《人民日报》、新华社、《法制日报》等中央媒体集中报道。

推出“六联一清单”工作法，建立健全听取民声、印证民情、反映民意、推动民生、回应民需的履职体系。加强代表履职管理，制定年度履职清单，组织108名代表向选民述职并接受评议。依法做好代表补选工作，补选市、区代表22人。联动开展代表活动月主题活动，推出“阳光鄞州·代表在线”“代表走进部门”等“十个一”系列活动，指导各代表中心组、代表小组围绕经济发展、城市管理、民生实事项目建设等主题，开展视察调研148次，参与代表1552人次。持续深化代表联络站建设，完成标准化建设全覆盖，指导姜山、云龙等镇（街道）建成45个示范站点，推动五级代表进站接待常态化、制度化。探索联络站运作新模式，针对社区消防通道堵塞、小餐饮油烟扰民等问题，采取“线上+线下”组合方式接待选民，及时将相关意见交政府部门处理，不断提升联络站运作实效。全区85个联络站共接待选民4668人次，梳理汇总意见建议2759条。系统实施建议督办“六督法”，打好重点督办、对口督办、协同督办、合议督办、评估督办，以及“回头看”督办组合拳，整合常委会各工委和各镇（街道）人大工作力量，提高建议的解决率。区十八届人大二次会议以来代表提出的336件建议均已办结，代表对办理工作的满意和基本满意率100%，促成问题解决或基本解决180件，占比53.60%。

开展“三进”活动，成立7个工作小组，进村入企走访调研，着力推动一批民生问题、企业难题的解决。落实扶贫工作各项要求，与延吉市人大缔结友好关系，力促对口帮扶协作深化推进。开展“法治型”机关建设，全年制定修订常委会及机关工作制度16项，举办以宪法、监督法、监察法等为主题的学法讲座7次。加强人大理论研究和宣传信息工作，完成区人大工作理论研究会换届，成立人大理论研究室，相关新闻稿件在宁波市人大新闻奖评选中获一、二、三等奖各1件，信息工作获评全省先进、全市第一，区人大工作相关经验做法多次得到市区主要领导批示。

【人大依法监督】 2018年，区人大常委会审议国民经济和社会发展计划执行情况报告，加强对财政预决算的审查监督，跟踪审计查出问题的整改，对部分重点项目预算绩效情况开展评议，听取国有资产管理情况报告，重点关注区级国资公司整合及转型发展情况。加强对土地利用相关法律法规实施情况的监督，推动对土地“供而未用”等整治。听取和审议侨务工作报告，对保险创新产业园进行专题视察。紧盯生活垃圾分类处理这一“关键小事”，开展本届常委会首次专题询问，常委会组成人员和代表围绕宣传力度不够、分类质量不高、收运处理体系不完善等方面，针对性提出22个问题，政府部门负责人逐一应答。听取和审议社区服务标准化建设情况报告，积极落实区委环境综合整治工作部署。审议并批准生态文明建设规划，依法建立区政府每年向人大报告环境状况和环境保护目标完成情况制度，指导7个镇（街道）开展环境报告试点。通过审议报告、开展视察，加强对“污水零直排区”三年工作计划的持续跟踪监督，与市人大常委会联动开展防洪排涝“2020”行动计划专项检查。审议集团化办学情况报告，主任会议听取中医药发展情况报告、社会治安防控体系建设情况报告，开展食用农产品质量安全工作专项视察和劳动合同法执法情况专题调研。审议土地适度规模经营情况报告和塘溪镇雁村等4个历史文化名村保护规划，加强对小城镇环境综合整治和农村住房条件改善的重点监督。制定执法检查暂行办法，先后对固废污染环境防治、安全生产、大气污染防治、饮用水水源保护等相关法律法规的实施情况开展检查，坚持问题导向，强化区镇（街道）上下联动，注重代表群众广泛参与，查出固废处置设施建设滞后、工业厂房违规改建、扬尘治理措施不到位、水源地污染源管控不力等问题。审议家事审判工作报告，同时对家事少年庭4名员额法官的履职情况开展评议，实现对事监督与对人监督的有机结合。开展规范性文件备案审查和司法机关重要案件备案工作，共审查政府规范性文件30件，备案司法机关重要案件659件。办理群众信访件37件。配合市人大开展《宁波市生活垃圾分类管理条例》等4部法规的立法调研和立法后评估工作。

【郑栅洁到姜山社区人大代表联络站听取代表意见和建议】 2018年9月4日，省委副书记、市委书记郑栅洁到姜山镇姜山社区人大代表联络站，听取各级人大代表的意见和建议。市、区领导施惠芳、褚银良、翁鲁敏、杨慧芳、沃勇特、胡开通参加。座谈会上，市、区、镇三级8名人大代表围绕编制宁波城市发展总体规划、优化宁波营商环境、推进田园城镇建设、提升垃圾处理能力、健全小区物业管理机制、加强农村社区社工队伍建设等进行发言。郑栅洁与大家互动交流，并逐条回应大家提出的意见和建议。他强调，为群众代言，帮群众解难，是人大代表的光荣使命、神圣职责，各级人大代表要积极参与"大学习大调研大抓落实"活动，密切联系群众，热情服务群众，当好老百姓的代言人和贴心人。

【中央新闻媒体采访团专题采访区民生实事项目人大代表票决制工作】 2018年10月14日，全国人大常委会办公厅新闻局率领由《人民日报》、新华社、中央电视台、《法制日报》《中国人大》杂志等媒体组成的新闻采访团，到鄞州区专题采访民生实事项目人大代表票决制工作。区人大常委会主任杨慧芳，区委常委、姜山镇党委书记沃勇特分别向采访团介绍区镇两级民生实事项目人大代表票决制工作的开展情况。采访团一行到狮山公园、大龄青年安置房等姜山镇民生实事项目点了解情况，并采访人大代表、市民代表和大龄青年代表。

【余红艺到鄞州区调研】 2018年11月1日，市人大常委会主任余红艺到鄞州区调研。市、区领导褚银良、杨慧芳、徐卫成、戴华祥陪同。上午，余红艺一行先后到欧琳集团有限公司、宁波日月集团有限公司和宁波欣达（集团）有限公司考察调研，仔细询问企业研发投入、人才队伍、市场销售等情况，随后到东吴镇西村座谈听取区人大工作以及东吴镇人大工作有关情况汇报。下午，余红艺到下应街道企业片区人大代表联络站，听取联络站建设运行情况，与部分市、区人大代表畅谈履职心得。随后，传达全国人大常委会委员长栗战书在深入学习贯彻总书记习近平关于坚持和完善人民代表大会制度的重要思想交流会上的重要讲话精神。

【赵光君调研鄞州法院破解"执行难"工作】 2018年4月11日，省人大常委会副主任赵光君一行到鄞州区，就如何破解法院"执行难"进行调研座谈，区人大常委会主任杨慧芳、副主任林琪参加座谈。鄞州区各个执行联动成员单位介绍各自职责，配合法院开展执行工作的主要做法、存在的问题和困难，并提出下一步工作意见建议。市、区两级人大代表，有关律师和企业负责人对法院近两年来执行工作进行评价，就存在的案多人少矛盾突出、协作配合机制不够成熟等主要问题提出意见和建议。

【鄞州、延吉两地人大常委会缔结为友好合作单位】 2018年11月13—15日，延边州延吉市人大常委会到鄞州区考察，其间考察团先后到下应街道湾底村、姜山镇陆家堰村考察乡村振兴工作和美丽乡村建设情况，赴区科技孵化园区、博威集团有限公司考察科技创新情况。区人大常委会副主任夏素贞、吕红琴分别陪同考察。15日，宁波市鄞州区人大常委会和延边州延吉市人大常委会友好合作签约仪式暨交流座谈会在鄞州区举行，两地人大常委会缔结为友好合作单位，区人大常委会主任杨慧芳、延吉市人大常委会主任李俊杰代表两地人大常委会签订友好合作协议。

【王辉忠到鄞州区调研】 （参见"中共宁波市鄞州区委员会"类目"重要调研"分目）

【朱从玖调研鄞州人大代表联络站】 2018年9月10日，副省长朱从玖到福明街道人大代表联络站考察，实地了解人大代表联络站建设运行情况并听取部分省、市、区三级人大代表和群众的意见和建议。市、区领导褚银良、李关定、陈国军、杨慧芳等参加座谈。与会的省、市、区三级人大代表及群众围绕加强类金融机构监管、深化"最多跑一次"改革、加大金融业高端人才引进力度、推进航运物流业集聚发展等提出意见和建议。朱从玖与大家进行互动交流，并逐条回应大家提出的意见和建议。

（柯伯俊）

重要会议

【区十八届人大二次会议】 2018年2月3—6日，宁波市鄞州区第十八届人民代表大会第二次会议在区文化艺术中心举行，321名区人大代表参加会议。大会表决通过宁波市鄞州区第十八届人民代表大会法制与内务司法委员会和财政经济委员会组成人员人

2018年2月3日，宁波市鄞州区第十八届人民代表大会第二次会议召开

选名单。补选区十八届人大常委会委员、选举产生宁波市第十五届人民代表大会代表，首次票决确定2018年鄞州区10件民生实事项目。大会依法审查并通过区政府工作报告、鄞州区2017年国民经济和社会发展计划执行情况与2018年国民经济和社会发展计划、2017年全区和区级预算执行情况与2018年全区和区级预算、区人大常委会工作报告、区法院工作报告、区检察院工作报告。会议结束前，市委常委、区委书记胡军作重要讲话。会议期间收到代表建议、批评和意见330件，交由区政府办理。

【区十八届人大常委会会议】 2018年1月23日，区十八届人大常委会举行第八次会议，市委常委、区委书记胡军出席会议并讲话。会议听取并审议区政府关于2017年国民经济和社会发展计划执行情况与2018年国民经济和社会发展计划草案主要内容的报告、2017年全区和区级预算执行情况与2018年全区和区级预算草案主要内容的报告，听取并审议区人民政府关于2018年民生实事候选项目形成情况的报告和说明，听取区十八届人大二次会议其他名单草案的说明、区十八届人大二次会议筹备工作情况的报告，表决通过区十八届人大二次会议的议程和日程草案、区十八届人大二次会议列席人员名单、区人大常委会工作报告（讨论稿）和2018年工作要点草案、区人大常委会关于2017年全区和区级预算执行情况与2018年全区和区级预算草案的审查结果报告，表决通过有关人事任免事项，并举行宪法宣誓仪式。

3月26日，区十八届人大常委会举行第九次会议。会议听取并审议区政府关于鄞州区2017年度环境状况和环境保护目标完成情况的报告、关于宁波市鄞州区生态文明建设规划（2017—2025年）编制情况的报告、鄞州区侨务工作情况的报告，表决通过《宁波市鄞州区人民代表大会专门委员会工作规则（试行）草案》，会上还学习全国“两会”精神，会前举行《中华人民共和国环境保护法》专题讲座。

5月28日，区十八届人大常委会举行第十次会议。会议听取并审议区政府关于贯彻落实安全生产“一法一条例”情况的报告和区人大常委会执法检查组关于安全生产“一法一条例”执法检查情况的报告，区人大常委会执法检查组关于固体废物污染环境防治“一法一条例”执法检查情况的报告，会议听取并审议区法院关于家事审判工作情况的报告和区人民法院家事少年庭4名法官履职情况的汇报，会议审议通过常委会执法检查暂行办法、专题询问办法、预算审查监督办法等5项制度，会议表决有关人事任免事项和个别区人大常委会委员、区人大代表辞职事项。

7月27日，区十八届人大常委会举行第十一次会议。会议听取并审议区人民政府关于2017年全区和区级财政决算草案的报告、2017年度区本级预算执行情况及其他财政收支的审计工作报告、2018年上半年区国民经济和社会发展计划执行情况的报告、2018年上半年全区和区级预算执行情况的报告。会议表决通过《宁波市鄞州区人大常委会关于批准2017年区级财政决算的决议草案》《宁波市鄞州区人大常委会关于批准鄞州区2018年政府债务限额和新增地方政府债券预算调整方案的决议草案》《宁波市鄞州区人大常委会关于批准不开展“十三五”规划中期评估工作报告的决议草案》《宁波市鄞州区人大常委会关于接受叶继松请求辞去宁波市鄞州区第十八届人民代表大会代表职务的决定草案》。会议表决通过有关人事任免事项，并举行宪法宣誓。

9月26日，区十八届人大常委会举行第十二次会议。会议听取和审议区政府关于鄞州区2018年“污水零直排区”建设情况报告、鄞州区土地适度规模经营情况报告、宁波市鄞州区塘溪镇雁村等4个历史文化名村保护规划成果的报告。会议表决通过《宁波市鄞州区人大常委会关于梅墟街道行政区划调整方案的决议草案》《宁波市鄞州区人大常委会关于接受胡军等请求辞去宁波市鄞州区第十八届人民代表大会代表职务的决定草案》。会议表决通过有关人事任免事项。

12月4日，区十八届人大常委会举行第十三次会议。会议审议并表决通过关于召开区十八届人大三次会议的决定，决定区十八届人大三次会议于2019年1月16—19日召开。会议接受陈国军辞去宁波市鄞州区人民政府区长职务的请求，决定王兆波代理区人民政府区长职务，同时任命陆朝晖、邱啟旻为区人民政府副区长，朱全宝为区人民检察院副检察长表决通过其他人事任免事项，并举行宪法宣誓，王兆波、陆朝晖作表态发言。会议听取并审议区人民政府关于2018年区本级财政预算调整意见、2017年度区本级财政预算执行和其他财政收支审计查处问题整改情况、鄞州区集团化办学情况、区十八届人大二次会议以来代表建议办理情况4个报告，会议听取并审议区政府预算绩效管理工作情况的报告并对2017年度4项重点项目预算绩效运行情况进行评议，会议听取并审议区政府关于饮用水水源保护“一法一条例”贯彻实施情况，以及区人大常委会执法检查组关于鄞州区饮用水水源保护“一法一条例”执法检查情况的报告。会议还审议通过“区人大常委会人事任免办法”“区人大常委会与‘一府一委两院’联系制度”和“一府一委两院列席常委会会议制度”3项办法制度的修订草案。会议还接受了个别代表辞去职务的请求。

12月26日，区十八届人大常委会举行第十四次会议。会议表决通过有关人事任免事项，并进行宪法宣誓，新任命的区人民政府副区长沃勇特作表态发言。会议书面审议2018年规范性文件备案审查工作报告。会议接受个别市、区代表辞职的请求，并补选个别市人大代表。

【区十八届人大常委会主任会议】 2018年1月22日，区十八届人大常委会召开第十四次主任会议。会议听取区政府关于2017年全区和区级预算执行情况及2018年全区和区级预算草案主要内容、项目预算绩效目标草案编制情况的汇报，听取有关人事任免事项的说明、区十八届人大二次会议列席人员名单和其他名单草案；讨论区十八届人大常委会第八次会议有关事项。

3月2日，区十八届人大常委会召开第十五次主任会议。会议听取和讨论《关于听取和审议宁波市鄞州区2017年度环境状况和环境保护目标完成情况报告的实施方案》，研究《宁波市鄞州区人大常委会2018年法治型机关建设实施方案》和《宁波市鄞州区人大及其常委会各工作机构对口联系单位》。

3月20日，区十八届人大常委会召开第十六次主任会议。会议听取鄞州区企业降本减负改革工作情况报告审议意见研究处理情况的汇报，讨论宁波市鄞州区人大常委会第九次会议有关事项和《关于全力助推“六大专项行动”的实施方案》《区十八届人大二次会议代表建议督办工作方案》《关于推行代表履职“六联”工作法，进一步发挥代表主体作用的方案》。

4月13日，区十八届人大常委会召开第十八次主任会议。听取和讨论《关于配合省人大开展固体废物污染环境防治“一法一条例”执法检查的实施方案（讨论稿）》和区人大常委会执法检查暂行办法（草案）。

4月20日，区十八届人大常委会召开第十九次主任会议。会议讨论区人大常委会专题询问办法、区人大常委会专题询问生活垃圾分类处理工作实施方案、区人大常委会经济工作监督办法、区人大常委会经济预算审查监督办法、区人大常委会关于加强部门预算监督的若干规定和区人大常委会关于开展安全生产“一法一条例”执法检查的实施方案。

5月7日，区十八届人大常委会召开第二十次主任会议。会议听取关于鄞州区区级国资公司整合及转型发展建议方案的汇报。

6月26日，区十八届人大常委会召开第二十三次主任会议。会议听取全区中医药发展情况的汇报，研究讨论生活垃圾分类处理工作专题询问意见、关于开展“代表活动月”活动的实施方案，传达区委对市纪委关于近期环境整治问题责任追究情况的有关精神。

8月21日，区十八届人大常委会召开第二十六次主任会议。会议听取全区社会治安防控体系建设情况的汇报，听取关于安全生产“一法一条例”实施情况、2017年度环境状况和环境保护目标完成情况、家事审判工作情况3个报告的审议意见研究处理情况的汇报。

10月22日，区十八届人大常委会召开第二十九次主任会议。会议听取区国有资产管理情况的汇报2018年上半年区国民经济和社会发展计划和财政预算执行情况的审议意见研究处理情况的汇报，讨论《宁波市鄞州区人大常委会组成人员履职记录办法（试行）》。

12月25日，区十八届人大常委会举行第三十三次主任会议。会议听取先进代表小组、代表活动积极分子、代表优秀建议、代表建议办理工作先进单位评选情况的汇报。会议还听取了区十八届人大常委会第十四次会议有关事项的汇报。

（柯伯俊）

重要活动

【区人大常委会视察组视察环境状况和环境保护目标完成情况】 2018年3月15日，区人大常委会视察组视察全区环境状况和环境保护目标完成情况，副区长梅益进陪同视察。区人大常委会主任杨慧芳、副主任林琪分别带队到沿海中线污水主干管施工现场、象山港湾保护点和区环境监测中心、原农药厂土壤修复点，就城镇环境基础设施建设、海洋生态环境保护、环境监测能力建设和土地污染修复等情况进行实地查看，并座谈听取区政府关于环境状况和环境保护目标完成情况的报告。提出要深化环境保护责任，全面落实环境状况和环保目标完成情况报告制度，妥善处理好群众反映强烈的突出环境问题等建议。

【区人大常委会生活垃圾分类处理工作专题询问会】 2018年6月14日，区人大常委会生活垃圾分类处理工作专题询问会举行。区人大常委会主任杨慧芳，副主任夏素贞、陈家连、胡开通、吕红琴、钱芳出席会议。区长陈国军、副区长朱剑涛及有关部门主要负责人到会应询。会议首先听取区政府关于鄞州区生活垃圾分类处理工作情况的报告，随后以一问一答形式进行专题询问。12名区人大常委会委员、区人大代表围绕生活垃圾分类宣传教育，垃圾分类投放、收集、运输和处理各环节，基础设施建设、要素保障等方面，提出22个问题，有关部门负责人进行了一一答复。

2018年6月14日，区人大常委会生活垃圾分类处理工作专题询问会议举行

【区重要情况通报会】 2018年8月3日，区人大常委会举行重要情况通报会，区十八届人大代表，在鄞州的部分省、市人大代表等225人参加会议，区人大常委会主任杨慧芳主持会议。杨慧芳代表区人大常委会、王兆波代表区政府，分别通报上半年区人大常委会、区政府工作情况以及民生实事项目进展情况。上半年全区经济发展稳中向好，主要指标企稳回升；质量效益不断增强，对外开放成效显著；20个市、区政府民生实事项目工程推进情况总体符合预期目标，16个实现“时间过半，任务过半”，占比80%。另外，区法院、区检察院也以书面形式通报上半年工作情况。

【区人大常委会视察组视察2018年区民生实事项目实施情况】 2018年8月31日，区人大常委会组织对2018年全区十个民生实事项目实施情况进行视察。区人大常委会主任杨慧芳，副主任夏素贞、胡开通、吕红琴、钱芳参加视察。区委常委、常务副区长王兆波参加视察座谈会。视察组分三路实地察看春园路（长寿南路—科技路）改造、百梁北路（四明西路—鄞县大道）综合整治、惠风西路菜市场建设、鄞城大道至姜山镇景江岸村公路提升、姜山镇陆家堰村居家养老服务中心建设、宁波第十九中学扩建、堇山小学南校区建设7个子项目的施工现场。视察组听取区政府关于2018年区民生实事项目实施情况的汇报，提出要正视问题与不足、建管并重提效益、总结经验及早谋划2019年民生实事项目征集等建议。

【区人大常委会视察组视察宁波国家保险创新产业园核心区】 2018年9月28日，区人大常委会副主任陈家连等一行8人视察宁波国家保险创新产业园核心区，视察组实地查看人保财险鄞州支公司、宁波保险科技产业园和两家为保险公司提供科技服务的企业，提出加大保险总部机构和法人机构引进力度、加强保险高端人才队伍的培养、提升保险服务供给质量、优化保险行业发展环境等建议。

【联系接待选民模式创新】 2018年10月29日，区人大常委会首次启用“线上+线下”组合模式联系接待选民。区人大常委会主任杨慧芳以代表身份走进中河街道彩虹社区代表联络站，围绕反映集中的“推进社区消防通道整治工作”，与其他4名市、区人大代表一起面对面接待选民，同时听取在线选民意见建议。受邀参加活动的消防、交警、住建、综合行政执法等有关职能部门负责人对在座以及线上选民提出的问题逐一进行回应。

2018年8月31日，鄞州区人大常委视察2018年民生实事项目实施情况座谈会召开

【代表建议办理工作绩效评估会议】 2018年10月30日，区人大常委会召开代表建议办理工作绩效评估会议，对鄞州公安分局、区卫生计生局2017年和2018年代表建议办理工作进行绩效评估。会上，被评估单位负责人分别汇报2017年和2018年代表建议办理情况。区人大常委会代表建议办理绩效评估组分组汇报对两个部门办理工作的评估情况。区人大常委会组成人员、区人大常委会代表建议办理绩效评估组、各镇（街道）人大负责人和相关区人大代表等对鄞州公安分局、区卫生计生局的代表建议办理工作绩效进行了现场测评。

（柯伯俊）

重点代表建议办理

【解决高层建筑消防安全隐患建议】 2018年，区人大代表章耀祥提出的《关于解决我区高层建筑消防安全隐患的建议》由陈国军区长领办。区政府出台《全区开展高层建筑消防安全综合治理工作方案》《鄞州区消防安全责任制实施办法》《全区消防安全三年翻身仗专项行动方案》《老旧小区消防安全专项整治工作方案》等相关文件，组织力量对高层建筑使用易燃可燃外墙保温材料情况和消防安全状况进行地毯式排查，全面掌握建筑情况和隐患现状，并按照“一场所一方案”的要求逐个制订整改方案，明确治理责任主体和整改措施，共整治消防安全隐患3540处。把消防安全管理工作纳入物业管理考评范围，督促各物业服务企业进一步梳理、制订消防安全应急预案，加强消防设施设备的日常维护和巡查，并在全市率先试点开展消防安全社区暨电瓶车安全规范管理。加强消防宣传教育培训，推进中河、福明、姜山、五乡4个消防科普教育基地（场馆）建设（其中3个建成），组织居民群众开展“体验式”培训演练；成立宣传巡讲组定期下基层宣讲，指导开展灭火逃生疏散演练；扩充消防宣传大使和消防志愿者队伍，建立健全

“消防安全社区”微信公众号，发动全民主动学习消防安全常识，及时反映消防安全隐患，实现群防群治。

【深化户籍制度改革建议】 2018年，区人大代表陈波代表提出的《关于深化户籍制度改革，携手共创“和谐鄞州”的建议》，由常务副区长王兆波领办。区政府成立以常务副区长为组长的户籍制度改革工作领导小组，并在鄞州公安分局设立办公室，定期召开工作例会。按照《宁波市区户口迁移实施细则（试行）》《2018年全市户籍制度改革工作责任分解》等，稳步开展各项工作，鄞州公安分局投入400余万元，对24个派出所和户证窗口实施硬件规范化、标准化建设，打造环境优、效率高的办事窗口；区教育局以中心城区、甬江东南岸、东部新城等为重点区域，计划在“十三五”期间新改建学校（幼儿园）34所，总投资约66亿元；区住建局将进城镇落户的农业转移人口纳入住房保障体系，享有和城镇居民同等住房救助和住房保障。加强新政宣传，借助“两微”平台及时向城乡居民推送户籍制度改革内容，邀请企事业单位代表召开以“助力经济发展、落实户口新政”为主题的工作座谈会，组织开展户籍改革宣传活动，发放各类宣传资料1.20万份，现场解答咨询问题2100条，接听电话咨询5.20万个。

【综合整治花木种植建议】 2018年，区人大代表谢军斌提出的《关于综合整治花木种植加强耕地保护的建议》，由副区长朱晓丽领办。区政府在广泛调研排摸的基础上，于2018年9月印发《鄞州区永久基本农田内花木种植整治工作方案》，同时成立整治工作领导小组，对全区永久基本农田范围内具有经营性质、带土销售的花木种植以及花木秧苗培育行为进行整治。计划到2019年4月底，完成永久基本农田内50%经营性种植花木的迁移清理工作；到2020年5月底，完成全区永久基本农田内经营性花木迁移清理。年内全面禁止基本农田内新种植花木，并在瞻岐、咸祥等镇开展花木种植整治试点工作，减少花木面积233.33公顷，流转土地面积近200公顷。

【规范教师职业道德建议】 2018年，区人大代表林海波提出的《关于进一步规范教师职业道德的建议》，由副区长卜明长领办。根据《鄞州区中小学教师职业道德规范细则》等系列规定，把师德师风工作纳入到学校考核、教师职务培训和专项培训管理体系中，并作为教师评职、评先、评优和聘任等方面的重要依据。定期开展优秀教师、优秀德育导师（班主任）等评选活动，并在全区教育系统开展向周秀芳、胡善龙、石吉峰、曹静宜等优秀退休教师学习活动和第一届“最美鄞州教育人”评选，发挥师德典范引领作用。加强德育导师（班主任）、心理教师队伍建设，完善“1+X”导师制工作，扩大优秀德育导师辐射引领作用。完善师德师风社会监督机制，建立部门、校（园）两级师德师风投诉监督平台，通过公开投诉电话，设立局长（校长）信箱，聘请教育行风监督员等形式，自觉接受学生、家长和社会的监督。

【助推楼宇经济发展建议】 2018年，区人大代表周雪英提出的《关于加强规划引领助推楼宇经济发展的建议》，由副区长梅益进领办。区政府成立全区楼宇经济发展工作领导小组，将楼宇经济整顿规范列入“重质量、抓落地”招商引资增效专项行动，多次召开区政府层面会议，部署落实楼宇整规工作，去化增量、盘活存量，提升楼宇产出率，531家企业完成楼宇整规，其中277家企业新注册落户，238家企业迁出或注销，释放空间4.60万平方米。建立全区商务楼宇信息管理系统，实行楼宇基本情况、入驻企业情况、行业分布情况、季度税收情况、招商情况等“一楼一档”，为商务楼宇企业搭建一个信息共享、展示交流和政府服务的平台，提高信息监测、统计分析、动态管理能力。录入楼宇信息系统的137幢楼宇注册率84.70%，纳税率78.80%。探索建立“楼宇税租联动机制”，由商务、市场监管、税务等多部门联合相关街道（园区）开展楼宇管理服务行动，促进全区楼宇经济发展。

【加强传统产业政策引导和扶持建议】 2018年，区人大代表张国萍提出的《关于加强传统产业政策引导和扶持的建议》，由副区长戴华祥领办。围绕智能化、工艺创新和产品升级，区政府加大纺织服装、家用电器、金属制品等传统产品制造企业奖励力度，鼓励服装企业开展个性化定制，家用电器推广智能化控制，金属制品升级新材料，实现传统产业的高新化发展。全区纺织服装、家用电器、金属制品、汽车制造和文教文具产品等传统产业产值总规模687亿元，占全区规模以上工业总产值47.40%。同时，建立完善服务支撑体系，依托全国双创基地、国家级工业设计示范基地、国家广告产业园区、鄞州四明金融小镇等平台，在创新设计、人才集聚、金融服务等方面给予支持。

【对物业企业代收日常维修费试行年度审计建议】 2018年，区人大代表许国华提出的《关于对物业企业代收日常维修费试行年度审计的建议》，由副区长朱剑涛领办。为加强对日常维修费及公共部位收益属全体业主所有部分的监管，2018年8月开展业委会业务培训，建议业委会改变公共部位收益分成办法，从源头上控制分成金额。建立第三方监理和审计单位库，为镇（街道）、社区、业委会提供免费的专业技术支撑，加强对业主的公共收益资金及对物业资金使用的监管。将资金专户设置、到账情况纳入物业服务综合评估考评内容，对未按要求设置资金专户并及时足额到账的，在评分中扣减相应分值并要求整改，整改不到位的，取消其年度奖励资金；对物业服务企业或项目经理按“挪用共有部位和共用设施设备经营收益等”予以记录，该不良行为将影响物业企业的投标资格和政府扶持奖励资金发放。

（胡建杰）

宁波市鄞州区人民政府

概　　述

重要会议

区政府办公室工作

民生实事项目

重点工程建设

政务公开

应急管理工作

流动人口服务与管理

决策咨询

机关事务管理

行政审批服务·公共交易

外事工作

鄞州年鉴

2019 YINZHOU YEARBOOK

概 述

【概况】 2018年，鄞州区实现地区生产总值1820.10亿元，比上年增长5%，总量稳居全市首位、全省第三位；完成财政总收入435.90亿元，增长6.10%，其中一般公共预算收入253亿元，增长4.70%；城镇和农村居民人均可支配收入6.40万元和3.50万元，增长8.40%和8.60%；金融机构本外币存贷款余额6259.30亿元和7651亿元，增长7.60%和22.50%。

“最多跑一次”基本实现政府办事事项全覆盖，“微审批”平台获中国“互联网+政务”50强。规模以上工业亩均增加值和税收分别为152.70万元、42.90万元，分列全市第一位、第二位，4家企业进入全市制造业亩产十强。鄞城集团挂牌成立，鄞通、鄞工、鄞建集团启动组建。制订乡村振兴三年行动计划，推行城乡基层公权力“三清单一流程”运行法。全区承包土地流转率80%，100个村实现整村流转。推动集团化办学，启动实施医共体改革，完善养老服务机构市场化运营机制。召开民营经济发展大会，出台降本减负促进实体经济稳增长15条政策。推行商事登记简易注销、跨部门双随机抽查等惠企制度。增加小微企业1万家，实有市场主体13.80万户。实到外资7.90亿美元、内资142亿元、浙商回归资金156亿元。进出口总额1590亿元，其中出口1200亿元，增长15%；实现服务外包执行总额91亿元，跨境B2B出口额25.90亿美元，获评省外贸十强县（市、区）第二位。研究与试验发展经费占地区生产总值比重2%。增加中国驰名商标1个，奥克斯获全省首批“品字标浙江制造”和“一带一路”认证，开天工程参与完成的复合地基项目获鄞州史上首个国家科技进步一等奖。增加市创新型初创企业357家，认定国家级知识产权优势企业7家、省级专利示范企业3家。拥有国家级企业技术中心8家、“双创”平台16家。推出人才新政22条，增加市级院士工作站3家，拥有全国示范院士工作站2家。

完成固定资产投资550.20亿元，技改、高新技术产业、交通、生态环境和公共设施投资分别增长10%、25%、110%、40%。出让土地137.60公顷；其中工业用地78.53公顷，增长156%。消化“批而未供”土地291.27公顷，盘活存量建设用地143.33公顷，低效用地再开发106.67公顷。启动现代农业园区改造提升11个，创建5亿元以上市级示范性农业全产业链1条，“鄞州雪菜”入选全国名特优新农产品目录，成为省级农业“机器换人”示范区。规模以上工业增加值280亿元，战略性新兴产业增加值增长45%；增加市级以上制造业单项（隐形）冠军16家、上云企业3770家；两化融合发展指数94.60，连续3年居全市第一位；整治提升“低散乱”企业219家，盘活低效厂房40.50万平方米。建筑业总产值844.50亿元，增长10.40%，总量位居全市第二。实现社会消费品零售总额810亿元，增长9%；批发零售业销售额4300亿元，增长19%；网络零售额460亿元，增长30%。金融业实现增加值172亿元，增加“新三板”挂牌企业2家、甬股交挂牌企业96家。软件和信息服务业收入200亿元，蝉联全市第一；旅游总收入258亿元，增长15%；会展、广告设计、人力资源、法律服务等产业规模保持全市首位。全区商务楼宇面积488.30万平方米，实现税收76亿元，税收超亿元楼宇累计20幢。

东部新城完成投资160.40亿元，建成市图书馆新馆、城展馆等项目，启动建设中央公园、明湖等项目；南部商务区四期地块完成出让；金钟、海田等地块开发提速，长丰热电厂地块拆除，南余、桑家等地块拆迁取得突破，全区征迁118.30万平方米。鄞城大道鄞州段、宁南南路（庆元大道—北大路）等骨干道路建成通车，整治主次干道5条，创建美丽经济交通走廊68.70千米，新建改建农村公路58.40千米。召开城市精细化管理大会，孔雀小区在全省率先开展住宅专项维修资金补缴工作。五乡、横溪等8个镇通过省级小城镇环境综合整治验收，咸祥镇获评省森林城镇。增加国家级和省级美丽宜居村3个，创建市级美丽乡村示范村5个、风景线1条，A级以上旅游景区村庄33个。城市居住小区和农村生活垃圾分类覆盖率分别为93.40%、75%。拆除违建181万平方米，完成“三改”196.90万平方米，拆后利用率76%。2条河道入选省市级“美丽河湖”，创建市级水环境示范镇村4个，通过国家城市黑臭水体专项督查。整治金属表面处理企业38家、废弃矿山5座，环境空气优良率提升到87%。“艺起来”等活动惠及群众

东部新城五一广场

70万人次，全国青少年大提琴艺术周活动落户鄞州，成为国内首家“中国海丝文化之乡”。

增加创业实体2.50万家，创业带动就业8.40万人，增加就业4.10万人，城镇登记失业率2.10%，鄞州区大学生（青年）创业园成为国家级海峡两岸青年就业创业基地。户籍人口养老保险、医疗保险参保率分别为98%、98.80%，残疾人“两项补贴”惠及1.40万人，低保标准提高到每人每月885元。改造棚户区15.80万平方米，棚改安置房新开工2144套、竣工4500套。募集慈善款项1亿元，发放社会救助资金1.60亿元。“精准帮扶”综合保险惠及困难家庭5110户，政策性农业保险农户自付比例降至6.20%。落实和龙、延吉各类帮扶资金7866.10万元，启动建设帮扶项目91个。启动鄞州—衢江山海协作升级版工作，产业合作项目到位资金达3.20亿元。投用学校（幼儿园）7所，增加普惠性民办幼儿园5所，改建学校食堂4所，获评全国中小学校责任督学挂牌督导创新区。出台《健康鄞州2030行动纲要》，实现省卫生镇全覆盖，创建为全国流动人口基本公共卫生计生服务均等化示范县（市、区）。出台加强社区建设实施意见和全省首个社区服务类国家标准，23个社区完成标准化改造，“365社区服务工作法”入选全国百例优秀社区工作法。强化镇（街道）“一中心+四平台+全科网格”功能，做好信访积案化解、“鄞州无欠薪”工作。推进扫黑除恶专项斗争，刑事立案数下降20.80%。提前完成“除险安居”地质灾害隐患点综合治理。安全生产事故数和死亡人数分别下降60.90%和26.10%。开展非洲猪瘟疫情防控行动，获评省级农产品质量安全放心区。

（区政府办公室）

重要会议

【区政府全体（扩大）会议】 2018年1月23日，区政府第一次全体（扩大）会议召开。区人大常委会副主任林琪，副区长王兆波、朱晓丽、卜明长、梅益进、戴华祥、徐梦周，区政协副主席沈剑波出席会议。区政府组成部门主要负责人、各镇政府镇长、街道办事处主任、区政府直属各单位主要负责人以及有关驻鄞州单位主要负责人，区政府办公室各副主任出席会议。区政府顾问和区人武部、法院、检察院、区委办公室、总工会、团区委、妇联、工商联相关负责人应邀参加会议。区委常委、常务副区长王兆波主持会议。会议讨论提交区十八届人大二次会议审议的《政府工作报告》，同时研究部署重点工作。区委副书记、区长陈国军作《政府工作报告》起草说明。

【区政府常务会议】 2018年1月5日，区政府第十七次常务会议召开。审议通过关于进一步加强物业管理工作的实施意见、2017年鄞州区政府质量奖获奖企业、2018年鄞州区重点工程建设项目计划及政府投资项目计划、鄞州区2017年国民经济和社会发展计划执行情况与2018年国民经济和社会发展计划草案的报告、2018年政府工作报告（讨论稿）等文件，听取关于《消防安全责任制实施办法》主要精神及全区消防安全工作情况、2018年政府民生实事候选项目等汇报。

1月10日，区政府第十八次常务会议召开。审议通过国有建设用地使用权挂牌出让方案、2018年鄞州区经济发展若干政策意见等文件，听取鄞州区“精准帮扶”综合保险项目情况、2017年鄞州区财政收支和2018年财政预算安排情况、困难转移支付、项目转移支付有关情况、要求豁免原江东七街道向区财政借款、全区环保工作有关情况等汇报。

1月26日，区政府第十九次常务会议召开。听取调整区社会福利救助中心运营体制、2018年征迁计划及拔钉清零、建议公布区级文保单位（点）、与兴义和龙开展帮扶协作工作等汇报。

3月7日，区政府第二十次常务会议召开。专题学习《中国共产党中央委员会关于修改宪法部分内容的建议》，审议通过理顺鄞州区有关街道“飞地”管理体制的建议方案、关于全面推进社区服务标准化建设的实施意见、国有资产整合建议方案、区委党校后勤服务中心管理体制调整方案、国有建设用地使用权挂牌出让方案等文件，听取全区审计工作有关情况等汇报。

3月23日，区政府第二十一次常务会议召开。专题学习“增强看齐意识，推进安全发展”主题宣讲，审议鄞州区食盐储备管理暂行办法、鄞州区水污染防治行动计划、鄞州区2017年度环境状况和环境保护目标完成情况的报告、健康鄞州2030行动纲要等文件，听取关于浙江省教育厅与鄞州区人民政府签署学校艺术教育实验工作备忘录的汇报。

3月30日，区政府第二十二次常务会议召开。审议通过国有建设用地使用权挂牌出让方案、国有建设用地使用权挂牌出让条件修改建议、2017年度鄞州区固定资产投资优胜单位、重大项目建设先进单位、“项目建设攻坚年”建设功臣和重大项目建设先进个人建议名单、调整区对镇（街道）资金补助比例的方案、关于贯彻宁波市文明行为促进条例的实施意见等文件，听取渔工商地块实施垦造耕地、220千伏潘桥变迁建工程协议书签订相关事宜等汇报。

4月26日，区政府第二十三次常务会议召开。审议通过国有建设用地使用权挂牌出让方案、关于全面推进家院互融养老服务工作的实施意见、关于加快发展人力资源服务产业的实施意见、人力资源服务产业三年行动计划（2018—2020年）、鄞州区“一企一策（一事一议）”项目管理暂行办法等文件，听取关于调整雅戈尔老年乐园及中心城区老年乐园经营管理体制相关事宜等汇报。

5月11日，区政府第二十四次常务会议召开。专题学习《浙江省行政程序办法》，审议通过鄞州区区级国资公司整合建议方案和推进区城投公司转型发展建议方案、鄞州区经济政策财政奖励资金管理办法、宁波市鄞州区进一步提高城乡社区建设水平实施意见、鄞州区政府质量奖评审管理办法、进一步加强“地沟油”治理工作实施意见等文件，听取关于2018年鄞州区经济运行监测联席会议制度等有关情况的汇报，书面通报并通过了宁波市鄞州区食品安全党政同责实施细则。

5月24日，区政府第二十五次常务会议召开。审议通过鄞州区推进“城乡争优”三年攻坚行动方案、鄞州区深入推进美丽宜居村建设专项行动实施意见、宁波市鄞州区养殖水域滩涂规划（2018—2030年）、关于深入推进安全生产领域改革发展的实施意见、鄞州区安全生产风险管控攻坚年活动方案、关于全面打造鄞州-衢江山海协作工程升级版的合作协议等文件，听取关于鄞县大道（城区段）改造工程相关事宜、2018中国—中东欧博览会、浙洽会、消博会鄞州区有关情况等汇报。

6月7日，区政府第二十六次常务会议召开。审议通过鄞州区消防安全责任制实施办法及鄞州区消防安全三年翻身仗行动实施方案、鄞州区村庄景区化创建工作实施方案（2018—2021年）、鄞州区烈士纪念馆建设方案、鄞州区城中村开发投资有限责任公司转型发展及资产整合具体实施方案、鄞州与和龙、延吉扶贫协作三年行动计划和2018年工作实施意见等文件，传达学习省、市消防安全工作会议精神、国务院安委会贯彻落实地方党政领导干部安全生产责任制规定电视电话会议精神。

6月15日，区政府第二十七次常务会议召开。专题学习《宁波城市发展战略及近期重点规划工作》，审议通过关于加强土地执法共管责任机制建设的实施意见、国有建设用地使用权挂牌出让方案、宁波市鄞州区建设工程项目竣工“快速验收”实施方案、鄞州区深化镇（街道）“最多跑一次”改革的实施意见、关于调整区政府部分领导分工的建议等文件。

7月2日，区政府第二十八次常务会议召开。审议通过宁波市鄞城集团有限责任公司组建方案、宁波市鄞州区高水平推进农村人居环境提升三年实施方案（2018—2020）等文件，听取鄞州公园二期工程附属1016人防工程融合城市展览功能、明楼街道社区卫生服务中心等工程概算调整、鄞州区污水处理费征收事项、鄞州区第四次全国经济普查工作有关情况等汇报。

7月23日，区政府第二十九次常务会议召开。专题学习《从政府规范性文件审查工作谈依法行政问题与应对》，审议通过鄞州区生活垃圾分类实施方案（2018—2022年）、宁波市鄞州区房屋征迁资金结算办法、鄞州区农村宅基地和集体建设用地使用权及房屋所有权确权登记发证实施细则、国有建设用地使用权挂牌出让方案等文件，听取关于打造鄞州—衢江山海协作工程升级版工作实施意见等有关工作、修改宁波市鄞州区房屋征迁地块管理办法、修改宁波市鄞州区房屋征收拆迁资金使用和管理办法、落实宁波市国有土地上房屋征收补偿、补助、奖励规定中有关购房补助、铜盆浦垃圾填埋场地块土地使用权证注销后续相关事宜等汇报。

8月10日，区政府第三十次常务会议召开。审议通过梅墟街道行政区划调整方案、贯彻落实中央第二环境保护督察组督察反馈意见整改方案、鄞州区开展区域医疗服务共同体建设试点工作实施方案、鄞州区第三轮学前教育行动计划（2018—2020年）、宁波市鄞州区2018年度法治政府建设重点任务分工方案、宁波市鄞州区行政机关主要负责人履行法治政府建设第一责任人职责“最佳实践”工作方案、2018年宁波市鄞州区政务公开工作要点及责任分工等文件。

8月31日，区政府第三十一次常务会议召开。专题学习《法治政府要义、现状和路径选择》，审议通过宁波市鄞州区人民政府“两强三提高”建设行动计划（2018—2022年）实施方案、宁波市经信委、鄞州区人民政府、用友网络战略合作协议、鄞州区全面实施乡村振兴战略三年行动计划（2018—2020年）等文件，听取关于迎接省级环保督察工作有关情况、鄞州区财政专户存款竞争性存放公开招投标等汇报。

9月21日，区政府第三十二次常务会议召开。审议通过国有建设用地使用权挂牌出让方案、鄞州区企业投资项目“最多跑一次、最多100天”改革实施方案、关于加快推进“标准地”改革的实施方案、鄞州区“阅起来”全民阅读示范镇（街道）创建工作实施办法等文件，听取关于全区信访工作情况的汇报。

10月18日，区政府第三十三次常务会议召开。审议通过国有建设用地使用权挂牌出让方案、关于进一步加强审计整改工作的意见等文件，听取关于宁舟巷地块二期和七塔禅寺周边地块国有土地上房屋征收工作推进情况等汇报，传达学习全国教育大会精神并原则同意全区贯彻意见。

11月9日，区政府第三十四次常务会议召开。审议通过鄞州区姜山镇卫星城市体制改革方案、关于优化完善鄞城集团设置和推进区交投公司转型发展的建议方案、关于深化“亩均论英雄”改革的实施意见、关于加强鄞州区城市精细化管理工作的实施意见和鄞州区城市精细化管理三年行动方案（2018—2020年）等文件，听取关于2018年鄞州区调整预算情况、南部商务区四期配套项目建设相关建议、进一步加快中心城区地块开发、优化土地出让工作等汇报。

12月15日，区政府第三十五次常务会议召开。审议通过关于深化湖长制的实施意见、关于进一步促进村级集体经济发展壮大的实施意见及村级集体经济发展项目扶持管理办法、全区八大重点产业招商工作方案、关于进一步推进降本减负促进实体经济稳增长的实施意见、关于加快小微企业园高质量发展的实施意见和鄞州区工业地产发展管理办法、鄞州区姜山镇加快卫星城市发展三年行动计划

（2018—2020年）、国有建设用地使用权挂牌出让方案、鄞州区坚决打赢污染防治攻坚战全面推进生态文明示范创建三年行动计划、关于企业投资项目承诺制改革的实施意见等文件，听取关于拟出台鄞州区限制养犬区域公告、扶贫民俗风情特色街区建设管理相关事宜、2018年鄞州区政府质量奖评审工作等汇报，书面通报关于全市公安机关扫黑除恶专项斗争工作推进会情况及鄞州区近期扫黑除恶专项斗争开展情况。

12月21日，区政府第三十六次常务会议召开。专题学习中央《地方党政领导干部安全生产责任制规定》及省、市相关文件，审议通过鄞州区数字经济三年行动计划（2018—2020）、关于鄞州区2018年国民经济和社会发展计划执行情况与2019年国民经济和社会发展计划草案的报告（送审稿）以及鄞州区2019年经济社会发展主要指标初步安排、2019年鄞州区政府投资项目计划、宁波市鄞州区人民政府重大行政决策执行情况第三方评估实施办法（试行）、2019年政府工作报告（讨论稿）等文件，听取鄞州区2019年财政预算安排情况、2019年政府民生实事项目征集情况等汇报，学习传达中办、国办关于推进城市安全发展的意见、浙江省地方党政领导干部安全生产责任制实施细则和宁波市地方党政领导干部安全生产责任制实施办法的相关精神，书面听取鄞州公安分局关于近期扫黑除恶工作情况的汇报。

（任　哲）

区政府办公室工作

【概况】 2018年，区政府办公室开展调查研究，撰写各类调研文章8篇，起草各类讲话稿、汇报材料804篇。编发政务信息26期，省、市政府办公厅采用上报信息170条，获省、市政府领导批示信息10条次，约稿采用117篇，采用率90%以上，获评全市政务信息考核先进单位。制订印发《企业投资项目“最多跑一次、最多100天”改革实施方案》《推进降本减负促进实体经济稳增长的实施意见》《“城乡争优”三年攻坚行动方案》《美丽宜居村建设专项行动实施方案》《生活垃圾分类实施方案（2018—2022年）》《城区老旧住宅小区环境整治工作行动方案》《重大行政决策执行情况第三方评估实施办法》等相关政策方案47个。

开展专项督查、现场督查、跟踪督查。下发督查通知书74件，实地检查23次，编发《政务督查》通报和专报76期；交办督办市、区领导批示件321件，办结市政府督查件42件，办结率100%；为主办理区“两会”建议提案610件，面商率、代表委员对办理工作的满意和基本满意率均为100%，代表委员对办理结果的满意和基本满意率为99.80%。

推进“最多跑一次”改革、“标准地+承诺制”改革、政府隐性债务化解、棚改涉军房产整体置换、国资集团组建以及戚隘桥、明一、桑家等历史遗留问题解决，组织召开各类协调会议500余次，拟定印发专题会议纪要205件。收办上级来文3130件，下发各类公文2078件，其中，鄞政发、鄞政办发比上年减少31.7%，办文未发生漏办、错办、延误现象。承办区政府全体会议1次、民主生活会2次、常务会议20次、党组（扩大）会议23次。做好大型活动组织协调和后勤保障工作，完善应急预案。

专题研究部署党风廉政建设相关工作4次，组织集中学法8次，11项由区政府办公室负责的省委巡视整改任务已有8项整改到位或基本到位。提拔任用中层正科干部7人，推荐1名中层干部脱产挂职村“第一书记”。主动公开政府信息19446条，上升21.71%。政务“钉钉”实现全区政务系统全覆盖，共纳入“钉钉”用户1.76万个，激活率99%，工作日平均活跃度64%。行政机关负责人出庭应诉率达到87.80%，成为法治政府建设“最佳实践”全省试点。在全市率先建成流动人口心灵家园、启动社会组织创新园建设。接待各类考察、学习、调研530余批次，审核因公出国（境）77批162人次。

（区政府办公室）

民生实事项目

【区民生实事项目】 2018年，区政府首次实施区民生实事项目人大代表票决制，经区十八届人大二次会议票决产生的10项区民生实事项目，内容主要涉及中小学校幼儿园建设、镇（街道）“污水零直排区”创建、学校食堂（厨房）改造升级、村（社区）“雪亮工程”建设、菜市场改造提升、小区二次供水改造、公厕建设改造、区域性居家养老服务中心建设、城市主次干道整治提升、农村公路改造提升等。

中小学校、幼儿园建设。建成并投用堇山小学南校区、格兰郡庭幼儿园和荣安香园幼儿园，完成长丰小学主体结构验收、首南学士小学50%装修施工和第十九中学土建工程并确定新使用主体，钟公庙第二初级中学开工建设。

镇（街道）“污水零直排区”创建。完成瞻岐、咸祥、东吴、五乡、云龙、东柳、中河、下应、明楼和白鹤等10个镇（街道）“污水零直排区”创建。

学校食堂（厨房）改造升级。完成荷花庄小学、黄鹂小学、李惠利小学、东柳小学4个学校食堂（厨房）改造并投用。

村（社区）“雪亮工程”建设。完成198个村（社区）新建视频监控2894个，改造视频监控2509个，共计新建、改造视频监控5403个。

菜市场改造提升。完成惠风西路、横溪镇大岙、邱隘镇双丘、姜山镇顾家、白鹤5家菜市场新建和改造工程，其中惠风西路菜市场为鄞州区首家五星级智慧菜场，完成繁裕、滨海地块菜市场主体结构施工，完成五乡镇菜市场施工招投标，东湖花园菜市场开工建设。

小区二次供水改造。完成东湖馨园、春江花城等20个小区16600户中高层住宅二次供水设施改造。

改造提升后的惠风西路菜市场

公厕建设改造。完成钟公庙等20座城区公厕提升改建、天宫庄园等5座旅游景区公厕建设、各镇45座农村公厕改造，新增城区养护公厕20座。

区域性居家养老服务中心建设。完成云龙镇云享晚年、姜山镇陆家堰村、潘火街道东方丽都社区、福明街道新城社区、首南街道南裕社区5家居家养老服务中心建设并开业运营。

城市主次干道整治提升。完成百梁北路（四明西路—鄞县大道）、春园路（长寿南路—科技路）、江东北路（民安路—惊驾名庭）等3条城市道路整治提升，完成鄞县大道（奉化江—镇岚路）25%工程量的年度目标，基本完成江东南路（中山东路—百丈路）整治提升。

农村公路改造提升。咸祥镇沿海中线至球北村等10条农村公路建设已完成或基本完成，共计改造提升10千米。

（郑　佳）

重点工程建设

【省重点工程及第二批集中开工项目】 2018年，鄞州区共有11个项目纳入浙江省投资项目信息管理系统监测省级一般项目，列入年度计划的省级重点工程项目2个，全省集中开工项目9个。项目总投资185亿元，累计完成投资88.70亿元。2个省级重点工程项目完成投资34.90亿元，完成年度计划任务的110%。其中，甬金高速公路明州连接线洞桥至云龙段工程（鄞城大道），年初至12月累计完成投资3.65亿元，完成年度计划任务的146%；宁波南车新能源科技有限公司新能源项目，年初至12月累计完成投资1.10亿元，完成年度计划任务的157%，二期项目完成竣工验收并投产。承办第五批全省集中开工仪式宁波分会场活动，9个全省集中开工项目建设进展情况总体有序，圣龙年产680万套汽车关键零部件、东部新城东片区C1-6号地块邱隘镇九年一贯制学校、东部新城核心区C3-5号地块、庆丰地段徐戎路西侧3#地块、鄞州新城区首南地段YZ08-10-B5地段、姜山镇核心8号居住地块、鄞州区长丰小学等全部顺利实现开工建设并及时完成项目入库，累计完成投资62.80亿元。

【市级重点工程项目】 2018年，鄞州区15个项目列入市重点建设项目计划，合计总投资215.50亿元，年度计划完成投资36.30亿元。至年底，累计完成投资62.70亿元，较全市平均完成率高出38个百分点，在五个年度计划投资超百亿的县（市、区）中排名第一。其中，产业类项目中的圣奥克斯智能空调项目，到年底累计完成投资10.60亿元，完成年度计划任务的151%；功能提升类项目中的宁波新世界广场（5号地块），至年底累计完成投资8.40亿元，完成年度计划任务的211%；民生事业类项目中的长丰小学工程，至年底累计完成投资3.30亿元，完成年度计划任务的162.50%。

【区级重点工程项目】 2018年，鄞州区开展“破难题、提实效”重大项目攻坚行动，100个重大实施类项目被列入区级重点工程计划，合计总投资973亿元，年度计划投资195亿元，完成投资228亿元，完成年度计划任务的116.80%。计源霸电池、卓尔博、丰银电池、圣龙汽车、日兴电子、欧菱电梯、普锐明汽车、大吉幕、大河泵站、鄞县大道改造提升等26个新建项目全部实现开工建设，完成全年计划的100%；循环资源处置中心、博格华纳发动机关键零部件、美丽公路鄞横线、宁南南路、效实中学东部校区、市民服务中心、下应悦邻汇等29个项目实现基本完工。

（黄　勃）

政务公开

【概况】 2018年，鄞州区印发《2018年宁波市鄞州区政务公开工作要点及责任分工》，部署、推动政务公开，细化和明确工作任务和责任。印发《宁波市鄞州区人民政府办公室关于加强政府信息依申请公开工作的通知》，加强规范政府信息依申请公开工作。召开全区政务公开工作暨培训大会，对各镇（街道）和各部门政务公开工作分管领导和工作人员约130人进行集中授课。

主动公开政府信息21377条，其中，在政府信息公开平台上主动公开政府信息19446条，比上年上升21.71%。以政府网站为主平台，以政府公报、现场查阅点、政务微博微信等为辅助手段，发布微博约1400条，发布微信图文信息约1200条。

受理依申请公开1495件，上升737.85%，答复1483件，其中，区政府本级受理194件，上升11.49%，答复193件。政府信息依申请公开内容主要涉及征地拆迁、规划、政务咨询等方面。因政府信息依申请公开申请引起的行政复议共41件，被依法纠错15件，提起行政诉讼29件，被依法纠错6件。

【信息公开政策解读】 2018年，区政府信息公开平台开辟政策解读、图解专栏，通过图解形式将行政规范性文件、常务会议纪要、政府工作报告进行发布。完善解读制度，落实各单位的主体责任，要求各单位严格按照“谁起草谁解读”的原则，制订落实政策解读方案。全年对区政府、区政府办公室制发的29个行政规范性文件进行科学解读，并作图解，对19期政府常务会议纪要、本年度政府工作报告进行图解上网，为企业、公民了解政策、运用政策提供便利。

【重大决策公开】 2018年，鄞州区推行“五公开”，把公开透明要求贯穿到政府工作各个环节。政府全体会议和常务会议讨论决定的事项、制定的政策，除依法需要保密的外都及时予以公开。在区政府信息公开平台设立重大决策公开专栏，2018年对重大决策征求意见35次，充分保障人民群众的知情权。推进人大代表建议和政协委员提案办理结果公开，对社会广泛关注、关系国计民生的建议和提案，公开答复全文211份。

【依申请公开备案制度实施】 2018年，鄞州区印发《宁波市鄞州区人民政府办公室关于加强政府信息依申请公开工作的通知》，全区各单位对依申请公开实施备案制度，以应对新形势下依申请公开工作中出现的新问题，如同一事项多头申请等，全区备案1308件，实现政府信息依申请公开全区联动，做到“多头答复，统一口径”，结合政府信息依申请公开平台后台管控，实现全区政府信息依申请公开全过程透明化管理。

【政务公开“最多跑一次”事项梳理】 2018年，鄞州区推进“一窗集成”，精简“八统一”（业务经办流程图、办事流程图、主项名称、子项名称、经办依据、办理所需材料、办理时限、表单）内容，优化“移动办事”“微信审批”等内容，完成31个部门事项梳理，精简556个事项，142个审批事项由承诺件变即办件，取消361项材料，减少承诺办事时间共4373天，平均比“八统一”标准提速89%。全面梳理政务公开事项，实现窗口审批到部门监管的一体化“批管”体系，打造“整体政府”的服务模式，促使线上线下深度融合，让办事群众和企业一读就明、一看就知、一备就齐，降低因材料不符合要求而“跑多次”现象的发生率，方便群众办事，提高政务服务质量和效率。

（林崇杰）

应急管理工作

【概况】 2018年，鄞州区根据《中华人民共和国突发事件应对法》《宁波市突发公共事件总体应急预案》《鄞州区突发公共事件总体应急预案》等以及市应急办有关规定，落实工作部署，深入完善“一案三制”体系建设，组织应急演练，高效处置突发事件，最大程度避免人员伤亡和财产损失。全年突发公共事件1637件，比上年略有下降。

鄞州区天气气候比较复杂，年平均气温明显偏高，降水量略偏多，先后遭受冬季寒潮、梅汛期强降水、夏季连续晴热高温和秋季台风等各类灾害性天气影响。全年启动气象应急响应10次，经历2次雨雪冰冻、多次强对流天气过程并遭受“玛莉亚”“安比”“云雀”“魔羯”“温比亚”和“康妮”6个台风影响，转移安置1574人，全区无长时间严重高温和干旱影响，各类自然灾害未对全区人民生产、生活造成较大影响。

鄞州区发生各类生产安全事故27起，死亡17人，分别下降60.90%与26.10%，其中，工矿商贸企业发生事故9起，下降10%，死亡9人，下降10%；生产经营性道路交通事故发生18起，死亡8人，分别下降69.50%和38.50%；生产经营性火灾事故，水上交通、渔船作业、渔船捕捞作业领域未发生伤亡事故。

鄞州区传染病疫情总体平稳，无突发公共卫生事件，无甲类传染病发生，无乙类传染病暴发疫情，调查处置1起丙类传染病（手足口病）暴发疫情，2起其他传染病（水痘）暴发疫情，调查处置输入性登革热病例8例；调查处置聚集性疫情62起（手足口病33起、急性胃肠炎1起、水痘4起、上呼吸道感染16起、流行性感冒5起、疱疹性咽峡炎2起，疑似猩红热1起），总病例数422人；共发现学校肺结核疫情61起，其中涂阳11例，均严格按规范要求开展疫情调查处置工作，对2977名师生筛查后发现新肺结核患者14例；区内6家二级以上医疗机构和19家社区卫生服务中心、卫生院共报告食源性中毒性病例58例。其中，毒蘑菇中毒6例，农药、兽药残留中毒7例，河鲀、螺类、酒精中毒各2例。新增管理HIV/AIDS共102例，其中感染者74例、病人28例；全区存活HIV/AIDS712例，其中感染者458例、病人254例。

鄞州区有效接警量15.23万起，刑事案件8335起，环比持平。治安案件7.20万起，上升7.82%。杀人案件3起、“两抢”案件25起、盗窃案件1.50万起、诈骗案件4012起、强奸案件41起；市政府非正常上访100批次、1444人次，市政府非正常访批次（人次）呈上升趋势；火灾1094起，因灾死亡4人，受伤4人。

【应急预案修编】 2018年，鄞州区完成《鄞州区燃气突发事件应急预案》和《鄞州区突发环境事件应急预案》《鄞州区饮用水水源地突发环境事件应急预案》修编；部门预案修订完成《区环保局突发环境事件应急预案》《2018年鄞州区主要生活必需商品应急供应预案》《鄞州区红十字会自然灾害应急预案（2018修订版）》《鄞州区国土分局2018年度台风或暴雨期间地质灾害防灾救灾应急预案》，编制完善预案操作手册；供电部门开展1+20项应急预案的修编以及新增6项应急预案的初稿编写工作。全年修编现场处置方案194份，一事一卡一流程40份。

【预防预警网络建设】 2018年，鄞州区完成预警信息发布系统立项招标，按计划开发建设，该系统预计2019年建成使用。水利部门通过水雨情遥测系统和山洪灾害监测预警平台，对平原河网、水库和小流域山洪灾害全程监测和预警，第一时间以短信形式发送至区、镇、村三级防汛责任人，并通过无线、有线广播将预警短信以语音形式告知灾害危险区域内群众；城管部门利用智慧城管视频监控系统进行实时监测，及时掌握城区设施运作和积水点位分布情况，为高质量高效率开展防汛防台应急处置提供坚强有力的技术支撑。

【隐患排查检查】 2018年，鄞州区治理突发性地质灾害隐患点4处，完成五乡镇嘉威织带厂崩塌地质灾害隐患点交工验收，五乡国海纸箱厂北东侧坍塌地质灾害隐患点完成竣工验收和核销，其余2处地质灾害隐患点均已应急排险，现状稳定性较好，完成核销；治理不稳定斜坡8处，2处不稳定斜坡已应急排险，现状稳定性较好，完成核销，五乡镇龙兴村采石场等6处不稳定斜坡完成工程治理设计，3处已开工治理。实地检查366处水利工程，对汛前检查中发现的塘溪镇钱家屋后山塘因溢流堰擅自加高、迎水坡上部局部塌陷，存在较大安全隐患的情况，区防指下发督办通知书并整改。对全区3座中型水库和21座小型水库进行明察暗访，做到每座水库都有预测预报方案、运行调度方案和抢险避险方案，每座水库都有行政责任人、技术责任人、巡查责任人。对5个重大安全隐患进行挂牌督办，对有较大风险行业企业进行综合督查，其中涉氨企业10家、隐患37个，喷涂和可燃爆企业175家、隐患421个，有限空间企业54家、隐患85个，金属冶炼企业32家、隐患154个。共发现学校安全隐患和问题2783条，收到学校安全隐患和问题整改报告563份，对发现的重大安全隐患以《隐患整改通知书》形式予以挂牌督办。出动执法人员525人次，登检渔船546艘次，沿岸海域巡查61次，码头检查45次。发现和现场消除各类安全隐患15艘，责令停航2艘，罚款8.10万元。

【应急救援演练】 2018年，鄞州区政府、企业组织应急救援演练425场。其中，区政府（部门）、镇（街道）园区演练75场，企业演练350场，投入演练费用325.80万元，动用主要装备器材1万余台（件、套），直接参加演练人数3.05万人。全区学校开展安全应急演练683次。11月9日，在鄞州外国语中学举行全区学校综合应急演练活动，提高全区师生在遇到重大突发事件或自然灾害时的应对能力。12月6日，开展第七届全区中小学应急救护技能比赛，提升校园重大突发事件应对能力。

（吴占斌）

流动人口服务与管理

【概况】 2018年，鄞州区在册登记流动人口680181人，比上年减少3.20%。初级及以上技能人数在外来劳动力的占比增长4.50%，高中及以上文化程度人数在外来劳动力的占比增长1.90%。引进符合产业发展方向技能型劳动力数量占外来劳动力总数的0.80%。《浙江省居住证》发证量占居住半年以上流动人口的31.48%。

印发《鄞州区流动人口子女义务段积分入学管理办法》《关于提升外来务工人员子女学校办学水平的实施意见》，全区流动人口子女公办接纳率90.50%。全区流动儿童各类免疫规划疫苗接种率保持在95%以上，流入已婚育龄妇女登记管理率信息掌握率90%。加强全区流动人口网上信息交换，省际协查信息反馈率100%。开展面向流动人口的公益性文化艺术培训服务，“天天演”下基层演出500余场次，总观看演出人数36万人次，观众满意度100%；“艺起来”基层文艺团队综艺巡演开展63场次，受惠群众12万余人次；“天天听”举办公益讲座71场次；“天天读”为农家书屋更新图书30184册，新增借书证1919张，汽车图书馆出车373次。

印发《关于构建高质量基层社会保障和公共就业服务体系的指导意见》，形成“线上+线下”就业招聘服务体系，区镇两级举办各类专场招聘会20场，参加单位1279家，达成意向4567人，发放各类就业补贴1.54亿元，创业补贴1881万元。扩大“五险

2018年3月20日，鄞州区流动人口量化积分业务培训会召开

一金”参保覆盖面，全区养老保险参保52.50万人，工伤保险参保56.50万人；建设工程项目以及其他未参保企业工伤保险参保率不断提升，现有参保建筑工地573家，参保建筑工地工人数72834人。

梳理面向流动人口的基本公共服务项目和优质公共服务项目，共计84项，成为市流管办公共服务清单梳理样板。实现出租房入住人员24小时管理，流动人口居住登记率、登记信息准确率、居住出租房屋登记率和同住人员关系采集率分别达到92%、92%、98%和100%。落实44项工作措施，开展辖区欠薪及涉群隐患大排查，检查各类用人单位1351家，处理欠薪案件65件，涉及农民工1925人，金额1900余万元。提供免费法律援助服务1280人次，其中60%为群体性欠薪争议。全区流动人口劳动监察案件结案率100%，劳动仲裁案件结案率94%以上。检查各类生产经营单位8563家，发现隐患3241处，已整改3140处，整改率96.80%。

【鄞州区获评国家流动人口基本公共卫生计生服务均等化示范县（市、区）】 2018年，中华人民共和国国家卫生健康委员会对鄞州区创建国家流动人口基本公共卫生计生服务均等化示范区工作进行督导调研。调研组通过召开汇报座谈会、查阅台账资料、现场走访考察潘火街道社区卫生服务中心、宁波音王集团有限公司、钟公庙街道繁裕社区服务中心、区妇幼保健院和对流动人口面对面访谈等方式，对全区流动人口基本公共卫生计生服务均等化实施情况予以肯定和高度评价。7月，鄞州区成功获评国家流动人口基本公共卫生计生服务均等化示范县（市、区），为国家首批、宁波市唯一一家获此殊荣的县（市、区）。

【流动人口心理干预试点】 2018年，鄞州区服务40家流动人口用工较多的企业、服务12个居住流动人口较多的村（社区）、服务2批次社会管理重点关注人群、组建3支心理志愿者服务团队。同时建成鄞州区流动人口心灵家园服务中心1个，使用面积80平方米，拥有接待大厅1个、标准化咨询室2间、专业心理沙盘室1间、心理书籍资料阅览室1间和工作成果展示等，接待心理咨询和心理疏导28人次。开通线网互动，实现足不出户在线心理咨询，开通免费心理电话咨询热线和“e乡鄞州”App平台e心理在线互动，通过免费心理电话咨询热线服务流动人口482人次，发布心理常识194条，参与在线心理测试203人次，在线心理咨询128人次。

【流动人口量化积分申评】 2018年，鄞州区制订流动人口积分落户、积分参加职工疗休养、积分申请公租房和积分入学4个量化积分申评应用项目政策，组织镇（街道）窗口工作人员和职能部门的审核评分人员开展业务培训，建立镇（街道）和审核评分单位量化积分工作群及技术指导群，加大政策宣传力度，编印发放《鄞州区量化积分申请指南》15万册，提供各镇（街道）量化积分申评工作宣传展板模板，在“e乡鄞州”手机App平台推送最新政策和动态，通过《鄞州日报》专版宣传介绍流动人口量化积分申评工作。量化积分申评应用项目政策明确积分申请时间、办理程序、计划指标，其中落户指标70户，职工疗休养名额50人，公租房房源20套。

【流动人口结构素质提升】 2018年，鄞州区推出“未来工匠大师”培育班，招收32名精英人才，并邀请中华技能大奖获得者胡耀华等通过以师带徒的方式进行授艺。开展外来务工人员技能培训9398人次，完成双证制培训、扫盲培训、企业职工培训等各类社会培训39万余人次，其中各成人学校接受外来务工人员培训人次占外来务工人员总数的13%。全区成人学校社会培训的成果录入省学分银行系统98297条，占常住人口的8.50%。推动364家规模以上工业企业实施技改项目，31个市级技改项目完成竣工验收，获得上级资金补助7275.17万元。推动低效厂房改造提升，累计盘活低效厂房36.50万平方米，超额完成20万平方米的盘活目标。实施“低散乱”企业整治提升398家，超额完成300家的既定目标。其中，进行改造升级220家，搬迁入园52家，合作转移83家，关停淘汰43家。组织开展19个安全宣传系列活动，全区共悬挂标语（横幅）1865条，张贴宣传画2685张，刊出黑板报25期，出动宣传车52台次，举办知识竞赛125场，开展图片展12万人次，举办演讲比赛23场。开展企业安全生产微论坛比赛，培养企业自主教育培训师资队伍，共培训企业负责人和安管员10478人，特种作业人员2122人，其他从业人员104730人。

【流动人口融合发展】 2018年，全区接收流动党员415人。成立鄞州区女性社会组织服务中心，首批在7个街道、10个社区成立枢纽型女性社会组织服务中心（工作室）。已建工会的外来务工人员集中企业工资集体协商率动态保持在95%以上，和谐企业创建率在95%以上，外来务工人员工会会员入会率和组建率动态保持在97%以上。流动人口与户籍人口比例1∶1以上的村（社区）融合性社会组织规范化创建率100%。发动社会各界开展“小候鸟”关爱活动，为小候鸟们开展平安小卫士游鄞州活动，并为50名小候鸟颁发平安“护照”；在暑期为近百名小候鸟提供育乐湾职业体验；开展“这个暑假，我们有约”关爱小候鸟系列活动，带小候鸟参观鄞州博物馆、宁波海洋世界、快乐运动、悦读体验、安全自护教育等，覆盖小候鸟群体450人次。东胜街道、东郊街道、姜山镇、云龙镇共青团组织开展暑期小候鸟活动班、社会实践活动、垃圾分类知识讲堂、平安宣讲、青春期健康教育等各类形式活动40余场，覆盖小候鸟800人次。优化和完善以“微组织、微窗口、微热线、微平台”为主要内容的民族工作“四微”建设，村（社区）微组织、微热线覆盖率在95%以上，镇（街道）微窗口、微平台建设率在95%以上。开展优秀外来务工人员和先进用人单位评选，评选出区级优秀外来务工人员20人，区级先进用人单位8家。

（夏玲玲）

决策咨询

【概况】 2018年，鄞州区人民政府咨询委员会完成换届。推进“南部商务区转型升级研究”等多领域课题咨询研究，同时向区政府提供科学、可行的咨询建议。印发《咨询研究》7期、《咨询建议》4期，编撰《鄞州咨询2018年鄞州决策咨询成果汇编》，多项课题研究成果获区领导批示。

【咨询委换届】 2018年1月25日，区咨询委换届工作会议在区行政中心三楼鄞州厅召开。市委常委、区委书记胡军出席会议并讲话。区领导王兆波、陈杰农、林琪、沈剑波，市咨询委常务副主任郁义康，区咨询委原主任陈明志，新一届区咨询委主任沈权等出席会议。会议宣读《关于调整宁波市鄞州区人民政府咨询委员会领导成员的通知》；沈权代表区咨询委作工作报告。胡军代表区委、区政府向大会召开表示祝贺，对五年来区咨询委助推鄞州发展领跑领先所作积极贡献给予肯定。要求新一届咨询委站位要更“高”，咨询要更“准”，业务要更“专”，不断提升决策咨询水平。各级各部门要主动听取咨询委意见建议，做好研究成果吸收采纳、转化落地。会议还宣读聘任区咨询委特约咨询员通知并颁发聘书，13名来自经济发展、科技创新、城乡规划、文化教育等领域人员获聘。

【南部商务区转型升级研究】 2018年，区咨询委在对标国内外一流中央商务区基础上，建议南部商务区在原有规划基础上适当调整提高，提升园区格局，集聚园区“大气”；通过打造特色街区，开发地下空间，提升园区商业氛围，集聚园区“商气”；配套教育文卫设施，建设创业创新平台，集聚园区“人气”；实施园区文化形象提升工程，建设AAAAA级城市商旅文化景区，提升园区文化内涵，集聚园区“文气”；搭建统一招商平台，培育一批特色楼宇，提升园区产出，集聚园区“财气”；通过深化行政体制机制，借助智能经济手段，提升园区治理水平，集聚园区“灵气”。

【中心城区存量土地挖潜研究】 2018年，区咨询委针对鄞州发展城市经济面临的土地资源要素制约问题，走访调研国土、规划等职能部门，对中心城区土地资源利用情况进行全面摸排，建议探索存量土地挖潜利用“八法”，通过向“理念”“市场”“规划”“政策”“空间”“审批”“监管”“执行”8个方面要土地，进一步内生拓展发展空间，促进经济转型升级，为鄞州城市经济发展提供土地要素保障。

【湾区经济发展研究】 2018年，区咨询委根据湾区经济在世界经济版图中的重要作用，组织全体委员到广东深圳、珠海、佛山等地学习考察粤港澳大湾区建设情况，结合长江经济带实施和全省大湾区建设情况，提出鄞州要开展新一轮湾区经济发展前期课题研究，凸显滨海新区的重要地位；统筹谋划未来新一轮重大基础设施互联互通，加快城市经济发展，创新体制机制营造良好软环境，重点保护和发展工业经济，提升工业经济效益。

【鄞州建筑业转型升级研究】 2018年，区咨询委联合宁波市住房和城乡建设委员会、民间智库蓝源资本，选取鄞州富有特色的建筑业进行研究，针对建筑业存在的产业链不成熟、信息化水平偏低、行业风险大等问题，提出搭建众建联创新平台，集聚建筑业上下游资源，对建筑业进行全产业链整合的发展路径；建议区政府将众建联平台作为重大产业项目进行筹划，选取有实力的企业负责人为首批发起人，理清众建联平台建设工作思路，编制众建联平台发展规划，划拨专职工作人员统筹众建联建设及运营管理，出台优惠政策进行扶持，推动鄞州供给侧结构性改革。

【姜山镇建设美丽田园新城研究】 2018年，区咨询委针对姜山镇作为宁波城市南大门优越的区位资源条件，提出以卫星城建设为标准，按照“经济发达、社会和谐、资源节约、环境友好、文化繁荣、生活宜居”的建设理念，重点做好空间融合文章，建设十平方千米宜居新城样板区；做好产城融合文章，建设十平方千米现代产业集聚区；做好城乡融合文章，建设十平方千米乡村振兴战略先行区，建设美丽田园新城，并提出市区两级从战略层面加快谋划，加大支持和保障力度。

【社区治理研究】 2018年，区咨询委在对部分城市型街道、相关职能部门、社区、业委会及物业企业进行调研的基础上，梳理鄞州区社区物业管理中亟须创新破解的重视程度不够、体制机制不顺、物业职责不清、资金保障不力、法律法规不全、居民满意度不高等关键问题，提出要处理好社区居委会、业委会、物业服务企业三者之间的关系，基层党委统领，社区居委会主导，业委会主体，物业服务企业主责，重点破解物业收费、环境卫生、出租房管理、车辆停放、安全管理、破旧房屋装修管理等几大难题，政府加强统筹协调，居民增强全民参与意识，社会建立诚信机制。

【《咨询建议》专栏设立】 2018年，区咨询委开辟《咨询建议》专栏，为专家委员搭建一个发声平台，为鄞州高品质发展输入新经济理念，针对鄞州经济社会发展的热点难点问题，提出有思想性、操作性、针对性的对策建议，为区委、区政府提供有质量的决策参考。2018年共刊发《咨询建议》4期，有16位专家委员上报咨询建议20余篇，其中15篇被《咨询建议》录用。内容涉及工业经济、发展战略、乡村振兴、功能平台建设、社区治理、中美贸易战、社会民生、党建纪检等方面，其中，《关于规划建设蓝色硅谷的建议》

《市区联动 打造宁波（鄞州）国际汽配中心的建议》《充分利用南高教园区科技人才优势加强区校战略合作的建议》《关于实施乡村振兴战略先行建设近郊村租赁房的建议》《密切关注积极应对中美贸易战对我区外贸企业带来的影响》《公款私存问题应引起重视》《关于将鄞州公园一期二期连通的建议》等咨询建议引起区委、区政府主要领导的重视，并批示相关成果转化应用。

（孙奎刚）

机关事务管理

【概况】 2018年，鄞州区机关事务管理局集中管理区行政中心、区文化艺术中心、区综合活动中心、区监察委大楼、区人力社保局大楼5个机关大院，服务1700余名机关干部职工。省委第十巡视组巡视鄞州期间，完成省委巡视组人员驻地及接访点后勤服务保障工作。

区机关事务管理局做好局本级及区内35家单位、部门和临设机构的财务日常核算、统计、培训工作。同时，推进财务联合单位“账套分设”工作，明确财务联合单位按社会信用代码证分设账套，各单位的养老、医保、公积金、个税、基础信息库和固定资产管理系统等也同步进行分设。至年底，宣传部、机关党工委、信访局等5家单位已完成国库零余额账户、人事托收账户开设等前期工作，为正式运行分账套核算做好前期准备。

【办公用房管理】 2018年，鄞州区调配完成6家区级机关办公用房搬迁入驻，审批完成和移交的8家，调配方案在区长办公会议通过的2家，减少财政开支约315万元。会同区纪委集中对全区85家党政机关企事业单位办公用房进行实地检查，下发整改意见书72份。区管领导和处以下干部办公室面积超标10%以上的已完成全部整改；超标10%以内的，因房屋结构等客观原因无法完成整改的单位均已完成审核备案。推进区政府产权房出租出借房清理工作，收回区政府产权房33套。13家行业协会商会全部完成占用行政办公用房单位的腾退整改，腾退办公用房面积152平方米。

【公共机构节能】 2018年，区机关事务管理局开展节能监测平台建设，启动东胜、东柳、白鹤等5个街道及城区办节能监测平台建设工作，区公共机构节能监测平台通过验收并投入正式运营。推进节能技术改造，启动区综合活动中心、区文化艺术中心高配房低压柜节能改造项目。加强节能宣传工作，与区广播电视台合作推出节能公益广告，定时播出，强化节能宣传效果。试行餐厨垃圾就地化处理。引进餐厨垃圾就地资源化处理项目，日处理餐厨垃圾量500千克。加强垃圾分类示范单位创建，新增区住建局、区广播电视台、区人力社保局等9家市级示范单位。

【公务用车管理】 2018年，区公务用车管理服务中心运行公务用车管理服务平台，车改后平台导入有用车需求单位112家，通过平台网上预约申请用车达1400余次。全年安全行驶里程约140万千米，车辆安全监督员检查车辆450余辆次，排除安全隐患近20起，没有一起负主要责任的事故发生，保障区“两会”、全区社区建设大会、咸祥“文化艺术周”等重要会议、重大活动用车，并为“六大专项行动”办公室、“五水共治”办公室、巡视组、督查组等提供用车保障。

【机关后勤服务保障】 2018年，鄞州区行政中心内建立24小时巡查制度和视频监控制度，门岗登记3.80万人次，盘查无证车辆1.60万辆次，劝退上访群众2530人次。区行政中心会务部承接各类会议800余场，服务参会人员3.80万人次。区文化艺术中心会场为区内各单位和各类社会团体提供演出活动场地，承办各类大型会议及活动51场，年节约会议经费200余万元。机关食堂共服务区行政中心、区综合活动中心、区人力社保局、区监察委近1700余名干部职工早中餐，平均日接待量3000余人次。增加区行政中心业态布局，引进中东欧进口商品、天胜农场有机蔬菜、科奥农产品、大目洋海鲜、扶贫超市等多项业态，为机关干部提供生活服务。

（李飞燕）

行政审批服务·公共交易

【概况】 2018年，鄞州区推进“最多跑一次”改革，梳理群众和企业办事事项1111项，“最多跑一次”覆盖率100%。

区行政服务中心办事大厅服务群众现场

集中现场办公，精简事项556个，142个审批事项由承诺件变即办件，取消361项材料，减少承诺办事时间4373天，平均比“八统一”标准提速89%。21个镇（街道）已全部覆盖，可实现“最多跑一次”事项数3367件。“最多跑一次”延伸至351个村（社区），村可办、代办事项数703项。除省内不宜进驻行政服务中心的办事事项之外，其他政务服务事项向行政服务中心全进驻，事项进驻率97.29%。鄞州区域内（包括东部新城）立项的一般企业投资项目房建类项目审批时间缩短至80天、一般工业（物流）类项目时间缩短至50天，平均提速60%。推进公共资源交易平台建设，实现全流程电子化招投标，获评“全国十佳公共资源交易机构（县级）”，是全市唯一入选单位。区级平台建设工程项目交易497宗，成交价1301508.86万元，比上年增长101.82%；政府采购项目719宗，成交价12.48亿元，节约资金1.25亿元。

印发《镇（街道）深化“最多跑一次”改革指导意见》，确定公共事务服务中心集中扩容改革重点。按镇（街道）职权不同，编制四个类别的“最多跑一次”事项指导目录，统一事项名称、事项性质和实施主体，明确进驻中心、进驻形式及受理层级。全面启用镇（街道）“审批专用章”，实现3+X“无差别受理”，全面推行“5S”标准化管理。以个人身份证作为统一凭证，利用大数据、云计算技术，实现18个部门，143项事项（除公积金、交警事项，已划归市级），56.30%民生服务事项达到“一证通办”。办理“一证通办”事项8万余人次。在鄞州银行正式运行全市首个区级不动产抵押登记银行窗口，实现不动产抵押登记与银行贷款业务无缝对接；社保卡中心将业务下放至36家合作银行网点，实现社保卡业务多点办理。

【区公共资源交易中心入选“全国十佳公共资源交易机构（县级）”名单】 2018年12月27日，全国公共资源交易年会公布“全国十佳公共资源交易机构（县级）”名单，鄞州区公共资源交易中心名列其中。该中心加快资源市场化配置改革，拓展进场交易项目，从最初的工程建设、政府采购推广到土地使用权和矿业权出让、国有产权交易、林权交易、排污权交易、农村产权交易以及房建市政、水利交通等多种要素及资源项目进场交易；结合“最多跑一次”改革，开发建成电子招投标系统，全流程电子化开评标，实现512个工程建设项目在线运行；该中心还打造智慧交易微平台，实施开评标现场“微直播”模式，是国内同行内第一个开发并投入使用的新模式。投标人通过获取二维码进入微信小程序，选择相应“开标室”或“评标室”，可实时观看开标和评标现场视频，掌握开标进程与评标实时情况。

【“微审批平台”入选第四届中国“互联网+政务”50强优秀实践案例】 2018年12月，鄞州区“微审批平台”入选第四届中国“互联网+政务”50强优秀实践案例。该平台创新建立“微咨询、微预约、微预审、微联办、微踏勘、微视联、微认证、微审批、微监管、微投诉”“十微服务”工作机制。区内27个部门300多个事项实现“微信审批”，共受理审批事项11900余件，办件时间平均缩短3天。7月，推出首个视频远程审批业务，7个部门共58个事项实现视频远程审批，在不动产登记、商事登记中运用该项技术，解决因行动不便、出国出境人员不能到现场办理审批的问题。该相关做法在“最多跑一次”改革省片区会议中作为先进经验推广。

【“难办事项不过周”机制推行】 2018年5月，鄞州区针对存在历史遗留问题、需多部门协调处理、审批中碰到难办事项等，推行“难办事项不过周”机制。该机制通过联合会商会审、沟通协调，全年受理问题解答420次，召开专题协调会18次，协调难办事项180余项，办结率100%，中河街道初级中学、华光城地段JD12-02-15A地块项目、南部商务区A区、泛迪投资中心等20个项目受益。

【失信被执行人联合惩戒】 2018年9月，鄞州区把宁波市“联合奖惩系统2.0”平台嵌入“一窗受理”平台、“微信审批”平台和公共资源交易平台。梳理出36个部门行政服务事项1000余项，结合征信系统，形成《鄞州区失信被执行人联合惩戒行动方案》《鄞州区失信被执行人联合惩戒措施清单》等规章制度，对失信者进行联合惩戒。实现联合惩戒发起、响应、惩戒、反馈与监督的全流程闭环智能化管理，联合惩戒9起。

【全流程电子化招投标建设】 2018年，鄞州区电子招投标系统投入使用，

鄞州银行社保卡业务办理窗口

实现政府采购、产权交易等项目全流程电子化和网络化，在线运行工程建设项目567个，满足招投标主体少跑腿，甚至“零跑腿”需求。开发应用“保证金网上缴退系统”，投标人可通过该系统，实现投标保证金缴纳及自动退汇，办结24700笔。

（黄　芳）

外事工作

【概况】 2018年，鄞州区党政及事业人员因公出国（境）77批162人次，其中党政人员因公出国42批84人次，接待外宾100余人次，新增南部商务区、金银彩绣馆、天宫庄园、宁波科技探索中心等为鄞州外事服务接待点。与澳大利亚冈尼达郡、韩国顺天市、大邱市、波兰华沙市中央区开展友城互访，推进双方农业、教育、文化、体育等方面的交流和合作。金家漕小学组织学生到丹麦参加国际青少年手球锦标赛，获男子、女子少年组两项世界冠军。做好年度“茶花奖”“茶花纪念奖”参评推荐，博格华纳汽车零部件（宁波）有限公司德籍专家卡罗・森森勒里获评“茶花纪念奖”。

2018年9月28日，中国宁波市鄞州区与波兰华沙市中央区建立友好交流关系签约仪式举行

【重要外事活动】 2018年4月18—21日，日本长冈京宁波委员会会长木下义次率市民代表团到访宁波，参加庆祝两市结好35周年系列活动，代表团一行到五乡镇阿育王寺参观交流。

4月18日，韩亚航空公司中国地区总裁安秉奭等11位韩亚航空公司高层代表向鄞州区塘溪镇中心小学赠送价值10万余元的电脑及多媒体设备，宁波市人民政府外事办公室副主任陈国苗、鄞州区副区长卜明长出席。

7月12—13日，以色列驻上海总领事普若璞、总领事顾问尤西、安全官古柏漫、政经处主任徐俊杰等一行4人到美康生物科技股份有限公司考察。

11月30日，美国驻上海总领馆总领事谭森（Sean Stein）一行6人先后考察博格华纳汽车零部件（宁波）有限公司和宁波音王集团有限公司。副区长杜伟陪同考察。

【友好交流】 2018年3月8—10日，澳大利亚冈尼达郡议会市长杰米・查菲率团一行5人到鄞州区进行友好交流。其间，代表团先后与区长陈国军、副区长卜明长和朱晓丽等领导及教育局、农林局等单位负责人进行交流座谈；参观考察鄞州实验中学，并在鄞州公园内共植友谊树。

5月28日至6月1日，鄞州区教育代表团一行5人到韩国顺天开展幼儿教育交流。其间，代表团拜访顺天市政府及市长赵忠勋，走访大象幼儿园、奇迹图书馆、绘本图书馆等幼儿园及幼教综合服务配套设施。

6月19—22日，韩国顺天市政府组织代表团一行6人到鄞州区进行友好访问，代表团一行考察东吴镇中心幼儿园、中河街道中心幼儿园、江山万里幼儿园3所幼儿园，宁波博物馆、天童禅寺及天童国家森林公园等。

8月19—24日，鄞州区农业代表团一行到澳大利亚冈尼达郡参加澳大利亚国际农业展，并签订一系列农业合作协议。

9月28日，波兰华沙市中央区率代表团一行12人访问鄞州，双方开展文化教育等交流，并签署建立友好交流关系意向书。

（毛颖颖）

政协宁波市
鄞州区委员会

概　　述

重要会议

重要活动

重点提案答复

鄞州年鉴

2019 YINZHOU YEARBOOK

概　述

【概况】 2018年，中国人民政治协商会议第十六届宁波市鄞州区委员会第二次会议期间，区政协组织委员协商讨论“一府两院”工作报告。区政协十六届二次会议共收到提案338件，立案330件，交由64个承办单位主办或协办。将“加快推进城市有机更新”列为全会提案。编印6万余字的《鄞州政协提案知识读本》，并创新开展政协常委督办提案活动，16位常委对16件B类提案进行督办。建立B类提案落实情况书面告知制度，30家承办单位就191件B类提案的办理情况向提案委员进行书面告知，委员对提案办理的综合满意率达到97.40%，比上年提高1.60%。

常委会围绕“工业经济发展”“提高学前教育服务水平”“预防和减少青少年违法犯罪”“村庄发展规划的编制和实施”开展调研，形成调研报告，以常委会建议案的形式报送区委、区政府。主席会议围绕人民调解工作、中东欧合作平台建设、社会办医产业发展与管理、村庄景区化、农村生活污水分散式处理管网建设、居家养老、优化营商环境7个议题，提出意见建议。围绕区委关于推进清廉鄞州建设、打造“两高四好”示范区建设等重大决策部署，开展专题协商会。围绕“征迁拔钉清零工作”开展视察和协商，提出“推动一二级土地市场联合开发，加强对区块征迁、规划调整、土地出让的工作统筹”等20余条建议。围绕“最多跑一次”改革推进情况，主席会议成员集体视察区行政服务中心，提出加快推进“一网、一门、一次”改革、培育中介服务组织、加强部门数据共享等改进意见20条。

举办“和合讲堂”，围绕“政治与政协”“中美贸易形势分析”“知识产权保护”“文化与乡村振兴”等主题，举办4期专题讲座。主办庆祝改革开放40周年书画展，展出以讴歌改革开放和弘扬优秀传统文化为主题的书画作品80余幅。编发《民意与建议》29期49篇，区领导作出批示23篇次。向全国和省市反映社情民意，录用信息14篇，其中《新农合异地报销面临三大难题亟待重视》被中国人民政治协商会议相关刊物录用。编辑出版《鄞州文史》第二十五、二十六辑，启动《鄞州百人》编辑工作。

【“请你来协商”基层政协协商民主平台建设】 2018年，区政协制订《关于建设“请你来协商”基层政协协商民主平台的意见（试行）》。围绕“城市精细化管理”主题，前期调研共征集各类问题建议128条。开展“书记与委员面对面协商”，区委书记、10位部门负责人与103名省市区政协委员、12名群众代表通过委员提问、部门回应、书记点评等形式开展面对面协商。“鄞响”新闻客户端进行实况直播，线上200余名委员，网上留言402条，点击量11723次。会后，很多问题被列为《鄞州区城市精细化管理三年行动方案》治理重点，针对反映集中的“僵尸车”问题，区政府开展专项整治行动，一次性清理“僵尸车”1180辆，并建立长效清理机制。《人民政协报》头版以《民意的动力——宁波市鄞州区政协搭建“请你来协商”平台记事》为题，对“书记与委员面对面协商”活动进行专题报道。

“书记与委员面对面·城市精细化管理协商会”举行

【孙景淼调研鄞州政协“请你来协商”基层协商平台建设】 2018年11月13日，省政协副主席、党组副书记孙景淼率调研组一行7人到鄞州专题调研“请你来协商”基层协商平台建设工作和贯彻落实中办有关文件情况。市、区领导褚银良、林静国、郑坤法、华志苗、周义定、戴嘉敏参加座谈。褚银良、郑坤法重点汇报鄞州区政协“请你来协商”基层平台试点工作建设情况和鄞州区政协“请你来协商”平台建设实施意见。孙景淼对市、区两级政协对中办文件精神的贯彻落实情况以及鄞州区政协在全省率先开展“请你来协商”平台建设工作和所取得的成功经验做法表示肯定，他指出，新时代政协工作要注重传承和创新，贯彻中国人民政治协商会议精神，加强政协党的建设，促进政协工作提质增效。县（市、区）级政协“请你来协商”要更多关注基层问题，围绕政协职能、深入调查研究、开展协商活动，更精准地反映社情民意，为党委、政府科学决策服务。

【“民主监督提效年”活动】 2018年，区政协组织开展“民主监督提效年”活动，围绕“城乡生活垃圾分类处理”“城市精细化管理”“城乡环境综合整治”三大主题，制订专项民主监督方案，实施精准助推。由区政协领导带队、委组牵头，组建6个监督小组和35个监督小分队，分别到乡村社区

2018年6月28日，区政协“不忘初心 牢记使命”党章党规党史知识竞赛举行

查实情、找问题、献良策，开展小分队监督200余次，召开座谈会100余场，发现各类问题500余个，促成有关部门对全区243个垃圾房进行全面排查整改。

【党章党规党史知识竞赛】 2018年6月28日，为庆祝中国共产党成立97周年，深入学习宣传贯彻中共十九大精神，重温中国共产党的光辉历程，区政协举行“不忘初心，牢记使命”党章党规党史知识竞赛。区政协主席郑坤法，副主席沈剑波、华志苗、叶天奔、周义定，党组成员戴嘉敏现场观看比赛。来自区政协机关、离退休干部、各专业组和联委会共10支队伍参赛。答题环节采用必答、抢答、风险题等形式进行，最终由经济财贸组、文体新闻组、明楼联委会、姜山联委会、下应联委会组成的第七联组队获得一等奖。

（蔡开浩）

重要会议

【区政协十六届二次会议】 2018年2月1—6日，中国人民政治协商会议第十六届宁波市鄞州区委员会第二次会议在鄞州区文化艺术中心召开，全区300余名政协委员参加会议。会议听取和审议政协第十六届宁波市鄞州区委员会常务委员会工作报告；听取和审议政协第十六届宁波市鄞州区委员会常务委员会关于提案工作情况的报告；补选4名常委委员。列席宁波市鄞州区第十八届人民代表大会第二次会议，听取并讨论政府工作报告及其他有关报告；组织委员大会发言；审议通过十六届二次会议全会提案；审议通过了政协第十六届宁波市鄞州区委员会第二次会议决议等。

【区政协十六届常委会会议】 2018年1月19日，区政协召开十六届四次常委会议，协商“一府两院”工作报告，审议区政协十六届二次会议的有关事项。

2月3日，区政协召开十六届五次常委会议。中共鄞州区委与区政协常委会协商补选区政协常务委员建议名单，审议选举办法、总监票人和监票人、全会提案、大会决议等草案。

2月4日，区政协召开十六届六次常委会议。审议通过有关人事调整、补选政协常委候选人名单、选举办法、总监票人和监票人名单；审议通过全会提案（草案），审议通过大会决议（草案）。

7月5日，区政协召开十六届七次常委会议，就“加快推进都市工业发展”“进一步推进村庄规划编制和实施”开展协商。

9月26日，区政协召开十六届八次常委会议，对提案办理情况、关于梅墟街道行政区划调整的建议案和“提高学前教育公共服务能力”“预防减少青少年违法犯罪”政协常委会专题调研报告等事项进行专门协商。

【区政协十六届主席会议】 2018年1月10日，区政协召开十六届十次主席会议，审议关于召开区政协十六届二次会议的决定（草案）等。

1月17日，区政协召开十六届十一次主席会议，听取并协商2018年度区财政预算方案等。

2018年2月1日，中国人民政治协商会议第十六届宁波市鄞州区委员会第二次会议召开

3月6日，区政协召开十六届十二次主席会议。传达学习省委常委、市委书记在鄞州调研讲话精神，同时细化明晰区政协2018年工作任务，明确责任分工，部署抓好落实。

4月3日，区政协召开十六届十三次主席会议，听取区司法局关于人民调解工作的情况汇报。

5月2日，区政协召开十六届十四次主席会议，专题协商关于加强中东欧合作平台建设、畅通贸易渠道工作推进情况。

5月23日，区政协召开十六届十五次主席会议，专题协商关于加强社会办医产业发展与管理工作。

6月25日，区政协召开十六届十六次主席会议，听取关于推进村庄景区化、促进乡村振兴战略实施的情况通报。

7月30日，区政协召开十六届十七次主席会议，协商推进鄞州区农村生活污水治理工作。

8月30日，区政协召开十六届十八次主席会议，专题协商推进居家养老服务工作。

9月25日，区政协召开十六届十九次主席会议，就关于梅墟街道行政区划调整的建议案等事项进行协商审议。

10月30日，区政协召开十六届二十次主席会议，听取关于优化营商环境，推进鄞州区招商引资工作的情况通报，并开展协商。

12月11日，区政协召开十六届二十一次主席会 议，听取政协工作明年思路调研情况汇报等。

12月29日，区政协召开十六届二十二次主席会议，审议关于召开区政协十六届三次会议的决定（草案）等。

（蔡开浩）

重要活动

【全会提案现场办理会】 2018年5月28日，区政协举行全会提案现场办理会。区委副书记、区长陈国军现场督办区政协《关于加快推进城市有机更新的全会提案》。区政协主席郑坤法，副区长朱剑涛，区政协副主席沈剑波、华志苗、黄碧英、叶天奔、周义定、王孝嗣，党组成员戴嘉敏出席会议。与会人员实地考察潜龙、七塔禅寺区块和新世界广场区域的城市改造情况。郑坤法肯定全会提案办理工作取得的成效，陈国军对加快城市有机更新提出要求。陈国军指出，做好政协提案办理工作，是政府主动接受政协民主监督的法定职责，要积极回应全体政协委员的诉求，把全会提案办实办好。城市有机更新工作是一项长期而艰巨的任务，情况复杂、涉及面广，要以常抓不懈、持之以恒的工作作风推进各项工作落实。有关单位要进一步深化研究，切实把全会提案和会议讨论的有效举措应用到实际工作中，推进城市有机更新工作迈上新台阶，打造宜居宜业新鄞州。

【区政协政情通报会】 2018年8月10日，鄞州区政协举行政情通报会。区政协主席郑坤法，副主席沈剑波、华志苗、黄碧英、叶天奔、周义定、王孝嗣，党组成员戴嘉敏，区政协委员等310人参加。会议听取上半年全区经济社会发展情况通报。区委常委、常务副区长王兆波通报上半年全区经济社会发展、重点工作推进情况和下半年区政府主要工作安排，感谢政协委员参政议政、建言献策、支持政府推进各项重点工作，表示政府将支持政协工作，开创政府和政协相互支持、相互促进的良好局面。

（蔡开浩）

重点提案答复

【优化新鄞州人才生态环境建议】 2018年，区政协社会事务组提出的《关于进一步优化新鄞州人才生态环境的建议》，由市委常委、区委书记胡军领办。区人力社保局回复：全面落实人才新政各项措施，积极打造“城南智创大走廊”，抢抓本土高端人才的引进培养，全力创建国家级人力资源产业园，提升和优化人才生活保障水平。

【加快推进城市有机更新全会提案】 2018年，《关于打加快推进城市有机更新的全会提案》，由区委副书记、区长陈国军领办。区政府办公室回复：把城市有机更新作为城市发展主线，更加突出更新对象、要素、过程的有机性；建立统筹有机更新的常态管理机制，成立由区政府主要领导任组长的城市有机更新工作领导小组；强化城市有机更新的规划政策保障，深入研究城市有机更新的开发政策、税收政策、审批机制、激励方式等；探索拓展多方参与的城市有机更新路径，鼓励

2018年8月10日，区政协政情通报会举行

社会各方参与城市有机更新工作，探索多元化实施主体，实现城市有机更新的公众参与。

【深化“最多跑一次”改革，提升群众满意度建议】 2018年，区政协委员周哉芳提出的《关于深化“最多跑一次”改革，提升群众满意度的建议》，由区委常委、常务副区长王兆波领办。区编委办回复：完善“办事前告知”，完善“最多跑一次”事项的梳理和完善，扩大覆盖面和“事前告知”渠道；重点开展“打破信息孤岛、实现数据共享”工作，打破信息壁垒，减少提交材料、缩短办事周期；建立“失信受限”制度，提高操作层面应用频度；提升窗口人员服务意识，提升业务能力素养；增加窗口数量和服务时间，提高办事效率；调整宣传方向和内容，客观反映改革动态。

【严格保护水域守住河道红线建议】 2018年，区政协农业农村组提出的《关于严格保护水域守住河道红线的建议》，由副区长朱晓丽领办。区水利局回复：已草拟《鄞州区建设项目占用水域审批试行办法》，将启动与区规划局共同编制《鄞州区水域保护规划》。要求相关部门在编制或修改城乡建设、交通设施、土地利用等规划时，涉及水域调整的，应当符合有关水域保护规划的要求；水域调整方案应当经过科学论证，建设项目占用水域，按照基础设施建设项目和非基础设施建设项目实行分类管理。从严控制房地产开发、商业旅游开发等非基础设施建设项目占用水域；在项目选址时，应对替代水利工程的土地进行选址打包征用。

【部分幼儿园施行国有民办体制运作建议】 2018年，区政协委员王耀鹤提出的《关于部分幼儿园施行国有民办体制运作的建议》，由副区长卜明长领办。区教育局答复：区教育局2018年2月牵头草拟《鄞州区政府产权小区配套幼儿园承办管理办法》。现已征求相关部门意见，待报区政府正式发文后，即可实施。届时，鄞州区部分新建住宅小区配套幼儿园可酌情施行公办民助体制运作。

【对接省政府“凤凰计划”，推进鄞州企业上市建议】 2018年，区政协委员司徒建成提出的《关于对接省政府“凤凰计划”，推进鄞州企业上市的建议》，由副区长梅益进领办。区金融办答复：深化政府服务职能，完善“一组三网”体系，把握企业上市各个关键节点，开辟“绿色通道”，建立尽职、免责、容错机制；坚持分层分类原则，挖掘培育后备梯队，有针对性地开展多种形式的培训辅导活动，提高企业参与利用资本市场运作的意识；申报发行齐抓并举，促推企业挂牌上市；鼓励企业直接融资，积极开展并购重组。

【改造低效厂房，提高综合效益建议】 2018年，区政协委员王升涛提出的《关于改造低效厂房，提高综合效益的建议》，由副区长戴华祥领办。区经信局答复如下：推进以村级工业园区为主的低效厂房改造，已列入六大专项行动，对各镇、街道区域内村级工业小区开展拉网式调查排摸；对接区级相关职能部门，共同编制整治实施方案，明确整治提升的总体思路、主要目标、重点任务、进度安排、责任分工和政策措施；对违反安全生产、环境保护、节能降耗等法律、法规的企业依法实施限期整改。

【加快推进新农村建设建议】 2018年，区政协委员董海浩提出的《关于加快推进新农村建设的建议》，由副区长朱剑涛领办。区住建局答复：已按照省、市要求，结合宁波市六争攻坚、鄞州区六大专项行动，研究制订《宁波市鄞州区农村人居环境提升三年实施方案》，按照规划先行、分类施策、注重保护、彰显特色、多方参与、共建共享原则，大力实施乡村振兴战略，着力解决城乡关系、环境面貌、风貌特色和管理体制机制等方面不平衡不充分问题，加快推进美丽宜居村建设步伐，切实提升农村人居环境品质。

（蔡开浩）

生态宜居的东吴镇西村

中共宁波市鄞州区纪律检查委员会·宁波市鄞州区监察委员会

概　　述

重要会议和活动

巡察工作

党风政风监督

纪检监察

宣传教育

概　述

【概况】 2018年，区纪委区监委收到信访举报582件，处置问题线索647件，立案190件，分别比上年上升48.80%、71.60%、17.30%；结案183件，给予党纪政务处分164人。抓住“关键少数”，查处涉及管党治党不力、对党不忠诚不老实、插手干预工程项目等重点领域问题，对22名区管干部立案，86名区管干部被追责问责。惩治侵害基层群众利益的不正之风和腐败问题，落实全市涉纪信访“双百”专项整治，对涉及的10个村10个重点信访件进行核实并报结。运用监督执纪“四种形态”处理636人次，增长71%，“四种形态”占比分别为70.60%、20.30%、3%、6.10%。

开展“严纪律、强作风、提效能”专项行动，发送监督提醒通知书20份，发现并推动问题整改23项。落实省委巡视反馈意见整改，针对省委第十巡视组反馈的7方面18个问题，细化为35项整改任务、103条具体举措，逐项明确牵头领导、责任单位、整改措施和时限要求，实行清单化管理。与10个分管领导和29家整改单位负责人签订责任状，建立整改跟踪督办机制。办结省委巡视组移交的信访件80件、问题线索23件，办结率分别为97.60%、95.80%。对巡视发现的违规违纪问题，立案29件，给予党纪政务处分29人，组织处理7人，诫勉21人，教育提醒、警示谈话等41人，追缴退赔违纪违法所得2100余万元，收缴存量资金12.50亿元，建立完善相关制度54项。

（朱佳泓）

重要会议和活动

【区纪委十四届三次、四次全体会议】 2018年3月1日，中共宁波市鄞州区第十四届纪律检查委员会第三次全体会议在区行政中心大楼二楼西边大会场召开，区委常委、区纪委书记、区监委主任张相晋主持会议。出席会议的区纪委委员应到24人，实到22人，列席234人。市委常委、区委书记胡军出席会议并作讲话，区委常委和区人大、区政府、区政协领导等出席会议。会议传达学习总书记习近平在十九届中央纪委二次全会上的重要讲话精神、赵乐际所作工作报告和省纪委十四届二次全会、市纪委十三届二次全会精神，总结全区2017年纪检监察工作，部署2018年任务，审议通过张相晋代表区纪委常委会所作的《高举习近平新时代中国特色社会主义思想伟大旗帜为都市核心区品质新鄞州建设提供坚强保障》的工作报告。

9月5日，中共宁波市鄞州区第十四届纪律检查委员会第四次全体会议在区文化艺术中心召开，区委常委、区纪委书记、区监委主任张相晋主持会议。区纪委委员应到24人，实到22人。区监委委员，区委巡察组组长、副组长、巡察专员，各镇（街道）纪（工）委书记，区纪委区监委派驻纪检监察组组长、副组长、区直机关纪工委书记等70余人列席会议。会议审议通过《中共宁波市鄞州区纪委关于强化“六个突出”，为清廉鄞州建设提供坚强政治和纪律保证的决定》（以下简称《决定》），区委常委、区纪委书记、区监委主任张相晋代表区纪委常委会作报告，并作《决定》起草说明。

【全区党风政风特邀监督员聘任暨座谈会】 2018年5月4日，全区党风政风特邀监督员聘任暨座谈会在区行政中心大楼十二楼区纪委会议室召开，会议由区纪委副书记、区监委副主任林敏主持。区委常委、区纪委书记、区监委主任张相晋就特邀监督员如何履职并有效发挥作用提出具体要求。他强调，党风政风特邀监督员要提高政治站位、发挥桥梁纽带作用，发挥监督作用，树立正确的舆论导向，发挥好参谋助手作用，加强自身建设。会议向20名特邀监督员颁发聘书，2名特邀监督员代表作表态发言；全体特邀监督员还围绕党风政风监督进行座谈交流。

【全区纪检监察工作会议】 2018年7月13日，区纪委区监委召开全区纪检监察工作会议，学习贯彻中央和省、市纪检监察工作会议精神，总结上半年全区纪检监察工作，研究部署下半年工作任务，区委常委、区纪委书记、区监委主任张相晋出席会议并讲话。他强调，要聚焦“两个维护”这一根本，在践行“‘四个意识’、‘四个自信’”的先锋表率上聚力用劲，要聚焦“稳中求进”这一方针，在坚持“稳中有进、进中求好”的战略定力上聚力用劲，要聚焦“高质量发展”这一目标，在开创“提质增效、激发活力”的工作局面上聚力用劲，要聚焦“自身过硬”这一要求，在锻造“本领高强、能打胜仗”的铁军队伍上聚力用劲。区纪委、区监委领导班子成员，各镇（街道）纪（工）委书记，区委巡察组组长、副组长、巡察专员，各派驻纪检监察组组长、副组长，区直机关纪工委书记，区城投公司

2018年7月13日，全区纪检监察工作会议召开

纪检组组长、区产城公司纪检组组长，区纪委区监委机关各室主任等70余人参加会议。

【"清廉宁波·你我同行"清风宣讲暨第54期鄞州论坛】 2018年6月14日，"清廉宁波·你我同行"清风宣讲暨第54期鄞州论坛在区政府大楼西会场举行。区委理论中心组全体成员，各镇（街道）及部门单位党政主要负责人，区纪委（区监委）领导班子成员、各室负责人，各镇（街道）纪（工）委书记，区直机关纪工委书记，各派驻纪检监察组组长、副组长，区委巡察机构组长、副组长（巡察专员）等200余人参加会议。市委常委、区委书记胡军主持并讲话。市纪委常务副书记、市监委副主任印黎晴作"学习贯彻国家监察法、推动全面从严治党向纵深发展"专题报告，解读党风廉政建设和反腐败工作新部署，介绍国家监察法和监察体制改革情况、划出党员干部需要重点注意的法律纪律红线等。

【鄞州区落实省委巡视反馈意见整改工作动员部署会】 2018年11月19日，鄞州区委落实省委巡视反馈意见整改工作动员部署会在区政府大楼鄞州厅召开，区委副书记、区长陈国军主持会议。杨慧芳、郑坤法、朱法传等出席会议。各镇（街道）主要负责人、各区级机关主要负责人等100余人参加会议。市委常委、区委书记褚银良出席会议并讲话，他强调，存在的问题要真整改，制度要真管用，整改要真行动，态度要真端正，思想要真重视。会上，褚银良与巡视整改责任单位主要负责人签订责任书。

【全区纪检监察组织落实省委巡视反馈意见整改工作部署会议】 2018年11月19日，全区纪检监察组织落实省委巡视反馈意见整改工作部署会议在区行政中心大楼1号会议室召开，部署全区纪检监察组织落实巡视反馈意见的整改工作。区委常委、区纪委书记、区监委主任张相晋出席会议并讲话，他强调，要突出政治导向、问题导向、责任导向、绩效导向、自律导向，坚决落实巡视整改任务。会上，张相晋与巡视整改责任单位的纪检监察组织负责人签订落实省委巡视整改任务责任书。全区各纪检监察组织负责人70余人参加会议。

【保障推进全区城乡基层公权力"三清单"运行法工作部署会议】 2018年12月29日，区纪委保障推进全区城乡基层公权力"三清单"运行法工作部署会议在区行政中心大楼西边大会场召开，全区各纪检监察组织负责人、各镇（街道）分管党群工作副书记、区级各责任部门分管领导和村社"第一书记"共157人参加会议。区委常委、区纪委书记、区监委主任张相晋出席会议并讲话。他指出，要以更强大的合力保障"三清单"运行法落地生根，以更扎实的举措推动"三清单"运行法有效实施，以更宽广的视野审视基层公权力"三清单"运行法。会议就保障推进全区城乡基层公权力"三清单"运行办法有关工作作出说明和部署。

（朱佳泓）

2018年6月14日，"清廉宁波·你我同行"清风宣讲暨第54期鄞州论坛举行

巡察工作

【概况】 2018年，区委巡察组开展新一届区委第三至第五轮巡察，共巡察19家单位，延伸巡察13个村（社区、合作社），发现问题549个，移送问题线索19个，清退、追回资金2109万余元，完成五年全覆盖任务的33.70%，在区卫生计生局、姜山镇、百丈街道3家单位试点开展二级巡察，并对前三轮18家单位巡察整改情况进行集中回访。

出台《区委巡察干部行为规范》，明确十二条工作规矩，推行《巡察工作底稿制度》《巡察信息宣传考核制度》《巡察办组工作例会制度》《巡察工作保密制度》等，促巡察工作进一步规范化、制度化、程序化。2018年12月，组建成立区委第四巡察组，组长、副组长于12月底相继配备到位。

【协作联动机制建立】 2018年，区纪委建立完善"巡审联动"工作机制，通过与审计局工作计划互商、信息资源共享、定期协调会商，采取先审计后巡察或审计巡察同时进驻等方式灵活操作，实现巡察与审计工作优势互补，形成监督合力。在巡察监督过程中，加强与派驻纪检监察组联动协作，及时发现问题线索，依托派驻组对被巡察党组织的问题整改情况进行实时跟踪和动态监督，实现巡察监督和派驻监督同向发力、效应叠加，放大巡察震慑。注重与执纪审查工作对接，开通巡察问题线索处置"绿色通道"，建立巡察问题线索移交、严查、快办工作机制，提高执纪审查质量和效率。

【分层分类督办机制建立】 2018年，鄞州区对巡察发现的问题建立分层分类督办机制，由巡察组梳理出每个被巡察单位需要重点整改的问题，并提出有针对性的整改要求。被巡察单位在2个月内上报整改方案和整改报告，并每月报告整改进度，2个月后转入持续整改阶段，对整改不力问题，进行挂牌督办。每轮巡察结束后，下发文件及"清廉鄞州"微信公众号推送的方式向全区通报巡察反馈情况，并对共性问题和典型问题在省市区级各类媒体中通报曝光。

（朱佳泓）

党风政风监督

【概况】 2018年，区纪委加强对管党治党政治责任的监督，建立主体责任汇报、政治生态评估等制度，对26名管党治党不力的党员领导干部予以问责，对9名"问题零报告、处理零问责"的纪检监察组织负责人予以集体约谈。强化"四单"督责，紧扣主体责任、监督责任、监管责任、领导责任等四个层面责任落实，全年发出"四单"119份，推动问题整改147个。

把监督检查中央八项规定及实施细则精神和省、市、区委相关规定的贯彻落实情况，作为重点任务和经常性工作。整治"四风"问题，建立"五聚焦六严查"工作机制，查处政令中梗阻、表态多调门高、行动少落实差等形式主义、官僚主义问题98人。组织违规因公外出、办公用房超标、"节日病"等专项整治，查处违反中央八项规定精神问题30起，处理47人次，其中党纪政务处分15人。加大通报曝光力度，对违反中央八项规定精神、违规出国（境）、骗取农业补助资金等问题的47名党员干部进行通报。

【"严纪律、强作风、提效能"专项行动】 2018年，区纪委开展"严纪律、强作风、提效能"专项行动，解决党员干部政治意识不强、纪律执行不严、责任担当不力、工作作风不实、履责能力不足等问题。全年累计发送监督提醒通知书20份，提醒谈话、通报批评、诫勉处理、党纪政务处分干部195人次，发现并推动问题整改237个。

【市纪委"四见"执纪监督反馈意见整改】 2018年1月30日，市纪委向鄞州区委反馈"四见"执纪监督情况，指出六个方面15个问题，并有针对性地提出四项意见建议。鄞州区落实市纪委"四见"执纪监督反馈意见整改，对17家实地检查单位存在的104个问题逐件登记、按级处置、对账销号，分别给予13家党组织、51名党员干部（其中区管干部22人）作出书面检查、提醒谈话、诫勉谈话、党纪处分等处理，推动主管单位制定完善制度41个，倒逼责任单位制定规范性文件16份。

【"两个责任"履责信息平台建设】 2018年，区纪委运用"大数据"理念和信息化技术，研发"互联网+"监管新平台，将全区80余家单位党组织、39家纪检监察组织以及全体区管领导干部的履责信息全部纳入平台管理，实现任务在线下达、工作在线申报、进度在线督查、业绩在线考评。同时强化结果运用，严格实施"一案双查"，24名党员领导干部因"两个责任"履行不力被追责问责。

【"主题监督"机制建立】 2018年，区纪委坚持问题导向，建立"主题监督"机制，先后开展违法用地整改落实、公共服务单位"半扇窗"现象、"三进"活动、环境综合整治、"最多跑一次"改革、"大棚房"专项整治等主题监督20批次，延伸跟踪检查46批次。累计查处不履责、不作为、不担当、不实干、不廉洁等"五不"问题64件145人，给予诫勉、党纪政务处分58人，通报批评48人。

（朱佳泓）

纪检监察

【概况】 2018年，鄞州区出台深化监察体制改革试点工作实施方案，对目标任务逐项梳理分解。规范问题线索、审查调查、监察留置工作程序，对执纪审查、案件审理、提请公诉等关键环节进行流程再造，推动纪法贯通、法法衔接。深入推进12种监察措施的全面试用，全年开具各类监察文书430份，使用查询、谈话、询问、讯问、调取、搜查等监察措施750余人次。全年办理职务犯罪案件15起，其中留置案件12起。健全党员领导干部廉政档案，推行"谈话函询+核查"工作模式，处理同级党委管理干部问题线索101件，对同级党委管理干部立案22件，处分同级党委管理干部15人。

【"留置措施工作记事本"制作】 2018年，区监委创新制作"留置措施工作记事本"，实现留置案件从问题线索初核到留置措施解除的全过程监控、全过程还原。绘制"留置工作操作流程图"，细分为七大工作环节、137个节点内容，每个节点标明注意事项，提供工作指南，既为依法留置确立标准，也为规范操作提供"鄞州样本"。全年留置案件平均用时52天，实现高质量突破职务犯罪案件。

【镇（街道）监察办公室设立】 2018年，区监委完成所辖24个镇（街道）（含东钱湖区块）监察办公室机构设置，任命监察办公室主任24名，副主任24名、监察员91名。建立全区8060名监察对象名单，确保区内公职人员监察全覆盖。同时，出台管理办法、绩效考核办法、"三个一"履职规范工作手册等文件，推动监察办公室运行科学规范。监察办公室主要职责是对镇（街道）管辖的公职人员和有关人员依法履职、秉公用权、廉洁从政从业以及道德操守情况进行监督检查，对涉嫌职务违法的公职人员和有关人员依法进行调查，对行使职责中存在的问题提出监察建议，对违法的公职人员依法作出政务处分决定等。自成立起，全区镇（街道）纪（工）委、监察办公室运用第一种形态处理113人次，其中诫勉19人次，政务处分1人次，提出监察建议10条。

【片组协作机制建设】 2018年8月21日，区纪委出台《鄞州区正风肃纪片组协作工作办法》，将全区镇（街道）、派驻纪检监察组各划为5个片组，由区纪委5个纪检监察室分别联系负责1个镇（街道）片组和1个派驻机构片组，构建“1+1+1”片组协作运作模式。建立监督检查、审查调查、调查研究等工作联动机制，实现资源统筹、形成监督合力。2018年，区纪检监察系统共开展片组协作26次，有效破解各级纪检监察组织“各自为战”问题。

【基层涉纪信访专项整治】 2018年，区纪委开展基层涉纪信访专项整治行动，围绕农村“三资”管理、土地征收、扶贫惠农等重点领域，筛选10个重点信访件进行核实并全部办结，其中党纪立案4件，移送司法机关1人，党纪处分5人，谈话提醒2人，追回经济损失177.60万元。

（朱佳泓）

宣传教育

【概况】 2018年，区纪委结合《中华人民共和国监察法》出台，在鄞州区14个大型户外电子屏进行滚动播放宣传，并发放纸质宣传海报600份。将监察法和新修订纪律处分条例纳入新任区管领导干部主题班次课程，并将有关学习情况作为党风廉政建设知识测试内容之一。组织全区区级机关和镇（街道）机关党员、干部参加2018年度党规党纪和监察法知识学习考试工作。组织全区80余名重点岗位科级干部进行职务犯罪庭审旁听，组织100余名新招录机关工作人员到望春监狱接受现场警示教育。

在各级传统和新媒体上宣传报道党风廉政建设和反腐败工作，编发《党员干部违纪违法典型案例警示录》，制作“清风鄞韵”廉政宣传画册，发放《“清风正气”廉政动漫短片》200余套，开展“清风宣讲”203场次，推送清廉鄞州微信231期，编发纪检监察信息专刊14期。

“清风正气”廉政动漫短片户外宣传

【《清风之约·清廉诗会》电视栏目开办】 2018年8月17日，区纪委会同区委宣传部主办宁波市首个清廉文化电视栏目《清风之约·清廉诗会》，第一期在鄞州电视台一套开播。节目围绕北宋时期著名思想家、政治家、文学家、改革家，曾在鄞县担任过知县的王安石展开，通过解读他在鄞县所做诗词，探究其亲民思想与廉洁作风。市纪委常委陈增青，区委常委、区纪委书记、区监委主任张相晋，等领导出席活动，全区各界代表140余人进行现场观摩，并进行网络视频直播和电视转播，旨在通过创新廉政教育方式，挖掘鄞州地域品牌文化，助力清廉鄞州建设。

【“以案为鉴 警钟长鸣”警示教育活动】 2018年12月，鄞州区开展“以案为鉴 警钟长鸣”系列警示教育活动，通过召开一次专题民主生活会、召开一次专题组织生活会、开展一个现场警示教育活动、组织一场清风宣讲、开设一个案件剖析专栏、学习一本廉政教育读本“六个一”活动，利用身边事警示教育身边人，筑牢拒腐防变思想防线。其间，开展警示教育专题民主生活会92场，参加人数800余人；专题组织生活会469场次，参加人数1.30万人；组织庭审旁听、参观警示教育基地等133次，参加人数6000余人；在微信公众号开设“警钟”专栏10期。

（朱佳泓）

注：

“双百”：100个问题较多、矛盾较突出的村和100件涉及侵害群众切身利益的信访件。

“四种形态”：党内关系要正常化，批评和自我批评要经常开展，让咬耳扯袖、红脸出汗成为常态；党纪轻处分和组织处理要成为大多数；对严重违纪的重处分、作出重大职务调整应当是少数；严重违纪涉嫌违法立案审查的只能是极少数。

“四单”：《整改通知单》《问题告知单》《廉政建议单》《廉政函告单》。

“五聚焦六严查”：聚焦学习贯彻习近平新时代中国特色社会主义思想和党的十九大精神中的形式主义、官僚主义问题；聚焦开展市委“六争攻坚、三年攀高”行动和区委“六大专项行动”中的形式主义、官僚主义问题；聚焦推进“最多跑一次”改革中的形式主义、官僚主义问题；聚焦落实中央八项规定及其实施细则精神中的形式主义、官僚主义问题；聚焦提高保障和改善民生水平中的形式主义、官僚主义问题。严查违规公款接待、严查违反财经纪律问题、严查公款旅游、严查收送礼品、礼金、礼卡行为、严查违规使用公车和办公用房、严查违规操办婚丧喜庆事宜。

“四见”：执纪监督见人、见事、见问题、见结果。

民主党派·人民团体

中国国民党革命委员会宁波市鄞州区基层委员会

中国民主同盟宁波市鄞州区基层委员会

中国民主建国会宁波市鄞州区基层委员会

中国民主促进会宁波市鄞州区基层委员会

中国农工民主党宁波市鄞州区基层委员会

中国致公党宁波市鄞州区基层委员会

九三学社宁波市鄞州区基层委员会

鄞州区总工会

共青团鄞州区委员会

鄞州区妇女联合会

鄞州区工商业联合会

鄞州年鉴

2019 YINZHOU YEARBOOK

中国国民党革命委员会宁波市鄞州区基层委员会

【概况】 2018年,中国国民党革命委员会宁波市鄞州区基层委员会(简称“民革鄞州区基层委员会”)实行三级委员架构,14名基层委员,设主任委员1人,副主任委员1人;4名委员为专职委员,分别负责党派活动、组织发展、参政议政、社会服务工作;8名兼职委员兼任8个支部主委,负责支部工作。现有党员132人,考察期党员32人;市政协委员4人,民革市委会委员2人(常委1人),民革市委会专项委员7人;区政协委员13人(其中常委4人),区政协专项民主监督成员2人。

【民革鄞州区基层委员会参政议政】 2018年,民革鄞州区基层委员会开展“一支部一提案”“一专委一调研”“调研申报立项”“优秀参政议政成果展”等活动,做好参政议政。司徒建成代表鄞州民革在区政协十六届二次会议上作《关于切实提升住宅小区物业管理品质的建议》的大会发言。徐伦福的《关于我区发展都市楼宇工业的建议》、姚福波的《关于进一步加强住宅小区社会综合治理的建议》提案获评政协会议优秀提案。杨美科、汪琰斌、姚福波、徐伦福4人被评为优秀政协委员;其中杨美科还被评为政协优秀信息员,所提交6篇提案建议中“关于在‘五水共治’过程中加强蓄洪补河工作的建议”“最多跑一次改革需要更大担当”“关于规范政府部门群发短信的建议”等5项建议被区政协采用,并获领导批示。

【民革鄞州区基层委员会社会服务】 2018年,鄞州民革六支部迎新联谊会暨慈善义卖、鄞州民革和下应街道尚正学校结对助学活动在西江古村举行,二十一件藏品共拍得爱心款41940元,由支部主委现场捐给尚正学校。“民革——尚正学校共建基地揭牌暨同心奖学金启动仪式”在鄞州区下应街道尚正学校举行,与尚正学校展开共建合作,为尚正学子搭建学习平台。律师沈唯娜到宁波市尹江岸小学,与学生们进行“大手拉小手,杜绝校园欺凌”普法授课活动。司徒建成在区律师界党外知识分子联谊会中担任秘书长职务,参加鄞州区政府组织的“同心为民”活动,到咸祥镇开展送法下乡活动。

(杨美科)

中国民主同盟宁波市鄞州区基层委员会

【概况】 2018年,中国民主同盟宁波市鄞州区基层委员会(简称“民盟鄞州区基层委员会”)发展盟员8人。现有盟员124人,其中男性63人,女性61人,退休20人,在职104人,大学以上学历占比98%,获评民盟浙江省委会2018年人才建设先进集体。

【民盟鄞州区基层委员会参政议政】 2018年,民盟鄞州区基层委员会15位盟员提交调研报告8篇,社情民意信息11篇,人大建议和政协提案12篇。生启芳在市政协第十五届二次会议上的提案《关于在孕妇学校增加心理健康服务预防产后抑郁症发生的建议》获得市卫计委和市妇联的答复。徐毅的《关于通过提供租赁型人才公寓改造大学生创业人才问题的建议》提案,部分被市人力社保局采纳。郝媛的《中国制造2025试点建设中我市蓝领工人转型升级问题调研及对策研究建议》、彭妍的《助推小微企业上规升级,增强工业经济发展后劲》、周立的《“营改增”后健全地方税体系的政策研究》被民盟市委会列入2018年重点调研课题。吴素芬的《行政处罚对象的确定探析》获宁波市综合行政执法法治保障征文一等奖。

【民盟鄞州区基层委员会社会服务】 2018年,民盟鄞州区基层委员会进驻邱隘东新小学开展学科援教、书籍捐赠等系列活动,彭天斌为该校捐助安装直饮水,满足全校1400余名师生的清洁直饮水需求;梁建耀为该校师生提供支教、外文书籍和教师教学资源线上账号共享等各项支持和服务。组织盟员通过“共享稻田”结对帮扶延吉农业农村发展,20位盟员认领25个微心愿。冯燕娜的《不忘初心跟党走,共圆华夏中国梦》一文在盟市委组织的纪念中共中央发布“五一口号”70周年主题征文活动中获二等奖;汪波挺在市卫计系统第二届信息化技能大赛中获个人优胜奖;陈云波的摄影作品获省文化馆所评优秀奖2个。

(邵丹斌)

中国民主建国会宁波市鄞州区基层委员会

【概况】 2018年,中国民主建国会宁波市鄞州区基层委员会(简称“民建鄞州区基层委员会”)下设8个支部,现有会员167人,培养期会员5人,其中大学以上学历占70%,经济界人士占76%,政府机关人员占11%,中介组织专业人士占14%,高级职称占48%。会员中担任市人大代表1人,市政协委员2人,区人大常委2人,区人大代表1人,区政协常委4人,区政协委员19人。全年参加市委会和区委统战部开展的各类培训学习198人次,各项工作会议67人次。

【民建鄞州区基层委员会参政议政】 2018年,民建鄞州区基层委员会代表和委员向区“两会”提交提案40余件,章维儿、赵庆远、袁素波、陈彩强分别作大会发言。在关注社会民生领域,共提交集体提案1篇,社情民意16篇,调研报告3篇,理论课题1篇,民主协商建议1篇。其中,朱柯磊的《关于深化推进综合性医院在我市医养结合中作用的建议》得到省委常委、市委书记郑栅洁的批示;冯琪的《政协监督职能的履职障碍分析及改进对策——以浙江省N市各级政协为例》

获2018年度民建浙江省理论研究成果一等奖。

【民建鄞州区基层委员会社会服务】 2018年，民建鄞州区基层委会结对帮扶吉林省和龙、延吉45名贫困学生，获评"2017—2018年度鄞响十大新闻人物"。组织10余名法律专家和医学专家和区安监局联合到五乡镇永乐村，开展"送医送药送法律 结对共建美丽乡村"活动，免费接诊病人300余人次，发放常用药品共计2.30万元。组织14位企业家会员发起成立"鄞州民建同心·新生基金"，共同出资70.50万元，用于定向捐助鄞州辖区内器官捐献者家属，由区红会负责保管，为11例器官捐献家庭送爱心。开展"携手献爱心微公益众筹"活动，筹集资金22755元，用于资助身残志坚、有所成就的残障人士。

（尤文琮）

中国民主促进会宁波市鄞州区基层委员会

【概况】 2018年，中国民主促进会宁波市鄞州区基层委员会（简称"民进鄞州区基层委员会"）下设3个综合支部，有会员140人，其中，新发展会员3人，男会员72人，女会员68人；中高级以上职称87人，本科以上文化程度113人。

组织会员参加民进省委会、市委会骨干培训班3人次，区委统战部党外代表人士培训8人次。第二、第三、第四支部分别到慈溪、象山等地进行学习考察调研新型农业产业活动；二支部参加市民进"不忘合作初心，携手继续前行"主题教育及宁波民进地方组织成立35周年纪念大会。会员王春波获"全国阅读大赛优秀指导教师"称号；梁愈在第二届"惠风和畅杯"全国书画展中获三等奖，被授予"最受欢迎艺术家"称号，在首届"一品堂杯"全国书法篆刻大赛中获三等奖，还在"丝路绽放时代春风"杯全国书画大赛中获银奖；王欢获评2018年鄞州区优秀公务员；崔静的教学论文获区一等奖，市三等奖，在市"我的教育观"征文比赛中获一等奖，获市课程与教学专项个人课题一等奖，获基础教育国家级教学成果二等奖；余佳子获"我与改革开放40年"主题征文活动一等奖；许颖获省春蚕奖、国家级教学成果二等奖；徐海蛟获"人民文学新人奖""浙江省青年文学之星提名奖""於梨华青年文学奖优秀奖"，第四批宁波市文艺家工作室之徐海蛟工作室设立。

【民进鄞州区基层委员会参政议政】 2018年，民进鄞州区基层委员会共提交建议、提案30余件。陈一令的《发挥社会组织作用 加快推进政府购买社会组织服务》，陈元的《关于博物馆教育与学校教育的融合互动的建议》，王倍菲的《关于大力实施乡村振兴战略打造"四美"新农村的建议》，林红的《关于规范0—3岁早期教育服务的建议》《关于两区融合后幼儿教师事业关系理顺的建议》《关于重视失独老人养老问题的建议》，王超的《关于规范道路遮阳棚户外广告的建议》，裘群珠的《关于加强非遗保护传承和开发 植厚名城强区文化底蕴的建议》等提案均被采纳，并受到区政协和相关主办、协办单位的重视与答复。

【民进鄞州区基层委员会社会服务】 2018年，民进鄞州区基层委员会主委冯浙萍带领班子成员和医卫界会员，到共建结对村——姜山镇陆家堰村，开展"爱心义诊服务村民 同心共建美丽乡村"活动。会员舒静娜在宁海开设公益音乐课堂讲座。二支部林红开展宁波民进名师团公益讲座"宝贝入园，你准备好了吗"。陈宝云、金惠玉等参加市民进名师团座谈会。会员徐海蛟携新作《故人在纸一方》在鄞州书城讲述"周六阅读沙龙"；在《未来作家》报社作"儿童文学的阅读选择"讲座，在奉化实验小学、钟公庙中心小学作"如何写好作文"讲座。

（陈一令）

中国农工民主党宁波市鄞州区基层委员会

【概况】 2018年，中国农工民主党宁波市鄞州区基层委员会（简称"农工党鄞州区基层委员会"）发展党员7人，现有党员108名，6个支部，中高级职称93%，省政协委员1人，市政协委员2人，区政协常委1人，区政协委员8人，区人大代表3人。

邹炳德入选第九届科技新浙商十位新科技浙商；许丰的科研成果在宁波市科技大会上获"宁波市科技进步奖三等奖"；蔡民坤获"宁波市基层名中医"称号。全年共有25人次受到全国、省、市、区表彰。

【农工党鄞州区基层委员会参政议政】 2018年，农工党鄞州区基层委员会共撰写社情民意23篇，多篇被各级单位录用，其中党员崔夏娜的《关于司法改革后有效行使复议职能的建议》被中国人民政治协商会议相关刊物录用；农工党鄞州区基层委员会被市委会评为反映社情民意信息工作先进集体。成立信息工作小组，以信息沙龙形式相互交流研讨，深入研讨社情民意信息工作；组织党员多次参加垃圾分类、城市管理、美丽乡村建设、乡村旅游等调研考察，并提出意见和建议。

【农工党鄞州区基层委员会社会服务】 2018年，农工党鄞州区基层委员会鄞州人民医院支部党员参加"同心共建美丽乡村"行动，在咸祥举办大型义诊活动，服务群众80余人；委员林杰为失聪儿童装耳蜗活动捐款20000元，带动多名党员积极参与捐款，联合发起一场慈善演唱会；曹澄到扶贫结对单位吉林省和龙市人民医院，进行为期1个月的帮扶活动，为当地首次开展多例手术；祝慧鹏到宁波市康复医院作"下肢深静脉血栓的处理"医学讲座；农工党鄞州区基层委员会宁波第六医院支部联合宁波舟山商会到六横敬老院进行慈善义诊活动，义诊人数86人。

（毛　勇）

中国致公党宁波市鄞州区基层委员会

【概况】 2018年，中国致公党宁波市鄞州区基层委员会（简称“致公党鄞州区基层委员会”）发展新党员4人，入党积极分子2人，累计有成员74人。11月5日，组织党员参加区党的十九大精神专题学习会，各委员结合自身实际发表心得体会。组织全体党员参加党的十九大、十九届三中全会精神轮训班；组织党员学习总书记习近平对“八八战略”的重要指示精神；组织20余名党员参加著名经济学家李稻葵在南苑环球所作的“中美贸易战背景下的经济形势分析和企业应对”专题讲座。

【致公党鄞州区基层委员会参政议政】 2018年，致公党鄞州区基层委员会组织8名党员以代表委员身份参加区“两会”，提出提案建议8件；组织党员代表参加区政协“请你来协商——书记与委员面对面”，聚焦城市精细化管理，丁忠意、陈高波两位党员提出群租房和车库出租整治、光污染治理等群众关注问题。

【致公党鄞州区基层委员会社会服务】 2018年，致公党鄞州区基层委员会联合区侨办、区留创会举行海燕行动第一期暨海外求学知识分享会，向即将出国留学的学生及家长座谈海外求学注意事项及安全须知，解析回国就业政策，参会人数16人；响应“同心共建美丽乡村”行动，与市委会到东吴镇童一村，了解村集体经济发展情况及存在问题，为该村下步发展建言献策。组织党员与区环保执法大队到鄞州区横溪镇，对工业企业、加工作坊开展“百日亮剑”专项突击检查2次。

（周　楼）

九三学社宁波市鄞州区基层委员会

【概况】 2018年，九三学社宁波市鄞州区基层委员会（简称“九三学社鄞州区基层委员会”）发展社员9人，其中男社员7人，女社员2人；平均年龄40岁；大学学历8人，博士研究生学历1人；副高职称6人。全区6个支社社员计139人。发挥塘溪镇上周村周尧故居九三社员培训教育基地的作用，对社员尤其是新社员开展九三传统教育和主题教育活动；全年组织社员参加各类培训班23人次，参加各类报告会80人次。

【九三学社鄞州区基层委员会参政议政】 2018年，九三学社鄞州区基层委员会4名人大代表和13名政协委员参加区“两会”，提交提案和建议20余项。向九三学社市委会上报信息43篇，其中被市统战部采用10篇、市政协采用3篇、九三学社浙江省委员会采用29篇、省政协采用2篇、九三学社中央委员会采用6篇。励佩珍、胡勤勇获评九三学社中央参政议政工作先进个人。原鄞州区一支社、二支社获社市委2017年度信息工作先进集体；吕晓玲获信息工作先进个人。

【九三学社鄞州区基层委员会社会服务】 2018年，九三学社鄞州区基层委员会组织26名社员开展以医疗卫生为主题的“爱民健康行”社会服务活动，为150位塘溪镇居民提供免费义诊、医疗咨询、生活护理等指导；为结对帮扶的上周村村民周虑乾、周祖年两位老人分别送上“呼吸训练器”和“防摔倒多功能拐杖”；社员谢胡斌为上周村村民开展健康知识讲座，讲解“痛风与高尿酸血症”的医学科普知识，吸引40余位村民前来听讲；社员谢敏、梁兴宇为塘溪镇上周村结对帮扶的慢性阻塞性肺疾病村民进行心肺运动试验（CPET）检测。成立“鄞州九三健康大讲堂讲师团”，由主委陆盈盈任团长，聘任15位社内医卫专家（其中主任医师8人，副主任医师7人）兼职教授，分别承担相关健康知识宣讲任务。根据区委统战部安排，23位社员参加认领“共享稻田”17份（17000元）。

（姚许一）

鄞州区总工会

【概况】 2018年，鄞州区有工会3254家，会员39万余人。新建鄞州四明金融小镇商务社区工会联合会和集盒现代产业园工会联合会等楼宇、商圈工会39家，覆盖企业5000余家、职工35000余人。新增星级工会207家。

承办市职工技能精英赛焊工比赛、市职工数控机床加工中心操作工比赛等市级以上职工技能比赛5场，联合人力社保局、金融办、商务局等举办职工汽车维修、焊工、电工、数控机床加工、美容美发、“四明金融小镇杯”劳动立功竞赛等十大行业精英赛，参与职工近万人。参与“无欠薪鄞州”创建，新组建12人的律师团队，深入企业做好法治宣传、调解、法律咨询等工作，“快立、快查、快结”调处劳动案件。全年接待法律法规咨询求助825件，涉及职工1078人次，帮助调解劳动纠纷205件，代写法律文书5件，法律援助98件，为职工挽回经济损失836万元。参与区在线矛盾纠纷多元化解平台建设，健全工会劳动保障法律监督队伍，会同有关部门集中监督检查15次，落实整改举措300余条。

加强困难职工档案分层管理，发放救助慰问金、金秋助学金、爱心年货等400万元，向对口扶贫单位延吉、和龙两地困难职工发放救助金30万元，认领和龙的共享稻田1000块（每块100平方米），总计100万元。组织1000名一线职工疗休养和健康体检，24.70万职工参加医疗互助保险，参保金额1659万元，参保人数同比增加13%。为2.14万人次提供互助保障赔付，为职工减负1469.79万元。投入22万元用于高温慰问。开展“校企结对”，发布就业岗位信息4000余条，组织返城农民工招聘会、走进校园招聘会，达成就业意向400余人。提供心理咨询，电话网络现场咨询400余人次，举办"玫瑰之约"职工交友联谊活动10场，1000余名职工参加。拓展服务阵地，全区共有医疗互助报销点7个，其中区本级3个、镇级3个、社区级1个。推进活动场所建设，全区9个镇建立工人文化宫，5个园区和街道分别建立职工文化活动中心，10000余名职工凭"5·1"服务卡享受优惠活动。举办工会学历提升班，150人参加大专、本科学历提升。开展垃圾分类，印发宣传资料10000份，组织志愿服务31场次，到镇（街道）授课23场次，培训企业工会宣传辅导员2600余人。结对东吴镇开展环境督查，帮助整改环境问题83个。开展节能降耗"金点子"征集活动65场次，职工参加10000余人次。

深化工会改革，选配镇（街道）兼职副主席29人，推进职业化工会工作者配备。成立党的十九大精神宣讲团，向职工群众宣传党的十九大精神和"两高四好"目标10场次；区职工艺术团进村、进工地演出12场次，送电影进企业200场次；举办鄞州职工"我与十九大"演讲、"我最喜爱的习总书记的一句话"演讲比赛，参与职工200余人次。获评全国"安康杯"竞赛优胜集体、省创建和谐劳动关系暨双爱活动先进组织，年度工作考核获市总工会特等奖第一名。

【和谐企业创建】 2018年，全区和谐企业参与创建率动态保持在90%以上，7家企业创建成为省级和谐劳动关系企业，3家企业被评为市级和谐企业创建标兵单位，59家企业获评市级和谐企业创建先进单位，47家企业获评区级和谐发展企业标兵单位。45家企业参加社会责任评价，优秀8家，达标31家。开展"法在身边"巡回宣讲、"心理关爱服务进企业"活动，受教育人数1300余人。深化"安康杯"竞赛，遴选安全生产"合理化建议"260条。全区签订工资集体协议2793份，覆盖企业6518家，工资集体协商企业建制率在90%以上。区域性工资集体协议26份，覆盖企业近3684家；行业性工资集体协议1份，覆盖企业41家。新推进1家行业、2家企业工资集体协商精细化示范，全区已累计命名7家企业、1家行业示范点。

【庆祝"五一"暨先进表彰大会】 2018年4月27日，鄞州区庆祝"五一"暨先进表彰大会在区文化艺术中心举行。区委副书记、区委政法委书记朱法传，区人大常委会副主任、区总工会主席钱芳，副区长戴华祥，区政协副主席华志苗出席。各镇（街道）党委（党工委）副书记、总工会主席、副主席，各机关、产业、局工会主任、副主任250余人参加。朱法传希望广大劳动群众始终以推动发展为己任，勇当优化升级的主力军；始终与企业发展共命运，勇当和谐创建的主力军；始终与时代发展相适应，勇当改革创新的主力军。会议表彰全国劳模和工匠人才创新工作室1家、省市"五一"劳动奖状1家、奖章1人、浙江工匠2人、港城工匠2人、鄞州工匠20名、区重点工程建设优胜单位和先进个人16人、鄞州四明金融小镇创建立功竞赛优胜单位和先进个人15人。区劳模和工匠代表还向全区职工发出《奋战"六大行动"建功"名城强区"》倡议。

【区工会第十六次代表大会召开】 2018年12月19日，鄞州区工会第十六次代表大会在区文化艺术中心召开。市委常委、区委书记褚银良出席开幕式并讲话。区领导王兆波、杨慧芳、郑坤法、朱法传、戴华祥、华志苗出席会议。钱芳代表鄞州区总工会第十五届委员会作工作报告。褚银良代表区委、区人大、区政府、区政协，向大会的召开表示热烈的祝贺，向各位代表和全区广大职工群众、工会工作者致以诚挚的问候。会议选举产生鄞州区总工会第十六届委员会和经费审查委员会，钱芳当选为区总工会第十六届委员会主席。

【工匠培育】 2018年3月2日，区总工会印发《关于开展工匠培育"百千万"工程的实施意见》，启动工匠培育工作。计划用3年时间培育区级工匠100人、镇（街道）工匠1000人、企业工匠10000人。建立工匠培育、互动、帮带、关爱、评选五项机制，举办"未来工匠大师"高级研修班、工匠论坛、师徒结对、技术帮扶、志愿服务五类系列活动，评选第二届鄞州工匠20人、优秀师徒10对，设立200万元的工匠培育基金。全年有浙江工匠3人，港城工匠8人，区级工匠30人，镇级工匠200人，企业工匠3000余人。区总工会应邀在"2018中国工会·劳动关系论坛"作《引领、筑牢"未来工匠"培育的金字塔塔基的实践探索》的主题报告，向全国各地工会宣传推介工匠培育的"鄞州经验"。

2018年12月19日，宁波市鄞州区工会第十六次代表大会在区文化艺术中心召开

【"四明金融小镇"劳动立功竞赛】2018年7月10日，区总工会联合鄞州四明金融小镇建设指挥部、金融办、旅游局等单位举办的"立功竞赛，尽显风采"鄞州区四明金融小镇风情荟萃暨导游风采大赛在宁波开元名都大酒店举行举行，经过初赛预选，最终10名选手入选决赛。7月17日，四明金融小镇建设项目立功竞赛暨火灾应急演练在鄞州四明金融小镇财富管理总部（南区）举办。上午10时，演练正式拉开帷幕，在接到火情报告后，项目经理迅速下达灭火救援指令，灭火抢险小组迅速赶往起火源，利用干粉灭火器等展开灭火。施工员清点人数、电工隔离电源并查看线路及配电箱、警戒人员设置警戒线，同时联系消防车开往事故现场，通知救护人员到事故现场候命，整个演练持续20余分钟，提高项目建设职工的应急救灾能力。7月20日，"四明金融小镇杯"美发师技能大赛在环球银泰城举行，44家美发店的77名专业美发师参加比赛。大赛共设男士油头雕刻造型、女士创意色彩造型、时尚晚宴造型三大类美发项目竞赛，每个项目除冠亚季军外，还设置优秀奖、创意奖和组织奖。10月15日，"四明金融小镇杯"企业综合金融解决方案企划大赛在开元名都酒店举行，30家金融机构参加、10家金融机构进入决赛，上海浦东发展银行宁波鄞州支行获冠军，宁波银行股份有限公司鄞州支行等3家单位荣亚军，昆仑信托有限责任公司等6家公司获季军。

（肖　华）

共青团鄞州区委员会

【概况】2018年，鄞州区有基层团委58个，团工委19个，团支部（总支）1010个，2万余名团员青年。先后获评中国青年志愿者优秀组织奖、全国农村基层团建创新项目、全国创业孵化示范基地、国家级大学生创业见习基地、国家级海峡两岸青年就业创业基地、国家级星创天地、浙江省先进团组织等。推进"双百双提升"、团员先锋岗（队）创建，做好基础团务工作，福明街道团工委获评全国五四红旗团委，区税务局团委获评省级团员先锋岗。挖掘"最美90后"妮妮、团十八大代表严意娜、"长三角十大杰出青商"彭天斌等优秀青年，鄞州咸祥籍烈士朱恺杰被追授"青年五四奖章"。

成立"城南高校大学生智创联盟"，开展"校地合作"，推出大学生暑期社会实践、名企实习、双创平台孵化和新媒体合作四大项目，推出上市公司、名企实习岗位200余个，累计受益大学生2万余人次。首批建成"青春社区"13个，开展平安夜跑、平安巡防、安全隐患排查、平安宣传等活动200余场，参与青年1万余人次。成立"青春红匠讲习团"，开展听名师讲初心、和名师聊信仰、青春红匠读红书、青春红匠上团课等活动50余场；开设各级团委书记"专题团课"，累计开展70余场，覆盖青年8000余人。推进"最有亲和力"的网上鄞州共青团建设，打造以鄞州新青年全媒体中心为主，"青春主播"宣讲学院、"三江听潮"电台学院、"明州印象"影视学院、"甬动青春"手游学院为辅的"一主四副"的新媒体矩阵。发布的"团团教你垃圾分类"等抖音动画，传播覆盖青年80余万人次。

【青年创业创新】2018年，鄞州区打造青年创业创新服务体系，区大学生（青年）创业园负责宁波市优秀创业创新项目2亿元奖励落地，成功推荐412个优秀创业创新项目，获奖励6500万元。举办"甬创·鄞造"第三届创客大赛、"善荷计划"首届青年公益创业大赛、创客音乐节青年创业创新活动，并评选出全区十佳青年科创之星。青创农场助力"乡村振兴"。打造市区两级青创农场综合服务中心，围绕青年农创项目培育、品牌农创产品展销、休闲农耕体验、传统农事文化教育、农创发展模式研究等五大核心功能，开展资源对接、项目评审、农产品推广等各类活动16场；培育易中禾铁皮石斛园、咸祥天地生态农庄等青创农场分基地13家，并开展送服务、送资源、送技术等各类活动30余场。深化新兴领域团建。推进"鄞州四明金融小镇"团建，建设小镇商务社区团委，开展鄞州人才科技智创周创客音乐节等活动；探索特色行业建团，率先成立区网络表演（直播）行业团工委；推进园区建团，发挥集盒园区新兴青年群体集聚的优势，成立"集盒"园区团支部，发展团员26人，并开展"城市青年文化节"活动。

【志愿公益活动】2018年，鄞州区开展"微岗WE志愿·人人来领岗"主题邀约行动，发布岗位132个，在助力"最多跑一次"、文明城市创建、垃圾分类等重要工作发挥积极作用。已开展志愿服务活动580次，超过4650余人次志愿者参与。开展以"翻山越岭·为爱'童'行"为主题的鄞州共青团关爱和龙、延吉青少年志愿服务行动，成立"周秀芳爱心工作室青少年帮扶站"，启动圆梦助学项目、志愿服务工作交流项目、青年创业创新直通车项目、"青春共成长"团干部培训项目等四大帮扶项目。发动全区各级团组织、各界青年参与爱心捐款共筹集资金58万元。开展"共享稻田"置换"微心愿"活动，实现青年农创人员的项目扶贫与帮弱助困的资金扶贫有机结合。依托"亲青帮"平台建设，开展各类帮扶活动，推进共青团购买青少年社会服务工作，发布购买清单，通过"小手牵大手"活动、"我是平安小卫士"微视频，引导全区青年参与平安建设，推出"小潘来了"青年调解联盟，通过O2O模式开展线上线下矛盾纠纷调解、青年社会服务等。创新做好升级版"需求清单、项目清单、资源清单"，梳理出"需求清单"100余项；"资源清单"整合140余个开放共享平台、71个公益企业和159个青年社会组织等内容；"项目清单"打造90个项目，形成30余个品牌。

【共青团与人大代表、政协委员面对面活动】2018年1月2日，共青团与人大代表、政协委员面对面活动在鄞州区青年公益创业实验园举行。市、区两级人大代表、政协委员，共青团系统干部、青年代表等20余人参加面对面沟通交流。宁波市人大常委会内司工委副主任宋惠明、宁波市政协社法和民宗委副主任陈晓明、共青团宁波市委副书记吴生莲等出席会议。本次活动主题为加强青年婚恋和家庭的公共服务，关注大龄未婚青年婚姻服务。首站到鄞州区婚姻登记所，在工作人员陪同下参观婚俗文化展览区、结婚登记大厅、颁证厅以及婚姻家庭辅导室。了解婚姻登记所日常工作开展情况，并针对遇到的一些问题和做法进行交流。共青团与人大代表、政协委员面对面座谈会上，团区委副书记赵涵向大家介绍大龄青年婚姻服务调研情况。此次活动，从不同届别、不同角度向人大代表、政协委员反映青年婚恋交友心声，期望代表委员把青年最迫切的需要和呼声通过“两会”建议和提案的形式传达，为相关决策提供切实可行的工作建议。

【中国少年先锋队鄞州区第十次代表大会】 2018年1月3日，中国少年先锋队宁波市鄞州区第十次代表大会在惠风书院召开，来自全区的300余名少先队员代表、少先队辅导员代表和少年儿童工作者代表参会。区委副书记、区长陈国军，共青团宁波市委副书记、市少工委主任张义廉，区委副书记、政法委书记朱法传，区人大常委会副主任胡开通，区政协副主席华志苗等出席开幕式。陈国军强调，全区少先队员要时刻牢记习近平的殷切期望，热爱祖国、好好学习、砥砺品格；全区各级少先队组织要充分发挥政治启蒙作用和实践育人功能；全区各级共青团组织要加强对少先队工作的领导，推动少先队工作开创新局面；全区少先队辅导员和少年儿童工作者要传承和弘扬红烛精神，温暖少年儿童的心灵。举行以“筑梦新时代雏鹰展翅飞”为题的主题队会，生动展示全区少先队员良好的精神风貌，2018年宁波市青少年万人圆梦行动由此启动。会议审议并通过区第九届少工委工作报告，选举产生区第十届少工委、区第四届红领巾理事会，陈仁飞、张华当选为区第十届少工委主任，徐微娜被聘请为全区少先队总辅导员。会议表彰区十佳少先队员、十佳少先队辅导员、十佳少先队校外辅导员，王舒旸、邓希、朱勤、等获评区十佳少先队员；王维、王洁琮、华顺波等获评区级十佳少先队辅导员；马兵、任国夫、吴雪勇等获评区级十佳少先队校外辅导员。

【“3·5学雷锋”志愿服务邀约行动】 2018年3月4日，团区委联合区文明办、区民政局、区直机关党工委、区垃圾分类办、区志愿者协会举行“微岗WE公益·人人来领岗”2018年鄞州区“3·5学雷锋”志愿服务邀约行动。区委常委、宣传部部长方飞龙出席活动。活动现场，通过点亮WE志愿标志、发布WE平台二维码，正式启动“微岗WE公益·人人来领岗”主题活动。活动现场，团区委还发布十大代表岗位，分别是“跑小二”服务岗、“斑马线守望者”交通文明岗、“糖果换烟”劝导岗、“爱ING”特殊青少年关爱岗、“敲敲爱”独居老人关爱岗、“水质放大镜”监测岗、“甬动爱心·情暖阿坝”助困岗、“益启分”垃圾分类岗、“小娘舅握握团”调解岗、“快乐星期六”便民岗，涉及助力城市文明、关爱弱势群体等方面。活动期间还采用“简历式”“素描法”对岗位工作内容、上岗时间、能力要求等作出详细说明，实现岗位的清单化、具体化，方便市民在参加志愿服务时认知岗位、兴趣配对、能力对标。活动现场还表彰2017年度鄞州区志愿服务各类先进。宁波市鄞州区平安建设志愿者联合会、宁丰社区“云聚”志愿服务队等获评区级志愿服务先进集体；“彩虹”行动文化惠民项目、“我们在一起”——三幼阳光关爱项目等获评区级优秀志愿服务项目；郑天媛、蔡飞云、沈敏等获评志愿服务先进工作者；竺朝峰、史诺、陈红英等获评区级优秀志愿者。

【共青团鄞州区十九届四次全委（扩大）会议】 2018年3月31日，全区共青团助力“六大专项行动”推进会暨共青团鄞州区十九届四次全委（扩大）会议在鄞州区综合活动中心A座一楼报告厅召开，会议学习宣传贯彻习近平新时代中国特色社会主义思想和党的十九大、十九届二中、三中全会精神，围绕区委“六大专项行动”安排部署2018年工作任务。十九届团区委委员，部分团代表，各基层团（工）委书记、主持工作的副书记，区直属单位团组织负责人，镇（街道）少先队总辅导员、直属大队部大队辅导员，在鄞州的省、市团代表共200余人参加会议。会议审议并通过关于贯彻落实区委“六大专项行动”决策部署全面开展“青春向六大专项行动奋进”实践活动的决议。决议确定，2018年全区共青团工作要紧紧围绕区委、区政府中心目标，凝聚青年力量，共同助力区委“六大专项行动”，参与“青春向六大专项行动奋进”实践活动，为建设都市核心区、打造品质新鄞州，跻身全国一流强区最前列而努力奋斗。

【“认领微心愿·鄞青在行动”活动】 2018年，团区委结合团市委“2018年宁波市青少年万人圆梦行动”，开展“认领微心愿·鄞青在行动”活动，发动各镇（街道）基层团组织力量，组建“线上+线下”寻梦小分队，深入基层一线寻访青少年，让社会各界人士认领“微心愿”，帮助他们圆一个“小梦想”。前期，团区委以各镇（街道）团组织为小分队，通过联系、走访、实地排摸等方式，对各类困难家庭青少年，特别是低保家庭未成年子女、残疾青少年、服刑在教人员未成年子女三类群体进行重点走访和排摸，征集他们的“微心愿”，并建立“微心愿”信息库。全年推出66个“微心愿”，分别被66位热心市民认领。

【“农”情夏日·“文”青并茂资源对接会】 2018年5月21日，团区委组织青年文创企业、青年电商团队在区青创农场举行资源对接会，共同把脉青年农创项目和农创产品，以帮助青年农创项目提升产品外观包装和营销能力，进一步拓宽产品销售渠道。来自鄞州

2018 年 5 月 21 日，2018 年鄞州区青创农场、文创中心资源对接会举行

区青创农场、文创中心的18家青年创业企业参加对接会，创业项目涉及农业、电商、文创等领域。对接会上，青年文创企业、青年电商团队向参会农创企业介绍主营业务及运营发展情况，并进行成功商业案例展演。农创企业也提出农产品包装、宣传、推广中的实际问题和发展瓶颈。团区委累计服务创业青年8000人次，其中，区大学生（青年）创业园累计孵化企业810余家，区文创中心累计孵化企业13家，区青创农场启动以来，引入青年农创企业11家，挖掘基层青创农场5家。

【汪鸿雁调研鄞州青年创业创新工作】 2018年6月5日，共青团中央书记处书记、中华全国青年联合会副主席汪鸿雁一行在团省委、团市委相关负责人等陪同下到鄞州区调研青年创业创新工作。区委副书记朱法传陪同调研。汪鸿雁一行实地参观宁波市（鄞州区）大学生（青年）创业园、宁波市（鄞州区）青创农场，就大学生创业政策、青年人才流动、青年人才助力乡村振兴战略等工作进行调研。汪鸿雁对鄞州区共青团工作给予肯定并强调，各级团组织要提升共青团组织建设和服务青年的水平，进一步关注青年需求，为青年提供更多切实有效的服务；要加强青年创新创效工作，培育创新型、技能型青年人才，团结引领青年投身企业生产经营和创新实践；要抓好促进青年创业就业，支持青年自主创业，推动大众创业、万众创新。

【鄞州区第二届海峡两岸企业菁英论坛暨两岸文创企业交流合作论坛】（参见“中共宁波市鄞州区委员会“类目“台湾事务”分目）

【福明街道团工委获评“全国五四红旗团委”】 2018年5月2日，共青团中央发文表彰2017年度“全国优秀共青团员”“全国优秀共青团干部”和“全国五四红旗团委（团支部）”，鄞州区福明街道团工委获评全国五四红旗团委，成为全省镇（街道）中唯一获此殊荣的单位。福明街道团工委推动工作创新，打造“淘青年”综合服务平台，开创“相约新城”青年交友驿站、“友善的墙”等品牌项目，涌现“小娘舅握握团”“萤火虫志愿服务中心”“keep life夜跑团”等团队。“相约新城”交友驿站运行以来，已为30余对青年成功牵线，“淘青年”综合服务平台引进和孵化10个青年社会组织，服务青年人群超过2600人次。“友善的墙”志愿服务项目，实现近万件衣物循环利用。“小娘舅”项目入围第三届全国志愿服务大赛，并获得银奖。同时，街道团工委还以社区和团建企业为依托，为青年参与社会服务搭建各类创新创业和生活平台，发挥基层团组织的引领作用。

【“不忘初心跟党走”党团知识竞赛】 2018年9月12日，由团区委主办，区司法局、区人力社保局承办，区广播电视台协办的鄞州区“不忘初心跟党走”党团知识竞赛决赛暨青年学法用法大比拼活动举行。根据初赛成绩择优入围的6支参赛队伍进行比赛，来自全区镇（街道）团（工）委、区直属部门团组织青年团员现场观摩。鄞州区“不忘初心跟党走”党团知识竞赛活动自8月开始，旨在深入学习贯彻习近平新时代中国特色社会主义思想，习近平对浙江工作重要指示精神和团十八大精神，进一步提升基层团干部的工作能力水平和法律素养，增强团员青年的团员意识、先进性和光荣感，在全区营造团员青年学习的浓厚氛围，并通过百余人的初赛最终选拔出6支代表队伍参加决赛。最终，由东吴镇团委、云龙镇团委和人力社保局团委组成的“答什么都队”获第一名，团市委组织部部长王欢为其颁奖。

【2018城市青年文化节】 2018年9月14—16日，2018城市青年文化节在东胜街道集盒青年广场举行。作为市民文化节的重要组成部分，此次城市青年文化节吸引全市近500名青年到场。2018城市青年文化节除开幕式当天的表演活动外，还分为“时间仓计划”“BOX ART”“青年创客周”“玩味集盒”“公益反哺”5个部分展开。内容涵盖街舞赛、涂鸦展示、旧物展、创客市集、创客论坛、特色招聘会、美食分享等方面。活动自8月15日举行的复古照相馆回顾展，到12月底举办的亲青微心愿。其间，安排主体系列活动20余场，1000余名团员青年参与。

【全省首家网络表演（直播）行业团工委成立】 2018年9月20日，宁波市（鄞州区）网络清朗侠“四个一”活动暨“青春主播”宣讲学院启动仪式举行，共青团省委副书记王慧琳为鄞州区成立网络表演（直播）行业团工委揭牌。这是浙江省面向网络直播行业建立的首个团的组织。鄞州现有网络主播4000余人，其中92%为28周岁以下青年，身份为团员的有3000余人。本次活动由浙江团省委、宁波市网信办、宁波团市委主办，区委宣传部、区网信办、团区委承办，并获得相关网络平台的大力支持。

【鄞州区获评两项省级荣誉】 2018年，由团省委公布的省级“两优一先”（优秀团员、优秀团干部和先进团组织）名单中，团区委获“2017年度省级先进团委”称号，另外，鄞州区银巢养老服务中心李靖慧获“2017年度省级优秀团员”称号。团区委被共青团中央列为在浙江的唯一区级联系单位，区青少年权益维护和青少年网络舆情引导两项工作被列为共青团中央工作试点，在志愿文化宣传、专业志愿服务组织培育等领域都走在全国前列。同时，收获了全国“百县千乡”分类示范创建项目、第十一届中国青年志愿者优秀组织奖、浙江省青年创业创新奖、首批省级示范性青少年综合服务平台等多项荣誉。李靖慧是一名“95后”女大学生，在校期间创立银巢积极养老公益项目，后于鄞州区民政局注册宁波市鄞州区银巢养老服务中心，成为宁波市为数不多在校大学生注册的公益机构。该中心已完成30余家社区老年大学的创建，开展课程活动2500余次，为30000余位老人提供免费的文化教育和素质拓展服务。同时帮助5900余名外来子女免费获得学习的机会，让4350余名老人重新融入社会。累积参与志愿时常达5000余小时，并带动1.50万名大学生参与志愿活动，志愿服务时长总计达75万余小时。获国家、省、市级奖项30余个，CCTV、浙江卫视、《宁波日报》等媒体共100余次宣传报道，被誉为“宁波大学生公益创业第一人”。

【宁波市（鄞州区）青创农场获评国家级星创天地】 2018年12月4日，科学技术部公示第三批国家级星创天地名单，由市科技局推荐上报的鄞州团区委项目部，宁波市鄞州区青创农场星创天地名列其中。宁波市（鄞州区）青创农场打造青年农业创业孵化园区，整合全市各类农业服务资源，吸引、培育、孵化优秀的青年农业人才、青年农业创业产品品牌和青年农业项目，为有志从事农业领域创业的青年提供场地、技术、金融、培训、渠道等方面的服务支持，培育新型职业农民和新型农业经营主体。至年底，青创农场在孵企业16家，带动就业岗位102个，注册资金6571万元，企业销售额266.33万元，利润80.63万元，接待考察调研团100余批次4000余人次；开展培训活动19场，参与人数1000余人，帮助30余名贫困人口就业，培育职业农民20人。

（陶　京）

鄞州区妇女联合会

【概况】 2018年，鄞州区有镇（街道）妇联21个，机关妇委会54个，行政村（社区）妇代会357个，“两新”妇女组织780个。鄞州区31个党政工作部门中29个部门的领导班子配备女干部，占比93.50%。党政工作部门共有正职女干部9个。21个镇（街道）中9个配有正职女干部，共9人，占比42.90%。

区妇联列市对区年度目标管理考核工作第三名，获市2018年度妇联工作特色奖。《中国妇女报》刊登鄞州区优秀女性事迹6篇，其中1篇为头版；被中国妇女网录用3篇，浙江省妇联网录用16篇，宁波市妇联录用167篇，在一点资讯等媒体刊登信息23篇，区妇联官方微信平台推送107篇+12张海报。

推荐马荧波当选中国妇女十二大代表；推荐张亚芬为全国三八红旗手候选人，吴慧明为省三八红旗手候选人；推荐汪剑君为2018全国“杰出创业女性”、省“三十花开·魅力女浙商”；在宁波改革开放40周年她力量杰出人物评选中俞复玲、汪剑君、周秀芳三人分别获得“榜样人物”“先锋人物”“领军人物”称号；姜山镇妇联、白鹤街道妇联获“全省先进妇女组织”称号，姚燕君、李艳娜获评全省优秀妇联干部。

印制和宣传区妇女儿童“十三五”发展规划，制定全区妇女儿童发展规划目标责任分解表、中期监测评估方案，召开全区“两规”中期监测评估征询会，并完成评估报告。统一儿童之家标识并举行首批儿童之家示范点授牌仪式。承办全市妇儿工委办工作实务及妇女儿童发展“十三五”规划中期监测评估培训。完成省妇儿工委办到鄞州区的“两规”中期调研和督查工作。各镇（街道）成立妇女儿童工作委员会，建成镇（街道）妇女儿童活动中心21家，建成村（社区）儿童之家138家，在建儿童之家182家，培育儿童之家示范点19家。

开展康乃馨救助行动，向市红十字会捐款54876元，向区慈善总会捐款176117.20元。对贫困“两癌”妇女进行排摸，申请市康乃馨救助基金5人。发挥“母亲爱心基金”作用，资助贫困母亲40人。“六一”期间，区四套班子领导分别到8家幼儿园、小学送慰问金22万元。举行2018“世界自闭症日”主题音乐会暨鄞州区关爱自闭症儿童公益倡导行动等关注特殊儿童活动。实施未婚青年婚恋调查、微课堂等“六个一”服务项目，优化公益红娘工作。

【巾帼建功行动】 2018年，鄞州区印发《助力乡村振兴·巾帼建功行动》方案，开展农业助创、技能培育等“十大行动”助力农村更富更美更强。联合区农林、财政等单位出台女性农业生产经营主体培育专项资金管理使用办法，发放2018年度区女性农业生产经营主体专项扶持资金19万元。培训农村创业就业女性2080人，培育市级新型农村创业基地1个、区级双学双学示范基地等16个。举办女性创客培训班，组织女能手参加庆祝中国农民丰收节暨鄞州区首届美丽乡村农产品丰收庆典活动，参与乡村厨娘技能赛，评选表彰区“十佳创业致富女能手”。与鄞州银行联合印发《关于在全区实施“巾帼创业贷”助力农村女性创业发展的通知》，帮助妇女增收致富。8人成功申报区母亲爱心基金2018年度郁金香项目（第五轮）获无息贷款共计107万元。举办巾帼人才专场招聘会，推出适合女性岗位260个。开展岗村结对，组织“巾帼心向党·初心永相随”才艺大赛，完成区级以上巾帼文明岗联合检查和重新认定，成功创建市岗15家、区岗47家。

【“平安家庭”创建】 2018年，鄞州区评选表彰区级“平安家庭示范户”105户、平安使者22人。开展“三八”维权周法律宣传活动，推广“菜单式平安知识送教下乡”公益巡讲活动，举办大型法律讲座40余场，下发各类“平安家庭”宣传册4万份，各级妇联官方微信发布“平安家庭”、法律知识、婚姻家庭等信息140余条。举办“好好分手——离婚那些事”大型专题访谈会。组织开展第二届“平安家庭”知识竞赛8场，4000余名群众现场参与，成为全市妇联系统工作品牌。《以家庭“小平安”铸社会“大平安”》在《中国妇女报》刊登，《方寸小家庭·平安大社会》在全市作经验交流；推选钟公庙街道黄云翔家庭参加全市“平安家庭”知识竞赛，获总决赛第一名，鄞州区获市级“平安家庭”知识集中宣传活动优秀组织奖。

【美丽庭院创建】 2018年，鄞州区开展“十百千万”美丽庭院创建工作，打造区级示范村12个、评选示范户210户，创建镇（街道）级示范户1000户和美丽庭院50000个，拍摄制作美丽庭院宣传片，举行“争创美丽庭院·共建美丽乡村”2018年美丽庭院创建启动仪式暨鲜花集市活动。各镇（街道）组织巾帼志愿者开展美丽庭院创建活动，鄞州区美丽庭院创建经验在《中国妇女报》《浙江新闻》《今日头条》等刊登；宣传美丽庭院创建先进实例，组织动员巾帼志愿者参与“五水共治”、垃圾分类等工作，评选“最美巾帼志愿者”队伍10支，“最美河嫂”11人、“最美治水达人”10人、垃圾分类达人32人。

【家庭文明建设】 2018年，鄞州区推进寻找“最美家庭”“最美河嫂”“最美巾帼护水队”活动，线上线下互动，以“最美家庭”风采展示、“最美家风”征集，扩大“最美”的宣传示范效应。举办2018年好家风好家训集中宣传月活动，开展“听身边人说家风”活动。组织全区巾帼治水、“家风场馆大家建”等活动推动社会主义核心价值观落细、落小、落实。徐兰芳家庭被评为全国五好文明家庭、浙江省最美家庭，周秀芳家庭被评为浙江省十佳最美家庭，俞位岳家庭被评为2018年第三季度浙江“最美家庭”；姜山镇陆家堰村被评为宁波市第二届好家风好家训名村落。

【家庭教育工作】 2018年，鄞州区推进省级家庭教育指导服务体系试点工作，推动家长学校规范化和制度化建设。指导申报市级示范家长学校5家，开展“彩色阅读·人文行走”系列亲子阅读送课活动。主办“传承红色基因·共享改革成果”专题教育活动，通过“诵、游、写”三种方式，教育引导全区少年儿童接受革命传统教育和红色基因的滋养。召开全区家庭教育工作会议，对全区亲子阅读推广基地负责人进行培训，组建区家庭教育公益讲师团队，开展公益课堂进校园活动45场。

【妇女权益维护】 2018年，鄞州区调整区政策文件性别平等评估工作领导小组成员，召开联席会议。调整区预防和制止家庭暴力委员会名单。承接全市家事审判心理干预试点任务，创新开展心理咨询介入家事案件审判项目。建立区级家事调查员和家事调解员队伍，全年主动参与法院家事调查和调解的案子29例，通过调解使离婚双方达成调解协议或撤诉的案件20件，调撤率69%。继续深化反家暴女警官工作室创建工作，联合鄞州公安分局、区法院推进家暴告诫制度、人身保护令制度的落实，发放人身保护令7份。利用“12338”公益服务热线和各村（社区）维权站（点）提供法律咨询服务，接待妇女群众来访、来电65起，法律援助2起，“12338”热线电话67起，法院陪审15起。

【巾帼帮扶行动】 2018年，区妇联参与扶贫协作，制定完成“鄞和·巾帼帮扶行动”和“鄞延·巾帼协作行动”，设计“鄞延/鄞和温暖包”帮扶项目、“延吉/和龙巧姐”助创项目、女大学生鄞州创业体验行项目、“鄞延/鄞和巾帼共建”专栏宣教项目等。组织女企业家和女能手代表到延吉和龙两地开展对口帮扶协作活动，同时参与和龙“共享稻田”认领，41位女企业家认领500份，金额50万元。此外，用于与延吉、和龙妇联开展帮扶协作行动20万元。三年内，区女企业家联谊会拟安排专项资金100万元帮助延吉和龙贫困妇女儿童和家庭点亮梦想。

2018年4月25日，鄞州区2018年美丽庭院创建启动仪式举行

【基层妇联组织改革】 2018年，区妇联开展镇（街道）妇联组织区域化建设改革创新工作，推进妇联区域化建设。全区成立第一个商品交易市场妇联（东郊街道现代商城妇联）、第一个行业协会妇联（百丈街道餐饮妇联）、第一个楼宇妇联（东柳街道健康城妇联）、第一个商圈妇联（东胜街道集盒中心妇联），全区基层妇联组织改革已初显成效。各镇（街道）妇联立足实际，创新推进妇联工作，在区妇联2018年创新项目评审会中12家单位获得创新项目奖。下发《鄞州区妇联常委、执委联系服务基层工作制度》，健全联系基层妇女长效机制。参与市妇联“巾帼心向党·六争展作为”妇联干部基层行行动。联合区委宣传部，提升“建管用育”一体化的妇女之家，评选2018年区农村文化礼堂“最佳融入型妇女之家”。与区委组织部等联合举办2018年区两新组织巾帼活动周活动，表彰全区“十佳”示范两新组织妇女组织。年内基层妇联组织改革完成“会改联”行政村数193个，改建社区132个。

【女性社会组织建设】 2018年，鄞州区在7个街道、10个社区建立枢纽型女性社会组织服务中心（工作室），开展枢纽型女性社会组织建设项目。“益·Ta”女性社会组织联盟正式注册备案，首批会员单位49家，建立154人跨专业志愿者团队。召开女性社会组织建设动员大会，举办“益·Ta”联盟公益行、枢纽型女性社会组织风采展示、学习参观等活动。开展老妇女主任关爱行动等3个社会服务购买项目，对444位老妇代会主任建立关爱行动档案，开展“看新鄞州的今天”等活动10余次，志愿服务、慰问老妇女主任1000余人次。承接的老妇女主任关爱项目、枢纽型女性社会组织项目在全市考核中分获第一、二名。

【纪念“三八”国际妇女节108周年大会】 2018年3月6日，全区纪念”“三八国际妇女节108周年大会暨“70华章·巾帼芳华”音乐舞蹈大赛在区文化艺术中心大剧院举行。市妇联主席顾卫卫，区领导朱法传、陈虹、夏素贞、朱晓丽、黄碧英出席大会。会议表彰鄞州区第九届明星家庭、2018年度鄞州区最美家庭和美丽庭院（阳台）、2018年度鄞州区巾帼建功活动先进单位、2018年度鄞州区妇女工作先进集体等，并评选出“70华章·巾帼芳华”音乐舞蹈大赛获奖单位，与会领导为其颁奖。

【鄞州区妇女干部培训班】 2018年10月17日，鄞州区妇女干部培训班在区委党校开班，来自全区各镇（街道）、区级机关单位妇委会的200余名妇女干部参加为期3天的培训。培训班举办“新时代，新党建”“中国传统服饰文化概况及现代传承”“如何做好国家级两纲示范区的工作”“情绪管理与工作效率”专题培训，同时还组织学员到浙东四明山抗日根据地旧址群、余姚横坎头村、慈溪市周巷镇天元党群服务中心、天元古家具小镇妇联执委创业基地、先锋驿站实地参观。

（王　静）

鄞州区工商业联合会

【概况】 2018年，区工商联有会员企业3157家，镇（街道）商会21家、工业园区商会1家、异地商会4家、行业商（协）会4家。创建“五有五好”基层商会20家，市级示范商会2家，省级示范商会1家，全国“四好”商会1家、全省“四好”商会1家。

全区非公经济人士参政议政队伍结构不断优化，有市人大代表11人、市政协委员11人、区人大代表73人，区党代表26人、区政协委员85人。有72位非公经济政协委员的提案被入选，入选提案83篇，内容涵盖经济发展类、社会事业类、政府服务类等热点、难点问题。区工商联获评2018年全省工商联系统先进单位。

鄞州区民营企业履行社会责任，完成各项对口帮扶协作任务。区龙头骨干企业结对延吉州和龙市8个深度贫困村、丽水市莲都区9个贫薄村、衢州市衢江区5个贫困村、区内3个薄弱村，落实帮扶资金220万元。组织50余家企业到和龙、延吉、莲都、衢江等地进行开展实地经贸考察，行业涉及新能源、新材料、教育投资、旅游开发以及农产品深度加工等，深度挖掘当地资源，开展互惠互利合作。组织会员企业认领来自和龙市光东村的“共享稻田”1200块，参与企业200余家，筹集资金120万元。实施“造血”项目，开展入股学校建设、高山蔬菜等项目，以项目分红形式为结对村带来稳定收益。“造血”项目金额已达90万元。

区新生代创业者联谊会共有理

2018年6月27日，区工商联与丽水市莲都区工商联村企结对帮扶工作座谈会举行

事成员165人,其中会长1人,常务副会长1人,副会长19人,常务理事29人,理事115人;按年龄层次分:“70后”45人,“80后”99人,“90后”21人;按政治身份分:中共党员48人,民建8人,民进2人,民革1人,无党派人士8人,农工党1人,其他97人。其中市人大代表2人,市政协委员4人,区人大代表6人,区党代表3人,区政协委员12人。5月,区新创会开设“网球俱乐部”及“皮划艇俱乐部”,举办21期,参加人员400余人。与《鄞州日报》等当地新闻媒体合作,开设“新生代企业家”宣传报道专版等,宣传“创二代”传承的典型案例与成功经验。

【“安商护商”活动】 2018年12月6日,区工商联联合区委统战部、区委政法委以及区法院、区检察院、鄞州公安分局、区司法局等部门,在鄞州区政府举行“安商护商”法治座谈会暨“民营企业法治体检专项活动”启动仪式。区委统战部常务副部长朱英海,区委政法委副书记胡贤君,区委统战部副部长、区工商联党组书记徐自力和区法院、检察院、公安分局、司法局等相关单位负责人、各镇(街道)分管经济副镇长、律协、律知联代表以及各基层商(协)会会长、商协会秘书长等150余人参加活动。推出司法护商联席会议制度,并开展民营企业法治体检专项活动,通过大走访、大宣讲、大对接、大调解帮助企业排隐患、堵漏洞、避风险、化矛盾,营造健康、和谐、安全的发展大环境。12月18日,区工商联、区司法局联合宁波市律师协会鄞州分会等开展“法治体检”进企业进行第一轮走访,了解企业存在的困难及建议期望并进行梳理。

【上海鄞州商会(乡贤联谊会)成立】
(参见“中共宁波市鄞州区委员会”类目“统一战线工作”分目)

【鄞商人才服务平台建设】 2018年,鄞州区打造“鄞商人才服务平台”,引进国内外多家知名猎头公司,帮助企业引进骨干人才,降低企业人才引进成本,优化管控辖区企业及本地人才流失方面。同时,依托鄞州异地商会,正式挂牌成立北京、广东、川渝、上海四家人才工作联络站,发挥人脉、信息、技术等资源优势,帮助区内企业引进更多人才。“鄞商人才服务平台”5月上线运行,入驻企业50家,发布高级职位需求157个,推荐人才信息128条,成功引进高端人才27人,帮助企业享受更多专业猎头服务,降低引才成本20%。

【鄞商发展论坛】 2018年8月19日,区工商联在宁波南苑环球酒店举行第四期“鄞商发展论坛”。特别邀请著名经济学家李稻葵作“中美贸易战背景下的经济形势分析和企业应对”主题演讲,鄞州区及宁波市工商联相关领导,区工商联执委以上企业家,各基层商会会长、副会长、理事、秘书长,区新创会全体理事等1000余人出席论坛。李稻葵通过对当前中国经济的研判后指出,要强化民营经济基础,提升企业家发展信心,要妥善解决环保与发展的问题,要科学合理的解决房地产问题。

【“名企访学”活动】 2018年,区工商联组织开展“名企访学”活动,拓展企业家学标杆、谋转型的发展思路。5月7日,组织40余名主席(会长)到浙江蓝海绿业集团有限公司考察学习,学习了博格华纳汽车零部件(宁波)有限公司的外资企业的发展、企业文化和企业管理模式以及学习交流企业从制造业到文化产业、从工业艺术到中国传统艺术的转型模式;5月21日,组织50余名企业家到北京大学开办为期3天的卓越工商领袖训练营,课程安排以人文理念为主题,以陈宇“人工智能时代的前沿新科技和社会新形态”开篇,开设“国学经典与人文素养、大数据与销售模式创新、企业文化、中国企业家精神”等课程,并参观学习汉能控股集团有限公司、“黑马会”座谈及中关村创业大街;10月25—26日,区工商联主席谢识才带队,组织40余名企业家到珠海考察学习,参观格力集团、赛纳打印科技股份有限公司。

(姜香鹤)

2018年5月21—23日,北京大学—鄞州区卓越工商领袖训练营举办

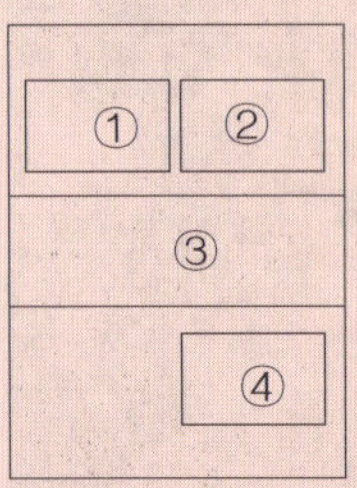

① 2018年度浙江省优质综合公园——前河公园

② 2018年度浙江省绿化美化示范路——朝晖路

③ 2018年11月1日，东钱湖环湖绿道入选第二届“浙江最美十佳绿道”

④ 2018年7月10日，院士公园健身绿道获评第一届“宁波最美绿道”

法治·军事

政法委及综治

法治政府建设

公　　安

检　　察

法　　院

司法行政

人民武装

人民防空

边　　防

消　　防

政法委及综治

【概况】 2018年，鄞州区印发《平安鄞州建设专项攻坚行动方案》《平安鄞州创建“三年提升工程”实施意见》，组织专项整治行动。开展公寓楼、群租房、车棚车库安全隐患专项整治，排查公寓楼259家，取缔26家、已整改76家。组织群租房、车棚车库专项执法整治，群租违法违规行为得到遏制。开展类金融机构风险专项整治，被纳入宁波市基层社会服务管理综合信息系统的类金融机构下降到1200余家，新增注册机构都通过区金融办会商审核；注册在鄞州且正在经营的P2P机构下降到4家（全市16家），类金融机构总量得到有效控制。制订《鄞州区市级跟踪督办白鹤街道黄鹏新村老小区治安及环境秩序突出问题综合整治工作方案》《鄞州区2018年度区级督办社会治安重点地区和突出治安问题整治工作实施方案》等，黄鹏小区赌博警情和盗窃警情比上年分别下降53%和29.60%。开展肇事肇祸严重精神障碍患者专项排查管控救治，重点排查掌握严重精神障碍患者日常救治救助和预防管理工作落实，梳理完成肇事肇祸精神障碍患者“以奖代补”名单76个。

以“一中心+四平台+全科网格”建设为抓手，提升基层社会治理的规范化水平。抓好区级指挥中心系统数据录入、指导督促、事件处置、督办考核工作，打造潘火街道、姜山镇等指挥室示范样板，全区各镇街共协调联动处置三级事件20447件。在农村和部分城市地区创新开展专职网格员试点工作，落实“以奖代补”等经费保障，网格长平均每月“奖励”近300元。2018年，区社会治理综合指挥中心向基层发放“以奖代补”经费119.65万元，并发放网格长手机终端更换费用67.30万元。先后组织开展校外培训机构专项排查、类金融网格专项排查、平安现场检查“三定三查”等，特别是平安宣传“网格拉练”，发动网格长（员）12000余人次，对辖区内所有自然村、小区，人居网格进行“地毯式”走访，累计上门走访10万户。

推进提升推广新时代“枫桥经验”六大工程，召开“枫桥经验”六大工程进展情况工作部署会、专题部署会等，建立周报送制度，推进社会心理服务体系建设工程、基层社会治理体系建设推广工程等六大工程项目实施，涌现回龙村、湾底村、上李家村等一批示范典型，云龙镇“书记一点通”等优秀典型。牵头检察院等部门，探索建立未成年人一体化保护工作体系，通过政府购买服务的方式，开展涉法涉诉未成年人考察帮教、心理疏导等工作，建立的“七色花”未检工作室、鄞州区第二医院“未成年人保护站”等阵地，被评为全国未成年人检察工作创新实践基地、中国刑事诉讼法学研究会少年司法专业委员会研究基地、全省检察机关践行新时代“枫桥经验”示范基地等。优化升级“老潘警调中心”，探索实施警调一网通、视频远程调解、专家远程问诊等“互联网+矛盾调解”新模式，将警调工作室延伸至21个镇（街道），实现“群众点一点、调解就到家”，相关工作经验入选全省“枫桥经验”100个优秀案例。扎实推进铁路护路联防工作。该区完善路地联席会议制度，推进铁路沿线“雪亮工程”建设，完成66个动态视频监控探头建设任务。打造提升村社铁路“路段长”工作品牌，定期开展“爱生命、防危行、保畅通”铁路安全宣传活动，在沿线42个村社开辟宣传窗，张贴发放宣传资料6500余份。

【“雪亮工程”实施】 2018年，鄞州区实施以县、乡、村三级综治中心为指挥平台、以综治信息化为支撑、以网格化管理为基础、以公共安全视频监控联网应用为重点的“群众性治安防控工程”。将村社“雪亮工程”纳入十大民生实事工程，共新建、改建视频监控5069路。推进“全息感知”项目建设，在学校、医院、加油站等地安装智能装备500套，切实织密治安要素感知网。至年底，通过该系统抓获犯罪嫌疑人208人，协控413人。

【平安建设“三率”提升工程实施】 2018年，鄞州区大型公益广告显示屏、电梯广告全面播放平安宣传图片视频，居民楼道100%张贴平安宣传楼层贴，1500辆公交车、1000余辆出租车滚动播放平安宣传视频及标语，62万户用户电视机开机页面播放平安宣传图片，通过手机基站发送宣传基站短信120万条等。全区网格长（员）共入户发放平安宣传资料1万余份，群众参与各类平安主题活动3万余人次。同时，优化“两微一端”等多种媒体宣传，持续开展平安直通车宣传工作，直通车开进21个镇（街道）、94个村（社区）。在2018年度平安考核中，平安“三率”指标扣14.69分，实现大幅提升。

【公寓楼消防安全隐患整治】 2018年，鄞州区按照《鄞州区公寓楼群租房消防安全标准》，列明厨房和使用明火的要求、电瓶车充电要求、楼梯设置要求等七大类22小项具体工作要求，督促指导相关部门和街道推进整改，做到违法建筑的公寓楼一律不准出租、未达到安全基本条件的一律不准出租、存在重大安全隐患无法整改的出租房一律不准出租，对于存在隐患可以整改的，督导公寓楼业主制订整改方案，明确整改期限，自行开展整改；对于无法整改、拒不整改，或者主观上逾期未完成整改的公寓楼，由多部门联合进行强制取缔或关停，并视情采取停电停水等行政强制措施。整治行动共排查出公寓楼259家，取缔26家、已整改76家。

（陈奕融）

法治政府建设

【概况】 2018年，鄞州区把法治政府建设列入对区级机关、镇（街道）考核项目，区政府听取和研究部署法治政府建设重大问题3次。第一季度向区委、人大常委会和市政府报告2017年度法治政府建设情况，向人大代表、政协委员、党代表书面报告工作，报告向社会公开。区政府常务会议前组织区政府领导集体学法7次。拍摄法治政府公益广告宣传片，在鄞州电视台播出。区法制办干部获评全省政府法制信息宣传工作先进个人。法治政府建设研究成果被《宁波法学》《宁波政府法制》刊物登载，在市第十届“深化改革与法治建设”论坛中获表彰。

建立拟发规范性文件未采纳合法性审查意见沟通机制，对33件党内规范性文件、拟以区政府或区政府办名义发布的39件行政规范性文件进行合法性审查，审查意见被采纳率100%。登记并审查部门、镇（街道）规范性文件70件。组织开展政策文件性别平等咨询评估、部门需要办事群众（企业）提供的证明事项清理。开展公共信用信息管理、公共数据和电子政务管理、著名商标（知名商标）制度、涉税、产权保护、生态环境保护、民营经济发展等行政规范性文件专项清理。汇编2016—2017年区政府行政规范性文件。组织开展法规、规章制定征求意见15件次。

年度国民经济和社会发展计划草案及百宁街、金钟、王隘二村等地块房屋征收补偿等区政府重大决策均经公众参与、合法性审查、区政府全体会议（区政府常务会议）集体讨论决定。对危旧房改造、污水处理费征收等事项，开展专家论证和风险评估。制定区政府重大行政决策执行情况第三方评估实施办法。组织9名区政府法律顾问参与政府法律事务，按照制度对法律顾问进行管理、考核、报酬支付。区法制办和区主要行政执法部门均配备公职律师。审查区政府合同及标的额在5000万元以上的部门、镇（街道）或国有企业合同26件。备案审查标的额在1000万元以上的部门、镇（街道）及有关国有企业合同46件。

组织新申领执法证人员共136人参加综合法律知识培训和考试，通过率达88%。开展“浙江省行政执法证”直接申领工作。新增确认行政执法主体4个。组织开展《浙江省行政程序办法》实施情况检查。对拒服兵役行政处罚、事故调查报告批复等24件区政府重大行政执法决定进行法制审核。向市政府备案区政府重大行政执法决定23件，准予备案率达100%。推行行政执法全过程记录制度。每半年统计分析行政许可、行政处罚案件。

制订行政执法监督年度工作计划，组织区特邀行政执法监督员开展违法建筑拆除、价格领域行政执法专项监督检查。开展行政执法案卷评查，通报案卷评查情况，评选优秀案卷16卷。通过行政处罚系统监管行政处罚事项运行，全区公开行政处罚结果信息40333条。审查区级部门备案的重大行政执法决定及委托行政执法行为2134件。审查责成强制拆除违法建筑案件36件。每月对行政机关负责人出庭应诉、败诉情况进行检查通报。行政机关负责人出庭应诉率达87.80%。

设立区政府行政复议局，在区政府办公室挂牌。收到行政复议案件59件，审结54件。其中，维持原行政行为19件；驳回4件；经调解后撤回12件；撤销11件、确认违法5件，计16件，直接纠错率为29.6%；不予受理1件；告知处理2件。公开行政复议决定书19件。区政府11件被行政复议案件未发生被纠错情况。

【鄞州区成为法治政府建设“最佳实践”全省试点】 2018年4月，《浙江省人民政府办公厅关于印发县乡法治政府建设行动计划（2018—2020年）的通知》印发，鄞州区被确定为县乡法治政府建设“最佳实践”专项培育计划中“第一责任履职能力建设”工作项目的实施单位，系宁波市唯一一家培育实施单位。鄞州区先后出台党政主要负责人履行推进法治建设第一责任人职责清单、行政机关主要负责人履行法治政府建设第一责任人职责“最佳实践”工作方案，同时组织开展县乡政府建设调研，总结提炼“最佳实践”培育成果。

【鄞州区规范性文件合法性审查意见书获评全省优秀】 2018年3月，《宁波市鄞州区人民政府法制办公室对〈鄞州区挥发性有机物污染治理专项资金使用管理办法〉的合法性审查意见》，获评2017年度全省优秀规范性文件合法性审查意见书。区法制办在区环保局发布《鄞州区挥发性有机物污染治理专项资金使用管理办法》前，对行政规范性文件进行审查，提出审查意见和建议2条，被制定机关采纳。区法制办全年审查规范性文件142件，区政府行政规范性文件出台前，均经起草单位合法性初审、区法制办合法性审查。区政府常务会议审议行政规范性文件时，区法制办负责人均列席会议发表意见。区法制办向区政府提出的有关审查意见被采纳率100%，向市政府和区人大常委会备案的行政规范性文件准予备案率100%。

【鄞州区获评市法治政府建设考评优秀单位】 2018年3月，《宁波市人民政府办公厅关于公布2017年度宁波市法治政府建设考评结果的通报》印发。经市全面推进依法行政工作领导小组办公室牵头组织内部评价、专业机构评估、社会满意度测评，鄞州区政府在2017年度法治政府建设中位列全市第一等次，区政府获评2017年度法治政府建设考评优秀单位。鄞州区坚持把法治政府建设纳入目标管理考核范围，优化调整考核指标和标准，制定年度对区级机关、镇（街道）法治政府建设考核细则，坚持年中阶段考核、年末全面考核。通过区政府常务会议、区政府党组会议等形式，全年3次听取和研究部署法治政府建设重大问题。制订年度法治政府建设重点任务分工方案并进行责任分解，定期督查法治政府建设各项任务完成情况。第一季度以文件形式向区委、人大常委会和市政府报告2017年度法治政府建设情况，向人大代表、政协委员、党代表书面报告工作，报告向社会公开。出台党政主要负责人履行推进法治建设第一责任人职责清单、行政机关主要负责人履行法治政府建设第一责任人职责“最佳实践”工作方案。

（张　杰）

公 安

【概况】 2018年，鄞州区有户籍人口902151人，比上年增加30488人。登记出生人口8355人，死亡4418人，自然增长率5.04‰（数字出自公安系统统计口径）。制发第二代身份证84850张，流动人口登记在册684956人。受理公民因私出国出境147867人次，增长2%。护航平安鄞州建设，获评“全省政法系统先进集体”“宁波市十佳政法单位”“全市优秀公安局”等荣誉。获得“宁波市五一劳动奖状”，被市政府记集体嘉奖。推进全区重点项目建设，保障白鹤轨道交通4号线工程、百丈潜龙一村等司法强拆工作，配合拆除违法建筑60余万平方米。构建重大群体性事件“党政统领、靠前指挥、联勤联动”处置模式，成功处置重大群体性事件12起。挤压恐怖活动空间，遣返涉恐重点人24人，抓获涉恐在逃犯罪嫌疑人4人，位列全市第一。严格控制增量、有效化解存量，全区类金融机构下降332家，P2P机构从71家下降至1家，全年未发生P2P集中“爆雷”事件。严打恶意逃废债、非法集资等经济类违法犯罪，破获各类经济类案件85起，抓获犯罪嫌疑人224人，追回赃款7000余万元，破案数、打击处理数均居全市第一位。加快推进农村地区视频监控建设，新建、改建村（社区）视频监控4623个，确保行政村联网监控数量不少于8个、人脸点位不少于2个，实现农村地区主要道路、治安复杂区域等重点部位全覆盖。全年通过智能感知设备破获各类案件900余起，抓获各类在逃犯罪嫌疑人和临控人员680余人。开展“三位一体”执法管理机制智能化升级改造工程，打造智能化、物联网式的执法办案区、案管室和物证室。“老潘警调”建设经验获全省公安机关改革创新大赛金奖，省委副书记、市委书记郑栅洁实地视察“老潘警调”品牌建设并批示肯定。老潘警调案例专集《警调三十六计》教材获市局教育训练成果二等奖，经侦大队获公安部“云端”专项行动成绩突出集体，出入境管理大队被评为省级文明窗口。行政许可科被评为全省人口管理服务最富“匠心”基层单位。东柳派出所、钟公庙派出所被省公安厅评为“枫桥式”基层所队。钟公庙派出所被评为全市公安机关示范派出所。治安大队、下应派出所被评为全市优秀公安基层单位。全年1个集体、3人立二等功；11个集体、46人立三等功；243个集体、175人受嘉奖表彰。

刑事案件立案7116起，破案2173起，其中命案4起、“五类”恶性案件27起全部破获，连续8年实现发命案破案率100%。抓获潜逃多年的命案在逃嫌疑人汪某某和周某某，破获原江东“1999.3.8”抢劫杀人案件和原鄞州“2000.10.5”古林故意杀人案两起命案积案。刑拘2160人，执行逮捕1045人，移送审查起诉2025人。查处治安案件1958起，处罚2987人。发力扫黑除恶专项斗争，在“二手车”“套路贷”等新型犯罪打击上为全市提供类案打击模板。打掉恶势力团伙101个，打击处理黑恶类犯罪嫌疑人1163人，移送起诉556人，摧毁犯罪集团6个。侦办全市首起黑社会性质组织犯罪案，打响全市侦破涉黑案件第一枪。规模打击通信诈骗犯罪，抓获通信网络诈骗案犯罪嫌疑人445人，移送审查起诉98人，起诉37人。全年采取刑事强制措施的“四类”侵财犯罪嫌疑人共计986人，移送审查起诉657人。出勘现场4720起，提取现场手印696起，足迹734起，DNA 982起，指纹比中认定案件320起，DNA比中认定377起。发挥视频侦查实战功能，采集涉案视频6191条，利用视频侦破案件421起，抓获犯罪嫌疑人146人。加强人力情报工作，通过刑事特情提供有效线索232条，破获各类案件213起，抓获各类违法犯罪嫌疑人197人。严守反恐防线，全市首创区级单位反恐重点目标单位保安员专项轮训工作制度，举办培训3期，结业学员202人。全年核查触网关注人员990人次，发现“橙黄色”涉恐重点人员33人。搜集上报涉恐情报线索34条，居全市第一位。推进22家重点目标单位防范标准化推广和以罗蒙环球城为试点的人员密集场所反恐怖“四联三防”建设工作；全面排查10类涉恐敏感物资行业832家，大力督促区综合行政执法局落实气瓶信息化工作，完成气瓶标签录入25万个。全年破获公安部涉毒目标案件2起、省涉毒目标案件1起，缴获冰毒、麻古等各类毒品5千克；141名涉毒犯罪嫌疑人被采取刑事强制措施，移送审查起诉163人，其中3~5人团伙10起、6人以上团伙案件4起；查处吸毒人员839人，执行强制戒毒304人。全年受理经济案件97起，下降24%，占全市总数20%；立案84起，下降28%，占全市总数21%；破案85起，上升44%，占全市总数25%；追赃7051.19万元，上升381%；惩治犯罪嫌疑人224人，上升41%，占全市总数29%；移诉221人，上升80%，占全市总数24%。立案、破案、打击处理、移送审查起诉数均居全市第一。涉众型经济案件全年立案41起，涉案金额近17亿余元（未兑付部分），受损群众近5万余人。破案44起，抓获犯罪嫌疑人144人，移送审查起诉112人。打击涉税犯罪成效明显，危害税收征管类案件立案6起，骗税金额2737.10万元，破案19起，抓获犯罪嫌疑人28人，移送审查起诉18人。全力攻克大要案件，先后侦破部督“3·18”特大互联网销售加热不燃烧卷烟案、“9·29”特大骗取出口退税案等大案。推进打击恶意逃废债专项行动，办理专案6起，起诉犯罪嫌疑人7人，妥善处置资产案件10起，挽回有效经济损失3.39亿元，抓获猎狐在逃嫌疑人3人。查处食药环案件45起，抓获犯罪嫌疑人127人，移送审查起诉103人。食药环案件总数上升12%，其中3起食药环案件列为省公安厅督办，1起食药环案件列为公安部督办。全年受理各类网络刑事案件协查1047起（外地协查49起），共协查线索4857条，协助破获案件146起，抓获犯罪嫌疑人763人。其中李某等侵犯公民个人信息案被列为公安部督办案件，在全国抓获16名公安机关内部人员贩卖公民个人信息犯罪嫌疑人。全力开展"净网2018"专项行动，破获侵犯公民个人信息案件54起，抓获犯罪嫌疑人129人，其他网络赌博、谣言等案件76起，抓获犯罪嫌疑人106人。网络电子数据检验鉴定实验室共受理案件184起，检材849个，出具检查勘验文书304份，协助相关部门现场取证22起。全年查处涉外案事件119起，其中非法入境8人，非法居留51人，非法就业18人，未按规定办理住宿登记9人，从事停居留事由不符5人，贩毒、吸毒、盗窃等涉外案事件13人。拘留审查29人，遣送出境30人，限期出境8人。

成功处置罗蒙环球城100余名农民工维权讨薪、明州医院医患纠纷等群体性事件12起。强化重性精神病人动态管控，排摸重性精神病人114人，其中录入全国重性精神病人信息系统常住人口47人，流动人口22人，落实"一人一策"管控措施。创建"车辆轨迹追逃法"，共抓获全国在逃嫌疑人343人，法院协控人员772人，"人脸放大镜"科技模型在全市公安机关信息化应用模型创新大赛中获金奖。2018年2月8日，鄞州公安分局防控处突指挥训练中心（总建筑面积21943平方米）正式投入使用。年末，鄞州公安分局在2018全市巡（特）警岗位技能比武活动和在首届宁波市巡特警系统运动会中双双取得第一名。

全年办理"最多跑一次"事项37万件，办件量居全市首位。梳理"最多跑一次"权力事项129项，精简材料153个，缩短时间352天。全市率先取消涉及户籍的13项负面清单，129个事项100%实现"最多跑一次"，提前完成全年"一次办"任务。完善"老潘警调中心"建设，实现网上预约、远程调解等功能，印发《关于进一步深化完善"警调衔接"工作机制建设意见》等规范性文件，编写《警调"三十六"计》教学教材，受到公安部和省、市、区领导高度肯定。开展全区居民小区及周边公共部位"僵尸车"专项整治行动，共拖移"僵尸车"1641辆。开展违规养犬行为专项整治行动，共捕抓流浪犬600余只，发放宣传资料2万余份、"犬类准养证"5000余个；开展违规燃放烟花爆竹整治行动，共发放宣传资料1.50万份，立案查处违规燃放烟花爆竹案11起，处罚12人（不包括当场处罚）。

依法取缔私设宗教聚会点4处，对参与非法宗教聚会活动的17名中国籍人员和8名外籍人员进行教育训诫，并对其中6名参与非法宗教聚会活动的外国人作出限期出境决定。推进基层派出所危险化学品管理试点工作，制定危险化学品管理工作规范，成为全市样板；完成白鹤派出所娱乐场所整治工作，出台娱乐场所规范化管理工作模板；完成中河派出所群租房整治工作，依法办结全市首起相关案件，为全市整治群租房提供经验借鉴。开展群租房及违规车棚车库整治行动，排查出租房屋298778间，排摸出违规群租房2732户，发放责任限期整改通知书2535份，完成整改2035间，行政处罚19起，治安拘留10人。

审核治安（行政）案件1985起，惩治违法人员2987人（其中行政拘留2314人，罚款601人，警告60人，责令停业停产2人，其他10人），强制隔离戒毒306人，社区戒毒411人；共审核刑事案件1205起，采取强制措施2727人，其中刑拘2152人，取保候审（直保）538人，监视居住37人，提请执行逮捕1410人，其中批准执行逮捕365人。移送审查起诉1141起2022人，移送审查起诉率为99.41%。受理行政复议17起（市公安局14起，区政府2起，鄞州公安分局1起），其中10起维持，3起撤回，2起驳回，2起未结；受理行政复议7起，其中2起原告撤诉，1起驳回，4起未结。全年罚没款收入152.96万元。组织案件执法倒查活动9次，倒查各类案件数1000余起。高标准建成250平方米现代化执法管理中心，业务大队（除经侦大队外）案件办理环节全部在案管中心完成，办案民警"一人一柜"存放案卷，实时监控、集中监管办案进度和质量。鄞州公安分局提请批准执行逮捕、移送审查起诉一体化办案推送率达到100%。全局934名民警通过基本级执法资格考试，通过率95%；43名民警通过高级执法资格考试，8名民警成功申报成为公职律师。

鄞州公安分局年度工作简报动态录用数居全市第二位，调研文章录用数居全市第一位。"老潘警调"品牌建设信息在中央政法委动态、省公安厅简报专栏、市政府简报上刊发，"僵尸车""狗患"专报获郑栅洁、褚银良等省、市领导批示肯定，12篇简报信息被省、市领导批示。《分局"九个办"举措深化"最多跑一次"改革》信息得到公安部党委委员、副部长孟庆丰，副省长、公安厅厅长王双全等领导批示。保障各类会务256场次，完成公安部、省、市重要领导带队的46个考察团接待工作。有序推进档案数字化加工，累计扫描各类档案784万页，顺利通过省厅档案科、省保密局档案检查工作验收。年中，完成白鹤派出所、福明派出所的迁建、装修等工作，新建看守所、拘留所工程项目取得市政府批复。全年投入200余万元对机关及所队业务用房进行维修、保养。及时销毁故障且无法修复的枪支，共销毁五四式手枪81支，销毁各式超过使用期限的报废枪支71支。

鄞州公安分局共接待来访群众496批次，接收来信36件，办理办结要信要访27件。区内群众到上级公安机关上访468批次，其中到公安部22批次，到省公安厅36批次，到市公安局上访410批次，各级来信229件。通过公安部信访三期系统录入转办523批次，已报结488批次。接收浙江省统一政务咨询投诉平台信访件4789件，均按规定办理完毕。全年，鄞州公安分局领导积极参与信访窗口接待工作，共计接待72批87人次，参加区委政法委统一接访活动13批次，接待信访群众20余批次。推进法治信访建设，与6家律师事务所、35名律师建立合作关系，创新建立固定法律顾问和流动公益律师相配套、标准化保障和点单式服务相结合的信访工作"警律合作”新模式，律师参与接待信访群众65批次75人次，接受群众电话咨询40余次，化解疑难信访案件10余起。组织开展信访反映涉黑涉恶线索专项排查，排查出20条线索及时上报鄞州公安分局“扫黑除恶”办，打击犯罪团伙1个，抓获犯罪嫌疑人46人，其中刑拘25人，取保2人。

【110接处警】 2018年，鄞州公安分局接有效警情152754起，上升4.22%。刑事案件警情8356起，治安案件警情72307起，火警及消防救援1222起，群众求助44401起，举报线索13953起。有效实现“12345”政务服务热线与110报警服务台双号码、双热线、双平台对接运行机制。出台《重大警情处置工作规定》，明确情指同步、视频同步、平台同步、处置同步、信息同步“五同步”原则。果断处置“3·22”飞跃广场砍人、“10·11”瞻岐劫持人质等一批重大突发警情。建立以情指为中枢，多警联动、部门协同维稳处置平台，共处理各类情报线索6737条，及时下发线索预警核查指令4948条，防范化解涉军、涉众等一批涉稳隐患。

【交通管理】 2018年，全区道路交通事故报警数241185起，增长5.31%。上报道路交通事故235起，下降9.62%；死亡52人，下降13.33%；受伤230人，下降13.53%；直接经济损失445059元，下降3.14%。全口径道路交通事故死亡89人，减少19人。查获道路交通违法640294起，上升27.22%。查处酒后驾驶510起，上升59.4%；醉酒驾驶395起；工程车违法21368起；非机动车违法61862起。提升改造交通设施。增设行人二次过街设施110处、左转弯待转区25处，新增交通标线4万平方米、清除交通标线5000平方米，新增加机非交通隔离栏7.20千米，增设各类交通标志1000平方米，增设交通隔离桩500根，每月完成近千起的各类交通设施维护工作。打造智能交通岗亭。河宁智能岗亭正式投入使用，视频累计巡查1190小时，发现1667起突发情况；无人机巡航累计102小时，巡航里程510千米，发现各类警情272起；布控系统共报警2187次，查获重点违法车辆225辆次；利用行人违法抓拍系统的证据，查处行人、非机动车闯红灯违法785起，先后有20余批次外省市交警考察团到智能岗亭参观考察。推进交通警卫队伍实战化建设，完成重要交通警保卫工作472批1489次。建立交通事故重伤员抢救跟踪机制，成功挽回31名极度危重事故重伤员生命。在各级电台、电视、报刊等媒体录用信息328篇，组织开展集中宣传教育活动517次，印制、发放各类读本、资料、宣传挂图、公开信等49.10万份。交警鄞州大队被市政府集体嘉奖、被市春运工作领导小组评为“春运工作先进集体”，胡畏被获政府个人三等功，姚红军等20人获市级嘉奖。

【出入国(境)管理】 2018年，鄞州公安分局共受理公民因私出国(境)147867人次，其中，因私出国52598人次，到港澳74842人次，到台湾20427人次。受理、签发境外人员各类证件、签证、停留等申请1981人次，台胞证换发35人次。检查境外人员临时住宿登记数116386人次，完成不准出境人员报备2668人次。推出富邦受理点周六正常办证工作举措，每周六为群众办证约300余人次，节假日值班为群众解决实际困难800余件。利用宁波阿拉警察等平台，通过线上、线下、窗口导服等手段进行办证预约服务。

【警卫安保】 2018年，鄞州公安分局建立以各派出所教导员为主的警卫联络员制度，邀请市公安局警卫处对鄞州公安分局警卫预备队进行业务培训，对南苑环球酒店等10家警卫住地和南部商务区等12处警卫现场进行现场踏勘、平面图绘制、人员政审等信息采集，夯实警卫基础工作。完成中国人民政治协商会议副主席陈晓光到宁波等警卫安保工作24起。着手规范大型活动安全监管，把人脸识别、视频计数、实名刷卡登记等科技手段引入大型活动安保，把专业保安公司引入商业活动安保，确保大型活动绝对安全。全年完成各级“两会”等重大会议安保15起；车博会等市会展中心各类大型展览展示活动安保16起；清明等群众自发性大型活动安保7起；张学友演唱会等千人以上大型审批活动安保15起，千人以下各类活动安保报备监管36起；省巡视组驻地、接访点安保等维稳安保工作8起；法院庭审安保5起。共计102起。

【扫黑除恶】 2018年，鄞州公安分局开展涉黑涉恶线索排摸和核查工作，排摸有价值犯罪线索326条，立案打击处理150起，打处率46%；加强专案攻坚，共打掉涉黑涉恶团伙101个，其

2018年2月8日，鄞州公安分局扫黑除恶保稳定誓师大会举行

中黑社会性质犯罪团伙1个、犯罪集团6个。做好案件侦办工作，惩治黑恶类违法犯罪嫌疑人1163人，移送审查起诉546人，法院判决58人。

【“禁赌扫黄”行动】 2018年，鄞州公安分局共查处黄赌案件110起，上升22%。抓获犯罪嫌疑人486人，移送审查起诉336人，完成市公安局指标数105%，有5起黄赌案件被列为省公安厅督办案件。年中，积极部署开展跨区域黄赌查禁机制，鄞州公安分局所属10个派出所跨区域查禁黄赌案件13起，采取刑事强制措施56人，行政拘留70人。其间，成功破获一起网络游戏平台开设赌场案，抓获犯罪嫌疑人61人，获市公安局贺电通报。

【惩治毒品犯罪专项行动】 2018年，鄞州公安分局先后破获“2018—294”“2017—168”公安部目标案件以及“2018—301”“2018—208”“2018—110”省目标案件，共抓获165名违法犯罪嫌疑人，其中刑事拘留96人、治安拘留69人、缴获毒品4.90千克，涉案车辆1辆。6月1日至8月1日，在全区范围内开展“缉毒夏季攻势”专项行动，共查处吸毒人员338人，对89名涉毒犯罪嫌疑人采取刑事强制措施。利用DIAS系统破案3起，完成研判报告1份，输出各类协作线索20条，综合成绩列全市第一位。全年破获3~5人涉毒团伙案件10起、6人以上团伙案件4起，共查处吸毒人员839人，执行强制戒毒304人。6月3日，联合宁波市禁毒委及各禁毒成员单位在宁波市文化广场组织开展“全民禁毒我行动——2018宁波市全民禁毒宣传月”主题活动。

【国家安全保卫工作】 2018年，鄞州公安分局围绕维护国家政治安全总目标，开展情报信息搜集、专案侦察、专项打击等国保业务工作，共收集、编报各类情报信息，省公安厅、市公安局信息录用率56%，公安部信息录用率32%，非网上情报信息录用总量列全市第一位，信息录用率列全市第一位。约谈涉嫌参与境外非法宗教活动39人次，查处境外非法宗教活动3起，依法取缔私设宗教聚会点4处，对参与非法宗教聚会活动的17名中国籍人员和8名外籍人员进行教育训诫，并对其中6名参与非法宗教聚会活动的外国人作出限期出境决定。

【涉外人员“三非”专项治理】 2018年，鄞州公安分局共查处涉外案事件119起。其中，非法入境8人，非法居留51人，非法就业18人，未按规定办理住宿登记9人，从事停居留事由不符5人，贩毒、吸毒、盗窃等涉外案事件13人。拘留审查29人，遣送出境30人，限期出境8人。年初，围绕外国人住宿登记率、及时率、准确率以及离开注销率100%为目标，组织住宿登记培训5次，培训500余人次。3月，查获8名“三非”菲律宾籍保姆，打掉一家非法保姆中介机构。5月，在全区开展整治语言培训机构非法聘用外教和打击毗邻国家人员非法就业专项行动，排查语言培训机构79次、劳动密集型企业160余次，共处罚19名非法就业外国人，并对两家非法聘用外国人培训机构进行处理。7月，查获2名美国籍、加拿大籍吸毒人员，执行拘留处罚后责令其自行出境，查处3名吸毒韩国留学生和3名盗窃俄罗斯留学生，分别被刑事处罚、行政处罚及遣送出境。10月，开展公安机关“三非”外国人专项治理工作，其间处理“三非”案件及外国人违法犯罪案件59起59人。

【行政执法保障】 2018年，鄞州公安分局出动警力210人次，为白鹤新村轨道交通4号线工程、东部新城明洲西地块、邱隘新乐村、百丈潜龙一村、徐戎小区、东郊洞桥头、工人新村等司法强拆工作，潘火百宁街、百丈潜龙小区、首南市经济适用房一期等危房拆迁项目以及鄞州区妇幼保健医院保护性施工提供执法保障。配合拆除全区各类违法建筑60余万平方米，确保重点工程建设持续推进。配合区城管局等部门开展市容秩序整治行动，参与“鄞领城市”、违法广告牌清理、中心城区小型汽修店违法排放等专项整治行动，出动警力650余人次。全年劝阻、整治无照经营和跨门占道共计8500余次，处理涉嫌违法人员30人，调解行政执法队员与当事人纠纷66起。

【公安科技信息化建设】 2018年，鄞州公安分局大力推进公安大数据战略，加快基层单位智能警务亭、全息感知、“雪亮工程”等信息化建设。召开全市公安科技信息化工作会议暨智能警务亭建设现场会，相关工作得到上级领导多次肯定。建成全市公安首家科技创新工作室——“智·创工作室”，攻坚数据模型研究、软件开发等工作，自主研发的“人脸放大镜”“旅馆e管控”模型获得市公安局金奖、银奖，并成功进入全省公安机关第二届信息化实战应用模型创新大赛决赛，获得1个银奖和1个铜奖。自主研发的“涉毒人员检测报备自助机”获得公安部基层技术革新三等奖。

【“老潘工作室”经验推广】 2018年，鄞州公安分局为发挥“全国模范人民调解员”潘明杰等领军人才的传、帮、带作用，编写印行以老潘警调工作为中心的调解案例专集《警调三十六计》。全书10余万字，是对“老潘警调”工作的高度总结，案例生动鲜活，入脑入心。该书被列入浙江警察学院治安系基础教材，向全国专业院校推广，并获全市首届公安机关教育训练成果最高奖。

【侦破“9·29”特大骗取出口退税案】 2018年11月28日，鄞州公安分局经侦专案组出动100余名警力，对宁波“9·29”骗取出口退税案进行收网打击。当晚深夜11时，11个抓捕小组同时出击，分别在河北、北京、安徽及浙江省宁波、三门等地一举抓获涉嫌骗取出口退税犯罪嫌疑人22人，捣毁非法开票窝点5个，现场起获赃款23万余元，查获空白增值税专用发票1万余份、个人信用卡100余张、假冒公章60余枚及大量电脑及打印设备。犯罪团伙骨干分子悉数落网，彻底摧毁一条由买单、配票、套汇而滋生的骗取出口退税犯罪产业链。本案涉案发票金额140.48亿元，涉及退税税额11.40亿元，系2018年宁波市涉案金额最大的骗税案。

（李川韶　邱义斌）

检　察

【概况】 2018年，区检察院共批准逮捕各类刑事案件1115人，提起公诉2015人。决定逮捕职务犯罪嫌疑人5人，提起公诉15人，不起诉1人。轻微刑事案件依法不起诉267人，不诉率11.70%。办理涉黑涉恶案件25件85人，区委主要领导对“准、严、快、挖”四字工作法作出专门批示，1起案件被评为全省检察机关扫黑除恶优秀案件。开展互联网金融风险专项治理活动，依法办理集资诈骗、非法吸收公众存款等犯罪53件139人，1起澳大利亚国籍犯罪嫌疑人非法吸收公众存款案件，为28名被害人挽回经济损失455万元，获正义网等媒体宣传报道。运用提起公益诉讼、刑事附带民事诉讼等手段，办理破坏生态环境资源犯罪19件47人。

出台保障和促进民营经济发展的6条举措，办理侵犯民营企业权益类犯罪案件56件108人，提出检察建议21件，1起案件被评为全省检察机关服务非公优秀案件。与市检察机关联合设立知识产权检察联络室，共办理假冒注册商标等案件6件19人。开展“保障千家万户舌尖上的安全”检察专项监督活动，办理社会广泛关注的“吉林长春皓月市场牛贩逃避检验检疫”案，2名涉案人员分别被判处有期徒刑五年、二年。开展净化二手车市场专项执法监督活动，发现违法犯罪线索30余条，均监督立案。联合区“银巢养老”公益平台，为社区老年人开展防诈骗专题讲座。开展法治进校园活动30余场次，覆盖中小学、幼儿园3000余人次。推进矛盾纠纷调处化解工作，共处理各类控告、申诉267件800余人次。办理的1起案件入选省委政法委《新时代“枫桥经验”100例》，5起案事例入选全省检察机关“枫桥经验”案例精选和资料选编。

牵头全区17家职能部门出台实施意见，在全市率先建立社会支持体系，为涉案未成年人提供社会观护140余次。创新“刑民一体化”办案机制，探索监护侵害刑事案件与撤销监护权民事案件一体办理，1起案件被评为全省未成年人司法保护精品案例。北京、广州等40余家检察机关和社会组织到鄞州区学习考察未成年人检察工作。推进智慧未检数字系统建设，该项目被评为全省智慧检务十佳创新应用。牵头政法一体化办案系统建设，逐步实现办案数据共享、互联互通、业务协同，一体化办案系统执行逮捕协同率、起诉协同率均100%。打造“最多跑一次”改革2.0版，升级“鄞州检察案管”微信公众号，自动推送案件程序性信息、预约阅卷、约见检察官等，全年共有2300余人次操作。

监督侦查机关立案7人，1起案件被评为全省立案监督精品案例。纠正漏捕2人，纠正漏罪漏犯44人，其中10人被判处三年以上有期徒刑，有2人被判处十年以上有期徒刑。推进驻公安机关检察官办公室工作，重点开展存疑不捕案件事后跟踪和提前介入引导侦查工作，共纠正侦查违法行为6起，依法提前介入和从快办理“蓝庭花园故意杀人案”等案件。提出刑事抗诉10件，7件抗诉意见被采纳。挂牌成立公益损害与诉讼违法举报中心，开通“12309”举报热线。在全市率先设立公益诉讼专项基金。办理行政公益诉讼诉前程序案件23件，督促行政机关依法履职23件，提起刑事附带民事诉讼1件。

印发《关于高水平推进检察队伍建设的若干规定》，开展实施“双育双争”人才工程，将干警分为九大类精准化培养使用。完成第三批4名员额检察官入额遴选工作，区检察院领导带头办理重大复杂疑难案件174件。开展“订单式”、实战性培训400余人次，与区司法局、区律协联合举办“区首届检察官律师控辩大赛”。宁波大学法学院法学专家到检察院进行为期1年的脱产挂职。全年获国家级表彰8人次，省级表彰34人次，市级表彰52人次。1名干警以第三名的成绩被评为全国未检业务标兵，受到最高人民检察院检察长张军的接见，2名干警被评为全国检察宣传先进个人，2名干警分别被评为全省优秀公诉人和全省未检业务能手，1名干警被评为市十佳政法干警，4名干警被市检察院荣记个人三等功。在市级竞赛层面，未检业务竞赛包揽前两名，侦查监督、控告申诉业务竞赛均取得第一名，十大优秀公诉人占3席。区检察院获评2017—2018年度全省政法系统先进集体。

【宋英辉调研鄞州未成年人检察工作】 2018年3月1日，最高人民检察院专家咨询委员、北京师范大学刑事法律科学研究院教授、博士生导师宋英辉一行，在浙江省人民检察院未检处处长余晓敏、副处长裘菊红，宁波市人民检察院未检处处长李丹等人陪同下，调研区检察院未检工作。余晓敏表示，要继续推广该机制，不断探索开展未成年人检察工作创新实践，推动全省未检工作更好发展，最大限度实现检察机关对未成年人全方位司法保护，最大限度维护未成年人合法权益。宋英辉表示，区检察院获得的“全国未成年人检察工作创新实践基地”荣誉货真价实。“一站式”办案机制所涉及的公安机关、检察机关、医院、心理咨询中心等部门配合密切、衔接顺畅。机制综合医疗、心理、法律援助、司法救助等各方面信息资源，实现对未成年人优先保护、特殊保护和综合保护。

【区检察院公益损害与诉讼违法举报中心成立】 2018年6月29日，区检察院举行公益损害与诉讼违法举报中心成立活动。区委副书记、政法委书记朱法传，区人大常委会副主任林琪，副区长杜伟，区政协副主席华志苗等领导和区政法各部门相关领导以及部分区人大代表、政协委员应邀出席活动。该活动由区检察院党组书记、检察长吕益军主持，朱法传和林琪为举报中心揭牌。

之后，所有与会人员一同参加全省检察机关工作推进电视电话会议。

【中国刑事诉讼法学研究会少年司法专业委员会研究基地在鄞州区揭牌】 2018年7月16日，“中国刑事诉讼法学研究会少年司法专业委员会研究基地”揭牌仪式暨未成年人保护一体化平台开通、“七色花”未检工作室成立、“七色花”未成年人救助基金启动仪式在鄞州区举行。该研究基地在全省尚属首个，主要为中国刑事诉讼法学研究会少年司法专业委员会开展学术研究与交流活动提供基层实践探索经验，推动刑事诉讼法学研究的繁荣与诉讼法律的完善。年内，区检察院依托基地推行未成年人“一站式”办案救助机制，构建“未成年人一体化平台”，打造“七色花未检工作室”开辟立体式社会救助渠道等。区检察院成为全国检察系统第二家同时拥有最高检“未成年人检察工作创新实践基地”和“少年司法专业委员会研究基地”两块牌子的检察院。

【区首届检察官、律师控辩大赛】 2018年8月25日，区检察院、区司法局、宁波市律师协会鄞州分会联合举办“鄞州区首届检察官、律师控辩大赛”。比赛采取三对三团队辩模式，由区检察院和区律师协会各派出6支队伍参加。每场比赛分开篇陈词、自由辩论、总结陈词3个环节，围绕6个刑事案例展开辩论，罪名涉及交通肇事罪、受贿罪、故意杀人罪等常见罪名。旨在深化“七五普法”教育活动，推动“法治鄞州”建设，加强法律执业共同体之间的良性互动，展现鄞州区检察官和律师的专业素质和职业风范。出席比赛的嘉宾有区检察院党组书记、检察长吕益军，区人大常委会法制内司工委主任柯伟，区委政法委常务副书记吴敏刚，区司法局党组书记、局长蒋晓东，区法制办主任曹明艳，宁波市律师协会鄞州分会会长蔡祖红等。最终鄞检二队、鄞检六队、天册同舟队、共业队4支队伍获评优秀辩论团队，陈瑶、舒雯、李青、崔文婧、桂思聪、蔡烽杰、朱阁雯、陈东豪、杨倩等10名选手获评十佳辩手，于立君、陆清儿、薛俊鸽、林珊、舒碧蕾、林烨、高洁、叶亭风、陈聪、陈超等10名选手获评优秀辩手。

【陈祺获“全国检察机关未成年人检察业务竞赛标兵”称号】 2018年12月14日，第二届全国检察机关未成年人检察业务竞赛举行，区检察院陈祺以总分第三名的成绩获“全国检察机关未成年人检察业务竞赛标兵”称号。本次竞赛共有来自全国31个省（自治区、直辖市）和新疆生产建设兵团、铁路检察系统、军事检察系统共34个代表队的94名选手参加。陈祺是代表浙江检察机关参加的4名选手之一。竞赛结合未成年人检察工作特殊性，对考试内容、方式和程序进行全新设计，全面考察选手对未成年司法基层理论、应用理论和前沿问题的思考，以及对法律法规的掌握和案件审查、帮教、预防等实务工作能力。

（简淑琴）

2018年7月16日，“中国刑事诉讼法学研究会少年司法专业委员会研究基地”揭牌暨未成年人保护一体化平台开通、“七色花”未检工作室成立、“七色花”未成年人救助基金启动仪式在鄞州区举行

法　院

【概况】 2018年，区法院受理各类案件39031件，办结40706件（含旧存），比上年分别上升3.96%和16.08%，收结案数继续位居全省前五位、全市第一位。诉讼标的总额101.34亿元，一线法官人均结案451.04件，增加109.24件。

审结刑事案件1371件，判处罪犯2062人。审结涉黑恶势力犯罪案件1件4人，审结故意杀人、故意伤害、抢劫、绑架、强奸等严重暴力犯罪案件127件187人，审结网络平台诈骗、集资诈骗、非法吸收公众存款等涉众型经济犯罪案件90件338人。坚持宽严相济，依法从严判处五年以上有期徒刑114人，对943名具有从轻、减轻情节的被告人从宽判处并适用非监禁刑。加强人权司法保障，推进律师辩护全覆盖工作，为451名未聘请律师的被告人均指派律师辩护。

审结民商事案件20692件，案件调解撤诉率73.43%。注重民生权益保护，审结婚姻家庭、相邻纠纷、劳动就业、道路交通、教育医疗等领域的涉民生案件2428件。维护金融生态环境，审结金融借款、信用卡纠纷案件2765件，标的额36.43亿元。保障房地产市场规范有序发展，审结房屋买卖、租赁及建设工程合同等涉房纠纷案件1362件。服务创新驱动发展战略，审结侵犯知识产权案件221件。

审结行政诉讼案件266件，判决

行政机关败诉19件，行政机关败诉率7.14%。发挥行政争议联合调解机制作用，注重行政争议实质性化解，调解、撤诉73件。审结涉“三改一拆”行政诉讼案件11件。推动行政机关负责人出庭应诉，出庭应诉率67.05%。加强司法与行政的良性互动，促进行政机关提高依法行政水平，全年向行政机关发送司法建议3篇，提供法律咨询和建议80余次。

【“基本解决执行难”工作】 2018年，是鄞州区决胜“基本解决执行难”的攻坚之年，区法院打响执行攻坚战。全年共执结案件17554件，上升32.38%，执行到位金额38.75亿元，累计限制高消费22017人，司法拘留625人，移送公安机关追究刑事责任6人，依法判处拒不执行判决、裁定罪5人，累计冻结款项1.19亿元，查封房产、车辆4578处。“基本解决执行难”的“四项核心指标”均已达标，并通过最高人民法院委托第三方的首批评估。

【“司法援助慈善基金”设立】 2018年3月，区法院联合区慈善总会、鄞州银行，设立全国首个“司法援助慈善基金”。由鄞州银行捐赠3000万元设立基金，区慈善总会负责基金的日常运作，每年将5%的增值资金专项用于帮助部分“执行不能”涉民生案件中的困难当事人。同时出台司法援助慈善基金的管理使用办法，规范援助资金的申报、审批、发放等工作流程，接受各界监督。至年底，12名受援助对象领取援助善款76.17万元。

【“宁波移动微法院”推广应用】 2018年1月，区法院推广应用“宁波移动微法院”，该项工作获市委常委、区委书记褚银良点赞批示。“宁波移动微法院”是依托微信小程序，集在线立案、开庭、证据交换、调解、送达、执行等功能于一体的微信办案诉讼平台，法官可在移动终端随时随地进行办案，突破传统办案方式的时空限制；案件当事人可通过平台在线立案、缴纳诉讼费、提交证据、查询进展、接受调解、接收文书，立案到执行全流程在线流转，足不出户实现“掌上诉讼”。至年底，当事人通过移动微法院平台申请立案28096件，送达29362件次，调解1123件，证据交换1097件，告知当事人重要节点信息1545件次。

【新行政诉讼法实施三周年典型案例新闻发布会】 2018年4月19日，区法院召开新行政诉讼法实施三周年典型案例新闻发布会，宁波电视台、鄞州电视台、《宁波日报》《宁波晚报》《鄞州日报》、“甬派新闻”等十余家媒体记者参加。发布会通报自2015年新行政诉讼法实施起鄞州区行政审判工作的基本情况，选取十大典型案例向公众进行讲解，并结合案例介绍区法院落实新行政诉讼法相关制度的具体举措及成效。发布会后，媒体记者与部分行政机关工作人员现场旁听观摩行政诉讼案件的庭审全过程。

【第三批员额法官遴选】 2018年7月，区法院启动第三批员额法官遴选工作。经过资格审查、考试考核、民主测评、报上级法院批准，遴选第三批员额法官7人，并举行第三批员额法官宣誓仪式。在宣誓仪式上，区法院副院长姚世国带领新入额的7名员额法官，向国旗庄严宣誓，作出忠于宪法、忠于祖国、忠于人民的庄严承诺。宣誓仪式后，区法院政治处主任鲍根月向新入额法官颁发任命书。

【区法院执行指挥中心建成】 2018年1月，区法院执行指挥中心建成并成功试运行。指挥中心配备有执行指挥系统、监控系统、出入管理系统和人脸识别系统。指挥中心在初步实现执行管理、执行指挥和执行协调“三统一”基础上，统筹集约查控、联系接待、事项委托、车管专线业务、终本案件管理、远程监控及实施指挥等功能于一体，为执行质效的提升提供技术保障和平台支撑。监控管理方面，指挥中心配备18块49寸液晶拼接屏，安防监控中心配备21块46寸液晶拼接屏，两个中心系统可实现图像、视频资源共享互通。区法院的三维可视化监控系统获“全省法院2017年度信息化应用十大微创新项目”最佳实践奖。

【鄞州区首例刑事附带民事公益诉讼案件宣判】 2018年9月25日，区法院对鄞州区首例刑事附带民事公益诉讼案件公开开庭审理并当庭宣判。被告人刘某在鄞州区东吴镇的茶园山上，以布置捕鸟网、发声引诱等方式，捕获野生画眉鸟一只（被列入《濒危野生动植物种国际贸易公约》附录Ⅱ），在归途中被民警查获，野生画眉鸟因伤势严重死亡。区法院经审理后认为，被告人刘某违反国家有关野生动物保护法规，非法猎捕珍贵、濒危野生动物，其行为已构成非法猎捕珍贵、濒危野生动物罪，依法判处拘役二个月，缓刑三个月，并处罚金2000元。

（邵珊珊）

司法行政

【概况】 2018年，鄞州区印发《关于进一步健全完善普法责任制的实施意见》，明确普法主体、重点任务和工作要求。全区共建成“悦邻剪纸法治工作室”、“小马说法”工作室、青年法治骑行队等社会化普法工作室8家。开展宪法修正案学习宣传、打造最佳营商环境以及金融风险防范、“扫黑除恶”法律法规宣传。深化区、镇（街道）、村（社区）三级法治文化阵地，全区共建成各级各类法治文化阵地71家，其中塘溪宪法主题园进行二期改造后亮相人民网。普法公益宣传片《宪法照亮绿水青山》在2018年“我与宪法”微视频征集展播活动中获全国优秀奖、省一等奖，《法度涟漪》《宪法在你身边》分别获得全国法治动漫微电影作品征集展播（映）三等奖和省三等奖。“鄞州普法”微信被“中国普法”“浙江普法”微信公众号转载10余次，在全区1300余辆公交车移动视频上开设《巴士普法》栏目，在村（社区）共制作轮换法治宣传版面500余块。联合区委组织部等7部门制订

"三治融合"基层社会治理体系建设推广工程的鄞州方案，以下应街道湾底村、云龙镇上李家村作为创建试点单位，创建工作在全区300余个村、社区全面铺开。全区共创建省级民主法治村（社区）7个，市级16个，创建市级"三治融合"示范村（社区）29个，省级善治示范村25个。

全区有社区服刑人员621人，刑满释放人员2675人。社区矫正管理局搬迁至四明西路150号新址办公。做好全国"两会"和党的十九大等重点十九期维稳安保工作，确保排查出的29名社区服刑重点人员和11名刑满释放重点人员无人脱管、无人重新犯罪。审查4批次村（社区）组织换届候选人（自荐人）3000余人，没有排查出不符合资格的候选人。全面监督和检查全区社区矫正日常管理和执法工作，1名缓刑人员被撤销缓刑执行原判刑期，4名暂予监外执行人员被收监执行，22名社区服刑人员受到警告处罚。

印发《宁波市鄞州区打造最佳营商环境法律服务专项行动实施方案》，制定保障产品供给、优化服务环境等5大项22小项细化项目，推进打造最佳营商环境法律服务专项行动。发挥律师行业优势，为企业提供针对性服务，组织律所开展服务企业系列活动72场，组织举办"新常态下资本市场专题论坛"等高端论坛。组织法律服务机构根据地域特点开展进企业、进商会、进园区、进市场（商圈）活动，形成"一园一室""一楼一所"法律服务模式。推动现代律师服务业不断发展。至年底，全区有律师事务所68家，占全市律师事务所总数（171家）的39.77 %，比上年增加2所；共有法律服务从业人员1394人，占全市总数（3100人）的44.97%；全年律师服务业创收达到7.20亿元，占全市总额的51%，增长28.91%。不断深化"名品名所名律师"培育工程，着力培育和扶持一批综合业务能力强的规模所和业务特色鲜明的专业所，其中浙江盛宁律师事务所、浙江甬望律师事务所获评省第二批著名律师事务所，元甬律师事务所等5家所获评第一批"宁波市著名律师事务所"，赵永清等3名律师获评省优秀专业律师。引入两家全国优秀律师事务所，其中，通过跨区域合作，引入在企业上市和并购重组领域具有专业优势和丰富经验的浙江天册律师事务所，为企业IPO提供优质的法律服务，弥补宁波市律师服务业的空白点。推进"文明公正规范"司法所建设，3家司法所获评市级"文明公正规范"司法所，15家司法所获评区级"文明公正规范"司法所，潘火司法所所长李南山获评全国模范司法所长。

【行政复议】 2018年，区政府收到行政复议案件69件，全年审结59件。其中维持原行政行为19件；驳回6件；经调解后撤回13件；撤销11件、确认违法5件，计16件，直接纠错率27.10%；不予受理1件；告知处理4件。公开行政复议决定书29件，及时录入和分析行政复议统计数据。全年以区政府为被告的行政应诉案件31件；全区行政诉讼总量192件，败诉12件，败诉率6.25%。

【人民调解】 2018年，全区有各级各类人民调解组织444家，专兼职人民调解员2016人，实现镇（街道）、村（社区）两级人民调解组织全覆盖。全区各人民调解组织受理矛盾纠纷19284件，调解成功19257件，调解成功率99.86%，涉及人数41245人，涉及金额约45034万元，其中成功调处疑难纠纷560件。涌现出"老潘警调中心""老赵工作室"等个人品牌调解工作室和潘明杰、赵宝德等品牌调解员。开展人民调解员"名师带徒"工程及人民调解优秀案例、优秀案卷的评选，进一步增加人民调解员的业务能力和专业素质。

【法律服务】 2018年，区法律援助中心共接待来访群众1845批次，"12348"热线咨询4591件，受理法律援助案件1639件，其中刑事634件、民事1005件，受援人数1639人，共挽回经济损失843万余元。联合区法院印发《宁波市鄞州区刑事案件律师辩护全覆盖试点工作实施细则》，规范案件承办流程，组建31名法律帮助志愿者律师库开展法律帮助工作，刑事案件年受案率增长59.70%。落实法律援助审批主办责任制工作，印发《宁波市鄞州区司法局法律援助审批主办责任制实施细则》，将法律援助案件受理审批权限下放至司法所及中心工作人员。推进法律援助案卷归档电子化进程，落实专人负责案卷扫描上传工作，提升案件检查、评估等工作效率。创新引入公证和司法鉴定服务窗口，实现简单事项窗口直接受理办结。出台《宁波市鄞州区公共法律服务中心考核办法》，通过日考核和月统计的方式，将月考核分值与补贴挂钩。实现镇（街道）、村（社区）公共法律服务站点全覆盖，引导新型服务内容下沉至偏远镇（街道），落实公证人员下乡驻点，为群众提供优质法律服务。

【区司法局获评全省指导人民调解工作先进集体】 2018年10月22日，省委、省政府发布关于表彰全省人民调解工作先进集体和先进个人的通报，区司法局被评为全省指导人民调解工作先进集体。区司法局坚持以人民为中心，将做好人民调解工作作为筑牢维护社会稳定的"第一道防线"，从体制机制、人员组织、经费保障等方面给予大力支持，不断创新人民调解组织方式和工作机制，拓宽人民调解工作领域，为建设"平安鄞州""法治鄞州"发挥较好的作用。2013年起，全区各类调解组织共受理各类矛盾纠纷129577件，调解成功129313件，调处成功率99.80%，其中调处疑难纠纷5199件；涉及人数274963人，涉及协议金额175454万元，没有发生因调解不及时、不得力导致民事纠纷转化为刑事案件或群体性事件，维护社会和谐稳定。

【姜山镇人民调解委员会获评全国模范人民调解委员会】 2018年5月8日，在司法部召开的全国人民调解工作会议上，姜山镇人民调解委员会被评为全国人民调解工作先进集体，姜山镇人民调解委员会以规范化、专业化、人性化建设为抓手，不断提高人民调解工作质量和水平。2013年1月至2018年4月，镇调委会受理调解案件2100件，涉及人数7400余人，调解受理率达100%，调解成功率达98.50%，其中成功调解非正常死亡纠纷案件48起，未发生一起因调解不及时、不得力导致民间纠纷转化为刑事案件或群体性事件。镇调委会先后被评为宁波市示范性规范化调解委员会、宁波市人民调解委员会规范化建设示范点。

（徐　浩）

人民武装

【概况】 2018年，鄞州区开展拥军优属和“八一”、春节走访慰问活动，投入慰问经费289.60万元。实施“爱心固长城”爱军拥军实事工作，发放救助资金20万元，惠及43名有困难的官兵家庭，共解决部队子女跨学区入中学2人，入小学37人，暑假期间投入9.70万元为驻鄞州部队94名官兵子女开展短期免费艺术培训。为265名在校大学生发放生活补助金265万元，为伤残复退军人、“三属”、“两参”和60周岁以上原农村籍退役士兵等群体发放各类抚恤金、补助金5000余万元，帮扶上岗62名2000—2010年自谋职业转业士官和8名进藏兵。采取定向招录的形式，推出8个事业编制指标用于向社会公开招录退役士兵。推出56个岗位用于安置转业干部，其中行政岗位（含参公）47个，事业岗位9人，行政岗占比83.90%。

推动基层武装部建设，实施“评星挂牌”考核；“军事日”结合鄞州论坛组织全区各级党政主要领导进行国防知识授课，进高校、进社区（村）宣传征兵政策，走访慰问鄞州籍现役官兵，举办第二届退役士兵返乡欢迎仪式等活动。

【鄞州区党管武装工作暨国动委全体会议】 2018年4月10日，鄞州区党管武装工作暨国动委全体会议在区政府二楼西边会议室召开，区委常委、各镇（街道）和机关各单位主要负责人及全区专职武装干部共计350人参会。会议传达贯彻浙江省军区、宁波军分区有关会议精神，回顾总结2017年全区党管武装和国防动员工作，部署2018年工作任务。市委常委、区委书记、区人武部党委第一书记、区国防动员委员会第一主任胡军在会上强调，要深入贯彻落实习近平强军思想，压实党管武装政治责任，推动军民融合深度发展，为实现强国梦强军梦作出鄞州应有贡献。

【“军事日”专题国防教育讲座暨第57期鄞州论坛】 2018年12月27日，鄞州区举行“军事日”专题国防教育讲座暨第57期鄞州论坛，区委中心组全体成员、全区专职武装干部参加活动。此次专题报告由全军“育才奖”金奖获得者、海军优秀教员、海军工程大学原教授黄友牛进行主讲。主要围绕美国政策新变化、变幻莫测的周边形势和强国必强军三个方面进行解说，整场报告通过大量史料、图片和影像资料，分析国际形势，让大家更加深刻认识和理解复杂严峻的国家安全形势，增强推进国防和军队建设的使命感、责任感。

【“传承红色基因、担当强军重任”主题教育】 2018年，区人武部按照上级统一部署，开展“传承红色基因、担当强军重任”主题教育，参加集中学习和讨论交流，先后组织到浙东革命根据地纪念馆、浙东抗战老兵纪念园和“全国先进基层党组织”湾底村开展主题党日活动，集中观看《厉害了，我的国》纪录片，重温入党誓词、感受发展成就，引导干部职工增强“四个自信”、坚定“四个意识”、做到“两个维护”，贯彻军委主席负责制；开展“和平积弊大起底大扫除”活动，深挖和平积弊表现和根源，找准制约备战打仗的矛盾问题，认清新时代国防动员系统使命任务，立起练兵备战的鲜明导向。

【征兵工作】 2018年，鄞州区围绕提升征兵质量效益和“五率”（报名率、上站率、合格率、择优率）水平，坚持兵役登记早筹划，征兵宣传早发动，征兵责任早明确，7月严密组织目测初检，8月上旬实施区站体检，8月中旬进行政治考核，8月下旬举办役前训练，9月完成兵员输送，10月完成新兵回访各个环节工作有序推进，坚持依法征兵、阳光征兵、廉洁征兵，确保将最优秀的适龄青年输送到部队。全年完成上级规定的征集任务。

【民兵整组】 2018年，按照“十三五”民兵调整改革规划和民兵分队建设要求，按应急、专业、特殊三种类别，高标准完成基干民兵的整组任务。落实通用装备器材预征预储“三定一签”，同12家单位签订预征预储协议，预征预储各式车辆200余台、专业器材600余件。

【高校国防教育】 2018年，浙江万里学院和宁波城市学院先后举办“戎归万里”退役大学生士兵欢迎仪式和“报告·我的军旅”青春故事汇，在大学生中引起共鸣，起到很好的国防教育效果。浙江大学宁波理工学院将27名学子从军报国事迹汇编成国防教育教材《学子强军梦》，为在校大学生立起青春样本。3所高校开展国防教育工作的经验做法分别被《解放军报》《中国国防报》和“中国民兵”微信公众号刊登报道。

【第二届退役士兵返乡欢迎仪式】 2018年9月14日，鄞州区举行年度退役士兵返乡欢迎仪式。区委副书记朱法传，区委常委、人武部部长康志刚，区政协副主席华志苗，区人武部政委石怀兵等出席仪式。仪式上，朱法传代表区委、区政府、区人大、区政协，对160余名鄞州籍退役返乡士兵表示欢迎和感谢；区人武部、区民政局、区人力社保局举办退役士兵职业技能培训推介会、专场招聘会。共有120家企业、6家职业技能培训机构参与，提供500余个岗位种类2000余个岗位，现场达成意向协议30余人次。

（黄宁为）

人民防空

【概况】 2018年，鄞州区人防指挥中心拥有移动通信指挥车、无人机等先进装备，全区21个镇（街道）均建成人防应急指挥中心。拓宽警报发放渠道，除建有覆盖主城区的固定防空警报外，率先试点多媒体警报和北斗卫星警报发放，并为中小学校配置手摇警报器，防空警报音响鸣响率100%。坚持建设与管理并重。全区人均人防面积4.70平方米，远超国家规定的人均1平方米的标准。建有应急疏散基地1个、人防自建工程6个、专业队工程18个。注重人防工程平时的使用管理，借助社会力量参与管理，与物业公司建立联合管理制度，加大对志愿者队伍的培训力度。推行“集中建设、互连互通”建设模式，在工程建设中将整个区块的人防工程进行整合；统一规划、集中建设、互连互通，产生较好的经济和社会效益，该建设模式在全市加以推广应用。

（洑景亭）

边 防

【概况】 2018年，鄞州经济开发区派出所共接处警3490起，其中有效警情785起，出动警力3140人次，受理刑事案件38起，破获11起。受理治安行政案件69起，破获29起。查处1起非法买卖成品油案件，查处1起非法捕捞案件；调解各类纠纷265起，群众求助80起，处理非正常死亡事件8起，排查不稳定因素5个，成功化解5个。走访机关部门8家、企业156家，群众8000人次，开展巡逻600次，出动警力2400人次。开展清查行动40次，出动警力400人次，清查外来人口5000余人。全年检查船舶180余艘次，船员400人次，查处边防行政案件22起。

【破获非法买卖成品油案】 2018年1月21日，鄞州经济开发区派出所从秘密渠道获悉一起非法经营成品油情报线索。当晚21时，派出所出动警力5人，特种渔船1艘，在象山港鹰龙山码头当场抓获嫌疑人周某等涉案人员3人，现场查获涉案油船1艘、成品油1.27吨，该起非法买卖成品油案件告破。

【破获非法捕捞案】 2018年5月3日，经昼夜伏击，鄞州经济开发区派出所协同当地渔政执法部门于凌晨2时28分许在象山港鄞州区咸祥镇大嵩江口海域，将正在非法使用地笼网捕捞海产品的温某某（男，浙江平阳县人，50岁）当场抓获。现场查获地笼网8顶，长2.70米，宽0.25米，高0.16米。

（李川韶）

消 防

【概况】 2018年，鄞州区印发《鄞州区消防安全责任制实施办法》《鄞州区消防安全三年翻身仗行动方案》。约谈消防安全重点单位623家，督促其全部递交消防安全承诺书，提高责任主体安全意识。推进基层消防监管力量建设，督促23个镇（街道、园区）消防工作站结合实际配备3—5名专职消防文员，3个镇（五乡、邱隘、姜山）完成跟班培训。推动政府专职消防队单编制升级建设，五乡镇完成建设和合同制队员培训；推进完成高层建筑小区和重点单位“防消宣一体化”微型消防站建设761处，其中提档升级完成19个社区微型消防站建设，完成率76%。推行高层建筑专职消防安全经理人、“楼栋长”制度，配备经理人177人、“楼栋长”871人。推进群租房（公寓楼）消防安全专项整治，共排查出改建公寓楼259家，已整改89家，取缔30家，其余均落实管控措施。全区10人以上的群租房共1204处，完成整改612处，整改率达50.83%。部署开展沿街店铺专项整治，共排查6405家，发现“合用场所”978处，整改339处。完成智能用电系统安装400套，电瓶车智能充电桩（点）2.35万个，独立式感烟报警器3.20万个。区政府挂牌督办23家重大火灾隐患整改单位全部按期完成整改。在第十六届全市春季运动会中取得团体第一名，实现春运会三连冠，永久保留“甬城卫士杯”。

【灭火救援】 2018年，鄞州区消防大队接警出动3103次（含增援），出动消防车5240辆次，消防人员29363人次，解救被困人员448人，疏散人员56人。全年区内共发生火灾347起，死亡2人，受伤0人，直接经济损失3076100元。火灾起数比上年下降45.10%，死亡人数上升100%，受伤人数下降100%，直接财产损失下降42.70%。全区未发生较大以上火灾事故。

（李川韶）

农业农村·水利

农业经济

农业执法

农村经营管理

水利工作

鄞州年鉴

2019 YINZHOU YEARBOOK

农业经济

【概况】2018年，鄞州区农作物播种总面积26698公顷，比上年减少9.95%。粮食总产量83359吨，减少15.27%。粮食播种面积12757公顷，减少11.06%。其中，早稻播种面积3125公顷，总产量21135吨，分别减少20.10%和22.50%；中晚稻播种面积7448公顷，总产量52383吨，分别减少6.42%和13.48%。油料播种面积476公顷，总产量1314吨。蔬菜播种面积8302公顷，总产量284665吨。药材播种面积7公顷，总产量15吨。果用瓜播种面积1255公顷，总产量48287吨。

畜牧业实现总收入4090.72万元，增长12.01%。生猪年末存栏数3198头，年内生猪出栏数5284头，分别增长9.18%和13.61%。牛年末存栏头数390头，减少3.94%；家禽年末存栏数9.20万羽，增长46.73%；年内出栏数5.91万羽，减少7.74%。肉类总产量743.30吨，增长13.48%。禽蛋产量1071.31吨，增长15.19%。

渔业实现总收入42577万元。出口水产品162吨，出口创汇26.04万美元。水产品总量14578吨，其中海洋捕捞产量2238吨、海水养殖产量4012吨、淡水捕捞产量4028吨、淡水养殖产量4300吨。水产养殖总面积1977公顷，其中海水养殖面积1330公顷、淡水养殖面积647公顷。

茶园面积909.93公顷，茶叶产量689吨，产值1541万元。名优茶产量13.71吨，产值954.89万元(其中红茶产量1吨，产值100万元)；珠茶产量895吨，产值802万元。以杨梅、葡萄、柑橘、水蜜桃和蜜梨为主栽品种的果树面积1740公顷，产量30600吨，效益达24400万元。竹林面积5593.07公顷，其中毛竹林5073.47公顷，竹笋产量4783吨，产值1033万元，其中毛竹笋3465吨，产值441万元，留养新竹228万株。全区规模笋加工企业1家，加工竹笋980吨，笋加工产值116.15万元，毛笋收购价格平均每千克1.80元，高于往年同期平均水平。上规模竹材加工企业1家(宁波金龙竹木业有限公司)，加工产值1000.52万元。花木面积973.47公顷，圃地产值32000万元；种植区域涉及7个镇，其中瞻岐、咸祥、东吴和横溪4个镇以种植杜鹃、法国冬青为主，占总面积的77%。

全区有各级现代农业园区60家。其中，省级现代农业综合区1家，市级主导产业示范区5家，市级、区级和镇级现代农业精品园分别为16家、9家和29家，现代农业园区建设总规模3266.67公顷，涵盖现代种源、高效水产、有机蔬菜、生态畜牧等产业。全区19家市级及以上农业龙头企业实现产值41.61亿元，减少15%。

全区农机总动力18.51万千瓦。新增各类农机具237台(套)，其中耕整地机械92台、插秧机85台、田间管理机7台、收割机10台、烘干机19台、农产品加工机械9台、动力机械8台、其他7台(套)。耕种收综合机械化水平达90.85%，其中机耕率、机收率均在99%以上。实现机插面积7348.67公顷，其中早稻1782公顷、中晚稻5566.67公顷，机插率69%。粮食烘干装机容量1972吨，基本满足全区早稻粮食烘干的需求。全年烘干粮食6.98万吨，烘干率83.73%。

【两家农业龙头企业获评2017年度鄞州区百强企业】2018年1月18日，区委、区政府印发《关于表彰2017年度鄞州区百强企业的通报》，宁波微萌种业有限公司、蓝海绿业生态建设股份有限公司(原宁波市鄞州园林市政建设有限公司)两家农业龙头企业获评2017年鄞州区百强企业，并在1月22日区委经济工作会议上受到表彰奖励。鄞州区创设扶持政策，加大农业龙头企业扶持力度，全区初步形成具有区域特色的产业体系，涌现“微萌种业”“蓝海绿业”“宏纬食品”“南联冷冻”“可耐尔食品”“江东水产批发市场”等一批优势企业，发挥龙头骨干企业的示范引领和带动作用。

【茶叶合作社组建】2018年1月18日，区农林局召开组建鄞州区茶叶合作社筹备会。该合作社将全区茶企业整合，实行“统一品牌、统一营销、统一质量标准、统一经营管理”，由区茶叶规模企业主、茶业销售企业主等自愿组成联盟，在平等互利、技术交流、资源共享、合作共赢的原则下，促进产品质量符合国家标准，适应市场准入和竞争需要。区农林局党委委员顾崎峰及全区茶叶规模企业主、茶业销售企业主等12人参与筹备会。

【集约化养殖尾水处理试验项目通过市级验收】2018年4月28日，区农林局组织市级专家组对集约化养殖尾水处理试验项目进行现场查验，并通过验收。该验收方式以生产性数据展开，从0.27公顷蛏子养殖区随机挖取1平方米蛏埕内的蛏子计算，蛏子规格每千克约15个，亩产约4100千克，总产量16000余千克；按塘边收购价核计，亩产效益6万余元。处理后的尾水符合《海水养殖水排放要求》。自2016年始，由区渔业技术管理服务站牵头，在瞻岐镇开展南美白对虾高位池养殖尾水试验项目。尾水处理项目总体设计为养殖塘尾水经排污管道汇聚到窨井，由水泵经抽至“生态处理塘”，经过物理沉淀到生物膜曝气，鱼、贝混养，混养品种主要有缢蛏、鲻梭鱼等，总面积为1公顷。至2018年底，全区5家南美白对虾集约化养殖场均纳入示范点(场)建设，推进鄞州区养殖业绿色发展。

【第九届中国宁波国际茶文化节暨“海曙杯”首届中国家庭茶艺大赛在鄞州区举行】2018年5月3—6日，第九届中国宁波国际茶文化节暨“海曙杯”首届中国家庭茶艺大赛在宁波国际会展中心举行。该活动每两年举办一次，有来自全国各地茶叶生产商、采购商共500余家企业参展，吸引5.50万人次参观采购。“集太白之灵韵，成人间之滴翠”的鄞州区域茶叶品牌“太白滴翠”首次在茶博会展出。全国有浙江、福建、贵州、河南、安徽、湖南、陕西、四川、江苏、广西、重庆、西藏等17个省（自治区、直辖市）的350家企业参评第九届“中绿杯”中国名优绿茶评比，“太白滴翠”选送的6个参评绿茶（黄金芽、白茶）样品中获评2项金奖和2项银奖。

【“全国放鱼日”同步增殖放流活动】2018年6月6日，区农林局、咸祥镇政府在咸祥镇横山码头举行“全国放鱼日”同步增殖放流活动。此次放流的海水蟹苗以梭子蟹为主，共放流不同规格梭子蟹苗65千克，青蟹苗近万只。增殖放流活动促进了象山港种质资源恢复，海洋生物多样性保护，海域生态环境修复，实现渔业可持续发展。

2018年9月16日，中国农民丰收节暨2018鄞州区美丽乡村庆典活动在下应街道天宫庄园举行

【非洲猪瘟防控】2018年8月8日，区农林局开始非洲猪瘟排查和日报工作，并在排查基础上细化非洲猪瘟防控，确保全区无重大动物疫情和畜产品质量安全事件发生。该项工作包括对全区7家规模猪场进行全面排查，排查过程中对生猪来源、养殖环节、饲料使用、无害化处理等情况进行排摸；通过发放告知书、非洲猪瘟防控挂图等形式加大非洲猪瘟防治知识宣传，加强对生猪养殖、经营等相关从业人员的宣传教育，减少市场消费的心理恐慌。至年底，未发现从辽宁、河南、江苏等高风险地区调入生猪情况；未发现有类似非洲猪瘟症状的非正常死亡生猪。全区生猪收购价格未出现大幅下跌，猪肉市场消费基本正常；未出现谣言扩散和恐慌。

【中国农民丰收节暨2018鄞州区美丽乡村庆典活动】2018年9月16日，由区政府主办，区农林局、区农办、区文广新局（风景旅游管理局）、区妇联、区农合联、下应街道办事处承办，区旅游协会等协办的“丰收鄞州·情满大地”中国农民丰收节暨2018鄞州区美丽乡村庆典活动在下应街道天宫庄园举行。区委副书记、区长陈国军，市农业局局长李强，区领导朱法传、夏素贞、朱晓丽、王孝嗣等参加庆典活动。开幕式上，区委副书记、政法委书记朱法传致欢迎词，市农业局局长李强发言；并对区农业生产先进工作者、区农业科技先进工作者、区十佳创业致富女能手等进行表彰。并在农产品展示区中展出鄞州雪菜、提味西瓜、鄞红（甬优一号）葡萄、咸祥甲鱼、瞻岐紫菜、五乡榨菜、横溪灵芝、下应火龙果等100余种农产品，现场设置“太白滴翠”茶文化展示区等。至活动结束，共吸引游客近万名。

【两种稻米品种入选宁波市十大好稻米】2018年11月15日，在宁波市首次举办的好稻米评选上，经过专家和由农技人员、种植大户等组成的50位大众评委综合打分，评选产生十大好稻米，鄞州区两个稻米品种入选。获评稻米分别是鄞州姜山归本水稻农场种植的“秀水长香”、宁波市明州田语生态农业发展有限公司种植的“甬优15”。该次好稻米评选共有39家主体、45个稻米样品参与，有“甬优14”、“甬优1540”、“嘉丰优2号”等18个品种，其中粳稻9个、籼稻4个、杂交稻5个。参评样品得分由食味鉴评和大米外观品质两部分组成。食味鉴评由专家组和大众评委从气味、外观结构、适口性、滋味和冷饭质地（米饭冷却半小时后）5个方面进行评价。

【第三批农产品质量安全追溯点建设】2018年11月9日，区农林局召开农产品质量安全追溯体系建设工作会议，部署全区第三批农产品质量安全追溯系统建设及相关培训工作。11个涉农镇（街道）相关负责人与相关农业生产主体代表80余人参加会议。会前邀请杭州兆臻网络有限公司经理史异开展省农产品质量安全追溯平台操作业务培训；会上区农林局总工程师王伟国就提升农产品质量、做精做强农产品品牌、诚信经营农产品生产企业等方面作讲话；会议要求本批农产品质量安全追溯点须于11月26日前完成建设。鄞州区于2018年6月通过创建考核，被授予“省农产品质量安全追溯体系县”，至年底全区共建设161家农产品生产主体追溯点，637家规模生产主体信息全部被录入省追溯库，实现规模主体追溯全覆盖。打造鹰山牛场、金鳌山农庄、农乐果蔬合作社等7家农产品生产主体示范性追溯点，“朝森牛肉”“金鳌山鸡蛋”等品牌产品得到市民认可。

【农村土地确权】2018年，鄞州区重视农村土地承包经营权确权登记颁证工作，明确部门、镇、村工作职责，并出台相应文件明确总体要求、目标任务、工作原则、颁证范围、实施步骤、保障措施等内容，确保土地承包经营权确权登记颁证工作的开展。全区第一本农村土地承包经营权证书于1月29日由云龙镇姚家浦村村民姚继光取得。至年底，全区10个镇（含东钱湖）、128个村，涉及农户51002户、地块87878块、面积9298.53公顷，签订合同46922份、合同签订率92%，发放权证42000本、权证发放率82%。

【鄞州区获评省级“机器换人”示范区】 2018年12月29日，鄞州区获评浙江省农业农村厅公布的2018年农业“机器换人”示范单位，是宁波市唯一上榜的县（市、区）。全区农业机械化发展较快，农机化水平提升，其中水稻生产机耕、机收率保持在99%以上，机械栽植率69%，机械植保达70%，机械化烘干率83.73%，秸秆处理机械化水平90%，水稻生产综合机械化达91.59%以上；大宗茶修剪机械化作业率96%、采摘机械化达95%、名优茶加工作业环节机械化率95%；紫菜清洗、烘干机械化率达85%。全区共建设农机综合服务中心3个、智慧农机装备应用示范基地4个、区域服务中心3个，以姜山镇创宁粮机专业合作为实施单位，建成1个水稻生产全程机械化示范区。先后创建“全国农业机械化示范区”“全国‘平安农机’示范区”“全国主要农作物生产全程机械化示范区”。区农机站开展物联网、云计算、移动互联等现代信息技术的智慧农业机械研究和示范推广，引进农业自动化生产加工流水线、农业物联网设备、无人植保飞机等智能化装备，实现农业生产过程的智能化，完成智慧农机装备应用基地4家，其中水产养殖1家，畜牧养殖1家、果蔬种植2家。建成省级农机安全镇7个，占全区涉农9个镇（街道）的78%。

【鄞州区新一轮国土森林资源规划设计调查通过专家评审】 2018年6月8日，鄞州区最新一轮国土森林资源规划设计调查（简称“二类调查”）成果评审会在杭州召开。该次调查于2016年8月启动，由区政府组织，区农林局具体负责实施，通过公开招标方式确定由国家林业局华东林业调查规划设计院承担具体调查任务。该次调查全区行政范围内林地面积35568.73公顷，小班29939个，树带7461条，完成森林资源二类调查各项目标。该项目查清鄞州区行政区域内的森林资源的种类、数量、质量与分布现状，分析评价森林资源现状及动态变化，提出森林资源保护与发展的建议，形成森林资源规划设计调查成果。该成果质量指标符合《浙江省森林资源规划设计调查技术操作细则（2014年版）》工作要求，并通过专家评审。调查成果为编制林业发展规划、编制森林经营方案、建立森林资源档案、编制森林采伐限额提供基础资源数据。

【鄞州区获评第三批省级农产品质量安全放心区】 2018年12月28日，鄞州区入选省农业农村厅公布的第三批省级农产品质量安全放心县（市、区）名单。全区有56家农资连锁经营店，货源由宁波禾丰农资有限公司统一直供，农资包装废弃物统一回收并进行集中无害化处理，实现无害化处置全区域、全产业覆盖。病死动物集中无害化处理、沼液物流配送体系建设、农资连锁经营和农资销售实名制等创新做法，减少农业面源污染，实现农业绿色发展。全年完善区、镇、村三级监管网络；落实食用农产品合格证管理制度，推进农产品质量安全追溯体系建设，全区被录入省农业厅合格证管理系统503家，被录入省海洋与渔业局追溯平台134家；19家市级以上农业龙头企业、13家市级以上示范性合作社、12家区级以上规范化家庭农场属生产型的生产主体均完成追溯体系建设，完成率100%。构建农产品三级检验检测体系，推行“三品一标”认证，全区累计拥有无公害农产品产地74个，认证面积0.81万公顷；绿色食品3家，产品6个；有机食品2家、产品2个；农产品地理标志1个。主要食用农产品中“三品”比率达60.75%。全区农产品标准化生产率达到76.64%，其中种植业63.56%、畜牧业93.99%、林业68.41%、渔业63.50%。全区农产品标准化生产率近80%，共有“引发”“紫云堂”两个中国驰名商标、“鄞州雪菜”1个省区域名牌农产品，省级名牌（农）产品9个、省著名商标（商号）6个。全年开展农产品质量安全宣传、培训近80场次。与市场监管、卫计、商务、检验检疫、综合执法等部门联合出动，构建农产品质量安全综合监管体系。

（周　霖）

表1　2018年鄞州区农业龙头企业基本情况

企业名称	营业收入（万元）	法人代表	产业类型	行业地位	归属镇（街道）
宁波南联冷冻食品有限公司	5575	叶晓玲	水产品加工	省级农业龙头企业	姜山镇
宁波宏纬食品有限公司	13344	张德甫	蔬菜加工	省级农业龙头企业	姜山镇
宁波秀可食品有限公司	6680	钱德康	果蔬罐头	省级农业龙头企业	塘溪镇
宁波微萌种业有限公司	8382	薄永明	种业	省级农业龙头企业	邱隘镇
浙江可耐尔食品有限公司	13291	沈岚岚	茶叶、糖果	省级农业龙头企业	首南街道
宁波市江东水产批发市场管理有限公司	250871	张国瑞	水产	省级农业龙头企业	白鹤街道

续表1

企业名称	营业收入（万元）	法人代表	产业类型	行业地位	归属镇（街道）
宁波优翔饮品有限公司	3379	任国荣	果汁果酒	市级农业龙头企业	下应街道
宁波新艺蔺草制品有限公司	5062	韩国良	蔺草制品加工	市级农业龙头企业	姜山镇
宁波市三丰可味食品有限公司	3060	周安渊	雪菜、水产品加工	市级农业龙头企业	瞻岐镇
宁波引发绿色食品有限公司	3502	乐海康	雪菜及粮食制品加工	市级农业龙头企业	东吴镇
宁波易中禾生物技术有限公司	2010	肖　艺	铁皮石槲种植加工	市级农业龙头企业	云龙镇
宁波绿盛菜篮子商品配送有限公司	5504	卢超儿	农产品收购及初加工	市级农业龙头企业	云龙镇
宁波新紫云堂水产食品有限公司	3660	卢世良	雪菜、水产品加工	市级农业龙头企业	咸祥镇
宁波万荣食品有限公司	1987	邱孝良	农产品生产	市级农业龙头企业	邱隘镇
宁波金龙竹木业有限公司	4623	李明贵	刨花板生产	市级农业龙头企业	东吴镇
蓝海绿业生态建设股份有限公司	36844	宋兆峰	园林	市级农业龙头企业	首南街道
宁波市金地畜禽有限公司	10782	陈金娣	畜禽养殖	市级农业龙头企业	东郊街道
宁波绿茵市政园林有限公司	20399	叶鸿星	园林	市级农业龙头企业	白鹤街道
宁波天韵农业开发有限公司	3177	任红星	农业生态	市级农业龙头企业	中河街道
宁波可扬食品有限公司	2700	朱满达	紫菜、水产	区级农业龙头企业	潘火街道

农业执法

【概况】 2018年，鄞州区组织开展“2018农资打假保春耕联合执法行动”“农（兽）药经营记录专项检查行动”“种子标签专项检查”“节前农产品安全检查”等专项集中整治行动，结合“绿剑”行动、监督抽检、交叉检查等形式，查处假冒伪劣农资。全年共出动执法人员305人次，检查农资生产经营单位105家次，抽取兽药8批次，饲料及饲料添加剂5批次，农药37批次，肥料12批次，种子10批次。查处违法行为17起，其中农药案件3起，肥料案件5起，饲料案件2起，种子案件4起，兽药案件2起，农产品案件1起，收缴罚没款共计5.70万元，没收违法物品56.50千克。其中，“宁波尚蔬园生态农业有限公司销售不符合安全标准的食用农产品案”获评2018年全国农业行政处罚优秀案卷。

【渔业“一打三整治”源头管控专项执法行动】 2018年，区农林局开展渔业“一打三整治”源头管控专项执法行动。该行动包括开展休渔期渔船船位巡查、非法禁用渔具整治、营造良好护渔氛围3种方式。至行动结束，共登临检查渔船125艘次，船位每日1报，对应休渔船开展24小时船位实时监控，确保“船进港、网封库”；组织开展滩涂沿岸巡查59次，联合公安边防派出所、护渔工作队开展海上联合执法巡查5次，出动人员235人次，收缴涉渔“三无”船舶（排筏）17艘，清理地笼网670顶、流刺网15顶，收缴非法捕捞渔获物约45千克并当场予以放生；通过现场说法、横幅悬挂、短信提示等多种形式，提高渔民依规守法生产意识；运用新闻媒体和网络平台宣传6次，提升社会公众共同参与保护幼鱼资源意识。

2018年，区农林局开展渔业“一打三整治”源头管控专项执法行动

【限用农药退市管控】 2018年8月1—7日，区农业行政执法大队对辖区内的农资经营店进行专项检查。8月1日，为加强高毒高风险农药管控，维护农资市场秩序，区农资经营单位响应市农业生产资料流通协会的倡议，承诺在2014年已实施21种限用农药退市基础上，不再经营百草枯、溴敌隆等11种定点经营限用农药。该行动检查姜山镇、咸祥镇、塘溪镇、瞻岐镇4个镇共计10家农资经营店，在抽检中均未发现存在销售违规违禁类农药的行为。

【夏季“绿剑”执法行动】 2018年7月1—30日，区农林局开展夏季“绿剑”集中执法行动，规范农资市场秩序，打击制售假冒伪劣农资等违法行为，确保全区夏季农业生产和农产品质量安全。该次行动共出动执法人员30人次，抽取农业投入品20批次。检查重点包括农资产品登记信息、购销台账的建立与完善、有无在售禁限用农药等情况。至行动结束，发现涉嫌经营假农药、涉嫌经营假兽药等违法行为线索3起，并对相关不规范行为责令整改。

【年度农业投入品抽样完成】 2018年3—9月，为保障农业生产和农产品质量安全，区农林局开展年度农业投入品质量抽检工作。该次抽样利用宁波市农业投入品智慧监管系统，结合省“绿剑”春、夏、秋季行动，对全区农资商店进行全面巡查，对禁限制农药的销售、网上系统使用率、台账规范等进行重点检查，对发现的违规行为提出责令改正，对违法行为进行严格查处立案。至行动结束，共完成农业投入品抽样种子10个、农药37个、化肥12个、兽药8个、饲料及饲料添加剂13个。

【农资包装废弃物收集】 2018年，鄞州区开展农资包装废弃物收集活动，即农资包装废弃物统一回收和集中无害化处置，降低农资包装废弃物对土壤、水体污染风险，减少农业面源污染，保护农业生态环境和人身安全。10个涉农镇（街道）建有镇农资包装废弃物集中收集点10个，设有统一回收点614个，落实专职人员163人，农资包装废弃物收集1871505（瓶、袋），重161.64吨。

【区农林局一案卷获评全国优秀案卷】 2018年12月，区农业行政执法大队报送的“销售不符合安全标准的食用农产品”案卷，被农业农村部评为2018年全国农业行政处罚优秀案卷。该案卷中，区农林局对鄞州区某蔬菜生产基地韭菜多菌灵超标进行立案调查，发现该批韭菜为当事人喷洒多菌灵过程中未严格按照配比浓度进行喷施导致农残超标，区农林局对当事人作出没收违法所得，并处罚款5000元的行政处罚。该案卷由区农林局处罚，区农业行政执法大队承办，石海礁、朱凌亚完成办案。

（周　霖）

农村经营管理

【概况】 2018年，鄞州区通过农村承包地确权登记颁证“测绘专项验收、数据库验收、综合验收”3项考试，发放权证42000本，发放率达82%。推进股改深化工作，52个村（社）通过改革完善方案，占应深化完善村总数98.11%。开发“易农贷”“乐农贷”“支农宝”等无抵押信用贷款，全区银行业金融机构完成涉农贷款988亿元，新增贷款60.82亿元，农信机构普惠金融签约率102.76%。实现全区镇级农合联现代农业服务中心全覆盖。完成产业农合联2家、新型庄稼医院5家、9个镇级现代农业服务中心和农合联组织的规范化建设任务以及合作社会员信用等级评定工作，合作社会员授信率53.85%。

设计“宜居乡村、生态乡村、和谐乡村、活力乡村”四大建设工程子项目20个，牵头开展“治环境创特色”美丽乡村建设行动。对未来三年全区美丽乡村建设进行总体规划，完成《乡村整治提升与产业发展三年规划》初稿编制。开展乡村振兴专项考核，制定《鄞州区乡村振兴工作领导小组议事规则》；印发《2018年市对区乡村振兴战略实绩考核评分细则及目标任务责任分解》《2018年度区对镇乡村振兴工作绩效考核办法》等。

【美丽乡村示范创建】 2018年，鄞州区创建浙江省美丽乡村示范乡镇2个（横溪镇、咸祥镇），浙江省美丽乡村特色精品村3个（瞻岐镇岐西村、姜山镇甬江村、云龙镇任新村），宁波市美丽乡村示范镇1个（横溪镇）、风景线1条（漫游横溪）、示范村5个（横溪镇周夹村、横溪村、大岙村，咸祥镇南头村、云龙镇上李家村），合格村58个。新启动培育美丽乡村示范乡镇1个（咸祥镇），美丽乡村风景线1条（咸祥蓝色海湾），美丽乡村示范村7个（瞻岐镇岐西村；咸祥镇西宅村、海南村、咸五村；五乡镇明堂岙村；云龙镇任新村；姜山镇陆家堰村）。

【农村生活污水治理】 2018年，区农办推进农村生活污水治理工作。该工作抓工程质量和进度，发挥农污治理项目专家组作用，从初步设计到施工图全程把关农污治理设计工作。规范项目施工，加强工程质量监管，严把管材质量，统一使用PE管材，强化第三方平行检测。加强进度管理，把握好前期涉及的选址、立项、扩初、招投标等工作环节，对可同时开展的工作环节尽量一并实施，坚持实行工程进度月报制度，每月工程进度指标量化排名。至年底，全区13个续建项目8个完工，8个新建项目7个开工。185个建制村规划治理181个（剩余4个未规划治理村为邱隘东部新城规划控制），全部启动实施农村生活污水治理工作，并有162个村完工，农户受益率85%。

【农村生活垃圾“三化”处理】 2018年，鄞州区以扩大分类覆盖区域，增强村民分类意识，强化源头分类质量，促进垃圾就地减量为重点，做好农村生活垃圾“三化”分类处理。至年底，全区已有138个行政村开展生活垃圾分类处理工作，覆盖率达75%，比上年提升32个百分点。其中东吴、瞻岐和五乡3个镇基本实现生活垃圾分类处理工作全覆盖。创建省农村生活垃圾分类处理资源化处理站（点）及项目村20个，省高标准生活垃圾分类示范村3个（东吴三塘、咸祥西宅、姜山陆家堰），市生活垃圾分类处理示范镇2个，示范村4个。鄞州区获评省农村生活垃圾分类处理工作优胜区。

【对口帮扶】 2018年，区农办印发《鄞州与和龙、延吉扶贫协作三年行动计划》《2018年鄞州与和龙、延吉扶贫协作工作实施意见》，建立“常态化、多频率”的对接机制；落实和龙、延吉财政帮扶资金6609.40万元，启动建设项目91个，实施国泰新能源等产业发展项目19个，筹集社会帮扶资金（物资）1200余万元，帮扶整体工作受到吉林省委书记巴音朝鲁批示及肯定。全区有30余家社会组织参与对口帮扶协作，实施帮扶项目达37个，近2万人次受益。其中，善园发起公益帮扶项目100余起，募集善款500余万元。光东村“共享稻田”试点成功，落实“共享稻田”47公顷，市场收益376万元，纯利润94万元，带动农户301户858人，其中贫困户77户127人，每户增收约2000元。坚持“大米先行、多元拓展”，以优质大米为主打产品，推广到畜禽、林特、药材等领域，将东光村的经验复制到贫困村、特色村。以周秀芳爱心品牌为引领，设立和龙“周秀芳”爱心驿站，捐助和龙、延吉两地的社会帮扶资金（物资）达200万元；成立周秀芳爱心帮扶基金会，由区人民教育基金会划拨250万元作为启动资金；成立周秀芳爱心工作室，创新实施团队化、专业化、项目化、基地化、制度化“五化”管理模式。

（蒋存行）

水利工作

【概况】 2018年，鄞州区完成各类水利建设投资4.75亿元，沿奉化江、甬江“下排”工程庙堰碶泵站、鄞东南排涝闸及重点“中疏”工程九曲河（城区段）完成年度建设节点目标。东江堤防加固工程鄞州段、长丰泵闸新建工程通过竣工验收。疏浚农村河道61.78千米，清淤42.60万立方米，整治农村河道岸线19千米。姜山镇甬江村、陈鑑桥村和云龙镇陈黄村市级水环境示范村建设项目建成。铁砂岭水库下游溪坑、金峨小溪等4个小流域治理工程建成。黄牛礁海塘镇压层维修工程、龙尾碶重建工程、联胜二碶及永安外碶等4个海塘及水闸工程建成。梅溪水库自动化提升、横溪镇烂田弄山塘、后塘山塘、塘溪镇华山屋后山塘等水库山塘改造工程建成。小岭头水库、金峨山塘、大嵩江北岸塘、奉化江堤防（长丰桥至江夏桥段）东吴镇小白村独立水站、姜山水位站等32个水利设施建成标准化水利工程。后塘河（五乡段）建成2018年度省、市级“美丽河湖”，大嵩江（大闸段）建成2018年度市级“美丽河湖”。姜山镇景秀园果蔬专业合作社等4个喷微灌工程建成，受益面积4公顷。姜山镇顾家村小型农田水利工程建成，增加农田受益面积70公顷。

实行占用水域审批制度，对所有占用水域的项目，均要求做到占补平衡。全区保有取水许可证32家，取水许可和水资源论证率达100%，完成区级节水型社会实施方案编制及审批工作。开展全区水土保持监督执法专项行动，53个项目完成水土保持补偿措施整改。打击侵占河道、偷倒渣土泥浆等各类违法行为，处理水事违法案件19起，其中立案查处7起。拆除废旧水面建筑3座、阻水桥梁5座、涉水违建4处，清理阻水构筑物5处，恢复水域面积约2500平方米。区水利局获评全省水利工作综合考核优秀单位。

【防汛抗旱】 2018年，区防汛防旱指挥部检查水利工程366处，对1处存在安全隐患的工程下发督办通知书，并落实在建水利工程安全度汛措施。调整区防指成员机构人员和各级防汛责任人，明确镇村两级防汛责任人及各类水库和屋顶山塘巡查责任人、小流域山洪灾害预警责任人，并在《鄞州日报》公布。将全区镇村两级防汛防台责任人信息、网格及其责任人信息更新录入到省级平台，向责任人寄发责任告知信函。与各镇（街道）签订防汛责任书。组建区水上应急抢险队伍1支（179人）、水利工程机动抢险队1支（60人）、镇村两级抢险队伍370支（5981人），配备冲锋舟、橡皮艇和挖掘机、破碎锤头等抢险器材和装备。大嵩防汛物资仓库（300平方米）、大嵩滨海防汛物资仓库（400平方米）、鄞东南防汛物资仓库（200平方米）、铜盆浦防汛物资仓库（170平方米）和东江防汛物资仓库（250平方米）5个区级防汛物资仓库储备防汛麻袋和编织袋19.59万只、无纺布和编织布3000平方米、救生衣482件、移动发电机3台、铁锹430把、投光灯9盏，以及便携式工作灯等防汛抢险器材和物资。在五乡镇明堂岙村举行区级山洪灾害防御预案演练，邀请专家对57座小型水库（屋顶山塘）巡查员、镇村两级山洪灾害预警员和防汛责任人进行业务培训，组织放映防台风宣传电影100场次。鄞东南平原动态洪水风险图管理与应用系统建成。全年全区经受住梅雨期3轮强降水、7月下旬部分山区镇村出现的旱情和6个台风及“山竹”台风外围云系与北方弱冷空气共同引发的强降雨等自然灾害考验，实现“不死人、不垮坝、少损失”的目标。

【两条河道获评省、市级“美丽河湖”】 2018年11月5日，后塘河（五乡段）、大嵩江（沿海中线上游—大嵩大闸）被评为2018年市级“美丽河湖”，12月25日，后塘河（五乡段）被评为2018年省级“美丽河湖”。后塘河是宁波“六大塘河”之一，东西走向，流经东吴镇、五乡镇、邱隘镇、福明街道、东柳街道、东胜街道、百丈街道，止于大石碶，全长23.88千米，河道平均宽35米，是鄞东南平原的骨干排涝河道。后塘河（五乡段）穿过五乡镇，长3.19千米，自东向西依次经过4个行政村。2013年，后塘河（五乡段）整治被列

加固整治后的大嵩江堤防

入全国中小河流重点县综合整治建设范围，五乡镇对后塘河实施综合整治工作。2015年，后塘河整治工程五乡段被评为浙江省河道生态建设示范工程。后塘河（五乡段）在行洪排涝、灌溉蓄水、生态景观等方面也发挥作用。大嵩江位于鄞州区东南，大嵩江（沿海中线上游—大嵩大闸）位于大嵩大闸上游，长约3千米，流经球山、球东、岐化3个村，主要功能为蓄淡阻咸、排涝抗旱、水库行洪等。该段河道水质良好，常年保持在Ⅲ类水以上。经过加固整治后，堤防防洪标准提升至二十年一遇标准。

【东江堤防加固工程鄞州段通过竣工验收】 2018年12月21日，东江堤防加固工程鄞州段通过竣工验收。该工程为甬江流域防洪工程的重要组成部分，主要任务是提高干流防洪标准，保障鄞州区乃至宁波市社会经济可持续发展，建成后可有效防止洪水侵袭，缓解鄞东南片区的防洪压力，兼顾生态景观。该堤防位于东江右岸姜山镇境内，上游起于原东江管理所闸，下游至大获闸，防洪标准为二十年一遇，河道中心线长6.20千米。该工程主要内容包括堤线加固6.34千米，新（改）建水闸7座、涵闸5座、东江防汛物资仓库1处，以及配套绿化及其他配套工程，于2014年10月8日开工，2017年6月6日完工，历时33个月。

【大嵩江堤防加固工程通过完工验收】 2018年8月9日，大嵩江堤防加固工程（沿海中线—大嵩江大闸）工程通过完工验收，标志着鄞州区又一条“平安堤”的建成。大嵩江堤防加固工程位于瞻岐镇、咸祥镇境内，西起沿海中线，东至大嵩江大闸，河道中心线长2.70千米。两岸堤防总长4.06千米，采用堤岸分离的结构形式，堤线基本按照老河道堤防走线，沿线扩建、新建水闸6座。该工程于2016年3月18日开工建设，历时25个月完工，建成后防洪标准为二十年一遇。

【水法宣传活动】 2018年3月，区水利局开展2018年“世界水日”“中国水周”系列活动。3月22日，区水利局在《鄞州日报》上刊发《水利“命脉”润泽美丽城乡——鄞州拉高标杆守护绿水青山》宣传专栏，系统介绍全区水利建设状况和新年度工作任务；3月22日，联合九三学社鄞州区基层委员会到塘溪镇名人文化广场开展普法宣传和设摊义诊；同日，组织塘溪镇中心小学开展水文观测现场体验活动并参观水利设施；3月21日，联合市原水集团在东吴镇组织水法宣传文艺会演；3月22—28日，组织开展“水法赶大集”活动，宣传进街道、进社区、进村镇；3月20—22日，组织策划亲水使者进校园活动，与学校师生互动开展“惜水、护水、节水、爱水”主题宣教，联合钟公庙中心小学（21日）、华泰小学（23日）、五乡镇中心小学（20日）和横溪镇金娥（22日）、石桥小学（22日）等学校开展“世界水日”“中国水周”节水主题班会宣传活动。3月22日，联合相关学校组织开展主题手抄报、爱水漫画设计和“后塘河的前世今生”等活动。至活动结束，累计组织活动20余场次，悬挂横幅100余条，发放张贴标语、宣传画等宣传资料1000余份，发放宣传折页、宣传手册等5000余份，分发宣传纸杯12万余个、环保袋和纪念品1万余只（份），“送电影下乡”30余场。

【调水活水行动】 2018年，鄞州区系统实施调水活水行动。区水利局实施制订全区调水活水专项方案，采用联水联调、定向补缺等系列措施，跨流域调水（建庄泵站翻水）2.11亿立方米，推动水体流动提升河网水质。特别是在5月下旬至6月上旬，区水利局协商市水利局、东钱湖旅游度假区管委会，拓宽调水水源地，20天共调入优质水2111万立方米，科学调度沿江19座水闸，实施大范围联水联调，累计开闸排水6805.46万立方米，相当于将河道水体置换1.80次，监测数据显示河网水质明显好转。

【云龙镇2017年度河道整治庙江大桥拆建工程通过完工验收】 2018年8月23日，云龙镇2017年度河道整治庙江大桥拆建工程的合同工程完工验收。验收工作组经过现场踏勘和工程资料审查，并听取各参建单位对工程设计、施工、监理、管理等工作汇报后，同意通过完工验收。该工程位于鄞州区云龙镇园堍村庙江河、园堍村委会西侧，规模为3跨12米，桥面总宽度为7.50米，净宽6.50米，两岸接坡道路长100米。

【《鄞州区三溪浦水库大坝渗流分析与安全评价方法研究报告》通过验收】 2018年4月19日，《鄞州区三溪浦水库大坝渗流分析与安全评价方法研究报告》验收会议在三溪浦水库召开，市水利局、区水利局、三溪浦水库管理处、南京水利科学研究院等单位代表及特邀专家参加会议。三溪浦水库大坝渗流分析与安全评价方法研究项目是根据三溪浦水库大坝现状，对加固后大坝的渗流状况进行全面计算并与实测值比对，分析加固后大坝渗流状态是否已改善及改善程度，研究水库大坝渗流变化的过程与规律，建立大坝内部各部位、各测点与各不同时段水位的相关关系及相应的渗流动态报警指标，对土石坝的运行安全进行实时报警，发挥自动监测系统的作用，确保工程安全。该项目被列入宁波市水利局2017年度水利科技项目计划。验收专家组听取项目组汇报、审阅相关资料等程序后，同意该项目通过验收。

【奉化江堤防整治工程（鄞州新城区段）Ⅲ标段通过完工验收】 2018年4月17日，奉化江堤防整治工程（鄞州新城区段）Ⅲ标段通过完工验收。Ⅲ标段位于鄞州二桥至绕城高速奉化江右岸姜山镇翻石渡村和姜山镇周韩村境内，建设堤防总长2800米，拆建张家碶水闸1座。除右岸自动化及标准化工程在建外，水工及绿化共计10个标段已全部完工验收，建设堤防总长18.59千米，改、扩建沿线水闸11座，新建管理房及配套建设景观绿化等，防洪标准提高到五十年一遇，水闸排涝标准提高至二十年一遇。至此沿东江、奉化江、甬江洪水的“外挡”，形成全长40.50千米的闭合防洪堤防，全面提升鄞东南平原的防洪排涝能力，堤岸上步行道及两旁绿树红花为市民提供休闲场所。

【梅溪水库大坝安全监测自动化及视频监控系统升级改造项目通过完工验收】 2018年11月2日，梅溪水库大坝安全监测自动化及视频监控系统升级改造项目合同工程完工验收会议在梅溪水库管理处召开。验收工作组经过现场踏勘和工程资料审查，并听取各参建单位对工程设计、施工、监理、管理等工作汇报后，同意通过完工验收。该工程位于鄞州区塘溪镇沙村，主要包括大坝安全监测设施及自动化监测升级改造、视频监控系统升级改造、坝脚排水沟外排、大坝上游防护，监控中心机房改造等。该工程的实施能更全面了解大坝的运行情况，实时分析、判断大坝运行安全，减轻劳动强度，保证安全生产，提高水库日常运行管理水平。

【农村供水模式创新】 2018年12月25日，供水水质无菌检测室在鄞州区横溪镇金峨水站正式投入使用。鄞州区农村饮用水安全工程21处，惠及农村3.20万人，农村供水工程覆盖率100%。其中，横溪镇金峨片饮水安全提升工程是鄞州区首个开创片区联网联调的农村供水工程。该工程总投资2600余万元，于2017年5月通过竣工验收投入使用，覆盖金峨片区大岙村、上任村、金峨村及道成岙村4个行政村，为1.22万人供水，日供水量约3000吨。该工程采用的片区联网联调模式，是在平时集中整合片区内6座小型水库及山塘向水站供水，经过滤消毒后输送至各村，互相之间可以调配：供水新模式打破固有行政区域概念，让区域水资源得到最大限度合理利用。当小型水库山塘蓄水无法满足供水要求时，可由作为“备用水源”的横溪水库抽水泵站抽水进行补充。该无菌检测室建成后，技术人员可自行检测各项日常指标，掌握供水水质状况，保障供水质量。同年9月，水站建立农村饮用水智慧管理平台，利用“互联网+”加快实现线上线下全融合、取水用水全监管模式。

（刘宜峰）

整治后的奉化江堤防

工业·工业园区

工业经济

产业和细分行业

重点企业

鄞州工业园区

鄞州经济开发区

宁波中车产业基地

鄞州年鉴

2019 YINZHOU YEARBOOK

工业经济

【概况】 2018年，鄞州区有各类工业企业1.27万家，其中规模以上工业企业1041家（年主营业务收入超亿元企业260家、超10亿元企业19家），实现规模以上工业产值1420.61亿元，比上年增长6%。规模以上企业增加值279.53亿元，增长1.95%。规模以上企业销售产值1407.76亿元，增长7.70%。其中，出口交货值339.88亿元，增长8%；新产品产值546.10亿元，增长8.70%，新产品产值率38.44%，提高0.63个百分点；高新技术行业产值867.03亿元，增长20.90%；高新技术企业实现产值680.67亿元，增长29%。规模以上工业企业主营业务收入1424.67亿元，增长9.80%；利税总额121.57亿元，增长0.20%，其中利润总额82.29亿元，增长4.10%。规模以上工业从业人员平均人数16.33万人，下降3.50%。亏损企业亏损额7.50亿元，下降13.20%。亏损企业202家，增长15.40%，亏损面19.40%。工业用电量45.35亿千瓦时，增长7.97%。

完成工业投入60.89亿元，增长13.38%，其中技改投入47.52亿元，增长21.45%，技改投入占工业投入的比重为78.05%。其中，千万元以上技改项目数201项，工业投入58.91亿元，技改投入45.67亿元。57个项目被列入市级技改项目。其中，5个项目被列入市级数字化车间/智能工厂示范项目，2家企业产品入选装备制造业重点领域首台（套）名单，其中国内首台（套）产品1个、省内首台（套）产品1个。

鄞州区在中国工业百强区榜中居第24位，在2017年度浙江省区域两化融合发展指数评估中列全省第四位、全市第一位，并被列入2018年省级集成电路产业基地创建单位。

【制造业单项冠军梯队培育】 2018年，鄞州区实施制造业单项冠军培育行动，在关键领域和细分行业培育具有市场竞争力的冠军企业。加大重点细分行业支持力度，围绕构建“3311”新型产业体系，重点聚焦新型材料、智能终端产品、基础元器件、高端电子、信息软件五大细分行业，将该批行业领域内的技改项目补助比例上限由6%提高至10%，额度由最高300万元提高至500万元。对首次被列入国家单项冠军示范企业（产品）及培育企业、市级单项冠军示范企业的，给予最高100万元、50万元、20万元的补差奖励。对首次被列入省、市级培育试点示范的制造业“三名”企业，分别给予最高100万元、20万元的补差奖励。宁波博德高科股份有限公司入选第三批国家制造业单项冠军示范企业，宁波得利时泵业有限公司入选第三批国家制造业单项冠军培育企业。至年底，全区拥有国家级制造业单项冠军示范（培育）企业4家。

【36家企业入选全国首批缝机零部件单项产品冠军、优势企业名单】 2018年11月25日，中国缝制机械协会公布全国首批缝机零部件单项产品冠军、优势企业名单，宁波德鹰精密机械有限公司的旋梭、宁波祥瑞机械有限公司的摆梭座组件入选单项产品冠军名单，宁波市鄞州勇耀缝制机械有限公司、宁波市鄞州固联缝制机械有限公司、宁波市江东迪信机械制造有限公司、宁波市鄞州欣辉精工机械有限公司入围优势企业榜单。首批缝机零部件优势企业要求以缝制机械零部件制造为主业，专注部分细分产品市场，具有较大生产规模，装备技术先进，单项产品市场占有率居行业前列。首批缝机零部件单项产品冠军要求在满足优势企业各项基础条件上，其单项产品市场占有率居全国乃至全球第一，具有较高的知名度、影响力和竞争力，综合实力雄厚，具有行业引领示范作用。该次评选共有近百家企业递交申报材料，评价标准涵盖企业规模效益、单项产品竞争力、工艺技术及质量保障、装备水平、信息化建设6大项目20个子项目，对企业影响力、产品质量口碑、研发技术水平等多方面进行综合评价，最终确定入围名单。

【274家企业获得市级小微企业创业创新基地城市示范专项资金】 2018年8月30日，宁波市清算下达2018年度第二批小微企业创业创新基地城市专项资金，共17831.78万元，鄞州区有274家企业获得市级小微企业创业创新基地城市示范专项资金，包括小微企业创业创新空间载体建设补助、小微企业公共服务平台建设补助、小微企业科技成果吸纳转化补助等，金额计2747.38万元。

【宁波独角兽创新峰会在鄞州区举行】 2018年9月18日，作为第二届鄞州人才智创周活动的一项子活动，宁波独角兽创新峰会在鄞州区举行。峰会以“寻找下一个独角兽”为主题。独角兽企业指成立时间不超过10年，获得过

2018年9月18日，宁波独角兽创新峰会在鄞州区举行

私募投资且尚未上市、估值不低于10亿美元的企业，"培育独角兽"成为国内各大城市"双创"工作重点。该峰会由区委人才办、区经信局、区金融办和区科技局共同主办，由微链（杭州传送门网络科技有限公司）承办，双创热土合作支持，近百家知名投资机构、人才项目、区级机关相关单位到场参加。区委副书记、政法委书记朱法传出席。峰会上，200余名创业者与投资人现场面对面交流对接，峰会承办方"微链"特邀多名知名机构投资人与海选出的7名创业者进入"合伙人专区"，进行闭门路演。

【奥克斯集团有限公司入围2018中国企业500强】 2018年9月2日，中国企业联合会向社会公开发布2018"中国企业500强"排行榜。入围企业中浙江企业共48家，入围企业数居全国第五位。宁波企业占据9家，其中鄞州企业奥克斯集团有限公司凭借营业收入约649亿元上榜，列第257位。"中国企业500强"榜单参照国际通行惯例，以2017年实现营业收入为入围标准分别排序产生。2018"中国企业500强"入围门槛首次突破300亿元大关，500强企业营业额收入首次突破70万亿元大关，增长11.20%。

【7个小微企业创业创新基地获评全市绩效评价A级】 2018年4月28日，市经信委公布2017年度全市小微企业创业创新基地绩效评价情况，鄞州区7个基地被评为A级，数量全市最多。2017年度全市共备案小微企业双创基地50个，共有44个小微企业双创基地参与绩效评价。市经信委委托第三方机构，按照绩效评价标准，从总体发展、服务能力、创业创新和其他工作等方面，对参评基地进行审核、评分，最终有14个基地被评为A级。鄞州入围的7个基地分别是宁波市鄞州区大学生创新创业基地、宁波和丰创意广场、宁波城创小微企业创业创新基地、鄞州七号梦工厂创业创新基地、宁波中物光电科技企业孵化器、汇聚·创业里、宁波教育科技产业园。

【规模以上工业企业技改和智能化诊断服务】 2018年，鄞州区依托宁波市分行业智能化诊断服务技术支撑体系，以政府购买服务的方式，为全区有意愿技改的规模以上工业企业提供智能化改造"一对一"诊断服务，破解制造业企业在实施智能化改造中存在的技术、人员、管理等难点问题。至年底，全区组织推动区内364家规模以上工业企业新实施技改项目，两年累计实施技改项目企业数685家，占全区规模以上工业企业总数71%。新认定1家市级、20家区级智能制造工程服务公司，开展智能化诊断服务企业147家，有236家企业完成智能化诊断，44家企业完成初步解决方案设计，提前一年完成诊断全覆盖任务。新增机器人231台，低端用工人数减少5900余人，规模以上工业企业全员劳动生产率同比提高5.70%。

【"亩均论英雄"改革】 2018年12月7日，鄞州区制定全区"亩均论英雄"改革实施意见，在评价范围上，实现规模以上工业企业、3亩（含）以上的规模以下工业企业全覆盖。全区共有846家规模以上工业企业参评，规模以上工业企业亩均增加值155万元，亩均税收42.90万元，均高于省、市平均水平，分别提高19.30%和11.60%，分列全市各县（市、区）第一和第二位。69家鄞州企业跻身全市工业亩产英雄500强榜单，其中美康生物科技股份有限公司、宁波三星医疗电器有限公司、博格华纳汽车零部件（宁波）有限公司、宁波奥克斯空调有限公司4家企业名列前十，数量全市最多。3亩以下1262家规模以下工业企业参评，亩均税收8.10万元，增加3.90万元。

【鄞州区创建为省级集成电路产业基地】 2018年1月26日，省经信委、省财政厅联合发文，公布2018年省级集成电路产业基地创建单位名单。全省共6个县（市、区）通过评审，鄞州区作为全市仅有的两个县（市、区）之一上榜。作为宁波市集成电路产业布局规划"一园三基地"（一园为集成电路产业孵化园；三基地为设计、制造、材料基地）中集成电路设计基地的承接区，鄞州区通过引进中芯国际创新设计服务中心，并创建宁波微电子创新产业园。产业园于2017年11月8日正式揭牌起，累计引进集成电路设计、芯片应用及封装测试等相关企业43家（2018年新引进企业24家），其中设计类企业14家、先进装备制造类企业20家、平台类企业9家，累计注册资金10.90亿元。

【鄞州区两化融合发展指数列全市首位】 2018年2月7日，省经信委发布《2017年浙江省区域两化融合发展水平评估报告》，鄞州区两化融合发展总指数94.60，提高0.09个百分点，位列全省97个县级地区第四名，连续3年居全市首位、全省前列。鄞州区以省级"信息经济发展示范区""软件和信息服务产业示范基地"建设为契机，推动软件信息服务产业与制造业深度融合，引导企业运用现代信息技术改造优化传统生产和经营流程，提升智能制造水平。鄞州区于2017年创建省两化深度融合国家示范区域，奥克斯集团有限公司作为宁波市仅有的两家企业之一获评工信部首批国家两化融合管理体系贯标示范企业；美康生物作为全市唯一一家企业获评2017年国家级服务型制造示范企业；浙江一舟电子股份有限公司、美康生物科技股份有限公司等两家企业获评省首批服务型制造示范企业（宁波市仅3家）。新增4家企业获批市智能制造工程服务公司，总数达7家。鄞州区坚持以智能制造作为推进"中国制造2025"的核心内容和主攻方向，安排技改专项财政预算资金4100万元，对五大细分行业的技改项目补助比例上限提高至10%，额度提高至最高500万元。

【鄞州区获评2017年度宁波市推进"中国制造2025"试点示范城市建设工作先进单位】 2018年2月14日，宁波市政府办公厅发文公布2017年度宁波市推进"中国制造2025"试点示范城市建设工作先进单位名单。全市共有15个单位获综合考评先进，其中鄞州区作为6个先进县（市、区）政府之一，获先进单位三等奖。鄞州区自2017年起坚持以助力宁波市推进“中国制造2025”试点示范城市建设为核心，推动工业经济从“总量主导”向“质量优先”转变，先后创建成为省两化深度融合国家示范区域、省首批省级军民融合创新示范区和省级集成电路产业基地。

【工业大数据与两化融合高层论坛在鄞州区举行】 2018年9月7日，由鄞州区人民政府、中国电信股份有限公司宁波分公司主办，宁波市制造业与互联网融合创新中心、鄞州区智慧办承办的工业大数据与两化融合高层论坛在鄞州区召开。区委副书记、区长陈国军，副区长戴华祥出席论坛。153家区制造业、20家区软件和信息服务企业参加。论坛邀请行业内专家与国内先进制造龙头企业，围绕工业大数据、两化融合、先进制造等议题，解读中国工业大数据的发展趋势、梳理产业发展现状及问题、分享先进企业在工业大数据领域的实践、探讨工业大数据前沿技术等。中国工程院院士陈纯，中国互联网协会副理事长、前国家信息中心主任高新民，数字对象体系架构应用技术与标准促进组织执委会主席孙洵，中国电信集团产业互联网创新发展中心主任张东，中国电子信息产业发展研究院信息化研究中心副主任姚磊，博格华纳摩斯系统亚洲区副总裁兼总经理王蓓，迈迪云创始人任开迅等行业专家进行7个主题演讲，在工业大数据实时智能处理、工业大数据价值链实现及关键、企业实践案例等方面做分享。

（姚剑峰）

产业和细分行业

【概况】 2018年，鄞州区三大优势产业完成产值528.10亿元，比上年增长1.57%。三大战略性新兴产业完成产值460.18亿元，增长6.52%。“3+3”产业共完成产值988.29亿元，占规模以上工业产值的比重为69.57%，增长3.82%。五大细分行业完成产值1282.48亿元，增长5.18%。

【高端汽配产业】 2018年，鄞州区高端汽配产业重点领域为汽车发动传动制动系统、汽车电子、重要部件锻压成型、汽车维修检测系统、新能源汽车及关键零部件、汽车模具等，有企业108家，实现产值180.51亿元，增长1.48%，其中重点企业有博格华纳汽车零部件（宁波）有限公司、宁波圣龙（集团）有限公司、宁波福士汽车部件有限公司、宁波高发汽车控制系统股份有限公司、宁波明佳汽车内饰有限公司、宁波纬尚汽车零部件有限公司等。

2018年9月7日，工业大数据与两化融合高层论坛在鄞州区举行

【智能电器产业】 2018年，鄞州区智能家电重点领域为家电零配件制造及系统集成、方案解决等生产性服务领域，有企业79家，实现产值282.30亿元，增长1.42%，其中重点企业有奥克斯集团有限公司、欧琳集团有限公司、宁波华彩电器有限公司、宁波音王集团有限公司、宁波乐士集团有限公司等。

【时尚服装产业】 2018年，鄞州区时尚服装产业重点领域为新型纤维化纤、服装服饰、家纺、特种纺织等，有企业90家，实现产值65.30亿元，增长2.47%，其中重点企业有浙江中哲控股集团有限公司、宁波培罗成集团有限公司、宁波凯信服饰有限公司等。

【新型材料产业】 2018年，鄞州区新型材料产业重点领域为高端合金材料（延伸贯通高端金属材料应用环节，形成“高端金属冶炼——高端金属合金材料压延加工——高端领域应用”的大产业链，加快发展高性能、高强、高导、高硬度、高精度、无（低）氧、无铅及高洁净环保、超耐磨、耐腐蚀等新型高端铜合金材料，满足高端装备制造、新一代电子信息技术、先进轨道交通、关键基础零部件、航空航天等领域的需求）、粉末冶金（重点发展高强度、轻量化、高性能各类粉末冶金材料，满足轨道交通、汽车等交通运输设备提速、节能应用的需求；重点培育发展高强韧、耐腐蚀新型粉末冶金材料、3D打印合金材料以及前瞻液态粉末冶金材料，保障海洋工程、化工装备、航空航天、国防军工、热控能源、可穿戴电子、工业设计等领域的特殊需要）、稀土永磁材料（巩固和提升在烧结钕铁硼材料、高性能粘接磁体、热压钕铁硼磁体、高性能钐钴永磁材料等方面优势。支持具有纳米结构的新型稀土永磁材料、近终成型的辐射（多极）环形磁钢，以及钐钴、钐铁氮等其他新型稀土永磁材料新产品的开发。支持建设一批基于高性能稀土磁性材料的高精度直驱电机、高功率密度伺服电机、高效高速电机和高可靠性伺服驱动器生产开发项目，推动永磁电机在智能制造装备、家用电器、新能源汽车、轨道交通等领域的产业化应用），有企业105家，实现产值189.41亿元，增长4.99%，其中重点企业有宁波博威集团有限公司、宁波禾顺新材料有限公司、东睦新材料集团股份有限公司、宁波宁江粉末冶金有限公司、宁波韵升强磁材料有限公司、宁波凌珂新材料科技有限公司、宁波鑫霖磁业有限公司等。

【高端装备产业】 2018年，鄞州区高端装备产业重点领域为轨道交通装备、船舶专用设备、高速精密数控机床、大型成套铸造机械制造、高低压成套开关设备和电器制造、高效升降输送设备、新型高技术纺织服装机械及关键零部件、成套印刷设备制造等，有企业152家，实现产值155.75亿元，增长6.27%。其中，重点企业有宁波中车轨道交通装备有限公司、宁波欣达集团有限公司、日月重工股份有限公司、宁波力达物流设备有限公司、宁波千普机械制造有限公司等。

【新一代信息技术产业】 2018年，鄞州区新一代信息技术产业重点领域为超级电容、高端继电器等电子元器件的研发及产业化，宽带数字同步系列光纤、数据通信网设备、新一代绘图机以及打印设备、专用集成电路制造、先进电子仪表、芯片设计和生产，有企业97家，实现产值119.95亿元，增长8.24%，其中重点企业有宁波中车新能源科技有限公司、宁波康强电子股份有限公司、浙江一舟电子科技股份有限公司、宁波碧彩实业有限公司、浙江汇港电器有限公司等。

【智能终端产品产业】 2018年，鄞州区智能终端产品产业重点领域为智能家电家居（推进变频驱动、永磁电机、智能模块、射频芯片关键技术研发、加快新技术在核心部件上的应用，提升家电档次和质量。打造互联网+家电创新发展模式，支持鄞州区小家电企业利用互联网众包、众筹等模式开发和销售新型生活小家电，打造一批智能化、网络化和数字化的智能家电产品）和新型显示［围绕LCD及OLED，积极发展激光显示、3D显示等多种新型显示技术。重点突破3D扫描成像技术、超高像素模、特种镀膜等核心光居技术，推进人机交互、虚拟现实（VR）和增强现实（AR）等关键技术的研发和产业化］企业120家，实现产值324.47亿元，下降2.07%。其中，重点企业有奥克斯集团有限公司、欧琳集团有限公司、宁波乐歌视讯科技股份有限公司、宁波乐士集团有限公司、宁波音王集团有限公司、宁波视睿迪光电有限公司。

浙江中车电车有限公司AGV物流小车

【关键基础件产业】 2018年，关键基础件产业重点领域为汽车关键零部件（加快发展汽车控制系统、混合动力电机/电池/专用发动机，超级电容、高效自动变速器及关键部件、轻量化零部件，提高汽车动力、传动、排放等领域的核心部件生产能力。围绕高寿命、高精度和智能节能提升传统关键核心部件的功能）和高可靠性密封件（提高应用于航天、航海等特种环境下应用的高端装备及特种装备高可靠性密封件国产化研发生产能力，在耐高压、高温、高腐高可靠性密封件产品创新上发挥引领主导作用），有企业386家，实现产值437.93亿元，增长2.66%。其中，重点企业有博格华纳汽车零部件（宁波）有限公司、宁波圣龙（集团）有限公司、宁波高发汽车控制系统股份有限公司、宁波福士汽车部件有限公司、宁波精成车业有限公司、宁波伏尔肯陶瓷科技有限公司、宁波市东联密封件有限公司、宁波千普机电液科技发展有限公司等。

【高端电子产业】 2018年，鄞州区高端电子产业重点领域为芯片设计（打造以集成电路芯片设计为核心、以产业增值应用为导向的特色产业园区，加快宁波微电子创新产业园建设，鼓励中芯国际、创立方、芯卓微、安盾微电子、吉石智能等芯片设计公司进行设计创新，在汽车电子、智能终端等领域开发出一批急需特种芯片、射频芯片）、电子材料（以康强电子、博威合金等重点企业和威电航科技、华唐智能等新落户企业为龙头，通过产业链协同，加强产业合作，增强产业配套能力，加快产业集聚，完善产业生态环境）、集成电路设备（以唐人制造、华唐智能、晟唐智能、盛吉盛为引领，加快提高集成电路设备制造生产规模）和终端应用（依托宁波高发、精成车业、精华电子等行业骨干企业，引进国内外先进的汽车电子技术，集聚一批汽车电子类项目。依托奥克斯、欧琳等智能家电企业，一舟股份、恒达高等智能家电家居企业，维真显示、视睿迪等智能显示企业，力达物流、宏大电梯等智能装备企业，从应用入手，推动设计与应用结合、设计与制造结合）企业109家，实现产值128.07亿元，增长6.61%。其中重点企业有中芯国际创新设计服务中心（宁波）有限公司、盛吉盛（宁波）半导体科技有限公司、唐人制造（宁波）有限公司、宁波维真显示科技股份有限公司、浙江立芯信息科技股份有限公司、宁波精华电子科技有限公司、宁波宏大电梯有限公司等。

【信息软件产业】 2018年，信息软件产业重点领域为生产过程软件[（结合鄞州区重点行业智能化车间、智能化工厂建设需要，围绕工业产品研发设计、生产控制、生产管理、市场流通、销售服务等关键环节，扶持计算机辅助设计和辅助制造（CAD/CAM）、制造执行管理系统（MES）、计算机集成制造系统（CMIS）、过程控制系统（PCS）、产品生命周期管理（PLM）等软件研发，培育一批工业软件服务企业）]、应用软件（围绕装备制造业、家电业、智能终端、物联网等产业升级需要，重点发展嵌入式操作系统、支撑软件、应用软件，推动嵌入式软件在人机操作面板、控制机床、电机驱动、测试设备、环境监测等相关装备和产品中的应用，形成软硬件一体化的竞争优势。研发智慧城市、智能电网、港口物流、医疗卫生、跨境贸易、移动终端应用等应用行业软件，加快行业向网络化、服务化、平台化发展，形成一批具有行业竞争力的智慧城市和行业应用软件运营服务商）、信息服务（培育一批业内领先的信息技术咨询和集成服务企业，发展智慧城市、"互联网+"新业态、信息经济、智能制造等方面的咨询服务，以行业信息化规划、企业信息化规划、系统综合集成、IC设计、测试评估、信息技术培训等为主要方向，增强高端咨询服务和综合集成能力。培育一批云工程和云服务企业，打造上下游配套服务产业链，引导软件产品服务向平台服务转变。推进制造业数据资源的开放共享，鼓励企业通过"云制造"模式，实现生产经营各环节的企业间协同）和城市大数据产业（扶持大数据挖掘、管理、存储、分析、安全、虚拟化等研发与关键设备产业化项目。重点支持和引进大数据平台类企业，形成"平台+企业"的大数据产业生态体系。发展智能装备、智能家电、车联网等工业大数据应用服务。加快智慧城市建设，实现鄞州政务大数据的集聚、开放和产业化），有企业128家，实现产值202.60亿元，增长25.90%，其中重点企业有宁波国研软件技术股份有限公司、浙江文谷软件有限公司、浙江高格软件股份有限公司、浙江宝兴智慧城市建设有限公司、金盾云和科技有限公司、宁波市东望智能系统工程有限公司等。

（姚剑峰）

重点企业

【奥克斯集团有限公司】 2018年，奥克斯集团有限公司营业收入达860亿元，总资产566亿元，有员工2.50万人，分别在国内宁波、南昌、天津、马鞍山、郑州等地，以及在巴西、印度尼西亚等国拥有十大制造基地。奥克斯空调居行业第三位；智能电表、电力箱居行业第一位；在建和运营医疗机构19家。旗下有2家上市公司（三星医疗601567、奥克斯国际02080），为国家认定企业技术中心、国家级技术创新示范企业和博士后工作站常设单位。持有奥克斯、三星两个知名品牌，品牌价值超250亿元。累计为精准扶贫、教育、赈灾、环保等公益事业捐款2.76亿元。9月，奥克斯空调推出"60天无理由退货"，2016—2018年累计对品质、创新、效率方面投入超30亿元。宁波智能工厂斥资23.90亿元全面投用，交货周期缩短30%、效率提升30%，带动市场竞争力提升。11月，奥克斯集团有限公司被授予"全国就业与社会保障先进民营企业"称号。奥克斯集团有限公司采用"超预期管理"激发员工能动性和创造力，要求员工收入每年提升5%以上，集团连续3年人均收入提升超过9%，全年全集团人均收入增长达11%，全年薪资发放23.30亿元。

【杉杉集团有限公司】 2018年，杉杉集团有限公司实现营业收入约450亿元，总资产达542亿元，宁波大市范围内缴税15.13亿元。上市公司宁波杉杉股份有限公司成为锂电池正极、负极及电解液领域国内最大、世界第一的新材料新能源综合供应商，全年在长沙、包头、衢州等地分别投入新项目。城市综合体奥特莱斯为杉杉集团核心产业，在全国奥特莱斯销售排行中独占4席，成为上榜项目最多的集团。启动兰州、乌鲁木齐奥特莱斯项目，赣州项目稳步进行。由上海建工集团股份有限公司、宁波杉杉股份有限公司、绿城控股集团有限公司三大企业共同开发的宁波中心大厦于4月10日正式动工。获2017年宁波创业创新风云榜年度"纳税50强"、年度制造业"纳税50强"；获鄞州区2017年度经济工作先进企业"大力神鼎"奖；2018年鄞州区进出口前50家企业，进出口实绩7910万美元。

【宁波科星材料科技有限公司】 2018年，宁波科星材料科技有限公司实现产值2.10亿元，员工近300人。公司专业从事烧结钐钴和钕铁硼永磁材料生产及研发，年产800吨钐钴永磁和1200吨钕铁硼永磁。通过IATF 16949、ISO 9001质量管理体系、ISO 14001环境管理体系，以及知识产权管理体系。公司属国家高新技术企业，中山大洋电机股份有限公司控股子公司。钐钴系列产品方面，公司致力于高性能产品的生产和研发，已经开发出Br≥1.16吨的XGS33高牌号性能产品。产品广泛应用于汽车电子系统、航天航空和轨道交通等领域。在钕铁硼方面，公司掌握低重稀土、高耐温磁钢产品的生产工艺技术，产品主要应用于新能源汽车电机，节能电梯曳引机，工业伺服电机等领域，公司已成为新能源汽车电机领域最大的磁性材料供应商之一。

【浙江中车电车有限公司】 2018年，浙江中车电车有限公司实现产值7.22亿元，销售车辆共508辆，销售金额6.30亿元，有员工282人。公司成立于2014年，隶属于湖南中车时代电动汽车股份有限公司，是集新能源商用车研发、制造、销售于一体的高新技术企业，建有中国先进新能源商用车数字化制造及研发中心、院士工作站等研发平台。形成以超级电容+电池混合纯电动、纯电池快充/慢充纯电动、插电式混合动力（甲醇重整制氢）燃料电池纯电动为核心四大商用车产品平台，研发8.50~18米各系列新车型14款。授权专利144项，其中发明专利13项、实用新型专利111项，外观专利20项；"集中式驱动电动客车整车结构研发"项目被评为"科技创新2025"重大专项。产品销往浙江、江苏、安徽等地以及奥地利等国内外市场。

【浙江一舟电子科技股份有限公司】 2018年，浙江一舟电子科技股份有限公司实现销售额16亿元，利税5000万元。在江西上饶拥有3个生产制造基地，总占地面积33.33公顷。新规划80公顷的一舟产业园，一期建设征地20公顷，预计2019年建成投入使用。公司是宁波一舟投资集团控股的股份制公司，位于宁波市鄞州区姜山镇科技园区，系国家级高新技术企业，致力于综合布线、数据中心技术与产品的研发、生产、销售、服务及运营，是业界知名的综合布线、数据中心解决方案提供商。公司在中国工程建设标准化协会、中国信息协会、中国建筑业协会智能建筑分会、中国勘察设计协会工程智能设计分会等国家级行业协会担任常务理事或者副会长职务，先后参与GBT 13849-2013、GB 51043-2014、GB 50462-2015、GB 50174-2017、GAT 1297-2016、GAT 1297-2017、GAT 1531-2018等国标、行标的编写工作，2018年主持编制"浙江制造标准《5G应用6A类屏蔽电缆》"。公司通过ISO 9001、ISO 14001、GB 29490知识产权管理体系等认证，公司注册商标"一舟"和"SHIP"品牌均获得中国驰名商标，"SHIP"商标获得浙江省著名商标认定，产品通过美国UL认证、CQC认证等认定。公司建有省级高新技术企业研究开发中心、省级企业研究院，拥有近百名技术人员进行自主知识产权开发活动，已获得覆盖综合布线、数据中心全产业链产品及生产技术的各类专利近200件，其中发明专利86件，软件著作权6件。公司与西安电子科技大学、宁波大学、浙江大学宁波理工学院等高校建立产学研合作关系，共同开展产品委托研发、高新技术联合攻关以及学生实习实践等技术合作活动。公司被评为国家知识产权优势企业，中国线缆行业百强企业，公司自主品牌"一舟SHIP"品牌连续10年被评为中国十大综合布线品牌。

【宁波康强电子股份有限公司】 2018年，宁波康强电子股份有限公司实现产值107149万元，主营业务收入106024万元，利润4624万元，有员工600余人。公司成立于1992年6月，2002年10月改为宁波康强电子股份有限公司，是一家专业从事各类半导体封装材料的开发、生产、销售的国家级高新技术企业，主要生产各类半导体塑封引线框架、键合丝、电极丝和生产框架所需的专用设备和产品。2007年3月2日在深圳证券交易所上市（股票名称：002119），公司本部占地面积8.10万平方米，建筑面积10.58万平方米；拥有3家全资子公司、2家控股公司。公司2001年起连续被评为国家级高新技术企业；2015年，在原"省级研发中心"基础上扩大编制，成立浙江省康强电子封装材料研究院，并与多家高校及科研院所开展产学研合作；承担"十二五"国家重大科技专项——"高密度刻蚀引线框架"。公司凭借工艺改造、技术创新，首家实现生产点镀银引线框架；自主研发电镀废水回收处理设施，实现资源循环、节能降耗、绿色发展。

【博格华纳汽车零部件（宁波）有限公司】 2018年，博格华纳汽车零部件（宁波）有限公司实现产值399872万元，主营业务收入399417万元，利润96649万元。博格华纳总部位于美国密歇根州奥本山，为全球主要汽车生产商提供先进动力系统解决方案，是该领域中公认领袖。公司致力于设计和制造高技术的产品来提高汽车引擎系统、传动系统和四轮驱动系统性能。博格华纳在全球19个国家监理62个制造和技术基地，为世界各地客户提供服务。公司位于宁波市鄞州区潘火街道工厂是博格华纳首次在中国投资成立的独资工厂，于2006年建成投产，占地6.93公顷，总投资超过1亿美元。公司主要产品是涡轮增压系统、摩斯链条系统和排放系统，直接从美国和德国总部引进最先进专业技术和生产设备。博格华纳在北京、上海、宁波、大连4地设有工厂和技术中心。博格华纳中国技术中心位于上海紫竹科学园区，是博格华纳中国总部，也是中国技术研发中心所在地。

【宁波圣龙汽车动力系统股份有限公司】 2018年，宁波圣龙汽车动力系统股份有限公司实现实现产值51989万元，主营业务收入48178万元，利润2366万元。宁波圣龙汽车动力系统股份有限公司成立于2007年4月，是专业生产汽车零部件的国家高新技术企业，设有省级汽车发动机油泵研发中心，为省专利示范企业省技术创新企业、国家汽车零部件出口基地，通过ISO 9002质量体系认证、QS 9000质量体系认证、ISO 14001质量体系认证、ISO 16949质量体系认证。2017年3月28日，宁波圣龙汽车动力系统股份有限公司在上海证券交易所上市。

【宁波高发汽车控制系统股份有限公司】 2018年，宁波高发汽车控制系统股份有限公司实现产值124427万元，主营业务收入119348万元，利润30680万元。公司成立于1999年，前身是宁波高发汽车拉索有限公司，2011年5月整体改制为股份有限公司。2015年1月20日在上海证券交易所上市。公司主要从事汽车操纵控制系统的研发、生产和销售，主要产品包括变速操纵器及软轴、电子油门踏板、汽车拉索、电磁风扇离合器四大类；获得国家级高新技术企业、国家重点新产品、国家火炬计划、省级工程技术中心、浙江名牌产品、宁波市专利示范企业、市级科技进步奖等荣誉，成为国内30余家知名整车制造商的一级供应商，并获得一汽大众、上海大众、上汽通用五菱、吉利集团、苏州金龙、厦门金龙、宇通客车、中国重汽等国内汽车制造商的A级供应商或优秀供应商评价。公司通过整合在国际汽车中心美国底特律购置研发大楼，形成宁波、底特律、萨利松三地统一研发圈。在新产品研发方面，先后完成自动变速箱高压油泵、装配式独轮轴、硅油离合器等产品的研发和批产。

【浙江中哲控股集团有限公司】 2018年，浙江中哲控股集团有限公司实现销售额313797万元，主营业销售收入283932万元，利润37729万元。集团创始于1998年，是年产值近50亿元的综合性投资管理集团。旗下有宁波合和进出口有限公司、宁波中哲国际贸易有限公司、宁波合和杰斯卡服饰有限公司、宁波中汇投资有限公司、宁波松和制衣有限公司、宁波中哲制衣有限公司、宁波中哲汽车安全系统有限公司、四川中哲新材料科技有限公司等几十家企业。产业横跨品牌管理及运营、国际贸易、房地产、旅游业酒店服务、医疗产业、儿童安全用品、通信科技、织物保养、资源开发及材料工业等领域，旗下拥有GXG、gxg.jeans、Yatlas、gxg.kids、ONE MORE、大象洗衣、优宿YOUSU、Free Wings、艾贝ABYY等品牌，其中GXG为中国驰名商标。集团公司通过投资控股及参与日常经营管理实现对各子公司管理，并通过集团化经营，发挥整体优势。

【宁波舒普机电股份有限公司】 2018年，宁波舒普机电股份有限公司实现产值35366万元，主营业务收入37861万元，利润8543万元。宁波舒普机电股份有限公司成立于2006年12月，是一家集自动化特种工业缝纫机的研发、生产、销售和服务于一体的高科技企业；成立研发、生产出四大系列20余个品种的工业缝纫机，并通过欧盟CE、ROHS等权威认证。自主设计自动钉襻机、电脑平缝打结机、锁眼机、花样缝纫机、自动橡筋机、冲孔机、贴袋机、鞋机等自动化缝纫加工设备，申请专利400余件，其中发明专利申请60余件。

【美康生物科技股份有限公司】 2018年，美康生物科技股份有限公司母公司产、销、利、税分别达到73285万元、134908万元、25309万元和11046万元，总资产38亿元，员工3400余人。有60余家子公司（包括全资、控股公司），开创集体外诊断产品、体外诊断服务及健康医疗云服务为一体的健康产业。美康生物科技股份有限公司始建于2003年，是一家专业从事新型体外诊断试剂及临床检验仪器研发、生产、销售及体外诊断技术咨询服务为一体的国家级重点高新技术企业，全国生化试剂行业前三甲企业。主导产品包括肝功能、肾功能、糖尿病、心血管疾病、血脂、风湿、胰腺疾病等体外诊断试剂和全自动生化、POCT等生化分析仪，拥有195个产品注册证书，成为中国体外诊断试剂规格最多、品种最全的生产商之一，产品主要销往全国各级医院，并提供远程诊断支持服务。2015年4月22日公司在深交所创业板成功上市。公司获“国家高新技术企业”“国家火炬计划重点高新技术企业”“宁波市百家工业行业龙头骨干企业”“浙江省创新型试点企业”“宁波市810实力工程企业”“浙江省信用管理示范企业”等称号。公司2016—2018年研发投入分别为5786万元、9257万元和10964万元，均占营业收入的5%以上。公司拥有“国家级企业技术中心”“浙江省级高新技术企业研究开发中心”“国家级博士后科研工作站”等科研平台，在宁波、深圳、长春、美国设立研发基地，共有研发人员310余人，其中高级职称12人、博士10人、硕士90人，成为行业研发最具实力的团队之一。先后承担国家创新基金项目2项、国家火炬计划项目1项、国家重点新产品1项、宁波市重大科技攻关4项等多级科研项目，共申请专利205项，已获专利144项。

【宁波富邦电池有限公司】 2018年，宁波富邦电池有限公司建成无汞碱性锌锰电池数字化智能车间（黑灯车间），拥有员工150余人，其中高级技术人员5人，专业质量技术人员20余人；设立技术实验室、放分室、质检厅，具备较高的质量检测、分析和改进能力。宁波富邦电池有限公司系由中银（宁波）电池有限公司（“双鹿电池”生产商）与富邦控股集团（香港）有限公司（母公司富邦控股集团为中国500

宁波富邦电池有限公司无汞碱性锌锰电池数字化智能车间（黑灯车间）

强企业）等合资设立的中外合资企业。公司投资总额6000万元，注册资金3000万元，专业生产LR6、LR03中高档无汞碱锰电池，拥有年产LR6、LR03碱锰电池6亿只的生产能力。富邦电池拥有LR6、LR03无汞碱性锌锰干电池生产线各1条，该生产线自动化程度高，单线稳定产能可达每分钟400只以上。富邦电池于2006年10月推出全新“FULLWIN”品牌全英文工业配套专用的汞碱性电池。公司建有省级高新技术研究开发中心，曾获宁波市科技技术进步一等奖。无汞碱性锌锰电池数字化智能车间（黑灯车间）项目改造前，公司有生产线采用人工辅助生产模式，如物料的上下料工序、检查工序及装箱打包工序等均为人工操作。经过智能化改造后，采用机械手搬运上下物料及高清视觉摄像进行检查控制，通过AGV小车完成自动运输，提高产品检查与物料准备的精准度，减少人员使用，降低劳动强度。通过对LR61生产线进行改造升级，购置配套的配件生产与包装设备、AGV搬运小车、空调新风及除尘系统、压缩空气输送系统等设备与材料，并搭建视觉影像检测系统、智能化总控平台等信息化系统，实现物料投入、产品生产、质量管控、产品输出数字化与智能化，最终实现“黑灯制造”。数字化智能车间建成后，生产线实现无人化生产，直接节省人工约20人；通过建立视觉检测系统，不良品挑拣由“电子眼”取代人眼，物料配送机器化，生产效率提升15%，降低运营成本约10%。实现车间现场无人化、产品生产智能化、数据分析可视化。

（区委党史办）

鄞州工业园区

【概况】 2018年，鄞州工业园区实现财政总收入9.83亿元；固定资产投资8.71亿元；实现主营业务收入306.80亿元，比上年增长23.50%。全年实现规模以上工业企业总产值273.80亿元，增长6.40%;实现进出口总额11.80亿美元，增长29.16%，完成外资2450万美元，内资62340万元，浙商回归51319万元，分别完成年度任务的102.10%、207.80%、171%。完成发明专利申请250件，完成全年目标任务的104%。引进高素质人才64人，完成全年目标任务的305%。新增高新技术企业2家，新增区级工程中心3家，新增市级初创型企业5家。

制定促进经济发展若干意见、企业先进评选办法等新政，重大项目、重大平台另行安排专项资金，重点推进智能制造产业发展。通过政策汇编印发、专题培训、一对一辅导等方式辅导企业各类项目申报，全年企业获得市、区各类奖励补助资金达1.43亿元，获得园区补助547万元。新引进奥克斯2个项目，分别是年产50万套气体压缩机机械设备项目和年产100万台电动保护装置项目，2个项目新增用地6.97公顷，新增建筑面积17.50万平方米，计划总投资5.40亿元，引进百航电器的智能集成厨电、宁波科达精工科技股份有限公司的换向器及智能家电、华瑞电器股份有限公司的高性能铝合金汽车零部件、喜田（宁波）精机制造有限公司的工业机器人4个项目。

完成基础设施建设项目共计6个，建安总投资0.16亿元。完成13号地块北侧道路、经十五路道路新建工程；朝阳路路侧整治、明昌路及交叉口路面维修、园区道路标识标牌整治、明曙路路灯安装等道路改造和提升工程。向上争取用地指标，做好相关土地农转用指标的报批工作和供地。完成11号CDE、12号-1（B）地块、12号C-1地块、12号C-2地块等8宗产业项目供地，累计供地13.53公顷，办理省农转用报批10宗，合计26.11公顷。完成宁波银行1.15亿元项目贷款延期工作，完成宁波银行8000万元转贷，新增宁波银行4000万元流动资金贷款，归还各银行到期贷款700万元。

【奥克斯空调智能工厂参加2018中国家电博览会】 2018年3月8—11日，奥克斯空调智能工厂出现在2018中国家电博览会（以下简称AWE），上海新国际展览中心E5馆展出。AWE是行业极具权威的智慧生活·全球共享平台，被称为家电界“奥斯卡”，代表行业智能化的风向标。奥克斯在现场打造一座3D全景式立体的智能工厂，邀请每一位参展人员以“无人智能工厂巡查体验官”的身份，通过3D技术触达工厂的每一个角落，了解整个生产流程，感受从零件到外壳到空调出厂的全自动化流程。奥克斯空调智能工厂共投入23.90亿元，自2016年10月地块中标，到2017年12月投产，仅用15个月投入使用，该现代化智能空调工厂集智能和自动化于一体，被称为中国空调行业的智能化标杆。该智能工厂投产后可实现新增年产能700万套，整体交期缩短30%。工厂引入MES+WMS+智能仓，实现生产过程透

奥克斯集团有限公司智能生产车间

明，仓储物流精准快速流通，配合AGV和空中输送线实现厂区物流无人操作，使工厂人均产能提高30%；4套全自动生产线，采用进口氦检和自动码垛机、日本日高精冲片机、全自动插件检测线、德国瓦格纳环保喷涂线、塑胶无人全自动黑灯工厂，品质引入智能视觉品质检测，实现关键品质无人化。

（李文博）

鄞州经济开发区

【概况】 2018年，鄞州经济开发区规模以上企业完成产值184.78亿元，比上年增长13.35%；主营业务收入175.85亿元，增长13.59%；利润7.12亿元，增长39.61%；税收收入4.40亿元，增长21.96%；固定资产投资14.52亿元，与上年持平。销售上亿元企业30家，规模以上企业93家，宁波中淳高科股份有限公司、宁波福士汽车部件有限公司、宁波太平货柜有限公司3家企业入选鄞州区“大力鼎”奖企业。全年引进博威特殊合金维汇智能电商物流、恒达高智能家居等优质项目。实到外资2002万美元，引进内资和浙商回归分别为7.51亿元、7.52亿元。

完成渣土填筑方量326万立方米，填筑场地面积33.73公顷，完成规划8条道路路基塘渣填筑及堆载预压、实现4平方千米规划区域建设框架成型。完成联胜路、临春路延伸段和横一河“两路一河”项目90%工程量。3个被列入区“六大专项行动”项目中，福士汽车燃油管总成项目于8月份建成投产、大吉慕装配式建筑PC构建项目于11月开始试生产，博威年产1万吨高性能热浸锡铜合金板带项目于年底前建成投产。滨海幼儿园春季扩班至10班，入园幼儿270人，自开园后全班制运转3年。人才公寓二期占地面积3.07公顷、总建筑面积5万平方米，项目竣工并启动定向拍卖销售。滨海邻里中心项目建筑面积近2万平方米，至年底完成总工程量60%。引入第三方服务，实施与推行安全生产责任保险，提升园区安监管理。实施环卫保洁服务外包，治理黑河、臭河、垃圾河11千米，完成两条1200米河道清淤，完成30千米地下雨污管线排摸和修复，创建“污水零直排区”。开展干部职工“三进”活动，推行360开放式党建，举办第十一届滨海文化艺术节，开展“五送企业”活动。

宁波得利时泵业有限公司获工信部“第三批制造业单项冠军”（被列入工信部名单制造业单打冠军），宁波福士汽车部件有限公司两家企业被列入省级隐形冠军企业培育名单，乐歌人体工学科技股份有限公司等4家企业获评国家级专利示范企业，宁波中荣声学科技有限公司等两家企业获评省级专利示范企业，宁波奥莱新星照明电器有限公司、宁波富星轴业有限公司等5家企业获评市、区级工程技术中心，宁波三邦超细纤维有限公司、宁波太平货柜有限公司等12家企业获评区行业骨干企业，宁波科森净化器制造有限公司、浙江明磊工具实业有限公司等企业获评区实力骨干企业，宁波得利时泵业有限公司获评区成长创新企业。

【第十一届滨海文化艺术节开幕】 2018年4月27日，“讴歌劳动 崇尚奉献 致敬梦想”文艺晚会在滨海社区露天广场举行，鄞州经济开发区第十一届滨海文化艺术节开幕。鄞州区总工会党组书记、常务副主席阮善良，鄞州区总工会副主席黄春年与园区内5000余名职工一同观看文艺演出。作为该届滨海文化艺术节系列活动，11月29日，开发区举行鄞州经济开发区第十一届滨海文化艺术节暨第八届义务消防队业务技能比武大会，来自边防派出所和8家企业义务消防队同台竞技。比武内容分消防器百米灭火操、2人4带连接消火栓操和五人消防泵打靶操，通过比武来比拼企业员工在处置险情时的响应速度、熟练程度和体能等综合素质。永强户外代表队获得冠军，其中六和轻和边防派出所分别获得第二、第三名。

（钱 鹤）

宁波中车产业基地

【概况】 2018年，宁波中车产业基地规模以上企业实现工业总产值28.77亿元，比上年增长17%；工业销售26.43亿元，增长23%；固定资产投资11.52亿元，增长9%。鄞州现代电车小镇被列入省级特色小镇第四批创建名单，鄞州中车现代电车产业园被列入宁波市特色产业园创建名单。

宁波中车新能源科技有限公司获2018年浙江省“隐形冠军”企业，“新能源超级电容储能及节能技术浙江省工程研究中心”获省级工程实验室（工程研究中心），《高比能活性炭/活化石墨烯超级电容器关键技术研究及应用》项目获浙江省科学技术奖一等奖，《高比能超级电容器关键技术及应用》

2018年11月29日，鄞州经济开发区第十一届滨海文化艺术节暨第八届义务消防队业务技能比武大会举行

鄞州现代电车小镇效果图

项目获浙江省技术发明奖二等奖。宁波中车时代电气设备有限公司《轨道交通车载真空集便及在线污水处理系统关键技术研发及产业化》项目获浙江省科学技术进步奖二等奖，浙江中车电车有限公司《轻量化（超级电容）储能式无轨电车》项目获浙江省科学技术进步奖三等奖。宁波日兴电子有限公司“日兴专业音响设备省级高新技术企业研究开发中心”获省级高新技术企业研究开发中心。宁波中车新能源科技有限公司阮殿波获宁波市“五一劳动奖章”，分别有6人入选“鄞州金匠”“鄞州银匠”。

【宁波圣龙智能汽车系统有限公司项目开工建设】 2018年5月，宁波圣龙智能汽车系统有限公司汽车动力系统及新能源汽车关键零部件项目开始施工。该项目是市、区两级重点项目。项目分南、北两地块，总投资17亿元，占地面积13.29万平方米，总建筑面积11万平方米，主营自动变速箱核心部件、轮毂电机和变速器项目。南侧地块于5月开工，11月完成设备安装调试并小规模生产；北侧地块于10月开工，计划2020年底竣工。规划建立“数字化+智能化车间”汽车核心零部件生产智能制造示范基地，投产后年产值65亿元，年创税2.60亿元。

【鄞州现代电车小镇入选第四批省级特色小镇创建名单】 2018年8月，鄞州现代电车小镇升级列入第四批省级特色小镇创建名单。该小镇于2016年1月被列入省级特色小镇培育类名单，位于宁波市鄞州区五乡镇，北至五乡北路，南至南外环，西至前埠河，东至宝瞻公路，规划面积3.01平方千米。小镇依托宁波中车产业基地一期，产业定位高端装备制造类，以现代新能源交通装备、现代储能装备及材料为主导产业，重点推进地铁城轨车辆、储能式现代电车、超级电容储能系统、高铁集卫系统、民用环保设备、轮毂电机等产品的研发生产，并完善宝涵路、生态漫步系统工程等配套设施建设。依托“电车文化游、古镇文化游”两大旅游业态，规划建立AAA级旅游风景区。

【宁波日兴电子有限公司年产800万套音箱项目开工建设】 2018年5月，宁波日兴电子有限公司年产800万套音箱项目在宁波中车产业基地开工建设。该项目总投资1.86亿元，占地面积2.69万平方米，总建筑面积4.78万平方米，规划建立高端汽车音响研发生产基地，项目投产后年产值3亿元，年创税2500万元。

【首台10.6米纯电动巴士在马来西亚发布】 2018年12月11日，首台10.6米纯电动巴士在马来西亚沙捞越州发布。沙捞越州首席部长詹姆士玛欣等官员参加活动。该车由浙江中车电车有限公司为马来西亚定制的右舵轻量化储能式无轨电车，以纯电池为动力平台，安装智能温控系统适应当地环境，整车设计达到欧盟标准。车辆向当地居民和游客提供3个月免费搭乘服务，将于2019年2月投入商业运营。

【浙江中车新能源科技有限公司成立】 2018年9月12日，浙江中车新能源科技有限公司揭牌成立。公司由宁波中车新能源科技有限公司与集盛星泰（北京）科技有限公司共同组建，中国中车全资子公司中车株洲投资控股有限公司占股49.78%，为第一大股东和实际控制人。该公司采用“两厂三地”的经营格局，以宁波基地为总部，以常州基地为单体制造中心，并在北京设分支机构，从事系统研发、市场销售和售后，建设超级电容储能器件及储能系统解决方案的一流供应商。

（徐柯英）

2018年9月12日，浙江中车新能源科技有限公司成立大会举行

服务业

鄞州年鉴

2019 YINZHOU YEARBOOK

概　述

【概况】 2018年，鄞州区实现第三产业增加值1049.52亿元，比上年增长5.60%，占地区生产总值的比重为64.70%。在全省服务业强区考核中，获得Ⅱ类地区第二名。全区1896家规模以上服务业企业营业收入4701.30亿元，增长20.80%，实现利润总额282亿元，增长41.70%，其中营利性服务业发展实现营业收入313.14亿元，增长41.20%。

完善联席会议工作机制、考评激励机制和统计体系，制定《关于2018年鄞州区经济发展若干政策意见》，重点发展以生产性服务业为主导的现代服务业，主攻金融服务、信息服务、航运服务、文化创意、现代商贸、旅游休闲、商务服务、公共服务“八大产业”。全年共安排服务业扶持资金4亿元，结合“创业鄞州·精英引领”人才培育引进政策，深入实施服务业人才培养计划，聚集现代服务业人才超5万人。

发展总部经济，评审50家区优秀总部企业，组织主办首期总部经济创新发展培训班，为30家总部企业管理人员开班。3家企业获评宁波市服务业十佳创新之星。完成2017年度省服务业集聚区综合评价和服务业亩均调查，出台区亩均综合评价方案，选择和丰创意广场进行试点，启动楼宇经济“亩均论英雄”改革。鄞州现代服务业发展居全省前列、全市首位，获评2018年度省服务业强县（市、区）培育综合评价Ⅱ类第二名。

表2　2018年鄞州区服务业“实力骨干企业”情况

类型	企业名称
金融服务类	平安银行宁波分行
	浙商银行宁波分行
	光大银行宁波分行
	永赢金融租赁有限公司
	中国人民财产保险股份有限公司宁波市鄞州中心支公司
信息服务类	浙江完美在线网络科技有限公司
	国研软件股份有限公司
	宁波世贸通国际贸易有限公司
航运物流类	宁波港东南物流集团有限公司
	金辉江海物流股份有限公司
	五矿物流浙江有限公司
文化创意类	宁波文化广场投资发展有限公司
	宁波新华书店集团有限公司
文化创意类	宁波市电影有限责任公司
	宁波白马广告有限公司
	宁波菲仕工业设计有限公司
现代商贸类	中海油销售浙江有限公司
	香格里拉大酒店（宁波）有限公司
	万达广场
	宁波怡通云硕电子商务有限公司
	宁波华东物资城市场建设开发有限公司
	宁波宝恒汽车集团有限公司
	宁波海田控股集团有限公司
	宁波君安控股有限公司
现代商贸类	斐戈集团股份有限公司
	宁波华孚进出口有限公司
	宁波渠成集团有限公司
	银泰百货宁波鄞州有限公司
商务服务类	北京大成（宁波）律师事务所
	宁波市斯正项目管理咨询有限公司
	浙江仁欣环科院有限责任公司
	宁波天坤人力资源服务有限公司
	宁波华博会议展览有限公司
休闲旅游类	宁波罗蒙乐园有限公司
	中国国旅宁波国际旅行社有限公司
公共服务类	宁波启点教育科技有限公司
	宁波明贝中药业有限公司
	宁波新东方学校
	浙江开天工程技术有限公司
	宁波华仪宁创智能科技有限公司
	宁波尚进自动化科技有限公司
	宁波瑞星时光商业股份有限公司
	宁波中科远东催化工程技术有限公司
	宁波普锐明汽车零部件有限公司
	宁波得利时泵业有限公司
	永赢基金管理有限公司
	宁波市园林工程有限公司
	浙江宇恒建筑劳务有限公司

（黄　勃）

商贸流通

【概况】 2018年，鄞州区实现社会消费品零售总额811.10亿元，比上年增长8.50%，规模居全市第一位；批发零售业商品销售额4677.20亿元，增长18%，规模居全市第二位。推进省批发零售业改造提升试点工程，以宁波爱默隆生鲜连锁有限公司、银泰鄞州店、银泰江东店、新江厦超市、利时百货、世纪百联超市、天伦百货、攸品邻里中心等11家公司为试点单位，在商品市场转型、零售模式创新、特色商圈改造、商贸品牌振兴等五大方面开展批发零售业改造提升试点。加强现代商圈建设，增强核心商圈竞争力，成功打造万达（包括万达广场、联盛广场和

惠风西路菜市场里，市民正在延边和龙直通车摊位上选购优质大米

明州里）、印象城（包括印象城、钱湖天地、巴丽新地）和东部新城（包括东部银泰城、宏泰广场、文化广场）三大商圈，提升舟宿夜江、甬上传说·文化餐饮街、下应北路汽车4S大道、惊驾路餐饮一条街、南部商务区水街、东裕里和集盒七大特色街区，为占据新零售优势奠定基础。

【惠风西路菜市场投入运营】 2018年12月28日，惠风西路菜市场正式投入运营。该菜市场是全区首家五星级智慧菜场，位于惠风西路455号惠风邻里中心一层，按照浙江省制定的五星级标准设计建造，与惠风邻里中心同步投用，邻里中心总投资1.10亿元，总面积24000平方米，配套大型超市、教育培训、便民服务中心等。该菜场共设蔬菜、肉类、水产等共19种行业63个（间）摊位。菜场内设施设备齐全，装有中央空调、喷雾系统、天然海水供给、视频监控、LED电子屏等设备，设立肉类蔬菜类流通追溯系统、农残检测等食品安全保障项目。菜市场周边配套停车场、卫生间、垃圾房等服务设施，场内设置支付宝、微信支付、银联支付等非现金支付方式。进驻市场的经营户以五年以上菜市场管理经验，以获评商务局、市场监管局优秀经营户、文明经营户的市、区两级菜篮子基地企业为主，所有经营户安装智慧追溯称，每个摊位设置信息发布的“智慧屏”，公开经营户的姓名、承诺书、实时菜价等。

【第十一届宁波美食节】 2018年10月27日，为期4天的第十一届宁波美食节在宁波文化广场开幕。市、区领导胡谟敦、叶正波、陈国军、杨慧芳、梅益进、叶天奔出席开幕式。区委副书记、区长陈国军在开幕式上致辞。该届美食节由市商务委员会、市旅游发展委员会、鄞州区人民政府共同主办，以“香约甬城·乐飨生活”为主题，以“弘扬美食文化、打响餐饮品牌、促进市场消费”为宗旨，融入鄞州开放合作和扶贫协作的元素，新增设香港美食快闪集市和对口扶贫协作地区美食展区。开幕式上，举行《鄞州雪菜与宁波菜》授书仪式。该书由鄞州餐饮与烹饪行业协会历时1年编著，汇集甬派餐饮文化和鄞州雪菜文化。至10月30日活动结束，共设有130余个展位，六大展销板块，十大名菜展台，共安排名菜展示、美食展销、香港美食论坛、美食节“香港日”、中式烹饪师技能大赛、时尚美食旅游周等10余项配套活动，参与人数20余万人。“宁波美食节”获中国节事与旅游大会评选的“纪念改革开放四十年”中国优秀节事奖，成为全国最具代表性的节庆活动之一。

【2018年宁波购物节鄞州区活动】 2018年8月10—26日，为期17天的2018年宁波购物节鄞州区活动举行。该次购物节以“畅享购物·夏逸宁波”为主题，以“慧行、惠购、荟趣”三大关键词为引领，鄞报小记者“童趣印象，小记者眼中的购物节”为系列活动，通过政府搭台、企业唱戏、媒体助力，集聚多方资源，发挥企业主体作用，运用现代营销方式，引导民众参与。活动期间，鄞州万达广场举办第二届品“派”文化周，以品牌文化的“派”为切入点，每天吸引近10万人次客流；世纪东方举办以国学国风为主题的逍遥“字由行”暨新国风美文展；环球银泰城举行“冷兔酷玩潮童乐园”活动等近百项各类活动。鄞州区的“慧行

2018年10月27—30日，第十一届宁波美食节举行

鄞州 智享仲夏”系列活动，被评选为2018宁波购物节十大亮点活动。

【首批“智慧溯源电子秤”投入使用】2018年8月4日，首批“智慧溯源电子秤”在鄞州区市场中心下属联心菜市场投入使用。该款电子秤由宁波市商务委员会与国研软件、人民银行宁波分行共同打造，以人工智能技术和移动支付突破菜市场追溯体系困难环节，商品称重后可直接通过银联POS付款。该款电子秤软件原理为菜品放置于秤盘上时，称头上自带摄像头会自动使用闪光灯拍摄图片，拍摄后的图片信息传送至服务器后会自动识别菜品品种，并把信息反馈到称头上以及打印的小票中，消费者就可以根据这个小票，了解菜品所对应的追溯信息。一旦出现食品安全事件或纠纷，小票即可作为凭据，可快速追责。交易过程中各环节产生的详细信息，如菜品种类、重量、价格、来源、支付方式等都被记录并上传至宁波追溯体系城市管理平台。该款电子秤共输入货品达200余种。

【区菜篮子行业协会成立】2018年8月3日，宁波市鄞州区菜篮子行业协会举行第一届第一次会员代表大会，大会审议表决宁波市鄞州区菜篮子行业协会章程，选举协会第一届理事会、监事，通过大会决议，正式成立鄞州区菜篮子行业协会。该行业协会由宁波宏伟食品有限责任公司担任协会首任会长单位，宁波万荣食品有限公司为名誉会长单位，宁波市鄞州市场建设服务中心、宁波引发绿色食品有限公司、宁波爱默隆生鲜连锁有限公司、宁波绿盛菜篮子商品配送有限公司成为副会长单位。首届协会单位会员达62家。协会的成立加强菜篮子行业生产、配送、流通等领域的行业管理，打通基地、加工示范企业、配送流通等环节通道，为菜篮子行业产业发展进行补充。

【4家企业成为2018年度市级菜篮子商品承储单位】2018年7月13日，区4家企业成为2018年度市级菜篮子商品承储单位。根据《宁波市商务委员会关于做好2018年菜篮子商品储备项目申报工作的通知》要求，经区商务部门初审、市商务委审核、网上公示、综合评估等程序，鄞州区4家单位获选。其中宁波万荣食品有限公司为进口冻猪肉经营性储备承储单位，落实进口冻猪肉储备150吨；宁波市金地畜禽有限公司为市本级生猪活体储备承储单位，落实生猪活体储备任务3000头；宁波市蔬菜有限公司蔬菜副食品分公司、宁波爱默隆生鲜连锁有限公司为2018年度蔬菜经营性储备承储单位，落实蔬菜储备6500吨。

（朱 渊）

2018年宁波购物节期间的银泰城商业广场

粮油购销

【概况】2018年，鄞州区落实49200吨储备粮和195吨储备油，轮换调整储备粮23156吨和储备油195吨。国有粮食收储企业收购粮食43019吨（小麦2148吨、早稻19925吨、晚稻20946吨），其中订单粮食37860吨、订单外粮食5159吨。扩建姜山、云龙粮库和中心粮库立筒仓工程，完成3个智能化升级项目。

【世界粮食日宣传活动】2018年10月16日，世界粮食日粮食安全系列宣传活动在鄞州区举行。该活动由宁波市粮食局主办，鄞州区（商务局）粮食局、福明街道办事处承办，以“努力实现零饥饿”和以“端牢国人饭碗，保障粮食安全”为主题。在系列宣传活动中，开展粮食安全大走访大调研、“十大网红米食店”评选、“中国好粮油”知识竞赛、“我在延边有亩田”公益慈善四大活动，并组织粮食部门和街道办事处机关干部、国有粮食收储企业和粮食加工经营单位的有关业内人士、技术人员走进福明家园一期社区，向社区居民开展动员宣讲、意见倾听、咨询服务。该活动共发放宣传册子百余份，推介多份放心粮油，推进“放心粮油”进社区、进农村、进学校。10月20日，区粮食局相关人员到宁波市沃野文化科技有限公司，就陈鑑桥粮食陈列馆方案以及效果图的相关内容进行沟通。宁波作为河姆渡文化的起源地，粮食种植和生产历史悠久，形成独特粮食文化。1月，陈鑑桥粮站的主体改造工程完工，其功能从粮食收购任务转化为公司对外粮食文化展览。陈鑑桥粮站前身原是清朝末民国初“水泥大王”陈磬裁的故居，建成后的陈列馆涵盖粮食的生产、购销、仓储、加工、史话等内容，并向全市征集多件粮食生产、加工工具以及粮票、照片等珍贵历史资料，成为宁波市首家粮食文化陈列馆。7月30日，第二批物品完成入库，统一存放于6号仓库。该批物品全部来自民间收入，包含购粮证、

陈鑑桥粮站

粮票、粮食工作手册等书籍及纸质物品，及清末木制沥粉机、民国铁质棉质榨油机、平底炒锅（用于炒油菜籽）、年糕机、印糕板、斗桶、米升子等铁制、木制品等。

【鄞州中心粮库通过省级“四星级粮库”复评】 2018年5月8日，鄞州中心粮库通过省级“四星级粮库”复评。该次评审由省粮食局“星级粮库”专家工作组复查考评，市粮食局和区商务局（粮食局）分管领导陪同检查考评。专家复评组通过听汇报、查资料、看现场等方式，对中心粮库十一大项、47个小项进行考评打分，鄞州中心粮库符合省“四星级粮库”考评标准。通过复评有利于提高粮仓建设和粮油仓储水平，确保区内粮食安全。

（朱　渊）

供销合作

【概况】 2018年，区供销合作社联合社（简称“区供销社”）与区工贸办、区国资经发公司、区农民合作经济组织联合会执行委员会四块牌子、一套班子运作管理。有单位同级公司1家；国资经发公司子公司1家，委托代管企业4家；下属自收自支事业单位1家；仍保留牌子的事业单位1家；全资企业1家；控股企业1家；参股企业2家；协会1家；基层供销社12个。管理指导的专业合作社52家；村级综合服务社58家；农资连锁网点52家；新型基层社7家。

区农合联现代农业服务中心落成，瞻岐、姜山、咸祥、横溪4个示范性镇农合联现代农业服务中心建成并投入实体化运行，区域农合联筹建完毕，云龙、塘溪两个一般性镇农合联现代农业服务中心改造完成，实现区镇两级现代农业服务中心全覆盖，吸收会员613人。雪菜产业农合联实现网上销售50.68万袋（瓶、罐），销售额103.57万元。与团区委合作开展青创农场项目，有2家农合联会员入驻。与鄞州银行合作，创新实施“农合贷”信用服务政策，有10家农合联会员单位享受优惠，贷款金融服务累计授信农户49户，总贷款余额2090万元。聘请浙东律师事务所资深律师，受理农合联会员法律咨询、合同把关及司法诉讼等法务，实行诉讼过程中服务费用一律5折的优惠政策。

全年签订安全责任书240份，《安全生产承诺书》240份，组织安全生产检查25次，参加人数102人次，检查出租房屋240处，发现安全隐患145处，其中133处属房屋使用中出现的安全隐患；12处属房屋结构问题，全部进行维修，投入维修费用约50万元。共受理本级来访计21批（其中集体访5批），共涉及40余人次。鄞州区防汛物资储存点共储备物资数量（麻袋、编织袋）28700只。

【农事节庆活动】 2018年，区供销社开展一系列农事节庆活动，吸引多批次农产品展销。4月2日，“微旅小镇寻茶记”活动在瞻岐镇甬茗大岭专业合作社启动。该次活动着重推介茶叶“太白滴翠”区域农产品公共品牌。9月21日，第八届创客音乐节在南部商务区水街举办，300余名青年、创客与音乐爱好者参加此次活动，吸引观摩观众500余人，该活动主要围绕“创业”“创新”“创意”和创客新农人培育为主题，汇聚众多优秀青年农创客及农产品。11月19日，第二届鄞州雪菜网络文化节举行，活动当天实现网上3小时直播，累计观看量99.40万人次，形成销售6000单，与京东和宁波馆展开合作，入驻2018中国（宁波）食品博览会1号馆核心区域的特装展位。

【鄞州文化创意产业园项目建设】 2018年，区供销社与宁波日报报业集团合作开发的鄞州文化创意园项目（宁波数字传媒基地）被列为区重点项目，被省发展和改革委员会列入2018年省服务业重大项目计划。项目启动后，双方建立项目工程制度汇编，从工程人员廉洁自律规定到财务制度共十三大项，全过程全覆盖跟踪审计、招标代理、工程监理、采购方式、招投标管理、非招投标采购管理、变更联系单管理、安全生产管理、财务管理等范围；制定工程联席会议制度，规定议事

2018年9月21日，第八届创客音乐节在南部商务区水街举办

规则。至5月底，完成全部核基工程。全年完成投资额11360万元。

【再生资源回收企业管理】 2018年，全区有经备案登记的再生资源回收企业254家，其中利废企业19家，生产性回收站（企业）119家，生活性回收站（企业）65家，社区（新村）网点51家。全年回收废旧物资共1523767吨。其中，废钢铁586410.20吨、废有色金属57139.70吨，废纸485874吨、废塑料125410.80吨，废电器3812.2吨，其他废旧物品265120.10吨，年总销售额310412.48万元，年利润8124.20万元，缴税收6621.61万元。

（袁佳银）

烟草专卖

【概况】 2018年，区烟草专卖局（分公司）批发销售卷烟49140.90箱，实现销售额22.49亿元，单箱卷烟销售额4.58万元，毛利6.15亿元，税利6.73亿元，净利润2.30亿元，三项费用率2.44%。查获各类违法卷烟59892.30条，比上年上升70.46%。其中，走私烟30478条，上升632.80%；假烟1359.80条，上升131.60%；案值1225.41万元；罚没款119.36万元。

把控重点费用支出，业务招待费0.79万元，减少74.72 %；修理费42.51万元，减少27.21%；差旅费2.57万元。组织实施创新管理，课题《卷烟寄递环节监管分析系统》获省烟草专卖局（公司）三等奖，《提高支付宝结算渗透率》获市烟草专卖局（公司）一等奖。文明吸烟环境建设落实，组织开展"烟头不落地，宁波更美丽"专项行动，在交通枢纽、商业广场、人口密集等区域，设置3个吸烟亭、12个吸烟点。

【侦破2018·3·8互联网销售加热不燃烧卷烟案】 2018年3月18日，区烟草专卖局与鄞州公安分局组成15人专案组到广东深圳，重点打击加热不燃烧卷烟非法销售团伙。活动开展前，根据掌握的加热不燃烧卷烟非法销售的数据库，区烟草专卖局联合鄞州公安分局经侦大队对案件进行前期取证和研判，该案涉案人员达200余人，辐射全国，其中具有卷烟批发能力的涉案人员20人，涉及广东、新疆、湖北、北京、湖南、内蒙古6个省（自治区），总涉案金额超亿元。经与市烟草专卖局、市公安局经侦支队会商，决定选择以加热不燃烧卷烟销售最为集中的广东省深圳市作为突破口。3月20日，专案组在位于深圳市的广业大厦抓获主要犯罪嫌疑人李某，同时查获李某设于同一幢大厦14楼和27楼的两个工作室，并在工作室内抓获犯罪嫌疑人4人，起获各类加热不燃烧卷烟3428条、账册若干本。4月9日，区烟草专卖局、鄞州公安分局和宁波海关缉私局组织30人队伍，分两组到广东深圳和新疆，抓捕向李某提供加热不燃烧卷烟货源及提供走私服务的郑某等犯罪嫌疑人4人。7月6日，该案件被公安部列为部督案件。8月24日，公安部门在俄罗斯莫斯科对案件中的俄罗斯供货商杨某实施"猎狐"行动，并带回宁波。该案共抓获犯罪嫌疑人14人，查获加热不燃烧卷烟6054条、走私卷烟388条，涉案总金额达1.27亿元。

【侦破"NB 1807"系列走私加热不燃烧卷烟案】 2018年4月，为实现对涉烟违法团伙打击，堵住加热不燃烧卷烟流入源头，市公安局将"2018·3·18"案件中李某团伙涉嫌走私的犯罪

2018年7月27日，"NB1807"特大加热不燃烧卷烟走私案件协调会召开

2018年6月14日，宁波海关缉私局查获加热不燃烧卷烟移交仪式举行

线索移交至宁波海关缉私局。由“2018·3·18”案件衍生的“NB 1807”系列案件正式立案，开始宁波公安、海关、烟草三方合作。宁波海关缉私局经调查，查获为李某团伙提供清关服务的团伙3个。办案人员5次到广东，在广东多地物流快递公司提取到200余千克、15万余份涉案嫌疑快递面单，20余名办案人员整理出有效证据6000余份。办案人员利用大数据分析，梳理其主要进货渠道和为其提供清关服务的团伙，共出动530人次，到广东、新疆、福建、湖南、浙江、北京等地对主要涉案人员实施抓捕。该案涉及18个省（自治区、直辖市）、33个关区，经5个月的查证和抓捕，共抓获犯罪嫌疑人30人，查获加热不燃烧走私卷烟实物4264条，涉案加热不燃烧走私卷烟近47万条，涉案总金额4亿元，涉税2.50亿元。7月27日，“NB1807”特大加热不燃烧卷烟走私案件协调会议在宁波召开，全国28个关区的海关部门参会，宁波海关缉私局向28个关区的海关部门移送加热不燃烧卷烟案件线索，开展对新型卷烟走私、销售行为的全国性打击。10月29日，“NB1807”系列案件被海关总署缉私局列为一级挂牌督办案件。

【烟草“零跑腿”事项改革推进】 2018年，区烟草专卖局驻行政服务中心办证窗口拓宽烟草零售许可证线上申请受理通道，由最初的微信预审批，发展到微审批、多证微联办、浙里办和PC端“四通道”审批。通过流程再造，缩短办证时效，实现98%的办证申请在5个工作日内完结，申请者的满意度得到提升。3月5日，省委副书记、市委书记郑栅洁一行到办证窗口调研指导工作，对区烟草专卖局在全面推进“零跑腿”事项全覆盖改革中所取得的成绩进行肯定。

（洪定迪）

服务贸易

【楼宇经济】 2018年，纳入新鄞州商务楼宇信息平台系统的商务楼宇有121幢425万平方米，入驻企业9419家，入驻率78.20%，入驻企业广泛涉及外贸、金融、物流、科技、旅游等十大类业态100余个行业。实现楼宇税收68亿元，其中亿元楼宇18幢、千万元楼宇81幢。

【航运物流】 2018年，鄞州区成立“鄞州港航物流招商突击小分队”，推进航运物流业的招商引资工作。全年新引进航运物流及相关企业142家，规模以上航运物流企业总数达195家，新增航运业营业收入15.20亿元，航运集聚区的集聚度达到90%，波兰船级社、“港口圈”港航创新创业平台项目、纽约航交所远期订舱合作项目、北麓海事服务公司项目、宁波墨客区块链公司、小米供应链金融区域总部、赛保航运保险科技区域总部等大项目落户鄞州。

【服务外包和会展】 2018年，鄞州区服务外包企业累计达451家，服务外包执行总额91.90亿元，其中离岸执行额42.80亿元。全年新引进会展企业2家，其中上规模会展企业1家。亚太美容养生博览会、中国机器人展、2018磷复肥工业展览会、亚马逊全球卖家峰会、航运物流展5个新展会落户。

【鄞州航运物流协会联盟成立】 2018年6月30日，鄞州航运物流协会联盟成立并签订《鄞州航运物流协会联盟公约》。鄞州航运物流协会联盟由市口岸办、区商务局牵头，联合市国际联运协会、区航运物流促进会、区物贸联合会、市空运行业协会、宁波海外仓物流协会共同组建，由区航运物流业自发、自愿组建的行业联系组织，主要聚焦全区航运物流业，促进同行间信息沟通、信用咨询、业务合作、资源共享、调查研究、经验交流、政策协调和行业自律。联盟成员开展业务合作、推动资源共享，联合开设航运物流人才招聘，定期举办法律类、HR管理类、财务管理类培训讲座，及时通报政府优惠政策，助推宁波航运物流行业发展。全年共有超过1600家航运物流企业入驻鄞州，数量超过全市物流企业的1/3，并形成以环球航运广场和国际航运服务中心为核心的高端航运服务集聚区，宁波—舟山港集团、长荣集团等全球航运物流巨头入驻，打造宁波市航运物流业的无水港。

【2018“一带一路”口岸合作高峰论坛暨第二届中国（宁波）国际航运物流交易会在鄞州区举行】 2018年12月10—12日，2018“一带一路”口岸合作高峰论坛暨第二届中国（宁波）国际航运物流交易会在宁波国际会展中心

举行。航交会由宁波市人民政府口岸与打击走私办公室、宁波市鄞州区人民政府主办，宁波国际航运物流产业集聚区、宁波市国际联运协会承办，以“主动融入一带一路　枢纽中国　连通世界”为主题，设置航运物流交易会、“一带一路”口岸合作高峰论坛、航运物流产业与人才对接会三大板块，其中新加坡物流协会、环发国际物流集团、香港付货人委员会、香港物流商会、香港跨境电商协会等8家海外商（协）会会长或代表，中国外运股份有限公司等央企领导，以及来自全国15个口岸城市的代表和骨干企业参会。该航交会共计达成项目合作数54个，交易额超3亿元，参展企业492家，参会企业数超1200家，参会人数9655人，其中海外客商267人。同期举行2018“一带一路”口岸合作高峰论坛，共有13个项目签约，包括政府合作项目，上海北外滩航运集聚区和宁波航运物流产业集聚区的战略合作；政企合作项目，中国外运股份有限公司和宁波市政府的战略合作；航运人才培训、高端航运服务领域国际合作等项目。中国航海学会航运保险专业委员、“一带一路”沿线国家留学生航运物流实习基地在论坛上揭牌，亚太地区国际航运物流联盟正式成立。航交会对促进航运服务产业价值链提升、推动宁波现代化国际港口城市建设起到作用。

（朱　渊）

电子商务

【概况】 2018年，鄞州区实现网络零售额456亿元，比上年增长26%。“电商武林大会”连续举办三届，涵盖杭州、深圳、宁波三地，成为全市电商领域最具影响力的活动之一；中国产业互联网大会连续举办两届，成为国内产业互联网领域规格最高的大会；亚马逊全球开店卖家峰会首次落地。亚马逊宁波跨境产业园正式落户，北京“大朴”家居纺织品交易平台、上海“海智在线”工业品采购平台、汉升区块链物联网设备共享平台等国内产业领先平台先后引进，其中大朴家居平台和汉升区块链物联网设备共享平台成功入选市“泛3315”电商类项目。

【亚马逊全球开店“宁波跨境电商园”入驻鄞州区】 2018年8月17日，为宁波跨境电商企业打造本土化、多元化配套服务的亚马逊全球开店“宁波跨境电商园”正式入驻鄞州区。副区长梅益进参加活动。亚马逊全球开店是帮助企业发展出口电商业务、拓展国际市场、打造国际品牌的“世界级”平台，包括亚马逊美国、加拿大、德国、英国等十大海外站点向中国卖家开放，遍布全球的140余个运营中心，能将商品配送至185个国家和地区。

2018年12月10日，第二届中国（宁波）国际航运物流交易会在国际会展中心举行

卖家通过平台的资源整合，及亚马逊的海外运营物流服务，能更加高效、集约地挖掘海外市场机遇。“宁波跨境电商园”是继2017年亚马逊全球开店与宁波综试区签署战略合作备忘录后双方的合作成果之一，也是继杭州和厦门后，在国内落户的第三个跨境电商园。12月6日，“智造不凡·品见未来”亚马逊全球开店中国2018卖家年度峰会在宁波国际会展中心举办，活动发布亚马逊全球开店中国2019年业务战略重点，共有全国400余家优质制造企业与万余名亚马逊全球开店大卖家通过现场产品展示和合作洽谈，世贸通、如山科技、埃玛电器等46家鄞州跨境电子商务企业参加卖家制造商对接会，寻求商机。区内企业在亚马逊、e贝等国际主要跨境平台开设网店数量增长迅速，仅亚马逊平台新开网店数就超百家，全区跨境电商零售出口总额达3亿美元，并涌现出乐歌人体工学科技股份有限公司等一批跨境电商出口企业。其中，乐歌科技获2017年度亚马逊中国地区品牌奖。

【第三届电商武林大会在鄞州区举行】 2018年4月10日，第三届电商武林大会在南部商务区宁波广告产业园内开启。大会由杭州市商务委员会、宁波市商务委员会、中国（宁波）跨境电子商务综合试验区管理办公室、区人民政府牵头主办，区商务局、南部商务区管委会、深圳市跨境电子商务协会、杭州市电子商务促进会、杭州市电子商务公共服务中心、宁波市电子商务促进会联合承办。深圳、杭州、宁波首次联合举办，以“新机遇 新融合 新势能”为主题，通过活动，鼓励和促进三地优秀创业创新项目的发展。来自全国各地的电商企业进行初创企业组、跨境电商组、服务电商组和新锐品牌组四大组别比赛。7月30日在南苑环球酒店举行大会决赛，来自深圳、杭州和宁波三地的12家企业现场路演，副区长梅益进出席活动。云路供应链、达人江湖、大九信息科技、天行云供应链、卧兔网络、无境网络、驼铃云、巨岩欣成、啾啾救援、普能达、王的手创、大朴等12家企业路演展示。其中深圳云路供应链科技有限公司、杭州卧兔网络科技有限公司、杭州巨岩欣成科技有限公司、宁波大朴家居有限公司获得第三届电商武林大会金奖。该次大会共分3个赛区历经120天，吸引420余家企业参与。至6月底，全区实现网络零售额180亿元，增长约33%，实现跨境B2B出口11亿美元（含平台出口额），增长120%。

【第五届中国产业互联网大会在鄞州区举行】 2018年12月21—22日，第五届中国产业互联网大会在香格里拉大酒店举行，来自全国各地产业互联网领域的专家、学者和企业代表参会。大会以“下沉、耦合、协同”为主题，宁波经济和信息化委员会及阿里巴巴、世贸通等全国与当地知名互联网企业为专家，围绕“宁波产业互联网的机会与挑战”等主题，通过主题演讲、圆桌论坛等形式，探讨行业方向和转型升级之路，促成投资对接和产业合作。全区有各类电子商务企业2000余家，从业人员约5万人，电子商务综合发展指数排名位列全市第一。鄞州区有世贸通、中基惠通、一达通3个跨境出口综合服务平台（全市6个）及40家跨境B2B出口试点企业，并在五金工具、汽配、家居户外等行业形成集聚优势。会上对2018宁波产业互联网先锋企业进行颁奖，汇金大通、啾啾救援、大赢家3家鄞企上榜。汇金大通创新有色金属传统交易模式，解决交易客户痛点；啾啾救援融合智能救援和汽车救援服务；大赢家是根植于国际物流行业的公共交易信誉平台。该次参会企业覆盖B2B行业全产业链，集合国内一二线品牌商、流通商、平台、服务商，集中开展宁波本土B2B行业与国内同行的交流与资源共享，全面对接合作。

（朱 渊）

2018年12月，第五届中国产业互联网大会在鄞州区举行

旅 游

【概况】 2018年，鄞州区有旅游景区（点）8家，其中AAAA级旅游风景区4家［天宫庄园、海洋世界、宁波（鄞州）博物馆、科学探索中心］，AAA级旅游风景区4家（横溪风景旅游区、浅水湾农庄、鄞州四明金融小镇、庆安会馆）；旅游经济强镇1个（横溪镇），省级旅游特色村7家（下应街道湾底村、姜山镇走马塘村、姜山镇黎山后村、横溪镇梅山村、塘溪镇童夏家村、咸祥镇南头渔村、塘溪镇上周村）；星级宾馆饭店16家，其中五星级酒店4家（东港喜来登大酒店、中信国际大酒店、开元名都大酒店、南苑环球酒店）、四星级酒店4家（汉雅新晶都酒店、江东天港禧悦酒店、开元大酒店、新舟宾馆）、三星级酒店6家（晨光大酒店、城市新贵大酒店、世纪乐家酒店、平安宾馆、海鸥宾馆、凯利大酒店），旅行社（分社）120余家，其中，五星级旅行社3家［中国国旅（宁波）国际旅行社有限公司、宁波中国旅行社集团有限公司、宁波中青旅旅游有限公司］、四星级旅行社7家（宁波光大国际旅游有限公司、宁波新世纪国际旅游有限公司、宁波江南国际旅行社、宁波海外旅游有限公司、宁波国际旅行社有限公司、浙江阳程国际旅行社有限公司、宁波万达国际旅行社有限公司），三星级旅行社4家（宁波远大国际旅行社有限公司、宁波市扬名国际旅行社有限公司、宁波凌通商旅有限公司、宁波卓越国际旅行社有限公司）。接待国内外游客2685.36万人次（含东钱湖）；旅游总收入294.50亿元（含东钱湖）。其中，接待国内游客2663.80万人次；国内旅游收入287.34亿元；接待入境旅游者21.56万人次；旅游外汇收入10825.62万美元。

启动《鄞州区全域旅游发展总体规划》《新张俞村旅游发展总体规划》等编制工作。印发《鄞州区村庄景区化创建工作实施方案》，完成18个村庄景区化创建工作任务，其中成功创建3个AAA级旅游景区村庄（三塘村、周夹村和南头村）、3个AA级旅游景区村庄（明伦村、前溪头村、方桥村）及12个A级旅游景区村庄，数据纳入千村景区化总平台建设。芫舍、拓野山居创建为浙江省银宿品牌。逐野民宿创建为市级五叶客栈。指导徐艺仿古佛像雕塑厂创建为省级工业旅游示范基地，勤勇村创建为省级休闲旅游示范村，南头渔村创建为省级休闲渔业精品基地，走马塘村创建为市级古村落休闲旅游基地、南头渔村创建为市级主题娱乐休闲旅游基地。横溪镇通过市级乡村全域旅游示范区复核，俞山古道徒步休闲旅游基地通过市级复核。东吴镇通过市级乡村全域旅游示范区培育名单验收。科学探索中心创建为国家AAAA级旅游景区，鄞州四明金融小镇创建为国家AAA级旅游景区。

指导希尔顿花园酒店、花缘丽舍酒店创建为五花级酒店，泛太平洋大酒店、鄞州天港禧悦酒店创建为省级金叶级绿色旅游饭店。指导中青旅旅游有限公司（五星级）、万达国际旅行社（四星级）、远大旅行社（三星级）、卓越国际旅行社（三星级）创建为星级旅行社。与辖区内120余家旅游景区、星级、花级酒店及旅行社签订旅游安全生产责任书115份，举办专题旅游安全培训会6次，部署开展旅游行业安全生产大检查、大排查，组织旅游经营场所应急演练1次，旅游景区、星级、花级酒店及旅行社负责人及安全分管负责人150人参与。

制作《鄞州旅游智慧手绘地图》、鄞州文明旅游行李牌等2万册（套）旅游宣传品。举办2018“美丽鄞州”欢乐游启动仪式暨长三角旅游全媒体走进鄞州采风大会等旅游节庆活动。推出养生文化品鉴游、亲子互动体验游、田园乡村采摘游三大板块，共举办塘溪名人文化旅游节等21项系列活动。组织景区、酒店、旅行社等10余家参加2018世界旅游资源博览会、2018中国国际（上海）旅游交易会以及2018上海国际会奖旅游博览会。

印发《鄞州区旅游厕所专项资金管理办法》，明确旅游厕所业主单位补助标准。确定全区A级、AA级旅游厕所平面布局图和立面图基本样式，为镇村提供参考。完成新建改建旅游厕所20座。开展“利剑行动”、旅游企业“双随机”检查及交叉检查等，正式启动“诉转案”系统。全年受理处理旅游投诉132起，为游客理赔金额43.63万元。成立区旅游纠纷巡回法庭及旅游纠纷人民调解委员会，形成旅游纠纷多元化解机制。发挥鄞州旅游小志愿者作用，通过开展走进旅游企业、进购物广场、进社区等活动共6场，提高市民和游客旅游出行的文明意识。

表3　　2018年鄞州区旅游景区（点）一览

名称（用全称）	地址	等级
天宫庄园	鄞州区下应街道湾底村	AAAA级
宁波神凤海洋世界	鄞州区桑田路936号	AAAA级
宁波（鄞州）博物馆	鄞州区首南中路1000号	AAAA级
宁波科学探索中心	鄞州区宁穿路1800号	AAAA级
横溪风景旅游区	鄞州区横溪镇	AAA级
浅水湾乡村欢乐世界	邱隘镇张家瀛村东外环路8号	AAA级
鄞州四明金融小镇	天银路与惠江路交叉口东南200米	AAA级
庆安会馆	江东北路156号	AAA级

表4　　2018年鄞州区三星级及以上酒店（宾馆、饭店）一览

名称（全称）	地址	星级
东港喜来登大酒店	鄞州区彩虹北路50号	五星级
中信国际大酒店	鄞州区江东北路1号	五星级
开元名都大酒店	鄞州区百丈东路812号	五星级
南苑环球酒店	鄞州区鄞县大道东段1288号	五星级
汉雅新晶都酒店	鄞州区百丈东路1088号	四星级
江东天港禧悦酒店	鄞州区惊驾路1088号	四星级
开元大酒店	鄞州区百丈东路812号	四星级
新舟宾馆	鄞州区中山东路678号	四星级
晨光大酒店	鄞州区嵩江东路559号	三星级
城市新贵大酒店	鄞州区贸城西路157号	三星级
世纪乐家酒店	鄞州区环城南路1666号	三星级
平安宾馆	鄞州区姚隘路350号	三星级
海鸥宾馆	鄞州区兴宁路42弄22号	三星级
汉雅凯利大酒店	鄞州区箕漕街76号	三星级

表 5　　2018 年鄞州区三星级及以上旅行社一览

名称	地址	星级
中国国旅(宁波)国际旅行社有限公司	鄞州区沧海路3388号11层1119-1120室	五星级
宁波中国旅行社集团有限公司	钟公庙街道吴陆周村	五星级
宁波中青旅旅游有限公司	百丈东路856-862号(3-4)	五星级
宁波光大国际旅游有限公司	鄞州区东郊路8弄10、11号052幢(7-51)(7-53)	四星级
宁波新世纪国际旅游有限公司	百丈东路648弄6号1-2楼	四星级
宁波江南国际旅行社	中山东路455号14楼A2室	四星级
宁波海外旅游有限公司	鄞州区鄞县大道中段1357号203室	四星级
宁波国际旅行社有限公司	鄞州区首南街道蝶缘路258号2701-3室	四星级
浙江阳程国际旅行社有限公司	天童北路933号和邦大厦A座109室(海曙区华楼街19号天一豪景A座707室)	四星级
宁波万达国际旅行社有限公司	鄞州区首南街道天智巷75弄5、7、17、27号4-405室	四星级
宁波市扬名国际旅行社有限公司	中兴路138号明晨大厦8F 819-820	三星级
宁波凌通商旅有限公司	鄞州区宁穿路1901号宁波市行政服务中心三楼348室	三星级
宁波远大国际旅行社有限公司	鄞州区钱湖北路118号	三星级
宁波卓越国际旅行社有限公司	鄞州区宁横路2562号	三星级

表 6　　2018 年鄞州区特色民宿一览

名称	地址	名称	地址
拓野山居	横溪镇陈婆岙	鹰龙海畔渔客栈	咸祥镇芦浦村乐家(近东方造船厂)
逐野民宿	横溪镇梅溪村下山坑	南头渔村	咸祥镇南头渔村
芫舍	横溪镇梅树湾	山支山下	瞻岐镇东一村
风井	东吴镇小白村	山支山下	瞻岐镇东一村

【区旅游协会换届大会】 2018年1月25日,宁波市鄞州区旅游协会换届大会暨四届一次会员大会在宁波开元名都大酒店召开。省旅游联合会秘书长董捷,市旅游协会会长、浙江南苑控股集团董事长乐志明,区文广新局(风景旅游管理局、体育局)局长蔡建泓,区民政局副局长杨波,区文广新局(风景旅游管理局、体育局)副局长徐兵,市旅游协会原秘书长朱敏惠,区文广新局(风景旅游管理局、体育局)调研员、区旅游协会第三届会长洪光茂及区旅游协会的会员代表等100余人参加会议。会议选举产生鄞州区旅游协会第四届理事会领导机构,区文广新局(风景旅游管理局、体育局)调研员、市节庆协会副会长洪光茂当选会长。

【2018梦幻天宫自贡艺术灯会】 2018年2月10日,2018梦幻天宫自贡艺术灯会在宁波天宫庄园开幕。该灯会以江南古村·梦幻天宫艺术灯会为主题,园内共展现自贡彩灯28组,大中型现代3D灯光秀与天宫庄园古村相融合,形成江南特有的自贡艺术灯会。除赏花灯外,活动主办方在园内准备数场穿古越今的视觉盛宴,重温“皮影戏”“国粹川剧变脸”“民间艺术舞狮”

2018年2月10日,2018梦幻天宫自贡艺术灯会在天宫庄园举行

等年味，感受魔幻泡泡秀，互动魔术，美女舞蹈团等节目。自贡市位于四川省南部，享“千年盐都”“恐龙之乡”“南国灯城”“美食之府”之美誉。自贡灯会历史悠久，被称为自贡奇观的“三绝之一”。

【2018“美丽鄞州”欢乐游活动】2018年3月24日，2018“美丽鄞州”欢乐游活动暨长三角旅游全媒体走进鄞州采风大会在天宫庄园启幕。该活动以“畅游新鄞州，欢乐你我他”为主题口号，延续往届特色，整合全区各镇、街道、旅游景区、饭店、博物馆等旅游资源优势，做到“月月有节庆，活动有特色”。鄞州旅游部门联合长三角旅游全媒体联盟，组织来自长三角地区的近50家旅游媒体代表开展走进鄞州采风大会，全面了解鄞州旅游，了解鄞州旅游产品。活动现场，天宫庄园、宁波海洋世界、横溪风景旅游区、罗蒙环球乐园等鄞州旅游企业开展“惠民旅游”展销活动，让现场市民游客1.50万人提前参与到欢乐游系列活动中。

【第二届咸祥马鲛鱼文化节暨鲜2°春季“鲛”游节】2018年3月31日，第二届咸祥马鲛鱼文化节暨鲜2°春季“鲛”游节在鹰龙海畔度假酒店开幕。3月底、4月初是马鲛鱼上市时节，每年此时，各地吃客都会相约到象山品尝马鲛鱼，马鲛鱼作为咸祥海鲜的典型代表，也是咸祥地方文化的一大特色。该次马鲛鱼文化节活动，有海鲜盛宴、文化节演出，融合互动游乐，让游客感受特有文化气息，共有约3000名游客参与。

【“微旅小镇·寻茶记”暨瞻岐山海节之岐山春舞活动】2018年4月2日，“微旅小镇·寻茶记”暨瞻岐山海节之岐山春舞活动在位于东一村的瞻岐镇旅游集散中心广场上举行。该活动由区农林局、区文广新局（风景旅游管理局、体育局）、区供销合作社主办，瞻岐镇政府协办，副区长朱晓丽、区文广新局（风景旅游管理局、体育局）局长蔡建泓、区供销社主任胡岳明、区妇联主席姚燕君等出席活动。活动现场有古琴、茶道表演、旗袍秀写真、农副产品展示等项目。活动中，主办单位重点推介鄞州茶叶的地域品名——“太白滴翠”。其名意为“集太白之灵韵，成人间之滴翠”，是历史贡茶、地域原创名茶，鄞州区的名优茶生产企业均可统一使用该品名。

【区智慧旅游示范工程建设】2018年4月，鄞州区智慧旅游示范工程建设项目启动；5月18日举行项目开工启动会，项目分为天宫庄园部分和横溪部分，整体经费312万元，其中建设费293.77万元；9月14日，通过初步验收；12月14日，通过竣工验收。天宫庄园智慧景区应用示范建设主要包括智慧旅游公共服务系统、旅游营销平台、智慧旅游流量控制平台、广播系统、鄞州区旅游监控中心大屏显控系统、网络改造提升及云服务等内容。通过改造天宫庄园景区现有电子票务系统、网站及营销平台、广播系统等，实现基于互联网的营销和推广，逐步形成以商务、网络营销平台、旅游服务平台和手机等便携式智能移动终端应用为核心，以信息主动推送为特色的旅游信息服务体系。横溪镇游客体验中心智慧展厅应用示范建设主要包括展厅多媒体技术应用、远程监控中心建设和展厅装修工程等建设内容。整个项目基于横溪镇游客服务中心的建筑整体空间场地，采用多媒体、高清投影、智慧人机互动、VR/AR应用体验等数字科技化手段，以游客的需求及景区智慧运营为目标，以展示内容为主导，进行创新多媒体体验展示。

2018年3月31日，第二届咸祥马鲛鱼文化节开幕，渔民在码头捕捞马鲛鱼

【塘溪镇第八届名人文化旅游节】2018年5月26日，由塘溪镇人民政府主办、鄞州日报乡恋创意工作室协办的塘溪镇第八届名人文化旅游节在鄞州环球银泰城启幕。市委宣传部副部长张文杰，区委常委、宣传部部长方飞龙，区委常委、公安分局局长蔡利丰，副区长卜明长等出席开幕式。该次旅游节推出“电影《策反》首映礼”“鄞州·塘溪乡村旅游发展论坛”“鄞州区首届发呆大赛”“‘乡约古村’网络主播带你看塘溪”“美丽乡村风景线建设启动仪式”“塘溪环游骑行之旅”等主题活动，打造塘溪镇“人文旅游小镇”。电影《策反》在开幕式上举行首映礼，该片由中共宁波市鄞州区委宣传部、鄞州区塘溪镇人民政府、鄞州区文化广电新闻出版局、鄞州区广播电视台、宁波海悦文化创意有限公司联合摄制，时长1小时50分钟，由八一电影制片厂故事片部一级导演韦廉、一级编剧胡月伟执导，演员则由刘端端、

樱桃节期间，市民在采摘樱桃

尹玲、韩夫一等出演。该片于2017年5月开机，剧组先后在塘溪镇管江村、童夏家村取景拍摄。

【横溪镇第六届樱桃节】 2018年4月21日，横溪镇第六届樱桃节开幕。横溪镇举办欢乐樱桃亲子采摘、邂逅樱桃·横溪奇特樱桃寻觅之旅、“樱”你而美——寻找樱桃小美女、“舌尖春天”横溪民俗展销等活动。横溪镇自2008年起鼓励发展精品农业，在大岙村、上任村、道成岙村等建设樱桃采摘基地20公顷。道成岙村有樱桃采摘基地1.33公顷，上任村有10.67公顷，大岙村有4公顷。其中上任村樱桃品种有红灯、岱红等，年产量近5万千克，是鄞州区最大的樱桃种植基地之一，每年“五一”前后，该基地的日人流量最高可达3000人次。

【鄞州首届发呆大赛】 2018年6月2日，鄞州首届发呆大赛在塘溪镇东山老村举行。该活动由区文广新局（风景旅游管理局、体育局）和塘溪镇政府主办，由团区委、宁波南部商务区管委会、塘溪镇教育辅导室和塘溪镇东山村协办。国内首届发呆大赛起源于一个社交平台，于2014年11月在成都举行。比赛创意在社会大压力下希望大家放慢脚步享受慢生活，并已在北京、上海、重庆、无锡、杭州等城市举行。该次比赛选址鄞州区塘溪镇东山村，该村建村距今已有700余年历史，由“月宫山”演变而来，“月宫八景”就位于此。该活动共有144名选手参与，颁发奖金5000元。

【“丰收鄞州·情满大地”庆祝中国农民丰收节暨2018鄞州区美丽乡村庆典】 2018年9月16日，由区政府主办，区农林局、区农办、区文广新局（风景旅游管理局、体育局）、区妇联、区农合联、下应街道办事处承办，区旅游协会、鄞州日报乡恋创意工作室协办的“丰收鄞州·情满大地”中国农民丰收节暨2018鄞州区美丽乡村庆典活动在下应街道天宫庄园举行。区委副书记、区长陈国军，市农业局局长李强，市旅游发展委员会副主任周明力，区领导朱法传、夏素贞、朱晓丽、王孝嗣等参加活动。开幕式上，主办方推出“美丽乡村·食在鄞州”鄞州区美丽乡村厨娘技能邀请赛，并举办鄞州和延边特色农产品展以及鄞州茶文化展；由当地文艺团队表演《劳动托起中国梦》《咸祥海鲜》《在希望的田野上》《老吃货》《丰收喜庆》等节目；鄞州区对区农业生产先进工作者、区农业科技先进工作者、区十佳创业致富女能手等进行表彰。共计6000余人参加开幕式。自2018年起，中国将每年农历秋分设立为“中国农民丰收节”，这是第一个在国家层面专门为农民设立的节日。

【2018年鄞州区旅游饭店服务技能大赛】 2018年9月27日，“四明金融小镇杯”2018年鄞州区旅游饭店服务技能大赛在南苑环球酒店举行。该活动由区文广新局（风景旅游管理局、体育局）、区总工会主办，来自鄞州区旅游饭店行业的19支代表队近90名选手参与角逐。该比赛包含工装展示、中餐宴会创意摆台、西餐宴会创意摆台、中式铺床及小景设计、会议茶歇创意摆台、金钥匙服务6个项目，由省、市专家组成评审组，对创意设计、现场操作、口语表达及仪容仪表等方面进行综合评分。开元名都大酒店江一舟获金钥匙服务一等奖，南苑环球酒店李珍珠获会议茶歇创意摆台一等奖，南苑环球酒店何茂丽获中式铺床一等奖，南苑环球酒店郑少桓获西餐宴会

2018鄞州区美丽乡村庆典活动

创意摆台一等奖，南苑环球酒店沈凯乐获中餐宴会创意摆台一等奖。

【区旅游纠纷人民调解委员会成立】 2018年11月6日，鄞州区旅游纠纷人民调解委员会成立，由区旅游主管部门设立，受区司法局和区文广新局（风景旅游管理局、体育局）指导。12月27日，区旅游纠纷人民调解委员会处理首例12名游客关于自费项目的投诉，通过近3个多小时的沟通交流后，最终调解成功。该调委会通过发挥人民调解在化解全域旅游纠纷中的作用，推动旅游纠纷依法化解，优化旅游市场秩序。旅游消费者和经营者之间的旅游纠纷，在双方同意情况下，均可提交至区旅游人调委处理。调解委员会的法律专业人士、资深旅游行业人士，综合各方意见后给出建议、解决方案，保障旅游者和旅游经营者的合法权益。

【《出境旅游购物补充协议示范文本》出台】 2018年11月29日，由区旅游质量监督管理所出台的《鄞州区出境旅游购物补充协议示范文本》在全区旅行社施行。全年处理涉及乳胶床垫、玉器、沉香、宝石等产品的出境游购物纠纷16起，占全部旅游投诉量的22%。其中，典型的是20余张越南乳胶床垫购物纠纷，涉案金额近20万元。该协议对境外购物所涉及的游客及旅行社双方权利义务等内容作细化要求，强化游客在购物前审慎甄别决定、询问退货条件等义务，规范出境旅游购物活动。

【勤勇村获评浙江省休闲旅游示范村】 2018年12月13日，浙江省文化和旅游厅公布2018年度省级休闲旅游示范村认定名单，东吴镇勤勇村入选。东吴镇勤勇村位于太白山麓，总面积6.60平方千米，由原来勤勇、凤岭两个自然村合并建立，东临瞻岐镇，南接咸祥镇，西近天童，北毗三塘，距甬城28千米，有耕地53.93公顷，山林550.07公顷。全村有个私企业15家，实现工业总产值12050余万元。勤勇村比邻东钱湖风景区，阿育王寺，天童景区（天童禅寺、天童森林公园、天童老街），三溪浦水库，位于国家省、市、区生态保护区，村内含凤仪门、大寨民居、文化礼堂、凤溪、指南禅寺、护驾亭、盘山古道、弥陀寺、大盘山水库、林间爬山道、乡叙勤勇民宿、凤岭民宿等风景点等旅游资源。2017年底，勤勇村被评为鄞州区第一批浙江省AAA级旅游景区村。该村以“山、水、田、村”的近郊自然基地为依托，以红色大寨文化为核心，以休闲旅游、红色主题为发展方向，以乡村精品民宿为特色，着力打造“两区驱动、三廊串联、多群集聚、多点呼应串联、多群集聚、多点呼应”的功能空间布局，探索乡村情景体验新模式。

【宁波科学探索中心获评国家AAAA级旅游景区】 2018年12月29日，宁波科学探索中心经过浙江省旅游区（点）质量等级评定委员会评定，被授予“国家AAAA级旅游景区”称号。科探中心是宁波市最大的综合性科普场馆，以高品质的场馆展览展陈、高水准的科学体验活动赢得市场喜爱。配合AAAA级旅游景区创建，中心对馆内的标识标牌和参观指引进行统一规范，对母婴室和洗手间进行改造布置，增设医务室等设施改善。自开放起，科探中心累计接待游客超过300万人次，获“宁波市最受市民喜爱的科普教育基地”称号。

【旅游纪念章收藏展】 2018年2月10日起，卧游天下——旅游纪念章收藏展在宁波服装博物馆开展。该展览展品由区收藏家协会3名会员提供，包括全国各省（自治区、直辖市）、10余个国家和地区发行的旅游纪念章及其他证章近800枚。其中，年代最早纪念章是20世纪50年代发行的北京天坛铜质纪念章。较为少见的纪念章包括南昌八一起义纪念塔纪念章、武汉黄鹤楼重建纪念章等也其中。宁波当地早期旅游纪念章有天封塔、天一阁、雪窦寺、天童禅寺等。

（路慧洁）

宁波南部商务区（宁波广告产业园区）

【概况】 2018年，宁波南部商务区（宁波广告产业园区）共有入驻企业4128家，从业人员38000余人，平均入驻率85.44%，区内注册率88.07%。实现财政总收入21.30亿元，其中归属南商6.97亿元，完成招商引资实到资金31.70亿元，其中外资2720万美元，市外内资14.50亿元，浙商回归15.50亿元，限额以上批发零售业销售额913.89亿元，限额以上服务业营业收入827亿元，进出口总额45亿美元，出口23.80亿美元。

依托国家级广告产业平台，成立宁波鄞州区广告文创协会，新引进宁波荧火虫影视文化传媒有限公司、宁波新生活方式设计院有限公司、浙江艾沃文化传媒有限公司等文创企业147家，共有广告及关联企业达878家。宁波鄞州影视文化产学研基地落户园区；衢江·鄞州山海协作“飞地”平台项目签约；获评浙江省重点文化产业园区。

南部商务区建有党组织77个，自有党组织50个（包含党委2个），党员997人，下辖党支部59个；共建共管党组织27个。举办志愿者服务、公益市集等公益活动，推出“红匠云听”“初心思享会”等党建工作品牌。开展春季人才招聘会和校园招聘会，推进校企合作和人才实训基地打造，与宁波大学、宁波诺丁汉大学、浙江工业大学等高校达成产学研战略合作协议。与金钥匙国际联盟达成长期合作协议。新增金钥匙国际联盟园内授牌企业5家。

【“佰事通”众创空间入选2017年度国家备案众创空间】 2018年，科技部印发《关于公布2017年度国家备案众创空间的通知》，南部商务区“佰事通”众创空间入选。该次确定的国家备案众创空间共639家，位于南部商务区的“佰事通”众创空间为鄞州区唯一一

2018年7月25日，宁波南部商务区商会成立

家国家备案的众创空间。“佰事通”众创空间为浙江佰事通商务服务有限公司创办，集创客服务、创业孵化、政策服务、创业沙龙、投资融资等于一体，包括写字楼及厂房占地3.54万平方米（其中2.30万平方米在建，1.24万平方米已有），引进会计师事务所、天使投资机构、律师事务所、人力资源公司等服务机构，累计服务创客超过5000人。

【区影视文化产学研基地成立】 2018年3月29日，“影视与时代同行，产业与文化融合——鄞州区影视文化产学研基地揭牌暨影视产业发展论坛”在宁波开元名都大酒店举行。宁波广电集团负责人和区委副书记、区长陈国军为影视文化产学研基地揭牌，国内及当地影视界专家学者参加仪式，并举行北京艾沃文化传媒项目落户鄞州签约仪式。鄞州区为浙江省文化产业重点县（市、区），区内有工夫影业（宁波）有限公司等100余家影视相关企业。2017年，两部鄞州作品获省“五个一工程”奖。南部商务区水街、鄞州公园、宁波（鄞州）博物馆、三江口等地成为重要拍摄取景地。鄞州区影视文化产学研基地旨在通过政策扶持和引导，在鄞州培育和聚集更多规模影视企业，成为打造“影视之城”的重要阵地。

【IP从浙出发暨IP思维·激发企业新活力论坛在鄞州区举行】 2018年6月6日，第二十届浙洽会鄞州分团系列活动“IP从浙出发暨IP思维·激发企业新活力论坛”在宁波开元名都大酒店举行。该论坛由宁波南部商务区管委会主办，区委常委、宣传部部长方飞龙，副区长梅益进参加论坛。论坛上，宁波大学潘天寿艺术设计学院项目公司入驻宁波广告产业园区，举行宁波新生活方式设计研究院有限公司落户签约仪式，并邀请IP创意名人，对现代IP营销策略进行研究，对企业IP思维作实例分析。

【衢江·鄞州山海协作产业投资推介会在鄞州区举行】 2018年11月15日，衢江·鄞州山海协作产业投资推介会在鄞州区举行，“衢江区·鄞州区山海协作‘飞地’平台项目”签约，“衢江·鄞州上市企业产业协作联盟”成立，衢州衢江飞地平台落户南部商务区大海大厦。鄞州区领导陈虹、戴华祥，衢江区领导徐爱平、钱范杰、章青华以及两地相关部门的负责人、企业家代表参加推介会。鄞州与衢江自2012年起开展山海协作，定期互访考察、人员互派挂职，建立多元协作，从共建产业园拓展到乡村振兴、基础设施和公共服务等领域，从党委、政府拓展到企业、社会组织等。2018年10月，两地签订新一轮合作备忘录，在产业发展、乡村振兴、人文交流等方面展开合作。宁波建工集团股份有限公司等17家上市企业成为衢江·鄞州上市企业产业协作联盟首批成员。该次推介会重点推介衢江·鄞州山海协作产业园、鄞州经济开发区、宁波南部商务区等鄞衢“飞地”产业平台；新签约的“衢江·鄞州‘飞地’产业园工业平台”为衢籍企业提供发展空间，优先安排符合园区产业导向的衢籍企业注册落户；“衢江·鄞州‘飞地’产业园商务平台”发挥城市经济和商务楼宇优势，协助衢江在甬开展金融、商务、科技等产业招商以及科创产业的招引和孵化，两地共同打造全省山海协作的“鄞衢样板”。

（杨伯龙）

2018年3月29日，鄞州区影视文化产学研基地揭牌

开放型经济·国内经济合作

对外经济贸易

海　　关

出入境检验检疫

国内经济合作

招商引资

鄞州年鉴

2019 YINZHOU YEARBOOK

对外经济贸易

【概况】2018年，鄞州区实现外贸进出口总额1592亿元，比上年增长20.90%，增幅高于全市平均8个百分点。其中，出口1215亿元，总额位居全市第一，增长16.10%；进口376.50亿元，增长39.40%，增幅位居全市第二。共有五金制品、纺织服装、餐厨用品3个国家级外贸转型示范基地，数量居全国第一位。

"一带一路"沿线国家出口增长20.80%，中东欧16国出口增长29.70%，东盟、东欧等新兴市场出口增幅达31.60%和25.50%。培育外贸综合服务平台，共有外贸综合服务平台企业6家，为全省外综平台最集中区域，拉动全区外贸增长约10个百分点，其中世贸通为国家级外贸综合服务平台试点企业，五金工具跨境电商产业集群为全省试点，实现跨境B2B出口额25.90亿美元，增长1倍，总量和增幅均位列全市第一，跨境电商B2B、B2C出口合计占全区出口总额的近15%。全省首创小微企业信保通保和融资平台，全年新增外贸备案企业1135家，其中进出口实绩企业770家、各类外贸企业5000余家（其中进出口上亿美元企业23家）。

全年新批境外投资企业23家，中方投资额3.26亿美元，承包工程营业额达2.30亿美元。搭建"一带一路"沿线重要平台即柬埔寨宁波商会。推进"走出去"风险控制平台建设，鼓励境外重点制造业企业、资源回运企业投保海外投资保险，全年申报中央和市级海外投资保险政策企业10家，保险金额达9000余万美元。

表7　2018年鄞州区进出口50强企业

排名	企业名称	进出口实绩（万美元）
1	中基宁波集团股份有限公司	327540
2	宁波海田控股集团有限公司	114885
3	奥克斯集团有限公司	108749
4	宁波君安控股有限公司	82770
5	宁波一达通外贸服务有限公司	58315
6	宁波银行股份有限公司	58021
7	博威集团有限公司	42860
8	斐戈集团股份有限公司	39020
9	宁波太平货柜有限公司	32267
10	宁波华茂国际贸易有限公司	27015
11	宁波宁电进出口有限公司	22693
12	宁波凯信服饰股份有限公司	21734
13	宁波华孚进出口有限公司	19149
14	利时集团股份有限公司	19021
15	宁波力勤矿业有限公司	17398
16	宁波渠成集团有限公司	16767
17	宁波鼎丰创展国际贸易有限公司	15900
18	宁波中哲物产有限公司	15165
19	宁波锦灏集团有限公司	13379
20	宁波中蔺对外贸易有限公司	11465
21	宁波致和对外贸易有限公司	11279
22	宁波南车产业基地联合进出口有限公司	10772
23	浙江中力联众进出口有限公司	10155
24	乐歌人体工学科技股份有限公司	9202
25	中国电子进出口宁波有限公司	9043
26	中石化国际事业宁波有限公司	8999
27	宁波合羽国际贸易有限公司	8875
28	博格华纳汽车零部件（宁波）有限公司	8714

续表7

排名	企业名称	进出口实绩(万美元)
29	浙江中世进出口有限公司	8610
30	宁波万汇休闲用品有限公司	8451
31	宁波旭日对外贸易有限公司	8362
32	浙江布利杰集团有限公司	8052
33	杉杉集团有限公司	7910
34	宁波弘烨进出口有限公司	7585
35	宁波永利木业有限公司	7482
36	宁波英利贸易有限公司	7319
37	宁波圣龙(集团)有限公司	7241
38	中新国贸集团有限责任公司	7208
39	宁波万时集团有限公司	6713
40	宁波法逊派客进出口有限公司	6690
41	宁波汉浦工具有限公司	6458
42	宁波新明达针织有限公司	6447
43	宁波新禾控股集团有限公司	6431
44	宁波旭力金属制品有限公司	6287
45	宁波澳新进出口有限公司	5938
46	宁波浩航进出口有限公司	5864
47	宁波喜时达进出口有限公司	5839
48	宁波韦特利国际贸易有限公司	5762
49	宁波一舟进出口有限公司	5563
50	宁波中港金属制品有限公司	5492

【第四届中国—中东欧国家投资贸易博览会】 2018年6月7日，为期4天的第四届中东欧博览会、第二十届浙洽会、第十七届消博会启幕。“三会”由商务部、浙江省人民政府主办，浙江省商务厅、宁波市人民政府等共同承办。“三会”围绕“一带一路”建设，以“扩大高水平开放，推动高质量发展”为主题，安排投资洽谈、贸易展览、会议论坛、人文交流等系列活动，邀请中外客商3万人，其中境外客商1万人、世界500强企业和国际知名公司客商550人、省内外采购商5500人。消博会设展位3045个，其中标准展位1415个；中东欧特色商品展馆面积达8400平方米，展位数量310个，分别增长40%、10%。中东欧16国中，13个国家将进行特装展出，增加3个，特装面积2150平方米。

（朱　渊）

海　关

【概况】 2018年，鄞州海关审核进出口报关单3.20万份，比上年增长19.70%；征收税款33.70亿元，增长25.90%；备案加工贸易手册2118本，备案金额12.76亿美元，分别增长2.70%和17.30%；新注册企业2830家，增长5.30%；管理企业20083家，增长14%。

【机构改革】 2018年3月，国务院机构改革方案明确将国家质量监督检验检疫总局的出入境检验检疫管理职责和队伍划入海关总署。4月20日起，出入境检验检疫系统统一着海关制服、统一佩戴关衔，统一以海关名义对外开展工作。12月，海关总署批复设立中华人民共和国鄞州海关，负责鄞州区、宁波国家高新区、东钱湖旅游度假区的各项海关管理工作。

【关检业务融合】 2018年4月20日，鄞州海关在关区落实企业报关报检资质“一次注册”，为宁波关区首家通过一次申请，并获得报关报检资质企业在鄞州区诞生。全年通过国际贸易“单一窗口”完成企业合并备案近3000家，占宁波关区30%以上。8月1日起，进出口货物实施关检融合整合申报，原报关单、报检单合并为一张新报关单，原报关、报检共229个申报项目精简为105个。9月26日，鄞州海关报关大厅实现对外“一个窗口”统一办理。

【打击“洋垃圾”走私进境】 2018年，鄞州海关打击“洋垃圾”走私，将其作为生态文明建设举措。加强对进口固废的单证审核力度，落实固体废物“三

2018年5月28日，鄞州海关对第四届中国—中东欧国家投资贸易博览会首批入境展品——罗马尼亚玻尿酸进行现场监管

个100%”的查验要求，强化报关单要素审核，对辖区内固废进口量大的企业加大布控查验力度，全年因辐射超标等原因累计退运铜废碎料等固废2427吨，货值7034万元。同时依托国家级纺织服装重点实验室，开展实验室固体废物（废纺织原料及制品）鉴定技术能力建设，为打击洋垃圾走私提供技术支撑，全年共受理废旧棉花、衣服等固废鉴别27批次。

【第四届中国—中东欧国家投资贸易博览会保障】 2018年6月7—11日，第四届中国—中东欧国家投资贸易博览会在宁波国际会展中心举办。鄞州海关提前与相关企业及展商进行沟通，及时掌握展会动态和相关需求，做好各项准备工作；合理配置人力资源，指派专人负责审核报批等相关工作的开展；开启中东欧报关报检专用绿色通道，优先办理参展货物的通关及检验检疫相关手续，实施“一次申报、一次查验、一次放行”；搭建业务咨询平台，充分利用微信、业务咨询电话、展会现场政策咨询台等多种渠道及时答疑解惑，为中东欧博览会提供服务。

【“民营企业服务月”专题活动】 2018年11—12月，鄞州海关在辖区开展“民营企业服务月”专题活动。活动深化民营企业对口帮扶、加强民营企业信用培育、推进压缩整体通关时间、提升贸易便利化水平和持续优化口岸营商环境五个方面展开。共召开各类政策辅导会19次，服务企业600余家，帮助辖区民营经济破解发展难题、营造良好环境，推动辖区民营经济发展。

【“国门利剑2018”专项打击走私行动】 2018年，鄞州海关开展“国门利剑2018”专项打击走私行动。该行动以高风险涉税企业为重点，开展特许权使用费、燃油附加费及汽车、电子零配件行业的专项稽查行动。全年共开展稽查作业97家，稽核查补税入库1682.74万元；移交缉私部门各类风险线索10起，刑事立案7起，案值8000万元，涉税1200万元。其中，查获的“104”啤酒走私案，总案值7000余万元，涉嫌偷逃税款1000余万元。

（郭蔚冉　范思齐）

出入境检验检疫

【概况】 2018年，鄞州海关完成出入境货物检验检疫1.10万批，货值6.83亿美元；签发各类原产地证书9.86万份，签证金额33.01亿美元，按照平均3%的关税减免幅度，优惠原产地证可为鄞州出口企业减免关税9900万美元。

【中国—中东欧国家贸易便利化检验检疫试验区建设】 2018年，区政府出台检验检疫试验区（宁波国际会展中心）建设实施方案，把对中东欧国家进口企业奖励内容纳入《2018年鄞州区经济发展的若干政策意见》。鄞州海关将国际展会政策延伸至常年展，促进蜂巢蜜、黄金水、玻尿酸等特色商品入境参展体验，中央广播电视总台《共同聚焦》栏目、《人民日报》头版先后报道海关推动检验检疫试验区（宁波国际会展中心）建设促进贸易便利化情况。

【疫情疫病传入防控】 2018年，鄞州海关聚焦隔离动植物、进境集装箱、木质包装等敏感领域开展外来生物风险监控，全年共截获检疫性有害生物桔小实蝇等120头，比上年增长18.80%。在宁波国际会展中心建设初筛实验室，首次从匈牙利入境蜂巢蜜展品中截获美洲幼虫腐臭病、从塞尔维亚入境展品中发现来自疫区的禽肉制品，均实施退运或销毁处理。强化国门生物安全教育，组织开展国门生物安全进会展中心、进校园、进博物馆系列活动。

【进出口食品安全监管】 2018年，鄞州海关落实“四个最严”要求，加强进出口食品安全监管，共抽检九大类出口食品，检查食品企业和原料种植基地30家。其中，在冻煮鱼肉中检出金黄色葡萄球菌阳性，在输摩洛哥茶叶中检出农残联苯菊酯超标，退运销毁不合格进口食品40批。配合鄞州区开展2018年食品安全排雷行动，累计检查出口食品企业12家，出口食品原料种植基地18个。在配合鄞州区成功创建首批省级食品安全区的基础上，开展宁波市国家食品安全示范城市创建验收工作。完善进出口商品风险预警机制，全年共抽查进出口风险监测商品110批，检出不合格批次8批，不合格率7.27%。开展执法打假专项监督抽查，抽查玩具、服装类商品9批。加强进口敏感消费品检验监管，形成进口品牌牙刷、进口面料色牢度、进口金属材料不合格等典型案例。开展问题商品追溯监管，对国外通报实现100%

企业现场调查，全年开展国外通报调查20批，退运货物后续监管210批。

（郭蔚冉　范思齐）

国内经济合作

【概况】 2018年，鄞州区引进市外内资项目41个，实际引进内资141.30亿元；引进浙商回归项目126个，其中新项目53个、结转项目73个，实际到位资金167.04亿元。加强沪甬合作，引进合作项目6个，实际到位资金14.83亿元，完成年度考核任务的148.30%。

【山海协作工程】 2018年，鄞衢两地签订鄞衢山海协作工程升级版合作备忘录，鄞州区1位区管干部、3位科级干部到衢江区挂职，并促成鄞州区3个镇（街道）与衢江区3个乡镇完成结对。分别是鄞州区咸祥镇与衢江区全旺镇、鄞州区瞻岐镇与衢江区莲花镇、鄞州区百丈街道与衢江区横路办事处。全年完成200万元帮扶资金的转移支付，帮助衢江区落实大洲镇五石埂村农民饮用水提升工程等6个帮扶项目；促成产业合作项目到位资金3.15亿元，完成目标任务的157.50%；到位社会帮扶资金100万元，其中包括教育帮扶资金50万元、民间慈善互助资金50万元。11月15日，“衢江·鄞州山海协作产业投资推介会”在鄞州区举行，宁波国家广告产业园与衢江·鄞州山海协作产业园签订鄞州·衢江山海协作“飞地”产业园（商务平台）合作协议，宁波市鄞州经济开发区管委会与浙江衢江经济开发区管委会签订鄞州·衢江山海协作“飞地”产业园（工业平台）合作协议。成立“衢江·鄞州上市企业产业协作联盟”，宁波建工集团股份公司等17家上市公司成为首批成员。

（张　莉）

招商引资

【概况】 2018年，区投资合作局举办或参与第二十届中国浙江投资贸易洽谈会（简称“浙洽会”）、“美加·宁波周”、世界“宁波帮·帮宁波”发展大会、宁波（北京）投资合作洽谈会等招商活动。南部商务区门户区综合体项目、汽车智能生产线项目等28个项目在浙洽会签约，总投资279.45亿元。多牛互动传媒等4个项目在世界“宁波帮·帮宁波”发展大会上签约，总投资94.68亿元。富元活性酵母菌中国总部项目等5个项目在宁波（北京）投资合作洽谈会签约，总投资45.70亿元。

【第二十届浙洽会鄞州区签约项目】 2018年6月7日，浙洽会鄞州分团“中国·宁波新材料产融高峰论坛暨鄞州区重大项目签约仪式”举行，鄞州区23个项目参加签约，总投资104.85亿元，其中外资项目3个，协议外资4700万美元。6月8日，宁波市投资合作洽谈会暨重大项目签约仪式举行。鄞州区5个项目在宁波市投资合作洽谈会暨重大项目签约仪式上签约，总投资174.60亿元。其中总投资100亿元的光大集团PPP基金项目，由中国光大投资管理有限责任公司、光大金瓯资产管理有限公司、宏润建设集团股份有限公司共同投资；总投资50亿元的南部商务区门户区综合体项目，由宝龙地产控股有限公司投资；总投资15亿元的新材料智能化生产线项目，由宁波博威合金材料股份有限公司投资；总投资1亿美元的盛吉盛半导体科技项目，由中芯国际控股有限公司、韩国TRIPLE CORES公司，芯空间控股有限公司投资；总投资5000万美元的哥伦比亚国际养老机构项目，由哥伦比亚集团投资。

【世界“宁波帮·帮宁波”发展大会签约项目】 2018年11月16日，世界“宁波帮·帮宁波”发展大会在宁波市举行。鄞州区4个项目签约，总投资94.68亿元，其中包括总投资80亿元的高世代氧化物TFT电子纸项目，总投资8亿元的奥克斯创研中心和智能空调项目，总投资6亿元的恒达高智能家居生产项目以及总投资1000万美元的多牛互动传媒项目。

【宁波（北京）投资合作洽谈会签约项目】 2018年12月21日，宁波（北京）投资合作洽谈会在北京举行。鄞州区5个项目签约，协议总投资45.70亿元，其中包括总投资15亿元的富元活性酵母菌中国总部项目，总投资10亿元的绿色建筑产业园项目，总投资10亿元的正大集团莲花佳便利店总部项目，总投资10亿元的东方园林华东区域总部项目和总投资7000万元的影谱科技项目。

（张　莉）

2018年11月15日，鄞州“飞地”产业园（商务平台）合作协议签约仪式举行

城乡建设与管理

城镇规划

房屋征收管理・城中村改造

“三改一拆”工作

城区开发建设

镇村建设

建筑业

房地产业

住房保障与棚户区改造

公用事业

城市管理

城镇规划

【概况】2018年，区规划分局组织编制鄞州中部区域融合发展规划、鄞州区城乡特色风貌研究。配合市规划局编制鄞南分区规划、天童—五龙潭省级风景名胜区总体规划、南高教园区控制性详细规划。完成横溪镇总规修编报告、姜山镇总规修编前期研究。完成鄞州经济开发区二期二号地块控制性详细规划，投创地段、明楼地段、东吴镇区、中河地段、云龙镇镇北地段、钟公庙地段、白鹤地段、横溪镇区、姜山镇区、宁波市东部滨海组团瞻岐片、中车产业基地控制性详细规划局部调整。启动白鹤金钟、王隘区块的棚改和百丈区块城市更新研究，开展甬江东南岸、长丰地段城市设计。完成鄞州区美丽乡村建设三年行动规划、鄞州区村庄布局规划（修改）、鄞州区域村庄建设规划、鄞州区乡村空间规划指引。姜山镇蔡郎桥集聚区等13个村庄建设规划获批，完成东吴镇天童村、下应街道湾底村、塘溪镇雁村3个村庄设计。开展鄞州区中心城区重要片区交通组织细化研究、鄞州区路网河网持续性维护及更新，配合编制鄞州区工业集聚区规划、鄞州区滩涂养殖规划、鄞州中心城区户外广告专项规划、鄞州区妇女儿童发展规划、浙江天童国家森林公园总体规划、宁波城南智创大走廊规划、宁波市建筑垃圾消纳场所和中转场所建设专项规划等。完成姜山镇走马塘村和新张俞村、塘溪镇童夏家村和上周村、横溪镇上街村5个市级以上历史文化名村保护规划。

核发“两书两证”433件，其中选址意见书65件，用地规划许可证94件，建设工程规划许可证138件，建设工程竣工规划核实书136件。聚集“六大专项行动”，服务重大项目，将172个重大项目划分为五大类别，推行一个项目、一个牵头领导、一个责任科室、一个联络干部、一个项目台账的“五个一”工作制度，强化责任跟踪落实，完善绿色审批通道，实行“同步受理，一审到位”的容缺受理审批改革，将项目的初验工作和规划许可证审批工作同时进行，试点告知承诺制，推进新世界广场、南部商务区三期B地块、华侨城欢乐海岸、欢乐购、钟公庙第二初级中学等重大项目及轨道交通3号、4号、5号线、奉化城际线、甬舟铁路、甬金铁路等道路交通及污水、电力、热力等重大民生工程项目规划审批。

出台驻镇规划师和驻村规划师“双师”制度，点对点对镇（街道）开展规划调研和指导。承办宁波市2018年测绘法宣传日主会场活动。开展年度行政执法案卷评查。配合做好《宁波市城乡规划条例》立法后评估工作。对2017年度和2018年度市级图斑进行核查处置，涉及112个图斑。在区规划分局网站公开各类信息911条，在区政府信息公开平台公开信息318条，依申请信息公开83件，组织听证1次，办理行政复议2件。办理各类来信来访311件，网上问询回复486条，配合区“三改一拆”办规划认定171件。办理完成区“两会”建议提案70件。开展测绘与地理信息保密检查。

开展“三测合一”项目151个。对区内省市两级地理国情普查项目包括消防设施和避难场所两项内容进行一年一度的地理国情监测。完成基础测绘成果从宁波市独立坐标系到宁波市2000坐标系转换工作。完成控制性详细规划入库8批次，河网路网翻图2批次。实时更新鄞州区规划平台基础地理数据及规划项目数据，全年更新1∶500地形图655幅；1∶2000地形图28幅；综合地下管线图1209幅，总长度739.36千米；规划数据汇总528个项目；完成规划档案数字化工作，档案总数4217件，整理档案盒5936个，信息录入122535件，纸张扫描207120张。推进鄞州地理空间框架建设，完成“天地图·鄞州”数据融合更新工作，完成“天地图·鄞州”的鄞州区乡村风貌地理信息系统示范应用。开发完成鄞州区违章建筑地理信息系统。提供基础测绘成果220批次，其中涉密成果23件，回收58件，各类测绘项目备案管理1767项。

【《鄞州区中部区域融合实施规划》编制完成】2018年3月，《鄞州区中部区域融合实施规划》编制完成。该规划范围北至贺丞路—彩虹南路—兴宁路—福明路—百丈路—世纪大道—兴宁路，东至东环南路，南至嵩江路—沧海路—鄞县大道—下应北路—富强路，西至奉化江，主要为高速、高架两侧1千米区域范围，总用地面积约28平方千米。规划思路以功能定位和目标愿景为发展导向，分滨江品质建设区、老小区整治提升区、三旧重点改造区、轨道开发引领区和邱隘南统筹协调区五大片区差异统筹推进空间发展和综合品质提升。从产业、居住、配套、景观风貌、特色内涵等方面整体融入鄞州城区。

【《鄞州区村庄布局规划（修改）》编制完成】2018年6月，《鄞州区村庄布局规划（修改）》编制完成。该规划范围为全区行政区域（不包含东钱湖镇），约687平方千米。研究期限至2020年，与乡镇总体规划相统一。对原《鄞州区村庄布局规划》进行调整与补充，将自然村分为城市型、扩展型、保留型、撤并型和特色型5类进行村庄布点引导。形成城镇规划区9个、农民集聚区8个、中心村7个、特色村17个、保留村69个“1+3+X”［一个城镇，农民集聚区、中心村、特色村3类村（区）和X个规划保留村布局体系］的村庄规划布局体系。

【《鄞州中心城区重要片区交通组织细化研究项目》编制完成】2018年12月，《鄞州中心城区重要片区交通组织细化研究项目》编制完成。该规划共三大片区，包含庆安会馆区域、宋诏桥—印象城片区及南高教园—下应片区，总面积10.30平方千米。研究期限为2018—2020年，与法定规划期限一致。规划从旧城更新、中部融合、新城拓展三大区域，进行交通组织细化研究及控制，提出各片区交通优化改善及细化控制理念及方式，结合交通问题、规划评估分析，利用现状及规划条件，落实区域重要节点细化控制。

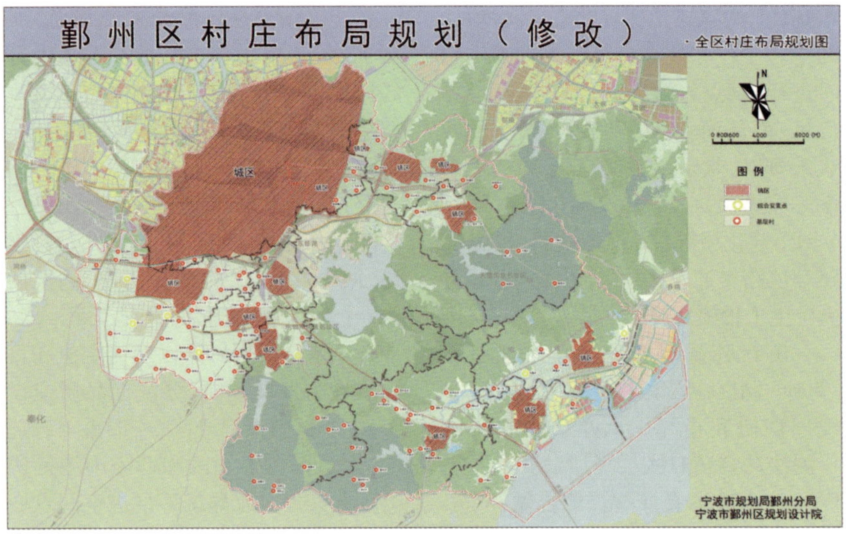

鄞州区村庄布局规划（修改）

规划的编制为改善新鄞州典型复杂区域的交通提供技术参考。

【驻镇规划师和驻村规划师制度推行】 2018年6—7月，区规划分局印发《宁波市规划局鄞州分局推行驻镇规划师制度的实施方案》《宁波市规划局鄞州分局推行驻村规划师制度的实施方案》，推行驻镇规划师和驻村规划师“双师”制度。驻镇规划师制度，以片区为单位，覆盖全区9个镇，每个片区选派1名联系领导和1名中层联络员，每个镇选派1名驻镇规划师，每月到一线进行走访调研，推进各重点攻坚项目，指导小城镇综合整治行动。驻村规划师制度，以片区为单位选派驻村规划师，负责片区村庄规划管理全过程的技术指导和服务。至年底，区规划分局驻镇规划师联系服务60余次，驻村规划师联系服务40余次，破解难题40余个。

【测绘法宣传】 2018年8月29日，区规划分局开展以“强化国家版图意识，共同守护美丽中国”为主题的系列测绘法主题宣传活动，承办宁波市2018年测绘法宣传日主会场活动，现场参与人数180余人，发放宣传资料800余份，解答各类咨询100余人次，甬派、鄞州电视台、《鄞州日报》等媒体对活动现场进行报道。在测绘法宣传周期间，通过悬挂宣传横幅、张贴宣传海报、电子屏滚动播放宣传口号等形式开展测绘法宣传。

【测绘与地理信息保密检查】 2018年，区规划分局组织对辖区23家单位涉密测绘地理信息成果使用情况、处理或存储涉密地理信息成果的设备管理情况、保密管理情况等进行检查，并对涉密计算机和办公区非涉密计算机进行技术检测，完成记录表23份，收回涉密资料光盘54份。

（许　瑛）

房屋征收管理·城中村改造

【概况】 2018年，全区安排征迁计划项目142个3721户157.80万平方米。完成签约2620户118.30万平方米，净地交付185公顷。完成南余、桑家非住宅整体签约清零，庆丰区块净地，羊毛衫市场、东部新城东片区C3-3/4/5、雅戈尔明洲以西等地块强制腾空清零。作出行政裁决8件，征补决定书1件，参与行政复议3件，行政诉讼33件。实施强制执行5次，促成东部新城东片区C3-3/4/5、雅戈尔明洲以西、潜龙等4个地块腾空清零。

【安置房建设】 2018年，鄞州区在建住宅安置房项目7个，累计完成投资9.70亿元。宁丰铭庭、余隘人家两个安置房项目完成抽签交付2000余户；江南安置房项目通过综合验收；繁裕四期进入竣工验收阶段；桑家、仇毕、孙马二期3个安置房项目正在开展主体装饰装修施工。繁裕四期以及仇毕部分单体均获得市建设工程结构优质奖。

【旧房改造】 2018年，鄞州区指导镇（街道）密集启动仇毕坊AB地块一、七塔禅寺周边、宁舟巷地块二期、金钟地块4个旧房改造，涉及760余户14.60万平方米。至年底，完成金钟地块内322户住宅的全部签约清零；宁舟巷两期、仇毕坊AB地块一、七塔禅寺周边均开展评估签约；完成邱隘邱一村棚改项目680余户9万平方米体量，21天内完成签约率99.70%。

【“拔钉清零”行动】 2018年，鄞州区41个“拔钉清零”项目完成签约清零24个，净地20个，完成签约236户19.80万平方米，拆除125户35.90万平方米，实现净地30.93公顷，签约户数、签约面积完成比例分别为70%、56%。

（陆薇媛）

“三改一拆”工作

【概况】 2018年，鄞州区处置违法建筑181.01万平方米，占全年目标任务（150万平方米）的120.67%；完成“三改”196.92万平方米，占全年目标任务（131万平方米）的150.32%。城中村改造工作完成84.19万平方米，完成率118.57%，其中拆迁改造类完成6.12万平方米，完成率102%。全区21个镇（街道）中，东郊街道、福明街道、白鹤街道、百丈街道、东胜街道、明楼街道、东柳街道、潘火街道8个创建为“无违建镇（街道）”，钟公庙街道、瞻岐镇创建为“基本无违建镇（街道）”。

【“四边三化”“两路两侧”专项整治】 2018年，鄞州区明确以“三高”沿线两侧为工作重点，开展环境综合整治。全区发现“两路两侧”“四边三化”各类问题点位2071个，完成2061个，完成率99.52%。建立健全区级领导路（段）长机制，市委常委、区委书记多次马路办公、小区办公、现场督查，区委、区政府领导带队上路巡查，并现场办公落实责任主体，累计达30余次。借助智慧城管、网格员等“四网”合一，环境整治制度化、规范化、标准化。启用无人机定期航拍、人员不间断巡查、到实地逐点核查销号等相结合的手段，开展月度巡查，加强重点、难点问题点位的督查，促整改防反弹。甬台温高速沿线飞乐地块，原违法建筑、桩机堆场、农棚田舍等环境脏乱差成城市顽疾，总占地面积6.23万平方米，历时2个月实现清零。

【拆后空间利用】 2018年，鄞州区开展拆后空间利用工作。与下应街道办事处、区综合行政执法局合作，在4.33公顷拆后闲置地块上，种植50余万株柳叶马鞭草，打造4万平方米的“紫色海洋”，并设置小池塘、中国风水车，搭配水生植物，成为市民观花赏景、游玩休闲之地。将桥下空间整治提升工程列为区委、区政府城市品质提档六大专项行动中项目推进，开展铁路、高速公路桥下空间利用工作。高速公路桥下空间利用将该区高速公路桥下空间分为5个路段加以利用，即绕城高速东段、绕城高速西段、象山港大桥连接线、杭甬高速和甬台温高速，桥下空间长度30.10千米，实际可利用面积约88万平方米。铁路桥下空间利用制订铁路桥下利用规划，计划推进下应、潘火、五乡、云龙4个铁路桥下段利用项目，主要涉及绿化、停车场、环卫设施区、休闲健身区等，利用面积将达10.70万平方米，城区环境面貌全面优化。

【违建地理信息系统建设】 2018年5月，鄞州区投入300万元专项资金，邀请区规划测绘院作为第三方服务机构，引入“卫星遥感影像、数字地形图结合国土、规划审批数据的地理空间分析技术”对全区21个镇（街道）的存量和新增违法建筑进行全面排查。根据排查结果，圈画违建图斑，启动违建地理信息系统建设。通过该系统，可查询定位违建图斑，获悉单位名称、地块占地面积、违建年代、所属镇（街道）等信息。掌握违建底数及基本情况，处置违建历史遗留问题，推进整治违建攻坚行动，并遏制新增违建。建立违建存量和新增量台账，为下一步违建整治制定工作措施、配套政策提供基础支撑。

（陈淑蓉）

城区开发建设

【概况】 2018年，区住建局编制形成《鄞州区推进“城乡争优”三年攻坚行动方案（2018—2020年）》，三年攻坚重点项目共计83个，三年投资400亿元；成立推进“城乡争优”三年攻坚行动协调小组，统筹决策部署推进“城乡争优”三年攻坚行动。全区全年累计攻坚项目66个，计划投资164.85亿元。完成投资178.16亿元，完成年度计划的108.07%。其中核心板块品质提升完成年度投资111.54亿元，基础设施联网提升完成年度投资9.93亿元；城市街区改造提升完成年度投资26.37亿元；乡村人居环境提升完成年度投资24.53亿元；城市管理精细化管理完成年度投资5.79亿元。谋划项目244个，拆迁及配套项目需投资约700亿元；结合“拥江发展”战略，牵头统筹甬江沿线区块开发建设工作，研究范围从173.33公顷扩至320公顷。

市对区三江六岸考核项目为奉化江东岸绿化工程等14个项目，全年完成投资13.20亿元。新增专用停车泊位6455个，建成公共停车场共计停车位227个，完成黄鹂社区（学校堵点治理）、白鹤街道西片区、东海片区、朝晖社区、常青藤社区5个老旧小区缓解停车难综合整治工作。

建成并投入使用明州医院公交场站3000平方米，建成并移交中海国际社区公交场站2000平方米。倡导“公交+慢行”绿色交通出行模式，完成常规公交刷卡支付全覆盖。推进鄞州智慧停车管理系统二期工程建设，以鄞城集团为主体，主要以铁路—甬台温高速—鄞州大道—奉化江的围合区域内道路的钟公庙片区推广智慧停车项目，新增泊位823个，摄像头92个。

打造城市品质79个项目中累计开工（实施）项目77个、完工项目28个，完成投资28.28亿元。编制印发《“创精品、增亮点”城市品质提档行动方案》和责任任务对账清单，召开推进会7次，协调解决涉及资金、行政审批、政策处理等问题项目16个，协同督导组开展督查7次，发布通报8期。建成宁南南路、曙光北路等主次干道，打造波特曼欧陆风情街、下应北路汽车大道等特色主题街区；开展老旧小区整治、背街小巷整治、围挡整治等专项行动及品质社区创建。

【南部商务区建设】 2018年，园区三期A地块A5、A6、A7、A8、A3、A10 6幢大楼全部结顶，A1曼哈顿地块桩基施工基本结束。三期B地块地下空间由城投公司负责，正式开工建设。6月4日，园区四期门户区出让成交，由宁波宝龙华隅置业发展有限公司竞买取得，出让用地面积12.11公顷，综合容积率小于等于2.98，总体量36万平方米，其中商办建筑面积不小于20.80万平方米，住宅建筑面积不大于15.20万平方米，商办建筑高度限高220米。二期17幢楼宇扫尾交付，协调城投与企业间、企业与施工单位间相关工作，基本消除大海大厦竣工验收障碍。

【东部新城开发建设】 2018年，东部新城累计完成投资160.40亿元，其中，房建项目142.35亿元，基建项目5.50亿元，征地拆迁12.55亿元；房建项目开工7个、建成18个，基建项目开工6个、建成14个，完成拆迁面积13.90万平方米；供应土地21宗92.37公顷。实现营业收入823.40亿元，实现地区生产总值150.30亿元，贡献税收39.60亿元；区域内实际经营法人单位3942家，法人单位从业人员8.93万人，区域居住人口9.12 万人。新开工项目13个（总投资143亿元）。中央公园、明湖北、中山东路整治、福庆路整治等6个项目开工建设，宁东路延伸段、生态走廊二期、慢行系统提升、甬新河提升、中银大楼照明提升、中央商务区水街等14个项目建成，核心区大楼泛光照明、生态三期等19个项目推进。富邦大厦、邱隘镇九年一贯制学校等7个项目开工建设，新城机关幼儿园、效实中学东部校区、市眼科医院、鄞州医院东部分院等18个项目建成。其中，宁波中心409米超高层取得地下室施工许可证，开始工程桩施工；城市之光450米超高层施工图设计进行，领取地下室建设工程规划许可证，完成地下连续墙施工；宏泰广场南区部分装修。

【长丰片区开发建设】 2018年，长丰片区全年完成社会项目投资3.57亿元，中交君玺市政工程扫尾，组织综合验收；万科广源里交付。1月底，长丰热电厂爆破。8月底，甬嘉变压器厂完成厂房拆除。住宅YZ13—02—L1、YZ13—02—L5（各1.2公顷）10月完成土地出让。全年共完成政府本级投资8.45亿元，拆迁安置2号（二期）项目12月底通过综合验收，长丰小学开工，完成教学楼主体验收和地下室顶板施工，长丰幼儿园完成主楼结顶和二次结构施工并进行室内外装修；长丰三路完工并验收，樟溪北路（二期）招标完成招标，准备施工；奉化江（长丰段）滨江绿地工程的部分临时绿化完成，整体绿化设计及前期工作启动。整个长丰区块地下综合管线自查及污水管网改造提升完成，长丰河、芝兰河通过国家环保部门和市、区级共5次专项督察、排查。街区全年实现总营业额1.36亿元。

【中心城区地块开发】 2018年，区城区办牵头调研并起草《关于进一步加快中心城区地块开发、优化土地出让工作的通知》。完成全市首个城市有机更新示范单元百丈片区城市更新研究、全市首个地铁小镇姜山片区前期规划研究。牵头完成潜龙、雷公巷—七塔禅寺、曙光、工人荷池、王隘等棚改地块拆后利用规划方案，牵头推进姜山、前殷、金钟等轨道交通收储区块前期研究，谋划长丰二村、矮柳工业区、原江东部分行政办公地块等低效用地改造提升，推进仇毕区块城市设计、明贝堂及周边地块规划调整等工作，完成徐戎地块控规调整工作。牵头推进明一工业区、银邦储运、长丰滨江等地块前期“全生态”管理工作，开展地块开发建设条件论证，协调推进相关地块规划条件出具，会同国土部门、属地街道协调解决土地勘测定界、组件办理等具体问题，全年城区范围内挂牌出让27幅58.20公顷经营性用地。

【骨干路网项目建设】 2018年，鄞州区列入市本级、区住建局负责牵头协调的城建路网项目共计30个，建成通车的有12条，新开工8条。完成百梁北路（四明西路—鄞县大道）、春园路（长寿南路—科技路）、江东北路（民安路—惊驾名庭）工程，按计划实施项目包括鄞县大道（奉化江—镇岚路）、江东南路（中山路—百丈路）。

【“海绵城市”建设】 2018年，鄞州区规划编制《宁波市鄞州中心城区“海绵城市”建设规划》并通过区政府审查，出具规划成果。推进“海绵城市”示范区建设，划定面积3.52平方千米，位于南部新城内。形成“海绵城市”项目库，建成“海绵城市”试点区域内连片区3.27平方千米。加大中心城区新建、扩建、改建项目的“海绵城市”设计方案审查，将年径流总量控制率等指标作为城市规划许可的管控条件，纳入规划“两证一书”。通过土地供应、规划设计、施工图审查、施工许可、竣工验收等环节进行全过程监管。

【绿道网建设】 2018年，鄞州区安排新河（大石碶—中兴路）整治工程、云龙镇沿山干河长山江两岸绿道提升工程、邱隘镇盛莫南路等道路绿化提升工程3个项目，长度累计5.90千米。新河（大石碶—中兴路）整治工程因方案问题，经与市住建委协商，该项目替换为电车小镇生态漫步系统工程（一期），至年底，完成所有项目，累计建设绿道9千米。鄞州区绿道网建设的先进经验在全市绿道网建设工作现场会上作典型发言，推荐的院士公园获评“宁波十大最美绿道”。

【公共项目建设】 2018年，鄞州区公共项目建设中心共承建政府投资项目8个，完成工程投资1.30亿元。其中，3个项目通过竣工验收。区G3-1地块项目5月竣工；宁波市眼科医院迁建项目和东部新城社区卫生服务中心新建项目9月竣工。3个新建项目开工建设。区公共卫生服务中心业务用房项目4月开工；滨江实验学校东侧绿地项目5月开工；区法院诉讼服务中心项目12月开工。1个续建项目宁波艺术实验学校改扩建工程9月完成中间结构验收。1个前期项目区看守所及拘留所新建工程8月经市政府批复同意建设，11月底完成项目建议书编制。宁波艺术实验学校改扩建工程确

区法院诉讼服务中心效果图

定项目使用单位。区G3-1地块项目补办土地证，工程规划许可证；区法院诉讼服务中心项目完成立项、扩初批复、施工图审查；办结工程规划许可证、完成勘察设计招标和施工招标、办结施工许可证。滨江实验学校东侧绿地项目办结土地证、工程规划许可证和施工许可证；完成施工合同备案等前期工作。完成招标项目11个，签订工程合同35份，项目审计9个

（洑景亭　曾　萍　张建民　黄　勃　翁东辉　邵顺杰）

镇村建设

【概况】 2018年，鄞州区按照规划全面推进镇村建设。五乡、横溪、姜山、塘溪4个镇完成省级验收；21个村启动美丽宜居村建设；农村公厕改造完工607座。175个省项目库项目全部开工，完工162个，完工率92.57%，完成投资17.42亿元。达标创建4个镇83个省项目库项目全部开工，完工72个，完工率86.70%，完成投资7.82亿元。

【农村环境卫生长效管理行动】 2018年，鄞州区印发《鄞州区进一步推进农村环境卫生长效管理行动方案》，完善农村环境卫生长效化运作体系。在全区9个镇开展"共建洁净家园，共享美好生活"环境卫生整治专项行动，累计整治卫生死角24712处，清理河道超100万米，清除垃圾近17万吨。东吴镇、瞻岐镇、咸祥镇、云龙镇通过国家卫生镇市级考核验收，其中东吴镇、瞻岐镇接受省专家组暗访检查，塘溪镇通过省级卫生镇市级评审。实现小城镇穿镇路段和主次干道无乱停车、乱堆物、乱摆摊、乱开挖、乱建筑、乱竖牌等现象，共完成点位整治12408处。每月对第二批4个镇"线乱拉"工作进展进行摸底，实时掌握工作进度。4个镇共23条"上改下"道路已全部完工16条，6条管道施工完成。全年完成154家"低散乱"治理产业，完成率171%，其中改造升级106家，整合入园1家，合理转移28家，关停淘汰19家。

【美丽宜居村建设专项行动】 2018年，鄞州区对183个行政村情况进行系统排摸，重点对以往联席会议通过的71个村进行调查摸底。初步排摸出今后三年美丽宜居村建设计划（共35个行政村）。印发《鄞州区深入推进美丽宜居村建设专项行动实施意见》，实行项目化管理，建立工程项目库和问题销号库，明确项目建设内容和实施期限，做到具体化、项目化、清单化。编制鄞州区农村美丽宜居村技术导则和农房户型图集，加强农房管控和风貌引导，规范建设标准，提高项目建设效率。岐化村等21个行政村、咸祥8个全域化项目通过村镇联席会议审查，正式启动美丽宜居村建设，金溪村等4个村开展村庄整治工作。列入补助项目共644个（全年实施569个）。其中，周夹、海南、横山、上万龄、陆家堰等村开工。总投资在1000万元以下的美丽宜居村建设项目由专项年度计划代替项目立项文件，缩减审核时间、落实资金保障，加快项目建设进程。

【农村公厕改造提升】 2018年，区住建局出台《鄞州区农村公厕改造提升实施方案》，按照省、市农村公厕改造要求确定需完成各类农村公厕改造提升607座，根据鄞州区实际情况，改造方式采取"对标"为主、"提升"为辅、"补缺"少量的工作原则，消除露天公厕和旱厕、棚厕，建立长效保洁维护机制。实行项目清单管理，对每座农村公厕改造确定具体编号，建立"一厕一档一表一案"制度。按照"四统一"标准启动公厕改造。加大对农村公厕补助力度，明确按建设工程（含设计费、监理费）决算审计后的建安费为准予以补助，一类镇补助70%，二类镇补助90%，待验收通过决算审计后一次性拨付。至年底，全区农村公厕改造提升全部完工。

（洑景亭）

建筑业

【概况】 2018年，鄞州区办理安监登记项目141个，面积385万平方米，造价124.40亿元。在建工程156个，建筑面积980万平方米，塔吊等大型起重机械设备648台。办理施工许可项目153个，面积396.30万平方米，造价124.20亿元。

建筑业产值844亿元，比上年增长10.30%。通过企业申报，经区建筑业发展领导小组审定，评选出优秀建筑业企业37家、优秀建筑业企业家27人、"走出去"发展先进企业32家。新增有资质建筑业企业26家、劳务企业6家，其中总承包资质34项、专业承包资质48项；引进总承包企业8家、专业承包企业4家，迁出9家，专业承包二级升一级3家。企业技术中心申报2家；审核30家企业163人申报2017年度建筑业人才培育经费补贴资料。完成一级注册建造师初审104人；完成二级建造师继续教育培训406人、"三类人员"继续教育培训517人。

表8　2018年度鄞州区"东钱湖杯"优质工程名单

序号	工程名称	建设单位	监理单位	施工单位	项目经理	建筑面积（平方米）
1	鄞州区堇山小学南校区	宁波市鄞州区教育局	宁波高专建设监理有限公司	宁波中洲建设工程有限公司	梅贤峰	21528.07
2	宁波市眼科医院迁建及江东区东部新城社区卫生服务中心新建工程	宁波市江东区公共项目建设中心	浙江工正工程管理有限公司	宁波建工工程集团有限公司	戴新强	48905.83
3	瞻岐镇中心小学迁建工程3号教学楼	宁波市鄞州区瞻岐镇人民政府	宁波宁大工程建设监理有限公司	浙江大经建设集团股份有限公司	王国棉	10309.00

表9　　2018年鄞州区建筑安全文明施工标准化工地名单

序号	工程名称	施工单位	建造师	监理单位
1	宁波市眼科医院迁建及江东区东部新城社区卫生服务中心新建工程	宁波建工工程集团有限公司	戴新强	浙江工正工程管理有限公司
2	东吴镇1号安置地块A地块工程	宁波市建设集团股份有限公司	蔡建平	宁波华地工程建设监理有限公司
3	鄞州区瞻岐镇中心小学迁建工程	浙江大经建设集团股份有限公司	王国棉	宁波宁大工程建设监理有限公司
4	宁波东部新城东片区B1-5号地块H标段工程	中达建设集团股份有限公司	柴维东	宁波市天正工程咨询有限公司
5	年产400套数字化放射摄影DR设备项目	今天建设有限公司	李光平	浙江工正工程管理有限公司
6	鄞州区咸祥镇西宅村1号商住（A、B）地块住宅小区项目	中科盛博建设集团有限公司	赵高学	浙江翔涨工程咨询有限公司
7	东部新城邱隘安置房C1-2-2地块工程	浙江万华建设有限公司	孙良权	宁波国际投资咨询有限公司
8	鄞州区董山小学南校区工程	宁波中洲建设工程有限公司	梅贤峰	宁波高专建设监理有限公司
9	东部新城东片区B1-5号地块I标段工程	方远建设集团股份有限公司	黄华胜	宁波市天正工程咨询有限公司
10	鄞州区长丰地段YZ13-02-K1地块	浙江新中源建设有限公司	冯建兴	浙江荣阳工程监理有限公司
11	宁波鄞州新城区原自来水地块项目	中天建设集团有限公司	葛倩娴	宁波国际投资咨询有限公司
12	宁波市农业实验场危旧房改造拆迁安置房工程	中达建设集团股份有限公司	应颂裕	宁波市公平监理咨询有限公司
13	江南安置房1号-15号楼、1号-2号地下室、商业、公变、垃圾工具间工程	浙江新中源建设有限公司	吴勇志	宁波宁大工程建设监理有限公司
14	宁丰III-3号地块安置房项目口标段	宁波建工工程集团有限公司	余建民	宁波市斯正项目管理咨询有限公司
15	宁丰III-3号地块安置房项目I标段	宁波市建设集团股份有限公司	林杨恩	浙江工正工程管理有限公司
16	东部新城核心区H1-3-1号地块项目	浙江新中源建设有限公司	余慧建	北京北辰工程建设监理有限公司
17	东部新城水乡邻里二期E-2号地块工程	宁波锦虹建设有限公司	任　欢	浙江工正工程管理有限公司
18	余隘安置房项目投资—建设—移交（BT）I标段工程	华丰建设股份有限公司	何志敏	浙江工正工程管理有限公司
19	余隘安置房项目技资—建设—移交（BT）III标段	宁波市东港建筑工程有限公司	诸华炳	宁波市斯正项目管理咨询有限公司
20	余隘安置房项目投资—建设—移交（BT）口标段工程	余姚市江林建筑工程有限公司	宣建阳	浙江工正工程管理有限公司
21	余隘安置房项目投资—建设—移交（BT）IV标段工程	余姚市江林建筑工程有限公司	陈微君	宁波广天建通工程管理有限公司
22	鄞州新城区新城大厦项目	中国建筑第八工程局有限公司	赵伟彬	宁波国际投资咨询有限公司
23	和荣大厦	中国建筑一局（集团）有限公司	李士玉	浙江联达工程项目管理有限公司
24	鄞州区惠风西路菜市场工程	浙江万华建设有限公司	江成年	宁波时代建设监理有限公司
25	姜山镇小城春秋北侧地块住宅I标段	浙江万华建设有限公司	肖志军	上海鼎业民防建设咨询有限公司

【建筑行业管理】2018年，区住建局从装配式建筑管理、民用建筑节能审查、建筑业企业发展政策兑现、施工图审查、既有公共建筑节能改造、经济运行监测、建工城建专业职称评审等7方面展开建筑行业管理工作。全年鄞州区装配式建筑项目共33个，总面积213.40万平方米。其中，民用建筑项目24个，面积118.50万平方米；工业建筑项目9个，面积15.30万平方米，合计133.80万平方米。组织新型建筑工业化设计、施工、监理和构配件（部品）生产等企业人员参加装配式建筑BIM技术应用、装配式建筑示范基地及企业创建经验交流会经验交流会和装配式建筑管理及技术人员培训。鄞州区城镇新建民用建筑100%实施绿色建筑标准，完成44个新建项目的节能审查，面积达179.50万平方米，其中预评估二星级和三星级项目共24个，面积99.30万平方米，占比55.30%。鄞州区建筑业企业发展政策兑现申报工作完成，申报企业共68家，申报建筑业企业发展政策兑现奖励金额共2153.17万元，符合奖励条件的企业有41家。其中，获得资质晋升奖励的有大荣建设集团有限公司等5家企业，奖励150万元；获得做强做精奖励的有宁波建工工程集团有限公司等27家企业，奖励1610万元；获创优夺杯奖励的有浙江沧海市政园林建设有限公司等24家企业，奖励271.50万元；获科技创新奖励的有浙江新中源建设有限公司等6家企业，奖励121.67万元。整合优化施工图审查环节，施工图联合审查实施“一窗受理、集成服

务”和“多审合一、结果确认”，完成政府买单的项目共179个，其中房建项目30个、市政工程项目14个、专项设计项目131个、改扩建项目4个、共支付费用401.93万元。结合老小区整治、宜居小区创建，开展既有公共建筑节能改造，包括惠风书院扩建工程项目、宁波市职业技术教育中心学校（荷池校区）改扩建等项目，完成既有建筑节能改造18.17万平方米。针对区住建局涉及到的建筑业总产值增速和房地产业的商品房屋销售面积增速、“四上单位”房地产业从业人员增速、“四上单位”房地产业从业人员劳动报酬增速以及建筑劳务企业产值的增速进行实时监测。引进建筑服务业企业4家，建筑劳务企业3家，监理综合资质企业1家。全区建工城建专业初、中级技术职务任职资格评审会共179个申报对象，153人符合申报条件（中级148人，初级5人）。其中，中级暖通工程2人、建筑电气5人、燃气工程1人、岩土工程5人、建筑施工38、工程造价10人、建筑工程管理7人、道路桥梁12人、建筑设计10人、建筑结构10人、市政工程23人、风景园林（含景观设计）20人、给排水3人、建筑装饰2人；初级建筑施工1人，建筑工程管理1人，道路桥梁3人。

【围挡整治行动】 2018年3月，区城市环境综合整治行动领导小组办公室成立，建立问题项目库，实时反映围挡问题项目的整改进度和完成情况。116个前期确定的问题项目中，共有62个项目完成整治，占任务数的53.40%。其中，“久拆不动”的“拔钉清零”项目5个、完成率12.20%，市库任务完成率为50%；“供而未建”建设用地37宗，完成率75.50%，市库任务完成率80.40%；“建而不快”项目21个、完成率80.70%，市库任务完成率100%。综合整治第二批完成情况：第二批有市库任务28个，其中“久拆不动”的“拔钉清零”项目3个，“供而未建”建设用地11宗，“建而不快”项目14个。共20个项目完成整治，占任务数的71.40%。其中，“久拆不动”的“拔钉清零”项目2个，完成率66.70%；“供而未建”建设用地5宗，完成率45.50%；“建而不快”项目12个，完成率85.70%。推广《宁波市建设工地围挡指导及标准范例》，完成围挡提升的建筑、市政工地项目共185个，围挡整治提升总长度约42300米。共收到问题线索340条，共签发各类督查单283份。

（洑景亭）

房地产业

【概况】 2018年，鄞州区发放预售许可证56个，共计预售面积196.90万平方米，其中预售住宅面积150.10万平方米，比上年分别下降27%和33%。

新批15家房地产开发暂定三级资质企业。办理房地产企业资质年检130家，注销9家。纳入鄞州区管理共182家房地产企业，其中一级资质企业3家、二级资质企业8家、三级（暂三级）企业171家。

房地产开发完成投资346.95亿元，下降28.70%。商品房施工面积1255万平方米，减少19.77%。新开工面积128.50万平方米，下降62.14%。竣工商品房面积512.80万平方米（其中住宅274.40万平方米、21313套），分别上涨73.50%、73.70%和73.30%。

商品房交易量为278万平方米，下降26.50%，其中住宅交易量196.48万平方米14168套，分别下降23.40%和28%。可销售商品房房源205.49万平方米（住宅53.79万平方米3646套，商业、办公120.10万平方米），下降24.10%（住宅下降51.10%，商业和办公下降0.50%）。绿化设计方案指导25个，绿化竣工项目资料备案48个。

（洑景亭）

住房保障与棚户区改造

【概况】 2018年新开工安置房及货币化安置2144套（户），完成率107%；完成危旧房改造面积9.52万平方米，完成率105.80%；完成城中村改造面积6.35万平方米，完成率127%。新增棚改贷款项目1个，新增授信指标1.57亿元；申报棚改专项债券，新报棚改专项债券项目2个，争取棚户区改造各项补助资金4333万元。新开工安置房项目2个，棚改开工建设20个安置房项目，其中竣工11个安置房项目。

【棚户区改造】 2018年，鄞州区计划棚户区改造新开工安置房及货币化安置2000套（户），其中计划新开工棚户区改造安置房2个，新建住宅面积10.20万平方米1055套，其余为货币化安置户数。续建安置房项目10个，续建住宅面积124万平方米，续建住宅套数1.28万套。自启动以来，改造住宅面积245万平方米2.30万户（其中危旧房改造面积66.60万平方米），18个安置房项目开工建设，建设安置房住宅面积198万平方米2.03万套，其中8个安置房项目竣工，建成安置房住宅面积74万平方米0.75万套。22个棚户区改造项目获批国家开发银行、中国银行棚改贷款授信指标290.79亿元，累计放贷资金202.30亿元。全年完成新开工安置房及货币化安置2144套（户），完成率107%。其中，2个新开工安置房项目为五乡镇泰和五期新开工住宅面积7万平方米705套，云龙镇云龙村新村建设二期新开工住宅面积3.20万平方米350套。完成货币化安置1089户，百丈街道潜龙二期区块、东胜街道曙光区块和白鹤街道王隘区块完成拆迁改造续签工作，完成货币化安置842户；首南街道石家村、三里村完成可安置面积货币回购，完成货币化安置480户；姜山镇唐家新村、菜场新村完成拆迁签约工作，完成货币化安置29户；五乡镇核心区块3号地块完成拆迁签约工作，完成货币化安置3户，七塔禅寺周边区块启动征收工作。

【危旧房改造】 2018年，鄞州区计划完成危旧房改造面积9万平方米。至年底，完成危旧房改造面积9.52万平方米，完成率105.78%，其中百丈街道潜龙二期区块、东胜街道曙光区块和白鹤街道王隘区块完成拆迁改造续签工作，完成危旧房改造面积4.41万平方米；姜山镇唐家新村、菜场新村完成拆迁签约工作，完成危旧房改造面积4.65万平方米；五乡镇核心区块3号地块已完成拆迁签约工作，完成危旧房改造面积0.46万平方米。

【城中村改造】 2018年，鄞州区计划完成城中村改造面积5万平方米。至年底，完成城中村改造面积6.35万平方米，完成率127%。其中，首南街道三里村完成拆迁签约，完成城中村改造面积5.25万平方米；姜山镇唐家新村、菜场新村完成拆迁签约工作，完成城中村改造面积0.43万平方米；五乡镇核心区块3号地块已完成拆迁签约工作，完成城中村改造面积0.67万平方米。

【住房保障管理】 2018年，鄞州区开展公共租赁住房常态化申租工作，受理申请家庭1564户，全年共分配住房910套。新增保障公租房租金补贴家庭158户，馨悦家园、和悦家园、和顺家园、和泰雅苑、和塘雅苑等区级公租房共配租公租房家庭5388户。在保家庭1551户。取消508户不符合保障条件家庭的保障资格（其中71户由廉租房补贴转为公租房实物配组）。

（洑景亭）

公用事业

【概况】 2018年，鄞州区有中压供气管道763.32千米，低压供气管道501.01千米，管道供气用户184993户。7家储配站销售液化气23683吨，2家管道公司销售液化气15.24万立方米、天然气14690万立方米，7家汽车加气站加气2975.74万立方米（不包括原江东区块）。

委托第三方水质检测单位对邱隘、东吴、瞻岐、咸祥、塘溪5个镇乡水厂的供水水质进行每月一次的9项常规指标检测，对邱隘、东吴天童分厂、瞻岐、咸祥4家水厂进行每年一次的106项水质指标全分析检测，5家镇水厂的出厂水水质合格率为99.06%。新增原江东片区消防栓1091个，区综合执法局（城市管理局）养管的公共消火栓增加至1940个，全年更换新消防栓10个，维修67个。

累计建成污水主干管73.10千米、镇乡收集管284千米，滨海污水处理厂提标改造工程完成施工图设计。城区市政排水管网总长度644千米，其中污水管网172千米、雨水管网472千米。泵站总数24座，其中雨水泵站18座、污水泵站6座。发放排水许可证1019家，实施非开挖修复工程2项，改造积水点30处，获得2018年“宁波市排水行业排水杯”奖。开展节水宣传活动33次，发放节水宣传用品近万份。指导世嘉和苑小区、城市元年小区、华泰剑桥一期创建省级节水型小区，推广节水器具1750个，全区节水型居民小区总数增至78个。

区内有500千伏变电站1座、220千伏变电站8座、110千伏变电站38座、35千伏公用变3座，110千伏线路72条405.87千米，35千伏线路14条115.47千米，10千伏线路825条5503.27千米。全社会供电量88.51亿千瓦时，比上年增长8.03%；实现售电量85.86亿千瓦时，增长8.19%；网供最高负荷196.86万千瓦，增长0.39%；线损率3%。综合电压合格率99.99%；市区、农村供电可靠率99.99%、99.93%。新装（增容）业扩报装申请户数4.04万户，申请新增容量共计111.94万千瓦时。其中，完成高压731户，报装容量74.76万千伏安，高压业扩平均完成时间42.89天，业扩承诺时限达标率100%。

全区累计用电户数为750512户，其中居民用户668106户、非居民用户82406户。第一产业用电量0.27亿千瓦时，下降16.71%；第二产业用电量43.31亿千瓦时，下降6.74%；第三产业用电量25.38亿千瓦时，增长24.65%；城乡居民生活用电量16.90亿千瓦时，增长12.25%。完成电能替代项目45个，实现替代电量1.92亿千瓦时。区供电公司获评中国质量协会2018年全国用户满意服务（市场质量信用AA级）单位、2018年度鄞州区“大力神鼎”奖。

【电网建设】 2018年，区供电公司促成市供电公司与区政府签订电网高质量发展协议，2018—2022年鄞州电网总投资45亿元。完成《鄞州区十三五电力设施布局规划》《鄞州区十三五配电网规划》修编。制订《鄞州电网提升三年行动计划》，开展电网补强专项行动，共建成投产220千伏鲍家至澄浪线路、220千伏东展变、110千伏海晏变、东柳变、姜村变、云龙变6个项目。开工和续建220千伏福明变、蔡

2018年，供电人员对边远山区线路实施综合整治

郎变扩建、潘桥变迁建、110千伏世纪变、东展配套送出、明楼变改造、大河变迁建、宝幢变输电线路8个项目。可行性研究核准220千伏新乐变、220千伏潘桥迁建、福明变110千伏送出、新乐变110千伏送出、110千伏百丈变、110千伏穿山铁路牵引站、福明至冬青线路、徐戎扩8个项目。推进世界一流配电网建设，完成双环网网架梳理16组、架空线路落地30千米，建成东部新城、南部商务区不停电作业示范区2个。《宁波市东部新城电网网格化规划》获中国电力规划设计协会2018年电力工程优秀咨询成果一等奖。

【供电服务】 2018年，区供电公司供电所优化方案获省公司批复，新成立鄞城供电所，江东供电所与邱隘供电所完成辖区调整，邱隘供电所更名为五乡供电所。按“全能型”供电所设置的供电所共6家，建成东钱湖、下应两个C级“三型一化”供电营业厅。制订供电典型设计和造价方案16套，试点开展业扩工程里程碑计划，对39个重点业扩项目进行周通报管理，全年10千伏业扩全流程平均时长42.89天，下降34.60%。执行国家一般工商业电价调整等政策，减少客户电费支出1.70亿元，完成临时接电费清退6897万元。推动宁波最大铸造企业日月重工股份有限公司煤改电综合能源项目，与东钱湖旅游度假区、姜山镇、鄞州工业园区签订综合能源合作协议，探索综合能源合作模式。服务政府重大工程及民生实事工程，完成轨道交通、电动汽车快充站、东外环电力线路迁移等电力配套建设。配合小城镇环境综合整治，安排小城镇整治项目5个，投资3319万元。开展保供电工作32次，为第四届中国-中东欧国家投资贸易博览会、全国海峡两岸青年创业经验交流会等重大活动做好电力保障。

【变电站智能巡检机器人投入使用】 2018年12月19日，鄞州区35千伏横溪变电站启用宁波市首台智能巡检机器人。该机器人装有旋转高清摄像头，微光条件下可智能辨识变电站保护测控装置、液晶数显、空开位置和压板状态，通过无线信号向远程后台传输各类数据以及发出报警，实现24小时无阻碍自动化精细巡检。运维人员可凭借电脑终端中的即时交互画面，实时掌控户内设备运行状态，排查故障隐患。该机器人亦可执行远程下达的单独巡查任务，电量不足时自行返回充电。该机器人的开发成果已申请6项发明专利，为宁波首台变电站户内智能巡检机器人。

【上李家村光伏电站落户并网】 2018年3月6日，鄞州区首个村级光伏电站在云龙镇上李家村工业区落户并网。上李家村地处鄞州中心区南郊，20世纪90年代初，该村被联合国授予“全球环境保护五百佳村”称号。随着该村新农村建设步伐加快，区供电公司推进美丽乡村行动，促使全村实现电缆落地化。区供电公司协助村委引入光伏新能源，改善村容环境，增收全村经济效益。上李家村工业园区占地面积1.50万平方米，太阳能光伏板安装容量达1000千瓦，实现“工光互补”。并网后，该光伏站预计年发电量可以达到105万千瓦时，全年共收益144.90万元。

【无人机智能巡检】 2018年，区供电公司开始普及“机巡+人巡”协同巡检来提升巡线的科学性和有效性。无人机巡航的任务是通过遥控拍摄对输电导地线、金具、绝缘子及铁塔锈蚀和污秽、线路走廊等情况进行监测，全方位获取输电线路的图像资料。无人机可以到达距离地面100余米高的铁塔上方，利用高清相机实行实时观测和高清拍摄，实现点对点的故障查巡，并对线路中有可能存在的隐性或潜在缺陷进行定点排查，及时掌握特高压输电线路设备的运行状态。无人机提高线路巡视效率，降低巡线风险。

【下应供电营业厅获评全省首个C级优秀营业厅】 2018年2月1日，下应供电营业厅在转型成为C级营业厅营运满1个月后，获授浙江省“C级优秀营业厅”称号，为全省唯一。下应供电服务站管辖下应、潘火、中河3个街道。全省营业厅综合服务平台深化应用工作2017年12月月报表显示，全省520个C级供电营业厅日均业务量76.58笔，下应供电营业厅日均业务量1020.13笔，居首位。转型成为C级营业厅营运后，下应供电营业厅业务接入率为100%，接入业务数43350笔，自助设备受理业务数586项。功效提高，营业厅人员从4人减少到2人。

【燃气管理】 2018年，区综合执法局重新修订发布《宁波市鄞州区燃气突发事件应急预案》，结合智慧城管二期

2018年3月6日，云龙镇上李家村光伏设备进行安装

平台建设，对辖区内7个储配站点接入视频探头，实现24小时实时监控。安全生产大检查共发现隐患76处，督促整改76处，整改完成率100%。联合宁波新奥燃气有限公司、宁波兴光燃气有限公司进行燃气安全进学校、进社区、进广场、进企业、进部队等宣传活动20余场，发放各类宣传资料万余份，各类宣传用品4万余份，普及燃气安全使用知识，提高用户安全操作技能。

【城区餐饮店隔油池统一清理养护】2018年9月30日，区综合执法局在全市范围内率先开展城区餐饮店隔油池统一清理养护工作，将隔油池油污污染问题通过专业技术进行解决，解决隔油池对周边管网及环境的污染问题。至年底，城区423座餐饮店隔油池已全部纳入统一养护，基本实现城区全覆盖。并根据不同餐饮店的实际情况，提出“集中处理”与“分散处理”不同的管理模式，引入餐饮垃圾专项作业车、高压冲洗车、LJC餐饮污水处理器等专业养护设备对隔油池进行清理。定期对隔油池排入到市政管网的出水水质进行抽检，确保所有水质达标排放。

【城区积水点“清零”行动】2018年9月14日，区综合执法局开展城区积水点“清零”行动，在历年汛期暴雨时道路积水处置数据分析基础上确定城区主要积水点共27个。通过实施区属雨污水管网疏通修复及改造工程，完成管线疏通、CCTV检测及应急强排的基础上，制订“一点一策”专项方案，通过快速混凝土浇筑、CIPP非开挖修复等技术手段，加快施工效率解决道路积水问题。督促属地街道及住建部门，做好积水应急处置、小区雨污分流及随路雨污水管网建设；主动与市城管局沟通，要求市排水公司加大对市管道路污水管疏通及日常养管，确保“双管同清”。至年底，共完成华光城、太古城等13个积水点改造及17个微积水点改造任务。

（全尊 陈秦）

城市管理

【概况】2018年，区综合执法局（城市管理局）管理城市道路总长345千米，面积958万平方米，路灯39073盏，市政桥梁456座，交通护栏清洗94710米，各类市政设施考核分值均在优良以上，照明设施平均亮灯率为99.74%。开展退红空间整治试点工程，包括都市森林等3个小区的部分退红空间。提升甬港北路（中山东路—百丈路）街景。安装庆丰桥引桥及延伸段声屏障。推进机动车、非机动车的停车位划线工作。维修改造飞虹立交桥、中兴立交桥等22座桥梁。安排专业检测单位对包括中兴立交桥在内的103座桥梁进行常规检测，对潘火高架桥等21座桥梁进行荷载试验。获2018年度“宁波市市政行业灵桥杯”和“非机动车泊位管理优胜奖”。

城区道路面积640万平方米，长效保洁覆盖率和机扫率分别达到100%和83%。全区年生活垃圾收运量（包括餐厨垃圾）66.72万吨。城区绿地面积2159.55万平方米，城区绿化覆盖率32.10%，人均公绿面积9.91平方米。中心城区河道共计140条（不含东部新城），水域面积486万平方米，已实现保洁、养护、考核全覆盖。完成河道整治工程9项，包括清淤疏浚工程5项，截污井维修整治工程1项，景观提升工程1项，泵站配套设施设施改造工程1项，前塘河支河引水工程1项。引入新设备智慧治水，利用船只GPS、陆上智能探头、空中无人飞机巡查，实时掌握船只作业及河道养护情况。连续3年蝉联“宁波市内河管理行业内河杯”。

组织开展各类执法专项整治行动132次，累计参加整治人数约9400人次，查处一般程序案件2356起，罚款1137.89万元。教育处置无照流动经营行为87200起，教育纠正跨门占道经营行为68800起，劝阻制止“五乱”行为70140起。违停抄告数69430辆，依法暂扣共享单车6.91万辆。在中心城区中队的主要道路设置隔离墩（柱、球）1466个、停车定位器343个、隔离护栏9138.52米，通过宣传、限期整改、强行拆除等措施拆除私自设置的人行道接坡约300处。委托第三方检测单位对156家餐饮企业进行油烟抽检181次，处置餐饮企业油烟投诉352起，检查餐饮企业482家，责令餐饮企业整改问题134件，餐饮油烟类案件8件，罚款金额144750元。开展施工噪音“清耳”护考、服务行业“清水”护河、建筑工地“清源”排水执法行动，办理餐饮企业违法排水和违法乱倒污水案件16件，罚款总额10.33万元，处置建筑工地违法排水类案件27件，罚款金额14.61万元。

开展城乡环境综合整治，协调各单位处置市“行走甬城”督办案件10291起，解决率98.79%，案件量、解决率为市五区第一。开展“鄞领城事、马路办公”专项行动，建立城市管理问题处置机制，发现问题14598起，解决14489起，解决率99.25%。牵头开展鄞州区城乡环境问题积案攻坚处置月行动，重点督办、攻坚处置全区城乡环境问题积案近4500件。实施建筑垃圾管控，成立联合机动巡查组，加强执法力度。全年新增备案工地254个，办理清运卡13156余张，发放建筑垃圾处置核准许可决定书236份，占全市总办证量的35%，共核准处置建筑渣土2260.31万吨，约占全市建筑渣土总量的36%。

启动实施四眼碶小学、鄞州区江东实验幼儿园日月星城园、宁波市行知实验小学、鄞州区第二实验小学西校区、鄞州区第二实验小学东校区、鄞州区江东中心幼儿园东海园6所学校的“绿色安全放学回家路”，出台《宁波市鄞州区安全放学回家路个性化导则》。与摩拜公司合作，采用共享单车电子围栏技术，以政府+企业+互联网的方式，在江东北路（庆安会馆—书城）段安装蓝牙道钉，倡导文明停车。实施波特曼大街景观灯光提升改造，投射LED激光投影，并将原有灯箱改造成LED显示屏，实现LED节能减排。通过疏枝透光，籽播花卉，完成下应花海、世纪大道、和泰雅苑等11个地块花海建设，改造面积20.73万平方米。

【智慧城管】 2018年，鄞州区智慧城管网格覆盖117平方千米，东至东外环，西至奉化江，北至甬江，南至绕城高速，划分为99个网格，涵盖钟公庙、中河、首南、潘火、明楼、东胜、福明、东柳、东郊、白鹤、百丈、下应12个街道，南部商务区、东部新城及邱隘、姜山、云龙、五乡镇部分区域。区智慧城管中心处置平台案件35.54万件，解决率100%，及时解决率97.06%，受理热线投诉17355起。获得2018年度“宁波市智慧城管杯”、2018年度浙江省智慧（数字）城管工作先进集体、宁波市智慧城管行业职业技能竞赛团体一等奖、2018年度宁波市智慧城管工作协同先进等荣誉。

【城管义工】 2018年，全区有城管义工服务点17个、社区联络站91个、长效服务岗65个，在册城管义工9236人，会员单位65个，在市城管义工网发表活动信息共63篇。开展“城市小管家执法体验”“跟着城管游鄞州”“鄞领驿站志愿日服务”“助力爱心冰箱”等主题服务活动100余次，城管义工参与者共计6000人次。鄞州城管义工办事处获评“2018年度宁波市城管义工协会先进办事处”。辖区城管义工陈国荣、惊驾社区曙光菜场阿姨服务队、90后城管义工等优秀典型，获评宁波市十佳“最美城管义工”。

【垃圾分类】 2018年，全区生活垃圾分类覆盖面96%，累计有337个小区26.12万户居民开展垃圾分类，居住小区生活垃圾分类覆盖率93.35%；机关事业单位、中小学校、国有企业垃圾分类覆盖率100%；全区垃圾分类精准率63.68%，市民垃圾分类知晓率94%。共收运厨余垃圾7.40万吨，有害垃圾7.01吨，玻璃1102.50千克，城镇生活垃圾回收利用率54.25%，资源化利用率在99%以上，城镇生活垃圾无害化处理率100%，新改建垃圾房30座。组建垃圾分类宣讲员队伍，到小区、企事业单位、商业广场等开办“流动课堂”，共有专业宣讲员25人，到全区12个街道9个镇，开展宣讲活动60余场。开展高校+中小学“1+1”结对服务活动，结合校园课堂教育、旧物改造、社会实践等，在教育体系内形成普及分类知识、提升分类技能的内循环；开展“学校+社区”实践活动，推动家校社良性循环互动。全年共组织高校学生宣讲员13人，开展“1+1”活动20余场，创建市级垃圾分类示范学校6个，68所学校成功结对社区，开展校社结对活动70余场。

“小黄狗”智能垃圾回收机

【桥梁信息化管理】 2018年4月19日，区综合执法局通过区域桥梁二维码识别管理系统，实现鄞州区桥梁管理与维护信息化，桥梁管理正式进入“二维码”时代。全区桥梁二维码信息系统涵盖343座桥梁，启动该系统后，将缩小维修时间、成本，推动桥梁养护的信息化、精细化管理，实现桥梁信息高效集成、快速传递、资源共享。该系统依靠物联网、大数据等技术，对桥梁实时“健康看护”。“二维码”类似桥梁“身份证”，涵盖桥梁定期检测信息、最新检测情况、病害维修情况、维修照片等基本信息。通过扫描二维码，检测、养护和管理三方人员能清楚掌握桥梁最新动态，并通过桥梁检测单位的专业检测结果“领任务”，有重点地实施维修作业，并实时查看维修后的专业测评结果。

【“非接触性”执法模式推行】 2018年5月4日，区综合执法局启动万达周边收费停车位未缴费行为抄告工作，践行“非接触性”执法模式。该执法模式依托“智慧停车系统”平台，整合监控探头抓拍现场照片和平台停车计费信息，形成完整证据链，通过录入交通违法处理系统，对逾期不缴纳停车费的车辆作出每次100元的行政处罚，全年共开出罚单3512张。自2017年起，区综合执法局以现场执法可视化为前提，运用视频监控、影像摄录等信息技术手段，固定违法事实证据，形成完整有效证据链，推行“非接触性”执法模式，并运用于对违法排水、违法处置建筑垃圾等案件的查处。全区通过“非接触性”执法模式办理案件64起，罚款金额180.32万元。

【“三位一体”控违拆违工作法推行】 2018年，区综合执法局联合区住建局、各镇（街道），在全省率先推行新交付住宅小区“三位一体”防违控违工作法，即“区综合执法局+区住建局+属地街道”三家单位，在辖区新交付的小区进行驻点，通过整合各方力量、共享有效信息、联合巡查管控，提升小区防违控违能力。“三位一体”防违控违工作在当年交付的25个新小区推进实施，覆盖16000余户，全年整改违法建设行为150余起，违规装修162起，办理规划类案件129起，处理违建批示件3起，配合镇（街道）拆除（含集体土地）违法建筑181.01万平方米，遏制新交付住宅小区私搭乱建、违规装修等问题。

【乡镇智慧城管三级网格化管理平台建设】 2018年，区综合执法局按照省住建厅关于智慧城管向建制镇延伸的要求，完成邱隘、五乡、云龙、横溪、瞻岐、东吴、塘溪7个镇的三级网格化管理平台建设，采取“集中部署、统一接入”方式，依托镇“四个平台”基础架构建立乡镇智慧城管三级平台，成立乡镇智慧城管三级分中心，启动智慧城管运行。至年底，中心城区智慧城管网格实现全覆盖，周边镇智慧城管三级分中心全设立，建立起市、区、镇（街道）智慧城管三级管理机制，实现智慧城管城乡一体化运行，推进智慧城管全域化。依托智慧城管平台和智慧城管协同运行网络，乡镇管理范围内的城市管理问题得以流转至各责任单位，实现乡镇与各级政府职能部门及企事业单位的互联互通、协同联动，推动城市精细化管理向镇街和社区（村）工作末端延伸。

【城市精细化管理】 2018年，区综合执法局牵头起草鄞州区城市精细化管理工作实施意见，提出以提升城市管理系统化、专业化、智能化、专项化“四化”水平为着力点，以实现省内“覆盖范围最广、反应速度最快、管理标准最高”的“三最”城市精细化管理为目标，构建“四化三最两线”的城市管理新格局，打造城市精细管理示范区。在实施意见引领下，区综合执法局拟定《鄞州区城市精细化管理三年行动方案（2019—2021）》，在攻坚城市管理顽疾七大专项行动的基础上，加上其他20项城市管理重难点问题和重要任务（包括美丽公路建设、积水防治、公厕提质、广告整治、夜景亮化、智慧城管建设、“雪亮工程”建设、“多合一”整治、建筑垃圾处置、餐饮油烟管控、群租房及车棚车库管理、物业管理、文明养犬、桥头跳车整治、道路畅行、品质慢行系统建设、城市家具美化、拆墙透绿整治、临时建筑规范、最美载体评选），共制订27项专项化任务，在城市精细化管理工作领导小组的统筹安排下整体推进。

2018年，区综合执法局执法队员发放责令限期整改通知书

【区首届环卫工人趣味运动会暨省第二十二个环卫工人节庆祝表彰大会】 2018年10月30日，区综合执法局在定桥固废转运站举行鄞州区首届环卫工人趣味运动会暨省第二十二个环卫工人节庆祝表彰大会，由环卫保洁单位组成的28支队伍400余名运动员参加比赛。比赛由垃圾分类、拔河、集体跳绳、自行车慢骑、踩气球、摸爬滚打、齐心协力等7个项目组成，经各支参赛队伍激烈角逐，区环卫中心一队获团体一等奖，环卫中心二队、兴荣保洁公司获二等奖，福明街道代表队、东豪保洁公司，啄木鸟保洁公司获三等奖。

【“无坑洞养护示范区”创建】 2018年10月8日，区综合执法局启动中心城区“无坑洞养护示范区”创建工作。结合“道路平坦行动”，开展“百日攻坚消坑行动”，按照“巡、养、检”工作要求开展市政道路养。实现“24小时内实时巡查，24小时内坑洞处置，灾害天气1小时内排险，灾后24小时内修复完成”。行动期间，共修复坑洞4536个，面积17789平方米，连续坑洞的大面积铣刨修复33450平方米。同步开展“坑洞维修”大比武，实现管理单位现场讲效果，监理人员讲标准，养护人员讲规范，实操工人讲规程。

【东部新城数字城管“1+X”平台建设】 2018年，东部新城城市管理中心在“智慧+”管理方面投入350余万元建设全市领先的区域数字城管“1+X”平台，即“1个基础数字平台+X个智慧子系统”。该平台系统可根据在线监测设备采集的实时水文设备，通过阈值分析后对异常状态的数据进行预警提醒功能，为应急指挥提供数据基础。该平台涉及区域绿植状态监控、养护单位作业监管、养护单位移动养护记录和绿植损害警报，可通过微信平台开放区域绿植信息查询和绿植损害举报。至年底，完成东部新城区域千余棵乔木的“绿植数字档案”，并设置绿植二维码号牌，内容包括标记绿植所在位置坐标点、品种、品类、养护责任人等。

（陈　秦）

生态环境

“五水共治”工作

园林绿化

环境管理

环境保护

“五水共治”工作

【概况】 2018年，鄞州区安排落实“五水共治”项目209个，投资13.30亿元。通过国家城市黑臭水体专项督查，钟公庙街道、潘火街道、百丈街道、东胜街道4个街道和鄞州经济开发区通过市级验收并被命名为污水零直排街道（园区），云龙镇、五乡镇、东吴镇、瞻岐镇、咸祥镇、中河街道、下应街道、明楼街道、东柳街道和白鹤街道10个镇（街道）完成年度创建工作任务并接受市级验收。开展“美丽河湖”建设，后塘河（五乡段）和大嵩江（大闸段）两条河道创建为市级“美丽河湖”，其中后塘河（五乡段）成为全市3条省级“美丽河湖”之一。

结合“三进”（进农村、进社区、进街道）活动，累计走访21个镇（街道）的105个社区，随机访问走访居民群众近4000户。各镇（街道）工作人员及社工、村干部按照包片联户开展上门入户工作，发放治水倡议书30万份，宣传品20万份。组织开展“我身边的十条最美河道”评选活动、“小手拉大手、治水齐参与”主题活动和“五水共治”文艺巡演等活动。在各大媒体刊出报道100余条，推送治水动态信息60余条，重点商圈的户外大型LED、3600个楼宇电梯屏和60处社区入口LED电子屏投放治水宣传视频，在公交车、出租车大范围投放移动性广告，依托短信、微信、钉钉、音信通播报等平台点对点推送宣传信息近300万户，设置路边灯箱、围挡、网格宣传广告3000余处，张贴治水海报5万份，悬挂横幅1.20万条。在11月全省群众治水满意度测评中，较上年有较大提升。

【“污水零直排区”创建】 2018年5月29日至6月20日，鄞州区印发《关于住宅小区红线范围内（含镇建成区）截污和雨污分流改造工程专项资金管理办法》和《鄞州区住宅小区红线范围外城区市政（含沿街店铺）截污和雨污分流改造工程专项资金管理办法》，实现区、镇、村三级污水管网、住宅小区和工业、农业、餐饮服务业各个领域的建设项目政策全覆盖。至年底，安排“污水零直排”项目178个，全部开工实施；落实住宅小区雨污分流改造工程和截污纳管工程90个，建成区级污水主干管网7.51千米（累计建成75.51千米），新建成镇级污水收集管网43.39千米（累计建成367千米），新建雨水管网8.14千米，建设雨污分流改造管网8.45千米，提标改造管网7.50千米，清淤排水管网620千米，维修截污井58座，完成排水许可证放发1019家，并启动城区餐饮隔油池统一养护管理。农村生活污水治理28个新建、扩面工程全部开工并跨年度实施，13个续建项目全部完工，130个村完成验收运维，运维率85%。

【国家黑臭水体专项督查迎检】 2018年，鄞州区开展国家黑臭水体专项督查迎检工作，建立河长、保洁员和基层网格员“三网融合”机制和部门联动快速处置机制，对问题河道展开全面动态排查和逐条现场核实，分析原因，采取针对性整治措施。采购两台移动污水处理车，全年出车21次应急提升河道水质。落实河道清淤疏浚，全年完成河道清淤约66千米50万立方米。开展泵闸联动，跨流域调水（建庄泵站翻水）2.11亿立方米，促进城区内河水系流动。6月，通过国家城市黑臭水体专项督查。

【“美丽河湖”建设】 2018年，鄞州区开展“美丽河湖”建设，对河道进行生态化治理，城区内河实行市场化水质生态养护全覆盖，通过“水底森林”、氮磷拦截吸收、曝气充氧、生态浮床和离岸式处理等措施破解城区河道水体流动性差、自净能力薄弱等难题，对城区重点河道安装离岸式水处理设施19个，微纳米曝气设备78台，打造院士公园河、鄞州公园湖、区政府环河“水下森林”近11万平方米。做好岸上截污纳管工作，完成生态小流域治理4千米，建成河道生态型护岸15千米，岸上所有畜禽养殖场均通过“一场一策”生态化改造治理。同时，不留死角整治、美化河岸，通过植树造林、铺种草坪等途径绿化河岸70余千米，新增沿岸建设步道20余千米。打造管水队伍，使“美丽河湖”建设有专人负责。对五乡镇后塘河和咸祥镇咸祥河等进行水文化布置，打造沿岸人文景观。

【河（湖）长制工作推进】 2018年，鄞州区分级分段设立河（湖）长，调整规范河（湖）长牌，完成区、镇、村三级河道和湖库的“一河（湖）一档”建档工作，编制完成永安河、大嵩江、咸祥河入海河流“一河一策”整治方案和入海排污口规范整治提升。组织河长制培训2次，对河长APP的使用对象、使

院士公园河“水下森林”

用方式、使用内容进行规范。督促各级河长执行巡河管理制度，年巡河率96%。对全区河长牌和排口牌实行动态管理，河长有变动或排口性质有变更的，在7个工作日内对河长牌和排口牌进行更换。至年底，全区826条河道设立区、镇（街道）、村（社区）三级河长体系，24个水库设立各级湖长。

【保供水和节水工作】 2018年，鄞州区推进城乡供水一体化，新建供水管网8.12千米，完成20个小区中高层住宅二次供水改造。开展农村饮用水提档升级改造，受益人口6339人。编制《鄞州区农民饮用水达标提标专项规划》，计划用两年时间投入9525万元升级改造乡镇水厂和村级水站，到2020年全面实现“从源头到龙头”的全链条全过程的提标达标，受益人口达到77191人。完成清洁生产审核企业20家，创建节水型企业3家，节水型小区3家，推广居民用户节水器具1750套，建设屋顶雨水收集系统7处。全区共保有取水许可证33家，全部实行计划用水管理，19家年取水量5万立方米以上取水户，安装取水监控设施，实时数据监控。

（何文渊）

园林绿化

【概况】 2018年，鄞州区城区绿地面积2159.55万平方米，城区绿化覆盖率32.10%，人均公绿面积9.91平方米。区综合执法局（城市管理局）管理的绿地总面积514.95万平方米、行道树51316棵，其中一级绿地425.35万平方米、二级绿地76.38万平方米、三级绿地12.97万平方米。新建印洪碶绿化、奉化江东岸绿化、东部新城生态走廊二期，共计新增绿地20万平方米。修复修补绿地约70万平方米，完成甬台温高速两侧城区段绿化补植4026株。打造大步公园“大步普法，芙蓉花开”主题公园，新建南裕公园，改建东裕公园两个口袋公园。院士公园打造郁金香花海、柳叶马鞭草花海。新增江东北路杉杉公园、常关弄与东胜街交叉口等11个花镜点位。推进企事业单位围墙拆围透绿工作共计11个点位3000余米。完成林下裸地7万平方米复绿及7个点位共232个树穴改造。完成首南中路（宁南路—天童路）月季大道建设，世纪大道（百丈路—通途路）景观整体提升。获得2018年度“宁波市园林行业茶花杯”，前河公园被评为省优质综合公园，朝晖路被评为省绿化美化示范路。

【城市花海建设】 2018年，鄞州区针对围而未建地块、区域边界劣地及林下裸地因地施策，针对近一两年内不开发地块，通过籽播花卉（马鞭草为主），打造三季开花、四季常绿的花海景观，实现闲置地块绿化、彩化；针对多年内暂不开发的地块，通过移入绿地占用审批过程中需迁移的苗木（香樟、杜英、青桐、樱花、鸡爪槭、锦带花、垂丝海棠等）和籽播花卉（硫华菊、波斯菊、百日草等），打造公园式苗圃，盘活闲置地块；针对有条件的林下场地，通过疏枝透光，籽播花卉（硫黄菊、百日草等），打造林下花海。当年完成下应花海、世纪大道、和泰雅苑等11个地块花海建设，改造面积20.73万平方米，投入资金约440万元。

【特色公园建设】 2018年，区综合执法局开展特色公园建设，以“大步普法，芙蓉花开”为主题，完成中心城区第一个普法公园——大步公园提升改造，改造面积约2700平方米，总投资200万元，于6月开工，10月完工。改造内容包括建设透水铺装、生态排水沟，打造景观节点、营造法治氛围，修复基础设施，增加健身设施，完善公园使用功能。完成口袋公园（南裕公园、东裕公园）提升改造，改造面积6400平方米，总投资200万元，于6月开工，11月完工。其中南裕公园以种植八仙花为特色花卉，东裕公园以种植杜鹃花为特色花卉，辅以园路提升及健身器材、坐凳、垃圾桶、路灯等公园基础设施升级，打造成为风景优美、功能齐全，集休闲、健身、生态于一体的口袋公园样板。

【城区节点花境提升工程】 2018年，区综合执法局投入137万元，完成江东北路杉杉公园、常关弄与东胜街交叉口、院士公园铜人像周边地块、院士公园木球场入口等11个节点花境提升，累计新增花境面积3605平方米。花境花卉布置结合点位各具特色，江东北路杉杉公园以弘扬宁波海商文化为主题，围绕公园雕塑设置海浪小品及花境景观，花境植物选用红果金丝桃、夏鹃、蒲苇等；常关弄与东胜街交叉口以展现背街小巷风情为主题，采用越窑青瓷意象，结合花瓣小品，烘托海商文化氛围，花境植物选

提升改造后的大步公园

用玉簪、小叶栀子、夏鹃等。

【时尚花漾街区改造提升工程】 2018年，区综合执法局投入150万元打造庆安会馆海商文化花漾街区。庆安会馆作为清代古建筑，被国务院公布为第五批全国重点文物保护单位，是全国首家海事民俗博物馆，改造提升主要侧重于海商文化展示，以海商元素贯穿整条街区。景观小品使用越窑青瓷中的瓶、碗、盆、缸等形式，散落在江东北路沿线花境中，花境植物品种包括黄金构骨、杜鹃、月季、紫叶狼尾草、金叶苔草等20余种，花卉色彩丰富、层次多变。同时以现有的世界文化遗产船锚雕塑为主景，前缘设置海浪小品及景观灯光，搭配线形花境形成花浪，打造“幽静蓝光”的节点景观。

（陈　秦）

环境管理

【概况】 2018年，鄞州区开展行政审批“两集中、两到位”（指为深化行政审批制度改革，建立规范高效的审批运行机制，提高行政服务效能，推进一个行政机关的审批事项向一个处室集中、行政审批处室向行政审批服务中心集中，保障进驻行政审批服务中心的审批事项到位、审批权限到位）工作，行政审批事项窗口进驻率100%。推进环保许可事项“最多跑一次”改革，完成环评登记表网上备案制的落地，实现所有环保许可事项全程网上申报。全年审批勘查项目794个，因不符合环保条件被否决的项目188个，否决率23.68%。审查审批建设项目环境影响评价文件306件，发放排污许可证17家，网上备案建设项目环境影响登记表2250件。

【省级环保督察行动】 2018年9月11—30日，浙江省开展省级环保督察行动，浙江省第一环境保护督察组进驻宁波市，鄞州区相应成立区迎接省级环境保护督察工作领导小组，建立“全天候”工作机制。省级环保督察期间，鄞州区共收到信访转办件99件（其中重点件9件），全部调处反馈完毕，因环境违法全区行政处罚企业21家次，罚款总额221.20万元。完成省级环保督察组调阅资料报送任务，并对省级环保督察组转办的信访案件进行再次“回头看”。

【“环保督政问企”专项行动】 2018年，鄞州区环境保护局对潘火街道投创中心、东吴镇大岙工业区两个工业区块进行“环保督政问企”专项行动。通过召开动员大会、环保政策法规培训会、企业代表座谈会以及入企问诊服务等形式提高工业集聚区管理部门和企业的环保意识及环保能力水平。行动期间，指导服务企业100余家次。组织开展鄞州投资创业中心“环保督政问企”专项行动“回头看”及执法检查，重点检查30家“环保督政问企”企业整改问题落实情况。

【机动车排气污染防治管理】 2018年，鄞州区开展机动车排气污染防治管理工作，重点开展道路抽测执法与场地监督抽测。联合区交警大队开展以重柴车辆为重点的机动车排气道路执法8次，遥感检测车辆2363辆，人工检测车辆246辆，并行政处罚超标排放车98辆；对柴油车辆集中停放地，用人工检测方式开展监督抽测和环保装置查验，检查车辆150辆，检测车辆90辆，并对不达标车辆下发限期整改通知。开展新车销售环保核查，油品、车用尿素质量执法检查与油气回收设施执法检查，检查销售柴油货车企业1家，抽检新车10辆，检查成品油经营企业国Ⅴ车用汽柴油及车用尿素供应经营企业3家，抽检样品9个，并对机动车排放检验机构开展督查6次，对检验机构存在的环境风纪、人员管理、质量管理、仪器设备、检测过程方面不规范的问题要求其立即完成整改。

【第二次全国污染源普查入户调查】 2018年，鄞州区启动第二次全国污染源普查入户调查。该次工业企业污染源普查，内容涉及企业主要产品和生产工艺的基本情况、原辅材料使用与能源消耗基本情况、废水治理情况、含挥发性有机物原辅料使用情况、其他废气治理与排放情况、固体物料堆存信息等。采用考核上岗方式，选聘普查员和普查指导员498人。按照地域分布，划分6个普查区块，6个普查小组。至年底，收集数据8755家，其中工业源8288家、入河（海）排污口83个、集中式污染源处理设施102个、农业源6个、生活源锅炉10个、移动源49家、综合表16家。

（庄　健）

环境保护

【概况】 2018年，鄞州区7个市控以上地表水站位水质功能达标率71.40%。其中，Ⅰ、Ⅱ类水3个，Ⅲ类水2个，Ⅳ类水0个，Ⅴ类水2个，劣Ⅴ类水0个。3个饮用水源水质均达到标准要求。

中心城区浙江万里学院测点有效监测天数359天，优良总天数314天，空气质量指数优良率87.50%，比上年的81.20%上升6.30个百分点，其中一级天数112天、二级天数202天、三级天数39天、大于三级天数6天；浙江万里学院API优良率为98.30%，比上年的97.30%上升1个百分点，其中一级天数204天、二级天数153天、三级天数6天、大于三级天数0天。太古小学测点有效监测天数359天，优良总天数310天，AQI优良率86.40%，其中一级天数96天、二级天数214天、三级天数43天、大于三级天数6天。云龙镇测点有效监测天数365天，优良总天数336天，AQI优良率92.10%，比上年的90.30%上升1.80个百分点，其中一级天数138天、二级天数198天、三级天数22天、大于三级天数7天；云龙API优良率96.40%，比上年95.60%上升0.80个百分点，其中一级天数146天、二级天数206天、三级天数13天、大于三级天数0天。瞻岐镇测点有效监测天数362天，优良总天数348天，

AQI优良率96.10%，其中一级天数186天、二级天数162天、三级天数8天、大于三级天数4天；瞻岐API优良率为99.40%，其中一级天数204天、二级天数156天、三级天数2天、大于三级天数0天。全年酸雨率43.30%，比上年上升6.30个百分点。

全区区域环境噪声监测点位为38个，交通噪声监测点位为25个点，功能区噪声监测点位为5个，其中区域环境噪声、交通噪声监测频次为每年一次；功能区噪声监测为每季度一次。区域环境噪声平均值53.90分贝，小于55分贝，达到GB 3096—2008《生环境质量标准》规定的1类标准，比上年54.20分贝下降0.30分贝。

制定《2018年度鄞州区美丽鄞州建设工作任务书》，将任务分解至36个美丽鄞州建设工作领导小组成员单位，细化考核评分标准，并重新修订《鄞州区美丽鄞州建设工作目标年度考核实施办法》。完成鄞州区生态文明建设规划编制，通过浙江省环保厅专家评审后颁布实施，并完成生态保护红线划定。全区9个镇的生态文明建设规划通过评审，开始实施。全区累计有国家级生态镇8个，省级生态镇1个，国家级生态村1个、市级生态村171个。全区化学需氧量、氨氮、二氧化硫、氮氧化物排放量分别削减938吨、116吨、205吨、133吨，分别削减12.14%、6.05%、6.42%、9.91%。

【违法排污整治】 2018年，区环保局开展重点区域、重点企业排摸，通过夜查、错时查、异地执法查、突击检查等方式，推进“亮剑”系列环境违法严打专项行动12次，检查对象涉及金属表面处理企业、氮磷排放企业、涉辐射企业等，并结合“双随机”抽查执法，打击违法排污现象。全年累计对163家企业和个人实施行政处罚，罚款1807万元。对违法企业采取查封措施53次，因环境违法行为向公安部门移交刑事（治安）案件2起。

【挥发性有机物污染治理】 2018年，鄞州区开展涂装、印刷、橡胶和塑料制品、印染、合成革五个重点行业挥发性有机物治理。至年底，完成15个治理任务和1个重点示范企业深化治理项目，累计减排量约500吨，挥发性有机物治理设施总投资约1200万元。开展涉挥发性有机物排放“散乱污”企业排查整治，各镇（街道、园区管委会）建立由党政主要负责人为“网格长”的监管制度，至年底，整治涉挥发性有机物散乱污企业103家，涉及行业有印刷、铸造、家具、汽修、印花、黑炭衬等。

【土壤污染防治】 2018年，鄞州区开展农用地和重点企业土壤污染状况详查。全年完成243个详查点位的样品采样和分析工作，完成112家重点行业企业基础信息采集；推进污染地块治理修复及风险管控，向纳入疑似污染地块管理的11个地块的场地责任人发送书面通知，推进地块治理修复工程，至年底投资约4000万元，土方修复完成2500立方米，地下水完成修复30000立方米，推进1个暂不开发利用污染地块风险管控，年度污染地块安全利用率100%。

【辐射管理】 2018年，鄞州区共有核技术利用单位114家。其中，密封放射源使用单位14家，非密封放射性物质使用单位2家，射线装置使用、销售单位100家。对45家单位申领辐射安全许可证进行初审，完成许可证变更初审14个，延续初审10个，注销许可证初审4家。处理宁波中泰不锈钢有限公司非法购入放射源事件、宁波正和控股集团有限公司废金属辐射监测异常事件以及浙江宇大航道工程有限公司放射源随挖泥船被法院扣押拍卖事件，相关放射源均安全收贮。

【环境污染百日执法专项行动】 2018年6—8月，鄞州区环境监察大队开展亮剑7号暨打击环境污染百日执法专项行动，执法专项行动采取行业专项执法与区域集中检查相结合、交叉检查与属地执法相结合的执法方式，重点检查全区固体废物重点企业、金属表面处理企业、印染企业、铸造企业等重点行业及塘溪镇大桥工业区、五乡镇工业区、姜山镇翻石渡村、首南街道李花桥村、横溪镇栎斜村、横溪镇周夹村等工业集聚区块，检查内容包括工业污水处理厂污染防治设施运行和达标排放情况，企业（包括畜禽养殖）废水、废气污染防治情况，企业固体废物处置情况，新建、扩建、改建污染建设项目环境影响评价制度和环保“三同时”制度执行情况，污染源在线监控设施是否伪造或篡改监测数据等弄虚作假违法行为，群众信访投诉举报和网络舆情反映企业环境污染问题等。并邀请民主党派人士共同参与，监督执法过程。其间，出动执法人员2000余人次，检查企业700余家，立案处罚企业60余家，对12家违法排污企业（加工点）依法采取查封措施。

【大嵩国家水质自动监测站建立】 2018年，中国环境监测总站在国家地表水环境质量监测网2050个考核断面中新建设1137个国家水质自动监测站。其中，鄞州建立大嵩国家水质自动监测站。该监测站位于瞻岐镇嵩一村附近，北纬29°42′34.93″，东经121.78°，。该点位属于浙闽片河流域大嵩江，常年为Ⅲ类水质。监测站主要对水体五参数（pH、溶解氧、水温、电导率、浊度）、氨氮、高锰酸盐指数、总磷、总氮等环境因子进行实时监测。3月，大嵩国家水质自动监测站站房项目动工建设；5月，基本完成站房建设及内部装修工程；6月，初步完成仪器调试及数据联网上传工作，投入正常使用。

（庄　健）

交通·邮电·信息

交通运输与管理

海事管理

轨道交通

邮　　政

通　　信

电子政务

智慧城市建设

信息产业

交通运输与管理

施工中的鄞城大道奉化江特大桥

【概况】 2018年，鄞州区完成交通建设投资14.40亿元，新建、续建、完成主次干道项目10个，主要有鄞城大道（洞桥至云龙段）工程、鄞州区美丽公路鄞横线提升工程等。全区有客运场站2家（鄞州客运总站、宁波汽车东站）；客运企业5家，客运车辆231辆；出租车企业14家，巡游出租车辆1817辆；危化品运输企业8家，危化品运输车辆183辆；集装箱运输企业25家，集装箱运输车辆216辆；普通货运企业5761家，货运车辆7476辆；各类机动车维修企业602家；驾培学校18家，驾培车辆1150辆。全区公路总里程1015.13千米，公路网密度每百平方千米124.71 千米。管辖的国、省、县道公路里程239.67千米，桥梁192座（全部是三类以上），隧道5座。有15家水运企业，5家内河港口经营企业。有各类船舶59艘，共338302载重吨。其中，危险品运输企业6家，有21艘油品运输船，5艘液化气船，总载重113956吨。危化品运输船数量占到船舶总数的44.10%，危货载重吨占到总载重吨的33.70%。内河客运企业1家，3艘客船共160客位。全年受理监督新建和续建交通项目共45个，其中主干道项目2个、次干道项目8个、公路段大中修项目7个、绿化工程3个、小型农村公路25个。

发生上报道路运输亡人事故7起，事故造成7人死亡，事故发生数和死亡人数比上年下降36.40%。按事故责任分，同责及以上责任事故5起，造成5人死亡；次责事故2起，事故共造成2人死亡。按事故车型类别分，工程车事故发生3起；出租车发生2起（事故发生数和亡人数下降50%）；集装箱车发生1起；小型货车发生1起。道路运输事故发生数和死亡人数实现“双降”目标。港航方面，发生1起船舶单向碰撞事故和1起船舶自沉事故，无人员伤亡。公路、交通工程建设方面，无事故发生。创建美丽经济交通走廊，完成329国道14千米、鄞城大道14千米、鄞横线7.1千米、沿海中线18.2千米和盛宁线15.4千米，共计68.7千米，超过任务数的12.62%，其中创建精品示范线53.30千米。

2018年5月29日，“美丽公路”鄞横线通车

区交通运输局完成75项行政审批事项梳理，窗口进驻率100%、签批率100%，办理各类事项21410项；完善网上流转“微服务”机制，做大做精“微信审批”办理，利用“微审批”办结审批事项485件。印发《区交通运输系统正风肃纪检查工作办法（试行）》，实行领导带队的正风肃纪检查；制定实施《鄞州区交通运输局下属事业单位编外用工管理办法》，做好编外用工招录、管理、考核工作。完成全系统首部年鉴《鄞州交通运输年鉴（2018）》编纂工作。

【公路工程建设】 2018年，区交通运输局完成象山湾疏港高速昆亭至塘溪段征地拆迁委托协议签订、红线内所有坟墓迁移、用地规划许可证办理等工作，下拨征拆款2500万元。疏港高速二期昆亭至下陈段完成预工可评审和线位比选。鄞城大道工程形象进度97%，其中，机场路至姜茅线段于10月1日实现试通车，奉化江特大桥于12月10日实现首次合龙。“美丽公路”鄞横线提升工程于4月提前完工，5月29日完成交工验收。雁湖路改建工程取得初步设计和施工图批复，并完成施工招投标。姜山镇高阳路拓宽改建工程（翻石渡至明光路），形象进度为98%。姜山镇环镇路改建工程（景江路至人民南路段），形象进度为40%。五乡镇宝幢西侧道路工程，形象进度为90%。东吴镇镇南路改建工程，形象进度为80%。邱隘镇万里路、新邱路新建工程形象进度为42%。姜山镇景江路东延新建工程形象进度为80%。塘溪镇塘盛路改建工程形象进度为97%。咸祥镇咸祥中路改建工程（西宅至沿海中线段），形象进度为50%。全年新建、改建和改造提升农村公路58.40千米，其中民生实事10千米。329国道五乡穿镇段、宁裘线、横邹线3个路面维修工程完工投用，共修复病害路面7288平方米，清理边沟128千米，疏通维修涵洞343道，疏通维修窨井192座，修复公路挡墙塌方6处，治理易积水路段13处，维修侧石100米，全面接养森林鄞州绿化项目并做好养护监管工作，完成绿化补植5万余平方米。完成80座桥梁定期检测专业检测工作，其中检测出三类桥桥梁6座，维修加固上一年三类桥5座，指导督促完成乡村道及园区道路桥梁定期专业检测共51座，并按照一桥一方案整治施工完成1座省道、29座县道、7座城市道路和12座乡村（园区）公路桥梁的桥头跳车整治。

【铁路工程建设】 2018年12月25日，鄞州区萧甬铁路北仑支线五乡段实现高架运行，萧甬铁路北仑支线长度37.20千米，其中鄞州区境内15千米，涉及五乡段抬轨工程3.10千米。至年底，北仑支线实现全线通车。与杭州铁路枢纽指挥部、宁波市铁路建设指挥部签订金甬铁路动车所拆迁委托三方协议，完成鄞州段用地规划许可证办理，鄞州段总用地面积83.47公顷，估算拆迁面积36.30万平方米，工期4年，年内下拨拆迁资金2亿元。至年底，甬舟铁路完成工程可行性研究报告评审，确定邱隘接轨最终线位，同时，完成社会风险稳定性评估等工作。

【“四好农村路”建设】 2018年，鄞州区进行“四好农村路”（建设好、管理好、养护好、运营好的农村公路）建设工作。区交通运输局印发《农村公路改造提升工程建设管理实施细则》《“四好农村路”三年行动计划》，建立农村（园区）公路区、镇、村三级路长负责制。至年底，完成新改建农村公路25.10千米（含建设通自然村公路、断头路4.50千米，提升改造准四级及以上低等级公路11.50千米，新改建通乡镇、景区等公路9.10千米）；实施路面维修39.60千米、安防工程13.80千米，改造危桥病隧5座，建成普通公路服务站8个；建设改造村级农村物流服务点71个。12月13日，由省交通运输厅、省政府办公厅等部门组成的省督查组对区“四好农村路”建设情况开展专项督查，对取得的成效予以肯定。

【路域环境整治】 2018年，区交通运输局开展路域环境“十小问题”专项整治行动，拆除龙门架2个、灯杆广告480幅、非公路标牌821块。开展小城镇环境综合整治工作，完成横溪、姜山、东吴天童等5个创建镇（片区）的“道乱占”整治，巩固已创建的瞻岐、云龙等4个镇的整治成效，全年整改问题点位13056处，助力姜山、横溪、五乡、塘溪通过“省考”（即全省小城镇环境综合整治工作考核验收），姜山、横溪获评省级样板镇。完成市“三改一拆”办下发的四个阶段121处问题点位整治，完成率100%。完成铁路和高速公路桥下空间利用规划和管理实施意见制定工作，形成《鄞州区高速公路桥下空间利用和管理实施意见》。

【“三涉违建码头”整治】 2018年8月，区交通运输局对辖区长发砂场、甬兴砂场、滨海砂场、大闸砂场等10个“三涉违建码头”进行全面排摸，拟订“三涉领域违法建筑物基本情况及拟处置方案”，成立由区委副书记为组长，各镇（街道）及相关部门主要负责人为成员的“三涉领域违法建筑专项整治工作领导小组”。12月，姜山镇翻石渡村的5座黄砂码头完成资产评估和安全检测评估，并进行专家组会审，出具整改方案。鹰龙物流码头经营业主迁至区外经营；钟公庙甬兴砂场于12月底签订拆迁协议，计划2019年6月30日前拆除砂场码头。

【安全生产“七进”活动】 2018年初，区交通运输局印发《鄞州区交通运输局关于印发2018年安全生产宣传教育计划》《鄞州区交通运输系统安全生产宣传教育“七进”活动方案》等文件，明确年度、季度安全宣传内容和要求。以“进机关”“进企业”“进社会”等为系统“七进”活动重点，利用机关、企业办公场所，客运站、货运站、码头等人员聚集场所，采用电视、LED屏、微信等平台开展安全生产法律法

2018年7月16日，区运管所联合东方巴士公司开展安全生产家访活动

规、行车安全、消防安全、防恐反恐等知识宣传教育活动。其中，区道路运管所联合东方巴士公司开展安全生产家访活动，把安全生产宣传延伸到出租车司机的家人，市级报刊报道该举措。10月，区交通运输局联合区安监局、交警大队进入宁波国鼎矿业有限公司、宁波恒顺交通工程有限公司为相关人员开展源头治超宣传教育工作，督促货运源头单位落实安全生产主体责任。

【公路治超专项整治行动】 2018年，区交通运输局检测车辆45730辆，查处超限运输违法车辆1490辆（其中非现场执法查处1470辆），查处并恢复非法改装车辆35辆。开展4次“铁腕”、6次“天网”治超专项整治行动，集中治理工程车超限运输及污染公路违法行为，出动路政人员695人次，查处非现场执法车辆428辆，收缴罚款135万元。公路电子治超检测系统宝瞻线K5+250米于7月1日投入使用。8月20日，五处点位投入使用，分别为沿海中线K38+850米、沿海中线K26+400米、鄞横线K4+800米、穿咸线K25+800米、丽白线K2+150米。至年底，电子治超检测系统查获超限超载车辆1470辆。

【春运清运保障】 2018年，鄞州区在春运期间投入班线客车81辆，发班车2938班次，运送旅客59380人次，发班车次上升103.51%，旅客数量上升82.52%；投入旅游包车149辆次，发包车1477班次，下降61.60%，旅客数量下降49.31%。清运期间，329国道同岙口、育王停车场、轨道宝幢站等各专线上下客点，安装安全护栏1653米，各类指示牌99块。采用“2+3”模式（“2”即清明小长假前一周的双休日，即3月31日、4月1日；“3”即4月5日、6日、7日小长假3天。两阶段安排人员到岗值勤），安排值勤人员到清明运输保障工作第一线，做好扫墓专线上下客点的秩序维护、公交线路的咨询、停车场的秩序维护和现场人流疏导等工作。

【安全生产月活动】 2018年5月，区交通运输局召开安全生产月活动专题会议，围绕“生命至上、安全发展”主题，研讨、部署交通系统组织开展安全生产月活动的方案和举措；活动期间开展多种主题活动，在《鄞州日报》发布一版交通安全专版；各级行业管理部门组织召开各类培训班6个，受训人员1100人次；向企业、群众发放各类安全宣传册4845份，“两信”提示2300余条；设置各类宣传专栏176块，悬挂横幅45条，开展现场综合应急演习6场次；通过安全生产月活动，宣传党和国家有关安全生产的方针、政策、法律、法规以及有关加强安全生产的重大举措。

【安全生产检查】 2018年，区交通运输局推进安全生产大检查，重点在工程建设、运输市场、公路管养等领域，通过行业整顿、隐患整改，确保群众平安出行。至年底，出动执法、检查人员14602人次，检查各类车辆共计83261辆次；检查企业992家次，责令整改隐患480个；办结各类行政处罚案件2795件，行政罚款652万元，其中根据《中华人民共和国安全生产法》处罚案件8件。突出公路日常养护、事故黑点整治和“生命防护工程”建设，更新更换标志720块，重划标线19364平方米；更换钢护栏2138米、包头287个、立柱569个、隔离栏278块、底座17个、反光标141个、示警桩2553个。

【“打非治违”执法行动】 2018年，区交通运输局开展“打非治违”执法行动，联合多个部门印发《宁波市鄞州区综合长效治理“站外组客”实施方案》《鄞州区道路运输安全生产工作实施方案（2018—2020年）》。8月7日，区交通运输局与鄞州交警大队联合召开道路运输领域“双降”攻坚推进会，明确“双降”目标，规范道路运输营运车辆行车安全事故信息报告和处置工作。加强联合治超机制，有效保护公路设施、净化道路通行安全环境。区交警大队自9月起派警员常驻五乡治超点，成立联合执法队伍，开展24小时驻站联合执法和流动联合执法模式，做好辖区道路运输超限超载整治工作。全年查处超限车辆1445辆，卸载货物3396.61吨，处罚380.98万元。

【交通应急能力建设】 2018年，区交通运输局加强应急能力建设，针对持续雨雪冰冻天气，启动雨雪冰冻应急预案，对因长时间雨雪冰冻造成横邹线等多个路段多次积雪结冰问题，经高效应急处置，实现当天恢复通车。在全年防抗雨雪冰冻和“三防”灾害中，全区交通系统出动人员1296人次，巡查道路8976千米，出动车辆426车次，出动抢险设备累计56台（套），使用融雪剂22吨，确保全区道路畅通。全年系统内各企业举行桌面推演、模拟演练、岸基演练等各类形式的应急演练32家次。

（吴德明）

海事管理

【概况】 2018年，鄞奉海事处开展水上巡航852艘次，巡航时间2111.50小时，巡航里程14754海里，组织各类护航、警戒37次，发布恶劣天气预警预控513次。完成船舶进出港报告43051艘次，其中进港21487艘次、出港21564艘次。船员任解职1700人次，散固B组备案、报告363艘次，征收船舶港建费142506元。发布各类任务3849项，走访检查公司137家次，检查船舶1434艘次，其中客船检查804艘次、危险品船116艘次。实施船舶安全检查初查148艘次，复查113艘次，船员实操检查32人次，发现缺陷671条，滞留船舶1艘。对辖区32项水工作业实施现场监管，行政处罚立案查处124件，罚款759120元，扣证2起。辖区发生小事故2起，直接经济损失136万元，无人员伤亡。完成东钱湖全国青年帆船冠军赛、全国翻波板锦标赛、全国铁人三项总决赛、浙江省水上嘉年华、湖泊休闲节等大型水上活动的安保工作。保障三江夜游项

2018年5月29日，鄞奉海事处执法人员在东钱湖现场巡查

目开展，完成对三江夜游码头水域游船应急演习的指导工作。

【水上交通安全监管】 2018年，鄞奉海事处开展中小型船舶专项整治、进出港报告专项整治、船籍港管理专项整治、砂石船专项整治行动等，推进砂石船内河船常态化治理，做好镇海口砂石船夜间联合蹲点工作，辖区40余艘砂石船全部纳规。编制《奉化江桥区水域安全监管手册》，绘制《奉化江安全航行指南图》等基础资料，免费发放给航经船舶。促成部分桥梁业主根据《内河通航水域桥梁警示标志》行业标准，设置桥梁“倒水尺”，部分桥梁上下游设置“限高杆”。阶段性解决象山港无证小飞艇隐患，排摸发现的10余艘无证小艇均拖离现场。取缔东钱湖湖区非法载客船舶，拆解水泥船120余艘。出台《关于东钱湖游船航行安全操作规范的建议》，为东钱湖游船首个自行制定的航行安全操作规范。

【海事便民措施推行】 2018年，鄞奉海事处实行罚没款缴纳、港口建设费征收远程申报和电子支付等17项政务“最多跑一次”事项。建立辖区运煤船监管微信群，简化船员任解职管理程序，专设船员任解职窗口，实行船员任解职预约办理制度，优化危险货物申报审批流程，为电煤船固体危险货物申报开通网上绿色通道。推进奉化江运输船舶噪音扰民问题的有效解决。完成奉化江特大桥合龙桥梁水域交通安全保障工作，保障兴宁桥水下检测工程完工，组织开展安全教育进企业活动，对渣土、泥浆运输公司开展船员安全知识培训，建立航运企业管理人员微信服务群，助力航运企业落实安全生产主体责任。

（周雯雯）

轨道交通

【概况】 2018年，轨道交通工作完成轨道4个站点拆迁清零，房屋签约、拆除面积分别为39.86万平方米、15.43万平方米。向沿线涉及小区、企业等23家产权单位临时土地借用13.93万平方米，完成绿化迁移工作。区轨道办获评宁波市轨道交通工程2018年度立功竞赛先进集体。

【轨道交通3号线工程鄞州段工程】 2018年，轨道交通3号线鄞州段各站点主体结构完成，11个盾构区间贯通，联络通道完成，车站机电设备开始安装，公共区实现电通，首南车辆段完成建设。完成四明中路站凯旋明天小区借地协议签订、绿化迁移、公共设施拆除并交地。完成四明中路站索菲特酒店、区政府站南苑环球酒店临时借地和绿化迁移工作。启动沿线站点周边道路及公园恢复工作。

【轨道交通4号线工程鄞州段工程】 2018年，轨道交通4号线鄞州段各站点拆迁及政策处理工作完成，鄞州段6个车站结构封顶，甬兴主变开工建设。完成白鹤站8幢1.20万平方米房屋拆除交地。完成南高教园区管线改迁涉及东裕社区临时借地、潘火街道土桥村部分土地征收、潘火桥拆复和嵩江东路站涉及沧海集团征借地等政策处理工作。轨道收储金钟地块启动征迁工作并完成18户国有非住宅及全部323户国有住宅协议签订，剩余3户国有非住宅及1户集体非住宅正在签约谈判。

【轨道交通5号线工程鄞州段工程】 2018年，轨道交通5号线一期鄞州段10个车站主体结构开工建设，其中4个车站基坑已开挖。完成沿线市政绿化迁移及民安路站、柳隘站、曹隘站、泗港站、下应站、钱湖南路站、钟公庙站、庙堰站8个车站临时借地、绿化迁移等政策处理工作。前殷停车场完成8户国有非住宅、15户集体非住宅签约并拆除，完成地块拆迁清零并交地。轨道前殷收储地块完成全部669户民宅拆除，5户国有非住宅剩余2户推进签约谈判。

【宁奉城际铁路工程鄞州段工程】 2018年，宁奉城际铁路工程首通段高姜区间盾构贯通，4个车站结构全部完成，机电设备安装及装修、轨道铺设正在施工，其中朝阳站单体结构封顶。完成雁湖路改造轨道代建桥梁桩基施工，推进雁湖路改造提升工程施工进场。启动首通段站点周边道路及公园恢复工作。

【“六争攻坚·项目争速看变化”活动】 2018年12月26日，“六争攻坚·项目

2018年12月26日，市民参观轨道交通3号线工程施工现场

争速看变化”活动第一站走进轨道交通3号线一期工程首南车辆段。首南车辆段为3号线一期和宁奉线列车集散维修中心，2016年3月15日开工建设，总建筑面积6.37万平方米，内设运用库、检修库、运转综合楼、物资总库、洗车库、动调试验间等14个建筑单体。其中，运用库主要承担列车的清洗、消毒和一般性临时故障的处理，检修库主要承担列车的定修、月检和临时故障处理作业，还包含轨道、供电、给排水及消防、动力照明、通风空调、通信、安防等10余类系统。至年底，首南车辆段完成建设，轨道交通3号线一期实现“洞通”“轨通”和“电通”，15座车站正在装修。活动期间，30名市民代表参观工程施工现场和首南车辆段，并乘坐轨道车体验地下隧道。

（曾　萍）

邮　政

【概况】 2018年，中国邮政集团公司鄞州区分公司有从业人员408人，下辖中心支局10个，金融代办点21个，有邮政CRS机35台、ATM机24台。邮政业务收入5553.10万元，代理金融业务收入3315.60万元，邮储日均余额24.25亿元，包裹业务335.20万元，函件业务收入357.30万元，代理信息业务收入38.70万元，集邮业务收入144.10万元，报刊业务收入1159.70万元，分销业务收入167.40万元。

中国邮政集团公司宁波市分公司江东分局有从业人员73人，下辖2个中心支局，7个金融代办点，有邮政CRS机4台、ATM机6台。邮政业务收入1695.10万元，代理金融业务收入978.60万元，邮储日均余额7.85亿元，包裹业务166.20万元，函件业务收入176.90万元，代理信息业务收入13.50万元，集邮业务收入32.10万元，报刊业务收入284.90万元，分销业务收入33.20万元。

中国邮政集团公司宁波市分公司鄞东分局有从业人员140人，投递邮路40条，其中电瓶车道段40条、摩托车道段9条、汽车道段4条，邮路总长度2396.43千米。下辖中心支局4个，金融代办点6个，有邮政CRS机6台、ATM机7台。邮政业务收入1830万元，代理金融业务收入1181万元，邮储日均余额8.50亿元，包裹业务75万元，函件业务收入48.40万元，代理信息业务收入16.40万元，集邮业务收入32万元，报刊业务收入394.80万元，分销业务收入62.20万元。

中国邮政集团公司宁波市分公司鄞中分局有从业人员187人，投递邮路40条，其中电瓶车道段40条、摩托车道段9条、汽车道段4条，邮路总长度2396.43千米。下辖中心支局4个，金融代办点8个，有邮政CRS机25台、ATM机11台。邮政业务收入2028万元，代理金融业务收入1156万元，邮储日均余额达7.90亿元，包裹业务94万元，函件业务收入132万元，代理信息业务收入8.80万元，集邮业务收入80万元，报刊业务收入480万元，分销业务收入72万元。

（陈　盛）

通　信

【概况】 2018年，鄞州电信实现运营收入7.80亿元，有线宽带37万户，移动用户60万户，固话用户36万户。建成4G基站854个（原江东区点位163个、原鄞州区点位691个），基本实现全地区所有城区、镇、农村4G网络全覆盖。热点253个，AP15086个，基本实现交通枢纽、政府对外服务场所、大型医院、大中专院校、星级酒店、高档写字楼、大型商业广场、综合性休闲娱乐场所等区域覆盖。签约姜山镇基层社会服务管理综合信息系统延伸项目、公安无线安全管控建设、小城镇环境综合整治项目。鄞州电信蝉联全国文明单位，获评宁波市十三届消费者信得过单位、鄞州区精神文明建设集体嘉奖、中河街道经济贡献奖和成长型企业奖。

鄞州移动实现运营收入超过13亿，累计建成4G逻辑基站4363个，基本实现全地区所有城区、乡镇、农村4G网络全覆盖，建成NB物联网站点258个，主要覆盖城区、工业区等NB物联网应用企业。全区光网覆盖100余万户，覆盖率99.50%。固定互联网30万户，移动互联网132万人，区内光缆总长度292.50万芯千米，城域出口带宽780吉字节。完成五乡、横溪、塘溪、姜山46条道路线路“上改下”与区块整理。与区卫生计生局合作，提供10太字节影像云存储、百兆云主机专线等业务，协助将全区中小医院的影像存储纳入其中进行统一管理，每年实现信息化新增收入5万余元。

鄞州联通实现运营收入2.39亿元，通话用户数达27.50万户。热点1032个，室分建设近300个（主要分布在高教园区、各商业圈内），基本实现交通枢纽、政府对外服务场所、大型医院、大中专院校、星级酒店、高档写字楼、大型商业广场、综合性休闲娱乐场所等区域的覆盖。全区40余万户的光网覆盖，覆盖率达93%。完成环保污染源在线监测、卫生计生局宣教网、卫生计生局远程诊疗、公安网警、东钱湖白石北路管线改建等重大项目的签约工作。鄞州联通被评为宁波市第十三届消费者信得过单位、省级青年文明号、宁波市文明单位。

中国通信服务鄞州分公司年度收入7866.90万元，增长38.6%；其中电信业务收入5443.60万元、移动业务收入1395.10万元、集客业务收入727万元、铁塔业务收入5.30万元、通过ISO 9000认证。

【鄞州电信姜山镇基层社会服务管理综合信息系统延伸项目】 2018年，鄞州电信推进姜山镇基层社会服务管理综合信息系统延伸项目。该项目以姜山镇综合信息指挥室为载体，建设大屏展示系统、个性化数据分析展示系统，以及视频综合接入平台。于1月8日开工，7月23日完工并完成验收。通过大屏可直观综治工作日常运作情况，辅助指挥调度工作的开展。

【鄞州电信公安无线安全管控建设项目】 2018年，鄞州电信参与鄞州公安分局公共场所无线安全管控系统建设，为执法部门在网上流动人口管理和维护社会稳定提供新手段。该项目于2017年12月17日开工，2018年6月1日完工并完成验收。新建无线室内采集设备1640个，提供存量无线热点1500个；能对公共场所的WiFi热点终端信息和轨迹进行采集，提升公安机关对重点人员、犯罪团伙的动态管控和打击能力。

【鄞州电信推进小城镇环境综合整治工作】 2018年，鄞州电信配合政府相关部门推进小城镇环境综合整治工作，以通信线路"上改下"为重点，在项目实施过程中通过统筹化治理，结合以物联网为基础技术的智能井盖管线系统建设，取得较好的试点效果。该项目签订合同10份，于5月30日开工。至年底，有4个工程完成施工。参与主导的姜山镇、横溪镇、五乡镇、塘溪镇、东吴镇通过小城镇环境综合整治"省考"，姜山镇、横溪镇、东吴镇成为"省级样板镇"。

【鄞州移动高新区智能化升级扩容采购智能感知项目】 2018年9月30日，鄞州移动中标高新区智能化升级扩容采购智能感知项目，中标金额2005万元。建设内容包括智能感知系统和视频专网硬件系统建设。其中，智能感知系统包括人脸摄像、车脸摄像、智能门禁、二代身份证核查及其相关配套设施的安装维护服务；视频专网硬件系统包括核心交换机、接入交换机、存储设备、视频专网服务器和视频云平台的安装维护服务。至年底，完成150个前端点位建设。

【鄞州移动瞻岐镇"雪亮工程"治安监控系统建设项目】 2018年8月31日，鄞州移动中标瞻岐镇"雪亮工程"（以县、乡、村三级综治中心为指挥平台、以综治信息化为支撑、以网格化管理为基础、以公共安全视频监控联网应用为重点的"群众性治安防控工程"）项目，中标金额195万元。至年底，完成项目验收工作，建成高清视频监控点位175个并完成视频监控平台扩容工作。

【鄞州联通宁波火车站5G基站开通】 2018年9月，鄞州联通启动首批5G基站的建设，视频回传速率数十倍于4G。该次在宁波火车站开通的联通5G NSA基站，是采用华为非独立组网C-Band设备，选用对现网影响较小的Option3xNSA组网方案，以4G作为控制面的锚点，采用LTE与5GNR双连接的方式，在5G部署初期能保持更好的业务连续性，支撑5G建网初期基于LTE-NRNSA快速组网，未来面向全频谱NRSA组网。同时在候车大厅设置5G知识科普区、5G科技应用展示区和VR体验区等。

【"线乱拉"专项工作管道建设项目综合整治】 2018年4月，鄞州联通承接云龙镇小城镇环境综合整治"线乱拉"专项工作管道建设工程项目。该项目主要涉及王夹岙村、荻江村菜场地块，荻江村城管中队地块，海上人间、云姚路北侧、宁裘线傅家地块6个区域内通信管道至配线箱（包含电缆沟、引上点、钢绞线敷设等）、配线箱至用户网络箱的管线（包含配线箱、敷设子管、入户光皮缆等）建设及全镇杆路、钢绞线、光缆拆除；通信线路整治工程。合同总金额175万元。该工程4月25日开工，12月14日完工并通过验收。

【鄞州联通横溪美丽乡镇工程项目】 2018年2月，鄞州联通承接横溪镇美丽乡村建设项目，在环镇路、金溪路、环镇路宁裘线段，人民路（环镇路—正始中学）、人民路延伸段，上街村等实施综合通信信息化建设工程，合同总金额1413万元。该工程2月21日开工，12月31日完工并通过验收。

【东钱湖旅游度假区"上改下"工程】 2018年3月，中国通信服务鄞州分公司与东钱湖旅游度假区建设管理中心签订协议，对未实施"上改下"工程的安石路、钱湖西路、东街、西街、殷湾村村口道路上的电信线路进行迁改整治，合同总金额约138万元。该工程4月15日开工，8月31日完工并通过验收。

【咸祥镇咸江路综合通信管道工程】 2018年5月，中国通信服务鄞州分公司承接咸祥镇咸江路综合通信管道工程施工建设，为敷设通信线缆、有线及无线网络的架设做好前期准备工作。合同总金额约157万元。该工程

6月1日开工，12月31日完工并通过验收。

（蔡萍萍　谭　红　毛超芳　吕东嫣）

电子政务

【概况】 2018年，鄞州区政务协同办公系统接入单位数182家，用户注册数7507个，制发文件10892件，发文30.68万份，办理各类督查1534件，信息采编上报9121件，发出会议通知单1044份，公文流转、会议通知、督查办件、信息上报等各模块共发送系统短信12.64次，计93.22万条；完成全区政务外网骨干改造、省交通专网鄞州区域整合及360天擎准入系统安装工作，全区政务骨干网络、中心机房及政务视频会议系统运行平稳。

【政务服务网建设】 2018年，鄞州区开展政务服务网数据共享工作，全年完成801个事项的数据共享平台对接与验收工作，入驻统一受理平台的773个事项的共享数据实现按需调用，数据共享调用总量13.70万条；全年统一受理平台处理办件48.64万件，入驻平台事项1154件；实现公租房系统与“一窗受理”平台对接；实现政务服务依申请事项在浙江政务服务网上办事的全开通；启动移动办事建设，至年底，上线区级“浙里办”掌上办事服务事项179个；全年行政处罚案件办件量8520件，处罚结果公开6984件；27家单位申请68枚电子签章；政务钉钉实现政府系统全覆盖，全区注册用户超1.70万人。

【政府网站集约化建设】 2018年，区政府网站日常运维平稳，全年发布信息44396条（包含英文站信息条），调查征集25份；独立用户访问总量136.81万个，网站总访问量25641.02万次；完成英文站迁移至市政务云平台工作，完成政府网站和信息公开平台两个项目集约化迁移和验收工作；2018年度宁波市政府系统网站评测，区政府网站成绩优等。

（董　琳）

智慧城市建设

【概况】 2018年，鄞州区启动建设政府投资类智慧城市建设项目25个，涉及财政资金7172.24万元。印发《鄞州区政府投资类智慧城市建设项目管理实施细则》《鄞州区智慧城市建设项目专项资金管理办法》《鄞州区企业上云发展专项资金管理办法》，推进智慧健康等直接服务民生的项目，17家基层医疗机构与市级医院实现远程超声互联，区域超声诊断水平提升。18家基层医疗机构使用自助机开放银行卡、微信、支付宝等支付功能。实现基层云诊室全覆盖，全区医疗资源得到有效共享，推进区水利局水利工程视频监控、区城管局智慧城管二期、区市场监管局鄞州区食品安全追溯联动平台项目、区卫生计生局鄞州区智慧健康便民惠民信息化项目等关系政务管理民生服务的项目。

在国际会展中心举行第八届中国智慧城市技术与应用产品博览会，组织国研软件股份有限公司、浙江文谷软件有限公司、宁波用友网络有限公司、浙江优创信息技术有限公司等14家企业参加。其间，组织主题为“数聚智造，畅想未来”和“先进制造业—宁波机遇”的工业大数据与两化融合高层论坛和先进制造业高层论坛，300余家区制造业和制造软件服务企业参加论坛；中国工程院院士陈纯，中国互联网协会副理事长、原国家信息中心主任高新民，数字对象体系架构应用技术与标准促进组织执委会主席孙洵，中国电信集团产业互联网创新发展中心主任张东，中国电子信息产业发展研究院信息化研究中心副主任姚磊等专家进行交流发言。

全区软件信息、工业互联网等企业总数1600余家，其中注册资金千万元以上的企业150余家，“新三板”上市企业6家。区内企业“上云”数超额完成全年目标数。

【政府投资类智慧城市建设项目】 2018年，鄞州区启动政府投资智慧城市建设项目15个，涉及财政资金5109.37万元。其中，鄞州区智慧城市乡镇民防应急指挥通信系统项目，1月立项，12月7日完成验收，使用财政资金167.65万元；鄞州区智慧城管第二期项目，2月立项，总投资1560万元，计划2020年完工；鄞州区审计大数据平台项目二期，4月立项，12月完成验收，使用财政资金192.40万元；鄞州区防汛防旱指挥中心视频会商系统升级改造项目，4月立项，11月22日完成验收，使用财政资金90万元；鄞州区电子文件管理统一平台及数字档案馆

第八届中国智慧城市技术与应用产品博览会参展企业

升级改造项目，4月立项，总投资570万元，计划2019年完工；鄞州区智慧城市顶层设计项目，5月立项，总投资150万元，12月21日完成项目中期评估，计划2019年完工；惠风西路菜市场智能化管理系统项目，5月立项，12月完成验收，使用财政资金157万元；鄞州区食品安全追溯联动平台，5月立项，总投资967.32万元，计划2019年完工；鄞州区电子政务外网升级改造项目，7月立项，总投资455万元，计划2019年完工；鄞州区水利工程视频监控系统四期，7月立项，总投资298万元，计划2019年完工；鄞州区审批大数据平台项目，7月立项，总投资50万元，计划2019年完工；鄞州区新一代视频监控项目，7月立项，总投资465万元，计划2019年完工；鄞州审计大数据应用平台安全架构建设项目，8月立项，12月完成验收，使用财政资金102万元；宁波市公安局鄞州分局数据中心（虚拟化和存储系统）升级改造项目，8月立项，总投资149万元，计划2019年完工；鄞州区智慧健康便民惠民信息化项目，2018年9月立项，总投资458万元，计划2019年完工。

【企业“上云”】 2018年，鄞州区推动云应用软件和服务在企业中的应用，在区内及下属街道组织召开各类企业“上云”专题培训会议、座谈会20余次。至年底，全区新增“上云”企业3970家，数量居全市第一位，其中工业企业占比79.10%、服务业占比9.80%、商贸企业占比8%、科技企业占比2.80%。乐歌人体工学科技股份有限公司、奥克斯空调股份有限公司、日月重工股份有限公司、宁波炜业科技有限公司4家企业入选省第二批“上云”标杆企业名单。培育和引进大型工业互联网平台超过2个（翼联工业大数据平台、用友工业互联网平台等），培育重点云服务商12家。

（童　伟）

信息产业

【概况】 2018年，鄞州区有软件和信息服务企业1600余家，其中注册资金千万元以上企业150余家，“新三板”上市企业6家分别为宁波畅想软件股份有限公司、宁波世贸通网络科技股份有限公司、宁波世游信息科技股份有限公司、浙江微动天下信息技术股份有限公司、宁波甬派传媒股份有限公司、浙江年轮映画文化传媒股份有限公司。全年实现软件收入202.60亿元，比上年增长25.90%，比重约占全市的1/3，企业规模和软件收入居全市首位。国产电视动画片制作备案公示剧目136部108764.50分钟，动画片备案产量占全市60%左右，居全省第二位、全市首位。浙江清华长三角研究院宁波分院的“宁波民生大数据云平台”获评中华人民共和国工业和信息化部2018年大数据产业发展试点示范项目，宁波杉杉股份有限公司被列入宁波市2018年制造业大数据应用典型示范案例。

【2018年宁波市鄞州区软件和信息服务企业战略创新与领导力提升高级研修班在华中科技大学举行】 2018年3月26—30日，区经信局组织的2018年宁波市鄞州区软件和信息服务企业战略创新与领导力提升高级研修班在华中科技大学举行，来自区内年销售收入1000万元以上软件和信息服务企业的35名学员参加研修班。华中科技大学管理学院EDP分管领导李长江、区智慧办主任张志达出席开班典礼并发表讲话。研修班为期5天，计32个学时。课程设置主要是由专业软件行业导师及学校教授讲解区块链、人工智能最新研究成果、VR\MR\AR代表产品、MES模块、两化融合、智能制造、如何避免和处理企业危机等专业知识，并参观武汉国际化发展中心——光谷，走访百度创新中心、精伦电子、光谷展示中心、武汉未来科技城等。

（余晓丽）

浙江清华长三角研究院宁波科技园

财政·税务·金融

财　政

税　务

金　融

鄞州年鉴

2019 YINZHOU YEARBOOK

财　政

【概况】 2018年,全区完成财政总收入435.91亿元,比上年增长6.08%。其中,一般公共预算收入252.99亿元,为预算的97.42%,增长4.70%。中央财政收入182.91亿元,为预算的100.50%,增长8.06%。鄞州区完成一般公共预算收入198.43亿元,为预算的96.28%,增长3.47%,加上中央财政收入146.21亿元,合计财政总收入344.64亿元,为预算的98.98%,增长6.39%。一般公共预算收入占财政总收入的比重为57.58%,比宁波市平均高6.17个百分点。税收收入占一般公共预算收入的比重87.61%,比宁波市平均高2.17个百分点。

出台财政扶持政策,为企业减负超过50亿元,兑现区级财政资金15.44亿元,涉及补助企业11210户次。支持"污水零直排"、轨道交通建设、小城镇综合环境整治、棚户区改造等重点项目资金需求,保障17个省市重点项目、100个区级重点实施类项目。

民生支出121.50亿元,占财政总支出的比重为77.82%。其中,教育支出23.10亿元,重点用于校舍维修扩建、普惠性学前教育发展;医疗卫生支出13.21亿元,重点用于城乡居民基本医疗保险补助、医疗改革补助;社会保障和就业支出19.73亿元,重点用于企业退休人员和被征地人员养老金,高校毕业生、失业人员、退役士兵及残障人士就业补助;公共文化支出2.89亿元,重点用于文化惠民、群众体育发展。

完成政府采购4.56亿元,节约资金7989万元,资金节约率17.52%。优化会计管理服务,组织21000余人次参加管理会计、内控规范、政府会计准则等培训,完成新一轮会计新证发放、会计继续教育等工作。

【财政管理改革】 2018年,区财政局聚焦资金绩效,深化财政管理体制改革。按照《中华人民共和国预算法》《区人大预算审查监督办法》等要求,规范预算编制与调整程序。完善基本支出标准体系,推进项目支出定额标准体系建设。加强专项资金管理,出台专项资金管理办法88个。清理盘活存量资金,收回财政结余资金14.50亿元统筹用于重大项目、民生保障等经济社会发展急需领域。将预算500万元以上的78个项目纳入预算绩效全过程管理,涉及财政资金25.20亿元。做好债券新增、置换工作,全年累计新增债券2亿元,置换债券9.15亿元。

【涉农资金整合】 2018年,区财政局通过"一立""一破",做好深化涉农资金整合工作。围绕区美丽乡村三年建设规划,将15个部门56个项目按性质划分为美丽乡村创建平台和现代农业产业发展平台,将总量4.87亿元的财政资金进行跨部门统筹,提高政策透明度,杜绝多头申报、重复补助现象。同时,突出跨部门项目整合,使分散的涉农资金纳入同一资金池,提升财政资金使用效益。

【国有企业改革】 2018年,区财政局对68家国有企业进行注销、合并、划转。以鄞州区城市建设投资投公司为主体组建鄞城集团有限责任公司,注册资本增至25亿元,整合原区城投、水投、旅投和其他相关企业(股权)资产和业务,注入相关行政事业单位经营性资产,按照集团化管理模式,设置4个业务板块。做好鄞通、鄞工、鄞建三大集团组建方案,通过收购、参股、新设等形式做大企业规模,统筹全区交通类、工业类、棚改类重大项目,助推平台公司转型升级和市场化运作。

【国有资产管理】 2018年,区财政局加强行政事业单位资产管理,通过注入平台公司、公开出售变现、统一移交经发公司三种措施盘活存量资产,提高国资使用效率。区本级及下属行政事业单位共有83处面积9542平方米房产报经区政府批准后公开处置,全年拍卖处置行政事业单位房产2056平方米。对权证齐全、规模较大的11处资产(面积7.11万平方米)按照先易后难的顺序逐步注入鄞城集团和鄞通集团。对权证不全及部分难以处置的房产163处(面积12.81万平方米)移交国资经发公司统一运营。

(王邵逸)

税　务

【概况】 2018年,国家税务总局宁波市鄞州区税务局挂牌成立。全年组织税收收入335.25 亿元,税收规模位居全市各县(市、区)税务局首位,增收25.08亿元,比上年增长8.09%;征收社保基金103.25亿元,完成其他非税收入8.73亿元;办理出口退税150亿元,增长17.19%,规模约占全市的1/4。

主体税种实现平稳增长,入库增值税增长0.47%,企业所得税增长23.14%,个人所得税增长15.75%;契税、车辆购置税,分别减少27.46%和20.61%;房产税、土地使用税和土地增值税,分别增长104.23%、80.27%和32.86%。第二产业完成税收104.23亿元,减收0.86亿元,减少0.82%。第二产业中纺织服装业、汽车制造业、金属制品业,合计增收5.08亿元;电气机械制造、房屋建筑、黑色金属冶炼行业,合计减收6亿元。第三产业完成税收236.89亿元,增收26.07亿元,增长12.37%,提高2.68个百分点,占全区税收的70.65%,第三产业中金融业和房地产业,合计入库156.97亿元,增收36.91亿元,贡献141.58%的三产税收增量。

累计减免各项税费129.67亿元(不含社保),其中,128.35亿元为征前减免。改善民生减免税费31.12亿元,鼓励高新技术减免税费11.59亿元,促进小微企业发展减免税收5.34亿元,支持金融资本市场减免税58.30亿元,支持其他各项事业减免税费19.72亿元。

做好增值税发票新系统的升级和使用商品编码开票的管理监督工作,

推进电子发票的推广应用。强化企业所得税管理，汇算清缴面达到100%，核定征收面控制在11.05%。组织好土地增值税征管、环境保护税征收、房地产税收一体化管理、社保费征收、大企业管理和国际税收管理等工作。推进电子档案全覆盖，采集电子档案52万户次，涉及十一类228项业务，实现征管档案“一次采集、反复利用”。完成单位纳税人“五证合一”，推行注销即办和承诺制注销，精简办税流程。实行优化版注销制度，办理注销1722户次，惠及90%以上办理注销的纳税人。完善出口退税电子数据远程申报功能，全面推行出口退税无纸化，加快出口退税审核审批，平均退税时间缩短至4.18天，一类企业仅需2.57天。开展应用车辆购置税电子完税信息办理车辆登记业务试点工作。

落实增值税改革三项措施（调整增值税税率、统一增值税小规模纳税人标准、退还部分行业增值税留抵税额），增值税税率调整共惠及增值税一般纳税人3.20万户；累计转回小规模纳税人611户；完成留抵退税任务，累计退税企业58户，退还金额2.12亿元。个人所得税起征点从3500元上调至5000元，实施个人所得税第一步改革，惠及鄞州区20.60万户纳税人。

优化纳税服务。坚持“机构改革，服务先行”原则，完成办税服务厅整合。全面推行“一窗通办”，实现通办业务全覆盖、区域全覆盖。升级“最多跑一次”“全程网上办”两张清单，涵盖十类141项涉税事项，加码推广容缺受理、承诺亮相、离厅即访、24小时投诉处理等服务举措。提升不动产登记速度，部分业务实现“60分钟办结”。在2018年9月测评中，税务类事项好评率和满意率均为100%，在区行政服务中心十类事项中名列第一。大力推广自助办税，配置16台自助代开发票机、18台自助发票发售机，提高办税智能化水平；优化税收信用管理，与10家银行签署银税互动合作协议，全年为4240户小微企业提供14.33亿元授信额度。

规范影视行业税收秩序，组织税收普法宣传教育系列活动，清理税务机关自行制定的规范性文件5件（均已废止），清理鄞州区政府及其他部门制定的涉税规范性文件34件（均已报鄞州区法制办建议修改）。落实“三项制度”，健全税务机关税费征缴和人民法院民事执行协作机制，提高欠税欠费追缴效率。惩戒重大税收违法案件“黑名单”企业27户。

在区税务局前期试点基础上，市税务局完成电子税务局缴费功能升级，通过宁波银行易收宝平台与银联、支付宝、微信、云闪付等机构多方协作，实现对市面上所有第三方支付方式的支持，实现银行端查询缴税，让纳税人扫一扫、点一点即可缴纳税费，实时上缴国库。

【税务机构改革】 2018年7月5日，国家税务总局宁波市鄞州区税务局挂牌，承继原鄞州区国家税务局、鄞州地方税务局的工作职责和权利义务，其中稽查工作移交国家税务总局宁波市税务局第一稽查局承担。挂牌后启用新的行政、业务印章，以新税务机构名称开展工作。全局设15个内设机构（另设机关党委、老干部科、纪检组）、6个派出机构和2个事业单位。2018年9月30日，6个派出机构挂牌，分别是第一税务所（办税服务厅）、首南税务所、福明税务所、百丈税务所、姜山税务所、邱隘税务所。至年底，全局共有干部408人。

【第二十七个全国税收宣传月活动】 2018年4月，税务部门以“优化税收营商环境，助力经济高质量发展”为主题，开展第二十七个全国税收宣传月活动。期间，组织开展社会化实践基地签约、“税收普法进校园，阳光税法小课堂”活动、“为你点赞、为你打call”手指舞比赛、“感谢一路上有你”写给纳税人的感谢信、“税收红包由你拆”——个性化服务团队助力“凤凰行动”计划、“楼宇经济请你说”助力楼宇经济发展、青税管家税收政策直播、“我身边的税收故事”主题征文等活动，政策惠及和活动参与纳税人超过2

2018年7月5日，国家税务总局宁波市鄞州区税务局成立

2018年3月31日，第二十七个全国税收宣传月启动仪式举行

万人次，并在《中国税务报》、宁波电视台等进行宣传报道，展示税务部门优化税收营商环境方面的新思路、新举措，以及助力经济高质量发展的新成效。

【便民办税春风行动】 2018年，区税务局持续开展“便民办税春风行动”（以下简称“春风行动”）。以“新时代·新税貌”为主题，以深化“放管服”改革、优化税收营商环境为主线，推出系列便民办税措施。第一季度推出“两会代表委员话春风”活动，邀请当地两会代表委员畅谈对近年来“春风行动”开展情况的感受，征询对税务系统便民办税工作的意见建议；第二季度推出“纳税人开放日”活动，邀请纳税人走进税务机关，体验“最多跑一次”办税服务等内容；第三季度推出“媒体记者体验行”活动，邀请媒体记者深入企业和税务系统基层一线单位，报道便民办税实效；第四季度推出“春风亮点”展示交流活动，集成创新举措，交流工作经验，推动活动成效再提升。升级“最多跑一次”“全程网上办”两张清单，涵盖十类141项涉税事项，出台“便民办税春风行动”20项措施，加码推广容缺受理、承诺亮相、离厅即访、24小时投诉处理等服务举措。

【“青税管家”获全市志愿服务项目大赛优秀奖】 2018年7月31日，在由共青团宁波市委、宁波市文明办、宁波市民政局、宁波市志愿者协会举办的2018年宁波市志愿服务项目大赛中，鄞州区税务局青税管家助力“最多跑一次”项目获优秀奖。“青税管家”团队立足岗位建新功，通过青诺、青听、青改、青破四大行动，通过6600余次离厅即评、347次“视频连连看”远程辅导、对10余户涉税中介机构“定点分流”等，为纳税人提供“路径最短、环节最少、程序最简”的服务，助力“最多跑一次”改革的落地。同年，“青税管家”团队被共青团浙江省委授予“2017年度省级共青团员先锋岗（队）”称号。

【税收征管电子档案管理系统上线】 2018年1月，市税务部门上线税收征管电子档案管理系统，该系统通过对金税三期系统和电子税务局产生的征管数据进行电子归档，实现收集、整理、归档、存储、借阅、统计等环节的一体化与信息化。7月1日起，在全面实现户管资料电子化的基础上，对金税三期征管系统已采集的数据项，不再要求纳税人报送任何纸质资料，同时扩大精简报送资料范围，归并、减少业务报送资料12种。全年采集电子档案52万户次，涉及十一类228项业务，实现征管档案“一次采集、反复利用”。

【《税收完税证明》实行网上开具】 2018年2月起，“税收完税证明”（文书式）可在网上办税服务厅开具。网上开具税收完税证明实行纳税人身份统一认证，采用的电子印章技术可确保纳税人的信息安全性，并提供便捷的二维码查验功能。纳税人可根据需要选择查询范围，自行打印完税证明。加盖电子印章的完税证明与办税服务厅开具的完税证明具有同等法律效力，可用于企业招投标、申请银行贷款和争取政府奖励等。该功能全面推广后，全区11万户纳税人可以享受完税证明开具“零跑腿”。

窗口工作人员在向纳税人介绍“最多跑一次”事项清单

税务工作人员指导纳税人计算个人所得税

【税务稽查】 2018年，国家税务总局宁波市税务局第一稽查局检查企业526户，审结620户。其中，查有问题602户，包括偷税529户次，骗取出口退税1户次，编造虚假计税依据2户次，发票违法4户次，其他78户次。累计查补收入23415万元，入库收入22131万元。50万元以上税款大要案50件（不包含上年结转），其中50万元以上100万元以下32件、100万元以上500万元以下6件、500万元以上2件。公布"黑名单"84件，移送公安机关62件。获评宁波市青年文明号、全国2017年打击骗取出口退税和虚开增值税专用发票专项工作成绩突出的集体。

【税收征管体制改革】 2018年8月15日，国家税务总局宁波市税务局第一稽查局挂牌成立。该局承担鄞州区、海曙区、奉化区、宁波东钱湖旅游度假区区域内税收、社会保险费和有关非税收入违法案件的稽查工作。8月29日，国家税务总局宁波市税务局第一稽查局党总支委员会成立。9月10日，国家税务总局宁波市税务局第一稽查局工会成立大会召开，选举产生第一届工会委员会和第一届经济审查委员会。至年底，宁波市税务局第一稽查局有干部职工101人。

【打击虚开骗税违法犯罪专项行动】 2018年，市税务局第一稽查局查处虚开和骗税企业587户，协助抓捕犯罪嫌疑人12人，查补收入3.59亿元。其中"3·12"特大虚开案件与市公安局经侦支队合办，查办过程中发现虚开发票新手法，被国家税务总局"打击骗税和虚开专项工作简报"报道；"9·29"特大虚开骗税案件与鄞州公安分局经侦大队合办，被列为浙江省公安厅督办案件，获宁波市税务局、宁波市公安局、宁波海关缉私局、中国人民银行宁波市中心支行"两年专项行动工作周报"报道8次。至年底，查处发票违法企业576户，查处非法发票10654份，查补收入20266万元，增长328%。

2018年8月29日，国家税务总局宁波市税务局第一稽查局党总支成立暨选举大会举行

【重点税源企业"双随机"自查】 2018年，市税务局第一稽查局开展国家税务总局47家集团型成员企业"双随机"自查工作，查有问题企业12户，补缴税款及滞纳金合计51.48万元。开展市税务局214家企业"双随机"自查组织工作，经自查有问题企业157户，查补增值税税款1873.40万元，企业所得税税款628.09万元，滞纳金238.10万元，合计自查查补收入2739.59万元，入库2739.59万元。

（徐昆英　夏燕燕）

金　融

【概况】 2018年，鄞州区共有金融机构277家，实现金融业增加值199.70亿元，比上年增长3.61%，金融业增加值占GDP比重为12.33%；实现税收63.39亿元，占全区财政总收入的18.44%。

全区银行机构111家，其中总行4家（宁波银行、鄞州银行、通商银行、东海银行）；分行23家、一级支行68家、营业部16家；本外币各项存款余额6304.69亿元，其中储蓄存款余额1549.72亿元、对公存款余额2781.19亿元；非存款类金融机构存款1666.31亿元，本外币贷款余额7586.95亿元。全区有保险机构68家，其中财险35家（法人机构1家，市级分公司14家，支公司19家，营销服务部1家）；寿险16家（分公司5家，支公司11家）；中介机构17家（法人机构5家，分公司12家），实现保费收入73.15亿元，增长17.83%。全区有证券机构68，其中分公司14家、营业部54家。期货机构18家，其中法人机构1家、分公司2家、营业部15家。全区证券公司证券交易总额12959.37亿元，新增累计开户数45981户；期货经纪公司代理交易总额32985.06亿元，代理交易量46839665手。

支持小微企业融资转贷，鄞州三江融通公益转贷基金、民间融资服务中心完成1417笔小微企业转贷，转贷总额95.37亿元。引导银行机构开展科技金融服务，区政府设立3000万元风险池基金，在杭州银行科技支行基础上，又增加中国银行鄞州分行和农业银行鄞州分行。区政府出资2亿元，成立政府性担保公司，为小微企业融资服务。根据区政府与国家开发银行签订的战略合作协议，对全区基础设施建设、"军民融合""中国制造2025"企业和项目融资支持439亿元。引导区内银行、保险公司扩大开展"金贝壳"小额贷款保证保险业务，融资余额7.42亿元，增长2%，总量位列全市第一。推进全区类金融机构专项排查整治行动，排查约谈"四个平台"内类金融机构1630家，进户入企约谈排查2000余家次。P2P机构从118家下降到3家。其中，立案侦查35家，失联2家，主动清盘退出39家，关闭或歇业31家，挤压迁出8家，仍在经营机构3家。区处非办办理各类信访投诉件150余件，电话投诉100余件次，接待上门投资者50余批200余人次。

通过甬股交撮合，累计为114家企业直接融资超15亿元，覆盖约10%挂牌企业。由区委政法委牵头在钟公庙街道召开互联网金融风险专项整治再推进试点工作会议。试点工作从3月中旬开始，到4月底结束，后在全区主要街道推广。在街道辖内经营的67家类金融机构负责人出席动员大会。总规模115亿元的中国五矿集团新能源新材料产业基金项目在北京举行签约暨揭牌仪式并落户鄞州区。该项目由中国五矿集团联手中国诚通国调基金、国新国同基金、建行建信信托3家央企和鄞州区政府共同设立。在小镇环球银泰城举行"四明金融小镇杯"美发师技能大赛，44家美发店77名专业美发师同台竞技。大赛三个类别的前三名，被优先推荐为区、市"首席工人""技术能手"。鄞州四明金融小镇蝉联优秀，在全省106个特色小镇创建对象考核中名列第三。

表10　2018年鄞州区部分银行情况

银行名称	本外币存款		本外币贷款		存贷比（%）
	2018年余额（万元）	增幅（%）	2018年余额（万元）	增幅（%）	
工商银行鄞州支行	1265380	8.38	1987392	5.73	157.06
工商银行新城支行	894990	11.74	603806	3.00	67.47
工商银行江东支行	1085276	8.10	1046298	8.46	96.41
工商银行兴宁支行	358521	−3.17	513959	−2.62	143.36
农业银行分行（部分）	24000	−97.74	480000	−70.94	—
农业银行鄞州分行	1952715	−36.93	1762127	−32.48	90.24
农业银行分行营业部	394538	0.56	1456483	−10.55	369.16
中国银行鄞州分行	1434444	−0.39	2550230	11.56	177.79
建设银行鄞州支行	1054687	−6.10	1545346	−2.09	146.52
建设银行江东支行	541574	−9.89	828986	−5.03	153.07
建设银行城市建设支行	1296544	5.89	858609	5.76	66.22
鄞州银行	8737306	11.51	7147357	25.23	81.80
交通银行鄞州支行	375017	27.92	361720	38.70	96.45
交通银行鄞中支行	95272	4.32	175304	32.06	184.00
交通银行江东支行	302035	−29.56	366254	−13.55	121.26
浦发银行鄞州支行	454114	8.89	373801	40.03	82.31
浦发银行银行鄞东支行	168336	13.67	237104	11.48	140.85
浦发银行银行江东支行	165495	39.71	113866	25.34	68.80
浦发银行银行中兴支行	102555	41.73	234372	118.98	228.53
宁波银行总行营业部	2874870	14.51	405913	−33.96	14.12
宁波银行鄞州支行	1180467	13.40	630051	13.89	53.37

续表10

银行名称	本外币存款		本外币贷款		存贷比(%)
	2018年余额(万元)	增幅(%)	2018年余额(万元)	增幅(%)	
宁波银行明州支行	994635	7.31	460665	7.78	46.31
宁波银行科技支行	848703	11.81	447388	14.97	52.71
宁波银行总行(部分)	13863216	12.49	9246438	70.03	—
宁波银行鄞中支行	1301693	-9.83	462927	6.13	35.56
平安银行江东支行	157622	-46.63	351200	30.75	222.81
平安银行营业部	435084	14.52	1379095	-2.67	316.97
平安银行明州支行	142725	41.09	133317	127.01	93.41
招商银行文化广场支行	46891	14.61	166990	18.43	356.12
招商银行江东支行	102317	-30.33	141217	13.10	138.02
招商银行明州支行	132223	—	203488	—	153.90
招商银行百丈支行	84576	58.09	112293	12.43	132.77
招商银行分行营业部	906969	-0.56	778392	47.23	85.82
招商银行鄞州支行	340267	25.85	353123	-4.83	103.78
招商银行钱湖支行	112959	15.26	303074	18.43	268.30
招商银行高新区支行	11121	—	3951	—	35.53
光大银行鄞州支行	242171	-9.41	347300	7.92	143.41
光大银行营业部	1269701	-11.75	1401520	4.04	110.38
光大银行兴宁支行	73078	17.89	74216	-12.39	101.56
光大银行江东支行	107409	-62.36	188403	6.52	175.41
兴业银行鄞州支行	178820	83.70	284944	31.28	159.35
兴业银行滨江支行	90988	247.69	270008	136.12	296.75
兴业银行灵桥支行	101434	3.47	150237	162.39	148.11
兴业银行分行营业部	1327687	-2.09	1131883	-1.78	85.25
广发银行鄞州支行	123265	3.50	109411	45.06	88.76
广发银行宁东支行	70700	-5.35	87026	69.54	123.09
广发银行东城支行	58114	148.32	7020	18.20	12.08
广发银行江东支行	21424	-12.93	56127	183.36	261.98
民生银行鄞州支行	118922	-45.45	120970	-26.71	101.72
民生银行嵩江路支行	20134	14.95	60767	7.33	301.81
民生银行明州支行	75794	2.49	115805	-0.33	152.79
民生银行江东支行	69827	-12.51	160530	-15.87	229.90
民生银行小微企业支行	99108	55.16	47624	1.60	—
民生银行分行营业部(部分)	760452	2.32	1654511	35.74	217.57
中信银行鄞州支行	423862	40.79	580271	35.56	136.90
中信银行城南支行	66673	-14.83	138289	241.36	207.41
中信银行明州支行	186788	81.33	112062	-28.74	59.99
中信银行中兴支行	91968	-15.43	190947	105.70	207.62
中信银行江东支行	220809	66.18	340928	18.99	154.40
中信银行百丈支行	92420	17.56	151167	16.37	163.57

续表10

银行名称	本外币存款		本外币贷款		存贷比（%）
	2018年余额（万元）	增幅（%）	2018年余额（万元）	增幅（%）	
中信银行东城支行	124576	368.17	251771	107.42	202.10
浙商银行鄞州支行	174253	2.80	225494	-3.28	129.41
浙商银行鄞南支行	110820	103.36	104686	18.66	94.46
浙商银行分行营业部	1633048	-4.04	1730542	73.12	105.97
浙商银行江东支行	65078	-66.72	255963	18.87	393.32
上海银行鄞州支行	36219	38.46	89086	-17.45	245.96
上海银行分行营业部	373983	71.22	460377	1.98	123.10
华夏银行鄞州支行	100461	46.28	102686	-24.72	—
华夏银行分行（部门）	—	—	426458	-31.56	—
华夏银行江东支行	42900	81.36	121676	85.05	283.63
华夏银行分行营业部	546576	55.54	215312	-3.39	39.39
民泰银行宁波分行（鄞州）	177651	6.08	68523	33.11	38.57
泰隆银行鄞州支行	145555	2.29	146285	27.88	100.50
泰隆银行江东支行	55517	126.40	69854	2.39	125.82
泰隆银行分行营业部	196930	-22.28	102764	17.03	52.18
杭州银行分行营业部	402831	-46.24	484360	9.68	120.24
稠州银行宁波分行	186788	3.38	243238	104.60	130.22
临商银行江东支行	22069	-39.25	19112	-58.05	86.60
东亚银行宁波分行	124346	1.97	48900	13.06	39.33
杭州银行科技支行	116552	89.87	69246	28.98	59.41
温州银行鄞州支行	75684	-12.46	1459	-95.81	1.93
温州银行分行（部分）	—	—	336489	—	—
温州银行分行营业部	357632	115.00	116207	10.28	32.49
临商银行鄞州支行	139821	4.08	192708	-6.20	137.82
通商银行总行营业部	1301936	—	889493	—	68.32
通商银行总行（部分）	317247	—	445732	—	140.50
台州银行鄞州支行	37131	-15.24	64469	-2.61	173.63
台州银行江东支行	22173	52.35	60330	36.17	272.09
邮政储蓄银行鄞州支行	324806	-20.73	400532	54.36	123.31
邮政储蓄银行甬城支行	424550	45.83	469670	23.73	110.63
汇丰银行宁波分行	255139	8.92	164149	-0.12	64.34
通商银行鄞州支行	75698	-40.09	126273	-4.67	166.81
兆丰银行宁波分行	50346	97.70	81140	35.94	161.16
恒生银行宁波分行	96572	-14.78	73838	6.84	76.46
包商银行分行营业部	828159	162.55	251167	-10.60	30.33
恒丰银行宁波分行	820061	-31.07	876993	15.10	106.94
东海银行总行	323261	-38.46	244560	0.66	75.65
中国进出口银行	272634	256.85	3642405	17.53	1336.01
国家开发银行	2553368	6.04	16337363	2.50	639.84

表 11　　2018 年鄞州区部分保险公司情况

保险公司名称	保费收入（万元）		参保户数（户）		赔款支出（万元）		简单赔付率%	
	2018 年累计	增幅（%）	2018 年累计	增幅（%）	2018 年累计	增幅（%）	2018 年累计	增幅（%）
史带财险宁波分公司	28.65	55.71	0	−100.00	22.17	−62.83	77.38	−76.13
亚太财险鄞州支公司	625.30	−74.64	3362	−62.07	1383.55	−48.87	221.26	101.66
太保财险鄞州支公司	45268.00	16.10	2270484	46.37	29531.00	26.53	65.24	8.99
人保财险鄞州支公司	63295.50	14.14	116498	10.99	36195.84	30.88	57.19	14.68
人保财险江东支公司	15927.00	10.94	41205	19.62	7545.00	17.43	47.37	5.85
平安财险鄞州支公司	25792.13	11.60	587927	356.89	13331.25	56.32	51.69	40.08
人寿财险鄞州支公司	3394.79	−1.14	0	—	1907.23	−42.00	56.18	−41.33
大地保险鄞州支公司	3638.86	30.93	20062	130.68	834.35	10.46	22.93	−15.64
大地财险宁波分公司	8632.79	−18.31	26708	6.81	4628.14	−13.38	53.61	6.03
大地财险鄞州第二支公司	1882.25	43.00	10861	−0.09	883.51	−0.59	46.94	−30.48
中华保险鄞州支公司	2223.17	6.92	8484	3.14	1348.75	−18.79	60.67	−24.05
浙商财险鄞州第二支公司	904.79	−12.44	5078	−0.63	526.11	0.49	58.15	14.78
永安保险鄞州支公司	484.29	−24.21	0	—	351.51	−14.76	72.58	12.46
天安财险宁波分公司	9692.91	14.06	18886	5.76	7077.61	10.43	73.02	−3.18
天安保险鄞州支公司	1526.51	−30.77	4761	−64.57	0	—	0	—
永诚财险江东支公司	428.70	35.19	1269	6.73	287.12	−46.60	66.97	−60.50
阳光财险鄞州支公司	3701.97	27.36	14445	202.45	343.28	−82.23	9.27	−86.05
中银保险鄞州支公司	2499.27	55.88	3302	25.46	0	−100.00	0	−100.00
永诚财险中心支公司	2758.12	−25.58	83613	−17.13	2297.26	−35.58	83.29	−13.45
渤海财险宁波分公司	985.34	−47.40	3667	5.16	1311.89	−18.24	133.14	55.45
华安财险宁波分公司	3698.98	−48.84	28985	−6.29	3819.82	4.77	103.27	104.82
中华财险宁波分公司	6546.49	−2.22	17706	1.51	4833.48	−1.91	73.83	0.31
进出口保险宁波分公司	64407.62	10.32	4935	−1.34	47842.76	27.62	74.28	15.68
泰山财险宁波分公司	1535.74	81.99	6068	83.38	724.24	−11.35	47.16	−51.29
阳光财险江东支公司	5165.50	−10.69	16508	32.67	3607.36	11.75	69.84	25.14
阳光财险宁波分公司	8971.15	41.39	0	—	3235.67	42.94	36.07	1.12
安盛天平财险江东支公司	7156.89	−34.99	11092	−70.56	14492.54	132.79	202.50	258.09
安诚保险宁波分公司	11514.56	−23.23	60102	−68.50	6812.93	−30.68	59.17	−9.71
紫金财险宁波分公司	1698.27	−44.72	8864	−3.04	1827.75	10.22	107.62	99.37
安邦财险宁波营业部	1277.17	107.81	0	—	681.53	260.87	53.36	73.64
太平财险宁波分公司	6815.71	−4.66	19342	16.69	4782.41	−5.76	70.17	−1.14
阳光寿险鄞州支公司	64.55	−81.76	21	−91.67	0	−100.00	0	—
华夏人寿宁波分公司	170205.45	85.12	61676	53.55	1246.87	−59.13	7.27	−16.53
中国人寿鄞州支公司	23100.00	−18.83	1895	−17.50	24165	−6.26	41.94	12.92
昆仑健康保险宁波中心支公司	6052.77	41.86	5926	190.63	59.97	10.32	0.99	−22.05
农银人寿宁波分公司	25144.81	−28.75	3573	−24.84	59918.97	438.15	39.39	72.16
信泰人寿宁波分公司	13520.41	−32.97	3964	−26.47	94.13	122.06	2.99	−1.32

续表11

保险公司名称	保费收入(万元)		参保户数(户)		赔款支出(万元)		简单赔付率%	
	2018年累计	增幅(%)	2018年累计	增幅(%)	2018年累计	增幅(%)	2018年累计	增幅(%)
富德人寿宁波分公司	57614.48	27.76	32256	13.50	2458.12	−26.82	10.23	−9.95
光大永明人寿城区支公司	18.69	80.41	0	—	1.81	96.74	0	—
光大永明人寿宁波分公司	8933.24	−9.60	0	—	1112.9	−8.94	11.36	−60.77
信诚人寿宁波中心支公司	6785.19	26.30	2789	42.01	213.94	227.68	12.46	159.04
太保寿险福明路支公司	4089.10	−29.39	6116	24.84	0	—	0	—
中国人寿宁波第一支公司	21989.77	0.90	677	−51.19	4902.73	−38.99	116.61	93.32
太平洋人寿鄞州支公司	31102.00	53.39	30401	−18.96	4588.47	422.26	37.88	65.70
中国人民人寿鄞州支公司	1780.10	−73.46	411	−83.14	91.64	114.46	21.54	167.58
泰康人寿鄞州中心支公司	22456.48	95.60	3825	23.35	411.04	162.78	7.61	−48.34

表12 2018年鄞州区部分证券公司情况

证券公司名称	证券成交额(万元)		证券市值(万元)		证券者新增开户数(户)	
	2018年累计	增幅(%)	2018年累计	增幅(%)	2018年累计	增幅(%)
国泰君安彩虹北路营业部	27203930	−25.21	1330166	−43.02	1746	−80.69
中信证券宁波甬江大道营业部	10837075	−7.08	560618.8	−39.55	1183	−73.71
申万宏源宁波分公司	8837129	−8.92	6054943	−17.51	229	−37.26
光大证券宁波彩甬江大道营业部	8163682	−28.28	620067.8	−32.45	144	−64.36
中信证券宁波天童北路营业部	5547380	−38.84	1002933	−26.91	959	−42.44
国盛证券桑田路营业部	5238735	270.59	411412.2	326.03	2527	176.78
申万宏源宁波中兴路营业部	4949079	−32.13	717420.2	−13.18	290	−15.45
国泰君安民安路营业部	4635048	−6.53	87719.67	−18.00	1024	−92.23
海通证券宁波中山东路营业部	4490976	−19.41	249460.8	−26.35	3332	−30.91
浙商证券宁波四明中路营业部	4116088	−29.01	579662	1.16	1024	−24.15
金元证券宁波天童南路营业部	4022827	−20.26	93139.09	−26.17	225	−59.17
招商证券江橙北路营业部	3946048	−28.74	392120.3	−18.38	6470	−29.12
光大证券宁波悦盛路营业部	3768759	−27.89	191414.8	0.52	452	41.25
华福证券百丈东路营业部	3048958	126.64	42479.83	−0.04	4334	90.42
中航证券宁波首南西路营业部	2285682	34.17	10095.8	−72.22	41	−78.76
财通证券宁波天童南路营业部	2020760	−34.57	512226.5	−27.28	620	−40.78
信达证券姚隘路营业部	1962426	28.81	75438.74	29.92	297	−67.00
东北证券宁波分公司	1865679	71.01	157943.50	36.24	4137	224.22
方正证券潘火路营业部	1817718	−24.89	58827.67	−14.34	2001	−13.60
银河证券宁波宁南北路营业部	1706582	185.21	14809.98	−18.67	307	−8.08
中泰证券宁波江东北路营业部	1644855	−32.44	92088.47	−39.52	157	−72.74
浙商证券宁波百丈东路营业部	1503017	20.64	20495.75	−30.30	423	−17.54
国信证券宁穿路营业部	1329345	−31.90	277294.40	−40.12	732	−14.49

续表12

证券公司名称	证券成交额（万元）		证券市值（万元）		证券者新增开户数（户）	
	2018年累计	增幅（%）	2018年累计	增幅（%）	2018年累计	增幅（%）
太平洋证券宁穿路营业部	1278134	-25.61	183414.10	-40.93	287	-55.37
第一创业证券百丈东路营业部	1264364	-29.25	30083.82	-22.94	797	17.03
首创证券宁波日丽中路营业部	1211492	-56.70	28789.98	-31.92	160	-59.49
中信证券宁波分公司	1134200	-6.83	378023.00	117.99	1060	-67.19
爱建证券兴宁路营业部	966863	-33.87	64992.00	-31.75	117	-33.52
广州证券江东北路营业部	920956	131.32	324377.10	-18.77	158	-7.06
华西证券中兴路营业部	889091	—	15388.53	—	3230	—
南京证券宁波锦寓路营业部	800108	-41.42	127931.30	-45.83	196	-24.90
国盛证券天童南路营业部	766943	—	19358.29	—	720	—
联讯证券惊驾路营业部	649835	-16.54	16605.32	-21.41	541	-76.93
恒泰证券甬江大道营业部	641615	5.92	25987.00	70.17	185	-49.45
中国中投证券江东北路营业部	580391	-58.50	224430.20	-7.62	209	-35.29
中泰证券宁波泰康中路营业部	511876	-31.37	23931.90	-7.85	266	-35.44
东海证券达升路营业部	500567	-18.43	12359.00	-47.58	251	-90.21
华安证券中山东路营业部	434252	6.17	5281.36	-49.66	132	-84.21
财通证券宁波中山东路营业部	315687	12.79	20046.63	49.99	423	-22.67
华融证券和济街营业部	250535	-54.68	799.68	1058.29	257	-41.99
东方证券中兴路营业部	225225	-25.03	14401.84	93.94	270	-21.28
华林证券惊驾路营业部	203885	-42.81	12023.65	-14.65	89	-54.12
银泰证券东胜路营业部	189991	-52.53	9319.92	-30.06	52	-10.34
银河证券宁波百丈东路营业部	187542	22.14	9442.36	6.79	457	-82.11
东兴证券江东北路营业部	152216	-90.42	208166.40	-17.16	288	-89.16
中信建投证券四明中路营业部	109951	—	2903.94	—	2103	—
国信证券宁波天童南路营业部	102564	25.91	15523.67	17.36	658	68.72
九州证券宁波分公司	96319	-44.25	834.95	-79.71	33	-84.36
西部证券安波路营业部	83767	41.61	12571.20	-73.49	49	4.26
财通证券宁波分公司	54835	23.28	2535.93	-7.17	113	-51.50
联储证券有限责任公司宁波分公司	5182	-99.51	605.30	-99.57	120	275.00
长城国瑞证券有限公司宁波江东北路证券营业部	591	541.57	50.30	-44.08	83	1975.00

表13　2018年鄞州区部分期货公司情况

证券公司名称	代理交易总额（万元）		代理交易量（手）		投资者累计开户数（户）	
	2018年累计	增幅（%）	2018年累计	增幅（%）	2018年累计	增幅（%）
兴业期货有限公司	152467253	71.05	19849935	56.53	8897	20.12
申银万国期货	52870137	-18.42	8109609	-35.35	900	-5.36
中辉期货	21335620	43.75	2284266	4.23	1420	24.89

续表13

证券公司名称	代理交易总额（万元）		代理交易量（手）		投资者累计开户数（户）	
	2018年累计	增幅（%）	2018年累计	增幅（%）	2018年累计	增幅（%）
海通期货	20994637	-9.85	3990700	-18.36	1204	5.52
鲁证期货	17140454	43.60	2954226	30.37	898	4.66
兴业期货浙江分公司	12030520	67.71	1585096	34.29	1677	-4.12
中信建投期货	11651633	-2.64	1946822	-11.90	627	24.90
中粮期货	9446121	19.90	1839175	23.04	2570	71.33
东海期货	9319772	1641.31	361409	277.65	0	-100.00
中信期货宁波分公司	8287824	22.64	1095989	-0.11	721	23.04
中大期货	3717574	-23.80	857893	-31.62	319	11.15
徽商期货	3656820	0.73	568352	-29.86	287	30.45
西部期货	2218472	-45.80	339238	-56.00	278	26.36
万达期货	1908088	-16.36	387778	1.74	348	39.20
信达期货	1636849	259.48	444432	384.67	171	64.42
一德期货	1168833	20.33	224745	32.37	239	25.79

表14　2018年鄞州区企业上市情况

序号	企业名称	注册地	主营	上市地	上市时间	券商	股票代码
1	宁波杉杉股份有限公司	南部商务区（鄞东）	服装、锂电池材料	上海	1996年01月30日	申银证券	SH：600884
2	东睦新材料集团股份有限公司	鄞州工业园区（鄞东）	粉末冶金	上海	2004年05月11日	国联证券	SH：600114
3	宁波康强电子股份有限公司	潘火（鄞东）	半导体元器件	深圳	2007年03月02日	国信证券	SZ：002119
4	宁波银行股份有限公司	百丈街道	金融服务-银行	深圳	2007年7月19日	高盛高华	SZ：002142
5	宁波韵升股份有限公司	东郊街道	有色金属-新材料	上海	2000年10月30日	大鹏证券	SH：600366
6	宁波博威合金材料股份有限公司	云龙（鄞东）	有色合金材料	上海	2011年1月27日	国信证券	SH：601137
7	宁波三星医疗股份有限公司	鄞州工业园区（鄞东）	电度表、变压器	上海	2011年6月15日	东方证券	SH：601567
8	宁波建工股份有限公司	白鹤街道	建筑材料、建筑装饰	上海	2011年8月16日	中投证券	SH：601789
9	宁波高发汽车控制系统股份有限公司	潘火街道（鄞东）	汽车变速操纵控制系统、加速控制系统	上海	2015年1月20日	国信证券	SH：603788
10	宁波美康生物科技股份有限公司	下应街道（鄞东）	体外诊断试剂	深圳	2015年4月22日	光大证券	SZ：300439
11	日月重工股份有限公司	东吴镇	大型重工装备	上海	2016年12月28日	国信证券	SH：603218
12	华瑞电器股份有限公司	姜山镇	换向器	深圳	2017年3月20日	中泰证券	SZ：300626
13	宁波圣龙汽车动力系统股份有限公司	潘火街道	油泵 凸轮轴	上海	2017年3月28日	国信证券	SH：603178
14	沧海控股有限公司	中河街道	市政园林建设	香港	2017年3月31日	安信证券	HK：2017
15	乐歌人体工学科技股份有限公司	经济开发区	人体工学产品	深圳	2017年12月1日	国泰君安	SZ：300729
16	宁波贝达新能源科技有限公司	横溪镇	太阳能	澳大利亚	2017年11月20日	海捷	BDE
17	利时集团（控股）	（潘火）（鄞东）	家电、日用品	香港	1995年		HK：00526
18	威远高	（姜山）（鄞东）	数码线缆产品	德国	1999年		FSE：VGOK
19	奥克斯国际控股有限公司	首南（鄞东）	家电、房地产	香港	2015年		02080，HK

【上市管理】2018年，中哲慕尚12月通过香港联交所聆讯。舒普机电、色母粒等12家企业被认定为区上市重点培育企业，拟上市企业后备梯队达到30家。全区上市公司总数达到19家，其中境内上市14家、境外5家。14家A股上市公司上半年实现营业收入384.02亿元，增长14.11%，实现净利润74.30亿元，增长0.82%。新增“新三板”挂牌公司2家，总数达到23家；新增宁波股权交易中心挂牌企业97家，总数达到295家。兑现上市、“新三板”、甬股交、直接融资等各类资本市场奖励资金1.81亿元，惠及企业160余家次。全区直接融资规模达到370.85亿元。转型升级、产业链延伸等方面，宁波高发参股设立宁波高翰电机有限公司，持股比例45%；美康生物收购新余美康盛德医学检验实验室有限公司49%股权、湖南品信生物工程有限公司18%股权、宁波美康股权投资基金合伙企业（有限合伙）13.33%财产份额；宁波韵升收购浙江韵升机电有限公司100%股权、宁波韵升新材料有限公司100%股权，其子公司宁波韵升投资有限公司参股设立宁波兴富新禾股权投资合伙企业；三星医疗收购宁波通商银行股份有限公司9%股权、其子公司宁波明州医院有限公司收购浙江明州康复医院有限公司100%股权；康强电子收购江阴康强电子有限公司30%股权（进行中）；博威合金拟收购宁波博德高科股份有限公司100%股权，拟通过全资控股公司ReonyuanPower收购HCGTayNinh公司及HTG公司100%股权；利时集团拟收购天津滨海国际汽车城。

【宁波保险科技产业园建设】2018年2月6日，宁波保险科技产业园装修工程、绿化和形象提升工程基本完工，并通过鄞州区金融办及设计单位、监理单位、施工单位等初次验收。园区位于下应街道，是区打造宁波国家保险创新综合试验区的示范区、宁波国家保险创新产业园核心区重要载体和平台。园区占地面积1.60万平方米，总投资4.50亿元，建筑面积5.50万平方米，地下室面积1.30万平米，拥有地下车位369个，道路及景观面积1.40万平方米。区财政注资东南公司3000万元，专款专用于园区建设和运行。其中对产业园裙楼1~3层及1号楼、2号楼2~3层进行设计装修，作为园区的商务会议、食堂、办公等的配套。至年底，园区入驻企业27家，其中宁波华保、云透物联、保橙数据、海纳保险等9家企业已入场办公；引进中华华安财产保险股份有限公司鄞州支公司、黎明保险经纪、宁波保橙数据、思得成长创业等各类保险机构20家。

宁波保险科技产业园

【鄞州银行】2018年，鄞州银行年末资产总额1173.55亿元，减少29.97亿元，减少2.49%。各项存款余额873.93亿元，比年初增加90.17亿元，增长11.5%；各项贷款余额714.74亿元，比年初增加144.01亿元，增长25.23%；不良贷款余额6.34亿元，比年初减少1.78亿元；不良率0.90%，比年初减少0.57个百分点。全行中间业务净收入1.32亿元，减少0.72亿元，减幅35.18%。实现账面利润16.53亿元，增加1.88亿元，增长12.82%；净利润13.96亿元，增加1.63亿元，增长13.19%。发行全国首例“时间银行卡”，成立全省首个由企业出资建立的“鄞州银行司法援助慈善基金”，获全国“资产规模1000亿元以上农村金融机构”竞争力第二名，并作为SIBOS史上首家参展且唯一一家布展的中国农商银行出席第40届全球金融年会。

【“凤凰行动”鄞州计划实施】2018年1月24日，鄞州区印发《鄞州区人民政府关于实施“凤凰行动”鄞州计划加快推进企业参与利用多层次资本市场的意见》，重点为引导区内企业通过资本市场实现资源优化配置和制度创新，发挥资本市场对区域经济转型升级起到促进作用。该计划到2020年，全区境内外上市公司达到26家；“新三板”及宁波股权交易中心累计挂牌企业达到350家；通过资本市场累计直接融资达到800亿元，全区年直接融资占社会融资规模比例在40%以上。60%以上的上市公司开展并购重组，年均并购重组金额在50亿元以上，主要并购标的为高端技术、人才、品牌和营销渠道等。鼓励企业实施规范化股份制改造，对实缴注册资金500万元（含）以上，完成工商、税务等变更手续的股份有限公司，新注册的股份有限公司正常经营满整一年后，给予10万元奖励。对于一时未能登陆主板市场的企业，如对在宁波股权交易中心优选板挂牌的企业，每家奖励20万元。在鄞州经济开发区推动设立占地66.67公顷左右的企业上市产业园，用于区上市重点培育企业的募投项目用地。成立多层次资本市场工作领导小组和组建拟上市专家服务团，为企业提供各类服务。至年底，再保农产品未出现质量安全问题，部分农产品在包装使用“中国人民保险”承保的标签。

【鄞州四明金融小镇】 2018年，鄞州四明金融小镇私募孵化工场和四明创新工场有10余家机构入驻办公；小镇客厅、游客服务中心、A级厕所、主副路口形象工程等重点旅游设施全面完成。2月通过AAA级旅游景区验收，并通过小镇能源技术评价和环境影响评价。小镇官网启用，微信公众号关注人数突破1.52万人，累计接待各类党政、商务考察团160余批次。在浙江在线主办的“浙江金融创新风云榜暨高峰论坛”中获评“浙江金融创新小镇”。“三联两转”党建工作法，被中组部《组工通讯》选登，并获省委书记车俊批示。新设四明金融小镇指挥部、四明金融小镇开发建设有限公司以及鄞州金融发展服务中心，统筹推进小镇整体建设工作。至年底，新引进企业近300家，集聚基金类企业、区域性功能性金融机构、新型金融和中介服务机构1400余家，机构总数较创建前增长近5倍。国内最具影响力的私募基金综合服务机构清科集团在鄞州设立区域总部，总规模250亿元的山西焦煤产业基金、服务于“中国制造2025”的仲德资本、规模150亿元的五矿集团基金先后落户小镇，宁波最大的二级市场私募机构、宁波基金业协会会长单位宁聚资本从区外迁入。

四明金融小镇会客厅

【互联网金融风险专项整治再推进试点推行】 2018年3月21日，区委政法委牵头在钟公庙街道召开互联网金融风险专项整治再推进试点工作会议。通过专项整治试点，清理整治一批违规操作、逃避监管的类金融机构，打击震慑一批恶意欺诈、涉黑涉恶的二手车贷、套路贷等违法犯罪分子。该街道试点工作从3月中旬开始，到4月底结束，后在全区主要街道推广。区委宣传部、鄞州公安分局、区市场监管分局、区综治办、区金融办等部门，钟公庙街道班子全体成员、各科室负责人、各村（社区）负责人，公安、市场监管、城管等派出机构，在街道辖内经营的67家类金融机构负责人等出席动员大会。至年底，共清理整治107类金融机构。

【全国保险财务创新论坛在鄞州区举行】 2018年5月10日，第二届全国保险财务创新论坛在鄞州区举行。区领导陈国军、梅益进等出席活动。论坛由区政府和西湖财资金融研究院主办，保融科技、财资中国和宁波保险科技产业园承办，旨在扩大宁波国家保险创新综合试验区、宁波国家保险创新产业园的知名度和影响力，吸引国内保险法人机构、保险科技企业到宁波开展创业、创新，设立各类保险新产品开发、保险科技研发及运用等保险产业链创新平台。论坛重点介绍鄞州区建设宁波国家保险创新综合试验区的示范区、宁波国家保险创新产业园核心区的主要做法和经验，推介相关优惠扶持政策，鼓励保险创业团队和创新人才到鄞州开展“双创”。中国人保、中国人寿、平安保险、太平洋保险、泰康保险等国内80余家的保险法人机构的总裁、分管副总裁、财务部总经理等高管参加会议，并围绕“科技赋能保险财务创新”这一主题，探讨“银保合作模式深化及其对数字化技术需求展望”“数字时代的保险财务创新”“机器人——保险行业明星员工”等保险前沿创新课题。

【农产品质量安全责任险试点推行】 2018年5月18日，鄞州区试点农产品质量安全责任险构筑农业全产业链保障机制。区农乐果蔬专业合作社等4家规模生产主体与人保财险鄞州支公司签订合同，为“农乐果蔬”“尚蔬园”“侃侃果蔬”的蔬菜水果以及“红达养殖”的鸭蛋购买农产品质量安全责任保险，一年保险期内农产品标的物可使用“本产品由中国人民保险承保农产品质量安全责任险”标签。合同约定，在农产品生产、经营过程中，非因被保险人故意违法行为导致食品安全事故，最高累计赔偿限额250万—700万元，费率为6‰，其中市、区两级财政补助保费比例为75%。该险种在全市尚属首次，连同已有的种植养殖保险、农业设施保险、涉农雇主责任险和支农融资服务等，已借助第三方社会化服务为农业生产经营提供产业链保障服务。

【中外保险科技战略合作论坛在鄞州区举行】 2018年9月16日，中外保险科技战略合作论坛在宁波保险科技产业园举行。来自新加坡、英国及国内的保险专家、学者参加会议。副区长梅益进出席会议。新加坡金融科技协会主席谢福来、英国保诚集团新加坡总部副主席卡莱·纳塔拉詹、新加坡保险科技公司Jupiter Chain首席策略运营官詹凯智等介绍新加坡金融科技发展进程以及新加坡优质保险科技公司情况，并表达合作意向。市金融办相关负责人介绍宁波建设国家保险创新综合试验区情况。宁波保监局相关负责人介绍中国银保监会对宁波保险创新工作的政策支持。梅益进介绍鄞州区保险创新推进情况和保险科技产业园优惠政策。

【全球保险产品创新大赛在鄞州区举行】 2018年9月17日，全球保险产品创新大赛在鄞州区举行。刘长春、陈国军、梅益进等市、区领导出席。该次活动由鄞州区政府主办，宁波保险科技产业园承办。大赛共收到来自美国密歇根大学、美国达特茅斯大学、英国华威大学、英国杜伦大学、复旦大学、上海交通大学等中外高校保险创新作品65份。作品涉及物联网、大数据、人工智能、区块链等多领域创新技术，海外宣传覆盖总学生数量1.50万人，总计参赛选手92人。经筛选有6支代表队在现场进行决赛。美国普渡大学的“网络安全智能保险”项目获一等奖，获10万美元孵化基金，“雇你平安”外卖雇主责任险项目和“人工智能保险管家”项目分别获二等奖和三等奖。

【宁波独角兽创新峰会在鄞州区举行】 （参见“工业·工业园区”类目“工业经济”分目）

【鄞州上市公司4项数据居全市首位】 2018年11月5日，宁波资本市场发展报告发布会在宁波股权交易中心举行。现场发布的《宁波资本市场发展报告·2017》显示，鄞州区上市公司数量、总市值、营业收入、利润总额均居全市首位。至2017年底，宁波A股73家上市公司中，鄞州行政区内有20家。分布于13个不同的行业，其中计算机、通信和其他电子设备制造业、汽车制造业两个行业最多，各为3家；上市公司总市值规模最大，达到3096.69亿元，占全市上市公司总市值的43.53%；上市公司平均市值最高，为154.83亿元。上市公司营业收入占到40.93%，达到1217.22亿元；上市公司利润总额，以203.36亿元居首位，占全市A股上市公司利润总额的57.61%。此外，在“新三板”和宁波股权交易中心挂牌企业数量上，鄞州区也均居全市首位。

【武汉大学宁波国家保险发展研究院在鄞州区成立】 2018年11月19日，由宁波市人民政府和武汉大学合作共建的武汉大学宁波国家保险发展研究院在鄞州区揭牌，落户宁波保险科技产业园。这是宁波国家保险创新综合试验区的又一重大平台项目，也是国内首个政校合作共建的保险研究院。武汉大学党委副书记沈壮海和宁波市委常委、副市长刘长春共同为研究院揭牌。武汉大学的保险与精算专业是国内最早成立的保险本科专业之一，是国内风险管理与保险人才培养的重要基地。武汉大学宁波国家保险发展研究院入驻宁波保险科技产业园，将为国家、行业和保险试验区和示范区建设提供高质量的决策咨询、智力支撑和人才供给。会上，宁波市人民政府与武汉大学签署《共建“武汉大学宁波国家保险发展研究院”战略合作协议》，就双方在保险创新发展的决策咨询、课题研究、人才培养和对外交流等领域实现全方位深层次合作达成共识。

（朱自勇　胡俊俊）

2018年11月19日，武汉大学宁波国家保险发展研究院签约仪式举行

综合经济管理

发展与改革

国土资源管理

物价管理

统　计

调　查

审　计

市场监督管理

安全生产监督管理

鄞州年鉴
2019 YINZHOU YEARBOOK

发展与改革

【概况】 2018年，区发改局提出全区国民经济和社会发展年度计划，并提交区人代会审议通过。分析经济运行情况，到企业开展调研，完成四个季度的重点企业监测问卷调查工作，完成一季度经济运行分析报告、半年度经济运行分析报告、前三季度经济运行分析报告及上半年计划报告执行情况报告并提交人大常委会审议。实施鄞州区经济运行监测联席会议制度，分解落实核心经济指标。

完成13项经济领域重点改革项目。深化“亩均论英雄”改革，印发《鄞州区加快推进“标准地”改革实施方案》《鄞州区“标准地”控制性指标（工业项目）》，明确全流程管理操作流程和具体要求，3个省级工业园区新增工业用地施行“标准地”出让制度。召开国家双创示范基地工作任务分解会议，制定“宁波市鄞州区国家双创示范基地建设主要目标及重点任务分解表”。完成迎接国家发改委国家双创示范基地第三方评估相关工作，做好自评报告撰写、相关数据指标完成情况采集等各项工作。参与各级调研交流活动，做好国家发展和改革委员会相关调研组到鄞州区开展调研的接待安排工作，参加全国双创周成都主会场活动、长三角双创示范基地联动机制座谈会，推介鄞州区创业投资环境。完成宁波城南智创大走廊规划编制工作。完成国家发展和改革委员会中央地方创新创业联合研究课题，并完成验收。

108个公共服务事项按进度完成或提前完成，其中提前达到省“十三五”规划任务要求的41个，超过省“十三五”规划任务要求或有创新的52个。为区内教育、医疗、养老服务领域的19家企业下发专项补助资金270万元。搭建政企诉求通道，建立重点企业名录，建立区健康产业“四个一批”项目库。制订《关于2018年鄞州区经济发展若干政策意见》，重点发展以生产性服务业为主导的现代服务业，主攻金融服务、信息服务、航运服务、文化创意、现代商贸、旅游休闲、商务服务、公共服务等“八大产业”。安排服务业扶持资金4亿元，结合“创业鄞州·精英引领计划”人才培育引进政策，实施服务业人才培养计划，聚集现代服务业人才超5万人。

【供给侧结构性改革】 2018年，鄞州区开展“批而未供”土地、“供而未用”闲置土地和低效土地全面核查，出台《关于加快盘活存量建设用地的若干意见》，完善“批而未供”“供而未用”土地消化利用和低效用地再开发工作机制。起草《关于加强出让土地开竣工管理工作的通知》，明确2018年度低效用地再开发、“批而未供”土地消化利用和“供而未用”土地处置实施方案，制定鄞州区2018年存量建设用地盘活任务一览表。全年消化“批而未供”土地71.81公顷，盘活存量土地92.43公顷。市下达的围挡整治闲置土地52个，完成整改42个，其中开发建设23个、收回19个。出台《鄞州区金属表面处理行业深化整治提升方案》，确定以酸洗企业为重点进行行业深化整治提升，建立整治提升进度跟踪机制，督促各镇（街道）按月上报低效厂房改造提升最新进展情况。排摸出56个村级工业区块，占地面积154.23公顷。推进“浙江制造”标准制定，立项“浙江制造”标准11个，发布“浙江制造”标准10个，《社区便民服务中心服务规范》国家标准正式发布，2019年4月1日起开始实施，鄞州经验成为全国借鉴的样板。“航运交易服务”按计划有序推进，新增走马塘村的新农村标准化建设，企事业单位主持（参与）制修订国家行业标准9项，东睦新材料集团股份有限公司入围省标准创新贡献奖评选的候选企业。企业标准自我声明公开238项企业采用国家和国外先进标准，比上年提高5个百分点。

【“亩均论英雄”改革】 2018年，鄞州区开展“亩均论英雄”改革，印发《关于开展工业企业单位资源占用产出绩效综合评价工作的实施意见》《鄞州区工业企业单位资源占用产出绩效综合评价实施办法》，设置亩均税收、亩均工业增加值、亩均能耗工业增加值、单位排放工业增加值、全员劳动生产率、研究与试验发展经费内部支出占主营业务收入的比例共6项指标，将企业分成A、B、C、D四类（A类企业引领发展、B类企业加快发展、C类企业提升发展、D类企业整改发展），完成数据信息调取、企业名单信息核实和归属地确认、土地调查、企业用地情况公示等工作。出台《2018年度鄞州区推进企业综合评价深化“亩均论英雄”改革工作考核评价办法》，建立综合评价联席会议、督察考核等相关工作制度。共846家规上企业参评，亩均税收43.30万元，增长10.68%，列各县（市、区）（不含功能区）第二位；亩均工业增加值156.20万元，增长18.25%，列各县（市、区）（不含功能区）首位。3亩以下1239家规模以下企业参评，亩均税收7.64万元。《宁波市2017年工业亩产英雄500强》榜单显示，全区有81家企业上榜，占比16.20%。

【特色小镇建设】 2018年，鄞州区优选一批可行性特色小镇启动规划建设，形成“2+2+3”（省级2个、市级2个、区级3个）特色小镇创建培育格局。完善工作推进机制、统计报送制度和监测评估机制，聘请省内外知名设计机构，编制特色小镇概念性规划。承办全市特色小镇规划建设工作现场推进会，鄞州四明金融小镇全省考核排名第三，蝉联省级创建类考核优秀。至年底，引进基金类企业、区域性功能性金融机构、新型金融和中介服务机构1300余家，较创建前增长超7倍，管理资产达1800亿元，中信资本、山西焦煤产业基金、五矿集团基金等一批超过150亿元规模基金落户小镇。鄞州现代电车小镇被列入第四批省级特色小镇创建名单，完成固定资产投资12.71亿元，新落户中车电车、城轨、新能源、时代电气、圣龙集团等12家企业，客车柔性制造智慧工厂、超级电

2018年11月23日，全市特色小镇规划建设工作现场推进会召开

容器实施方案获评“中国制造2025”项目。横溪农旅小镇、咸祥蓝色海湾小镇、塘溪人文旅游小镇成为第一批区级特色小镇。

【卫星城建设】 2018年，区发改局制订《关于姜山镇深化改革加快卫星城市发展的试点方案》，并于7月获宁波市委、市政府批复同意，出台《鄞州区姜山镇卫星城市发展三年行动计划（2018—2020年）》，通过行政管理体制、要素保障机制、户籍管理体制、开发建设机制、社会管理机制等改革，推进卫星城市发展试点。姜山镇是宁波21个中心镇之一，区域面积87.80平方千米，全镇下辖55个建制村、7个居委会，户籍人口8.04万人，常住人口14.83万人，是全区人口数量最多、经济总量最大的镇，是工业强镇和农业大镇，也是全国财政收入百强镇、省综合实力百强镇。姜山镇具有110余亿元的地区生产总值、50余亿元的社会固定资产、22亿元的财政收入。全镇拥有规模以上工业企业194家、高新技术企业44家、上市企业4家，其中，奥克斯集团有限公司被列入市千亿级工业龙头企业培育名单。

【社会信用体系建设】 2018年，区发改局出台《2018年度鄞州区社会信用体系建设工作要点》，征集上报区级信用信息补充目录，梳理全区2018年失信被执行人联合惩戒行政事项清单，发布《鄞州区失信被执行人联合惩戒行动方案》，全区13个部门推行17项红黑名单管理制度，联合奖惩体系初步建立。推动信用信息应用，全区21个部门开通58个“信用浙江”查询账号，21个部门开通49个“信用宁波”查询账号，在省内率先开展失信被执行人信用信息核查在行政审批中嵌入式应用的试点，在全市范围内率先开展流动人口积分申评的信用评分工作。推进政务诚信建设，发布《鄞州区重点领域政务诚信建设工作计划》，营造城区诚信环境，开展“诚信建设万里行”活动，制订发布活动实施方案，组织失信企业参加鄞州区企业信用修复培训专题会。

【“双创”平台建设】 2018年，鄞州区构建众创空间—孵化器—加速器全链条众创孵化体系。拥有国家级众创空间7家、国家级孵化器3家，国家级众创空间和孵化器均占全市总量的30%，皆居第一位。全区各类在册“双创”平台载体共48家，孵化总面积超过55万平方米。拥有国家级星创天地6家，占全市总量的1/2；鄞创孵化器成为浙江省首家入选中国留学人员创业园区孵化基地的机构，是全市唯一连续3年获得国家级A类（优秀）评价、唯一获得2018年度中国“科技创业孵化贡献奖”的机构。鄞州区大学生（青年）创业园是全市唯一获得海峡两岸青年就业创业基地授牌的单位。

【2018年鄞州人才科技智创周活动】 2018年9月12—21日，鄞州区举办2018年鄞州人才科技智创周活动，邀请到“两院”院士、国家“千人计划”专家、海外高层次人才等100余人，展示高新技术成果近百项，组织企业、人才项目对接800余人次，吸引各类人才2000余人。活动周期间，达成项目合作意向120余个，签约落地大瀚人力、宁波复立保险科技研究院等行业知名企业（单位）10家，引进20余个高端人才团队，揭晓2018年“创业鄞州·精英引领计划”人才项目28个。鄞州人才科技智创周2012年开始举办，已连续举办7届。

（黄 勃）

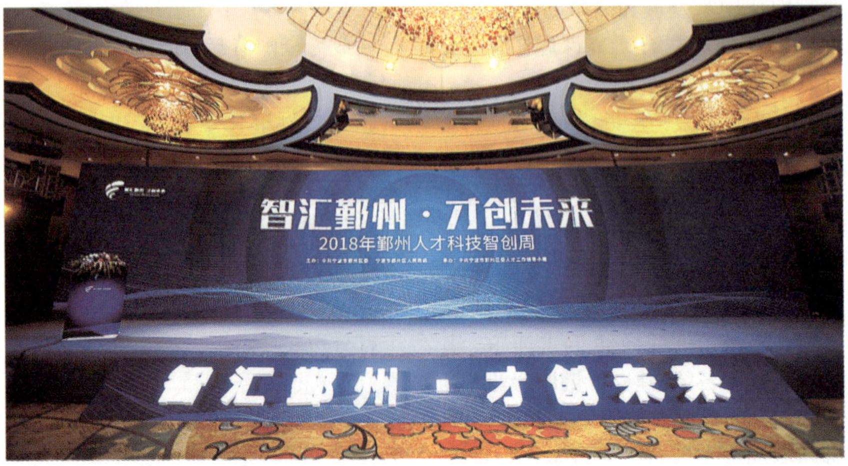

2018年9月12日，“2018年鄞州人才科技智创周”开幕式举行

国土资源管理

【概况】 2018年，区国土分局上报农用地转建设用地15个批次，用地面积292.93公顷，其中新增建设用地249.87公顷。全区供地406.84公顷，土地出让金合同金额132.19亿元。出让工业用地23宗，面积78.59公顷。落实"中国制造2025"试点产业政策，对"3511"产业体系的项目用地，按基准地价的80%确定土地出让价，其中属于八大细分行业的项目用地，符合用地集约条件的，按基准地价的70%确定土地出让价。宁波博威新材料产业项目等17宗65.02公顷工业用地享受"中国制造2025"政策。鄞州经济开发区JK02-02-b2地块等14宗61公顷工业用地均为"标准地"出让。制造业亩均税收42.90万元，高于全市平均值6.70%，共有69家企业上榜2018年宁波市制造业"亩产英雄500强"。

开展批而未供和闲置土地处置"百日攻坚行动"，全年消化"批而未供"土地291.27公顷；低效用地再开发106.67公顷。印发《关于加强土地执法共管责任机制建设的实施意见》，成立全区土地执法共管工作领导小组，全年开展土地执法巡查3000余人次，巡查里程8.70万千米，发现各类违法用地（非法采矿）192宗，作出处罚决定186宗39.16公顷，其中耕地20.21公顷，责令拆除违法用地面积160402平方米，依法没收违法用地上建筑物及设施187892平方米，收缴罚款292.65万元，依法申请法院强制执行267宗。全年拆除复耕91宗18.33公顷。

实施垦造耕地项目13个，预计新增耕地72.47公顷（已验收2个、新增耕地面积1.93公顷；正在实施11个、70.54公顷）。实施建设用地复垦项目新立项3个、规划复垦新增耕地9.26公顷。开展高标准农田建设1200公顷。表土剥离41.33公顷，剥离土方量11.87万立方米。出台《宁波市鄞州区农村宅基地及住房确权登记发证工作实施方案》和《宁波市鄞州区农村宅基地和集体建设用地使用权及房屋所有权确权登记发证实施细则》，成立工作领导小组，全年农房确权登记任务41300户，登记率在70%以上。发证19936户，外业调查24267户。开展农房确权工作专题培训，参加人数650余人。

推进废弃矿山综合治理，瞻岐镇、五乡镇完成废弃矿山复绿整治5个。开展集中办理国有划拨土地使用权补办出让工作，累计办理9100宗、补交出让金2600万元。推进"最多跑一次"改革，全年累计受理各类不动产登记事项285574件，颁发不动产权证书125941本，证明45236本，办理查档业务85836件。

【鄞州银行不动产抵押登记窗口设立】 2018年4月11日，全市首个区级不动产抵押登记银行窗口在鄞州银行正式运行，并办理首笔银行贷款不动产抵押登记业务。该窗口集咨询、受理、信息录入等功能，办件经不动产登记部门审核后，再由该窗口进行缮证、领证。抵押贷款客户在鄞州银行办理贷款手续时，可直接办理抵押登记，实现不动产登记机构"零跑腿"。至年底，办理抵押登记1904件，抵押注销311件。

【土地质量地质调查项目通过野外验收】 2018年11月5日，鄞州区土地质量地质调查项目通过浙江省土地质量地质调查项目专家组野外验收。该项目总预算500余万元，总体工作目标为查明土地（耕地）肥力质量、环境质量、健康质量现状，为土地利用规划调整、永久基本农田示范区建档、土地整理、土壤污染防治、建设占用耕地表土剥离再利用等土地管理工作提供技术支持。项目成果将为全区实现土地数量、质量、生态"三位一体"管护提供技术支持，以及生态文明建设、土地利用规划、农业产业结构调整等提供科学依据。

【地质灾害"除险安居"三年行动治理完成】 2018年12月10日，区国土分局、五乡镇政府和相关专家组成的验收组对位于五乡镇明伦村嘉威织带厂（YZ19）崩塌地质灾害隐患治理工程进行交工验收。该隐患点是鄞州区地质灾害防治与地质环境保护"十三五"规划中6个地质灾害隐患点之一，也是全区最后一个地质灾害隐患点治理工程项目。该隐患点工程治理耗时近1年，投入资金130余万元，采用机械开挖作业方法，通过削坡、清除危岩、设置SNS柔性主动防护网、构筑挡土墙、截排水沟等措施，完成工程治理任务。

【不动产登记网上窗口实现在线委托登记"零跑腿"】 2018年9月12日，

2018年4月11日，全市首个区级不动产抵押登记银行窗口设立

区国土分局不动产登记网上窗口实现在线委托登记“零跑腿”。申办人登录“鄞州行政服务”微信公众号，点击“审批服务”菜单，选择“在线办理”，即进入“鄞州行政微办事”界面，选择对应的办事窗口以及办理事项，完成身份认证后提交材料，即可在线等待“叫号”与“直播大厅”的工作人员进行视频互动，确认资料信息准确无误，就能实现“零跑腿”不动产咨询与远程身份认证。

（林寻忠）

物价管理

【概况】 2018年，鄞州区开展民生商品、重要商品和服务价格监测，开展生猪成本收益调查，完成全省农本专项调查工作，落实国家一般工商业用电降价政策和公共资源交易服务收费降价政策。核定普通住宅小区前期物业收费标准15件、停车场收费标准14件，调整云龙镇敬老院收费标准。完成成本监审12家单位，核减单位上报数618万元。推进污水处理费扩征工作，扩征范围涉及鄞州区12个镇（街道）。

开展节假日市场价格检查、供水供气电信领域专项检查、行业协会收费检查、停车收费检查、殡葬服务收费专项检查、房地产联合检查、电网和转供电环节电价重点检查等各类价费检查11次。受理群众政策咨询、价格举报投诉等1161件，其中停车收费和商场超市投诉量居前两位。查处价格违法行为9件，罚款2.27万元。印发《关于在市场体系建设中建立公平竞争审查制度的实施意见》《公平竞争审查工作部门联席会议制度》等文件，建立健全全区公平竞争审查工作机制，推进公平竞争审查工作。

【全区污水处理费扩征】 2018年，鄞州区印发《关于征收污水处理费的公告》，自7月1日起全面开征污水处理费。征收标准按宁波市物价局制定标准执行：居民生活污水处理费1元每立方米，工业和非工业污水处理费1.80元每立方米，其中对水环境影响较严重工业企业污水处理费2.60元每立方米。此次新开征污水处理费的区域涉及潘火（部分）、下应（部分）、首南（部分）、横溪、云龙、姜山、五乡、瞻岐、咸祥、邱隘、东吴和塘溪等12个镇（街道），其中尚未纳入宁波市大网供水的瞻岐、咸祥、邱隘、东吴和塘溪5镇居民以及横溪镇使用自备水源居民，暂缓征收污水处理费。

（魏建辉）

统　计

【概况】 2018年，区统计局围绕规模以上工业增加值、批零业销售额、营利性服务业营业收入等GDP核算重点指标开展统计实时监测。对镇（街道）“红绿灯”指标按年度目标、全区平均水平、完成进度，实行每月亮灯、排名、通报制度，逐笔对表对账。每月收集整理县域经济运行与转型升级指标，重点监测经济增长与经济效益、科技创新与产业升级、投资消费与进出口、要素供给与支撑保障、资源利用与环境保护、民生改善与城镇化六个方面涉及60余项指标。

开展菜市场及周边环境满意度调查为主题的民意调查。编报政务信息286篇，撰写统计快报11篇、统计专报11篇、统计分析9篇，其中15篇获区委、区政府主要领导批示。在鄞州万达广场举办统计法治宣传。发布各类信息1417条。“鄞州统计”官方微信推送184次、微博推送857次。在《鄞州日报》头版刊登《四经普明天1月1日起正式入户登记》和王兆波《致全区第四次全国经济普查对象的一封信》，鄞响客户端同步刊发。

区“两会”期间，向参加区人大、政协的两会代表分发《鄞州概览》和统计法实施条例学习宣传资料，累计走访45个会场，发放资料1200册。向区委等四套班子及31个部门和25个镇（街道、园区）领导干部分发《领导干部统计法律读本》97本。制作编辑2018年鄞州区统计普法宣传册，向镇（街道、园区）发放2900册。宁波廉宏市政园林建设有限公司、宁波华艺服饰有限公司、宁波神凤海洋世界有限公司、浙江完美在线网络科技有限公司4家企业被评为2018年宁波市统计诚信示范企业（单位）。

【改革开放四十周年宣传活动】 2018年，区统计局编撰改革开放四十年经济社会发展综述和《改革开放40周年鄞州区统计年鉴》，从经济总量、财政实力、三大产业发展、投资规模、外向经济、金融事业、社会发展、人民生活

2018年8月2日，全区第四次经济普查办公室第一次主任会议召开

和城乡统筹等方面的统计数据展示鄞州40年来的历史和变化，以及鄞州经济社会发展取得的成果。

【全国第四次经济普查工作推进】 2018年，区全国第四次经济普查领导小组办公室推进经济普查工作。普查工作于7月6日启动，8月2日在戈尔登大酒店召开全区第四次经济普查办公室第一次主任会议，各镇（街道、园区）经普办主任及副主任2人参加，区经普办各专业组组长及工作人员参会人数70人。清查自9月中旬开始，至11月底结束。全区涉及普查的调查单位和个体户超过14万家（不包括无证个体），比第三次经济普查时增长89%，完成普查机构组建、经费落实、基数整理、综合试点、清查登记等各项工作。全区核查单位7.92万家，其中正常填表6.01万家，填表率75.88%。个体户核查6.85万家，其中正常填表5.41万家，填表率78.98%。

【《2018鄞州区统计年鉴》出版】 2018年11月，由区统计局和国家统计局鄞州调查队联合编辑的《2018鄞州区统计年鉴》内部印刷出版。该册年鉴保持总体框架和内容，设置“综合核算”“人口与劳动力”“人民生活”“附录”等14个部分，各篇章前设“主要统计指标”，篇末设“主要统计指标解释”，辑入的统计数据以2017年统计年报为主。

【《2018鄞州概览》出版】 2018年，区统计局编印《2018鄞州概览》，该书以图、表、文字介绍相结合方式，展示鄞州区经济社会发展特色亮点。内容包括鄞州概况、经济发展、经济指标、社会事业、先进企业、镇（街道、园区）简介5个部分。

【非公有制人才资源调查】 2018年，区统计局开展非公有制人才资源调查。该调查每年开展一次，调查涉及制造业、建筑业、批发和零售业、住宿和餐饮业、房地产业等行业，选取调查样本企业327家。其中经营管理人员16345人、高级专业技术人员1427人、中级专业技术人员3843人、研究生981人、大学本科17218人。

《2018鄞州区统计年鉴》

【企业用工调查】 2018年，区统计局开展企业用工调查。该调查每季度调查一次，调查分别于3月底、6月底和9月底完成。调查涉及制造业、建筑业、批发零售业、住宿餐饮业、房地产业等行业，调查样本91家。91家企业从业人员33862人，其中企业创新相关人员688人、劳务派遣人员2326人。调查期间招录新员工9432人，招录新员工中劳务派遣人员940人，调查期间流失员工9687人，流失员工中劳务派遣人员956人。

【菜市场及周边环境满意度调查】 2018年，区统计局委托第三方机构“宁波市零纬信息咨询有限公司”开展菜市场及周边环境满意度调查。调查采用电话访问形式，内容涉及对菜市场整体购物环境及细分的配套设施、环卫保洁、停车环境、占道经营、日常管理等方面评价，全区涉及21个镇（街道）受访，每个镇（街道）访问100份调查问卷，累计2100份。调查显示，有26.90%的居民每天都会去菜市场，28.30%的居民经常去，12.60%的居民有时去，还有32.30%的居民偶尔去，居民对菜市场的光顾频率整体较高。有34.50%的居民对菜市场整体购物环境表示“满意”，27.20%的居民评价“比较满意”，总计超过60%的受访居民给予肯定性评价，全区菜市场整体购物环境满意度得分为72.35分。

（李　璐）

调　查

【概况】 2018年，鄞州调查队主要承担城乡居民收支、月度劳动力调查等常规统计调查18项。开展城市交通分担率和满意度调查、党风廉政建设民意调查、春耕备耕情况调研、鄞州区新型职业农民发展现状调研等专项调查研究22个。开展城乡居民一体化收支调查，拓展民生调查服务渠道；开展农作物播种面积遥感测量、粮食产量调查，强化“三农”统计调查服务；建立快速调查反应机制，监测反映区域经济社会发展热点、焦点问题。全年撰写调查分析和调研报告32篇、调查信息23篇。被中共中央办公厅、国务院办公厅采录信息1篇；被国家统计局浙江调查总队采录调查分析26篇、调查信息4篇；被区委、区政府办公室采录调查分析6篇、信息10篇，完成区政府办公室约稿8篇次；被《鄞州日报》媒体刊物采录调查分析、信息7篇。

表 15　　2018 年国家统计局鄞州调查队调查项目情况

项目类别	调查项目名称	样本数量及单位
常规调查项目	农作物播种面积遥感测量	5 个村
	粮食产量（单晚）调查	4 个村
	粮食产量（早稻、双晚）调查	3 个村
	农户全年/秋冬播种面积意向调查	50 户
	样本点所在村基本情况调查	5 个村
	住户收支与生活状况调查	400 宅（户）
	农户固定资产投资调查	50 宅（户）
	农民工监测调查	50 宅（户）
	农民工市民化进程监测调查	125 户
	农产品中间消耗统计调查	1 户
	农产品生产者价格调查	9 户
	月度劳动力调查	140 户
	新设立小微企业和个体经营户跟踪调查	50 家企业
	采购经理调查	109 家企业
	工业生产者价格统计调查	111 家企业
	季度畜牧业规模户（生猪）	1 家规模户
	年度生猪、家禽规模户调查	4 家企业
	季度牛、羊生产调查	203 个村
专项调查研究项目	分省住户网购专项调查	33 户
	春耕备耕情况专项调研	9 户种粮大户
	家庭医生签约情况调研	20 名就医者
	宁波市食品安全城市创建满意度调查	260 户
	时间利用调查	55 户
	乡村振兴之路专题调研	26 户
	产业园区产城融合发展研究调查	100 个务工人员
	制造业企业人才情况调研	10 家企业
	农民工工资拖欠情况调研	32 个务工人员
	外来农民工节后返工意愿调研	32 个务工人员
	鄞州区新型职业农民发展现状调研	6 户
	鄞州区集成电路产业发展调研	4 家企业
	鄞州区垃圾分类实施情况调研	100 户
	鄞州区各类创建工作知晓情况调研	10 个村、100 户
	种粮大户“增产不增收”情况调研	12 户
	鄞州区小微企业对 7 项减税措施的反响调研	11 家企业
	企业家对经济形势的判断及预测调查研究	76 家企业
	鄞州区小区物业费收缴情况专项调查	10 家企业、100 户
	鄞州区农村就医现状及对策建议	50 户
	营改增实施两年来鄞州区企业影响情况调研	6 家企业
	鄞州区企业受中美贸易摩擦影响情况调研	76 家企业
	党风廉政建设民意调查	120 户

鄞州调查队工作人员到基层调查点为记账户上门服务

【服务基层大走访活动】 2018年3月，鄞州调查队开展“贯彻十九大，访百户，察民生，廉党纪”基层走访主题活动，通过走访，向企业宣讲政府扶持企业发展和减轻企业负担的相关政策，帮助企业用足用好现有政策。深入村社开展结对联系和指导帮扶，帮助提高基层治理水平。全年走访调查点54个，走访企业40家，走访住户240户，有效解答基层咨询202次，疏堵具体工作37个，解决工作困难16件，获取基层意见建议10余条。

【小区物业费收缴情况调查】 2018年7月，鄞州调查队开展小区物业费缴费情况调查，抽选10个小区100户业主和10家物业公司。调查结果显示，鄞州区小区物业费总体收缴率超过70%，但拆迁小区收缴率偏低。具体存在业主对物业服务认可度一般、物业部分服务不到位、业委会面临信任危机、参与率低、物业费使用情况公开程度不够造成业主误解、部分物业收费与物价脱节、业主反映的部分问题超出物业职责范围等问题难题。因此，建议社区居委会牵头引领小区管理，提高业委会参与度，消除信任危机，加强物业管理，提高物业管理质量，推进业主自治自律，提高业主素质等方面举措，实现物业与业主和谐共赢。

【产业园区产城融合发展研究调查】 2018年6月，鄞州调查队开展产业园区产城融合发展研究调查，抽选辖区内产业园区10家企业的100名务工者。调查结果显示，产业园区在建设发展中均以基础设施投资和招商引资为重点，重视生产功能和产业功能发展，忽视生活和能力功能的发展，产业发展和城市建设与综合服务体系没有形成良好的互动机制，基本处于产城分离状态。具体存在空间格局缺乏宏观统筹思考、城镇化发展滞后、土地利用混杂、环境污染整治压力较大等问题，对加快园区经济发展方式转变，实施经济结构调整，留住高素质人才，实现有效的社会网络和居民安居乐业都不利。只有以产城融合为依托，以产业为引领，以城市为载体，以居民安居乐业为落脚点，才能实现城市经济社会协调发展。因此，需要从完善产业布局协同发展、实现产业与公共服务契合、实现产业与人文融合三方面思考有效举措，以达到产业、城市、人文三方共赢的局面。

【统计调查基层基础建设】 2018年，鄞州调查队加强统计调查基层基础建设，全年组织各类培训21期，累计712人次。规范业务管理，实行调查数据采集、数据审核、数据汇总、数据评估、数据核查、数据签发全流程标准化、规范化；强化数据质量核查，提高数据科学评估水平。全年累计开展数据质量核查46次，检查单位数量达985家（户、点）；利用业务培训、工作调研、数据质量核查、统计执法检查等时机，开展多种形式的统计普法宣传活动。全年累计以会普法21次、受众712人次；走访普法54次，受众280人次。至年底，开展现场普法宣传活动3次，微信公众号推送普法专版2次，向公众发放普法宣传资料300份、统计普法宣传品600份。

（郑柳艳）

审　计

【概况】 2018年，区审计局完成审计项目69个，查出违规金额28902万元，管理不规范金额173836万元，核减投资额6.80亿元，促进增收节支和挽回损失3.40亿元；移送问题线索24起，立案15起，刑事处罚11人，党纪政纪处分11人；提交审计报告57篇、审计专报19篇，被领导批示64篇次；审计信息被上级审计机关和区委、区政府录用192篇次。

开展区本级财政预算执行和其他财政收支情况审计、宁波广告产业园区财政扶持资金绩效审计、区党校后勤服务中心财务收支审计、邱隘镇财政财务收支审计和东吴镇自然资源资产责任审计，实施产业基金投资业务情况、垃圾处置管理、物业维修相关资金管理情况、人才经费、全区土地整治及表土剥离和全区镇级污水处理系统建设项目专项审计调查。开展全区9个单位13名领导干部任期经济责任审计。《鄞州区国有资产管理情况专项审计调查》和《鄞州区东柳街道原党工委书记原办事处主任任期经济责任审计》被评为宁波市优秀审计项目。

【大数据审计应用平台二期建成】 2018年12月，区审计局完成大数据审计应用平台二期和安全项目建设，建立法规库试运行平台。结合项目计划采集

2018年6月，区教育局经济责任审计中利用大数据平台实现下属单位学校数据分析全覆盖

全区财务数据1230套及相关银行对账单，申请省数据中心接口11个，涉及企业、股东、低保等多种数据。在区教育局经济责任审计项目中，利用大数据分析技术实现区教育局下属单位及175个公办学校的审计全覆盖，收缴财政资金2743万元。《鄞州区教育局经济责任审计项目大数据应用案例》《涉企补助资金大数据审计案例》入选省厅大数据审计项目案例。

【审计整改落实】 2018年11月14日，全区审计整改督查领导小组工作会议召开。11月19日，区委、区政府印发《关于进一步加强审计整改的意见》，要求各部门、各单位加强审计整改的主动性和自觉性，明确整改责任单位、整改责任人、整改时限和整改要求，确保审计发现的问题得到逐项整改。区人大和区委组织部牵头，开展整改联合督查4次。全年发布审计结果公告40项，督促被审计单位整改公告20项。

【自然资源资产责任审计】 2018年，区审计局在东吴镇开展自然资源资产责任审计。由区政府牵头建立由环保、水利、农林、国土等部门组成的自然资源资产审计工作联动小组，利用地理信息系统、遥感、全球定位系统等信息技术，运用各类图斑叠加、历史图斑对比形成审计疑点，并采取现场踏勘拍照、无人机航拍等方式进行取证。审计发现问题11个，出具审计移送处理书2份，录用信息13篇次。通过联合执法查处非法采石1起，拆除违章建筑1处，责令污染企业搬迁1家，责令工业废水截污纳管1家。

【全区建设项目单位自行委托审计情况专项审计调查】 2018年，区审计局通过随机抽查方式开展全区建设单位自行委托审计情况专项审计调查，完成3年轮审工作。2016—2018年，对全区53家建设单位合计318个自行委托审计项目进行抽查审计，涉及投资额68263万元，抽查面约为10%，重点抽查招投标、工程变更、无价材料、隐蔽工程等建设领域关键环节，分析问题背后的深层次原因，形成《鄞州审计建议为棚户区改造项目减轻过渡费支付压力》《建议高度重视政府投资项目决算久拖不决问题》《关于加强我区政府投资项目内控管理的建议》审计专报，提出建设性意见和建议。

【经济责任审计结果被纳入区管领导干部考核评分体系】 2018年1月，鄞州区试行《鄞州区区管领导干部“四述四评一清单”年度考核实施办法（试行）》，该办法将经济责任审计结果纳入区管领导干部考核评分体系，明确建立区管干部年度履职负面清单制度，规定对20种情形进行负面扣分，其中在经济责任审计中被认定应负直接责任的，对相关责任人年度考核分每条每次扣除5分。“四述四评一清单”评分结果是确定领导干部年度考核等次的重要依据。综合评分低于70分，一般定为“基本称职”；综合评分低于60分，一般定为“不称职”。对年度考核等次评定为“基本称职”“不称职”将按有关规定，采取诫勉、调整岗位、改任非领导职务或降低一个职务层次任职等组织处理。

【“经责+内审”协同发展机制构建】 2018年5月，区审计局印发《宁波市鄞州区内部管理干部经济责任审计实施细则》（以下简称《实施细则》）《鄞州区内部管理干部经济责任审计制度汇编》，该实施细则有10章，涵盖从组

2018年7月20日，区审计局首次开展自然资源资产审计

织管理、审计计划、审计实施至审计整改、立卷归档等步骤内容，纵向上对审计实施、审计范围及重点内容、审计报告等重点章节作详细步骤说明和格式模板参考，横向上对审计范围中涉及的下属行政事业单位、国有（集体）企业、村（社区）主要负责人经济责任审计的重点内容进行分门别类的表述。并要求区直属部门、镇（街道）对内管干部经济责任审计三年内实现全覆盖，审计方式以任中审计为主；内管干部所在单位进行整体改制、兼并、出售等，必须进行经济责任审计；各主管单位每年年初编制的内管干部经济责任审计项目计划，须以正式文件形式报区经济责任审计工作联席会议办公室备案，审计计划推进及审计成果情况要求每季度报送一次。至年底，推进全区内管干部经责审146人。加强对镇（街道）内审工作的现场指导，开展全区菜市场经营管理情况同步审计项目。

（高　翔）

市场监督管理

概　述

【概况】 2018年，鄞州区新设内资企业（含分支机构）12060户，注册资本（金）10533890万元。其中，私营企业11272户，注册资本（金）9415829万元，增加投资者人数20389人，雇工人数57109人；新设个体工商户12840家，资金数额158321万元，增加从业人员27136人；新设农民专业合作社4户，成员出资总额5083万元。全区实有内资企业（含分支机构）66910家，注册资本（金）47524227万元。其中，私营企业63451家，注册资本（金）41465660万元，有投资者人数119007人，雇工人数830895人；个体工商户68738户，资金数额567687万元，从业人员135295人；农民专业合作社173户，成员出资总额14913万元；实有各类市场主体138494户。立案查处各类案件1232起，大要案365起，罚没款2112万元，移送司法机关19起。全年共受理各类举报投诉14352件，办结14065起，办结率98%，为消费者挽回损失1468万元。

落实“最多跑一次”改革，出台《鄞州区市场主体住所（经营场所）登记管理试行办法》；推行“QQ好友”工作法，问题咨询和资料发放，直接在网上办理；推进邮政快递业务、简易注销登记、银行网点代办工商注册登记服务工作、压缩企业开办时间等工作举措。推进商标品牌战略实施，开展“4·26”知识产权日宣传，组织“商标品牌服务进园区进企业”活动；引导企业运用商标品牌价值，运用商标专用权质押贷款融资；加强商标权日常监管保护，开展“双打”（打击侵犯商标知识产权和制售假冒伪劣商品）行动，开展“议题管理”工作。促进广告业发展，整治违法广告，持续加大广告监管执法和服务工作力度。对会展中心展会上的广告进行实时监管，开展互联网广告专项整治。开展金融投资类广告专项整治；推进广告业务宣教，开展《中华人民共和国广告法》的巡回宣讲培训活动，推进公益广告宣传；推动广告企业参与中广协组织的“长城奖”“黄河奖”和省广协举办的“金桂杯”助力小微企业与区域经济发展广告创意活动及“杰出广告人”评选活动，宁波远见传媒股份有限公司报送的《世界不应只在这五寸之间》，入围中国公益广告黄河奖。组织开展人感染H7N9禽流感防控，重点抓好农村农贸市场的禽类交易管理和清洗、消毒、休市等各项制度的落实，并着力引导市场经营户“杀白”上市。联合区级相关部门，配合做好“一打三整治”（依法打击涉渔“三无”船舶和违反伏休规定等违法生产经营行为，全面开展渔船“船证不符”整治、禁用渔具整治和污染海洋环境行为整治）工作，通过错时执法，扩大时空范围，精确巡查定位，增加检查频数，严密监管“禁渔期”市场。

开展食品安全城市“两级联创”［宁波市国家食品安全城市创建试点及浙江省食品安全市、县（市、区）创建］工作。推进食品安全联动追溯平台示范工程建设，实现从“农田到餐桌”全过程可追溯。组织开展农村假劣食品等各类安全专项整治行动，巩固推进食品安全责任商业保险，提升基层食品安全治理能力，重点关注校园食品、小餐饮、网络餐饮，深化分级管理和“第三方”评估，完善检验检测体系强化安全风险防控，推进社会共治体系建设，创建各类示范引领单位。促进零售药店许可证集中换证，继续深化监管、宣传、服务三位一体的政校合作模式，推进化妆品“百千万”美丽消费示范工程和药品器械化妆品不良反应监测。引导企业导入卓越绩效模式，提升企业质量控制水平。推进品牌培育，继续挖掘和培育品字标“浙江制造”企业和各级政府质量奖申报企业。实施“标准化+”战略，指导企事业单位开展上级标准研制和采用国际国外先进标准。抓好标准化项目的培育和申报，完成“社区便民服务”和“航运交易服务”两个国家级项目验收。落实各项帮扶措施，开展新一轮小微企业三年成长计划相关工作，为区域企业提供各类平台和融资便利；加大双随机检查，发挥市场提升、红盾护农、合同帮扶、股权出质、动产抵押、非公党建等职能作用，提升民企“双对接”活动，培育信用示范企业，提升商品交易市场网上网下的融合发展。

强化产品监管，完善质量风险监控机制和监督抽查机制，开展重点产业、重点产品质量评价，加强计量监管、日用消费品和重要工业产品质量安全监管及认证认可监管，重点加大对检测检测机构和认证机构监管，规范机构检验检测和认证行为。加强特种设备安全监管，完善风险评估和危害辨识，抓好危险化学品及相关产品特种设备和公共聚集场所特种设备的风险管控和隐患排查治理双重预防机制建设，试点推广大型游乐设施、电站锅炉的双重预防建设，推广电梯“保险+服务”工作。开展“你点我来”活动，选取15个项目出台具体实施方案，由科室联合基层所进行帮扶和攻坚活动。

表16　　2018年鄞州区设立的注册资本5亿元以上企业情况

序号	企业名称	注册地	注册资本（万元）
1	宁波中晟涌洲控股有限公司	浙江省宁波市鄞州区兴宁路66号1幢164幢13—5	50000
2	宁波弘福房地产信息咨询有限公司	浙江省宁波市鄞州区钟公庙街道贸城西路157号1F20室	80000
3	中兵汇韬（宁波）股权投资合伙企业（有限合伙）	浙江省宁波市鄞州区首南西路88、76号B幢1层766室	50000
4	宁波兆昂弘育机会二号股权投资基金合伙企业（有限合伙）	浙江省宁波市鄞州区首南西路88、76号B幢1层825室	85000
5	中城投集团第十工程有限公司	浙江省宁波市鄞州区泰康中路558号4401室-2	80000
6	五矿元鼎股权投资基金（宁波）合伙企业（有限合伙）	浙江省宁波市鄞州区首南西路88、76号B幢1层740室	1150000
7	浙江景丰新能源科技有限公司	浙江省宁波市鄞州区潘火路215号1501-9室	185678
8	宁波工投产业投资基金有限公司	浙江省宁波市鄞州区江东北路475号004幢宁波和丰创意广场（15-1）意庭楼1505-1室	50000
9	宁波和荣鼎新投资管理合伙企业（有限合伙）	浙江省宁波市鄞州区仇毕路1号306室	500000
10	宁波博威新材料有限公司	浙江省宁波市鄞州区瞻岐镇大嵩盐场	57000
11	宁波宝龙华隅置业发展有限公司	浙江省宁波市鄞州区天童南路707号明创大楼二楼	50000
12	宁波泰虹企业管理有限公司	浙江省宁波市鄞州区首南西路88、76号B幢1层782室	100000
13	宁波瑞鄞投资管理合伙企业（有限合伙）	浙江省宁波市鄞州区首南西路88、76号B幢1层749室	80100
14	宁波和荣华竞投资管理合伙企业（有限合伙）	浙江省宁波市鄞州区首南西路88、76号B幢1层703室	500000
15	宁波兆昂弘育机会一号股权投资基金合伙企业（有限合伙）	浙江省宁波市鄞州区首南西路88、76号B幢1层824室	85000
16	甬商实业有限公司	浙江省宁波市鄞州区江东北路475号宁波和丰创意广场004幢（13-1）意庭楼1301	80000
17	宁波恒弘置业有限公司	浙江省宁波市鄞州区曙光北路1858号（10-1）	161224
18	浙江长乐园养老服务有限公司	浙江省宁波市鄞州区中河街道钱湖云庭大厦1幢1-2单元1038室	75000
19	宁波仲慧股权投资基金合伙企业（有限合伙）	浙江省宁波市鄞州区首南街道首南西路88、76号B幢1层640室	300590
20	宁波骊悦新盛投资中心（有限合伙）	浙江省宁波市鄞州区鄞州区贺丞路3-2号（1-24）	500000
21	宁波涌韬置业有限公司	浙江省宁波市鄞州区下应街道湖下路147号启城商务大厦三号楼309室	62000
22	宁波翔汇房地产信息咨询有限公司	浙江省宁波市鄞州区日丽中路777号1401-12室	120000
23	宁波利鄞投资管理合伙企业（有限合伙）	浙江省宁波市鄞州区首南西路88、76号B幢1层748室	600100

【《关于助力“六大专项行动”打造优质高效营商环境的若干意见》出台】 2018年4月11日，鄞州区针对区域内13万户市场主体，出台《关于助力“六大专项行动”打造优质高效营商环境的若干意见》（以下简称《意见》），《意见》共十八条，明确在“最多跑一次”基础上，推进“就近跑一次”。设置区行政服务中心、分中心、咸祥、五乡、邱隘、横溪、姜山7个登记注册统办点。实施“双随机、一公开”抽查，建立健全企业信用管理制度；实施放心消费系列创建活动，开展“企业无理由退货”社会承诺、商品和服务质量维权等系列行动；推进“浙江制造”品牌建设工作，组织发动龙头骨干企业积极申报各级政府质量奖；发挥品牌指导站作用，突出商标国际注册、收购境外商标品牌、开展商标专用权质押贷款等项目。

【区市场监管局获评全国广告工作表现突出单位】 2018年3月16日，国家工商行政管理总局发布《关于表扬全国工商和市场监督管理部门广告工作表现突出单位的通报》，区市场监督管理局获评全国广告工作表现突出单位。区市场监管局帮助广告企业推进广告的创作、发布和评比，引导企业参与各类广告创意活动；发动媒体单位、广告公司参与公益广告的发布；在全区范围内开展广告及金融投资类广告专项整治行动，并配合区金融办等部门，加大对投融资理财资讯类公司的监管，加强市场巡查。至年底，查办各类广告违法案件102件，罚没金额341.63万元，其中虚假广告案件25

件、网络违法广告72件。查处10万元以上大案8件、5万元以上大案6件、1万元以上大案71件。

【区市场监管局获评2017年省级“放心消费在浙江”行动先进集体】 2018年2月2日，浙江省工商局发布《关于表扬2017年全省工商系统和消保委组织推进“放心消费在浙江”行动先进集体先进个人的通报》，区市场监管局被评为2017年省级“放心消费在浙江”行动先进集体。区市场监管局把消费维权作为重要工作，对申报创建“放心消费示范单位”主体进行调查摸底和指导，组织消费者开展消费体验择优选择，“放心消费示范点”创建让消费者说了算。加强社会监督，成立由区人大代表、区政协委员、新闻记者和义工组成的监督员队伍。同时，组织市场主体进行“放心消费在浙江”行动创建的专题培训，指导创建单位制定创建承诺和制度。与区商务局、区文广新局等部门联合，开展专项宣传活动，张贴放心消费示范店统一标识，示范街区、社区的大型广告区滚动播放“放心消费在浙江”行动创建宣传视频，公共区域增设创建宣传道旗等。全年共受理各类举报投诉14352件，办结14065起，办结率98%，为消费者挽回损失1468万元。由第三方进行的全市满意率调查，鄞州区在98%以上，位居第一。全年创建放心商店50家，放心网点43家，餐饮商家34家，放心市场7个，放心景点3个，无1例举报投诉和纠纷。

【商标专用权保险项目推行】 2018年8月7日，欧琳集团、李氏实业与保险公司签约，为企业商标申请费用损失补偿保险和商标被侵权损失补偿保险，这是鄞州区首次达成商标专用权保险战略合作。商标专用权保险项目是在市场监管部门指导下建立的服务和保障企业商标专用权管理过程的创新项目。主要内容是为试点企业在商标国际注册中和商标维权过程中的资金损失提供风险转嫁和经济补偿，并配合必要的专业三方法律咨询和维权援助服务以帮助企业更好地进行商标专用权的管理和运用，是“商标保险+维权+服务”的创新模式。

【融资服务平台建立】 2018年，区民企协会与鄞州银行共同搭建融资服务平台，推出商易贷3.0版，贷款金额提升至300万元。至年底，帮助58家小微企业融资5200万元。组织企业对接宁波邮政储蓄银行小微企业贷款业务部，参加现场对接会2次，初步达成意向民企35家。参加市协会组织的宁波市融资洽谈会，召集20家企业参与。同时，区市场监管局探索其他商标质押、动产抵押等融资渠道，对接金融机构，为有资金需求的企业增加授信额度。

【新一轮小微企业三年成长计划启动】 2018年，鄞州区启动新一轮小微企业三年成长计划，由区长任组长，各成员单位“一把手”局长任成员，将区金融办增加为领导小组办公室副主任单位。定期更新完善省局“515”小微企业梯队培育库平台，对全区小微企业进行梳理，并录入建库，梯队培育库中已有初创型企业1173家，成长型企业284家，领军型企业145家。采集小微企业发展指标并进行综合分析，全年采集小微企业信息355家。组织开展宁波市小微企业行业转型之星评选，区市场监管局推荐的博宇燃气具、佰宁食品配送等14家企业上榜，数量上居宁波各县（市、区）首位。在省工商局5月发布的《2017年浙江省小微企业成长指数报告》中，鄞州小微企业成长指数位列全市第二。

【《社区便民服务中心服务规范》国家标准发布】 2018年9月17日，由区市场监管局组织申报，以区民政局、区市场监管局、区社工协会等为主要起草单位完成的《社区便民服务中心服务规范》国家标准发布，并将于2019年4月1日起正式实施。该项标准从服务项目、服务过程、服务评价等方面对社区便民服务的各个环节提出较为系统的要求，为打造服务体系健全、服务过程规范、服务方式多样的社区服务中心提供指引。该项标准得到市、省质量技术监督局的认可和推荐，被国家标准化管理委员会立项为国家标准。这是鄞州区主持的首个、也是全市第二个社会管理与公共服务类国家标准。

【跨部门“双随机”联合抽查】 2018年，区市场监管局开展跨部门“双随机”抽查工作2次，分别与区投资合作局和区文广新局抽取区内企业外商投资企业15家、从事境外旅行业务的旅行社4家。通过集中预查明确检查事项，联合交叉组建检查队伍以及分组上门实地检查，完成检查任务。同时，开展首次国家局1号“双随机”抽查任

2018年10月19日，区市场监管局执法人员对餐饮店进行检查

务，涉及区内企业145家。开展年报企业联合“双随机”抽查任务，抽取企业2871户。其间，引入宁波大红鹰财经学院6名大学生，发挥财务资料核审方面优势，在直属市场监管所和首南市场监管所提供第三方辅助服务。对20余名涉及抽查任务的各科所骨干进行实践式培训。

【百名市场监管干部夜巡夜查行动】2018年10月19日晚，区市场监管局组织百名干部开展突击夜巡夜查行动，由区市场监管局全体班子成员带队，科所负责人、执法人员一行共100余人，分12组，按照文明城市检查、“放心消费”主体创建、“放心农贸市场”创建等标准，在集中就餐时段，实地查看中河、钟公庙、潘火、百丈、福明等12个街道的餐饮集中点经营情况。并结合校园周边整治行动，检查学校周边“三无产品”等情况。其间，检查餐饮店、食杂店等380余家，发现问题单位27家，下发责令整改通知书27份，对6家餐饮单位予以立案调查。

（刘保锋）

工商行政管理

【概况】2018年，区市场监管局落实“最多跑一次”改革，试点实施住所承诺，推行“QQ好友”工作法、实施“一审一核”制度，压缩企业开办时间，并落实各项规定和政策，把好企业准入关。推进各类市场主体年报公示工作，完成企业年报公示53807户，自然年报率91.58%，工作年报率92.50%；完成个体工商户年报公示51835户，自然年报率86.32%，工作年报率89.04%；完成农民专业合作社年报公示133户，自然年报率77.78%，工作年报率78.95%。开展市场主体清吊工作，完成个体户依职权注销2521户，完成企业吊销1693户。

7家企业首次公示为AAA级“守合同重信用”单位，30家企业继续公示为AAA级“守合同重信用”单位；23家企业首次公示为AA级“守合同重信用企业”，其中小微企业6家；22家企业继续公示为AA级“守合同重信用”单位，其中小微企业2家，24家企业首次公示为A级“守合同重信用企业”；15家企业继续公示为A级“守合同重信用企业”。做好格式合同备案规范工作，通过《鄞州日报》、微信公众号及外网等进行专题宣传。

开展消费投诉信息公示工作，制订《关于全面开展消费投诉公示试点工作的实施方案》，对公示内容、程序、方式、公示范围、公示频次等进行具体明确。“老陈消费调解工作室”在姜山市场监管所挂牌成立。推行企业注册登记全程网上申报，引导经办人员到网上办理企业登记业务。与建设银行鄞州支行举行工商登记“政银通”服务协议签约仪式，银行网点可免费代办工商注册登记。通过微信公众号、网站、微博、区级媒体等方式面向公众发布信用约束案例，警示并提醒全区市场主体珍惜自身信用。开展未注册商标“净化”行动，出动执法人员32人次，检查企业169家。

与区司法局、财政局联合发文，下拨2018年上半年度人民调解“以奖代补”经费，区消费纠纷调委会获得8000元专项补贴经费。这是鄞州区在消费维权领域第一次获得人民调解“以奖代补”经费。

【二手车专项整治】2018年，区市场监管局联合鄞州公安分局和各街道办事处查处整治二手车乱象，统一格式合同，加强舆论引导和警示教育，出台控制二手车经营单位设立登记的相关规定。其间，出动执法人员5968人次，检查二手车经营户1795家次，处置二手车举报投诉1642起，为消费者挽回经济损失800余万元；查处22起商业贿赂、虚假宣传、无照、异地经营等违法行为，罚没款199万元。二手车交易纠纷投诉下降75.85%。联合鄞州公安分局约谈市二手车经纪行业协会，对涉嫌违法经营的二手车经纪公司，停止市二手车经纪行业协会77网编号使用93家。邀请浙江正清和律师事务所律师分三次对辖区近300家二手车经营单位进行《中华人民共和国合同法》等法律、法规的培训。

【类金融专项整治】2018年，鄞州区以钟公庙街道为试点，由区金融办、鄞州公安分局经侦大队、钟公庙派出所、区市场监管局直属所等组成联合执法队，对理财、借款等金融服务的P2P企业和车贷、房贷等贷款类的其他类金融企业开展专项整治。其间，对2家涉嫌广告违法企业进行立案处理，对6家注册地与实际经营地址不符的企业作出责令改正通知书。经过整治，街道原有类金融机构71家，搬迁、歇业38家。其中，原有P2P企业14家，搬离、歇业5家，实现实现有效挤压。5月30日，全区类金融风险整

2018年5月25日，区市场监管局执法人员对辖区二手车企业进行检查

治工作会议召开，并在市市场监管局统一部署下开展对传统互联网金融企业和经营范围中包括“互联网信息科技”“网络科技”等字样的3400余家企业开展登记事项、公示信息、虚假宣传、互联网广告4个方面检查。至年底，抄告金融办涉嫌未经许可从事非法金融活动企业16起，联合排查高风险企业15家。

【“全城通办”营业执照核发】 2018年12月13日，宁波百策商业管理有限公司领到由区市场监管局核发的首份“全城通办”营业执照。“全城通办”模式是鄞州区全面落实《关于全面实施注册登记便利化进一步打造优质营商环境的实施意见》中关于“积极推进‘全城通办’改革试点”的要求，打破原有按照属地管辖权进行受理的传统模式的新路径。在全市范围内，申请人可就近自愿选择登记机关办理申请业务，受理市场监管局窗口对申请材料进行接收、审查并确认办理结果送达方式，通过统一登记平台完成材料扫描上传，属地市场监管局窗口审核完成后按照申请人选择的送达方式完成送达，实行“异地受理、属地审核”。至年底，核发“全城通办”营业执照101份。

【涉金融企业信用修复专项治理】 2018年，区市场监管局针对长期未正常经营“僵尸企业”依法依规进入经营异常名录并公示后，给市场环境带来市场主体发展质量不高、企业生命力不强、营商环境不佳的不良效应，开展全区涉金融企业信用修复专项治理。有286家涉金融企业被列入经营异常名录，其中因失联列异共187家，占比超过60%，未按时年报列异99家。至年底，有5家因补报未报年度的年度报告并公示被移出异常名录，4家因注销自动移出异常名录，3家已补报未报年度的年度年报但尚未申请办理移出手续，3家企业收到整改通知书后正在整改，1家企业被吊销。

【反不正当竞争专项执法行动】 2018年4月，区市场监管局开展为期4月的“甬剑一号”反不正当竞争专项执法行动，重点聚焦在社会关注度高的民生领域和《中华人民共和国反不正当竞争法》修订涉及调整内容的商标广告、消费侵权等方面案件的查处。采取科所联动方式，由稽查大队牵头，各相关业务科室和基层市场监管所配合。并在经检、法规业务线培训中就反不正当竞争执法业务向全局稽查线执法干部进行讲解及案例介绍。行动期间，出动检查人员128人次，检查相关市场主体678家，立案查处不正当竞争案件12件，其中大要案4件，涉案金额9.65万元，罚没款63万元。

【商标代理机构信用分类监管】 2018年6月20日，鄞州区启动商标代理机构信用分类监管工作，制订《商标代理机构信用分类监管实施方案》；明确工作目标、工作步骤和各部门的职责分工，落实在鄞州区信用评价系统植入评价标准，并设置好相应的用户及权限，做好平台的维保工作，修改《商标代理机构信用等级评定及分类监管办法》。对辖区内326家商标代理机构进行调查排摸，建立完善数据库，实际经营商标代理业务的企业共有25家，完成对实际经营的商标代理机构的信用评审，共评出A级企业4家，B级企业20家，C级企业1家。

表17　2018年鄞州区中国驰名商标（行政认定）一览

序号	企业名称	商标（注册证号）
1	宁波杉杉股份有限公司	杉杉831664
2	奥克斯集团有限公司	XUX+奥克斯3246107
3	宁波欧琳厨具有限公司	欧琳+OULIN994214
4	宁波培罗成集团有限公司	培罗成1697237
5	宁波乐士实业有限公司	LESLI+乐士1633652
6	宁波永享铜管道有限公司	永享+H+YONGXIANG1601618
7	浙江一舟电子科技股份有限公司	SHIP1981935
8	宁波巨神制泵实业有限公司	巨神JS及图742335
9	宁波李氏实业有限公司	MuZi1396964
10	宁波隆兴焊割科技股份有限公司	隆兴LONGXING及图1139225
11	宁波宏大电梯有限公司	豪斯汀HOSTING及图1307091
12	宁波欧琳厨具有限公司	欧琳+OULIN 1208385
13	宁波市鄞州精铸五金厂	NBLF+图3274800
14	宁波音王电声股份有限公司	SoundKing+图1351208
15	宁波中哲慕尚控股有限公司	GXG3083564

续表17

序号	企业名称	商标（注册证号）
16	宁波汉浦工具有限公司	PULY1530822
17	宁波乐歌视讯科技股份有限公司	乐歌4917421
18	宁波高发汽车控制系统股份有限公司	GF4463134
19	麦克英孚（宁波）婴童用品有限公司	宝贝第一Babyfirst6275514
20	奥克斯集团有限公司	AUX5108408
21	奥克斯集团有限公司	奥克斯5447955
22	宁波市鄞州永林电子电器有限公司	YLE1213185
23	浙江一舟电子科技股份有限公司	一舟6582157

（刘保锋）

食品药品监督管理

【概况】 2018年，鄞州区发放食品经营许可证7539个。自行检测食品2453批次（含婴幼儿乳粉222批次、特殊膳食食品36批次），不合格48批次，均立案查处，222批次婴幼儿乳粉和36批次特殊膳食食品全部合格。安装食品安全电子监管客户端263个（市场内91个，市场外172个），比上年增加1个。年平均使用率20.90%。

立案查处食品违法生产案件16件，罚没款62.65万元；食品流通案件202件，罚没款345.18万元；餐饮服务案件243件，罚没款145.49万元；药品案件19件，罚没款2.52万元；医疗器械案件17件，罚没款30.29万元。

全区共有涉药单位1004家。其中，药品生产企业4家，药品批发企业6家，药品连锁企业3家，药品零售企业499家，各类医疗机构492家（市级医疗机构1家，区级医疗机构6家、镇、街道医疗机构19家、民营医疗机构23家、医务室59家、诊所109家、社区卫生服务站235家、村卫生室16家、其他医疗机构24家）。

全区有医疗器械生产企业30家，其中三类1家、二类13家、一类15家，共有医疗器械注册（备案）产品251个，其中三类4个、二类166个、一类81个。

建立一支由38人组成的银龄志愿者队伍，协助监管部门预防和发现欺诈虚假宣传行为，并接触参加企业举办的各类会销活动，提供食品保健品非法会议营销违法行为线索。在浙江医药高等专科学校进行药品安全突发事件应急演练，共有300余人参加演练观摩。

区市场监管局联合区委老干部局开展以“防范欺诈、关爱健康”为主题的全省食品、保健食品欺诈与虚假宣传整治“百场”宣传——鄞州主会场活动，参会老年人有近百人。

全国首份预防性食品安全责任险落地宁波蔬批市场，食责险模式为蔬批市场统一出面投保，总保费30万元，政府补助15万元。

【食品无证无照专项整治行动】 2018年6月5日至9月30日，区市场监管局在全区范围内开展食品无证无照专项整治行动。行动分为排查摸底、规范整治、总结提高三个步骤。各镇（街道）组织各村（社区）联络员、信息员先开展一次食品生产经营无证无照大排查；各有关部门根据排查出的食品无证无照经营行为开展规范、整治、打击；对重点规范整治区域和有重大影响的食品无证无照区域由镇（街道）牵头制订整治方案并开展联合执法。行动期间，办证（照）117家，关闭37家，正在办理证（照）30家，立案查处10家，取缔7家，责令停业整顿2家，其他19家。

【茶叶市场经营乱象整顿】 2018年3月，区市场监管局对全区茶叶市场经

2018年3月27日，区市场监管局执法人员对批发市场内茶叶经营户进行检查

营乱象进行为期半个月的专项整治。重点对茶叶市场及场内茶叶经营户、茶叶分装企业、各类茶叶专卖店等有无落实食品安全第一责任人义务，完善索证索票等进货查验义务，规范茶叶分装行为和标签及标识等进行全面检查。约谈市场举办方，督促其落实主体责任；组织茶叶经营户参加食品安全知识培训，制作并发放《茶叶经营单位守法经营告知书》120余份；督促经营单位开展自查自纠，对一些违法情节明显、社会影响恶劣、严重侵犯消费者合法权益的违法行为予以打击。其间，出动检查人员420余人次，检查各类茶叶专卖店等经营户210余家，抽检茶叶40批，立案查处违法案件3起，罚没款60余万元。

【商业综合体食品安全责任险推出】 2018年6月21日，鄞州区与国寿财险宁波分公司合作，在全市率先推出商业综合体食品安全责任保险，东部银泰城作为试点投保单位，为综合体内餐饮店进行投保，其中区财政补贴30%，保险期限为一年。商业综合体食品安全责任险是商业综合体管理方作为投保人组织区域内的餐饮商户进行统一投保。在保险期间或载明的追溯期内，一旦发生因不安全因素导致食品安全事故，造成消费者或其他第三者人身伤亡或直接财产损失的，保险公司将进行赔偿。至年底，东部银泰城商业综合体92家餐饮商户、印象城商业综合体63家餐饮商户以及市蔬批市场300个经营摊位整体投保商业食责险，保费共计37.81万元，政府补贴17.34万元。

【区药品专家库组建】 2018年9月17日，区市场监管局与浙江医药高等专科学校政校合作，组建鄞州区药品专家库，首批聘任丁静等浙江医药高等专科学校药学院的29位教师为区药品专家，参与课题研究、成效评价、专项检查、以老带新、应急反应、宣传教育等工作。至年底，组织专家参与生产批发企业检查8家次、药品宣传2场次，并委托专家对全区零售药店的现状、存在问题进行评估。

【流通领域药品质量安全专项整治】 2018年7—10月，区市场监管局在全区范围内对城乡接合部和农村地区药店诊所、药品批发企业开展流通领域药品质量安全专项整治，对医药药材有限公司关键岗位人员在岗履职情况、特殊管理药品经营情况、药品的储存情况和购销药品证、票、账、货、款等情况作为重点核查内容，通过国家特药系统对可待因复方口服溶液销售情况进行核实，并对下游企业的签收人员备案、对公账户是否备案等进行核实、比对。对日常管理水平较低、群众举报投诉较多或近期有处罚的企业作为重点检查对象，对企业含特殊药品复方制剂，慢性病常用药品、货源紧缺等品种从供货方资质、购进、验收、储存、销售及计算机系统管理等方面进行检查。对疫苗使用和运输单位的冷链运输情况、在库储存情况、出入库验收情况作为重点检查内容。其间，出动执法人员46人，检查批发企业1家，药品零售企业490家，医疗机构243家，其中限期整改12家、警告8家，行政处罚2件。并通过QQ群、钉钉群等下发相关文件，要求药品经营、使用企业开展自查工作，对存在问题进行整改落实。共收到自查报告716份。

2018年10月16日，区市场监管局执法人员检查药店管理情况

【“名特优”小作坊建设】 2018年，区市场监管局将民间小吃生产点打造成“名特优”小作坊，消除百姓舌尖上的隐患。至年底，全区在册小作坊26家，通过第三方专业机构对小作坊进行风险评估，帮助小作坊整改提升，将“名特优”小作坊纳入食品公众责任险范畴。通过镇（街道）网格，结合专项行动、行政许可、注册登记等手段，铲除食品加工黑窝点27个。根据区情和小作坊特点，对接“美丽乡村”建设与“五水共治”“环保督察回头看”等工作，将具有地方传统特色，且生产条件和发展前景较好的食品小作坊，列入“名特优”小作坊培育名单，已创建“名特优”食品小作坊示范点5家。

（刘保锋）

质量技术监督

【概况】 2018年，鄞州区新增浙江省名牌4个、宁波市名牌11个，累计有省名牌51个、市名牌83个、浙赣皖沪地区名牌2个。11个“浙江制造”团体标准发布，7个产品获品牌认证。12家企业导入卓越绩效管理，累计51家企业导入卓越绩效管理模式。立项“浙江制造”标准11项，立项数位居全市第二。发布“浙江制造”标准9个，报批3个。

2018年8月28日，市民到食品检测中心实验室内进行参观

开展电动自行车产品专项检查行动，检查电动自行车销售、维修商家32家。召开燃气灶具质量提升行动动员大会，全区20余家商用、家用燃气灶具企业负责人参加会议。通过提升行动，建立质量抽查、发布体系，信息、宣传推广体系，标准化体系，产品质量追溯体系四大体系。

开展特种设备使用单位分类评价工作。每个基层所确定一家特种设备使用单位，科室派人全程辅导；利用社会力量开展工作，与宁波华东安全科技有限公司签订技术服务协议书，将辖区内21家特种设备使用单位由该公司专家进行分类评价。全年有336家使用单位完成分类评价。

全区有特种设备生产企业5家（电梯1家、叉车1家、简易升降机3家）、电梯维保单位31家，特种设备33803台，使用单位5547家，其中锅炉416台、压力容器3244台、电梯19757台、起重机械7880台、厂内机动车2486台、游乐设备20台、各类气瓶357024只（液化气瓶287302只、工业气瓶69722只）。

【孔雀小区既有住宅加装电梯投入使用】 2018年1月9日，区市场监管局向白鹤街道孔雀小区（贺丞路188弄）14号业主发放电梯使用证及使用标志，宁波首台既有住宅加装电梯竣工并投入使用。既有住宅电梯加装是市政府推广的惠民工程，2017年7月，为解决老年居民上下楼问题，该楼12户居民书面同意加装电梯。整个工程建设和设备购置费控制在45万元左右。电梯安装工程获财政支持20万元，居民需要花费费用为25万元。费用分摊方案为6楼业主占40%，每户承担20%；5楼业主占30%，每户承担15%；4楼业主占19%，每户承担9.50%；3楼业主占8%，每户承担4%；2楼业主占3%，每户承担1.50%。此外，电梯维修保养、电费负担也按此比例承担，一楼业主不负责所有费用。该部加装电梯采用杭州西奥电梯有限公司生产的XO-GMEⅢ曳引驱动乘客电梯，设6层6站，载重630千克，运行速度1米/秒。其间，区市场监督管理局多次联合街道、社区探讨加装电梯的安装、登记和监管要点，办理施工告知，出具检验报告等。市特种设备检验研究院进行全程追踪落实。

【质量检测中心实验室开放日活动】 2018年5月23日，区市场监管局开展质量检测中心实验室开放日活动，该次活动开放有电动自行车、建筑材料、建筑门窗、金属检测4个实验室，重点组织相关企业技术人员现场观摩，了解实验室建设及运行情况，观察质检检测过程。并提供免费检测、技术咨询等公益服务。举办企业座谈会，20名参会企业代表就相关质量建设、技术标准开展交流讨论。

【宁波奥克斯空调有限公司通过“品字标”和“一带一路”国际认证】 2018年5月21—23日，宁波奥克斯空调有限公司通过“品字标”和“一带一路”国际认证，成为全市首批“品字标”走向“一带一路”的“浙江制造”企业。认证审核工作由“浙江制造”国际认证联盟成员必维国际检验集团负责。该标准直接对接欧洲同类产品标准。通过工厂评审以及相关产品检测，奥克斯空调股份有限公司也可取得GS、CE等国际认证证书和符合性文件。同时满足土耳其、孟加拉国、马尔代夫、埃及等国的挥发性有机化合物符合性情况说明的要求，实现“一次认证，多张证书”，基本覆盖“一带一路”沿线国家和地区。

【鄞州电梯安全综合保险2.0版本推出】 2018年8月31日，鄞州电梯安全综合保险2.0版本首单签约。人保财险鄞州中心支公司承保中物宁波科技园电梯，将提供“乘梯人员+维保监督+配件更换”的风险保障。该模式可实现电梯维保及配件更换的全过程跟踪，通过维保跟踪，降低配件更换频率；通过一次性支付，锁定全年配件更换的成本；通过保险公司风险保障兜底，确保配件更换及时性，保障电梯安全运行。至年底，电梯安全综合保险覆盖62个小区，人保财险鄞州中心支公司累计承保电梯2315台。人保公司PICC电梯卫士系统监督维保单位完成维保超过3万次，每台平均维保时间56.70分钟，电梯故障率下降明显。

【浙江制造标准《高功率型超级电容器》通过评审】 2018年10月23日，宁波中车新能源科技有限公司主持起草的浙江制造标准——《高功率型超级电容器》通过评审。超级电容器是一种介于静电容器和传统二次电池之间的新型储能器件，具有充电时间短、使用寿命长、温度特性好、充放电效率高、绿色节能环保等特点，可广泛应用于有轨（无轨）电车、电动汽车、矿山机械、油田机械、港口机械和军工领域。该评审会在鄞州区召开，由中国工程院院士杨裕生领衔、中国电子科技集团公司第十八研究所、中车株洲电力机车有限公司、浙江省标准化研究院、杭州汉德质量认证服务有限公司专家组成的评审组，对标准送审稿进行审查并提出意见建议，认定该标准已达到国际领先水平。

（刘保锋）

安全生产监督管理

【概况】 2018年，鄞州区发生各类安全生产事故27起，死亡17人，受伤13人，直接经济损失183.60万元。实现“1+X”安全生产组织体系在镇（街道）和相关重点行业领域主管部门全覆盖，并逐步向其他区级部门推广。完成区、部门、镇（街道）三级安全生产分管领导调整。开展规模以上企业安全管理规范提升行动。深化诫勉约谈制度，约谈本行业内存在重大安全风险单位的主要负责人37人次。

实现23个镇（街、园区）区域风险评估全覆盖，68家“三场所两企业”重点单位完成风险辨析评估工作。92艘渔业船舶、463辆“两客一危”车辆、216处厂房改建出租公寓、11万余只瓶装液化气被纳入重点监管范围，1061家三级以上安全生产标准化达标企业被纳入市级安全生产诚信管理系统，与623家重点消防单位签订安全承诺。5606家企业实现隐患自查自改自报闭环式管理，做到月报录入率和季报率“两个100%”。完成区、市两级挂牌重大事故隐患、交通黑点整改治理，部署开展电气和电动自行车火灾防范综合治理，全面推进智慧消防、智慧交通、智慧电梯等项目建设。完善各级各类应急预案，开展各级、各类应急演练活动，各专业安委会轮流承办全区性应急演练。

全区248个千人以上行政村完成志愿消防队伍建设，建设完成高层建筑小区和重点单位“防消宣一体化”的微型消防站建设761处。推动安全生产融入基层社会治理“一张网”建设，全区配置基层网格1789个，网格长（专职网格员）1789个，兼职网格员4021个，安全生产协管员553人。结合“安全生产月”开展广场咨询、企业微论坛、应急演练、鄞州论坛等各类活动，区安监局获评省“安全生产月”优秀单位。利用各类宣传资源宣传安全生产工作，培训企业负责人及安管员10395人。检查各类生产经营单位5689家，整改安全隐患5879处，办理处罚案件573起，罚款804.50万元，追究刑事责任9人。发改、交通、市场监管、商务、消防等部门整治各类安全隐患9522处，立案查处3173起，罚款1464万元，关停取缔违规场所139家，行政拘留73人。办理一般程序立案438起，罚款500.30万元。

2018年6月22日，鄞州区露天矿山坍塌事故应急演练举行

【区露天矿山坍塌事故应急演练】 2018年6月22日，鄞州区露天矿山坍塌事故应急演练在瞻岐镇国鼎矿山举行。该演习由区政府、宁波市安监局主办，区安监局、宁波国鼎矿山有限公司承办，副区长戴华祥担任演练现场总指挥。演习模拟连日降雨让矿区部分岩体稳定性下降，矿区钻机工在实施深孔钻眼时，开采工作面第三台阶上方突然发生坍塌，土石砸落，导致人员受伤、被埋，现场工作人员立即停止作业并撤出现场，企业迅速按生产安全事故应急预案开展自救，区级应急预案在接到企业报告后第一时间启动，分管副区长与相关部门赶到现场开展救援，经过多方力量的科学处置、协同配合，3名“受伤”人员顺利脱困并得到妥善安置。

【首届博格华纳排放与热能系统全球安全日活动】 2018年10月23日，潘火街道华纳圣龙（宁波）有限公司举行首届博格华纳排放与热能系统全球安全日活动。潘火街道党工委委员钱海波，安监所、消防中队以及供应商代表、员工家属代表、公司全体员工等322人参与。10时30分，活动模拟楼内发生火情，各部门员工逃离工作岗位，用湿毛巾捂住口鼻，弯着腰冲出“火场”，消防车驶入公司灭火。3分钟内，全体人员成功逃离“火场”，并完成在指定紧急集合点及人数清点。演习结束，消防队向企业员工进行逃生知识宣讲，该公司红十字会急救员讲解和分解演示急救CPR（心肺复苏与人工呼吸）全过程。随后，又举行“灭

2018年10月23日，首届博格华纳排放与热能系统全球安全日活动举行

火趣味接力比武”、与公司供应商进行安全管理经验沟通、化学品检查活动等。活动于20时40分结束。

【“首席安全官”制度推行】 2018年，鄞州区按照“专人、专职、全面负责”的原则，在辖区从业人员50人以上的高危企业以及从业人员300人以上的一般企业推广试行“首席安全官”制度。该制度是区安监局探索、试行的安全生产管理创新模式。“首席安全官”必须满足三个“硬条件”，在公司内部具有较高的行政级别和管理权限，一般为总经理或副总经理，直接对企业主要负责人负责；具有强烈的安全生产意识和丰富的安全生产知识储备；每周在公司实际工作时长不低于30小时，需要担负企业安全生产计划制定、安全培训教育、隐患排查和整改治理等工作。该制度能促进安全生产制度在企业决策环节贯彻执行，督促重点行业领域企业加强机构能力建设，推动企业成立安全生产委员会，鼓励企业培育和配备注册安全工程师从事安全管理，提高企业自身本质安全水平等。至年底，有4家企业试行，下步将在全区范围内全面推广实施。

【安全生产社会化服务工作】 2018年，鄞州区对安全生产社会化服务工作进一步破题。在开展企业安全生产“保险+服务”试点基础上，安监、市场监管、住建、农林等单位持续对“企业安责险”“电梯综合险”“渔船安责险”等多险种服务内容和保险形式进行升级，全区174家企业、1900余台电梯与92艘渔船纳入承保范畴，矿山、危险化学品、烟花爆竹等高危行业领域基本实现“应保尽保”，在建筑工地、特种设备、水利工程、专业市场、学校等重点行业领域开展试点。

【“基层安监所法制员”制度建立】 2018年9月，鄞州区率先在全省探索建立基层安监所法制员队伍，从全区21个镇（街道）以及南部商务区选拔出22名法制员，统筹负责各基层安监所日常检查、行政处罚与其他具体行政行为的法制监督审核，并参与行政案件听证、复议、诉讼和法制统计、台账报备等工作。10月22日，组织举办法制员工作会议暨集中业务培训，针对行政处罚案件审核过程中的注意要点与办案过程中的普遍问题开展帮扶指导。参加人数22人次。至年底，办理委托执法立案338起，罚款283.20万元。

【被检查企业提前公告公示制度施行】 2018年，鄞州区在全市率先实行被检查企业提前公告制度，根据执法计划，在每月15日前，通过网站、微信、报纸提前公布下月待检查企业名单，并通过属地站所上门或快递等形式对待检查企业进行书面告知，在确保企业充分知情的同时主动将监管置于社会群众监督下，强化安全生产监督检查全过程公开公平。全年公示9批229家企业，该制度得到上级安监部门认可，在全市范围推广施行。

（万　犇）

科学技术

概　述

科技机构与服务平台

产业技术创新

科技项目与科技成果

知识产权保护

科协工作

气象科技

概述

【概况】 2018年，鄞州区规模以上高新技术产业实现产值867.03亿元（含奥克斯空调股份有限公司），占规模以上工业产值比重为61.03%（含奥克斯空调股份有限公司）；鄞州区实现高新技术产业增加值174.09亿元，占鄞州区规模以上工业增加值比重为62.28%。全年全社会研究与试验发展经费支出32亿元，占GDP比重2%左右，完成高新技术产业投资27.89亿元，比上年增长24.60%，净增高新技术企业40家，总量290家，居全市第一位。实现技术交易额13.66亿元，增长68.64%，技术交易额总量位居全市第二。专利授权量9945件，专利申请量17550件，其中发明专利授权量1524件、发明专利申请量7201件，四项指标均居全市首位。获评中国知识产权领域最具影响力县域第一位、科技创新百强区第三位，开天工程参与完成的复合地基项目获鄞州史上首个国家科技进步一等奖，明州医院和宁波市第六医院参与完成的脊柱创伤修复项目获国家科技进步二等奖。

推进“强创新、转动能”发展质量提升行动，部署“百企攀高、千企创新”大工程，完善出台一系列政策措施，聚力推进鄞州区经济高质量发展。首次出台高新技术企业培育库、研发投入专项激励等扶持政策，突出“育小、壮大、扶强”导向。修订完善全市首个“科技众创空间—科技企业孵化器—科技企业加速器”全链条孵化政策，优化出台科技服务业、科技成果转移转化等近10条政策实施细则。做好政策宣传，组织开展研发投入规范记账、科技统计等基础业务轮训和科技政策、项目申报、知识产权建设等专项业务辅导培训40余场，参会人员近4000人。357家企业完成创新型初创企业备案，370家企业完成国家科技型中小企业备案，174家苗子企业进入高新技术企业培育库。深化企业创新载体建设，新增国家级企业技术中心1家、院士工作站3家、省级高新技术企业研发中心8家、省级企业研究院3家、市级企业研究院6家、市级企业工程技术中心22家、区级工程技术中心56家，市级以上企业工程中心总数212家，占全市总量的14.51%。

中物科技园建成浙江省首个平台型博士后工作站，清华长三角研究院宁波分院建立蛋白质定点修饰技术研究中心和增材制造研究中心，摩米创新工场首创“院校企地”军民融合协同创新模式，加上科技信息孵化园，四大高端科创平台全年实现产值近11亿元。推进国家双创示范基地建设，鄞州区拥有各类在册“双创”平台54家（含星创天地），孵化总面积165万平方米，其中国家级孵化器3家、国家级众创空间7家、星创天地6家，分别占全市的33.33%、30.43%和46.15%，总量位居第一。鄞创孵化器成为全市唯一连续3年获得国家级A类（优秀）评价的科技企业孵化器。鄞州科技大市场引进“科创帮”，打造“企业开单+院校答题+成果转化”服务模式，定期组织专家进企业一对一开展“技术问诊”，加快实现企业、高等院校和科研机构在实际应用层面的有效结合。不断加强科技交流与合作，承办知名高校院所优秀产业化成果发布会、国家科技领军人才专家鄞州行等活动，第三届“甬创·鄞造”创客大赛首次开辟英国、印度2个海外赛区，打通国外创客到鄞州区开展交流的通道。联合区委组织部组织百名鄞州企业家进中国科学院上海分院，是鄞州有史以来规模最大的产学研活动。

新认定国家级知识产权优势企业7家、省级专利示范企业3家、市级专利示范企业6家。有186家企业通过知识产权贯标认证，占全市贯标企业总量的35.84%，居第一位。科技金融服务方面，科技贷款贴息政策扩大到总部设在鄞州区的相关银行皆可享受，“风险池基金”贷款项下客户90家，贷款余额2.87亿元，户均余额318.89万元。推进科技保险与创新券工作，全年为43家企业提供8030万的贷款保障，企业实际使用创新券366.02万元，占全市总量的24.69%，连续2年获评浙江省“公众创业创新服务行动”优秀单位。区科协创建省、市两级科普教育基地21家、企业科协28家、科普场馆37座、大屏科普e站27个。拥有科普画廊220座，更换科普展板2万余块。全区公民具备科学素质比例15.70%，超过市平均水平1.90个百分点，提前完成“十三五”目标。

【宁波国家高新区技术产业开发区】 2018年，宁波国家高新区技术产业开发区财政科技投入4.59亿元，增长35.20%；全社会研发投入增长20%，占GDP的比重近7%；发明专利申请量3900件，增长148%，万人发明专利拥有量突破160件；实现技术交易

2018年8月16日，知名高校院所优秀产业化成果发布会在鄞州区举行

额12.90亿元，增长152%；新增高新技术企业34家，增长112%，有效高新技术企业数量151家；新增创新型初创企业222家，培育949家。宁波新材料产业创新服务综合体获批全市首家省级综合体，新型光电显示产业创新服务综合体创建为市级首批综合体。获批国家中小企业创新创业升级特色园区，是全市唯一入选园区，获中央5000万元扶持资金。入选省级"双创"示范基地。推动新型研究院建设，中科院宁波人工智能产业研究院签约落户。高新技术产业增加值、战略性新兴产业增加值分别占规模以上工业增加值的比重为90.40%和48.30%。服务业健康发展，规模以上服务企业656家，科技服务业增加值占服务业增加值比重达42%。重点骨干企业发展进壮大，永新光学上市，上市企业6家。全年共引进优质项目1039个，其中50亿元以上项目2个；实际引进外资1.10亿美元，市外内资41.20亿元，浙商回归资金16.30亿元；新增各类企业2668家，累计18041家。重点引进旷视科技、华为云"沃土工场"、和利时工业云平台、中软国际、宁波新材料与智能制造产业创新示范基地、高能量密度先进动力电池产业基地等新经济新业态项目。加快产业平台建设，智慧园竣工交付，智造社区AB地块主体结顶，研发园、文创园、检测园等专业园资源加快集聚。激智科技、永新光学分别被列入工业和信息化部制造业单项冠军示范企业和培育企业，赛尔富获评国家制造业单项冠军产品，路宝科技、欧尼克、经纬数控、赛耐比4家企业入选浙江省"隐形冠军"培育企业名单。新增1家国家级院士工作站。持续优化人才服务，销售人才住房350余套，优化人才信贷、住房、子女教育等政策。实施"高新精英计划"，新推出"高新精英资本引才计划"，引进机器人减速器、LCP树脂等高科技项目29个。全年新引育各类高层次人才400人，新增1位院士在鄞州区创办项目，至年底有15位院士在鄞州区创办企业或建立科研团队；集聚"省千"人才96人、市"3315计划"团队和人才180个。

【科技金融体系建设】2018年，鄞州区推进科技金融体系建设。纯财政资金出资的鄞州区产业发展引导基金，对宁波市天使投资引导基金、鄞州区内天使等股权投资机构和鄞州区外的市场化天使、股权投资机构在鄞州区内所投项目进行跟投。通过发挥政府的引导作用，促进鄞州区互联网产业链各环节协同发展。政府引导基金出资入股7个基金，总规模174.10亿元，其中政府引导基金认缴出资12.60亿元，实缴到位11.50亿元。规定引导基金入股的创业（风险）投资基金中，至少50%投向区内企业，20%以上必须投向区内初创期企业。印发《鄞州区科技信贷风险池基金使用管理办法》，设立"风险池基金"专户，首期规模3000万元。在与杭州银行宁波科技支行、中国银行鄞州分行、中国农业银行鄞州分行合作开展"风险池基金"贷款的基础上，又新增与宁波银行科技支行的合作。新建立宁波市科技金融服务中心和科技金融服务公司，并组建鄞州区知识产权质押贷款子风险池。4家"科技银行"全年审批通过"风险池基金"贷款企业115家，贷款额度3.14亿元。开展科技型中小微企业贷款保证保险，为43家企业提供8030万元贷款保障。至年底，"风险池基金"贷款项下客户90家，贷款余额2.87亿元，户均余额318.89万元。

【科技创新奖励】2018年，鄞州区实施年度镇（街道、园区）科技进步考核制度，推动科技创新。区内企业获国家科技进步奖2项，其中一等奖1项，二等奖1项；获省技术发明二等奖1项（一等奖空缺）；获省科技进步奖6项，其中二等奖1项，三等奖5项；获市科技进步奖9项，其中一等奖1项、二等奖1项、三等奖7项；获市科技创新推动奖2项。

【浙江开天工程技术有限公司项目获国家科技进步奖一等奖】2018年1月8日，由鄞州区浙江开天工程技术有限公司吴慧明博士作为主要完成人之一的"复合地基理论、关键技术及工程应用"项目，获2018年度国家科技进步一等奖；由西安交大郝定均教授主持，鄞州区浙江大学明州医院骨科中心主任徐荣明作为主要完成人之一的"严重脊柱创伤修复关键技术的创新与推广"项目，获得2018年度国家科技进步二等奖。"复合地基理论、关键技术及工程应用"项目创建复合地基理论体系，研发系列高性能复合地基技术，形成完整工程应用体系，突破传统地基处理技术瓶颈，实现地基的快

2018年1月8日，"复合地基理论、关键技术及工程应用"项目获评2018年度国家科技进步一等奖

速、经济处理，使复合地基成为与浅基础、桩基础并列的土木工程三种主要地基基础型式之一；该项目广泛应用于建筑工程、高速公路、高速铁路、市政道路、港航等领域，社会经济效益巨大。“严重脊柱创伤修复关键技术的创新与推广”项目经过25年理论和临床研究，建立严重脊柱创伤治疗的“动态理念—坚强固定—功能重建”治疗体系；提出上颈椎损伤动态固定新疗法，实现运动功能的最大保留；提出下颈椎复合固定方法，解决手术稳定性差、创伤大的难题；提出严重胸腰椎骨折Kuma复位方法，实现脊骨折脱位的精准复位。该项目涉及发表论文544篇，其中SCI(《科学引文索引》)168篇，获省级和部级科学技术一等奖3项，严重脊柱创伤修复关键技术已在全国多个省市的三甲医院推广应用。

【5个项目获2017年度浙江省科技进步奖】 2018年4月12日，2017年度浙江省科学技术奖励大会在杭州举行，会上公布286项科技项目成果获省科学技术奖，其中一等奖28项、二等奖88项、三等奖170项。鄞州区5个项目获2017年度浙江省科学技术进步奖三等奖，5个获奖项目分别是：宁波博德高科有限公司的“基于特殊相结构的数控机床用电极丝研发及应用”项目；鄞州人民医院的“急性髓系白血病的个体化诊断和治疗研究”项目；宁波欧琳厨具有限公司/宁波欧琳厨房电器有限公司的“低碳、智能健康集成厨房的关键技术系统优化及研究开发”项目；日月重工股份有限公司的“大型二板式注塑机百吨级球墨铸铁件生产关键技术的研发”项目；宁波大华砂轮有限公司“高性能高速铁路切磨砂轮关键技术的研发及产业化”项目。5个获奖项目涉及新型材料、生物医学、智能家居、基础制造等领域。

表 18　　2018 年鄞州区获浙江省科技奖励项目情况

序号	项 目 名 称	申报单位	获奖等级	归口
1	高比能超级电容器关键技术及应用	宁波中车新能源科技有限公司，中国科学院宁波材料技术与工程研究所	技术发明二等奖（一等奖空缺）	中车宁波产业基地
2	轨道交通车载真空集便及在线污水处理系统关键技术研发及产业化	宁波中车时代电气设备有限公司	科技进步二等奖	中车宁波产业基地
3	大型柴油机机体（架）铸件产品关键技术研发及产业化	日月重工股份有限公司	科技进步三等奖	东吴镇
4	轻量化（超级电容）储能式无轨电车	浙江中车电车有限公司	科技进步三等奖	中车宁波产业基地
5	圆柱形Y系列空调柜机关键技术研究及产品开发	宁波奥克斯空调有限公司，奥克斯空调股份有限公司	科技进步三等奖	姜山镇
6	VR-7428高分辨率数码印刷机关键技术研究及产业化	宁波荣大昌办公设备有限公司	科技进步三等奖	潘火街道
7	眼底病的新突变基因检测技术的建立及临床转化应用	宁波市鄞州人民医院	科技进步三等奖	鄞州区科技局

表 19　　2018 年鄞州区获宁波市科技进步奖项目情况

序号	项 目 名 称	申报单位	获奖等级	归口
1	慢病远程诊断与管理系统	宁波美康盛德生物科技有限公司、浙江大学、美康生物科技股份有限公司、中国科学院宁波材料技术与工程研究所、浙江大学宁波理工学院、宁波市北仑区人民医院	一等奖	下应街道
2	颈胸椎前路椎弓根置钉技术的影像解剖研究及三维有限元建模分析	宁波市第六医院、宁波市医疗中心李惠利东部医院	二等奖	鄞州区科技局
3	miR-134/27a调控非小细胞肺癌化疗耐药的机制	宁波市鄞州人民医院	三等奖	鄞州区科技局
4	板翅式换热器高精度翅片成型全自动生产线	宁波荣智自动化科技有限公司	三等奖	潘火街道
5	最佳交流伺服控制系统在电机、驱动器方面的研发及应用	宁波海得工业控制系统有限公司	三等奖	姜山镇
6	1600DPI高速喷墨复印机关键技术研究及产业化	宁波荣大昌办公设备有限公司	三等奖	潘火街道
7	小排量高性能直喷发动机研发	宁波市鄞州德来特技术有限公司	三等奖	中河街道
8	抗肿瘤药物靶向抑制肾癌细胞中多基因的表达及其分子机制	宁波市鄞州区第二医院	三等奖	鄞州区科技局
9	电子封装压合缓冲薄膜材料关键技术的研发与制备	宁波今山电子材料有限公司	三等奖	云龙镇

【日月重工股份有限公司技术中心入选国家级企业技术中心】 2018年7月10日，国家发展和改革委员会公布2017—2018年（第24批）国家级企业技术中心拟认定名单，日月重工股份有限公司技术中心入选。该技术中心致力于金属材料创新性技术和产品的研究及集成，中心建筑面积达10100平方米，研发团队人数200余人，其中高级工程师及博士研究生5人、硕士研究生5人、大学本科学历101人、在站博士后1人。企业是国家智能铸造产业创新中心股东之一；同时也是中国合格评定国家认可委员会认可的国家实验室（CNAS）和检测机构——日月重工股份有限公司实验中心。拥有省级博士后工作站、市级企业研究院。中心研发的80%以上的新产品实现产业化，新产品成为公司主导产品和利润产品；先后承担国家海洋经济示范项目1项、国家火炬计划2项、浙江省装备制造业首台（套）产品3项、宁波市重点工业新产品4项、承担宁波市重大专项2项并通过验收；获授权专利91项，其中发明专利41项；参与制定国家、行业、团体标准19项。至年底，全区国家级企业技术中心数量8家，占全市的40%。

【区第三届“甬创·鄞造”创客大赛暨2018 INGENUITY第一届国际创新创业大赛（中国赛区）举行】 2018年5月15日，鄞州区第三届“甬创鄞造”创客大赛暨2018 INGENUITY第一届国际创新创业大赛（中国赛区）正式启动。该活动由鄞州区人民政府、英国诺丁汉大学、宁波诺丁汉大学、印度昌迪加尔市CRIKC区域高等教育创新联盟主办，区科技局承办。大赛主要面向智能制造、新材料、新一代信息技术相关领域的国际创新创业项目。中国、英国和印度三国赛区共收到参赛项目计划书600余份，中国赛区共收到259份来自国内外的项目计划书；9月12日，经过初赛、复赛层层选拔的30个项目参加在宁波诺丁汉大学举行的中国赛区决赛。12月10日，中国、英国和印度三国17个项目举行国际总决赛，最后选出6个项目进入一、二、三等奖，其中两个印度项目分别获得一等奖和二等奖，其余均为中国项目。至年底，中国赛区决赛前10名项目和国际总决赛一、二、三等奖项目均落户鄞州。

2018年9月12日，鄞州区第三届“甬创·鄞造”创客大赛暨2018INGENUITY第一届国际创新创业大赛（中国赛区）总决赛在宁波诺丁汉大学举行

（彭江一）

科技机构与服务平台

【概况】 2018年，鄞州区“双创”载体总面积48万平方米，在册各类双创平台载体48家。国家级科技企业孵化器3家（专业型1家）；国家级众创空间7家；新增省级众创空间2家，累计7家；新增市级众创空间2家，累计3家；新增区级科技企业孵化器3家，累计6家；新增区级众创空间6家，累计13家；新增区级加速器4家。“双创”平台拥有在孵企业509家，毕业企业135家，孵化企业年产值逾15亿元。鄞州区“双创”平台2018年为在孵企业提供融资总额（风投+科技金融）达到6999.57万元。新增33家孵化企业在宁波股权交易中心挂牌，总数占鄞州区挂牌总数的一半。鄞州区产值超千万元孵化企业40家，其中超亿元企业3家。

【中国工程物理研究院宁波军转民科技园】 2018年，中国工程物理研究院宁波军转民科技园中物九鼎孵化器68家在孵企业，毕业企业23家，加速企业13家；孵化器入驻率95%，空置面积750平方米，加速器入驻率86%，空置面积5500平方米。在区内首创园区服务券，并大规模开始实行。中物光电所主要围绕智能制造、激光与光电领域，开展工业技术研发、公共技术服务、科技项目产业化孵化培育等服务。实行以技术创新服务为主、创业孵化服务和科技金融服务为辅的高端科技服务发展模式。中物光电所办公室及科研场地约7700平方米，使用率100%，新增企业加速器工业厂房20000平方米，入驻企业面积10000平方米。

【摩米创新工场】 2018年，摩米创新工场旗下有集群企业81家，新增在孵化企业3家；平台内总投入约750万元；引进高端人才20人。孵化企业中，2家企业被认定高新技术企业，3家企业被纳入2018年鄞州区高新技术企业培育库，7家企业被认定为科技型中小企业，4家企业获得宁波市创新创业奖励资金，2家企业被评为浙江省高成长科技型中小企业，26家企业备案为宁波市创新型初创企业。宁波摩米创新工场获评宁波市专业化众创空间。

表 20　2018 年鄞州区备案“双创”平台情况

类型	序号	平台名称	备案情况	类型
科技众创空间	1	中物科技园“S.O.S”空间站	国家级，2016 年 2 月	专业
	2	鄞州区大学生（青年）创业园 7 号众创空间	国家级，2016 年 2 月	综合
	3	宁波集物堂众创平台	国家级，2016 年 2 月	综合
	4	万里笃创	国家级，2016 年 9 月	综合
	5	创梦未来	国家级，2016 年 9 月	综合
	6	宁波市创新设计众创空间（工业设计孵化中心）	国家级，2016 年 9 月	专业
	7	百事通众创空间	国家级，2017 年 12 月	综合
	8	无中生有创业咖啡（鄞州店）	省级，2016 年 8 月	综合
	9	宁波乔克兄弟创客空间	省级，2016 年 8 月	综合
	10	汇聚.创业里众创空间	省级，2017 年 9 月	综合
	11	浙药健康创客公社	省级，2017 年 9 月	专业
	12	启迪之星（宁波）众创空间	省级，2017 年 9 月	专业
	13	楼友会.宁波云创空间	省级，2018 年 12 月	综合
	14	宁波摩米创新工场众创空间	省级，2018 年 12 月	专业
	15	宁波市创城众创空间	市级，2018 年 12 月	综合
	16	JOB+众创平台	市级，2018 年 12 月	综合
	17	盛世方舟	市级，2017 年 12 月	综合
	18	宁波E淘电商园	区级，2015 年 6 月	专业
	19	创客工场	区级，2016 年 7 月	综合
	20	伯乐工场	区级，2016 年 11 月	综合
	21	Weplus宁波文化广场空间	区级，2017 年 11 月	综合
	22	创咖智汇园	区级，2017 年 11 月	综合
	23	智造未来机器人创客空间	区级，2017 年 11 月	专业
	24	桓科众创空间	区级，2017 年 11 月	综合
	25	鄞州青柠檬众创空间	区级，2018 年 8 月	综合
	26	51 创众创空间	区级，2018 年 8 月	综合
	27	创富港（宁波）	区级，2018 年 8 月	综合
	28	跨界融合创新创业实验室	区级，2018 年 8 月	综合
	29	星空间	区级，2018 年 11 月	综合
	30	优创工场	区级，2018 年 11 月	综合
科技企业孵化器	1	鄞州区科技企业创业服务中心	国家级，2009 年 12 月	综合
	2	宁波中物光电科技企业孵化器	国家级，2016 年 3 月	专业
	3	鄞州区大学生（青年）创业孵化园	国家级，2016 年 12 月	综合
	4	芯空间	区级，2017 年 11 月	专业
	5	汇聚.创业里孵化器	区级，2017 年 11 月	专业
	6	启迪之星（宁波）孵化器	区级，2017 年 11 月	综合
	7	宁波微电子创新产业园	区级，2018 年 8 月	专业
	8	宁波诺丁汉国际创新创业孵化产业园李达三孵化园	区级，2018 年 8 月	综合
	9	华创科技创业园	区级，2018 年 8 月	综合
科技企业加速器	1	宁波鄞州中物炜业加速器	区级，2018 年 11 月	综合
	2	启迪之星（宁波）加速器	区级，2018 年 11 月	综合
	3	宁波鄞州中物万维加速器	区级，2018 年 11 月	综合
	4	中创科技加速器	区级，2018 年 11 月	综合

【鄞州科技信息孵化园】 2018年，鄞州科技信息孵化园通过“甬创·鄞造”创客大赛等渠道和形式，引进优质项目68个。园区新增1人入选“创业鄞州·精英引领计划”，累计3人入选“省千人计划”、9人入选市“3315计划”，18人入选“创业鄞州·精英引领计划”。在孵企业149家，累计培育毕业企业63家。鄞创孵化器晋级成为中国留学人员创园区孵化基地，并通过科技部火炬中心年度考核评价，连续3年入选A类国家级科技企业孵化器。企业年总产值12.08亿元，比上年增长26%，其中产值上千万元的有26家、上5000万元的有6家、上亿元的有2家。30余家第三方企业服务机构发起成立科技孵化服务联盟，提供商务、法律、技术、知识产权、融投资、财税、市场、传媒等服务解决方案；有创业主题咖啡吧、7号梦工厂、乔克兄弟3D打印众创空间等开放式创新创业服务平台。举办政策辅导、人才招聘、技术对接、科技金融、导师门诊活动250余场，6000余人次参加。“缘来你也在这里”相亲会、“奔跑吧·创业者”双创运动会等活动成为园区名片。

【浙江清华长三角研究院宁波分院】 2018年，浙江清华长三角研究院宁波分院累计为当地引进和培养高层次人才50余人，其中国家和省“千人计划”专家8人次，入选宁波市“3315计划”或“创业鄞州·精英引领计划”16人次；引进和孵化高新技术企业82家；申报专利120余件，获授权40余件，其中发明专利39件；与40余家企业达成科技合作协议；先后设立高端装备研究中心、智能工业设计技术研究中心、智能机器人研究中心、蛋白质定点修饰技术研究中心等各类实验室和研发中心28家，另有民生大数据研究中心等科研平台正在筹建中，推动一批智能制造、高端装备、先进材料、健康医疗等重大项目落地和高层次创新创业人才集聚。园区入驻企业包括小驴当家、中劲新材料科技股份有限公司、宁波至高点工业设计有限公司等企业17家，宁波分院下设智能机器人研究中心、高端装备研究中心等4个科研平台，产业基地入驻宁波爱基因科技有限公司、宁波咏联特种设备有限公司等6家企业。其中，中劲新材料科技股份有限公司利用工业固废材料研发、生产、销售高性能硅酸盐轻骨料制品，实现工业固废的资源化利用，产品在市场上供不应求。

【鄞创孵化器获评2017年度A类国家级科技企业孵化器】 2018年10月26日，科技部火炬中心公布2017年度国家级科技企业孵化器评价结果，鄞创孵化器获评A类国家级科技企业孵化器，成为宁波市唯一连续3年获此荣誉的单位。至年底，鄞创孵化器委托运营管理鄞州科技信息孵化园，拥有孵化场地面积4万平方米，累计孵化培育科技型企业400余家，拥有省高成长型中小企业39家，占鄞州区总量的40%，拥有国家高新技术企业32家，占鄞州区总量（291家）的11.07%。有61家企业获国家科技型中小企业备案，占鄞州区总量（357家）的17.09%。有28家企业在宁波股权交易中心挂牌，累计在甬股交挂牌企业65家，占鄞州区总量（292家）的22.26%。

【星创天地】 2018年，鄞农星创天地、天宫农创园、绿洲星创天地3家国家级星创天地在市星创天地管理评估中均获考核优秀。同时，新培育创建一批有特色的星创天地如宁波传奇农业产业孵化园星创天地、宁波市（鄞州区）青创农场等。天宫庄园农创园星创天地依托天宫庄园地理优势，利用乡村旅游的特色，基本打造成一个新型农业创新创业一站式开放性综合服务平台。鄞州绿洲农科星创天地聚焦鄞州区水果主导产业，以宁波市鄞州绿洲果业专业合作社为依托，采用“合作社+农业服务企业+创客+基地+农户（重点贫困户）”的模式建设运行的创新创业载体，入驻9家企业、27个创客的“创新创业综合服务中心”为大学生、种植能手、农村小微企业创新创业提供平台。宁波市（鄞州区）青创农场坐落于鄞州区沧海农博园内，设有农产品问诊区、团队孵化区、品牌展示区、综合培训区、实践体验区和仓储物流区六大区块。“易中禾星创产业园”国家级星创天地位于宁波市鄞州区云龙镇。依托宁波易中禾生物技术有限公司、宁波市俞梦孙院士工作站等专家团队为技术支撑，打造一、二、三产业融合服务平台。

表21 2018年鄞州区星创天地汇总

序号	名称	依托单位	备案情况	类型
1	宁波市鄞州区鄞农星创天地	宁波引发绿色食品有限公司	2017年10月第二批国家级备案	星创天地
2	天宫庄园农创园	宁波市鄞州下应街道湾底股份经济合作社	2017年10月第二批国家级备案	空间型
3	鄞州绿洲农科星创天地	宁波市鄞州绿洲果业专业合作社	2017年10月第二批国家级备案	星创天地型
4	宁波传奇农业产业孵化园星创天地	宁波传奇农业科技有限公司	2018年12月第三批国家级备案	星创天地型
5	浙江省宁波市鄞州区易中禾星创产业园星创天地	宁波易中禾生物技术有限公司	2018年12月第三批国家级备案	星创天地型
6	宁波市（鄞州区）青创农场	宁波市鄞州鄞创大学生创业园管理服务有限公司	2018年12月第三批国家级备案	星创天地型

（彭江一）

产业技术创新

【概况】2018年，鄞州区高新技术产业实现增加值216.95亿元，比上年增长5.70%。其中，鄞州区本级增加值174.09亿元，增长0.29%；占规模以上工业增加值的比重为62.27%，提高8个百分点。高新技术产业产值、销售、利税、利润分别为867.03亿元、869.29亿元、91.46亿元、67.81亿元，分别增长20.86%、30.21%、14.97%、16.48%，分别高于鄞州区14.89、20.41、14.78、12.33个百分点；高新技术产业产值占规模以上工业的比重为61.03%，提高7.52个百分点。

三大优势产业实现产值、主营业务收入和利润分别为528.10亿元、541.16亿元、29.81亿元，分别增长1.57%、7.56%、-8.47%，其中高端汽配、智能家居、时尚服装的产值比重为34.18∶53.45∶12.37。

三大战略性新兴产业实现产值、主营业务收入和利润分别为460.18亿元、449.37亿元、31.69亿元，分别增长6.52%、4.83%、19.37%，其中新材料、高端装备制造、新一代信息技术的产值比重为39.16∶34.75∶26.07。

五大细分行业实现产值、主营业务收入和利润分别为1079.88亿元、1084.71亿元、76.81亿元，分别增长2.03%、4.73%、5.72%，其中新型材料、智能终端产品、关键基础件、高端电子、信息软件的产值比重为17.54∶30.05∶40.55∶11.86∶0。全区实现规模以上科技服务业营业收入39.54亿元，增长30.37%；规模以上科技服务业增加值20.54亿元，增长16.40%。规模以上科技服务业企业127家，增加26家，规模以上企业数量列全市第一位。

完成高新技术产业投资27.89亿元，增长24.60%，占鄞州区工业投资的45.81%。其中，宁波中车新能源科技有限公司、宁波福士汽车部件有限公司、宁波圣龙智能汽车系统有限公司等4家公司5个项目投入均超过1亿元。

【重大技术创新专项项目】2018年，根据《宁波市“科技创新2025”重大专项实施方案》，市科技局启动宁波市“科技创新2025”重大专项第一批项目的组织推进工作，经专家实地核查和评审（技术挑战），推荐107个项目（课题）列入宁波市“科技创新2025”重大专项项目立项计划。12月，宁波市“科技创新2025”重大专项第一批立项项目公布，鄞州区有14个项目入选，分别是先进材料专项6个、新能源汽车专项1个、智能器件1个、先进半导体芯片及应用软件专项2个、新能源与节能环保科技创新重大专项2个、生物医药与高端医疗器械科技创新重大专项2个。

【企业创新载体建设】2018年，日月重工股份有限公司创建为国家级企业技术中心，宁波汉浦工具有限公司、麦克英孚（宁波）婴童用品有限公司、宁波精成车业有限公司3家企业创建为省级企业研究院，“博格华纳”“中车新能源”“旭力金属”“福士汽车”“乐歌股份”“纬尚汽车”6家企业创建为市级企业研究院，鄞州区市级以上企业研究院总数21家。新创建省级高新技术企业研究开发中心8家、市级工程技术中心22家、区级工程技术中心56家。2018年底，鄞州区共拥有国家级企业技术中心8家、省级高新技术企业研究开发中心72家（占全市16.32%）、市级工程技术中心132家、区级工程技术中心406家，鄞州区拥有区级以上研发机构数达618家，全区安排企业研发补助专项经费1330万元。

【企业研发投入】2018年，鄞州区全社会研究与试验发展经费支出总额约44亿元，其中鄞州本级约32亿元。有技术（研究）开发费列支的规模以上工业企业605家，占全部规模以上工业企业的58.30%，支出技术（研究）开发费34.37亿元，增长13.61%。安排579.70万元研发投入专项激励资金，用于扶持一批研发投入大、占比高、增幅高的“一大二高”企业，获资助的22家企业平均研发投入2500万元，平均研发投入占比4.61%，平均增长37.10%。同时，对企业财务负责人和技术负责人给予一定的工作经费补贴，为153家企业，财务人员153人、技术人员88人发放补贴46.90万元。实施市研发投入后补助，198家企业获补助2180万元。

表22　2018年鄞州区国家级企业技术中心情况

序号	中心名称	依托单位	创建年份	归口
1	宁波韵升股份有限公司企业技术中心	宁波韵升股份有限公司	2016	东郊街道
2	日月重工股份有限公司技术中心	日月重工股份有限公司	2018	东吴镇
3	宁波圣龙（集团）有限公司技术中心	宁波圣龙（集团）有限公司	2012	潘火街道
4	宁波音王电声股份有限公司技术中心	宁波音王电声股份有限公司	2015	潘火街道
5	宁波美康生物科技股份有限公司技术中心	美康生物科技股份有限公司	2016	下应街道
6	奥克斯集团国家企业技术中心	奥克斯集团有限公司	2006	鄞州工业园区
7	东睦新材料集团股份有限公司技术中心	东睦新材料集团股份有限公司	2014	鄞州工业园区
8	博威集团国家企业技术中心	宁波博威集团有限公司	2007	云龙镇

表 23 2018 年鄞州区省级企业研究院情况

序号	研究院名称	依托单位	创建年份	归口
1	宁波宏大电梯研究院	宁波宏大电梯有限公司	2014	东吴镇
2	浙江省汉浦锂电微特电机研究院	宁波汉浦工具有限公司	2018	横溪镇
3	浙江一舟楼宇智能综合布线研究院	浙江一舟电子科技股份有限公司	2016	姜山镇
4	浙江省宁波欧琳有限公司节能、环保、智能化整体厨具研究院	宁波欧琳厨具有限公司	2013	潘火街道
5	宁波圣龙汽车泵研究院	宁波圣龙汽车动力系统股份有限公司	2015	潘火街道
6	宁波康强电子封装材料研究院	宁波康强电子股份有限公司	2015	潘火街道
7	浙江省宁波高发汽车操控系统研究院	宁波高发汽车控制系统股份有限公司	2017	潘火街道
8	浙江省麦克英孚机动车儿童乘员用约束系统研究院	麦克英孚（宁波）婴童用品有限公司	2018	潘火街道
9	宁波美康生物体外诊断系统研究院	宁波美康生物科技股份有限公司	2014	下应街道
10	浙江省东睦新材料粉末冶金研究院	东睦新材料集团股份有限公司	2013	鄞州工业园区
11	浙江三星智能计量研究院	宁波三星医疗电气股份有限公司	2016	鄞州工业园区
12	浙江省精成智能后视镜研究院	宁波精成车业有限公司	2018	中河街道

表 24 2018 年鄞州区产业创新服务综合体名单

序号	名称	依托单位	认定情况
1	宁波市纺织服装产业创新服务综合体	宁波云裳谷时尚科技有限公司	2018 年列入市级创建
2	宁波市汽车零部件产业创新服务综合体	宁波汽车零部件检测有限公司	2018 年列入市级培育
3	浙江省微系统产业创新服务综合体	宁波微电子创新产业园有限公司	2018 年列入省级创建

（彭江一）

科技项目与科技成果

【概况】 2018年，鄞州区新引进新材料创业项目——宁波大学光电功能材料团队项目（此项目获得国家技术发明二等奖）；全年申报“3315计划”20余项，其中进入答辩3项；申报“创业鄞州·精英引领计划”36项；至年底，实现产值11亿元。组织39家企业参加第七届中国创新创业大赛宁波赛区的比赛，鄞州区获宁波赛区一等奖1个、二等奖1个、三等奖2个、最佳技术奖1个、最佳模式奖1个、最佳团队奖1个、最具潜力奖1个。组织企业参加第三届中国创新挑战赛（宁波赛区）的比赛、宁波高新技术成果洽谈会和宁波新材料科技与产业博览会、春季拍卖会、网上技术市场秋季拍卖会等活动。

【科技合作与交流】 2018年，鄞州区深化科技合作机制，加强科技合作项目管理和提升科技大市场建设，与市内外20余所高校形成常态化走访机制，结合区内产业需求对市内外高校的重点优势领域进行筛选和梳理，有效把握重点高校的创新技术和成果，依托鄞州科技大市场与区内企业深入开展科技合作与交流。企业申报科技合作项目17项，其中国际合作项目4项；实现技术交易额13.66亿元，比上年增长68.64%，技术交易额总量位居全市第二。

【鄞州科技大市场建设】 2018年，鄞州区引进整合各类科技服务机构，完善技术转移链条，新引进创投服务商——杭州微链宁波全资子公司宁波有链网络科技有限公司和成果转化公司——宁波连一连网络科技发展有限公司等科技服务机构入驻。4月，鄞州科技大市场引进战略合作伙伴“科创帮”，同时国家技术转移人才培养基地（东部中心）——宁波实训基地在鄞州区落户，并通过国家东部中心人才库为一舟集团匹配中国科学院瑞典籍院士安德森·林奎斯特，5月正式签订合作协议，联合开展智慧城市大数据智能化项目攻关，并建立鄞州区首个外籍院士工作站。至年底，区科技大市场走访、调研、服务企业100余家，挖掘企业技术难题80余项，推广科技成果转化清单40余项，技术难题判断、诊断，安排专家团队与企业进行面对面对接交流70余次；库内收集各类科技成果1020项，其中国际成果118项、国内高校成果910项、其他成果25项。

表 25　　2018 年鄞州区科技合作项目情况

序号	项目名称	项目承担单位	归口
1	VR-7645S高清智能数码一体化速印机关键技术引进研发（国际合作）	宁波荣大昌办公设备有限公司	潘火街道
2	多功能微创手术机械臂研发项目（国际合作）	茵德斯工业设计（宁波）有限公司	明楼街道
3	重金属离子吸附材料的制备及吸附性能优化研究（国际合作）	宁波鲲鹏环保科技有限公司	潘火街道
4	功能性油水分离材料性能的优化（国际合作）	宁波鲲鹏环保科技有限公司	潘火街道
5	城市共享车位运行与管理系统	宁波祖创电子科技有限公司	东郊街道
6	基于物联网的多参数设备远程监控	宁波市江东精诚自动化设备有限公司	福明街道
7	深厚软基地热能源桩热力学性能试验研究	中淳高科桩业股份有限公司	鄞州经济开发区
8	新型合成气制乙二醇催化剂开发及生产工艺新技术开发	宁波中科远东催化工程技术有限公司	百丈街道
9	兆瓦级风电机组关键零件高精密制造技术研究	宁波长风风能科技有限公司	东吴镇
10	大功率LED电路和感应一体式驱动的研发	宁波瑞宜乐灯饰有限公司	东吴镇
11	开关式MTC二极管引线框架	宁波港波电子有限公司	东吴镇
12	虚拟混响卷积器软硬件系统	音王电声股份有限公司	潘火街道
13	1800超精密数控车床开发	宁波维真显示科技股份有限公司	潘火街道
14	RD-YH-480数码压痕机关键技术研发	宁波荣大办公设备科技有限公司	潘火街道
15	VR-7315S速印一体机关键技术研发	宁波荣大昌办公设备有限公司	潘火街道
16	基于ARM的集成式数字比例控制系统研究	宁波华液机器制造有限公司	横溪镇
17	基于通信线缆行业高精确度的多层共挤技术	浙江一舟电子科技股份有限公司	姜山镇

【百名鄞州企业家进中科院上海分院活动】 2018年11月27—29日，区科技局承办“百名鄞州企业家进中科院上海分院活动”，组织区内新材料、高端装备、信息技术、新能源等领域的100余家企业、100余名企业负责人到中科院上海分院进行对接，其中3个项目团队在开幕式上进行合作签约。100余名企业家与中科院上海分院19个研究所60余位院士专家实现联动，举行“百名鄞州企业家进中科院上海分院”专场项目路演及成果对接会，参观上海光机所、上海硅酸盐、上海应物所，与科研院所专家们面对面，深入科研院所探访。宁波申江科技有限公司、宁波东联密封有限公司、浙江中物九鼎科技孵化有限公司3家鄞州区企业分别与中科院相关课题组进行签

2018 年 11 月 27—29 日，“百名鄞州企业家进中科院上海分院”签约仪式举行

约，中科院系统17个项目进行路演，科研成果涉及信息技术、环境监测、新材料、新能源、高端制造等。除现场签约的3个项目外，鄞州区企业与中科院上海分院系统新达成合作意向36个，确认能够为企业解决的难题40余个，邀请专家回鄞州企业考察7个。

【浙江清华长三角研究院第十届“海外学子浙江行”活动在鄞州区举行】 2018年12月18—21日，浙江清华长三角研究院第十届“海外学子浙江行”活动在鄞州区举行，近30名海外学子考察投资环境、对接项目，鄞州区40家企业参加对接。区委常委、副区长邱敢旻出席活动。来自美国、英国、德国、日本、加拿大等国的海外学子带来对接交流项目，项目涵盖新一代数字经济、人工智能、节能环保、生命健康等领域。区相关部门负责人分别作人才政策及科技大市场相关内容介绍并请海外学子实地考察清华宁波科创园部分入驻企业及区内相关高科技企业。“海外学子浙江行”活动历经9届，吸引1200余名海外高层次人才参加，其中落户浙江400余人，落户项目总投资50余亿元，带动社会有效投资近100亿元。至年底，引进海内外顶尖高层次人才数量5个。

（彭江一）

知识产权保护

【概况】 2018年，鄞州区专利申请量和授权量分别为17550件和9945件，其中发明专利申请量和授权量分别为7201件和1524件。发明专利申请量和授权量占比分别为41.03%和15.32%。每万人有效发明专利拥有量47.42件，有独立专利代理资质的专利代理机构8家。其中，宁波市鄞州甬致专利代理事务所，年专利代理业务10000件，是全市唯一一家被评为全国知识产权服务品牌机构；宁波市鄞州盛飞专利代理事务所，代理的发明专利授权成功率超90%。认定国家级知识产权优势企业7家、省级专利示范企业3家、市级专利示范企业6家，累计培育国家级知识产权示范企业1家、国家级知识产权优势企业19家、省级专利示范企业29家、市级专利示范企业41家。

全区申请、授权非职务专利分别为2272件、1293件，占专利申请量、授权量的12.95%、13%。职务专利申请量、授权量分别为15278件、8652件，申请所占比例87.05%，比上年提升11.32个百分点，授权所占比例87%，提升17.10个百分点。企业申请专利14640件，占职务专利申请量的95.82%；获得授权专利8297件，占职务专利授权量的95.90%。

【3件专利获第二十届中国专利奖】 2018年12月20日，国家知识产权局公布第二十届中国专利奖名单，鄞州区3件专利获奖。宁波圣龙汽车动力系统股份有限公司的“一种变排量叶片泵”、奥克斯空调股份有限公司的“一种变频空调系统及其控制方法”和宁波市轨道交通集团有限公司的“一种矩形盾构机及其控制方法”获中国专利优秀奖。宁波圣龙汽车动力系统股份有限公司的“一种变排量叶片泵”专利采用先导阀的控制，避免汽车排量调节的滞后性和误差，同时也避免在高速下的压降现象对控制系统的干扰，从而实现最佳的能量利用率；奥克斯空调股份有限公司的“一种变频空调系统及其控制方法”专利解决变频空调高温恶劣环境下能效低及控制器损坏风险，达到拓宽使用范围和降低故障率，提升运行频率和能效；宁波市轨道交通集团有限公司的“一种矩形盾构机及其控制方法”专利利用刀盘装置在矩形断面中切削出最大面积，使整个开挖面呈矩形，达到全断面切削，解决通常盾构法隧道空间利用率低、地下空间占用大的不足。

【知识产权运营】 2018年，鄞州区新增华瓷通信专利质押融资500万元，为196家高新技术企业的1817件国内有效发明专利、25家高新技术企业的108件国外发明专利实行专利侵权责任和专利执行保险。鄞州区鼓励企业开展专利导航，进行专利战略分析、重点产品专利技术分析、专利布局策略研究、产品技术路线图编制等，将专利导航分析融入产品研发、市场开拓等环节；推动企业、高校院所、知识产权服务机构合作，引导企业构建高价值专利创造与专利组合新模式。其中7个项目被列入市企业运营类专利导航项目，4个项目被列入高价值专利组合培育项目，1个项目被列入知识产权运营机构培育项目，占全市总项目的31%。

（刘保锋）

科协工作

【概况】 2018年，鄞州区有科协组织399家，其中镇（街道）科协21家、学（协）会20家、企业科协28家、村（社区）科普协会351家，初步实现镇（街道）、村（社区）基层科协组织建设全覆盖。新增汇聚·创业里企业科协，实现鄞州区“双创”基地企业科协零的突破。宁波华仪宁创智能科技有限公司、浙江一舟电子科技股份有限公司、宁波市鄞州人民医院3家单位建立市级院士工作站。成功申报鄞州区图书馆、鄞州区大学生（青年）创业园2家省级科普教育基地，区科协入选宁波市科协成立60周年“60个组织”，获评宁波市全民科学素质行动中作用突出贡献集体，获2018年宁波市科协综合评估优秀和浙江省县级科协工作考核优秀。

承办市级学术大会材料分会、区医学会“第二届浙东骨科高峰论坛”、区心理卫生协会“基于健康大数据的公共卫生应用技术交流会”等区域性高端论坛。基层科协组织开展专题报告45次，组织620名科技工作者参加各类学术交流活动。发挥学会的科技服务、信息集成作用，全年联系科技示范户112户、示范基地25个，开展田头农事指导1230余次。立项资助“金桥工程”项目8个、“村会结对”项目2个，服务企业、合作社125家。开展中老年智能手机培训、科普电影节、明州大讲堂、食品安全周、防灾减灾日等科普宣传活动。全年开展“科普五个一百”活动78场，放映科普电影300余场，中老年智能手机培训人数1050人，中科院老科学家讲师团为全区43所中小学校开设科普讲座43场，听众10000余人。

科普阵地范围不断扩大，建设创客科技文化馆等社区、农村主题科普场馆（公园、长廊）8座，资助总金额145万元。向陈黄村、荷花桥村等结对村配送科普e站新型移动终端设备，全年新增科普e站9台，新建科普画廊7座，更换科普展板1700余块。

【院士工作站建设】 2018年，鄞州区新建宁波华仪宁创智能科技有限公司、浙江一舟电子科技股份有限公司、宁波市鄞州人民医院3家市级院士工作站。全区有市级院士工作站21家，其中省级院士工作站6家、全国示范院士工作站2家，柔性引进院士创新团队24个、高层次专家230余人，规模数量位列全市第一。邀请院士及其团队与鄞州区企事业单位进行对接，开展专题性、行业性院士行活动。组织策划全国激光学术会议等八期“院士专家企业行”，邀请26人次院士及其团队专家进企事业单位，开展关键技术攻关、战略决策咨询等活动。

【科协系统基层改革试点】 2018年初，区科协按照《关于印发宁波市科协深化改革工作任务分解的通知》以及鄞州区群团改革总体方案，选取百丈街道、云龙镇和咸祥镇3家单位作为基层群团改革试点。区科协结合当地实际和改革特色亮点，指导3家单位品牌化发展：云龙镇突出“领云志·初心馆”建设，深化“时间储蓄”志愿服务体系，促进科普志愿者队伍建设；百丈街道坚持群团共建，以“百和”社会组织管理培育中心为支撑，构建“一核多点”的区域化群团服务矩阵，推动科普工作与其他党群工作互促互进；咸祥镇致力于乡村振兴，打造“创智蓝湾”科创空间平台，推动当地海洋经济建设。

【学（协）会组织建设】 2018年，区科协推进学会深化改革，理顺管理机制。引导草莓协会、葡萄协会等由学术团体转变为行业协会；指导做好业务主管单位变更登记；注销红帮服装、海雄科技等运行困难的学（协）会；合并知识产权协会、高新技术协会，倒逼学（协）会主动发挥作用；农学会、高知会在学（协）会理事层面建立党的工作小组，促进学（协）会党员领导干部过双重组织生活。至年底，排查整改7家，注销学（协）会2家。

【2018全国科普日活动暨鄞州区第七届青少年科技节】 2018年9月17—30日，鄞州区2018全国科普日活动暨鄞州区第七届青少年科技节启动仪式在宁波市第七中学举行。市科协主席陈文辉、市教育局巡视员傅雪波、区政府区长助理孟维君、区科协主席俞蓉、副主席徐超出席。中国科学院院士石钟慈作“我从这里（鄞州）开始——机会是给有准备的人”科普报告。该次活动主题是“参与科技活动·践行智慧科创·书写科技人生”，举办青少年系列科技活动、垃圾分类进社区系列宣传活动、安全健康科普知识进社区系列活动、科普教育基地联合行动等7大系列23个子活动，参与6000余人。其中，第七届青少年科技节共设科普日暨科技节优秀活动方案评比，科幻绘画比赛，中小学生计算机程序设计比赛，创新发明，科学论文，科学实践活动比赛，A4纸飞机留空赛，创意气火箭助推滑翔飞机比赛，船过三峡创意航海竞赛，2018年头脑OM、DI项目长期题团体赛12项赛事。第十二届DI创新思维中国区总决赛中，李惠利小学DI代表队的《疯狂迷宫》夺得一等奖第一名，获到美国参加全球总决赛资格；第十八届中国青少年机器人竞赛中，堇山小学机器人创新获国赛金奖，鄞州蓝青学校综合技能机器人获国赛二等奖；“共筑家园”全国青少年建筑模型教育竞赛活动总决赛中，宁波市第七中学的6名同学在大赛中摘得2金1银4铜，获团体总分第一名。暑期开展“科学启智”科普送基层活动，先后在东柳街道中兴社区、下应街道东兴社区、中河街道东裕社区等开展。

（袁　瑜）

2018年9月17日，2018全国科普日活动暨鄞州区第七届青少年科技节启动仪式举行

气象科技

【概况】 2018年，区气象局发布寒潮、大雾、台风、暴雨、雷电、大风、高温等各类气象灾害预警信号65则，气象内参97期，重要天气报告43期。接受电视台采访20余次，向报社供稿100余次，发布各类服务短信285条175万余条次，“96121”声讯电话拨打量14.77万

次，微信文章阅读量29万余次。

"区暴雨精细化监测预报预警一体化工程"项目完成竣工验收；"区农业与生态气象综合探测基地指挥中心"项目经完成大屏等主体建设内容并通过验收；农业气象站完成项目主体建设，并准备验收；"鄞州区农业与生态气象综合探测基地空气清新设备建设"项目推进。

【气象现代化设施建设】 2018年，宁波（鄞州）气象科技馆升级项目总投资83万元，项目内容包括互动多媒体沙盘区、全息投影体验区以及和谐发展体验区。3月23日世界气象日，改造完成的"悬浮成像"展区首次对公众开放。同时，根据气象科普宣传要求制作AR影片，完成前期项目招标、资料准备、现场勘察、合同签订等工作，正在进行数据调研和需求规格说明书编写工作。

【灾害性天气服务】 2018年，区气象局开展重大气象灾害应急响应22次，计722小时40分钟，其中Ⅱ级应急响应140小时40分钟、Ⅲ级应急响应213小时5分钟、Ⅳ级应急响应368小时55分钟。受第10号台风"安比"影响，区气象局于7月19日16时30分启动重大气象灾害Ⅳ级应急响应，20日15时20分启动Ⅲ级应急响应，21日19时20分启动Ⅱ级应急响应，22日17时20分解除应急响应。受第12号台风"云雀"影响，8月1日12时40分启动重大气象灾害Ⅳ级应急响应，2日9时提升为Ⅲ级应急响应，3日16时解除应急响应。受第18号台风"温比亚"影响，8月15日17时启动重大气象灾害Ⅲ级应急响应，17日11时15分解除应急响应。10月4日10时30分因第25号台风"康妮"启动重大气象灾害Ⅳ级应急响应，6日10时30分解除应急响应。

【气象防灾减灾体系建设】 2018年，鄞州区推进基层气象防灾减灾工作，将气象防灾减灾工作列入镇乡考核，区气象局与区目标管理考核办公室联合印发《2018年鄞州区镇（街道）气象防灾减灾工作考核办法》。5月底，完成对气象工作分管领导、气象协理员、气象信息员队伍的信息更新工作。7月，召开全区气象协理员、部门联络员会议。8月，对需创建示范村的气象信息员进行气象知识培训。建立鄞州气象协理员、信息员微信群和QQ群，用于工作交流和气象灾害预警信息接收和传播工作。至年底，完成18家标准化村（社区）创建，创建工作得到市气象局领导的肯定。根据浙江省气象灾害防御办法和省气象灾害防御重点单位监督检查办法要求，与区应急办联合发布气象灾害重点防御单位抽查文件，按照市气象局不低于30%抽查要求，抽查博威集团有限公司等13家气象灾害防御重点单位。

【气象科普宣传】 2018年，区气象局举办鄞州区中小学生手抄报比赛，比赛以"智慧气象"为主题，收到作品200余份，经过专家评审和"3·23"世界气象日公众现场投票结果，选出优秀作品40余份在宁波（鄞州）气象科技馆里展出。开展"5·12"全国防灾减灾日科技活动周气象科普宣传，到下应街道海创社区、中海实验小学，发放气象科普资料500余份，播放气象科普宣传片20余次，开展气象科普知识讲座。围绕农村气象防灾减灾科普行动，开展农村文化礼堂气象科普点建设，建成东吴镇西村、姜山镇陆家堰村气象文化礼堂。至年底，宁波（鄞州）气象科技馆参观人数10000余人次，其中中小学生8500余人次。区气象科技馆获评2018年全市"最受市民喜爱的科普教育基地"。

（赵晓彤　蔡仕博）

2018年5月12日，鄞州区气象局工作人员走进中海实验小学开展气象防灾减灾知识讲座

教 育

概　　述

学前教育

义务教育

特殊教育

终身教育与民办教育

鄞州年鉴

2019 YINZHOU YEARBOOK

概 述

【概况】 2018年，鄞州区有普通中学27所。其中，普通高中2所，在校学生328人；初中25所，在校学生28763人。小学54所，在校学生70844人。特殊教育学校1所，在校学生174人。幼儿园136所，在园儿童42271人。专任教师9528人。鄞州区小学入学率、巩固率和升学率均为100%；初中入学率100%、巩固率100%，初中升高中比例为99.01%；学前三年纯入园率100%。获评全国中小学校责任督学挂牌督导创新区、全国青少年校园足球试点区、全国青少年"五好小公民"主题教育活动先进集体、省艺术教育实验区、省研学旅行试点区、宁波市第二轮学前教育三年提升行动先进单位等荣誉。

理顺14个镇（街道）中小学党组织关系，接收转入学校党总支10个，支部80个，党员1862人，发展新党员26人。联合区委组织部印发《关于进一步加强鄞州区中小学校及民办学校党的建设工作的实施意见》，落实党建经费保障，规范民办学校党建工作。加强基层党组织建设，组织"红色研学"高端培训和党建实务培训，实施党组织星级考评，印发《鄞州区教育系统党建亮显标识规范》，实现教育系统"亮显工程"全覆盖。开展党的十九大精神宣讲活动，组织七一党课暨优秀教师师德报告会，举办系统"不忘初心、牢记使命"微型党课比赛。推进党风廉政建设，强化执纪监督和廉政防范，组织廉政专题教育、正风肃纪检查、师德师风专项督查等，严肃处理违纪事件，确保系统安全。审计工作、党风廉政建设、抓党建和人才工作做法在鄞州区、市教育系统作典型交流。

推进机关和直属单位人员划转工作，设立城南、城北教育管理服务中心和城南、城北成人学校，理顺管理体制。统一整合原江东、原鄞东各类资金补助政策，修订各类专项资金管理办法，出台外来务工子女教育、企业职工培训、成人教育、初中内涵发展、特殊教育、学校体育场地开放等专项资金管理办法。完善义务教育经费保障机制、校舍安全长效机制，逐年提高中小学生人均公用经费，加强农村学校建设维修保障力度。统一调整完善教师绩效工资方案，通过提升总量、拉开差距、奖优罚劣的思路，体现多劳多得、优劳优得，开展绩效工资落实专项督政工作。

推进潘火实验中学、蓝青小学、长丰小学、学士小学建设，堇山小学南校区、邱隘镇明湖幼儿园、东部新城中心园、市机关二幼保利印江南园、姜山雅旭花苑幼儿园、区实验幼儿园郡庭园、潘火德培幼儿园香园园7所校（园）投入使用，增加学位1600个。研判招生形势，出台招生预警，着眼部分区域生源"爆表"实际，推进跨区域、跨学校分流工作，完成招生工作。出台《鄞州区政府产权小区配套幼儿园承办管理办法（试行）》，整改小区配套幼儿园，推进教育资源扩容提质，撤销薄弱幼儿园5所，升等级4所；新增省一级园1所、二级园4所；公办幼儿园占比60%，公办及普惠性民办园招生覆盖率93%，二级以上覆盖率77.50%，编制教师占比24%。印发《鄞州区普惠性民办幼儿园管理办法》，强化普惠性幼儿园管理，新增5所普惠性民办幼儿园，整治小区配套幼儿园做法在全市作先进经验交流。加大民办教育扶持力度，引进协和、艾顿等民办高端品牌。

区教育局到华东师范大学、浙江师范大学开展专场招聘会，招录新教师225人。聘请张人利、马骉2位上海顶级专家为区教育顾问，安排12名初中校长跟班学习。持续推进高端教师培养工程，4名教师获评省特级教师，5名教师获评正高级职称，9名教师获市教坛新秀一等奖，14名班主任获评首届宁波市新秀和骨干班主任，创建2所省级示范性教师发展学校。加强师德师风建设，8名教师获省级先进，18名教师获市级先进，3名教师获区道德模范和提名奖，周秀芳获"全国脱贫攻坚奉献奖""最美浙江人：浙江骄傲"等荣誉。印发《进一步加强和改进班主任队伍建设的意见》，对长期担任班主任的教师实施奖励，并在评优评先上给予倾斜。实施乡村教师支持计划，推进教师校长交流工作，在全省师训工作会议上作经验交流。

【10所学校获评首批宁波市文明校园】 2018年2月3日，宁波市文明校园创建工作推进会召开。会上表彰首批市级文明校园共计144所，鄞州区的宁波市第七中学、鄞州区江东中心小学、镇安小学、李惠利小学、首南第一小学、鄞州区第二实验小学、新城第一实验学校、潘火街道德培小学、钟公庙中心小学、四眼碶中学共10所学校入选。文明校园评选测评内容包括领导班子建设、思想道德教育、活动和宣传阵地建设、教师队伍建设、校园文化建设、校园环境建设、家校联动机制七个方面29个二级指标。

【鄞州区获评第二批全国中小学校责任督学挂牌督导创新区】 2018年2月6日，全国中小学校责任督学挂牌督导工作新闻会召开，会上公布经国务院教育督导委员会办公室批准的"第二批全国中小学校责任督学挂牌督导创新县（市、区）名单"，鄞州区成为宁波首个入选的区县（市、区）。鄞州区学士小学校长周培利作为全国唯一校长代表介绍鄞州经验。7月12—13日，在"全省中小学校和幼儿园发展性评价、责任督学挂牌督导创新县（市、区）暨推进基础教育课程改革工作会议"会上，区教育局副局长陈仁飞代表鄞州区上台领奖并就鄞州区中小学校责任督学挂牌督导创新区建设作经验介绍。责任督学挂牌督导是教育部在2013年9月出台的《中小学校责任督学挂牌督导办法》中提出，要求为每所中小学配备责任督学，并将责任督学的个人信息、督导事项、联系方式在学校校门予以挂牌公布。

2018年7月12—13日，“浙江省中小学校和幼儿园发展性评价、责任督学挂牌督导创新县（市、区）暨推进基础教育课程改革工作会议”召开

【鄞州区获评首批省级艺术教育实验区】 2018年2月14日，省教育厅公布首批12个省级艺术教育实验区、47所实验学校名单。鄞州区成为宁波市唯一入选的县（市、区）。咸祥镇中心小学、李惠利中学、国家高新区外国语学校、爱菊艺术学校4所学校入围艺术实验学校。根据教育部与浙江省签署的《学校美育改革与发展备忘录》相关要求，“十三五”期间全省将开展艺术教育实验工作，创建20个省级艺术教育实验区、100所省级艺术教育实验学校。至年底，鄞州区有全国首批中华艺术传承学校1所、全国书法实验学校5所、浙江省艺术教育特色学校9所、浙江省书法实验学校5所、宁波市艺术特色学校15所、市书法实验学校9所。

【3项成果获2018年基础教育国家级教学成果奖】 2018年8月6日，2018年基础教育国家级教学成果奖授奖名单发布，浙江省获得一等奖2个、二等奖26个。其中，全市获得的5个奖均为二等奖，鄞州区占3席。鄞州区获奖的3项成果分别是宁波艺术实验学校的《以纸为媒培养小学生创意素养的实践研究》、华泰小学教育集团的《四式三法：基于“图像思维”的小学美术教学新范式及学科迁移研究与实践》、鄞州区实验幼儿园的《超级四合院：为儿童学会共同生活重构幼儿园教育新空间》。国家级教学成果奖是中国教育教学研究和实践领域的最高奖，由教育部负责评审、批准和授予工作。基础教育国家级教学成果奖是基础教育领域内由政府设立的最高级别的业务类奖励，2014年1月起由教育部根据《教学成果奖励条例实施办法》组织首届国家级基础教育教学成果奖申报工作，此后每4年评审一次。特等奖、一等奖、二等奖分别获50万元、10万元和2万元奖金支持，特等奖由国务院审批。

【6所学校投入使用】 2018年秋季，堇山小学南校区、邱隘镇明湖幼儿园、市机关二幼保利印江南园区、鄞州区实验幼儿园格兰郡庭园区、德培幼儿园荣安香园园区、姜山镇小城春秋幼儿园雅旭花苑园区6所新校园投用，总投资超过3亿元。堇山小学南校区是全区年内唯一建成投用的义务段学校，位于现有北校区的东南侧，总投资1.60亿元，设计规模30个教学班，设有舞蹈、合唱室、科探室、美术室、书法室等功能教室，可以容纳1000余人的体艺馆和容纳500余人的报告厅，教学用房二层设置风雨操场、篮球场、60米直跑道等运动场地。邱隘镇明湖幼儿园毗邻宁波行政新中心，造价2700万元，设计规模12个班，可容纳350名幼儿就读，园所设置美术室、科探室、阅读室、亲子园等专用教室，辟有种植区、沙水区、运动区等户外场地。鄞州区实验幼儿园郡庭园位于潘火街道郡城花苑小区内，是鄞州区实验幼儿园的第三个园区，设计规模15个班，总投资约5500万元。印江南幼儿园位于东部新城保利印江南小区内，是区教育局委托宁波市机关事务管理局下属的市机关二幼举办，投资总额2200余万元，设计规模12个班，可接纳360名幼儿。姜山镇小城春秋幼儿园雅旭花苑园区位于雅旭花苑小区内，总投资额1200万元，设计规模9个班，可容纳约260名幼儿就读，园内设有美术、阅读、建构、科探、生活等专用活动室及多功能活动厅。德培幼儿园荣安香园园区位于荣安香园小区内，设计规模9个班，有多功能活动室、生活体验馆、图书室、建构室、美工室、科学探究室等功能室。

【鄞州区获评2018年全国青少年校园足球试点区】 2018年8月9日，教育部公布2018年全国青少年校园足球试点县（市、区）和特色学校的公示名单，鄞州区入选，区第二实验小学获评2018年全国青少年校园足球特色学校。全区有全国青少年校园足球特色学校10所，分别为姜山镇中学、茅山小学、春晓中学、江东外国语小学、鄞州实验小学、江东中心小学、华泰小学、朝晖实验学校、新城第一实验学校、鄞州第二实验小学。鄞州区将校园足球纳入区域五年发展规划和年度工作计划，制订《鄞州区中小学校园足球行动计划（2018—2020）》，引导学校推进足球进课堂、进课程，针对足球特色学校，积极开发校本课程，形成内容丰富、形式多样、因材施教、各学段相互衔接的青少年校园足球教学体系和活动体系。至年底，全区有24所学校开设足球课，24所学校将足球列入大课间活动或课外活动，12所学校编有足球校本课程。

（麻万掌）

学前教育

【概况】 2018年，区教育局连续两轮获全市学前教育行动计划先进单位，印发《鄞州区第三轮学前教育行动计划（2018—2020年）》《鄞州区幼儿园课程改革实施方案》《鄞州区普惠性民办幼儿园管理办法》等，新增5所普惠性民办幼儿园，普惠性幼儿园招生覆盖率89.42%。印发《鄞州区政府产权小区配套幼儿园承办管理办法（试行）》，在全市作先进经验交流。

全区新开办6所幼儿园（区实验幼儿园郡庭园、潘火德培幼儿园香园园、邱隘明湖幼儿园、姜山小城春秋幼儿园雅旭园、东部新城中心园、机关二幼保利印江南园），鄞州区公办幼儿园（含集体办园和其他部门办园）园所比例59%，招生覆盖率71%。印发《鄞州区薄弱幼儿园整改提升实施方案》，将30所相对薄弱幼儿园列入整改议程表，撤销薄弱园5所，提升等级4所。

【宁波市明楼幼儿园获“2017全国生态文明教育示范学校”称号】 2018年1月20日，由环境保护部主管、《环境教育》杂志主办的第五届环境教育年会在北京召开。会上，宁波市明楼幼儿园获“2017全国生态文明教育示范学校”称号。宁波市明楼幼儿园致力于绿色环保教育，在环境文化、课程设置、载体活动、家园共育、教师培训等方面培养师生和家长绿色环保理念，投身环保教育活动，先后获“宁波市绿色环保学校”和“浙江省绿色学校”称号，相关经验编入宁波市《校园本课程开发与学校个性化发展》，并被《环境教育》杂志刊用。同时，开设“旧物改造室”，并获评宁波市垃圾分类示范学校。

【住建部调研组调研德培幼儿园垃圾分类教育工作】 2018年4月19日，住建部城建司环卫处副处长姚刚、中国城市建设研究院史波芬、住建部城乡规划管理中心徐知秋到宁波市进行重点城市生活垃圾分类工作调研。调研组到德培幼儿园参观园内的“破里破三”回收中心、“天然宝库”基地、创意无限工作室、环保工作室等，对幼儿园垃圾分类活动给予肯定。德培幼儿园是全市推进校园垃圾分类工作“五个一制度”（一个体系、一套设施、一支队伍、一本读物、一堂课）典型校园，开展系列环保活动，如集结家长、幼儿、老师共同打造的垃圾回收日，各个班级利用鞋子、酒盒、一次性餐盒、球类等废旧材料打造自然角，分别获评全市首批生活垃圾分类示范学校、全市生活垃圾分类教育实践基地、全市环保模范（绿色）学校。

【《鄞州区第三轮学前教育行动计划（2018—2020年）》出台】 2018年8月26日，鄞州区印发《鄞州区第三轮学前教育行动计划（2018—2020年）》。该计划到2020年，全区新（改、扩）建公办园、普惠性民办园40所以上，撤销、整改提升薄弱园29所；公办园和普惠性民办园比例在95%以上，招生覆盖率在97%以上，建成25个以上的品牌学前教育集团，优质品牌集团化覆盖率50%；实施薄弱幼儿园整改提升工程，全面排查三级以下薄弱幼儿园，通过专项资金投入、园舍置换、设施设备增添等方式促进硬件提档升级，通过规范办园行为、优化管理机制、建强师资队伍等途径提升薄弱幼儿园的保教质量；区域学前教育发展品质和均衡度明显提升，省等级幼儿园招生覆盖率在99%以上，省二级及以上幼儿园招生覆盖率在80%以上。

（麻万掌）

义务教育

【概况】 2018年，鄞州区落实《关于加强初中学校建设的工作意见》，组织沪甬初中教育论坛，推动初中学校质量提升。深化课程改革，艺术实验学校、华泰小学、区实验幼儿园获评全国基础教育教学成果二等奖。加强“千校结好”工作，新增国（境）外结对学校12所，两个项目通过宁波市港澳台经费项目审核，首南第一小学获评全省第三批“千校结好”特色学校。推进智慧教育，深化“空中课堂”、电子阅卷等建设，8名教师在全国教育教学信息化交流展示活动中获奖，开展“城乡一体、同步课堂”省级试点区建设，入选全省教育技术装备规范管理示范区。

推进《中小学生习惯养成学段重点目标》落实，启动中小学生“行走课堂”研学计划，培育区域特色研学实践基地，开展少年军校体验活动。培育学校德育特色亮点，茅山小学和黄鹂小学获评全国国防教育特色学校，行知实验小学入选全国中小学国防教育示范学校，四眼碶小学的爱国主义教育经验被教育部列为全国中小学德育工作典型，22所学校创建为市级文明校园，省、市少先队争章技能评比均获总成绩第一。

加强心理健康教育，宁波市第七中学、区实验小学、首南第一小学获评省中小学心理健康教育示范点。制发省艺术教育实验区工作方案，成立小提琴演奏家俞丽拿工作室。组织中小学田径运动会，承办省健美操比赛，省市阳光体育赛事成绩名列全市第一。启动全国青少年校园足球试点县（市、区）工作，第二实验小学获评全国足球特色学校，实验中学、宁波市第七中学、四眼碶小学、邱隘实验小学获评全国篮球特色学校，塘溪镇中心小学获评省足球特色学校，金家漕小学、鄞州蓝青学校等在各类比赛中争金夺银。

【陈为能调研鄞州区“四点钟学校”建设情况】 2018年11月7日，市政协副主席陈为能，市委教育工委副书记、市教育局局长黄志明带领市政协委员一行十余人到宁波市新城第一实验学校，实地调研鄞州区“四点钟学校”建设情况，区教育局党委书记杨飞华等

2018年11月7日，陈为能一行到宁波市新城第一实验学校实地调研鄞州区“四点钟学校”建设情况

陪同调研。陈为能一行察看新城第一实验学校四点钟活动室以及音体美等各功能场室。他表示，这些课程的实施有利于践行全面发展的素质教育观。在座谈会上，陈为能对宁波市新城第一实验学校在“四点钟学校”的管理方式和服务模式、特色功能教室的建设以及拓展课程等给予肯定，认为鄞州区“四点钟学校”真正把孩子们的教育纳入学校、社区和家庭“三位一体”的安全地带，实现教育方式创新、民生问题解决与青少年素质提升的有机统一。

【姜山镇中学获评2018—2021周期浙江省体育传统项目学校阳光体育后备人才基地】 2018年2月26日，省教育厅、省体育局公布“2018—2021周期浙江省体育传统项目学校阳光体育后备人才基地”名单，全市有5所学校入选，姜山镇中学凭借足球项目成为鄞州区唯一入选学校。姜山镇中学重视体育教育，2011年与宁波市体育运动学校合作，吸引宁波市青少年男子足球落户，实现市队校办，为体育兴校奠定基础。学校有足球专职教练4人，每年安排经费40余万元，利用下午4—6时课余时间和周末进行训练，多次获省、市、区青少年足球比赛冠军，入选首批全国青少年校园足球特色学校、宁波市高水平体育后备人才基地，20余名运动员被重点高中提前录取，16名学生进入国青队和国内俱乐部。

【区教育局与美国简斯维尔市公立教育局签订友好协议】 2018年3月27日，区教育局与美国简斯维尔市公立教育局友好交流会在鄞州区惠风书院举行。美国简斯维尔市公立教育局局长Steven Pophal、美国简斯维尔市公立教育局常务副局长兼国际项目总负责人Robert Smiley、鄞州区教育局副局长王耀鹤、教育局相关科室人员及鄞州区9所结对学校校长参加此次交流会。惠风书院校长朱志敏及部分师生代表陪同参观惠风的校园环境及特色课程。王耀鹤和Steven Pophal共同签署友好教育局协议，春晓中学、鄞州外国语中学、鄞州蓝青学校、蓝青小学、江东外国语学校、德培小学、四眼碶小学、惠风书院、王笙舲小学9所学校校长与简斯维尔市公立教育局代表团签署姐妹学校协议。双方结对学校在学术交流、师生互访、语言教育、文化体验等多方面开展深度合作，形成国际交流合作格局。

【杨志海调研镇安小学“四点钟学校”】 2018年4月10日，中国关心下一代工作委员会常务副主任兼秘书长杨志海、常务副主任刘峰岩等一行6人到鄞州区镇安小学调研“四点钟学校”。省关心下一代工作委员会主任徐宏俊、市关心下一代工作委员会主任邵孝杰、区委副书记朱法传等陪同调研。考察团参观“四点钟学校”各特色教育教室，棋类室、篆刻室、素描室、国画室等，与孩子进行互动交流，并走进毓德堂、文昌阁、少儿科学院、少儿信息院、创客教室等特色教育阵地，观看书法、经典诵读、科技制作、太极禅等。座谈会上，朱法传作关于鄞州区整体概况及“四点钟学校”建设情况介绍，镇安小学校长顾秋红作“四点钟学校”教育实践探索情况汇报。杨志海对鄞州区“四点钟学校”坚持“社区自办、借校开办、社校联办”办学模式，及重视需求导向、特色导向、公益导向的办

2018年3月27日，区教育局与美国简斯维尔市教育局友好合作签约仪式举行

2018年4月10日，中国关心下一代工作委员会常务副主任兼秘书长杨志海一行到镇安小学调研“四点钟学校”

学理念给予肯定。

【区学校党建暨德育工作会议】 2018年4月13日，鄞州区学校党建暨德育工作会议召开。鄞州区各直属学校（单位）党组织负责人、各中心中学、中心小学党组织负责人、各镇（街道）教辅室主任以及各中小学校（含民办）分管德育工作负责人130余人参加会议。区教育局党委书记杨飞华出席会议并讲话，党委委员、调研员李正卡主持会议。会上，业务科室负责人对2018年度教育系统党建和德育工作进行具体部署。针对镇（街道）的中小学党组织隶属关系调整，特邀市委组织部、区委组织部相关领导作党建工作专题讲座，同步提高学校党建工作水平。

【塘溪镇中心小学韩亚航空“美丽教室”成立】 2018年4月18日，韩国韩亚航空与韩国国际合作组织共同实施的“美丽教室工程”走进学校，与学校美丽“结缘”，并在塘溪镇中心小学举行结缘签约暨爱心捐赠仪式。韩亚航空中国地区总裁安秉奭、韩国驻上海总领事馆首席领事吴重根、市外事办公室副主任陈国苗、市教育局副巡视员汪维民、副区长卜明长等出席捐赠仪式。活动前，韩亚航空向塘溪镇中心小学捐赠1台教学多媒体一体机、45台电脑。在对塘溪镇中心小学进行全面考察后，向学校赠送30组鼓号队用品，为学生学习专业音乐知识、提高音乐素养提供良好条件。

【区青少年宫获评2018年度全国青少年人工智能活动特色单位】 2018年7月18日，中国科学技术协会青少年科技中心和中国青少年科技辅导员协会联合公布2018年度全国青少年人工智能活动特色单位名单，区青少年宫经省级推荐、资格审查和专家评选，作为全省唯一青少年宫入选。区青少年宫坚持为社区开展青少年科技教育和科技创新活动提供服务，先后获FLL机器人世锦赛中国公开赛最佳贡献奖、全省电子竞技机器人比赛暨WRO世界机器人奥林匹克竞赛浙江选拔赛总积分第一名和大赛团体道德风尚奖、市“科普示范学校”、市科普教育基地等荣誉。区青少年宫有稳定的科技辅导队伍，其中郁大鹏带领的机器人小组在省市、全国乃至国际比赛中获100余项奖项。

【宁波市行知实验小学获评全国中小学国防教育示范学校】 2018年8月25日，教育部公布2018年全国中小学国防教育示范学校名单，宁波市行知实验小学是全区唯一入选学校。宁波市行知实验小学紧抓国防教育主线，结合学生年龄特征，开发国防教育校本课程。通过“国防教育月”活动、“国防小先生”课堂，为全体学生普及国防知识，增进国防意识，从小在孩子们心中种下国防的种子；通过每年一届的“队列比赛”“军体拳比武”强健学生的体魄、磨炼学生吃苦耐劳的意志品质；通过“国旗班”“三军仪仗队”的组建和训练，提炼小军人的精神品质，将国防教育的内涵发扬光大。

【宋诏桥初级中学获浙江省游泳总决赛团体一等奖】 2018年8月27—30日，浙江省第十四届中学生运动会游泳比赛暨ZSSL浙江省第四届中小学生游泳联赛省级总决赛在浙江财经大学举行。比赛有全省17支队伍参加，宁

2018年4月13日，鄞州区学校党建暨德育工作会议召开

波市派出鄞州区宋诏桥初级中学、宁波江北实验中学、宁波市第四中学、宁波华茂外国语学校4所学校参赛（2所初中、2所高中）。宋诏桥初级中学获初中组一等奖，该校获4块银牌、2块铜牌，项目总得分80分，居全省初中组第四名。该校指导教师蔡贤斌获评浙江省优秀教练员。

【首南第一小学获评浙江省“千校结好”特色学校】 2018年11月24日，首南第一小学获评省“千校结好”特色学校。2014年，与爱沙尼亚学校缔结友好姐妹学校，爱沙尼亚每年都有顶尖的五子棋教练到学校送教，通过多年的交流互动，学校的五子棋选手获得世锦赛冠军。2018年1月，与英国克里夫顿学院签订合作协议，校董托尼到访，互相交流课程理念和做法，托尼对学校丰富的拓展性课程给予很高评价。7月，首南第一小学的学子参加为期半个月的英国克里夫顿学院游学之旅。孩子们在克里夫顿学院学习、生活，在英国不同的城市观光、实践。11月21日，校董托尼一行到学校进行游学回访交流活动。学校举行英国研学分享会，托尼为学生和家长进行分享讲座。

【华东师范大学宁波艺术实验学校“俞丽拿小提琴艺术基金宁波实验基地”成立】 2018年6月10日，著名小提琴艺术家、78岁的上海音乐学院终身教授俞丽拿参加在宁波文化广场大剧院举行的“俞丽拿小提琴艺术基金宁波实验基地”揭牌仪式。仪式上，俞丽拿以边讲解边演奏的方式，为1200余名观众现场演绎《梁祝》中的小提琴乐曲片段。“俞丽拿小提琴艺术基金宁波实验基地”落户华东师范大学宁波艺术实验学校，成立学校管弦乐团，打造全国一流的青少年管弦乐团；组织管弦乐特长生到国内外参观、游学，与音乐大师面对面交流；对部分优秀音乐教师进行培训等。俞丽拿，鄞州区姜山镇新张俞村人，1940年出生于上海，1959年《梁祝小提琴协奏曲》首演，年仅19岁的俞丽拿担任小提琴独奏，一举成名。1962年毕业于上海音乐学院并留校执教。现任上海音乐学院终身教授、俞丽拿小提琴艺术基金理事长。

【周秀芳入选“中国好人”榜】 2018年7月1日，由中央文明办主办的6月“中国好人”榜发布仪式在江西省萍乡市举行，千里支教助学、为湖南溆浦贫困山区牵线捐建22所希望小学的“支教奶奶”周秀芳榜上有名。此次周秀芳作为“中国好人”候选人，在投票点赞评议阶段，浙江、湖南两地群众纷纷为她点赞投票，尤其是溆浦县的教育系统，掀起投票加油的热潮。周秀芳先后获“2016感动中国之感动湖南”人物、“最美宁波人”“浙江好人”、湖南省“最美湘女”等称号。她还获聘湖南省怀化市溆浦县首位“慈善大使”。至年底，鄞州区有14人入选“中国好人”榜，33人获评“浙江好人”。

（麻万掌）

特殊教育

【概况】 2018年，鄞州区实施第二轮特殊教育提升行动计划（2017—2020年），做好特教中心学校标准化建设工作，适龄残疾儿童少年入班（园）率在85%以上，义务教育入学率100%，基本满足残疾儿童入学（园）需求。加快融合教育，加强普通学校随班就读资源教室建设，做好随班就读和送教上门工作，做好姜山朝阳小学“卫星班”的试点工作。至2018年11月，鄞州区共建资源教室40个，实现各镇（街道）全覆盖。6月底，鄞州区接受省特殊教育督导评估，特殊教育工作举措和成效获评估组专家肯定。

【爱心联盟成立】 2018年5月，鄞州区牵头13家企事业单位与鄞州区特殊教育中心签订爱心联盟协议，设立18个实践融合项目。按照计划，这些企业将为鄞州区特殊儿童提供志愿服务平台，助力特殊儿童成长和融入社会，预计每年受益600人次。至年底，有1200人次受益。首批爱心联盟13家企事业单位，涵盖高校、银行、医院、商店、电影院、社会公益机构等各个类别。根据协议，爱心联盟单位将免费为特殊儿童提供明确的实践或实习岗位，安排志愿者对特殊儿童给予培训和讲解，帮助他们掌握实践技能。

【省特殊教育专项督导】 2018年6月26日，省特殊教育督导组对鄞州区特殊教育发展情况进行全面督查，肯定鄞州区的特殊教育工作。省特殊教育督导组对区特殊教育中心、姜山镇朝阳小学卫星班、新城第一实验学校和钟公庙中心小学进行全面调研、督导。督导组认为，鄞州区特教教师的职称评定实行单列举措全省领先，特殊教育专项资金使用管理办法在全省创新。全区所有镇（街道）建成资源教室38个，投资600余万元，基本完成每个镇（街道）的初中和小学各建一个资源教室的任务，提高特殊教育普及水平。至年底，全区有义务段随班就读资源教室38个、联合举办特教中心幼教班2个、职高部1个，基本构建覆盖各年龄段的特殊教育体系。

（麻万掌）

终身教育与民办教育

【概况】 2018年，鄞州区成立终身教育和民办教育发展研究室，强化顶层设计，夯实社区教育发展基础；整合多方资源，推进成人学校、社区学校（院）、老年大学三校合一，构建区老年大学、老年开放大学、街镇老年大学三线推进的老年教育网络体系，实现鄞州区老年大学教学点全覆盖，成立城南成校（功能覆盖原鄞州中心城区5个街道）和城北成校（功能覆盖原江东7个街道），在首南、钟公庙、中河、潘火4个街道落实城南成校办学场地布点。

区教育局落实《关于进一步加强全省成人学校社会培训工作规范管理的通知》精神，修订《鄞州区成人教育发展专项资金管理办法》，制定《鄞州区教育局关于进一步加强社会培训监管的意见》，实施成人学校社会培训月报制，分人次、人数单列老年人培训、外来务工人员培训数据统计。组织实施鄞州区企业职工培训、农村预备劳动力培训内审工作，做到边审查边整改。开展各类社会培训，下达“双证制”培训1220人、预备劳动力培训340人、扫盲培训180人、企业职工培训4300人等任务指标。完成各类社会培训25万人次，其中老年教育8万余人次，脱盲101人。

推进老年教育标准化发展，11所镇（街道）老年大学（学院）达到市级挂牌标准，开展镇（街道）老年大学挂牌仪式。各镇（街道）老年大学在校学员6420人，各类老年人学习团队112个，设立村居（社区）老年教学点160个。咸祥镇成人文化技术学校入选第二批全国城乡社区教育特色学校；姜山镇成人文化技术学校入选全国农村优秀学习型部门（成校）；云龙镇上李家村获评全国优秀学习型村居；塘溪镇成人文化技术学校获评2017年度省现代化成校。

【鄞州老年开放大学成立】 2018年3月7日，鄞州老年开放大学成立。鄞州老年开放大学依托鄞州电大办学，每个教室配置有电脑、投影仪等现代化教学设施，可以满足日常的老年教育需求。面向社会聘请一部分有教学经验的兼职老师，组建一支由专业教师和兼职教师相结合的师资队伍，开设书画摄影类、面点制作类、体育舞蹈类、综合应用类、信息技术类、声乐戏曲类共六大类课程。首批招生1月初完成，招收学员500余人，每学期学费75元至130元不等。至年底，鄞州老年开放大学建成舞蹈室2个、器乐室2个、书画室1个、面点制作室1个、综合室2个、信息室1个、团队活动室1个、报名大厅1个。

【全国全民终身学习活动周暨“社区教育参与社区治理的实践探索”分会场在鄞州区举办】 2018年10月25日，全国全民终身学习活动周暨“社区教育参与社区治理的实践探索”分会场在鄞州区举办，全国各地100余名社区教育工作者参加。活动中，区教育局党委委员徐蓓春、全国社区教育资深专家陈乃林、华东师范大学职成教研究所副所长孙玫璐等领导和专家出席并作报告。百丈街道划船社区“俞复玲工作室”有4批70余名学员毕业，成为社区工作骨干；明楼街道和丰社区，建设鄞州区首个社会组织孵化中心——“益丰巢”，有38个联动公益组织入驻“益丰巢”，16家单位、48个公益企业参与社区共建，每年推出100余个惠民项目，为居民构建起“5分钟学习圈”；城北成校利用社团导师工作室推进社团骨干培训，五年培训社团骨干4000余人，受益10余万人次，成为全国社区教育品牌项目、浙江省社区教育十大品牌项目。至年底，全区有省级现代化、标准化成校13所，社区教学点473个；创建全国社区教育示范镇（街道）12个，全国学习型示范镇3个，全国和省、市终身教育品牌项目各1个。

【两所学校获评浙江省现代化成人学校】 2018年12月18日，省教育厅办公室公布2018年浙江省“中职教育质量提升行动计划”有关项目建设名单，鄞州区城北成人文化技术学校、瞻岐镇成人文化技术学校入选。鄞州区城北成人文化技术学校前身为原江东区社区学院，建筑面积3000余万平方米，配备现代化教学设备，先后获浙江省优秀职工教育培训基地、宁波市成人教育“2211校企牵手活动”先进集体等称号；鄞州区瞻岐镇成人文化技术学校占地面积20382平方米，建筑面积2285平方米，有专、兼职教师32人、客座教授12人，配有电脑室、图书室（电子阅览室）、双向视频室、大型多功能报告厅等较为先进的教学设施设备，下设村民（社区）学校18个。

【《鄞州区流动人口子女义务段积分入学管理办法》出台】 2018年10月29日，《鄞州区流动人口子女义务段积分入学管理办法》发布。该办法明确积分入学两个条件：一是父母双方在鄞州区有相对固定住所，截至适龄子女入学当年3月底，在鄞州区连续居住一年及以上且持有效居住证；二是父或母一方在鄞州区连续按月参保截至适龄子女入学当年3月底满一年及以上的，均可为其适龄子女申请入读区内学校的起始年级。根据申请，视综合积分排名安排入学。全区每年新入学的近万名学生中，流动人口子女占40%—50%，实行子女积分入学办法更能体现教育公平。至年底，提出积分入学申请3500人。

【校外培训机构整治】 2018年，区教育局联合区市场监管局、区社会治理综合指挥中心、鄞州消防大队等7个部门实施校外培训机构整治。制订专项治理方案，借用各方力量对辖区内的培训机构进行地毯式、网格化排查，建立排查档案。对排查结果进行分类，鼓励符合办学条件的到有关部门进行审批，取得合法资质；对存在严重安全隐患或不规范的培训机构进行处理，并建立培训机构“白名单”“黑名单”，随时向社会公布。6月22—26日，查处博林教育、朗休教育、多维教育等8家非法教育培训机构，区分不同情况，采取下发停办通知书、给予涉嫌虚假宣传立案调查、建议办理办学许可证等措施，区教育局并对非法办学机构负责人进行调查。

（麻万掌）

2018年9月，鄞州区6所学校建成投用

① 堇山小学教育集团南校区　② 邱隘镇明湖幼儿园

③ 宁波市市级机关第二幼儿园保利印江南园区　④ 鄞州实验幼儿园格兰郡庭园区

⑤ 德培幼儿园荣安香园园区　⑥ 姜山镇小城春秋幼儿园雅旭花苑园区

文化·传媒·体育

公共文化

文化遗产保护和开发

博物馆 · 书学院

图　　书

文化产业 · 文化市场

文学艺术

社科工作

档案工作

史志工作

广播电视

鄞州日报

新　　闻

新 媒 体

体　　育

鄞州年鉴

2019 YINZHOU YEARBOOK

公共文化

【概况】 2018年，鄞州区连续10年获评全省公共文化服务综合评估第一名。21个镇（街道）全部达到省一级以上乡镇综合文化站标准，其中“特级综合文化站”11个。纳入“十百千工程”的18个重点村（社区）完成提升工程率100%。瞻岐镇创建为浙江省文化强镇，百丈街道中山社区创建为浙江省文化示范社区；瞻岐镇、东吴镇通过宁波市第三批公共文化示范区验收；姜山镇、五乡镇获宁波市第四批公共文化示范区创建资格。

开展宣传贯彻党的十九大精神、改革开放40周年和《中华人民共和国宪法》的文艺创作、展演、展示活动，举办首届“艺起来”群众文化艺术节，开展区级开、闭幕式和系列活动30余场次；举办“第八届王应麟读书节”，陆续举办12个系列子活动；镇（街道）基层文艺团队综艺巡演63场；“天天演”送戏下乡774场次；举办“相聚明州里·你我艺起来”艺培风采大舞台等文艺展演活动11场次；邀请中央音乐学院院长俞峰在鄞州体育馆举办高雅音乐普及暑期大师公开课1场；承办“首届全国青少年大提琴艺术周暨第七届青少年大提琴比赛”活动；组织开展改革开放40周年主题书展1次、改革开放40周年主题展览1次、改革开放40周年知识竞赛1次，组织开展“不忘初心，砥砺前行——十九大知识进万家”活动1次。鄞州越剧团创排原创现代越剧《众家姆妈》，新排传统剧《春香传》，复排传统剧《琥珀缘》《碧玉簪》《狸猫换太子》。

【公共文化惠民工程】 2018年，鄞州区实施“艺起来”全民艺术普及工程，发布“艺起来”四大培训平台和四大展演平台，并举办文化下派员现场签约仪式。举办首届“艺起来”群众文化艺术节、“一人一艺杯”宁波市全民戏曲大赛鄞州赛区海选暨第二届“越迷争锋”挑战赛。开展“艺起来”基层文艺团队综艺巡演活动，每个镇（街道）3场、全区63场，参与演出的基层业余文艺团队200余支，惠及群众12万余人次。开展社会力量参与“艺培”活动，通过公开招标，确定7家社会培训机构入围社会力量参与“艺起来”全民艺术技能普及服务师资库，举办公益艺术培训“洽谈会”，有3200余次课程免费送到基层。举办“艺起来”2018鄞州区群众文化自创自演（音乐类）会演活动，来自21个镇（街道）的40个节目展现基层文化建设成果。

【惠民文化品牌活动】 2018年，鄞州区开展“天天演”文化惠民工程，“天天演”下基层演出774场次，总观看演出人数76万人次，观众满意度100%；“天天看”放映公益电影4800场、科教片1440场，受惠群众40余万人次；“天天读”配送图书30690册；“天天听”举办“明州讲堂”公益讲座72场次，听众1.40万人次。连续5天举办10场“我为戏狂”民营戏曲团队会演活动。做好年度鄞州区“天然舞台”送戏下乡工作，分配落实32场次公益演出，辐射鄞州区21个镇（街道）。开展公共文化菜单式补助惠民工程，以文化点单形式为区内薄弱镇（街道）、村（社区）输送文化产品和服务，推动基层公共文化均等化发展。

【文化精品创作】 2018年，宁波走书《斗米换婆娘》参加第十届中国曲艺牡丹奖浙江省选送节目会演。越剧小戏《酒埕口里捞铜钿》和甬剧小戏《小题大做》获“2018年浙江省新农村建设题材小戏会演”金奖，为全省4个金奖之一，鄞州区也是宁波市唯一获金奖的县（市、区）。6件美术作品入围浙江省群星美术大展，数量占全市的60%。

【“艺起来”全民艺术普及平台启动】 2018年3月30日，鄞州区“艺起来”全民艺术普及暨公共文化数字总分体系正式启动。省文化厅、市文广新局相关领导及区委常委、宣传部部长方飞龙，区委常委、姜山镇党委书记沃勇特，副区长卜明长及国内相关专家出席仪式。启动仪式上，首先介绍“艺起来”文化馆星光团队培训平台、社会力量“艺培风采大舞台”平台、镇（街道）“周日课堂”培训平台、中小学校园艺术培训平台四大“艺培”平台相关内容，并对鄞州区华泰小学等12所区中华优秀文化艺术传承学校和首批入围的宁波文化艺术培训中心等7家社会机构集中授牌；介绍镇（街道）综艺原创节目展演平台、业余文艺团队展演平台、社会培训机构展演平台和中小学展演平台等全民艺术普及四大展演平台的相关内容和21支镇（街道）基

2018年5月30日，鄞州区“艺起来”全民艺术普及暨公共文化数字总分体系启动仪式文艺演出

层文艺团队的风采，以及公共文化数字总分体系的基本情况和主要功能，还举行鄞州数字文化姜山分馆与一人一艺全民艺术普及姜山点授牌仪式和文化下派员与21个镇（街道）签约仪式。与会人员观看“艺起来”鄞州区基层文艺团队综艺巡演首演暨百丈街道专场演出。艺起来”全民艺术普及平台包含四方面内容：打造全民艺术普及数字平台、推行文化下派员制度、搭建四大“艺培”平台、搭建四大“艺展”平台。

【区第13届科普电影节】 2018年5月21日，鄞州区第13届科普电影节开幕式在塘溪镇上城村文化礼堂举行。该届科普电影节以“科技强国 创新圆梦”为主题现场，开展科普图板展览、分发科普书籍等活动，当晚还放映科普片《智能家居进万家》及纪录片《厉害了我的国》，800余位村民观看。鄞州区科普电影节将科普知识通过电影这一寓教于乐的方式传递给广大百姓，让百姓在家门口就能学到权威专家对最新、最实用科普知识的生动讲解。电影节期间，在全区放映科普电影2000场次。

【宁波市全民戏曲大赛鄞州赛区总决赛暨第二届“越迷争锋”挑战赛】 2018年8月4日，“一人一艺杯”宁波市全民戏曲大赛鄞州赛区总决赛暨第二届“越迷争锋”挑战赛在五乡镇文化中心剧院举行。该次比赛有200余人参加，20人获奖，其中鄞州籍获奖选手18人，获奖人姓名和作品分别是：一等奖1名为孙薇的越剧《盘妻索妻·洞房悄悄静幽幽》；二等奖2名，分别为唐瑜婕的越剧《英台哭坟》、周一维的甬剧《雷雨·独对孤灯》；三等奖2名，分别为李文明的越剧《孔雀东南飞·人去楼空空寂寂》、陈波的越剧《白兔记·漫天大雪落纷纷》、优秀奖13名，分别为崔朝红的越剧《沙漠王子·叹月》、毛若涵的越剧《追鱼·张郎听我从实讲》、郑琼燕的越剧《花中君子·骂堂》、周思妤的越剧《桑园访妻》、陈国林的越剧《祥林嫂·老六成亲》、张亚君的越剧《千年白蛇峨眉修》、吴红燕的越剧《武松杀嫂》、毛英的越剧《祥林嫂》抬头问苍天、张雨非的越剧《葬花》、吴冬梅组合的甬剧《老年朋友想开点》、叶贺娣的甬剧《拔兰花》、任爱娟的越剧《碧玉簪·三盖衣》、李思逸的越剧《情探·行路》。担任此次决赛评委的均为市戏剧界的资深表演艺术家，其中有戏曲“梅花奖”得主王锦文、张小君，国家一级演员、宁波市甬剧团艺术总监沃幸康。

【俞峰高雅音乐公开课在鄞州区举行】 2018年8月12日，中央音乐学院院长、宁波交响乐团艺术指导俞峰，携手著名小提琴演奏家陈曦，与宁波交响乐团在鄞州体育馆为现场近4000名观众上高雅音乐公开课。此次公开课把交响音乐与美学教育相结合，以经典音乐为亮点致敬新时代。整场公开课演出分中国红色经典曲目演绎、管弦乐知识普及、交响乐发展历史回顾、“百花齐放洋为中用”交响乐演绎四个部分，历时两个半小时，演出曲目及片段包括《黄河大合唱》选曲“保卫黄河”、歌剧《白毛女》选曲“北风吹”、舞剧《红色娘子军》选曲“娘子军操练舞”、《草原英雄小姐妹》选段“草原放牧”、贝多芬的《欢乐颂》《命运交响曲》以及电影《星球大战》主题曲等20余首。

【首届全国青少年大提琴艺术周暨第七届青少年大提琴比赛开幕式音乐会在鄞州区举行】 2018年8月24日，首届全国青少年大提琴艺术周暨第七届青少年大提琴比赛开幕式音乐会在宁波文化广场大剧院举行。活动由中国交响乐发展基金会主办，市委宣传部、市文广新局指导，区政府承办，旨在发掘和选拔大提琴演奏艺术的新人才，促进鄞州乃至全市文化艺术等各项事业。艺术周持续7天，举办方准备10余项为民惠民的艺术普及活动，并邀请王健、秦立巍两位大师为大家上公开课，马友乘（马友友姐姐）和她带领的美国纽约青少年交响乐团也在开幕式和其他活动中演出，开展咸祥“大提琴小镇”授牌及系列活动。来自全国62名希望之星分青年组及少年组进行比赛，其中裘智宇和杨康分别获少年组和青年组第一名。活动直接参与群众10000余人次，通过各类宣传报道了解、关注的200万人次。

【鄞州区与云南省弥渡县开展文化走亲活动】 2018年11月6日，鄞州区文艺工作者一行20余人到云南省大理白族自治州弥渡县开展文化走亲活动。区文化馆以星光合唱团、星光舞团等为班底，组织文艺工作者到弥渡县参与文化走亲活动，节目具有宁波特色，如讲述南宋石刻公园的历史与文化的男声表演唱《石中语》，该作品曾获浙江省新作大赛创作和表演双金奖，宁波市五个一工程奖；取材于“全国优秀党务工作者”——划船社区党委书记俞复玲事迹的歌曲《小巷总理》，描绘“中国进士第一村”——姜山镇走马塘村的原创歌曲《又见走马塘》；甬剧《典妻·回家路上》和越剧《送花楼会》等地方戏表演。弥渡县当地的演出团队演出歌伴舞《喜不喜欢也要喝》、花灯歌舞《十大姐》、花灯广场舞《灯情》等节目。同时，两地文艺工作者还进行书法、摄影等交流。

【宁波青少年交响乐团成立】 2018年12月2日，宁波青少年交响乐团成立仪式在宁波文化广场大剧院举行，中央音乐学院院长、中国指挥学会会长俞峰，中央民族大学音乐系教授陈昌宁，区委常委、宣传部部长方飞龙，副区长卜明长等1000余人出席成立仪式。宁波青少年交响乐团旨在进一步推动鄞州乃至全市青少年音乐艺术的普及，给全市青少年搭建起一个接受音乐教育和展示艺术才能的优质平台。成立仪式上，宁波交响乐团、区文广新局和鄞州蓝青学校三方代表签订协议，宁波交响乐团将和宁波青少年交响乐团开展深度合作。宁波青少年交响乐团依托运作多年的鄞州中学蓝青交响乐团的班底基础，是面对全市吸纳优秀团员而组建的公益性组织。祖籍鄞州的中央音乐学院院长俞峰受聘为艺术顾问，中央民族大学音乐系教授陈昌宁担任常任客座指挥，宁波交响乐团指挥程浩为艺术总监，团长兼常任指挥由鄞州中学正高级教师何春芬担任。启动仪式后，宁波交响乐团和宁波青少年交响乐团为现场观众演出弦乐四重奏《莫扎特K136嬉游曲》第一乐章、管弦乐合奏《红旗颂》等经典作品。

（路慧洁）

文化遗产保护和开发

【概况】 2018年，鄞州区开展文物安全检查巡查40余次，检查巡查范围覆盖全区227处文保单位（点）。协助市考古研究所进行东吴镇古汶潭窑址调查、勘探，完成天童禅寺义兴祖师塔考古勘探；开展五乡镇、古鄮县等地田野调查、地下文物勘探工作。完成李惠利故居迁移工程地基图纸会审；完成咸祥走马楼、天童禅寺万工池、药师殿、玉佛殿、舍利殿修缮工程；完成余隘祠堂周边环境整治工作；推进天童禅寺罗汉沟防水工作、七塔禅寺、沙耆故居的保养维护工作；落实《鄞地遗珍》《鄞地丰碑》《太白天童》等编辑出版工作。完成宁波市一普成果系列丛书编制，鄞州区25件精品入选。

朱金漆木雕、骨木镶嵌、宁波走书、金银彩绣4个项目被列入国家级保护名录，灰雕制作、内家拳、甬式家具制作技艺等20个项目被列入省级保护名录，50个项目被列入市级保护名录、101个项目被列入区级保护名录。代表性传承人国家级3位、省级17位、市级58位、区级99位。传承基地89座，教学传承基地21座。

8个项目通过宁波市非遗表演类三位一体评估。其中，内家拳、龙舟竞渡获评示范项目。横溪镇入选浙江省第四批非物质文化遗产旅游景区之非遗主题小镇。咸祥镇以第一名成绩成为第二批市非遗特色小镇创建单位。陆氏伤科第八代传承人陆健祖、陆祖安招收14名徒弟为陆氏伤科第九代传承人。举办“东海蓝湾，鲜美咸祥”咸祥镇第四届海洋民俗文化艺术节、“文化自信 乡村振兴”第三届非物质文化遗产节暨第十四届“灵秀横溪”文体艺术节。进行“一地一韵”“甬上老腔调”宁波地方曲艺专场演出。金银彩绣、朱金漆木雕、骨木镶嵌、泥金彩漆项目代表宁波“温故·非遗展”访问保加利亚，参加索非亚中国文化中心举办的“宁波文化周”系列活动。先后开展内家拳万人计划公益培训、彩灯扎制技艺培训、面塑公益培训、大吞布龙公益培训、钉碗公益培训等。启动2018“海上丝绸之路——非遗鄞州”创意设计大赛。

【鄞州区第三届非物质文化遗产节暨第十四届“灵秀横溪”文体艺术节开幕式】 2018年6月9日，鄞州区第三届非物质文化遗产节暨第十四届“灵秀横溪”文体艺术节开幕式在横溪镇文化广场举行。活动由区文广新局、横溪镇政府和宁波日报“乡下头”工作室主办，持续150余天，以“文化自信 乡村振兴”为主题，设置“一人一艺”“一村一味”等环节。开幕式活动主要有“百米长龙”表演，第六批区级非物质遗产代表性项目授牌，“浙江省非物质文化遗产旅游区非遗主题（实验）小镇”授牌，舞龙舞狮表演以及其他表演。现场展示朱金漆木雕、彩灯扎制非遗文化项目和古字画修复、夹纻漆器、钉碗等“老底子”技艺。来自横溪17个村（居、社区）的村嫂端出金糰、米馒头等乡村特色美食，招待游客。同时举办“一带一路”中日韩非遗项目图片展，展现中国宁波、日本奈良、韩国济州、清州等地特色非遗文化项目。

【宁波帮严氏建筑群（善园）入选省不可移动文物保护优秀案例】 2018年6月12日，宁波帮严氏建筑群（善园）入选浙江省不可移动文物保护优秀案例。此次评选活动由省文物局主持开展，旨在总结推广不可移动文物保护利用的经验和做法，提升全省不可移动文物保护利用水平，推动优秀传统文化的创造性转化、创新性发展。宁波帮严氏建筑群，位于钟公庙街道铜盆闸村，为区级文保单位，属清末建筑，现存义学、义庄、义仓、严氏故居4幢古建筑，是迄今发现的种类最为丰富的宁波帮慈善建筑群。通过整体规划设计，建设成为宁波城市慈善文化地标、公益慈善主题公园及公益慈善博物馆——善园。

【非遗内家拳万人计划公益培训传承教学点授牌仪式暨内家中秋雅集】 2018年9月20日，非遗内家拳万人计划公益培训传承教学点授牌仪式暨内家中秋雅集在宁波博物馆举行。活动由非物质文化遗产内家拳传承中心主办，鄞州区非遗保护中心和宁

2018年9月20日，非遗内家拳万人计划公益培训传承教学点授牌仪式举行

2018年4月12日，2018“海上丝绸之路·非遗鄞州”创意设计大赛启动

波博物馆指导，宁波内家文化传播有限公司承办。区文广新局、区文管办和区非遗保护中心等相关部门领导和嘉宾、省级以上非遗项目代表性传承人、CCTV-9摄制组和各界新闻媒体以及非物质文化遗产内家拳代表性传承人夏宝峰等250余人参加。非物质文化遗产内家拳传承中心举办宁波市“文化消费季内家拳万人计划公益培训传承教学点授牌仪式”，在全市选取前10家优秀内家拳公益培训传承教学点，授予“非遗内家拳万人计划公益培训传承教学点”牌匾，并为10家传承教学点的负责人颁发聘请证书。

【“海上丝绸之路·非遗鄞州”创意设计大赛】 2018年4月12日，“海上丝绸之路·非遗鄞州”创意设计大赛启动。此次创意设计大赛，是中国创新设计产业联盟指导，市委宣传部、市文广新局、鄞州区政府和浙江大学宁波理工学院共同主办，是2018中国（宁波）特色文化产业博览会的专业活动之一，向全球公开征集以鄞州非遗和“海上丝绸之路”元素为主题的优秀文化创意产品，收到有效投稿作品692件。5月12日，国内近30名专家学者参加大赛设计主题调研和设计论坛。9月23日，大赛评审会在浙江大学宁波理工学院举行，评委会专家组确定30件作品入围各类奖项。区委常委、宣传部部长方飞龙出席评审会，浙江大学宁波理工学院“9211”特聘教授、浙江大学现代工业设计研究所所长孙守迁担任大赛评委会主席，区委宣传部常务副部长郁健平，区文广新局党委书记、局长王力波，传媒与设计学院副院长何镇飚，中国美术学院设计学院院长、浙江省创意设计协会理事长吴海燕，浙江省工业设计协会副会长兼秘书长章群星，贝发集团股份有限公司技术研发总监殷永生等担任评审委员，选出获奖作品金奖1名、银奖2名、铜奖5名、优秀奖20名、最佳组织奖5组。

（路慧洁）

博物馆·书学院

【概况】 2018年，鄞州区有各类已建、在建博物馆23座（已建国有性质10座、非国有性质11座，在建非国有性质2座），微小（非遗）博物馆12座。参观人数170余万人次，其中非国有性质博物馆参观40万人次。组织专家队伍到在建的齐物艺术馆、千峰越窑青瓷艺术馆现场指导陈列布展工作，指导其修订布展方案与陈列大纲。齐物艺术馆整体建筑结顶，千工甬式家具博物馆完成博物馆备案，千峰越窑青瓷艺术馆场馆在建。推进周尧昆虫博物馆迁建工作，组织专家对其内部陈列布展的初稿进行论证。宁波博物馆举办国内首个大型的关于恐龙繁衍的专题展览——“恐龙诞生之谜”，宁波服装博物馆推出“跟着明信片游博物馆”活动。根据省文物局的要求，完成对10家非国有博物馆藏品的备案工作。

周尧昆虫博物馆完成维护标本420号，藏品建档426号。迁建准备工作进入大纲撰写和建筑设计方案阶段，整馆迁建工作由区文广新局牵头、区城投公司承建。通过浙江省科普教育基地复评。参与2017年度周尧昆虫分类学奖励基金的评选和奖金发放工作，配合中国蝶类监测项目，整理记录宁波地区蝴蝶部分种类工作。参观人数38219人，其中青少年1.90万人。配合完成以原野、生态和昆虫资源为载体的“绿色有约”夏令营户外5日体验活动5期，参加学生500余人。

沙孟海书学院推进名人文化品牌建设，举办全国第二届沙孟海学术研讨会、纪念改革开放40周年——首届鄞州书法篆刻作品展；组织承办“中国书协书法培训中心2018年宁波临摹与创作研修班”书法培训、“许雄志篆刻学术讲座”，杜鹏飞、谢汉仁、刘宏卫分别担任指导教师，开设篆刻、隶书、楷书、行草专题研修班、沙孟海书学院教学基地辅导等活动；出版《沙孟海研究》季刊4期和《鄞州书法》杂志1期。接待参观人数3.80万人次。

【宁波服装博物馆建馆20周年活动】 2018年10月20日，宁波服装博物馆建馆20周年、迁馆10周年系列活动举行。活动有市民捐赠藏品展，邮政纪念封、个性化邮票发行和服装主题邮展等多项内容，400余人参加。全年收到赠品108件，“分享珍藏——市民捐赠藏品展”于20日上午开幕，展览汇集博物馆年度收藏的全部市民捐

2018 年 10 月 20 日，宁波服装博物馆开馆二十周年纪念封首发仪式举行

赠品。开幕式上还举行宁波服装博物馆旅游纪念风景邮戳和开馆20周年纪念封首发仪式，在邮政纪念封和服装博物馆个性化邮票上，都有服装博物馆建筑的图案，纪念封上还有98岁高龄的红帮裁缝、日本培罗蒙服装品牌创始人戴祖贻的签名题词。邮政公司还特意为宁波服装博物馆刻制风景邮戳。为配合该次风景戳的启用，宁波服装博物馆专门刻制博物馆建馆20周年和迁馆10周年两个纪念戳供市民加盖收藏。1月25日，宁波服装博物馆在海曙区古林镇成人文化学校举办一场以“走出禁宫，服务社会”为主题的清代服饰精品展，该次展览也是宁波服装博物馆纪念建馆20周年的特将馆藏的清代服饰精品巡展第一站。

【“金银彩绣·时光绣”展在庆安会馆举办】 2018年2月8日，庆安会馆联合宁波金银彩绣艺术馆在庆安会馆内举办“金银彩绣·时光绣”展览。展览展出的有明清时期的金银绣藏品和现代金银彩绣精品85件，展期3个月。将珍贵的古代藏品和现代作品结合布展，以表现在时光流转中金银彩绣的工艺传承脉络，突出古今交融的“时光绣”主题。虎头帽、福寿双全挂件、绣工精湛的假领子以及餐垫、绣鞋、挂饰等金银彩绣作品，特别是红色的戏服龙袍藏品吸引众多市民。开幕式上，主办方还邀请4位宁波市金银彩绣工艺师进行现场表演，让参观者零距离感受金银彩绣独特的工艺，领略传统文化的魅力。金银彩绣也称宁绣、仿古绣，始于唐宋，将金线、银线与彩色丝融合在一起进行刺绣，是宁波民间刺绣工艺之一。2011年，宁波金银彩绣被列入国家级非物质文化遗产。

【天成佛像造型艺术馆开馆】 2018年5月18日，天成佛像造型艺术馆在首南街道开馆，区人大常委会副主任夏素贞出席开馆仪式。天成佛像造型艺术馆是宁波市鄞州徐艺仿古雕塑厂投资新建的一座民办公益的大型艺术馆，主要收藏和展示中华民族优秀文化艺术品。艺术馆整体投资3000余万元，占地面积0.67公顷，筹建历时3年，拥有文物类佛像藏品15尊，个人作品30余尊，佛像造型展示800余尊，非遗人物类400余尊，千龙万工藻井1只，是鄞州区民办艺术馆中展厅面积和规模最大的近郊型景区式专题性艺术馆。艺术馆内还成立市级泥塑实践基地及市技能大师工作室，为传承和发展传统技艺提供平台。

（路慧洁　马霞维）

图　书

【概况】 2018年，鄞州区（宁波大学园区）图书馆馆藏纸本图书入藏量新增112948册，全馆图书总馆藏量2144415册，音像资料51049盘。接待到馆读者553万人次，借还图书425.22万册次（其中馆内图书借还量268.69万册，区少儿馆借还图书103.92万册，镇村分馆51.90万册，汽车图书馆0.71万册），图书馆有效持证读者65.51万人。举办讲座、沙龙、展

2018年5月18日，天成造像艺术馆开馆

览及各种主题活动471场，其中“明州大讲堂”讲座72场，听众14454人次。创新全民阅读服务、推广平台，搭建起“你选我买”图书荐购、“扫码悦读”数字阅读和“网约书”配送平台，开展“春伢计划”阅读推广活动。开展“图图宝贝”亲子阅读系列活动24场、“红领巾”阅读天使阅读系列活动40余场，新增“图图宝贝”亲子阅读家庭、“红领巾”阅读家庭200余户。

2018年5月18日，鄞州区第八届王应麟读书节开幕式举行

【“全民阅读服务体系建设”专家研讨会】 2018年3月20日，鄞州区举行“全民阅读服务体系建设”专家研讨会，有25位专家参加，区文广新局（风景旅游管理局、体育局）邀请中国新闻出版研究院国民阅读研究与促进中心主任徐升国，苏州市文化广电新闻出版局原副局长、原书香苏州负责人缪源，北京阅读季策划人、北京西城区阅读规划起草人、北京大阅文化传播有限公司总经理刘颖，北京市西城区阅读协会会长、城市阅读专家郭斌为鄞州阅读事业发展把脉支招。市文化广电新闻出版局新闻出版处处长张武刚，区文广新局和鄞州区图书馆相关人员参加会议。会上向专家介绍新鄞州区的公共文化服务体系的情况，包括区图书馆、镇村级图书馆分馆、城市书房的发展以及鄞州区的阅读特色服务和阅读活动品牌。与会专家围绕鄞州区全民阅读服务体系建设、全民阅读效能提升途径等展开交流发言。

【区第八届王应麟读书节】 2018年5月18日，鄞州区第八届王应麟读书节在鄞州区（大学园区）图书馆开幕。读书节以“放飞梦想 阅享人生”为主题，举行“王应麟蒙学堂——耕读家”活动、蒙学读本《图说三字经》首发式，启动“阅畅享”服务工程。“王应麟蒙学堂”是2017年读书节期间推出的一项公益活动，与区小学语文名师工作室联合，面向学生开设“公益国学班”，由名师亲自授课。首发的蒙学读本《图说三字经》由宁波美术家协会副主席、著名人物画家陈亚非花费两年时间精心绘制，以图文并茂的形式还原历史真实场景和人物内在精神。“阅畅享”服务内容包括：为自闭症儿童提供“星阅享”志愿服务，为残疾人提供免费“网约书”公益服务，为外来务工人员子女提供“小树苗”关爱服务。读书节首次发布《鄞州区全民阅读服务体系三年规划白皮书》，举办鄞州区“王应麟阅读小镇”创建活动发布会暨“阅·鄞州”高峰论坛。该次读书节活动参与9000余人次。

2018年3月20日，宁波市鄞州区“全民阅读服务体系建设”专家研讨会举行

【区少年儿童图书馆特色讲座和讲堂活动】 2018年5月18—19日，区少年儿童图书馆开展两场特色讲座与讲堂活动。18日，区少年儿童图书馆走进区朝晖实验学校，开展“和孩子一起阅读”主题讲座，活动作为爱心并进·携手共读——鄞州区少年儿童图书馆“温暖同行”系列活动之一，与家长共同探讨共读的重要性。讲座邀请中国首批美国正面管教家长讲师、国家二级心理咨询师、少儿阅读推广人胡威，为一年级全体学生家长讲述为何要进行亲子共读、如何进行亲子共读以及亲子共读的必要性，引导家长在家进行亲子阅读，提升孩子的阅读能力、思维能力。19日，区少年儿童图书馆举行特色讲堂活动，教师带领孩子们走进蒙德里安的几何抽象世界。课堂上，教师通过展示图文，讲解蒙德里安画直线的一生。欣赏完名作，孩

子们列举生活中出现的蒙德里安格子画，如家具、服饰、建筑等。特色讲座与讲堂活动有400余人参与。

【区图书馆获评国家一级图书馆】2018年8月13日，鄞州区图书馆获评文化和旅游部颁布的"国家一级图书馆"。全国公共图书馆评估定级工作由文化和旅游部组织，每四年进行一次评估。鄞州区图书馆秉承"服务第一，读者至上"的工作理念，坚持以人为本，构建和谐图书馆。自2010年起，鄞州区图书馆连续3次获评国家一级图书馆。

（路慧洁）

文化产业·文化市场

【概况】2018年，鄞州区对镇（街道）实行单独的文创产业目标管理考核，就产业发展、项目建设、招商引资、文化消费等方面设定考核内容。修订完善《鄞州区文化创意产业专项资金管理办法》，为文创企业招商引资工作提供政策支持。配合区委宣传部建立文创单位名录库，将达到规模且经营能力较好的企业及时推荐纳入统计名录库。帮助企业做好各级文化产业专项资金申请，音王集团等4家企业的项目获国家文化产业专项资金补助200万元，宁波卡酷动画制作有限公司入选中央"推动对外文化贸易发展"转移支付项目。成立宁波青少年交响乐团，柔性引进祖籍鄞州的中央音乐学院院长俞峰为团艺术顾问，中央民族大学音乐系教授陈昌宁担任常任客座指挥，宁波交响乐团指挥程浩被聘为艺术总监。陈明伟与马云等同获"非公有制经济人士新时代优秀中国特色社会主义事业建设者"称号。徐剑佩、许谨伦、裘群珠获评2018年第六届浙江省工艺美术大师。陈明伟当选浙江省工艺美术行业协会副会长。

文化企业发展迅速，宁波音王电声股份有限公司和宁波卡酷动画制作有限公司获评2017—2018年度国家文化出口重点企业，其中宁波音王电声股份有限公司连续4届获该称号。宁波甬派传媒股份有限公司、宁波直众二十一城文化传媒有限公司、宁波世游信息科技股份有限公司入选第二批浙江省成长型文化企业。宁波甬派传媒股份有限公司获评浙江省"文化+互联网"创新企业。

"微审批"微信公众号服务平台平均受理办结时间1个工作日，基本实现审批不见面。以"微平台"为基础，在全市率先推行审批事项"网上通办"服务，打通审批服务的"最后一公里"。实现互联网上网服务场所、娱乐场所、电影院、地面卫星接收设施等事项的联办工作，全年联办事项联办率50%。推出模拟审批、图示指南、容缺审批等八大特色项目，窗口受理事项1323件，审批办结1323件，提前办结率99%，群众满意率100%，两个许可案卷获评"市十佳案卷"。在全市文化行政审批技能大比武中获团体第二名、个人第四名和第五名成绩。

推进扫黄打非"五大"专项行动，认真做好"两会"、文明指数测评、节假日等重点时段的市场保障，加强农村文化市场监管，市场良好率95%。夯实文化市场管理基层基础，推进基层站点规范化、标准化建设，基本实现"扫黄打非"基层站点全覆盖，五乡镇获评省级示范点，10家单位获评区级基层示范点，鄞州区"扫黄打非"和文化市场管理工作经验在《国家新闻出版广电报》上刊登，并在全市相关会议上作经验交流。

【引导城乡居民扩大文化消费试点工作实施】2018年，鄞州区制定出台《引导城乡居民扩大文化消费试点工作实施方案》，推荐3家单位申报市级文化消费专项资金、19家企业申报试点工作合作单位、17个项目申报文化消费季。全年举办8次较大规模文化消费活动：张学友演唱会、Nart国际城市艺术博览会、草莓音乐节、香橙音乐节、城市青年文化节、海洋文化节、2018ATP国际男子网球超级挑战赛、文化广场精品戏剧舞蹈演出季，打造6个区域文化消费品牌：王应麟读书节品牌、美丽鄞州欢乐游品牌、酷乐潮玩文创生活品牌、飞跃时空文化娱乐品牌、书香文化园文化阅读品牌、保利剧院文化演艺品牌。鄞州区企业浙江森凡文化承办市级文化旅游季。

【新兴文化产业项目引进】2018年，鄞州区引导宁波三江印务有限公司、浙江欧虎文化科技公司等一批当地文化企业拓展项目、实现产业延伸。建立重大文创产业项目库，推动鄞州书城、鄞州文化创意产业园、宁波集盒文创园（二期）、东遇艺术里等项目建设。引进艾沃影视项目落户南部商务区，宁波文化广场引进当当书店项目。对优质新项目重点关注帮扶，实现产业层次提升。征集欧虎中法文化交流基地、影视IP产业化服务平台、基于无线连接技术的高端视听文化享受用产品的开发与推广项目、NArt国际城市艺术博览会等30余个新兴项目。

【文化市场监管】2018年，鄞州区开展文化市场"僵尸"企业排查。专项行动期间，清理出140家"僵尸"网吧、印刷、出版物零售等企业，推动市场退出机制。开展"线乱拉"专项治理工作，五乡、横溪、姜山、塘溪4个镇23条"上改下"道路全部完工。加强印刷复制管理工作，检查印刷企业497家，覆盖率100%。出动安全检查4126人次，检查场所6439家次，发现并整改重点安全隐患38条。组织各文化经营行业安全生产培训班22期，参与人次2800人次，与娱乐场所、网吧负责人签订安全生产承诺书。开展绿书签系列宣传暨非法出版物集中销毁活动，现场销毁非法书籍、音像制品等23万余件。打造"娘家人工作室"品牌，为企业提供维权、咨询、调解和诉求等帮扶。推进娱乐场所、互联网上网服务场所转型升级，培育新型文化业态，辖区内85%的网吧完成向"2.0版网咖"转型，30%的网吧开始向"3.0版网咖"转型。开展境外卫星电视管理和非法卫星设施专项整治。开展鄞州区电影市场秩序整治工作，对全区17家电影院进行消防安全检查和文明创建指导。

【网吧“人脸识别系统”启用】 2018年2月26日，鄞州区所有网吧正式启用“人脸识别系统”电子设备，网吧工作人员可实现上网消费者身份的自动核验，执法部门亦可通过服务器在线查看各网吧的实名登记情况。该系统识别成功率99.90%，若人证不匹配，系统会及时向网吧工作人员作出提示，网吧工作人员如果经手工校验后允许其上网的，系统会在第一时间将该网吧名称、登记名字、上网机位等信息发送至执法部门的服务器中，以便执法人员开展精准执法。“人脸识别系统”具备身份核验、开卡登记、拒绝未成年人、执法信息提示等主要功能。

【鄞州区获全市文化市场综合执法技能竞赛一等奖】 2018年8月23—24日，由市文化广电新闻出版局、市总工会联合举办的宁波市文化市场综合执法技能竞赛活动结束，全市10个县（市、区）团队经过理论测试、案卷评查、远程勘验和现场答题四轮竞赛，鄞州区代表队在竞赛中获团体一等奖。鄞州区代表队还获网上案卷评查团体第一名，黄雪萍、陈海燕获网上业务知识考试个人前六名。文化市场综合执法技能竞赛内容主要为政策法规、文书制作及案卷归档、执法程序规范、移动执法及网络案件办理等文化市场综合执法领域需要掌握的专业技能，比赛的开展有助于提高文化市场综合执法人员业务水平，增强综合执法人员公正文明执法意识。

（路慧洁）

文学艺术

【概况】 2018年，区文联下属各大协会有国家级会员205人，其中省级会员377人、市级会员443人、区级会员1268人、各镇街道文联会员3417人。新增国家级会员25人，增长13.50%；新增省级会员52人，增长16.50%；新增市级会员56人，增长14.5%；新增区级会员210人，增长18%；新增镇（街道）文联会员278人。

1月、4月，中央委员、中国作家协会党组书记、副主席钱小芊，中央委员、中国文学艺术界联合会党组书记、副主席李屹分别到宁波调研，对鄞州文联工作做法和经验给予肯定。区书协印发《鄞州区书法家协会“马衡奖”年度表彰奖励办法》，年度评选5名在创作和学术上成绩显著的协会会员，每名奖金5000元。联合区文化馆、宁波海上丝绸之路研究院、宁波博物馆等单位，启动中国海丝文化探源工程，强化中国海丝文化理论研究，举办一系列海丝文化推广宣传活动。获中国民间艺术家协会“中国海丝文化之乡”称号，再添一张国家级文化名片。

紧扣改革开放40周年时间节点，推进重大活动展览，全面展示鄞州文艺实力，深入传播鄞州文艺影响力。开展鄞州文联历年艺术成就展、《宸奎阁文化碑铭》文化论坛、七塔禅寺金秋诗会、“从这里出发——一带一路”主题音乐会”、“梦想的土地”原创音乐作品展演、中国美术馆“存在的幻觉——吴威油画作品展”、首届鄞州书法篆刻作品展、“梅园素心·张忠良书法特展”、“九九归一”贺圣思书画作品展、李霞萍师生作品展、鄞州和新疆库车两地摄影展、“一人一艺杯”宁波市全民戏曲大赛鄞州赛区海选暨第二届“越迷争锋”挑战赛等活动。

区文联进驻“鄞响”，与《鄞州日报》新媒体合力打造鄞州网上文艺家园。该举措展示全新意义，将文艺作品推广，文艺人才推介推到网络媒体，鄞响文艺频道+鄞州文艺微信平台构成“互联网+”的网上文联模式。5月，鄞州公安分局召开鄞州公安文学艺术联合会第一次代表大会。6月，鄞州区文联第九艺术区“雅韵艺社”成立。“雅韵艺社”坐落于华东师范大学宁波艺术实验学校东校区，社团宗旨为充分调动并发挥艺术家的创作热情，积极推进鄞州区的艺术创作，同时促进所在区域艺术发展，起到引领和示范作用。9月，首次尝试与浙江省作家协会合作开办浙江省新荷计划高级研修班，鄞州区10位优秀的青年新锐作者加入浙江省新荷计划，委托浙江省作家协会代为培养，该研修班为期一周。

【文艺精品创作】 2018年，区文联主抓文艺精品创作，多件作品落地获奖。宁波市文联组织评选的宁波市各艺术门类常设性奖项评选中，鄞州区文艺家共有26件作品获奖，占总数的22.20%。徐海蛟的历史散文集《故人在纸一方》，成为广西师范大学出版社出版的最受媒体关注的年度新书之一，《光明日报》《深圳晚报》《半岛都市报》《湖北日报》和杭州电视台、中国青年网等30余家报刊和十几家知名网站刊发该书评论。天涯的小说《女船王》转让影视改编版权，有望开拍电视剧。黄洪光、姚丽、包德贵、饶佳、刘丽芳、刘孟婧等作家的小说、散文、诗歌等作品在《诗刊》《青年文学》《作家》《散文选刊》《福建文学》《天津文学》等重要文学刊物发表。书法家协会共有30余人次入展全国、省级以上书法大展。2018“艺术宁波”年度新人奖6位艺术家，鄞州区美术家占5席。魏惠东的作品在三年一届的全国青年美展中获得最高奖项，宁波共入展2件。首届中国（深圳）国际水彩画双年展、2018·中国百家金陵画展（版画）、中国油画作品展、全国中国画作品展、2018浙江省油画作品展等10余个各类省级以上全国性展览中，鄞州美术家有30余件作品获奖、入选。周静书主编的《中国民间故事丛书·宁波卷》获第六届浙江民间文艺“映山红”奖民间文学作品奖，徐剑佩、徐侨宾创作的木雕《千龙万工藻井》获映山红奖工艺美术奖。

【区文学艺术界联合会第八次代表大会】 2018年6月26日，鄞州区文学艺术界联合会第八次代表大会在区委党校召开。市委常委、区委书记胡军，市文联党组书记、副主席王晓勇，区委副书记、区长陈国军，区人大常委会主任杨慧芳，区政协主席郑坤法，区委副书记、政法委书记朱法传，区委常委、组织部部长陈杰农，区委常委、宣传部部长方飞龙，副区长卜明长等出席大会开幕式。胡军发表重要讲话，对近年来鄞州文联的工作和鄞州文艺事业的发展给予肯定，对下一步文联工作和文艺事业发展提出四点要求：即坚持文化自信，保持文艺事业的正确方向；坚持崇德尚艺，造就德才兼备的文艺队伍；坚持扎根群众，创作人民满意的文艺精品；坚持服务大局，凝聚文化强区建设的精神动力。来自区文联下属协会、镇（街道）文联、各艺术社团的280余位代表参加大会，会议通过鄞州区文学艺术界联合会第七届委员工作报告；选举马道永等47人为鄞州区文学艺术界联合会第八届委员会委员；选举邵斌为主席，杨慧月、江志勇、史晓卿、周玲智（兼）、钱丁盛（兼）为副主席，钱秀娴为秘书长；大会还对39位艺术家进行表彰：李元、李立中、陈启元、周律之、贺圣思5人获“终身成就奖”，沈珈如等15人获“领军人物”称号，吕付平等10人、肖欢等9人分获“青年文艺之星”“青年文艺之星提名”称号。

【文艺活动】 2018年5月15日，“鄞州文联历年艺术成就展”在鄞州艺术馆开幕。展览梳理自1984年7月鄞州文联成立35年来团结带领鄞州区广大文艺家和文艺工作者开拓创新的历程，汇聚35年来鄞州文艺事业所取得的一系列重大成果。区书协承办浙江省“中国书法之乡”首届作品巡联展（鄞州站）。区文联协办“翰墨太白——全国书法名家走近东吴系列活动”。举办纪念改革开放40周年——首届鄞州书法篆刻作品展、“馨香如墨”鄞州女书家迎新书法小品展暨“艺花道”中国插花艺术展。“梅园素心·张忠良书法特展”、“九九归一”贺圣思书画作品展等一系列书法展览，活动紧紧结合当下热点，传达时代强音。美协在善水阁、汇港美术馆、宁波美术馆等地举办个展和联展9期。

【“存在的幻觉——吴威油画作品展”在北京举办】 2018年5月10日，“存在的幻觉——吴威油画作品展”在北京中国美术馆2号展厅开展，同时发行此次展览的画册。开幕式由市文联党组书记、副主席王晓勇主持。中国文联理论研究室主任、中国文艺评论家协会副主席兼秘书长庞井君，市政协副主席、省文联副主席、市文联主席郁伟年，市委宣传部副部长张文杰，市教育工委书记朱达，中国美术馆副馆长张晴，中国美协美术理论委员会副主任尚辉，以及自北京大学、清华大学和中央美术学院、浙江纺织服装学院、中国美术报等十余位院长、主编、教授和博士生导师参加开幕式和研讨会。著名艺术家艾轩、袁正阳、李贵君、毛以岗等艺术家出席开幕仪式，另有近百位来自全国各地的中青年油画家参加开幕式。吴威是浙江纺织服装学院副教授，中国美术家协会会员、浙江省油画家协会理事。该展览展出吴威自2009年至2018年创作的30余件油画作品。开幕式后，中国美术馆馆长吴为山到吴威作品展厅观摩指导。

【区文联第九艺术区“雅韵艺社”成立】 2018年6月29日，鄞州区文联第九艺术区“雅韵艺社”成立。“雅韵艺社”坐落于华东师范大学宁波艺术实验学校东校区，社团宗旨为调动并发挥艺术家的创作热情，推进鄞州区艺术创作，促进所在区域艺术发展，起到引领示范作用。该艺术区有十几位艺术家加盟，涉及文学、音乐、绘画、篆刻、摄影、主持、朗诵、影视等领域，入驻雅韵艺社的首批艺术家有国家一级导演、诗人陈云其，中国美协会员、正高级特级教师骆建钧，作曲家、音乐制作人、鄞州音协副主席王少鸿，中国摄影家协会会员、宁波市摄协副秘书长严龙，篆刻家、西泠印社社员包根满，语言教育专家、省语言文字工作协会常务理事刘群，资深媒体人、宁波市主持人协会理事长冯矗，市摄协会员、随拍768高级会员吴昊等。雅韵艺社由著名诗人、导演陈云其担任社长。雅韵艺社成立后，开展各类展览、文艺雅集、小学生艺术培训等10余场次，参与人数300余人次。

【“从这里出发”——宁波“一带一路”主题音乐会在鄞州区举行】 2018年10月23日，“从这里出发”——宁波“一带一路”主题音乐会在宁波文化广场大剧院举办。音乐会以声乐演出为主，时长75分钟，音乐会上表演《从这里出发》《我们是宁波人》《江河对海洋的呼唤》等12个节目，包括宋小明、陈强斌、戚建波等国内著名词曲家的原创音乐，也包括宁波当地名家为故乡量身定制的特别礼物，创作《三字经的故乡》《羽人竞渡》等新作品。主题音乐会用音乐的方式给古代海上丝绸之路始发港宁波标注一个闪亮的坐标点，同时也为新时代再出发奏响强音。“一带一路”主题音乐会的部分作品会改编成《“一带一路”音乐组歌》，冲击省市、全国音乐奖项，使之成为宁波音乐创作的精品力作。

（徐海蛟）

社科工作

【概况】 2018年，区社科院（社科联）举办党史系列、健康养生、政策解读等讲座126场，鄞州人文讲坛获评省首批社科普及示范项目。走马塘古村、东外滩社科普及基地升格为省级社科普及基地，省级基地增至5家，总数居全省各县（市、区）首位。指导3家省级、6家市级社科普及基地对近年来工作进行全面梳理、提炼，复评全部通过。4月，区社科联首次向全区各级社科普及基地征集科普活动项目37个，立项29个。9—10月，开展“鄞州区2018年度社会科学普及月”活动，发动鄞州区社科联团体会员单位和各社科讲坛授课点发挥自身优势，开展社科普及活动，推出各类专题讲座、培训、咨询服务、沙龙论坛等活动近200次，2万余名群众受益。

区社科院（社科联）开展《聚焦

"中国智造2025"鄞州行动创新创优打造全省智能制造强区》研究，获评全市党政系统优秀调研成果奖。开展《鄞州区域定位和文化软实力研究》《鄞州区抢抓机遇推进都市核心区建设对策研究》，就行政区划调整后尽快找准区域定位和最大程度释放改革红利抢抓机遇提出建议。其中，《鄞州区抢抓机遇推进都市核心区建设对策研究》获《宁波发展蓝皮书2018》项目立项并结集出版。开展《鄞州区锋领党员模范引领作用发挥研究》《基层纪检监察组织问责工作研究》等4项研究，就打造干劲足作风实的干部队伍出谋划策。开展《工业设计助力鄞州智造研究》《鄞州区民营企业发展境外投资策略研究》等8项研究，就提升鄞州智造路径和民营企业境外投资策略等提出意见，其中鄞州智造路径研究课题获《宁波发展蓝皮书2019》立项。开展《鄞州区新型农村社区协同治理机制及路径研究》《鄞州区基层社会治理划船经验研究》等7项研究，就社会基层治理经验的创新与提炼等出谋划策，其中划船经验研究课题获省哲社规划课题立项。开展《鄞州区古村落文化遗产保护及文化旅游研究》《智慧城市背景下鄞州区城市生活垃圾强制分类的现状、问题及成本控制建议》等8项研究。

区社科院（社科联）开展"鄞州文化研究工程"项目，依托当地历史文化资源，邀请国家二级教授戴光中、区地方历史研究专家戴松岳等召开专家论证会征求意见建议，首批开展《鄞州海上丝绸之路文化遗产创新发展研究》《鄞之足迹——鄞州区划变革与宁波经济社会发展》等项目，挖掘鄞州海丝遗产资源及鄞州历史上的区划变革做法与经验等，打造具有鄞州特色、鄞州元素、鄞州气派的特色文化品牌。申报宁波市第二届"社科团体学术季"活动项目，文化创意产业发展专题研讨会被立项，来自高校和文创企业的专家、学者，就鄞州区文创产业的现状及今后发展展开深入探讨。举办"海丝文化与鄞州发展"理论研讨会等各类助力鄞州社科发展的学术研讨会6场，邀请宁波文化研究会副会长张如安等专家，就鄞州海丝文化传承发展等主题建言献策，相关内容在《鄞州日报》上专版刊出，并编选《鄞州社科》简报6期报送区委主要领导参阅。

区社科院（社科联）在《鄞州日报》上发布2018年度社科研究课题申报公告，引导社科工作者结合研究专长和鄞州实际申报课题，经过专家评审，立项并资助30项，淘汰率60%。组织会员单位申报2018宁波市"文化研究工程"项目7项，其中《甬地医事溯源》等成果申报类5项、《〈宁波府简要志〉译注》等项目申报类2个，专著总数位居全市前列。向省、市社科联报送工作信息稿件10余次，多篇稿件在省、市社科联网站发布。

【宁波东外滩和走马塘古村省级社科基地建立】 2018年9月11日，省社科联命名东胜街道东外滩社科普及基地和姜山镇走马塘古村社科普及基地为第八批省社科普及基地。东胜街道东外滩社科普及基地2006年起连续11年获评宁波市社科讲坛优秀授课点，2012年被命名为原江东区唯一的市级社科普及基地，基地立足宁波书城书香文化园、集盒产业园"一东一西两园"，打造东外滩社科普及名片"人文讲坛"。姜山镇走马塘古村自北宋建村，出过76位进士，号称"中国进士第一村"，依托社科普及基地，挖掘村内潜在资源，利用现有的古建筑、景点等，开展主题为"历史文化名村""美丽乡村游"的教育活动，扩大进士文化影响面。挖掘当地名人名家和专家教授以及百姓中的社科普及人才，邀请身边的技能达人定期开展社科知识普及活动，使社科普及基地建设更接地气。

【两个社科普及创新项目获评2018年度浙江省社科普及创新示范项目】 2018年10月，鄞州区两个社科普及创新项目获评2018年度浙江省社科普及创新示范项目，两个项目分别是申报省级社科基地宁波东外滩社科普及基地的"'万人读书季'全民阅读书香文创系列"和鄞州人文讲坛的"项目化推进社科普及"。"'万人读书季'全民阅读书香文创系列"是东外滩社科普及基地依托宁波东外滩党群服务中心，凝聚新华书店等"两新"企业，开展"跟着作家去走读""跟着感觉来分享""跟着心灵去送读"等系列篇章的"万人阅读"活动。通过万人阅读活动，集聚绘画、书法、摄影等当地名家如邵洛羊艺术馆和何业琦、林邵灵、戚颢工作室等，以及麦家理想谷Ⅱ等著名作家工作室，发挥名人效应和社会效益。同时，通过该项目实施，共享宁波摄影家协会、宁波市网络文化协会等协会资源。"项目化推进社科普及"市区社科联在工作推进中创新性地组织开展社会科学普及活动项目申报、评定工作，"民俗风情展览馆'四民同声'体验活动"等29项活动被列入鄞州区2018年度社会科学普及活动立项项目。

【海丝文化与鄞州发展——庆祝改革开放40周年理论研讨会】 2018年6月20日，区社科院（联）联合东胜街道共同举办"海丝文化与鄞州发展——庆祝改革开放40周年理论研讨会"。会议围绕如何挖掘鄞州海丝文化的特有内涵，提升鄞州城市文化软实力和区域竞争力展开研讨。国家二级教授、享受国务院特殊津贴专家戴光中在发言中，梳理鄞州相关的史料、海丝文化遗存、名人事迹、学术观点中的信息，阐述鄞州是"海丝文化"发源地，鄞州海丝文化具有崇商重工、四海为家、海纳百川、勇于弄潮、守信如潮、同舟共济6种特质。宁波文化研究会副会长张如安在研究大量基础性文献后，对鄞州在唐、宋、元、明等不同时期的海丝文化积淀进行系统盘点，着重阐述南宋时期因佛教带动而形成的海丝文化繁荣的情况。宁波海上丝绸之路研究院副院长徐侠民从文化传播和活态传承的角度，解读海丝文化与鄞州发展软实力的关系，指出鄞州在未来发展中，要注重打造国内国际的文化形象。宁波市滨海城市文化研究院副院长朱友君，宁波大学副教授、博士苏勇军等与会专家认为，在总结历史传统，延续文脉的同时，要充分利用和开发好海丝文化遗产资源，将海丝文化元素融入新兴产业的发展中，提升“鄞州智造”的能力，提高“鄞州制造”的国际竞争力。宁波城市职业技术学院副教授、博士邱立珍，宁波（鄞州）博物馆海丝文化中心副主任莫意达提出海丝文化遗产中还有禅茶、海防、盐业等众多元素可以进行整合打造，让当代人以体验的方式感知文化的传承的建议。“海丝文化与鄞州发展——庆祝改革开放40周年理论研讨会”被宁波社科网、《鄞州日报》等报道转载，《挖掘海丝文化遗产资源 助力鄞州经济社会发展——纪念改革开放40周年理论研讨会专家发言摘要》以专报形式在《鄞州日报》上专版刊出。

【筑梦岁月·鄞州印迹——改革开放40周年摄影图片展】（参见“文化·传媒·体育”类目“档案工作”分目）

【“我与改革开放40年”主题征文活动】 2018年，区社科院联合区委宣传部举办“我与改革开放40年”主题征文活动，内容包括个人成长、小区变迁、社会发展等主题，收到征文52篇，经专家评审，30篇作品获奖，其中《40年沧桑巨变 40年斗转星移》《关山初度 路在前方》获一等奖，另有二等奖7名、三等奖9名、优秀奖12名，优秀征文汇编成《“我与改革开放40年”优秀征文汇编》一书并发放，通过“小角度”讲清“大道理”，用“身边事”讲实“硬道理”。通过一幅幅记录鄞州区推进改革开放重大时间节点、重大历史事件、重大决策部署的历史照片，展现改革开放各时期、各阶段的发展面貌，多角度、多层面展现鄞州40年来的历史巨变与辉煌成就。

【基层社会治理划船经验研究】 2018年，区社科院联合百丈街道选取划船社区作为样本，对其采取解剖麻雀的方式进行全面深入研究，提炼社区治理可供复制的特色经验做法，为全省各地提供借鉴和示范。根据划船社区社会治理得出的社区治理首在树立以人为本的服务理念、社区治理要在培育多元化的治理主体、社区治理旨在满足个性化的服务需求、社区治理贵在创新思路，构建综合治理体系的经验启示。提出城市社区社会治理的对策建议：坚持用党建引领社区治理，把社区管理和服务落到实处，建强“战斗堡垒”；着眼选优配强，建好社区工作者、党员和志愿者队伍“三支队伍”；在满足居民基本服务需求基础上，打造特色服务品牌，建立完善的服务体系，推动社区服务向纵深推进；按照激活、借力、限人的思路，推进居民自治，落实“主体地位”；培育现代公民，增强社区共识，大力开展和谐社区文化建设，积极倡导共同价值观，为社区治理提供软实力支持等。

（陈　喜）

档案工作

【概况】 2018年，区档案馆提供档案查阅“一站式”服务，7880人次查阅档案10821卷1428件，复印35679张，完成远程查阅档案97例，异地查阅档案61例，函调17例。电话回访查档群众50人，档案查阅窗口“最多跑一次”服务满意率100%。修订《鄞州区档案馆档案出入库制度》等8项库房管理工作制度，印发《鄞州区档案馆指南》《原江东区档案馆指南》。

加快对行政区划调整中各部门档案资料的依法接收监管，落实原江东各机关单位档案接收进馆，完成区委办、区政协办、区卫生计生局等31家单位的进馆工作，共计716卷103992件。另接收甬港饭店档案进馆，包括文书档案358卷、会计档案3766卷；接收甬台温铁路办档案1538件。推进档案数据检测、梳理工作，完成馆藏婚姻档案的筛检，数据涉及72个全宗，73027条电子目录和167193个PDF文件；整理馆藏2005年前文书档案数字化成果，138个全宗185.72万页；对原江东档案进行进馆前检测，完成20家机关单位5.31万条目录检测工作。完成33家单位全部3908项权力事项审定工作；建设完成鄞州区电子文件统一管理平台项目，接收区综合执法局、区教育局等10家单位行政许可事项电子化归档9148件。向社会开放一批馆藏满30年档案，此批档案涉及258个全宗12508卷，社会公众或组织可凭身份证、工作证或介绍信等合法证明查阅利用开放档案。

区档案馆完成档案库房封库消毒工作。1月，区档案馆启动惠风东路馆5间库房、全宗室和桑田路馆2间库房档案消毒工作。消毒过程按照清理、用药、封包、喷药、封库熏蒸、启封等步骤进行，历时18天，总计消毒档案316670卷399348件、图书资料6034册以及全宗卷、检索工具等。

【不忘初心 继续前进——“红船精神”藏品展】 2018年6月28日，区档案局主办的“不忘初心 继续前进——‘红船精神’藏品展”在宁波服装博物馆开幕。该展览分开天辟地、红船启航、砥砺前行、信仰永恒4个板块，主要展品有纪念章51枚、邮品25套、纪念封12套、门票100余张、明信片50余张、火花50余枚、各类报刊专题报道100余篇等，均与“红船精神”有关。通过纪念章、邮品、门票、火花等千余件珍贵藏品，展现中国共产党从嘉兴南湖启航，取得革命、建设和改革胜利的光辉历程。该展览参观人次5000余人。

【《海丝圣迹——鄞州三大古刹》公开出版】 2018年10月10日，《海丝圣迹——鄞州三大古刹》由中国文史出版社出版发行。该书由区档案局编纂，挖掘鄞州地域文化精髓和海丝文化遗存，从档案史料的角度深层探究鄞州三大古寺与海丝文化的密切关系，展现博大精深的鄞州佛教文化。该书收集大量鄞州三大古寺新旧图片和相关历史资料，考证各类海丝遗迹和档案史料，通过实地考察区内阿育王寺、天童禅寺和七塔禅寺三大古寺，联系市、区文史和佛教界专家获取丰富的第一手资料。全书收录珍贵图片200余幅，档案史料翔实丰富，对鄞州佛教文化传播和档案文化推广具有重要意义。该书获评浙江省百项档案编研精品。

【区档案馆通过全省市县级国家综合档案馆业务建设评价】 2018年11月22日，省档案局业务建设评价专家组一行7人，对区档案馆业务建设工作进行现场检查评价。省档案局业务建设评价专家组由省档案局调研员宋华、市档案局副局长詹锐等组成。检查期间，工作组听取区档案馆关于业务建设评价工作情况汇报，对照标准逐项检查印证材料，实地察看阅览大厅、库房、全宗室、机房、特藏展厅等，全面检查库房管理、案卷及数据质量、鉴定开放、查阅利用等情况。在听取工作情况汇报、对照标准逐项检查印证材料、实地察看并全面检查后，专家组肯定区档案馆基础业务建设水平和迎检准备工作，确定区档案馆在全省首家通过市县级国家综合档案馆业务建设评价。

【筑梦岁月·鄞州印迹——改革开放40周年摄影图片展】 2018年11月27日至12月16日，"筑梦岁月·鄞州印迹——改革开放40周年摄影图片展"举办。该展览由区档案局联合区委宣传部、区社科联、鄞州日报社共同举办，从30000余张图片中精心挑选292张，分历史回眸、经济跨越、城乡变迁等8个版块，通过新老照片对比等形象展示鄞州区40年来的历史性变化和辉煌成就。展示家国情怀，开展"走进乡愁""海渔印谱"等活动，展览作品基本来自民间，将日常生活融入到书法、绘画、剪纸作品中，诠释新时代居民群众团结奋进、拼搏进取的精神风貌。展示社科知识，开展南山书院社科系列展、"流动博物馆"进社区等活动，让居民在闲暇之际，品读社科知识，品味文化遗产。摄影图片展在李元摄影艺术馆展出，展览历时半个月，上万名群众参观。同日，《筑梦岁月——鄞州区改革开放40周年印迹》一书出版发行，并在摄影图片展开幕式上举行新书首发仪式。

（李　荔）

史志工作

【概况】 2018年，区委党史办《中国共产党鄞州历史》第三卷（1978—2002）（简称"党史三卷"）完成初稿。修改完善党史专题，《砥砺奋进铸辉煌——宁波市鄞州区改革开放新时期党史专题集（三）》完成编辑排版。协助区委组织部完成鄞州党史厅纲目论证、资料收集和部分图片提供，完成中共党史中的鄞州印记、鄞州篇章等党史大事记与党史人物撰稿。挖掘新四军烈士周奋英雄事迹；重新梳理并确认"阿庆嫂"原型之一、下应街道江六村朱凡烈士的生平及事迹。

《鄞州年鉴（2017）》获评第五届全国地方志优秀成果评比县区级综合年鉴一等年鉴。召开全区年鉴工作会议，完成《鄞州年鉴（2018）》出版印制，实现一年一鉴。《鄞州日报》开设《鄞州年鉴》编印30周年专版和《鄞州年鉴（2017）》获奖回顾总结专版。召开全区年鉴编纂试点单位推进座谈会，区教育局、区住建局、区交通运输局和区市场监管局4家单位完成年鉴编写工作。

开展鄞州重要党史事件及其重要人物纪念活动，在《鄞州日报》上整版刊登鄞籍英雄烈士名单及事迹《铁血忠魂铸鄞州 浩然正气留人间》、新鄞州革命以及建设年代的党史教育基地《不忘初心筑根基 红色基因永流传》。指导出版《潘火街道志》《热血无价：红色力量献血队采访录》《胡家坟村志》《方桥村文化礼堂实录》等地方志书刊物。助力鄞州区农村文化礼堂建设，参与下应街道湾底村及姜山镇新张俞村、云龙镇石桥村、邱隘镇张家瀛村、塘溪镇雁村等农村文化礼堂建设工作，帮助开展史料挖掘。

召开"记住深厚乡愁，建设美好家园"——村（社区）史志编纂研讨会暨"九方下应"系列丛书首发式。完成鄞州旧县志文献整理工作，康熙《鄞县志》、乾隆《鄞志稿》、咸丰《鄞县志》影印出版。开展鄞州地方文献陈列室口述采访、鄞州史志地图编绘、《鄞州地方文献馆总览》编印，区地方文献馆2018年9月开馆。出版《鄞州史志》4期，编印《鄞州史志人风采录》。

指导帮助塘溪镇完成鄞州第一农村党支部陈列馆筹建。指导咸祥镇编写中国宁波第一本正式出版的庙祠志《咸祥裘君庙杨公祠志》，帮助东钱湖开展《东钱湖文丛》编辑、东钱湖文献馆筹建、东钱湖文化丛书出版等工作。参与宁波大学公众史学研究中心国家重大社科基金项目当代新家谱修编理论与技术的研讨工作。协助区老促会编纂《鄞州革命老区发展史》，协助推进老区建设。参加《浙江通志·林业志》《象山县图书馆志》审稿。

【区史志工作推进会】 2018年3月14日，鄞州区史志工作推进会在区行政大楼三楼鄞州厅召开。全区各镇（街道）和16个部门的分管史志工作领导及其相关科室负责人或主要编写人员参加会议。副区长卜明长作主旨讲话，区政府办副主任忻明飞主持会议，区委办副主任、区委党史办主任杜建海总结及部署鄞州区党史和地方史志（年鉴）工作。会上，各部门、部分镇（街道）汇报交流史志、年鉴编写工作开展情况，其中完成编纂、出版印发7个镇、5个街道，未完成2个镇、6个街道。会议要求全年完成村（社区）史志编纂1部以上，未完成的镇（街道）需按时完成本级史志修编工作，要按时编修完成12个部门的志书编纂，区教育局、区住建局、区交通运输局、区市场监管局要做好部门年鉴编纂，完成一年一鉴。

【《鄞州年鉴（2017）》获评全国一等年鉴】 2018年9月14日，中国地方志

2018年9月14日，《鄞州年鉴（2017）》获评第五届全国地方志优秀成果县区级综合年鉴一等年鉴

指导小组、中国地方志学会对第五届全国地方志优秀成果（年鉴类）进行通报表彰，《鄞州年鉴（2017）》获评县区级综合年鉴一等年鉴。该奖项是《鄞州年鉴》取得的国家级最高奖项。《鄞州年鉴》由区委、区政府主办，区委党史办（区地方志办公室）主持编纂。《鄞州年鉴（2017）》于2017年4月启动编纂，12月由方志出版社出版，总第31册，全书突出年度和地域特色，框架结构基本稳定，特设“区划调整”专记等，设置类目35个、分目251个，收入条目1000余条，随文图照280余幅、表格81张，总字数78.40万字，全面系统记载2016年度鄞州区经济和社会发展基本情况。

【《鄞州史志》入选省地方志系统“十业十佳”】 2018年1月22日，浙江省人民政府地方志办公室印发《全省市县方志系统“十业十佳”单位名单》，《鄞州史志》入选“刊”业最佳，是全省唯一入选的史志刊物。为推动全省地方志事业转型升级，省方志办开展面向全省市、县（市、区）地方志系统的“十业十佳”推选评比活动，该活动评委由省方志办领导、各处室负责人、各市方志办负责人及有关专家组成，共有推荐单位47家，其中10家单位入选全省市县方志系统“十业十佳”。该“十业十佳”为志、鉴、库、网、馆、刊、会、研、用、史10个类别的十佳，每个类别仅选出一项。《鄞州史志》创办于1985年，2017年改版，篇幅由每期80~90页扩充至250页20余万字，图文并重。2017年10月被国家图书馆收藏。

【3部鄞县旧志影印出版】 2018年12月6日，由宁波市鄞州区人民政府地方志办公室整理、宁波出版社编辑的康熙《鄞县志》、乾隆《鄞志稿》、咸丰《鄞县志》影印出版。康熙《鄞县志》是现存最早的鄞县官修县志，知县汪源泽聘请邑人闻性道总纂，康熙二十四年（1685年）成书。全书正文24卷、首册1卷，分12考，下设条目86个，采用康熙二十五年原刻本影印。乾隆《鄞志稿》由邑人蒋学镛独力编辑成稿，曾刊入《四明丛书》，与康熙《鄞县志》一并合辑影印。咸丰《鄞县志》由知县张恎修，鄞县周道遵等纂，咸丰六年（1856年）完成。内容上承乾隆《鄞县志》，共16册，全书分为建置、沿革、山川、水利等32卷，并附有县境图、城池图、县署图、学宫图、分都图、城中水利图、四乡水利图、海防图、东钱湖图、月湖书院图、天一阁图等。至年底，区方志部门于2008年启动的整理编印鄞县旧志工作全部完成。现存历代鄞县旧志共6部，除该次影印3部外，包括乾隆《鄞县志》（2016年影印）、同治《鄞县志》（2015年影印）、民国《鄞县通志》（2010年出版），为鄞州文化建设和文明传承提供历史文献支撑。

【《砥砺奋进铸辉煌——宁波市鄞州区改革开放新时期党史专题集（三）》编写完成】 2018年，区委党史办《砥砺奋进铸辉煌——宁波市鄞州区改革开放新时期党史专题集（三）》编写工作完成。该专题集时间跨度为1978年12月至2002年2月（撤县设区前），内容包括鄞州区改革开放起地方党委在政治、经济、文化、社会等方面的重大活动、重要事迹，采用纪事本末体编写，于2015年11月13日启动编纂，收录专题30篇。

（章步颖）

广播电视

【概况】 2018年，区广播电视台播出时政新闻3000余条。策划《改革开放40周年》系列主题报道，视野直通中央媒体。《他山之石》与省、市智库进行合作，立足浙江、放眼全国。自9月6日推出起，关注江北洪塘、湖州织里、丽水云和、温州洞头、金华磐安等地，在诸多领域上的先进经验，包括经济转型发展、城市精细化管理、绿水青山如何带来金山银山、水资源治理保护等地方经济社会发展的重要方面。《他山之石》视频引入党校相关课程设置，直接渗透党员干部素养提升第一线，进一步提升《他山之石》的影响力。

非遗项目和广播剧《蔡康国》等进行高标准制作。联合广播剧优质制作团队打造的广播剧《蔡康国》在当地省、市广电台，央广及网络融媒体平台综合发布，受到广泛关注并引起强烈反响。推出“提高标杆扬长补短大力实施六大专项行动”、老小区整治环境卫生、垃圾分类质量较高的报道。重点打造《天南海北鄞州人》系列主题报道，9月下旬起，记者分别到上海、四川、重庆、广东等地采访，9月24日推出第一期，全年播出28期。杉杉控股有限公司董事局主席郑永刚，中国科学院院士、著名数学家石钟慈，著名核武器工程专家、中国工程院院士徐志磊等在鄞州籍风云人物，矢志奋斗的创业故事和不凡经历，为鄞州与鄞籍在外人士的情感联络搭建又一座桥梁。

全区电视外宣用稿突破300条次，其中被《宁波新闻》录用近百条次，《浙江新闻联播》录用12条次，被中央广播电视总台各频道录用11条次，与中央广播电视总台6个频道建立单独的报题通道。广播央广用稿位居全省第二（含地级市），党建节目《鄞城先锋》在浙江省党建频道用稿数量位居全市第一，全省名列前茅。重要栏目实现历史性突破，每三天央媒报道鄞州元素一次，中央广播电视总台《新闻联播》5次正面报道鄞州元素，2018年鄞州元素（咸祥镇：文化进基层）在中央广播电视总台《新闻联播》播出；10月17日，周秀芳获评全国脱贫攻坚“奉献奖”并到北京参加报告会，接受荣誉；10月17—18日，中央广播电视总台一套节目分别首播和重播《庄严的承诺——2018年全国脱贫攻坚奖特别节目》，《之江擂台——鄞州：外贸优等生是怎样炼成的？》加评论时长5分钟在省卫视《新闻联播》头条播出；中国之声纪念改革开放四十周年特别策划《难忘中国人》，撷取全国60个人物展播，鄞州区占三位；中国之声纪念改革开放四十周年主题报道，其中乡村振兴板块，选择“乡村振兴的鄞州样本”作为主题进行深度报道，由中央广播电视总台“乡村之声”副总编带队的报道组到鄞州区实地采访3篇系列报道，在10月播出。

鄞州广播FM105.2以LoveRadio“爱宁波 爱音乐”为频率口号。2018年以“陪你倾听全世界”为宣传主题，节目内容在保持都市感的同时更贴切宁波当地。收听高峰期继续保留《105上班路》《105地产说》《105生活家》名栏目；《105少年说》《105国学堂》为市少儿学习教育活动搭建一个媒体交流及展现平台；《爱学宁波话》《爱问宁波柠》有着宁波当地文化特色，节目更接地气。FM105.2联合打造的宁波国际城市艺术博览会，奏响宁波艺术最强音；第二届天一广场“漫想生活节”等活动极大的提升FM105.2的频率影响力。跨年直播“用爱点亮宁波”：三组主持人以直播间+市内地标采访为主线，辅以微信、朋友圈集赞等为互动方式，让广播直播节目有多媒体呈现式样。由鄞州广播与鄞州区人大常委会共同推出的《105阳光鄞州·代表在线》互动交流节目暖心上线。节目以互动交流的方式展开，运用新媒体方式收集群众建议以进一步提高群众知晓率。集群众监督、舆论监督和部门监督于一体，真正实现让透明的阳光政府走进每一位百姓生活中。节目围绕群众关切、关注的热点民生话题。播出后获得区人大一致好评。105.2宁波地区落地频率中多次冲到第四名，超过当地3个市级台。同时在瞻岐新装设一个广播调频发射设备，改变鄞州东乡无广播调频的历史，实现全鄞州的大覆盖。

【鄞+APP上线】 2018年4月，鄞+APP上线。鄞+手机客户端由鄞州区广播电视台倾心打造，1月中旬试运行。鄞+客户端发挥广电优势，在资讯、视频、活动、直播等方面进行重点打造，具备新闻资讯发布、音视频直播点播、投票、活动报名、互动问答服务、以及民生服务、政企号等多项功能。至年底，客户端有用户8万余人。

【广播剧《蔡康国》在鄞州广播M105.2首播】 2018年10月1—2日，由区委宣传部指导、区广播电视台和邱隘镇政府联合出品的广播剧《蔡康国》播出。该剧再现奋斗在基层一线的优秀村干部生动形象，通过宣传蔡康国的品格精神，发挥先进典型的引领示范作用，传播正能量、弘扬主旋律。广播剧《蔡康国》是以原鄞州区邱隘镇东雅村村主任蔡康国为原型进行创作。作为农村基层干部的优秀代表，蔡康国一心为民，无私奉献，十余年如一日，带领东雅村民艰苦奋斗，团结拼搏，把一个落后的“垫底村”建设成为鄞州区新农村建设的“样板村”，在第一线干出第一流的业绩。

【《桥头热线》改版为《鄞视聚焦》】 2018年，《桥头热线》改版为《鄞视聚焦》，围绕一个题材做足做深，由区级舆论监督平台发出指令，区广播电视台第一时间执行，稿件及广播电视成片由区委办、区政府办督查室或其指定部门审核通过后播出（发布）。节目关注“城市牛皮癣”顽疾、违规养犬行为专项整治、老旧小区改造、小区绿地改停车位引争议、“被遗忘”的街头电话亭、“坑老”的保健品“陷阱”等社会和民生热点。集中时间重点抓，高频次开展动态、深度报道及评论，形成舆论高压。这些建设性新闻使广电找准工作着力点，扩大影响。在此基础上强化鄞+客户端报料功能，听取民意并与区网信办“民生点点通”平台工作对接，更快速流转至《鄞视报道》和《鄞视聚焦》栏目组，提高“三率”。

【广播电视精品栏目节目】 2018年，区广播电视台有49件作品获奖，国家级奖项3件、省级奖项7件、市级一等奖5件。其中获评的国家广播电视总局全国广播电视公益广告扶持项目优秀传播机构，是全省两家获奖单位之一，全市唯一获奖单位。获评2018年度全省广播电视新闻协作县级广播一等奖，2018年度上送中央人民广播电台十强单位，位列第二。

表 26　　2018 年区广播电视台获奖作品情况

序	体裁	作品标题	获奖级别	颁奖单位	颁奖日期	主创人员
1	电视少儿专题	《7岁“小梅西”的“足球梦”》	省政府奖二等奖	省广电局	2018.5	王新、朱越、郁振潮、朱莹莹、陈杰
			市政府奖三等奖	市广电局	2018.06	
2	广播少儿专题	红领巾系国防	省政府三等奖	省广电局	2018.5	贺叶、张瑾
3	广告奖	《请牵手》	全国县级台广播公益广告一等奖	中广联（系统奖）	2018.8	王海棠、梁长文
			省政府奖二等奖	省广电局	2018.6	
			市政府奖一等奖	市广电局	2018.6	
4	广播长消息	《孔雀小区“老房有喜”》	市政府奖二等奖	市广电局	2018.06	童彤、朱丹、陈涛、崔颖
5	广播长消息	《湾底村“点绿成金”的都市花园村庄》	全国县级台广播电视作品奖二等奖	中广联	2018.8	李伟、叶敏、洪晓薇、崔颖
			市政府奖三等奖	市广电局	2018.6	
6	广播短消息	《全省首列自主生产地铁列车在鄞州下线》	市政府奖三等奖	市广电局	2018.06	李伟、陈宁宁、洪晓薇、崔颖
7	广播新闻评论	《擦亮工业遗存的尘封》	市政府奖三等奖	市广电局	2018.6	徐奇锋、郁振潮、李琦辉
8	电视长消息	全国首创公益慈善综合体——善园开园	市政府奖一等奖	市广电局	2018.6	叶敏、张义朝、姜琴
9	新闻专题	《支教奶奶爱洒湘西》	市政府奖二等奖	市广电局	2018.06	俞朝辉、周丽丽、洪晓薇、钱敏
10	电视短消息	《鄞州老人还钱报恩感动众人》	市政府奖三等奖	市广电局	2018.06	秦玉权、吕悦
11	电视短消息	《“小巷总理”俞复玲亮相春晚》	市政府奖三等奖	市广电局	2018.06	徐奇锋、朱丹、姜琴
12	电视专题B系类	《一心为民村干部》	市新闻奖一等奖	市新闻协会	2018.4	俞朝辉、洪晓薇、朱越
13	微纪录片	《大藻井》	市政府奖三等奖	市广电局	2018.6	汪蓝、黄升乐、史进
14	广播服务类	《老旧小区加装电梯 上上下下变享受》	市政府奖二等奖	市广电局	2018.6	王海棠、黄璜、范彬燕
15	电视服务类	《游乐汇完美沙巴》	市政府奖三等奖	市广电局	2018.06	汪蓝、黄升乐、史进、李颖琪
16	文字内参	《如此“超编”，刺痛谁的神经》	市政府奖二等奖	市广电局	2018.06	郁振潮、徐奇锋
			市新闻奖三等奖	市新闻协会	2018.04	
17	广播文艺	《你好，悠扬的“陌生人”——马友友故乡的“小友友”社团》	市政府奖二等奖	市广电局	2018.6	王海棠、俞瑜、汪平、贺叶
18	电视新闻播音	《鄞视报道》	市政府奖二等奖	市广电局	2018.6	尤朝虹
19	广播播音	《你好，悠扬的“陌生人”——马友友故乡的“小友友”社团》	市政府奖三等奖	市广电局	2018.6	王海棠
20	学术论文	《融媒体环境下县级电视台主题报道的创新》	市政府奖二等奖	市广电局	2018.06	徐奇锋

续表26

序	体裁	作品标题	获奖级别	颁奖单位	颁奖日期	主创人员
21	学术论文	《积极发挥新媒体作用，提升"东方文明之都"影响力的新媒体效果初探》	市政府奖三等奖	市广电局	2018.6	王林斌、陈艳
22	广告奖广播公益	《爸，我回来了》	市政府奖三等奖	市广电局	2018. 6	王海棠、黄璜、贺叶
23	广告奖广播商业	《漫时光——天一篇》	市政府奖三等奖	市广电局	2018. 6	王海棠、周婷婷、黄璜、贺叶
24	广告奖电视公益	《节约用水　从我做起》	市政府奖三等奖	市广电局	2018. 6	潘佩佩、史进、陈旭东、刘佳
25	新媒体奖	《鄞州护士老公创作的沙画刷爆朋友圈 他说创作的灵感都是来自——》	市新闻奖二等奖	市新闻协会	2018.04	王林斌、陈艳、毛袆瑢
26	名专栏奖	《鄞视周刊》	名专栏奖（一等奖）	市新闻协会	2018.04	徐奇锋、辛宗保
27	重大主题报道奖	广播长消息《"点绿成金"的都市花园村庄》	二等奖	市新闻协会	2018.04	李伟、叶敏、崔颖
28	重大主题报道奖	电视系列报道《跟着镇长去巡河》	二等奖	市新闻协会	2018.04	集体
29	县市好新闻奖	《以护士妻子工作场景创作的沙画视频在朋友圈火了感动无数人》	市新闻奖一等奖	市新闻协会	2018.04	俞佳伟、娄骞、崔颖
30	县市好新闻奖	《"5岁男孩照顾瘫痪父亲"新闻刷屏朋友圈，此前报道内容与事实有所出入，但宁波市民的爱心不减》	市新闻奖二等奖	市新闻协会	2018.04	陈艳、王林斌、毛袆瑢
31	县市好新闻奖	《不屈前行的"面条女孩"邱一楠》	市新闻奖二等奖	市新闻协会	2018.04	李琦辉、郁振潮、张义朝、崔颖
32	县市好新闻奖	《空中120首次转运 鄞州患者30分钟抵杭》	市新闻奖三等奖	市新闻协会	2018.6	李琦辉、郁振潮、尤朝虹、崔颖
33	县市好新闻奖	《全市首批智能化垃圾分类系统落户中兴社区》	市新闻奖三等奖	市新闻协会	2018.6	陈宁宁、陈凯、朱丹
34	录制技术音乐类	《情浓跟随风》	市政府奖三等奖	市广电局	2018.7	王海棠、应建明
35	录制技术语言类	《你好，悠扬的"陌生人"》	市政府二等奖	市广电局	2018.7	王海棠、徐云
36	录制技术片花广告类	《爸，我回来了》	市政府二等奖	市广电局	2018.7	贺叶、徐云
37	播出技术奖	广播类	市政府三等奖	市广电局	2018.7	应建明、曾立云、徐云
38	录制技术新闻类	《鄞视报道》	市政府三等奖	市广电局	2018.7	薛利军、姚赛芬、曾立云、戴云龙
39	录制技术专题类	《"支教奶奶"周秀芳》	市政府三等奖	市广电局	2018.7	薛利军、姚赛芬、曾立云、戴云龙
40	播出技术奖	电视类	市政府二等奖	市广电局	2018.7	薛利军、姚赛芬、曾立云、戴云龙、应志峰、张旻
41	广播电视技术能手	广播中心系统	市政府三等奖	市广电局	2018.7	蔡科波
42	对农栏目（广播）	《阿平阿慧说农村》	省政府二等奖	省广电局	2018.5	王林斌、周萍萍、王海棠、汪慧、俞瑜
43	微剧大赛	《哭泣背后的故事》	创新鼓励奖	浙广电集团省学会	2018.7.6	集体（节目中心）

续表26

序	体裁	作品标题	获奖级别	颁奖单位	颁奖日期	主创人员
44	主题征文	《90后的我和改革开放》	优秀奖	区委宣传部 区社科联	2018.9.10	朱施展
45	宁波电视奖	国福频道	作品奖	宁波市文联	2018.12.29	集体
46	"城乡争先"优秀短视频	《鄞州新世界》	优秀奖	推进"城乡争优"三年攻坚行动协调小组办公室	2018.12.24	集体
47		全国广播电视公益广告扶持项目	优秀传播机构奖	国家广播电视总局	2018.9.30	集体
48	广播新闻	《鄞州老人15年后挨家挨户还钱报恩》	省系统奖 三等奖	省广电学会	2018.1	吕悦、秦玉权、崔颖
49		省广播电视新闻协作广播先进个人	省系统奖	省广电集团	2018.1	崔颖

（励寅杰）

鄞州日报

【概况】 2018年，鄞州日报社实施《鄞州日报》、鄞响新闻客户端"双媒体"战略，提高新闻报道质量，主抓重大主题报道，改进领导会议活动报道，5月中旬重点对《鄞州日报》头版进行改革，突出地方头条，强化经济报道，发掘暖心故事，增设深度报道，增加图表制作，加强时评社论。对鄞响新闻客户端加大软件投入，建立绩效考核制度，成立网评队伍，努力打造融媒体产品，全力抢占区域话语权。新闻报道和媒体融合得到区委、区政府的肯定，区委主要领导20次作出批示；鄞响客户端被列为"一报两台一端"的党媒序列，安装用户突破20万户，举办"南商之夜"鄞响上线一周年首届粉丝节，《关于鄞响加快发展的报告》获区委书记批示。乡村振兴系列报道和"改革开放40周年·数据背后的故事"两个重大主题报道受到省新闻出版局《报刊审读与管理》发专文肯定。与宁波日报报网地方新闻部签署合作备忘录，开展地市共享新闻资源的尝试；并与《延边晨报》建立战略合作关系，主动参与两地帮扶合作。完成年度报纸征订数3.50万份，超过上年度订阅数。

配合区委、区政府中心工作主题报道。2月27日开始在头版和其他重要版面推出《拉高标杆扬长补短，大力实施六大专项行动》栏目，运用消息、通讯、系列报道、系列评论、系列专访、深度报道等载体，报道六大专项行动推进情况。至8月20日，共刊发栏目稿154篇，专版30余个，为全面推进鄞州区"六大专项行动"，营造浓厚的舆论氛围。6月2日，鄞州区垃圾分类工作部署会后，鄞州日报"报网端"一齐发力，开设专栏专题《参与垃圾分类 共建洁美家园》，以消息、图片、深度报道等多种形式予以呈现。其中，6月11日第二版推出整版的"今日关注"：《废铜烂铁纸板箱回收后到了哪？——记者跟踪采访再生资源回收流向》，回应公众关注的回收垃圾究竟去哪的疑问。到12月底，垃圾分类报道共发稿118篇，呈现报道规模大、推送频率高、宣传形式新等特点。

丰富融媒体产品，一次采集，多平台发布，《鄞州日报》和鄞响客户端、鄞州新闻网报网端紧密互动，推出《垃圾分类、举手之劳》《寻找身边的鄞城名匠》《安全生产鄞行动》《寻找鄞州好邻居》《美丽鄞州欢乐游》《支教奶奶周秀芳》《天南海北鄞州人》《初心在身边 红船驶进新时代》《精准帮扶 携手小康》《乡村振兴 鄞州征程》《城乡争优 鄞领城事》《文明创建 建名城强区》等专栏，全力引领主流社会舆论。新媒体部除负责运营的"鄞州发布"微信公众号外，又承接"鄞州发布"微博的日常管理发布，并组建鄞州新闻网WP中队，承担区级、市级WP任务。

【庆祝改革开放40周年报道】 2018年4月9日，《鄞州日报》先行推出《改革开放40周年·数据背后的故事》栏目，通过1978年和2017年国民经济和社会发展数据比对，以代表性人物或家庭、单位为样本，讲述40年巨变。至11月12日发稿30篇，每篇报道均见人见事见细节。7月上旬，由省新闻出版广电局编发的《报刊审读与管理》以"《鄞州日报》三管齐下为改革开放40年巨变放歌"为题，专门点评肯定该系列报道。10月25日，配合鄞州区改革开放40年新闻发布会召开，特别制作融媒体产品——H5《改革开放40年，看鄞州嬗变》。11月9日起开辟全新栏目《鄞立潮头40年·创业创新再出发》，聚焦改革开放中鄞州当地涌现出来的走在前列的标杆样本，把庆祝改革开放40周年推向高潮。至12月24日，先后刊发"奥克斯：打造千亿级工业龙头企业""湾底：打造乡村振兴的浙江样本""中基：锻造外贸领域的行业标杆""划船：打造基层社会治理全国样板""勤勇：打造美丽乡村时代新样板""浙东建材：34年'咬'定主业不放松”“上李家：阔步奔向‘绿富美’”“利时：创业是一场持久战”“美康生物：争做体外诊断领域领军者”“轿辰：向中国一流汽车销售商迈进”“圣龙：守正出新迈向全球化”“一舟：绕‘线’而上踏征程”“鄞州银行：打造国内农信机构标杆”13篇报道。

【乡村振兴报道】 2018年3月29日至12月26日，鄞州日报推出《乡村振兴 鄞州征程》栏目，通过报网端联动，每周发稿2篇左右，聚焦各地各部门为推进美丽乡村建设行动攻坚克难、砥砺前行的实效之举，展示各个项目推进中的乡村样本，发稿63篇。由省新闻出版广电局编发的《报刊审读与管理》发专文称赞鄞报乡村振兴系列报道：报网联动为乡村振兴鼓与呼，既顺应不同读者的阅读需求，又提升乡村振兴主题报道的传播力、引导力、影响力。10月27日起，《鄞州日报》和鄞响新闻客户端推出《乡村振兴再攀高》系列报道。系列报道选取云龙镇陈黄村、咸祥镇南头村、东吴镇西村村、下应街道湾底村、邱隘镇东雅村和姜山镇陆家堰村6个乡村样本，以乡村样本+评论的形式，聚焦乡村振兴先行村的生动实践。10月27日首篇推出《陈黄村：美丽村庄建设，一直在路上》和评论《乡村振兴再攀高：勇于扛起一面旗》，自10月28日至11月4日连续在《鄞州日报》头版和鄞响客户端专题频道推出《南头村：整理式改造，扮靓五彩渔村》和评论《乡村振兴再攀高：谋实画好一张图》《西村村：多点开花，绘就洁美新风景》《乡村振兴再攀高：精心打造一片景》《湾底村：农旅一体化发展奔小康》《乡村振兴再攀高：全力打好一张牌》《东雅村：从“烂污村”到“白富美”》《乡村振兴再攀高：创新下活一盘棋》《姜山镇陆家堰村干群合力打造美好家园》《乡村振兴再攀高：党建凝聚一股力》专题报道受到好评。

【典型人物报道】 2018年，《鄞州日报》相继推出“再访周秀芳湖南溆浦支教之路”、“中国好邻居”撑伞爷爷胡善龙、天天捡拾垃圾的社区大伯魏志行、自备百宝箱服务邻里20余载的郁森祥和流浪哥捐1000元助学、“毛衣奶奶”韩翠菊13年捐出上千件毛衣等暖心故事报道，多篇报道被人民网、光明日报、新华社等中央、省、市主流媒体转载。5月下旬，鄞报记者再到湖南溆浦，以报纸和鄞响客户端融合报道的形式，5月28日起推出“再访周秀芳湖南溆浦支教之路”系列报道。系列报道由“海霞溆浦手记”“鄞响对话”系列视频专访，长篇通讯《为贫困山区点亮希望之灯》，为周秀芳第21所希望小学筹款4部分组成，配发评论，升华主题，为宁波爱心城市作一次新的注释。5月2日，一幅“老大爷在阳台上撑伞为楼下人家晾晒的衣物挡雨”的暖心照片刷爆朋友圈。鄞响客户端当天下午在全市媒体中率先推出《一场大雨突降，他为2楼邻居晾晒衣物撑伞！“中国好邻居”温暖永达花园小区》的报道，此后又报网联动，多日进行跟踪报道。“中国好邻居”胡善龙事迹引发社会各界点赞，《人民日报》官微、新华社、中央广播电视总台等全国性媒体予以关注并就此事迹开展讨论。《鄞州日报》及时推出《寻找鄞州好邻居》专栏，挖掘义乡鄞州平凡人的义举，自5月10日至8月14日发稿19篇。8月18日，鄞响客户端推出飞虹社区居民魏志行捡拾垃圾、清扫楼道的善行故事，得到市委常委、区委书记褚银良的批示肯定。次日起，鄞响客户端持续推出5篇报道，包括视频和多张图片。8月20日，《鄞州日报》在头版推出消息+评论员文章，二版推出回访魏志行的《今日关注》，魏志行获评鄞响一周年新闻人物。

【鄞响客户端上线一周年暨首届粉丝节活动】 2018年8月31日，鄞响客户端上线一周年暨首届粉丝节活动在南部商务区城市摩尔广场举行。市委常委、区委书记褚银良就鄞响上线一周年作出批示。活动由鄞州日报社主办、宁波南部商务区管委会提供资金并协办。宁报集团副社长温兴邦，区委常委、宣传部部长方飞龙，分别代表宁报集团和鄞州区出席。整个活动由鄞响上线一周年晚会、鄞响文创集市和鄞州日报社形象展示3部分组成。整台晚会全部由鄞报员工构思、策划、自编、自导、自演。“社区大伯”魏志行、“支教奶奶”周秀芳、“信义大妈”徐兰芳、“撑伞爷爷”胡善龙、“面条女孩”邱一楠、“90后表情包”妮妮等新闻人物，在活动中获评2017年度至2018年度鄞响新闻人物并登台亮相。“鄞响对话”环节，现场对话“社区大伯”魏志行，将鄞响的品牌栏目搬上舞台。鄞响客户端对粉丝节活动进行长达4小时的现场直播加图文直播，8968名粉丝参与直播，现场扫码下载鄞响的粉丝有400余人。

2018年8月31日，鄞响上线一周年活动举行

【《天南海北鄞州人》人物专访专栏推出】 2018年9月25日至12月27日，《鄞州日报》推出《天南海北鄞州人》人物专访专栏，通过记者到北京、上海、重庆广州、深圳、成都等异地采访，关注在外的鄞州籍企业家、知名人士，通过宣传他们的创业创新事迹和爱乡爱家情怀，鼓励和推动更多在外的鄞州籍人士返乡创业，同时激发当地干部群众的自豪感，凝聚力量投身新鄞州建设。其间，推出鄞籍企业家郑永刚、蒋良德，鄞籍科学家石钟慈、柴之芳、徐志磊、董瑶海，鄞籍著名艺术家马友友、俞峰、俞丽拿等在外鄞州籍杰出人物报道26篇。

【《鄞响聚焦》舆论监督专栏推出】 2018年9月3日至12月12日，鄞州区推出舆论监督栏目《鄞响聚焦》，通过在区域内开展舆论监督，打通工作中的阻点、难点问题，解决群众反映强烈的热点问题。首个聚焦城市狗患整治的连续报道引起强烈反响，点击量近5万人次，评论360余条。此后该专栏又对菜市场环境整治、形同虚设的街头咪表、共享单车管理、古村落保护之困、江东南路偷倒垃圾、农村环境等问题进行聚焦，推出连续报道42篇，部分得到解决。

【《借他山之石 谋发展之路》专栏推出】 2018年9月6日，《鄞州日报》在原有的《今日关注》专栏的基础上推出专栏《借他山之石 谋发展之路》，迈出强化深度报道的关键一步。栏目走出鄞州，在宁波大市范围内寻先进、找典型，报道他们在改革发展中的成功实践，为全区各级各部门更好地落实区委、区政府的中心工作提供借鉴。至12月，栏目推出云创1986青年小镇蜕变、江北洪塘老街华丽转身、宁海胡陈乡的乡村振兴之路、垃圾分类义务督导员老党员茅永贵等7个典型。

【《堇山观潮》专栏推出】 2018年9月25日起，《鄞州日报》每周一固定在头版推出全新栏目《堇山观潮》，紧密配合区委、区政府中心工作，围绕重大主题刊发署名“尹卫平”的评论，以朴实、简练、生动、活泼的文风，剖析实际问题，提出真知灼见。至12月24日，共刊发《坚决反对形式主义》《困难是勇者的“垫脚石”》《紧紧扭住发展不放松》《精准发力打好组合拳》《抓平安就是抓发展》《挺起“二次创业”再出发的脊梁》《强势攻坚打好项目收官战》《奋战三十天 攻坚快冲刺》《城市管理也是生产力》《扛起发展主战场的担当》《解放思想再出发》等13篇报道。其中《“人民”两字重千斤》《好作风就是生产力》等，被新浪网、网易、浙江在线、甬派等各级媒体转载，获得较好的社会反响。

表27　2018年鄞州日报社获奖作品情况

作品标题	作者	编辑	刊发时间、版面	获奖情况
鄞州行政审批与个人信用挂钩开全省先河36个部门共同筑起失信惩戒墙（消息）	谢莹萍、彭荟臻	马文丰、祝永良、余　峰	《鄞州日报》8月5日第1版	宁波新闻奖一等奖 浙江省县市区域报新闻奖二等奖
一场大雨突降，他为2楼邻居晾晒衣物撑伞！“中国好邻居”温暖永达花园小区（消息通讯）	卢　霞、叶俊松、史丽娜	集体（刘　霞、余　峰、徐琼辉、祝永良、罗涟浩、刘立中）	《鄞州日报》5月3—13日第1版等	宁波新闻奖二等奖 浙江省县市区域报新闻奖二等奖 中国县市区域报新闻奖二等奖
古村落保护之困:缺资金空心化老龄化（通讯）	胡启敏	宋健益、罗涟浩、余　峰	《鄞州日报》11月13日第2版	宁波新闻奖三等奖 浙江省县市区域报新闻奖二等奖
1月31日《鄞州日报》3版（版面）	宋健益、罗涟浩、余　峰		《鄞州日报》1月31日第3版	宁波市新闻奖一等奖 浙江省县市区域报新闻奖一等奖 中国县市区域报新闻奖二等奖
2018年11月13日《鄞州日报》2版（版面）	宋健益、罗涟浩、余　峰		《鄞州日报》11月13日第2版	宁波市新闻奖三等奖
乡村振兴再攀高（系列报道）	集体	集体	《鄞州日报》10月27日至11月4日第1版	宁波市新闻奖重大主题报道奖优秀作品二等奖 宁波新闻奖县市报好新闻作品二等奖
乡村振兴再攀高（评论）	余　峰、刘立中、马文丰	徐琼辉、宋健益	《鄞州日报》10月27日至11月4日第1版	浙江省县市区域报新闻奖二等奖
莫让狗患成为城市新公害（连续报道）	应于波、吴海霞、蔡亚辉、应科苗、王　莎、卢　霞	宋健益、徐琼辉、孙永达、邵永松、马文丰、余　峰、柴尔峰、葛吉华、陈　勇、祝永良	《鄞州日报》9月4日至12月21日第1版、2版、3版	宁波市新闻奖重大主题报道奖优秀作品三等奖
天南海北鄞州人（系列报道）	集体	集体	《鄞州日报》、鄞响客户端9月24日至12月27日头版	宁波市新闻奖重大主题报道奖策划创新奖 浙江省县市区域报新闻奖重大主题报道二等奖 中国县市区域报新闻奖改革开放40周年作品一等奖

续表27

作品标题	作者	编辑	刊发时间、版面	获奖情况
周妈妈家的暑假（摄影）	史久阳、应于波	柴尔峰、葛吉华、余　峰	《鄞州日报》7月18日第8版	宁波新闻奖二等奖 浙江省县市区域报新闻奖三等奖 中国县市区域报新闻奖二等奖 中国县市传媒新闻奖三等奖
“长寿村”的秘密（摄影）	李　超	柴尔峰、葛吉华、余　峰	《鄞州日报》10月17日5版	宁波新闻奖三等奖
鄞响对话|这一次我们聊一聊“榜样的力量”（新媒体直播）	吴海霞、王世杰、叶维娜	水　杉	鄞响客户端6月17日	宁波新闻奖二等奖 中国县市区域报新闻奖二等奖
直播2018宁波太白湖国际马拉松（新媒体移动直播）	水　杉、史芸飞、金建锋、王世杰、叶维娜、陈时飞、任　宁、林　彬	水　杉	鄞响客户端12月16日	宁波新闻奖三等奖
无偿让渡30年，姜山这座民国大宅迎新生（副刊报告文学）	吴海霞	邵永松、祝永良、刘立中	《鄞州日报》3月10日第2版	宁波新闻奖二等奖
鄞州：奏响大提琴华彩乐章（副刊报告文学）	吴海霞	宋健益、陈勇、马文丰	《鄞州日报》8月24日第4版	宁波新闻奖三等奖
小区域大关注——《鄞州日报》探索多平台建设的初步尝试（论文）	邵　波	冯潇颖	《传媒评论》2018年第1期	宁波新闻奖一等奖
鄞州“科技争投”还需加把力（内参）	张文胜	沙孟飞、邵波	鄞州日报内参2018年8月29日	宁波新闻奖二等奖
建议建立在外鄞州籍名人资源库助力“两高四好”示范区建设（内参）	俞珠飞	沙孟飞、邵波	鄞州日报内参2018年10月18日	宁波新闻奖三等奖
有水有未来（公益广告设计）	余　峰、董灵耀			浙江省新闻出版广电局、省报业协会举办的第二届浙江省“讲文明 树新风”公益广告设计大赛二等奖
一年完成“垃圾革命”——陆家堰村近千户村民垃圾分类率达100%	林幼娟、范丁杰	宋健益、余　峰、葛吉华	《鄞州日报》12月29日第1版	宁波新闻奖县市报好新闻作品一等奖 浙江省县市区域报新闻奖三等奖 中国县市区域报新闻奖二等奖
23名阿富汗教授来鄞学汽修	应于波	宋健益、葛吉华	《鄞州日报》6月2日第1版	宁波新闻奖县市报好新闻作品三等奖 中国县市区域报新闻奖三等奖
把志愿活动服务时间存到银行，可随时支取兑换——全国首张时间银行信用卡在鄞发行	林幼娟、王　瑜、高　勇	宋健益、葛吉华	《鄞州日报》4月3日第1版	浙江省县市区域报新闻奖一等奖
8名村支书聚头夜议“脱黑榜”	林幼娟、范丁杰	孙永达、陈勇	《鄞州日报》3月12日第3版	中国县市区域报新闻奖一等奖
一舟：绕“线”而上踏征程（通讯）	谢莹萍	徐琼辉、陈　勇	《鄞州日报》12月21日第1版	中国县市区域报新闻奖三等奖
天南海北鄞州人微信公众号、新闻客户端新闻作品	罗涟浩、俞珠飞、吴海霞、应于波、王　莎、胡　鸽、鲍婷婷、汪　敏、张文胜、王世杰、陈时飞、叶维娜、金建锋、任　宁、水　杉	邵　波、葛吉华、余　峰、刘立中、马文丰、徐琼辉、宋健益、罗涟浩、祝永良	鄞响客户端9月24日至12月27日	中国县市区域报新闻奖三等奖
纪录片《天童寺》：探索“一带一路”活化石的传奇（副刊类报告文学）	吴海霞	柴尔峰、祝永良	《鄞州日报》3月17日第2版	浙江省县市区域报新闻奖二等奖 中国县市区域报新闻奖二等奖
60秒见证，我们的两会时间［新媒体短视（音）频微信公众号、新闻客户端新闻作品］	史芸飞、王世杰、叶维娜、陈时飞、任　宁、水　杉、金建锋		鄞响客户端2月1日	浙江省县市区域报新闻奖短视频三等奖 中国县市区域报新闻奖三等奖
乡味（新媒体新闻专题）	集体			浙江省县市区域报新闻奖二等奖
区政协“请你来协商书记委员面对面”现场直播（微信公众号、新闻客户端新闻作品）	陈时飞、王世杰、水杉、金建锋		鄞响客户端8月9日	中国县市区域报新闻奖三等奖

【《鄞州日报》复刊25周年特别报道】 2018年7月1日，是《鄞州日报》复刊25周年纪念日。6月29日，《鄞州日报》推出特别报道《见证》，以6个版面的篇幅对这25年发展历程进行梳理，分别推出《廿五载芳华 与鄞州共行》《传递正能量 凝聚大气场——〈鄞州日报〉立足本土发出主流强音》《把握发展脉博 见证城市变迁——〈鄞州日报〉记录鄞州城市发展历史》《曾经的“容颜”——〈鄞州日报〉版面创新之路》《融发展 再出发》，以及全媒体采访中心和全媒体发布中心全体采编人员的亮相及这几年的工作亮点。此前，在副刊专版推出《我与鄞报故事》专栏，相继刊登区政协原副主席朱国富、资深沙耆资料收集者史美章等人与鄞报的深情故事。

（戴亚红）

新　闻

【概况】 2018年，区委宣传部组织区级新闻媒体策划推出“拉高标杆扬长补短 大力实施六大专项行动”“乡村振兴鄞州征程”“改革攻坚鄞实践”“精准扶贫携手小康”“义乡鄞州”等重大主题报道。将“纪念改革开放40周年”主题宣传作为全年宣传重点，在区级媒体推出《40个数据背后的故事》《潮涌鄞州40年》《40年40人》《鄞立潮头40年——创业创新再出发》等专题专栏，组织开展“天南海北鄞州人”大型异地采访活动，推出人物专访30余篇。区级新闻媒体开设《他山之石》《堇山观潮》等新栏目，推进建设性新闻报道。全年在中央级媒体刊发刊播重点报道60余篇（条），平均每三天中央广播电视总台、央广报道鄞州元素一次。《浙江日报》刊发重点稿30余篇，头版刊发重点稿件6篇，浙江电视台发稿30余条，《鄞州：外贸优等生是怎样炼成的？》在浙江卫视新闻联播头条播出。浙江之声发稿70余条，《宁波日报》头版刊发重点稿90余篇，宁波电视台《宁波新闻》发稿近百条，宁波人民广播电台发稿近400条。美籍主持人柳素英、凤凰卫视“文化大观园”主持人王鲁湘、“首届海峡两岸网络新媒体大陆行”记者团走进鄞州、宣传鄞州。新华社（客户端）和《光明日报》《浙江日报》等媒体先后刊播周秀芳爱心事迹，刊发《爱心“搬运工”——宁波退休教师周秀芳爱洒湘西山区》《71岁“支教奶奶”：如果有一天我倒下，就把我埋在那片土地上》等稿件。区级层面召开新闻发布会3场，部门层面召开新闻发布会8场。举办新闻发言人素养提升班，组织鄞州区新闻发言人及助理到浙江传媒学院进行脱产培训。制定下发《关于加强新闻舆论监督工作的实施意见》，充分发挥《鄞州日报》、区广播电视台舆论监督作用，推出《鄞响聚焦》《鄞视聚焦》曝光栏目，进一步提升引导舆论能力。协调应对《第一聚焦》《今日聚焦》等栏目涉鄞州区内容，全年共处理突发事件和曝光新闻20余起。举办第九期“金蝶”新闻论坛，评选出第八届“金蝶”优秀新闻作品10件。

【区第三届“金蝶”优秀新闻工作者评选】 2018年11月8日，区委宣传部、区新闻工作者协会公布鄞州区第三届“金蝶”优秀新闻工作者评选结果，鄞州日报社史芸飞、应于波，鄞州广播电视台王林斌、崔颖获选。同时，鄞州日报社的水杉和鄞州广播电视台的秦玉权获提名奖。史芸飞是新型媒体业态的探索者，地方新闻部、新媒体部、乡恋创意工作室都是她带领的团队，同时还培养出具有鄞报特色的集文化创意、策划服务、活动推广于一体的新型媒体业态。应于波是时代的忠实记录者，采写的一大批新闻作品获得浙江省新闻奖、宁波市新闻奖、中国县市区域报新闻奖、浙江省县市报新闻奖等荣誉，她还积极助推《鄞州日报》公益品牌项目“爱心联盟”的建设。王林斌是技术和内容的综合者，新媒体平台鄞+客户端和微信公众号鄞视报道等平台发挥广电媒体融合的特色。鄞+客户端上线以来，通过多场活动收获第一批优质粉丝。至年底，实际下载注册用户超过7万人。崔颖是鄞州电视台的编辑，她编辑的鄞州非遗系列的节目，在《难忘中国之声——非遗传承人》系列中播出，还获得中央人民广播电台2016年度优秀节目评选新闻类系列（连续、组合）报道三等奖。仅2016年至2018年9月，崔颖就向宁波电台新闻综合频道、交通频道、经济娱乐频道以及浙江之声、浙江电台城市之声、中国之声等各级媒体报送新闻稿件近3000篇，还获评2017年度全省广播电视新闻协作广播先进个人等荣誉。

（于玲玲）

新媒体

【概况】 2018年，鄞州区围绕六大专项行动、“最多跑一次”改革、乡村振兴、精准扶贫等重大主题，精心组织策划，创新推出一批特色专题专栏，通过图文、视频、直播、H5等方式，宣传鄞州的生动实践、特色经验和辉煌成就。以纪念改革开放40周年主题宣传为契机，开展“鄞头赶上——40年40景”“改革先锋 重走鄞州”“40年数据看变化”“我与祖国共成长”等线上线下议题活动，相关专题访问量150万人次，#鄞头赶上#微博话题总阅读量突破1700万人次。精心策划“支教奶奶周秀芳”“中国好邻居——打伞爷爷”“患有尿毒症的表情包女孩”“点赞!孕妇临产鄞州交警护航 过29个红绿灯仅用17分钟”等一系列10万+的正能量作品，受到中央主流媒体和海外媒体关注转载。开展“鄞光溢彩”网络直播活动35次，覆盖“映客”“斗鱼”等国内十大直播平台以及“鄞响”“鄞+”等当地平台，访问量近280余万人次。鄞州日报社运营的“鄞响”App安装用户数25万人，成为全市用户数、影响力仅次于“甬派”的专业新闻移动客户端，区广播电视台运营的“鄞+”客户端用户数8万人。

【“鄞+”新闻客户端】 2018年，“鄞+”上线后广电技术迅速拉升，粉丝数8万人，重大节日及活动直播体现电视播控优势，如《海上丝绸之路》的直播，在直播中主持人用与市级台相媲美的水平完成两小时的专业直播，在播出时技术参数与省台一致，新媒体进行20余次直播，包括人大政协会议开幕会、纪委“清廉诗会”等。9月24日，咸祥八月半渔棉会网络直播收看人数5.80万人次。区广播电视台有23条新媒体稿件被上级媒体录用，其中《暖心！鄞州一老人被卷入车底，众人抬车救人传递满满正能量！》被央视新闻移动网、人民网浙江频道、人民网微博多个媒体录用，作品在人民网微博点击量39万余次。《浙江宁波市鄞州区姜山镇中学三名学生担任俄罗斯世界杯护旗手！》被央视新闻移动网、网易新闻客户端、浙江之声微博、央视新闻+等矩阵号录用，作品在浙江之声微博、央视新闻+等矩阵号上均取得10万+以上的点击量，在网易新闻客户端引发热烈讨论跟帖百余条，《暖心！孕妇破水待产求助 公交车秒变救护车送医》在新华社客户端取得近46万的点击量，由区广播电视台采写制作的鄞州老钟表匠作为改革开放40周年的典型人物报道，上送至浙江之声并被采用于H5作品《向祖国报告！有一封给您的信》中。

【鄞响新闻客户端】 2018年，鄞州区完善鄞响客户端绩效考核体系和框架布局，分别于1月30日和11月5日完成两次改版，调整部分频道、栏目，增加“要闻集纳”“公号订阅”“横屏推移”等功能，扩大新闻容量，强化对区域政府部门的服务力度，做强短视频、直播等多媒体业务。重大时政报道鄞响独家和首发，区级层面建立舆论监督机制，建立网评队伍跟帖机制，极大地提高鄞响的影响力。鄞响客户端第一次全程参与区“两会”采访报道，开创报社记者视频报道区“两会”的历史；第一次异地采访，先后两次到湖南追踪报道“支教奶奶”周秀芳事迹；先后开设《鄞州乡味》《鄞响街采》《鄞响对话》《我们聊天吧》《人在鄞州》等品牌栏目；推出各类专题28个；制作发布H5作品52件、视频类稿件278篇（其中原创视频246篇），完成各类直播23场。至年底，粉丝量突破20万人，日发稿量100余条，其中当地原创资讯约80%。

（励寅杰　戴亚红）

体　育

【概况】 2018年，鄞州区有区级体育协会22个、镇（街道）级体育总会14个、体育类民办非企业27家，鄞州区体育社会组织290个。各级各类协会举办赛事活动近140次，涉及健身项目20余个，参加人数3万余人次，获新闻媒体参与报道近50次。各协会在国家级比赛中获团体冠军1个、个人冠军5个；在省级赛事中取得个人冠军1个。《鄞州城区“十三五”公共文化（体育）设施布局规划研究》通过区政府评审，规划建设14个街道级体育活动中心和70个基层社区体育活动站。盘活存量资源，吸引社会力量参与，潘火街道高架桥下的健身场地、社会资本投资改建自闲置厂房的东论运动中心、鄞州综合馆、云龙水上运动休闲项目等不同业态、小型多样的场馆设施建成、投入运营。鄞州区人均体育场地面积2.35平方米。新增三级社会体育指导员290人，有国家级社会体育指导员4人、一级社会体育指导员80人、二级社会体育指导员81人、三级社会体育指导员2763人。区体育局在2018年全市体育工作考核中获一等奖，并被省体育局授予“浙江省群众体育工作成绩突出单位”“2018年度体育宣传工作卓越奖”称号。

全年对6000余名3—60周岁的不同人群进行国民体质测试，全区体质合格率95.20%，高于浙江省平均水平。鄞州区有17个体育设施建设项目入选省、市民生实事工程，1个游泳池、4个社区多功能运动场和10个小康体育村升级工程为省民生实事工程，2个村级全民健身场地建设项目入选2018年度市政府民生实事项目，并于年底全部通过验收。组织开展小型多样的健身赛事和活动百余次，“鄞州体彩杯”宁波市乒乓球新春联谊赛、鄞州公园二期马拉松赛、下应天宫庄园迷你马拉松、全国老年人太极拳健身推广展示大联动活动、鄞州区第三届“中洲杯”职工羽毛球等级联赛、浙江省业余围棋锦标赛、“鄞州银行”杯海上明月马拉松、鄞州区全民飞镖大奖赛、鄞州区气排球比赛等等赛事活动各具特色。同时组织参加国家、省、市各类比赛20余次，获得宁波市民运动会三对三篮球比赛第一名、宁波市气排球联赛中年组第一名、全国广场舞大赛两个一等奖。

竞技体育工作围绕“备战市运、参战省运”的中心任务，优化业余训练网络，夯实备战基础，保障优势重点，挖掘潜在竞争力。备战宁波市第十八届运动会，参战浙江省第十六届省运会，保持鄞州区领先全省的优势。向上级训练单位输送运动员53人，其中三集中21人、走训32人，涉及足球、网球、游泳、击剑、拳击等9个项目。2018年省、市青少年运动员注册运动员超过1000人。组织参加2018年度市青少年系列比赛全部十三项赛事（乒乓、拳击、排球、武术、篮球、男子足球、田径、射击、羽毛球、游泳、网球、女子足球、自行车），取得足球、乒乓球、游泳、射箭、羽毛球5个项目团体第一，取得全市金牌总数第一名。鄞州区成为宁波市首批入选全国青少年校园足球试点县（市、区），新增鄞州区第二实验小学为全国青少年校园足球特色学校。另外，塘溪镇中心小学入选2018年省青少年校园足球特色学校。

发展健身服务业、运动休闲业、竞赛表演业等核心体育产业，承办2018中国国际象棋电视快棋赛、2018国际男子网球挑战赛、“三英杯”乒乓球邀请赛、2018年全国国际象棋棋协大师赛等国际国内重大赛事。根据国家体育总局和省体育局部署，完成2017年省体育产业机构名录库建设核查统计，全区776家待核查单位，596家企业进入待录入名单，数量居全市首位。“2017中国（宁波）体育产业博览会”“ikart卡丁车运动馆建设”“2017鄞州杯国际男子网球挑战赛”3个项目进入2018年省体育产业发展资金项目库。“专业级智能体育健身设备研发与制造项目”“威迪斯健身——家庭健康悦享荟项目”两个项目进入2018年度宁波市体育产业发展引导资金项目库。组织12家企业参展“2018中国(宁波)体育产业博览会”，参展面积超过650平方米。

【体育协会等级评估】 2018年，鄞州区根据《宁波市鄞州区社会组织评估管理办法》，对体育类社会组织按照要求开展年检、等级评估，全区体育社会组织年检年报合格率100%。经过培训、自评、推荐、专家组实地考评、评估委员会审核和公示，区民政局于12月25日通报，区足球协会获评AAAAA级社会组织，区健身气功协会、区老年人体育协会、区武术协会、区羽毛球协会、区飞镖协会5个协会获评AAAA级社会组织，区象棋协会、区长跑协会、区木球协会3个协会获评AAA级社会组织。

【三级社会体育指导员培训】 2018年，鄞州区举办三级社会体育指导员培训2期。4月21—22日，健身气功项目三级社会体育指导员培训班在浙江万里学院开班，培训由鄞州区健身气功协会执行承办，协会选派资深一级教练员徐云花、邱亚芬担任健身气功新功法“导引十二法”“马王堆导引术”的教学指导工作。来自鄞州区19个镇(街道)的110余名学员参加学习培训，经过考核，有68人取得三级社会体育指导员证书。11月24日，国民体质监测三级社会体育指导员培训班在浙江万里学院体育馆开班，省体育局和市体育局专家分别就“国民体质监测理论知识”和“国民体质设备使用与实践操作方法”进行授课；全区300余名体质监测站主要负责人和国民体质监测技术人员参加培训。经过考核，两期社会体育指导员培训班有290人合格，取得三级社会体育指导员证书。

【“鄞州银行”杯海上明月马拉松】 2018年9月15日，“鄞州银行”杯海上明月马拉松在咸祥镇举行，800名马拉松爱好者参加比赛。比赛由咸祥镇政府主办，区长跑协会承办。赛事设置半程马拉松和欢乐跑两个项目，半程马拉松路线为文化广场(起点)—村道(直行)—(左转至)咸祥中路—(右转至)咸兴路—(右转至)咸祥河环河步行道—(穿过)咸祥中路—咸祥河畔—(穿过)外蔡村—(右转至)沿海中线—(左转至)横山码头—(左转至)海塘—大嵩闸—大嵩江畔(折返)—(右转至)咸姚路—村道—南头村(终点)，半程马拉松线路与2017年线路行进方向相反，增加新修整的咸祥河环河步道、大嵩江堤步道，海塘路线更长，增加横山码头至龙尾段，海堤长度9千米。欢乐跑线路为文化广场(起点)—村道(直行)—(左转至)咸祥中路—(右转至)咸兴路—(右转至)咸祥河环河步行道—(穿过)咸祥中路—咸祥河畔—(左转至)村道—葡萄园—咸祥庙—村道—文化广场(终点)，7.50千米。赵国虎、张盈波分别以26分47秒和34分32秒的成绩获得欢乐跑男子组、女子组的冠军，方加南以1小时22分29秒的成绩获半程马拉松男子组冠军，女子组冠军则由张妮夺得，成绩为1小时35分26秒。

【鄞州区“四提升四覆盖”全民健身工程创建通过全省评估】 2018年5月，根据《浙江省实施“四提升四覆盖”全民健身工程指导意见(2016–2020年)》和《浙江省实施“四提升四覆盖”全民健身工程建设评估办法》要求，鄞州成立区创建浙江省“四提升四覆盖”全民健身工程领导小组，出台《鄞州区“四提升四覆盖”全民健身工程建设工作实施方案》，从提升群众身边的体育场地建设水平、体育组织水平、健身活动水平、健身指导水平入手，全面推进创建工作。11月，全民健身工程建设标准的42个评估指标全部完成；12月，鄞州区通过浙江省检查组实地检查评估。

【2018“日月杯”宁波太白湖国际马拉松】 2018年12月16日，2018“日月杯”宁波太白湖国际马拉松在东吴镇举行。比赛由市体育局、市外事办、鄞州区政府主办；东吴镇政府、区文广新局(风景旅游管理局、体育局)、市社会体育指导中心承办；区长跑协会具体运作。赛事设半程马拉松和10千米比欢乐跑两项，来自25个国家和地区的1676名选手参赛。林鑫获男子组“半马”冠军，张立钢、张孝杭分获男子组“半马”第二名、第三名。陈林明、赵娜、胡晓燕获女子组前三名；侯少华、王金台则分别获“欢乐跑”男女组冠军。团体方面，福山跑团获“半马”第一名，宁海跑团一队勇夺“欢乐跑”冠军，鄞州长跑协会霸王花队与大自然女神队获“半马”巾帼英雄奖。

2018年12月16日，2018“日月杯”宁波太白湖国际马拉松举行

【"傅其芳杯"鄞州区第九届乒乓球等级赛】 2018年12月9日，"傅其芳杯"鄞州区第九届乒乓球等级赛在五乡镇文体中心球馆举行。比赛由区体育总会、五乡镇政府主办，区乒乓球协会承办。全区各镇（街道）、企事业单位、社会团体共35支代表队的189名男女运动员参加男子团体甲级、乙级以及女子单打3个项目的比赛。经过两天比赛，五乡代表队获男子团体甲级队第一名，宁波市自来水总公司代表队和云龙镇代表队分获第二名、第三名。

【2018年浙江省业余围棋锦标赛在鄞州区举行】 2018年9月5—7日，"宁波建工杯"2018年浙江省业余围棋锦标赛在鄞州区鄞城宾馆举行。比赛由省体育局、省体育总会、省围棋协会主办，区体育局、区体育总会和区围棋协会承办，宁波建工股份有限公司协办。全省各地市代表队12支队伍的20余名棋手参加比赛角逐。经过五轮对弈，来自鄞州队的曹汝旭获冠军，金华队的陶汉文、丽水队的黄梓铭分获第二名、第三名。

【"鄞州区全民健身公益大培训"活动】 2018年2—12月，鄞州区首次开展"鄞州区全民健身公益大培训"活动。活动主要内容普及健身知识，传授健身技能，提升群众科学健身水平，持续11个月，涵盖云龙镇等17个镇（街道）的43个村和社区，举办健身知识讲座15期和技能培训33场，涉及广场舞、气排球等健身项目11个，培训10000余人。

【浙江省青少年击剑冠军赛在鄞州区举行】 2018年3月8—11日，浙江省青少年击剑冠军赛在鄞州区堇山小学举行。市体育局副局长王雷钧、副区长卜明长、省射击射箭自行车运动管理中心工会主席郭桂宗、市体育局训竞处处长顾飞舟等出席开幕式。比赛由省体育局主办，省射击射箭自行车运动管理中心、区体育局承办，区体育中心、堇山小学执行承办。比赛分男子和女子甲、乙、丙、丁4个组别，来自全省11个地级市的18支代表队、500余名青少年击剑运动员在花剑个人和团体、重剑个人和团体、佩剑个人和团体项目上展开争夺，湖州二队以13金6银4铜获总团体第一名，杭州一队、温州一队分列第二名、第三名。

【参加浙江省第十六届运动会】 2018年7—9月，浙江省第十六届运动会在湖州市举行。鄞州区有292名运动员代表宁波市出征，参加26个大项中的24个大项，获金牌41.38枚、银牌38.30枚、铜牌41.50枚，总分1167.15分。金牌分布于球类、田径、重竞技、水上、射击等17个大项中，其中羽毛球、网球、乒乓球、赛艇、皮划艇和射击项目是夺金大户。赛艇运动员池鑫鑫、皮划艇运动员朱子旭、田径运动员陈佳辉、射击运动员徐源男在各自比赛项目中获两枚金牌。

【《鄞州区业余体育训练点和精品培育基地补助专项资金使用管理办法》出台】 2018年8月20日，《鄞州区业余体育训练点和精品培育基地补助专项资金使用管理办法》（以下简称《办法》）出台。该办法对鄞州区业训点按照奥运项目和非奥项目进行划分，对奥运项目业训点根据业训规模、比赛成绩、经费投入、教练水平等因素实施星级制考核，在非奥项目业训点中推进精品基地和创新、创优基地建设，以此巩固优势项目，保障基础项目，培育新兴项目。10月30日公布2018年度鄞州区五星级业训点9所、四星级11所、三星级12所、非奥项目精品培训基地14所。

【参加国际赛事】 2018年，鄞州籍运动员在雅加达亚运会等国际比赛中取得较好成绩。钱智勇在雅加达亚运会上获男子4×200自由泳接力、男子4×100自由泳接力2块银牌；王坚雄获帆船帆板激光4.7级项目银牌，范心怡在第三届夏季青年奥林匹克运动会中获蹦极项目金牌，周昊东在世界羽联巡回赛中获海南公开赛男子双打冠军、中国公开赛男子双打亚军、法国公开赛男子双打冠军，王昶在世界青年羽毛球锦标赛中获男子双打、混合团体冠军，在亚洲青年羽毛球锦标赛中获男子双打、混合团体冠军，李涛获亚洲帆板锦标赛第三名、全国帆板锦标赛第二名。

【区级体育场馆运营】 2018年，由宁波惠风体育发展有限公司管理的鄞州网球·游泳中心和鄞州体育馆共接待健身人群52万人次，举办和承办各类赛事活动60余次，并为区青少年网球队训练提供场地支持和后勤保障，没有发生一起安全事故。网球中心改造提升工程项目"网球中心地基加固、场地维修、管道维修及部门设施功能提升"基本建设完成，并新增四片室外钢结构风雨球场。

【2018"鄞州杯"中国国际象棋电视快棋赛在鄞州区举行】 2018年6月

2018年6月26—29日，2018"鄞州杯"中国国际象棋电视快棋赛举行

26—29日，2018"鄞州杯"中国国际象棋电视快棋赛在钱湖宾馆举办。该项赛事是国内首个电视快棋赛，由国家体育总局棋牌运动管理中心、中国国际象棋协会、市体育局、区政府主办；区体育局、区体育总会承办；区体育中心、区国际象棋协会执行承办；宁波市博弈国际象棋俱乐部、焦作市云台山矿泉水厂协办。赛事总奖金20万元，冠军奖金10万元。国内等级分排名靠前的4位一流棋手余泱漪、韦弈、李超、卜祥志通过双循环比赛，展开六轮对决。余泱漪获冠军，韦奕、卜祥志、李超分列第二、三、四名。

【《鄞州区体育产业发展引导资金使用管理暂行办法》实施】 2018年，鄞州区设立鄞州区体育产业发展引导资金。8月20日，印发《鄞州区体育产业发展引导资金使用管理暂行办法》，重点支持竞赛表演、运动休闲、场馆经营、健身服务等产业的发展壮大。10月11日，印发《关于组织申报2018年度鄞州区体育产业发展引导资金扶持项目的通知》，启动项目申报工作。12月上旬，区体育局、区财政局成立评审小组，对11家申报项目单位进行实地考察和评审。经过评审专家组评审，15个项目申报项目中的11个符合扶持条件。12月底，区体育局、区财政局联合发文下拨扶持资金共计233万元。

【"鄞州杯"2018年全国国际象棋棋协大师赛（宁波）在鄞州区举行】 2018年8月18—20日，"鄞州杯"2018年全国国际象棋棋协大师赛（宁波）在鄞州区维也纳国际酒店举行。赛事由中国国际象棋协会主办，市体育总会、区体育局、区体育总会为指导单位，区国际象棋协会、市博弈国际象棋俱乐部承办。赛事分18个组别，来自全国20余个省（自治区、直辖市）的30余支代表队的397名运动员参加比赛，成绩优异者获中国国际象棋协会授予的"棋协大师"和"候补棋协大师"称号。有9人晋升"国家棋协大师"，22人晋升"国家候补棋协大师"。

2018年11月3—4日，2018第二十八届"三英杯"乒乓球邀请赛在鄞州区举行

【2018第二十八届"三英杯"乒乓球邀请赛在鄞州区举行】 2018年11月3—4日，第二十八届"三英杯"乒乓球邀请赛在鄞州体育馆举办。该项赛事创立于1985年，缅怀为国球做出杰出贡献的容国团、傅其芳、姜永宁3位乒乓球元勋，赛事在北京、上海、广东、香港、澳门、宁波6个城市轮流举办。鄞州区是傅其芳故乡，这是继2012年宁波市承办第二十二届"三英杯"后，时隔6年再次承办"三英杯"。比赛由中国乒乓球协会、市体育总会和区政府主办，市乒协、区体育局和区乒协承办，北京、上海、广东、香港、澳门和宁波6支代表队的90余名乒乓球业余选手参赛。国际乒联终身名誉主席徐寅生、亚洲乒联终身名誉主席李富荣、省体育局副局长吕林、傅其芳的女儿傅美莲、容国团的夫人黄秀珍、姜永宁的女儿姜小英参加开幕式。北京、宁波、上海夺得男子团体前三名，北京、上海、宁波夺得女子团体前三名。

【国际男子网球挑战赛在鄞州区举行】 2018年10月13—21日，国际男子网球挑战赛在鄞州网球中心举办。赛事由国家体育总局网球运动管理中心和区政府主办，区体育局承办，宁波惠风体育发展有限公司执行承办，20余个国家和地区的近70名运动员参赛。赛事升格至ATP超级挑战赛，总奖金提升至15万美元。赛事分单打和双打2个项目，配备有鹰眼和测速系统，148场比赛均由国外专业团队在ATP官方网站直播页面上进行现场在线视频直播。赛会三号种子意大利选手法比亚诺耗时2小时54分钟，在决赛中以2∶1战胜七号种子印度选手冈涅斯瓦恩夺得冠军。中国组合张择/公茂鑫2∶1战胜谢政鹏（中国台北）/瑞格卡（印尼）组合，获双打冠军。

（柴华艳）

① 白鹤街道日月星城社区督查员用手机扫描垃圾袋

② 下应街道景湖社区志愿者教居民正确投放垃圾

③ 中河街道东城社区监督员指导居民垃圾分类

④ 百丈街道划船社区居民体验垃圾分类、环保DIY活动

⑤ 白鹤街道紫鹃社区开展垃圾分类巧争文明活动

⑥ 白鹤街道黄鹂社区开展有害垃圾兑换日活动

卫生与健康

综　　述

医疗卫生管理

公共卫生

生育健康服务

红十字会工作

概 述

【概况】 2018年，鄞州区印发《健康鄞州2030行动纲要》《健康鄞州建设领导小组及其办公室工作职责和工作制度》《健康鄞州考核办法（试行）》《2018年健康鄞州建设工作要点》等文件。“健康鄞州”考核正式被列入镇（街道）年度目标管理考核。建立单位领导班子与村（社区）、上规模民营医院、民营企业家、医疗专家四结对联系沟通服务制度，在桃江村开展义诊5次、党员活动3次，为文华社区解决除“四害”难点问题，在大学园区开展HIV防制等活动。开展移动医疗车“进农村、进企业、进社区”三进服务，为偏远山区居民在家门口提供医疗、公共卫生服务，进村38次，进企业1次，提供诊疗服务1237人次，心电超声检查321人次，检验289人次。开展对口帮扶，选派84名医务人员到吉林省延吉市、和龙市和新疆维吾尔自治区库车县，以及贵州省兴义市、兴仁县开展医疗帮扶。“贫困人口白内障复明工程一期”“先天性手足畸形贫困患者牵手工程”“远程影像会诊平台”等项目获好评。全区居民在签17.75万人，重点人群签约15.36万人，重点人群在签率69.81%，续签率80%，超额完成省考核指标（续签率60%）和市民生实事任务（重点人群签约11.05万人）。

鄞州人民医院改造工程、鄞州区第二医院一期维修改造工程、宁波市第六医院老住院楼局部维修改造项目等按节点有序推进，市眼科医院迁建工程及东部新城社区卫生服务中心新建工程、茅山卫生院改造项目均竣工并投入使用，区妇幼保健院项目完成桩基施工，鄞州人民医院东院区建设项目、宁波市中西医结合医院、明楼街道社区卫生服务中心、东柳街道社区卫生服务中心迁址等有关工程顺利推进。

明楼街道社区卫生服务中心获评浙江省优秀家庭医生签约服务培训基地。上海交通大学医学院附属第九人民医院整形科、口腔科、眼科长期在鄞州区驻点。邵逸夫医院在鄞州人民医院开设“蔡秀军专家工作站”，上海岳阳中西医结合医院与鄞州区第二人民医院缔结友好医院，“彭培初名中医工作室”开诊。创建成为“全国基层中医药工作先进单位”“全国流动人口基本公共卫生计生服务均等化示范县（市、区）”“全国生育状况抽样调查优秀单位”，获得全国红十字防灾避险知识竞赛二等奖，鄞州万达献血屋获评2018年全国最美献血点。瞻岐、五乡2家基层医疗机构获评全国“2016—2017年度群众满意的卫生院”。

【全区卫生与健康大会】 2018年5月18日，全区卫生与健康大会在区政府二楼西边大会场召开。市委常委、区委书记胡军讲话，区委副书记、区长陈国军主持会议。杨慧芳、郑坤法、朱法传、张相晋、陈虹、徐卫成、方飞龙等区四套班子领导，以及全区各镇（街道）党政主要负责人，区级有关单位主要负责人；区卫生计生局班子成员、中层干部，区文广新局主要负责人、分管负责人；各公立医疗卫生机构、上规模民营医疗机构主要负责人，区属体育运动单位主要负责人参加会议。胡军指出，要准确把握健康鄞州建设的目标导向，按照鄞州卫生与健康事业发展的总体要求，把大健康融入区域发展的各个方面，在重点领域体现鄞州作为和鄞州质量；要践行“惠民生”的宗旨，让人民群众享有公平、可及和系统连续的健康服务；要系统推进，优化健康鄞州建设的综合环境，打造活力高效的体制环境，深化“三医联动”改革，大力发展养老服务，拓展健康产业链条，健全多层次医疗保障体系；要强化领导，增强健康鄞州建设的整体合力，把健康鄞州的美好蓝图变成群众实实在在的获得感。

【成岳冲调研鄞州卫生健康信息化工作】 2018年7月12日，副省长成岳冲、省卫生和计划生育委员会主任张平一行4人到鄞州区调研卫生健康信息化工作。市委常委、区委书记胡军，市政府副秘书长王建云、市卫生和计划生育委员会主任张南芬、副区长卜明长等陪同调研并参加座谈会。成岳冲一行到茅山卫生院，先后视察该院的预防接种大厅、妇儿保区域、门诊大厅、家医门诊、云诊室、超声科及中医馆区域，并实地查看卫生信息化在医疗卫生领域“最多跑一次”改革中的应用。成岳冲表示，鄞州区利用信息化手段助推医疗卫生领域“最多跑一次”改革的特色做法对改善患者就医体验及提升基层医疗服务能力具有重要的示范意义。他指出，要建设完整的信息化大网，发展应用“互联网+健

2018年5月18日，全区卫生与健康大会召开

2018年7月，鄞州人民医院通过第六版JCI新标复评

康医疗”；要加强大数据基础支撑，建设健康医疗大数据平台，特别是在医共体建设上，建立有效的分级诊疗制度，做到有记录、可回溯，政府要加强利用大数据，做到有效监管。

【鄞州人民医院通过第六版JCI新标复评】 2018年7月20日，国际医疗卫生机构认证联合委员会总部正式发布“金徽章”，鄞州人民医院通过第六版JCI新标复评，率先进入全球第六版JCI标准医院行列。6月上旬，由4位国际JCI资深评审专家组成的评审组，对鄞州人民医院展开现场检查，内容涵盖14个章节、291条标准、1192项衡量要素。在最后的报告会上，评审专家对医院管理、患者安全、院感防控与医疗质量优化等方面给予高度评价，其中有两个章节获满分。JCI（Joint Commission International）即“美国医疗卫生机构评审联合委员会国际部”，组织制定国际标准针对全球医疗卫生机构进行周期性评审。JCI标准是全世界公认的医疗服务标准，代表医院服务和管理的最高水平，是世界卫生组织（WHO）认可的医院质量认证模式，被全球医疗界誉为“金字准绳”。

【鄞州区第二医院通过HIMSSO-EMARM（门诊）七级评审】 2018年11月14—16日，经过HIMSS Analytics（美国医疗信息与管理系统学会全球分析评价中心）评审组专家小组现场评审，鄞州区第二医院继上年通过HIMSS EMRAM（美国医疗卫生信息与管理系统协会住院电子病历应用成熟度模型）七级评审后，又正式通过HIMSS O-EMRAM（美国医疗卫生信息与管理系统协会门诊电子病历应用成熟度模型）七级评审，成为全国第4家、省内首家HIMSS“双七级”医院。HIMSS即美国医疗信息与管理系统评级，它用来评价一家医院的信息化建设完善程度，最高级别为7级。鄞州区第二医院所有病历实现电子化，医院内各类数据实现互联互通，为健康医疗大数据库的形成打下基础。借助先进的IT技术，通过大数据的提取、分析和展现，信息系统可以帮助临床医生更快地获取、分析和评估就诊人群的健康状况，解疾病发生发展的新趋势、新特征等，更好地指导临床工作。同时，围绕患者安全，采用智能化的技术手段，对50余个医疗流程实行全程闭环管理，提升医护效率和医疗质量，HIMSSO 门诊七级评审的正式通过，标志着鄞州区第二医院在医疗信息化及应用方面达到国际先进水平。

【宁波市眼科医院新院、东部新城社区卫生服务中心投入使用】 2018年12月，宁波市眼科医院新院和东部新城社区卫生服务中心启用。市眼科医院新院位于鄞州区北明程路599号，按照三级甲等眼科专科医院标准运行，总投资2.28亿元，占地面积12772平方米，总建筑面积35800平方米，主楼10层、裙楼5层，面积是原医院大楼的3倍。其中，新院医疗用房面积22450平方米，面积为原来的3倍；职工300余人，副高级以上职称38人，博、硕士35人；床位从150张增至200张，专家、专病及普通门诊诊室从22间扩增至66间，手术室从8间扩增至20间；日门诊就诊高峰达2500余人次，医院设置床位200张，当月出院人数700人。东部新城社区卫生服务中心由福明街道社区卫生服务中心改造升级，总投资1.30亿元，占地面积1950平方米，用地面积5543平方米，总建筑面积12890平方米，其中地上面积8310平方米、地下面积4580平方米。中心在编职工90人，外聘职工52人。其中，大学本科以上学历98人，占69.1%；专业技术人员高级职称11人，中级职称58人，占48.75%。新开设99张床位，新增动态心电、动态血压、骨密度测定等30余个项目。由原全科、口腔、中医等7间门诊升级为中心儿科、心血管内科等19间门诊。建成启用至年底，该中心接诊1823人次。

【明楼街道社区卫生服务中心安宁疗护中心启用】 2018年8月29日，明楼街道社区卫生服务中心安宁疗护中心启用。该中心是浙江省首个社区安宁疗护（临终关怀）病房、宁波首个在市卫生和计划生育委员会注册的临终关怀科。收治对象是被医生判定为生命只剩下最后两三个月的病人。同时对其家属给予社会心理支持，提供善别服务，平安度过哀伤期。临终关怀团队以全科医生、社区护士、社会工作者、心理咨询师、灵性关怀师、药剂师、营养师和志愿者为主体的中心特色临终关怀团队，团队人员均曾到中国生命关怀协会和上海市临汾、康健等街道社区卫生服务中心进修学习，获得由权威机构颁发的《舒缓疗护（临终关怀）岗位资格证书》。中心专门设立有关怀病房、关怀室、治疗室、心灵舒缓室、志愿者活动室、沐浴室、配膳室，作为临终关怀服务开展的主要阵地，配套推出安放、安怡、安然、安和、安若五大主题的特色关怀病房，设置有10张床位，配有心电监护仪、氧气瓶，病床也按照重症监护室的标准配备，可以全方位调节。明楼街道社区卫生服务中心依托上海、北京的专家资源库，引进以中国生命关怀协会施永兴牵头的专家资源组，定期邀请坐诊、开办讲座。至年底，有16人接受服务。

（周银环）

医疗卫生管理

【概况】 2018年，全区（含东钱湖、高新区）有各级各类医疗机构581家，其中综合性医院13家（鄞州公立4家民营6家，属高新区公立2家，属东钱湖公立1家）、中医综合医院1家（民营）、中西医结合医院1家（公立）、专科医院18家、临床检验机构2家（鄞州区和高新区各1家）、镇卫生院9家、社区卫生服务中心12家（鄞州区11家、高新区1家）、社区卫生服务站102家（鄞州区87家、高新区3家、东钱湖12家）、村卫生室159家（鄞州区153家、东钱湖6家）、诊所112家（鄞州区民营102家，高新区民营8家、东钱湖民营2家）、卫生所25家（鄞州区民营6家）、医务室44家（鄞州区35家、高新区8家、东钱湖1家）。鄞州区（不含东钱湖、高新区）实有床位5662张，卫生技术人员10512人，其中执业医师（含助理）4178人、注册护士4400人，每千人拥有床位5.07张，卫技人员9042人、执业医师（含助理）3.74人，注册护士3.94人。医疗卫生机构业务总收入（不含东钱湖高新区及民州医院外的其他民营医疗机构、诊所、医务室村卫生室，下同）90.14亿元，门诊1289万人次，总住院床日167.5万天，平均住院床日8.16天。居民期望寿命83.54岁，其中男性81.72岁、女性85.44岁。死因前三位依次为恶性肿瘤、脑血管病、呼吸系统疾病。

区属公立医院同步执行首轮医疗服务价格调整政策，调整项目528项，其中调低124项（不含中药饮片）、调高404项。基层医疗单位“六门诊、二中心”星级创建100%，全区20家基层医疗机构延伸下设社区卫生服务站和村卫生室195个，其中社区卫生服务站103个、村卫生室92个。至年底，星级服务站创建率98.06%，规范化村卫生室创建率100%。

全区年门急诊1246.78万人次，基层医疗机构和区级医院分别占65.40%和34.60%；出院16.65万人次，基层医疗机构和区级医院分别占6.13%和93.87%，初步实现“小病在社区，大病到医院”的目标。在建成十四大医疗质控平台的基础上，新建透析、体检2个区域质控平台，并加强对民营医疗机构的质控管理，建立起横向到边、纵向到底的质控管理网络。加快推进临床路径管理，二级以上医院临床路径开展率在58%以上，基本实现医院临床路径管理全覆盖。鄞州人民医院高分通过JCI复评。继续深入推进优质护理服务，二级以上医院优质护理服务实现全覆盖。鄞州区第三医院四叶草圈获第六届全国医院品管圈大赛一等奖，系全省唯一。

智慧结算医疗服务实现区域全覆盖，高峰期门诊排队时间由8.33分钟缩短至5分钟，门诊智慧结算率77.63%，病房智慧结算率45.54%，检查智慧率100%。统一公立医疗机构和基层医疗机构251种慢性病用药目录，部分医疗机构为患者提供中药代煎配送服务。完成智慧健康示范推广项目（一期）招标，推动区域综合监管服务平台、医疗风险预警监测平台、疾病诊断相关分类管理平台建设，并启动国家互联互通区域成熟度测评五级乙等创建申报，在国家项目汇报会上获得第一。启动第二阶段“云医院”试点工作，利用“云医院”平台重点推进家庭医生网上签约、互联网医保在线支付、偏远地区远程医疗服务三项试点，在全市率先实现互联网线上医保结算及线下药品配送。“互联网+医疗健康”模式在全省基层医疗机构院长高峰研讨会上作典型交流。

组织高层次人才招聘5批次，招录博士5人、硕士47人。全区公立医疗机构有博士33人、硕士550人，正高348人、副高964人，高级职称人才占比18.86%。有国务院特殊津贴、省市重点学科带头人、省市名（中）医和国家、省、市突出贡献人员等各类高层次人才近40人，入选省“151”人才工程第二层次1人、第三层次7人，推荐浙江省151人才工程2人，入选市领军和拔尖人才培养工程第一层次4人、第二层次7人、第三层次11人。鄞州人民医院陆勤康获享国务院特殊津贴荣誉（2018年鄞州区仅2人）。科研立项91项，发表论文561篇，其中SCI高水平论文50篇、一类期刊论文99篇。宁波明州医院、宁波市第六医院作为合作单位完成的“严重脊柱创伤修复关键技术的创新与推广”获国家科技进步二等奖。鄞州人民医院眼底病的新突变基因检测技术项目获浙江省科技进步奖三等奖。

【美国霍普金斯大学医学院胃肠动力实验室与鄞州区咸祥中心卫生院建立人才培养合作项目】 2018年9月，美国霍普金斯大学医学院胃肠动力实验室与鄞州区咸祥中心卫生院建立人才培养合作项目签约。咸祥中心卫生院、美国霍普金斯大学医学院胃肠动力实验室、咸祥镇政府签订三方合作协议，主要内容包括：咸祥镇卫生院与霍普金斯大学医学院胃肠动力实验室开展学术交流、培训活动；陈建德团队每半月开展一次网络视频专业学术交流、授课；组织咸祥医生到国内顶级医院和美国实验室进修学习；由陈建德聘请国内外胃肠病学知名专家到咸祥中心卫生院坐诊、会诊或做技术指导；在条件成熟的情况下，成立陈建德专家工作室。咸祥中心卫生院组建一支由9名医生组成的团体，筹建中西医结合治胃肠病专科。陈建德，咸祥镇横山村人，高考恢复后第一届大学生，因成绩优异被派往国外进修，先后“牵手”北京协和医院等40家医院，培养中国学生80人。

【第二届浙东骨科高峰论坛】 2018年11月30日至12月2日，第二届浙东骨科高峰论坛在宁波泛太平洋大酒店举办，宁波市卫生计生委党委书记、主任张南芬，鄞州区副区长卜明长等出席并致辞。本届论坛由中华创伤杂志、中华显微外科杂志、宁波市医学会、宁波市第六医院主办，国家卫计委能力建设和继续教育中心骨外科学专业委员会指导举办，设六个专业分论坛，探讨手显微外科、脊柱外科、关节外科、创伤骨科、骨质疏松、麻醉与镇痛等方面的新技术、新进展。中国工程院院士顾玉东、上海中医药大学校长徐建光、国际骨科内固定学会（AO\ASIF）亚太主席王满宜、中山大学附属第一医院骨科–显微外科医学部主任顾立强、北京积水潭医院手外科副主任田文、大连大学附属中山医院院长赵德伟、北京积水潭医院田文教授、上海华山医院教授陈德松、印尼整形外科学会创始人Teddy prasetyono、天津医院教授万春友、济南市第三人民医院教授刘华水、南京大学医学院附属鼓楼医院教授林华、四川省骨科医院教授向明、《中华创伤杂志》编辑部教授刘国栋、兰州大学附属第二医院教授汪玉良、北京积水潭医院教授李静、北京航空航天大学教授张敏等50余名国内外骨科专业领域学术巨擘和资深人士出席大会，进行130余个专题演讲。论坛举办期间共有省内外500余名从事骨科及相关专业的专家和学员参加。

【2018年宁波市医学会泌尿外科分会学术年会在鄞州区第二医院举行】 2018年8月4—5日，2018年宁波市医学会泌尿外科分会学术年会在鄞州区举行。该活动由鄞州区第二医院承办，参会人数300余人。首日议程为年会论文交流及手术视频展演，在前期投稿的41篇论文和33个手术视频中，挑选16篇论文及21个手术视频，由作者依次上台交流，交流内容涵盖泌尿外科各个亚专业。宁波市第一医院贾晓龙的《腹腔镜前列腺癌根治术中同期修补腹股沟疝的初步经验》、鄞州区第二医院周酉枫的《经皮肾镜技术在治疗肾囊肿合并肾结石中的应用》、宁波市第二医院芮欣的《PD-L1对尿路上皮癌患者使用免疫检查点抑制剂（PD-1/PD-L1抑制剂）的评价》等10篇论文获优秀论文奖，鄞州区第二医院祁洪刚的《腹腔镜左肾静脉移位治疗胡桃夹综合征》、宁波大学附属医院侯列军的《完全保留12点黏膜的HOLEP手术》及宁波市第一医院严泽军的《腹腔镜下肾门部肿瘤切除术》等10个手术视频获得优秀视频奖。8月5日，鄞州区第二医院院长翁国斌、宁波市泌尿外科分会主任委员程跃、宁波市医学会秘书长胡锡浩及浙江省泌尿外科分会主任委员谢立平分别致辞，现场还举行“宁波市鄞州区第二医院绿激光临床培训中心”揭牌仪式。专题讲座分为“创新”“共享”“合作”三个篇章，浙江省泌尿外科分会主任委员谢立平、浙江省人民医院张大宏和浙江大学医学院附属第一医院汪朔等全国知名专家分别为大家分享“前列腺增生微创治疗进展”“膀胱癌诊治的创新与思考”“机器人辅助下全膀胱切除+原位新膀胱”等学科最新进展，以及“腹腔镜根治性全膀胱切除+尿流改道鄞州二院经验分享”“腹腔镜肾门部肾癌的肾部分切除术”“如何提高经皮肾镜治疗肾下盏结石的地位”“如何提高尿失禁手术成功率”等经验，更有晚期前列腺癌的多学科精彩病例讨论。同时，还在护理分会场举办第三届宁波市泌尿外科护理论坛。

【区阳光慈善血液净化扶助中心成立】 2018年11月7日，鄞州区阳光慈善血液净化扶助中心在鄞州区第二医院举行成立仪式，区慈善总会会长陈振国、常务副会长杨亚飞、副会长马伟平，以及区卫生计生局局长水黎明、鄞州区第二医院院长翁国斌等出席中心成立仪式。该中心配置血液净化透析仪器11台，由区慈善总会牵手爱心企业宁波好阳光集团有限公司成立，用于帮扶鄞州区贫困血透患者。同时，“血透110，透出生命新希望”救助项目也正式启动。区慈善总会把帮扶鄞州区贫困血透患者的项目编入慈善救助项目库，宁波好阳光集团股份有限公司认领后，划拨150万元专项资金，用于购置血液净化透析设备，同时启动“血透110，透出生命新希望”救助项目，对鄞州区内符合条件的救助对象提供一年110次免费血透扶助。

【宁波市第三届肠癌规范化治疗高峰论坛暨浙江省肠癌规范化巡讲会议在鄞州区举行】 2018年7月7日，宁波市第三届肠癌规范化治疗论坛暨浙江省肠癌规范化巡讲会议在宁波喜来登酒店召开。本次会议由中国临床肿瘤协会、省抗癌协会、省数理医学会、省肿瘤医院主办，鄞州人民医院承办，来自省内外胃肠道肿瘤专家学者代表200余人参加大会。鄞州人民医院胃肠外科主任孙伟亮主持会议，省肿瘤医院腹部大外科主任李德川在会上致辞。会议邀请多位国内大肠癌研究领域著名专家进行专题演讲，围绕“从弱强侧入手TME法掌握腹腔镜右半侧结肠癌根治术，腹腔镜下超低位经肛外翻拖出式直肠癌根治术，腹腔镜低位直肠癌侧方淋巴结的清扫”等议题进行探讨交流，并就“腔镜肠癌术中并发症管理，结肠癌腔镜术中注意事项”等热点议题展开分享与报道。此次会议上还举行手术演示等。

【宁波市第三届国际胃癌青年论坛暨第二届（宁波）中美神经胃肠动力高峰论坛在鄞州区召开】 2018年9月7—9日，宁波市第三届国际胃癌青年论坛暨第二届（宁波）中美神经胃肠动力高峰论坛在宁波喜来登酒店召开。大会由宁波市医学会主办，鄞州人民医院承办。美国霍普金斯大学教授陈建德、日本国立癌症研究中心教授海藤章郎等国外胃癌及胃肠动力领域顶级专家，程向东、方文良、王凯旋、邬颖杰、许丰、戴宁等国内学术名师，以及来自全国各地的近300位代表参会。外科单元，日本教授海藤章郎主要介绍日本胃癌腔镜治疗现状及进展，台湾教授方文良介绍台湾胃癌术后消化道重建的经验，医学教授邬颖杰介绍腹腔镜下胃癌淋巴结清扫体会；内科单元，美国教授陈建德从自身的经历出发介绍如何变成一个优秀的医师，鄞州人民医院教授许丰介绍胃粘膜肿瘤内镜治疗的破与不破，在内镜治疗胃粘膜肿瘤的个人经验。

【区医疗风险智能分析实时监管云平台上线运行】 2018年9月5日，鄞州区医疗风险智能分析实时监管云平台（一期）区域内全面推行。该平台涵盖医院端医疗投诉纠纷调解处理平台、医疗安全（不良）事件管理平台及基于两平台的区卫生计生局中心端医疗风险智能分析实时监管云平台。云平台以辖区内31家公立医疗机构和宁波明州医院医疗投诉纠纷、医疗（不良）安全数据为基础，实现对鄞州区医疗安全风险的实时监管及区域协同管理。作为国内医疗纠纷首个“宁波解法”的信息化管理平台，通过规范医疗纠纷处理流程，实现鄞州区区域内协同调解处理医疗纠纷，有利于提高医疗纠纷的调解、处理、预防能力。能实时监测辖区内医疗机构医疗纠纷的调查、调解、结案、分析、整改等情况，以及医疗安全（不良）事件发生的事前、事中、事后全过程，并通过大数据智能分析区域内各医疗机构各环节发现的医疗问题和风险，及时发布预警，制定相应的预防措施和流程，通过信息化手段实现医疗安全（不良）事件事前预防、事中监控、事后整改的全过程管理。至年底，平台处理医疗纠纷1068起，不良事件3079起。

【移动医疗服务车启用】 2018年9月21日，鄞州区移动医疗服务车开进姜山镇沈风水村，为百姓提供便捷的基本医疗卫生服务。移动医疗服务车具备门诊、药房、辅助检查等各项功能。车上配备心电图、超声、生化检测、DR、C反应蛋白检测、眼底镜检查等服务。此外，还配备移动刷卡报销设备，村民就诊、买药都能刷医保卡实时报销结算。在开展诊疗的同时，医务人员进行健康宣教。移动医疗服务车针对全区54个有需求的点开展送医上门服务。至年底，移动医疗服务车进村38次，进企业1次，提供诊疗服务1237人次，心电超声检查321人次，检验289人次。

【蔡秀军专家工作站成立】 2018年11月23日，蔡秀军专家工作站揭牌仪式在鄞州人民医院门诊4楼学术报告厅举行。浙江大学附属邵逸夫医院院长蔡秀军、区政协主席郑坤法、副区长卜明长、区卫生计生局局长水黎明、鄞州人民医院院长陆勤康出席仪式并致辞，来自其他医院领导、中层干部100余人参加。蔡秀军是浙江省首批“特级专家”之一、卫生部“有突出贡献”中青年专家，入选教育部“长江学者”特聘教授，在全国普通外科和微创外科领域拥有较高学术地位，领衔的肝胆胰外科团队以“微创”为主导，10余项微创技术处于国内领先水平，多项微创手术填补国内空白。蔡秀军院士专家工作站建立后，双方在肝胆胰外科疾病微创诊疗、临床技术创新研究等方面开展合作，提高医院医疗技术水平，促进区域肝胆胰外科诊疗水平提升。

（周银环）

2018年9月21日，鄞州区移动医疗服务车开进姜山镇沈风水村

公共卫生

【概况】 2018年，区卫生计生局推动部门联动，区域3起突发公共卫生事件及62起传染病聚集性疫情得到有效处置。结核、艾滋病等重大传染病防控得力，慢性病综合防控扎实开展，严重精神障碍患者的救助和管控切实加强。开发全国首个健康云地图，合作成立北京大学首个健康医疗大数据研究中心，区域健康大数据应用作为唯一县（市、区）级单位在全国疾控中心主任工作会议上作典型交流。全区4个镇被列入小城镇环境综合整治第二批达标乡镇，其中姜山镇和横溪镇获评省级“样板镇”，实现省卫生镇全覆盖。

实施“两癌”（宫颈癌和乳腺癌）筛查、孕前优生检查、出生缺陷综合防治3大基本项目，“两癌”筛查1.61万人，超额完成任务（1.50万人），孕前优生检查率92.37%，出生缺陷综合防治率96.57%。启动“绝经期妇女免费取出宫内节育器”“人工流产后避孕”“产后关爱”三大项目，进一步关爱妇女健康。推动公共场所母婴设施建设，全区公共场所母婴室62个，配置率87%。开展家院互融医疗服务项目，白鹤、明楼两家中心开展医养结合工作，明楼建立全市首个社区临终关怀（安宁疗护）中心。推进医养结合工作开展，实现90%以上的养老机构为入住老年人提供医疗卫生服务、90%以上的医疗机构开设为老年人就医便利服务的绿色通道，鄞州区65岁以上老年人健康管理率69%。

推进“最多跑一次”改革，57个行政权力项目全部实现“最多跑一次”，其中“公共场所卫生许可复核”子项实现“跑零次”，居民办事时间大幅缩短。深化综合监管，重拳打击非法行医和“两非”行为，共查处各类非法行医行为39起，移送5起，罚款金额18万元，没收违法所得17.11万元，没收药品药械27户，涉案金额共计8.32万元。加强医疗机构不良执业行为监管，对违反相关规定医疗机构实施不良执业行为记分处理，全年记分38分。

【血液管理】 2018年，鄞州区有11764人献血，捐献全血16831单位（其中应急210单位），比上年增长4.93%，300毫升以上7733人，比例为65.73%，共有1435人捐献采血小板1750治疗单位。全区无偿献血以团体组织为主，街头自愿无偿献血人数比例还不高。街头献血屋献血者3161人，捐血5235单位，占献血量的31.11%（其中万达献血屋2152人3660单位，江东献血屋1009人1575单位），各镇（街道）3254人成功献血4454单位，300毫升以上比例为55%，占鄞州区献血量的26.55%。高校4066人累计捐血5428单位，占鄞州区捐献量的32.25%，其他机关事业单位和企业1154人捐献1675单位，占鄞州区献血量的9.95%，卫计系统单912人1194单位（其中应急185人249单位）占鄞州区献血量的7%。鄞州万达献血屋被中国输血协会评为2018年全国最美献血点。

【《热血无价·宁波红色力量献血队采访录》出版】 2018年6月12日，《热血无价·宁波红色力量献血队采访录》出版座谈会在市卫生和计划生育委员会会议室举行。市卫生和计划生育局、市红十字会、市慈善总会、市献血办等相关领导出席座谈会。座谈会还邀请书中故事的主人公宁波红色力量服务队代表、宁波市图书馆、天一阁博物馆、鄞州图书馆以及鄞州区人民医院等15家单位的相关代表40余人参加。座谈会上，该书主编杜建海谈创作感悟和体会，红色力量队长郑世明谈无偿献血公益感想，举行向宁波市图书馆等社会各界代表赠书仪式，并为主创人员颁发感谢状。《热血无价·宁波红色力量献血队采访录》根据宁波市红色力量服务队真人事迹采访编写，通过书中41名“生命工程”缔造者的采访录，展现现代民间社会组织发展的实证案例，弘扬市民无私奉献精神，普及无偿献血知识，唤起人们对无偿献血事业的关注和对无偿献血者的敬意。

【预防接种服务实现“无纸化”】 2018年6月，鄞州区加强基层免疫接种数字化门诊建设，对鄞州区20家街道社区卫生服务中心和乡镇卫生院预防接种门诊重点进行优化提升，区域20家预防接种门诊全部实现“无纸化”预约、签核、付费接种。依托“三次叫号系统”“电子签核系统”和“金苗宝”App等卫生信息化模块，儿童家长可在家中利用手机App或电脑预约接种时间和时段，并完成疫苗选择、费用支付、告知书签核等流程。同时，在约定疫苗接种日，家长也可直接到接种门诊当面支付、电子签名或指纹签核。预防接种服务的“无纸化”有效缓解预防接种排队难等问题，并将儿童接种时间缩短在40分钟以内，预防接种服务正式迈入全程预检登记“无纸化”、录入操作便利化、支付方式多样化。至年底，近2万人使用“无纸化”预防接种。

【鄞州区健康云地图发布】 2018年7月19日，全国首个健康云地图在鄞州区疾控中心微信公众号“鄞州疾控”上线运行。鄞州区健康云地图利用大数据平台，推出综合、立体、交互式健康服务。健康地图分为健康活动、健康细胞、检测中心、便民服务、特色项目五大类40小类，基本涵盖鄞州区所有的健康相关场所。居民通过地图，可以快速发现自己身边的健康场所。“便民服务”和“检测中心”栏目里有23个子栏目，将自助体检点、儿童疫苗接种、成人疫苗接种、心理咨询门诊、犬伤门诊、HIV抗体检测、HIV唾液自助检测、结核门诊、VCT门诊、签约门诊、戒烟门诊、检验中心、职业病体检、办健康证、远程诊疗、康复机构、义务献血、健身场所、避孕套点、养老机构、医疗机构、社区医疗、药房药店

世纪东方商业广场内的母婴室

等分散的健康信息进行汇总，提供一站式健康相关服务。至年底，鄞州区健康云地图使用4100余人次。

【鄞州万达献血屋获评2018年全国最美献血点】 2018年11月8日，由中国输血协会主办、献血服务专业委员会承办的“2018全国最美献血点”活动揭晓，鄞州万达献血屋名列榜单。万达献血屋位于鄞州万达广场7号门外下沉式地面广场，献血屋建筑面积90平方米，2014年6月建成并对外开放，逐步成为鄞州区爱心市民捐献热血和志愿服务的爱心基地。献血屋成立后，6835人成功捐献全血11149单位（1单位为200毫升）。万达献血屋血液质量管理实现宁波市中心血站一体化管理，血液冷链运输和医疗物资由中心血站统一配送；献血屋医护人员职责清晰，工作制度和流程完善，并为献血志愿者提供良好的献血环境和人文服务。

（周银环）

生育健康服务

【概况】 2018年，鄞州区新增计划生育奖扶人员37241人，奖扶满6000元后退出人员7049人，为61116人发放奖扶金7334万元。组织新奖扶政策专题会议和解读培训，并组建督导员队伍，保障计生新奖扶政策稳定实施。开展特殊计生对象帮扶工作，为1557人发放帮扶资金1272万元，对失独伤残家庭开展免费家庭医生签约服务，发放帮扶卡1700余份。加强出生人口性别比治理和出生人口监测，2018年共出生5862人，较上年减少1583人。利用信息化实现生育登记“零跑腿”，完成生育登记6128对、再生育审批121对。重点实施人口家庭“12356”、新市民优质服务促进、阳光计生三大类项目，提升流动人口基本公共卫生计生服务均等化水平。鄞州区培育的全市首家专门服务于失独家庭的民办非营利性组织“小棉袄”社区服务社创建为中国计划生育协会“暖心家园”项目点。2个选送节目在省计划生育协会举办的全省青春健康舞台剧大赛上分获一等奖和三等奖。

【公共场所母婴设施建设】 2018年4月，鄞州区印发《关于加强母婴设施建设的实施意见》，通过召开部门协调会议，下发医疗单位母婴设施建设通知，新建、改建、扩建等方式，推进在车站、机场、高铁、公立医院、大型商场、风景区及有条件的单位等公共场所建设母婴设施，为妇女提供安全、私密、舒适的哺乳场所。全区应建公共场所母婴室71个，实建62个。全年公共场所母婴设施新建及整改11个，在建10个，公共场所母婴设施配置率87%。

【“小棉袄社区服务社”入选中国计划生育协会“暖心家园”项目点】 2018年12月，鄞州区计划生育协会“小棉袄社区服务社”入选中国计划生育协会“暖心家园”项目点。“小棉袄暖心家园”通过儿女式志愿服务和集体联谊活动，为周边9个街道232户失独家庭提供温馨、固定的活动场所。完成“走出来”——从心介入，消解项目对象无助出离的精神状态；“暖起来”——生活帮扶，改善项目对象无人问津的生活状态；“亮开来”——阳光社交，保持项目对象开放的心理状态三大目标。并以该项目为抓手，带动当地失独家庭帮扶工作全面开展，建立帮扶工作精神慰藉、走访慰问、志愿服务和保险保障等制度。至年底，为29户家庭提供相关服务4000次。

【“把健康带回家”流动人口卫生计生关怀关爱活动】 2018年2月2日，鄞州区在潘火街道和钟公庙街道举行两场“把健康带回家”流动人口卫生计生关怀关爱大型活动。此次选取流动人口较为集中的潘火启发工业城和鄞州万达广场作为启动仪式的举办地，旨在通过把健康送进企业、带入广场，实现让流动人口在春节期间将“健康身体、健康知识、健康用品”带回家（家庭、家乡）。10余名医护人员参加义诊活动，为现场流动人口提供血压、血糖检测服务；外来务工人员参与关于慢病管理常识的知识竞答、跳绳、踢毽子、吃饺子等环节，不仅在欢乐中把健康常识带给外来务工人员，也让他们体验健康的生活方式，有300余名流动人口参与两场活动，接受义诊100余人。

（周银环）

红十字会工作

【概况】 2018年，鄞州区有红十字会基层组织441个，镇（街道）和村（社区）建会率100%。有个人会员47330人，其中学校会员31442人（包括成人和红十字青少年）、红十字志愿者1268人。

区红十字会修订完善自然灾害应急预案，完成备灾救灾物资库搬迁，充实完善备灾救灾物资的结构和数量，采购抛投器、锂电木锯、抽水泵、套装应急包等价值12万元的救灾物资。加强对基层红会救灾物资支持，向百丈、福明、东胜、东郊、东柳、白鹤、明楼7个街道和6个市级博爱家园项目点发放备灾物资9.50万元。

全年募集社会资金295.11万元，支出440.02万元，救助1万余人次。开展东西部扶贫工作，向和龙、延吉援助人道救助金50万元，物资32.60万元。推进救护培训“进学校、进机关、进村（社）、进企业、进军营”五进活动，举办红十字救护员培训班120场，培训救护员5030人，累计培训39332人，占户籍人口的5.20%，普及培训3万余人次。新增4台AED，布放在下应街道天宫社区、中河街道彩虹社区、东胜社区居家养老中心和宋诏桥中学。

新增造血干细胞志愿者126人，累计1498人，成功实现造血干细胞捐献2例，累计10例；新增器官捐献志愿者36人，累计392人，实现器官捐献12例，累计65例；新增角膜捐献志愿者50人，累计295人，实现角膜捐献13例（其中单捐角膜2例），累计82

例；新增遗体捐献志愿者29人，累计264人，捐献2例，累计21例。

加强与“一报一台”和电影公司合作，在路牌、公交候车亭和公交车车体开展公益广告宣传。利用清明节祭奠缅怀、“5·8”世界红十字日、“5·12”防灾减灾日、世界急救日、“10·17”全国扶贫日等活动，传播红十字文化。开展“我是红十字人”主题宣誓、新会员入会仪式、主题黑板报评选、红十字知识书画展以及“我与红十字的故事”征文等活动，传播人道理念。

【红十字会人道救助】 2018年，区红十字会发放人道救助款物444.94万元。依据《博爱新生基金管理规则》，向1名白血病学生发放人道救助金3万元；依据《博爱新生基金管理规则》，向12例器官捐献者家属、2例遗体捐献者家属和1例角膜捐献者家属以及2例造血干细胞捐献者发放人道救助金26.40万元；依据《博爱暖心基金管理规则》，向19户失独困难家庭发放人道救助金共21万元。依据《博爱红丝带基金管理规则》，向8名艾滋病人或病毒携带者家庭困难发放人道救助金4万元；依据《区红十字会社会救助规则》，向18户遭遇火灾村民发放人道救助金10.30万元；依据《鄞州区疾病应急救助实施办法》，通过医疗机构为5名无力支付相应医疗费用患者救助11.50万元。六一国际儿童节期间，向7所民工子弟学校4489名学生发放价值34万元的慰问物资。

【“鄞州民建同心·新生基金”启用】 2018年1月1日，“鄞州民建同心·新生基金”正式启用。该基金由民建鄞州区基层委员会和区红十字会联合设立，专门用于慰问辖区内器官捐献者家属，基金来源由民建鄞州区基层委员会捐赠。按照基金规则规定，“鄞州民建同心·新生基金”对辖区发生的每一例器官捐献者家属发放慰问金1万元。至年底，民建鄞州区基层委员会向“鄞州民建同心·新生基金”捐赠定向资金13万元，发放慰问金12万元。

2018年5月8日，宁波市纪念第71个“5·8”世界红十字日广场活动在鄞州万达广场举行

【“红十字博爱送万家”活动】 2018年，鄞州区“红十字博爱送万家”活动覆盖21个镇（街道），其中区红十字会安排人道救助金79.24万元（含35万元博爱心灵基金），物资价值4.73万元，慰问21个镇（街道）795户困难家庭。镇（街道）红十字会依托本级“红十字博爱救助金”开展博爱送万家活动，春节期间，慰问困难家庭2000余户。

【“红十字博爱周”活动】 2018年5月8日，宁波市“纪念第71个‘5·8’世界红十字日”广场活动在鄞州万达广场举行。该活动由市红十字会主办、区红十字会承办，300余名市民参与活动。博爱周持续到5月15日，其间，鄞州区红十字会系统普遍开展以人道传播、救护培训、健康咨询、志愿服务等具有红十字特色的纪念活动。据统计，鄞州区红十字系统开展各类活动40余场，参与人数8000余人次。

【春城社区获评全国最美志愿服务社区】 2018年4月2日，全国学雷锋志愿服务工作推进会对获评2017年全国宣传推选学雷锋志愿服务“四个100”先进典型表彰颁奖，鄞州区中河街道春城社区获评全国最美志愿服务社区。春城社区坚持把学雷锋志愿服务与创新社区治理结合，通过打造红十字“博爱家园”、设立红十字博爱救助金、建设红十字文化主题园区和提供特色便民服务等活动，依托“博爱之家”和爱心传递、8090、健康加分、快意人生4支志愿服务队，组织志愿服务300余次，受益居民4500余人次，培训红十字救护员97人，普及培训1000余人次。

（程　怡）

人力资源和社会保障

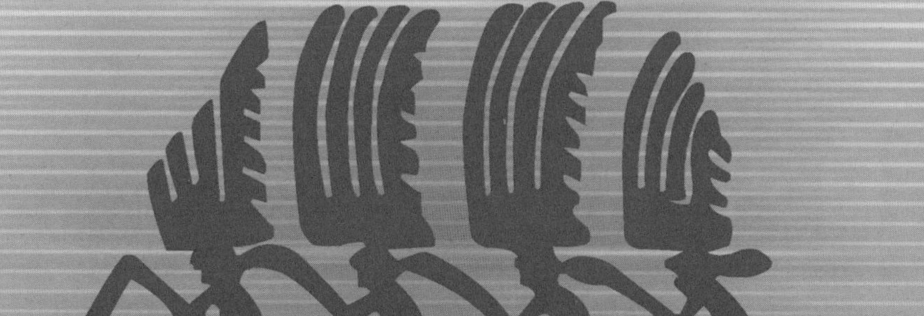

人事工作

人才工作

劳动就业

劳动监察

社会保障

鄞州年鉴

2019 YINZHOU YEARBOOK

人事工作

【概况】 2018年，全区各级机关单位共推出公务员招考指标105人，其中区级机关（含参公单位）97人，乡镇机关8人。报名4251人次，资格审核通过3771人，进入面试270人，最终录用104人。

开展2017年度科级以下人员个体年度考核，全区年度记三等功和嘉奖公务员563人，其中三等功112人、嘉奖451人。落实“公务员学法用法三年轮训行动”，组织3个批次公务员参加专题学法用法培训，参加人数1791人。

开展区级单位和镇（街道）事业招考，共推出招聘指标72人，报名人数6200人，录用70人。组织开展面向2019届优秀高校毕业生选聘高层次紧缺人才活动，推出招聘指标30人，录用28人。教育系统招聘3批次，推出招聘指标138人，报名人数3716人，录用138人；卫生系统招聘8批次，推出招聘指标234人，报名人数1643人，录用234人。

落实新编外用工管理办法，做好编外用工招考和备案等相关工作，完成编外用工备案149家单位，涉及8791人次。组织编外用工招聘21批次，推出指标165人，录用144人。

【2018年浙江省公务员招录】 2018年1月6日，浙江省2018年度招录公务员笔试举行。该次鄞州区招录105人，前期有5378人次报名，经审核通过并缴费确认考生3771人。鄞州区负责考点1个，设在鄞州职业教育中心学校（高教园区南区学府路5号）；市区考点1个，设在浙江万里学院；安排考场70个、考生2097人，其余考生由宁波市负责安排。

【2018年鄞州区事业单位招聘】 2018年9月15日，鄞州区2018年度事业单位公开招聘笔试举行。该次笔试共设4个考点，分别是鄞州区宋诏桥小学、宋诏桥中学、堇山小学和鄞州实验中学；招录事业编制工作人员17人，其中，鄞州区城市管理局下属事业单位招录12人，鄞州区不动产登记服务中心招录3人，鄞州区机关后勤服务中心招录2人。列入招聘的有市政设施养护、权籍调查、会计等13个职位，吸引5282名考生报名，经资格审核通过的考生5073人。其中，2个专业不限的窗口审核员和垃圾分类督导职位报考比例分别为1375:1和1297:1。

（董自龙）

人才工作

【概况】 2018年，全区人才总量37.80万人，新增国家、省重点计划人才项目16个，其中新增入选国家重点计划人才5人、市级以上各级计划人才（团队）达到93人（个）。宁波市第六医院主任医师胡勇入选省“151”第一层次。市级以上重点计划人才项目、博士后工作站、海外工程师等重点指标总量均居全市第一位。

推出人才新政22条，举办2018年鄞州人才科技智创周，吸引海内外人才400余人，落户项目24个。新增省级博士后工作站3家，总量居全市首位，在中物科技园建立1家园区类博士后工作站。成立鄞州区“大师联盟”，新建5家区级技能大师工作室。开展第二届企业实用人才评选，新评出“鄞州金匠”“鄞州银匠”各30人，毛瑞定和陈明伟入选“浙江工匠”。

举办第二届国际人才甄选洽谈会，为33家重点企业定向邀约350余名国际化人才到场洽谈，其中外籍人才70人。浙江（宁波）人力资源服务产业园实现税收1.60亿元，比上年增长33%。人力资源机构为辖区骨干企业引进各类高管和技术人才171人，全区猎头机构为全市引进年薪30—50万元人才620人，50万元以上人才56人。

【《宁波市鄞州区人力资源服务产业三年行动计划（2018—2020年）》发布】 2018年5月22日，鄞州区在全省率先发布《宁波市鄞州区人力资源服务产业三年行动计划（2018—2020年）》（以下简称《行动计划》），就当前和今后一个时期促进全区人力资源服务业发展工作进行部署。《行动计划》以实现充分就业和优化配置人力资源、推动鄞州区实现高质量发展提供优质高效的人力资源服务保障为出发点，按照区域经济发展的具体要求，结合人力资源服务业的发展现状，确立产业引导、市场主导、创新驱动、集聚发展、开放合作5个原则，力争到2020年，鄞州区初步实现人力资源服务业现代化、国际化、品质化和均衡化发展，把鄞州区建成浙江省、长三角乃至全国人力资源服务产业发展高地。根据《行动计划》，至2020年，全区人力资源服务产业规模100亿元，培育1—2家上市人力资源公司和10家以上在全省具有示范引领作用的骨干机构；年服务就业创业突破100万人次，服务企业规模突破10万家次。人力资源服务业在人力资源配置中贡献率超80%，在人才配置贡献率所占比重超50%；人力资源服务业高层次人才比例达从业人数15%以上，三年以上行业从业人员取得从业资格人数达80%以上。《行动计划》明晰鄞州人力资源服务业发展的重点方向和领域，将根据行业发展的目标任务，结合“宁波城南智创大走廊”，实施“国家级产业园区创建计划”“人才经济生态圈打造计划”“骨干人才储备梯队计划”“行业服务提质计划”“智慧园区培育孵化计划”“产业品牌提升塑造计划”“诚信营商体系再造计划”7个行动计划。

【《关于进一步激发人才创业创新活力加快建设国内一流人才强区的若干意见》实施】 2018年4月19日，鄞州区印发《关于进一步激发人才创业创新活力加快建设国内一流人才强区的若干意见》，主要内容包括延揽高精尖人才、培育本土骨干人才、完善双创生态、打造高端引才平台、完善管理服务机制、加强发展保障六大领域22条，明确对具有世界影响力，能引领鄞州区产业发展、生产重大效益的团队，给予最高1亿元的资助。该意见提出全力打造“宁波城南智创大走廊”，构建“一廊三园三谷多点”空间布局，加大千人产业园、鄞南智造园、人力资源产业园、东部金融谷、大学科创谷和南商创意谷以及企业创新平台等事业型平台的建设力度，以加快人才发展平台建设，发挥虹吸效应形成强大磁场。

【2018年鄞州人才科技智创周】（参见“中共宁波市鄞州区委员会”类目“组织工作”分目）

【区第二届国际人才甄选洽谈会】2018年6月23日，鄞州区第二届国际化人才甄选洽谈会在宁波开元名都大酒店举行。洽谈会由区人力社保局、区侨办、市人才服务中心联合主办，卓联（宁波）企业管理咨询有限公司和宁波沐兰信息科技有限公司承办，宁波市侨商会协办。博威集团有限公司、宁波韵升股份有限公司、日月重工股份有限公司等33家重点企业推出海外技术支持、架构师、外贸业务主管等中高端涉外岗位150余个，年薪10万元起，最高100万元。该洽谈会吸引国际化人才到场洽谈350余人，其中外籍人才70人。33家企业收到简历400余份，初步面试后邀约洽谈100余人。

【省级博士后工作站建设】2018年，鄞州区新增3家省级博士后工作站，分别为宁波中物光电科技企业孵化器、宁波中科远东催化工程技术有限公司和宁波华盛汽车部件有限公司。宁波中物光电科技企业孵化器以浙江中物九鼎科技孵化器有限公司为运营主体，是中国工程物理研究院第一个异地军民融合技术转移基地，由浙江中物九鼎全资子公司宁波中物置业有限公司建设。至年底，园区入驻企业96家，其中在孵企业64家，光电信息企业占比近80%；加速企业13家，在孵企业总收入规模10亿元，加速企业收入规模2亿元；在孵企业获市、区“千人计划”资助项目23个，补助金额8100万元。宁波中科远东催化工程技术有限公司是一家集化工工艺包开发、化工装置节能技改、催化剂研制、新材料开发和科工贸一体化的国家级高新技术企业，2011年和中科院宁波材料所共建催化剂研发技术工程中心，主要从事合成气制乙二醇、煤焦油加氢催化剂、渣油加氢催化剂、焦炉煤气洁净高效一体化脱硫、水煤浆添加剂、合成气制乙醇等国内外前沿新技术新工艺及催化剂的研究和开发。宁波华盛汽车部件有限公司是专门从事重型卡车、豪华大客车、大型运输专用车、工程车、特种车辆的驾驶室系列、前轿转向系列、后轿系列、悬挂装置系列、齿轮箱系列、推力杆系列等系列汽车零部件产品的研发、设计、制造、销售的创新型高新技术企业，主要客户有陕重汽、中国重汽、汉德车轿、珠海广通、宇通客车、中通客车等，且连续10余年被陕重汽、中国重汽等客户单位评为优秀供应商；公司先后通过ISO/TS 16949：2009国际质量管理体系认证、ISO 14001：2004环境管理体系认证等管理体系认证。

（董自龙）

2018年6月23日，鄞州区第二届国际化人才甄选洽谈会举行

劳动就业

【概况】2018年，鄞州区实施失业保险城乡一体化政策，全区城镇新增就业人员4.12万人，失业人员实现再就业0.80万人，就业困难人员再就业2095人，发放各类就业补贴1.54亿元。推进高质量就业社区（村）建设，21个社区（村）获评市级高质量就业社区（村），6个社区推荐申报省级高质量就业社区（村）。推进大学生就业实践基地建设，新增区级基地22家、市级基地2家、市级示范基地2家，累计建立区级以上大学生就业实践基地105家，2018年参加实习大学生1532人，留用578人，留用率37.70%。组织247家企业参加市级就业实践校企合作大会，与209家省内外高等院校、中职院校和技工学校现场对接洽谈。

推进大学生农业创业园建设，入驻青年团队13个，下设乡镇分基地13个。通过组织承办中国（宁波）青年大学生创业大赛数字文化创意行业赛，引进大学生创业项目40个。全年新增创业实体2.40万家，创业带动就业8.40万人，帮扶大学生创业实体2658家，发放创业担保贷款6023万元、创业补贴1881万元。鄞州区大学生（青年）创业园成为国家级海峡两岸青年就业创业基地。

开展职业技能培训，全年培训技能人员4280人，职业资格鉴定4522人。举办市级、区级职业技能竞赛5

2018年10月17日，和龙市首批44名建档立卡人员启程到鄞州区就业

场，参赛选手600余人。举办市级技能之星茶艺师职业技能竞赛1场、市级汽车维修工职业技能竞赛1场、区级美发师职业技能竞赛1场、区级中式烹调师职业技能竞赛1场、区级育婴员职业技能竞赛1场。鄞创大学生创业园管理服务有限公司获评市级技能创业孵化园区，罗亚帝美容美发企业管理咨询有限公司获评市级技能创业孵化基地，宁波市鄞州职业教育中心学校获评宁波市区域性高技能人才公共实训基地。全年开展创业培训13期，培训人数657人。面向全区各类企业的经营管理者、人力资源管理者及相关行政后勤人员开展企业用工法规政策及实务操作培训班，培训230余人。

与吉林省延边州和龙市和延吉市两地开展劳动协作，提供就业岗位信息1000余条。44名建档立卡人员到鄞州区就业，帮助280名建档立卡贫困人员就近就地就业。选派42名专技人才到当地开展脱贫援助。

【"与鄞州同行，让梦想靠岸"主题招聘会】 2018年3月7日，鄞州区首场新春大型公益性招聘会在宁波市人力资源大厦举办，正式启动"春风行动"系列招聘会。该系列招聘会以"与鄞州同行，让梦想靠岸"为主题，招聘单位涉及金融、教育、医疗、房地产、通信、汽车等众多行业，提供营销、管理、技工（工程师）、文员、服务员及设计人员等众多岗位。两场大型招聘会汇集中哲集团、培罗成、欧琳厨具、斐戈集团、南苑酒店等近400家企业入场招聘，需求岗位人数8000余人，面向不同人群和不同求职需求提供年薪30万元的区域销售总监岗位、年薪15—30万元的厂长岗位、年薪15—25万元的总监理工程师岗位、年薪20—30万元的4S店总经理等各类主管（经理）、普通文员、技工（工程师）、服务员、实习生等岗位。两场招聘会有6200余人入场洽谈，约1500名求职者与企业达成初步意向。

【大学生就业实践基地建设】 2018年5月，鄞州区启动2018年大学生就业实践基地申报评选工作。经材料申报、审核、实地考察，有浙江至方建设有限公司、宁波新东方学校、浙江艺羽人力资源股份有限公司、今天建设有限公司、宁波港东南物流集团有限公司、斐戈集团股份有限公司、宁波市交通规划设计研究院有限公司、浙江鑫远生态建设集团有限公司、东睦新材料集团股份有限公司、宁波市城展建设工程有限公司、浙江新波宁建设有限公司11家申报单位成功创建为鄞州区大学生就业实践基地。11家企业具有一定规模，见习岗位覆盖面较广，有承担就业见习任务的能力和配套的见习管理制度，各方面条件符合见习基地创建要求，并已持续提供见习岗位接收毕业生开展实习（见习），且留用率较高。至年底，全区有就业实践基地91家，其中国家级实践基地1家、省级实践基地1家、市级示范实践基地5家、市级实践基地23家，每年可为毕业生提供近2000个就业实践岗位。

【2018中国宁波青年大学生创业大赛数字文化创意行业赛决赛在鄞州区举行】 2018年8月29日，由鄞州区人民政府承办的2018中国宁波青年大学生创业大赛数字文化创意行业赛决

2018年8月29日，2018中国宁波青年大学生创业大赛数字文化创意行业赛总决赛在鄞州区举行

赛在宁波南苑环球酒店举行。15个优质项目参赛，采取项目路演+评委互动点评的方式，对选手进行评选。晶核教育、链音传媒、Mosaic Artist、点对点科技、水知道5个项目获金奖，校内服饰定制、青椒云印、优趣突出、艾诺维健康科技、刃意科技5个项目获银奖，四分卫科技、大鲸科技、刀笔油画、维烈科技、锦书弹幕5个项目获铜奖。该行业赛7月开赛，分别在上海、苏州、哈尔滨、福州、西安5个中心城市开设分赛区，征集到5个城市373个项目，通过分赛决出优胜项目40个，并经过专家组综合评审，推荐15个优质项目进入大赛数字文化创意行业赛决赛。同时，40个优胜项目均落户鄞州。

【鄞州区大学生（青年）创业园成为国家级海峡两岸青年就业创业基地】 2018年9月12日，海峡两岸青年就业创业基地示范点授牌仪式在鄞州区举行。鄞州区大学生（青年）创业园被授予“国家级海峡两岸青年就业创业基地”称号，是宁波唯一一家入选单位。鄞州区大学生（青年）创业园成立于2005年，位于鄞州中心城区，紧接宁波南高教园区和南部商务区，毗邻政府行政职能带和商业综合体，是服务大学生（青年）创业就业的开放式综合性服务平台。创业园面积12万平方米，自创建起孵化企业810余家，培育成长企业500余家，每年举办各类创新创业活动200余场。园区主要引进新一代信息技术、集成电路、生物医药、文化创意、电子商务等产业的企业为两岸青年提供就业创业服务，基地建立后落户台籍企业14家，涵盖文旅、科技、电子等各领域。园区邀请宁波诺丁汉大学、宁波台商联谊会等单位，对接台湾青创总会、台中中青网络协会等台湾青年团体和台湾相关协会、中介机构、高等院校等，组成鄞州海峡两岸青年创业基地培育联盟，为到鄞州创业就业的台湾青年提供相关支持与服务。

【《2018年鄞州区人力资源调查报告》发布】 2018年11月27日，《2018年鄞州区人力资源调查报告》发布。该报告调查范围包括全区21个镇（街道）、356个村（社区、城镇居委会），以户籍地为依据（外来劳动力以居住地为准），对全区劳动年龄段内且有劳动能力的城乡劳动力（指鄞州区户籍的城镇劳动力、农村劳动力）和外来劳动力（指户籍在宁波大市行政区域以外的劳动力）的基本信息和就业、失业状态进行全面调查，集中分析劳动力资源基本情况和主要特点。报告显示，全区劳动力总量88.45万人，其中鄞州户籍劳动力36.52万人、外来劳动力51.93万人。受年初落户政策、部分产业结构调整等因素影响，劳动力总量较上年减少1.22万人，减少1.36%。受中心城区虹吸效应等因素影响，鄞州区户籍劳动力增加0.80万人。由于部分产业结构调整、拆迁导致租房成本增加等造成外来劳动力减少2万余人。鄞州区户籍适龄被征地身份人员80621人，被征地劳动力减少4.26%。三产从业人员占比逐年提高，全区产业结构由制造业为主转变成现代商贸、服务业为主，一、二、三产从业人数之比为1∶20∶24。其中，三产从业人员占比为53.32%，提升1.27百分点；当地劳动力从事三产的占比70.37%，外来劳动力占比40.48%；外来劳动力从事二产的占比55.36%。当地劳动力有技能占比45.46%，外来劳动力有技能占比26.80%；当地劳动力大专及以上占比40.38%，外来劳动力大专以上占比11.71%。鄞州区户籍城镇劳动力和农村劳动力分别占比65.33%和34.67%。城镇劳动力年龄在“4555”以下占比84.63%，高于农村的79.63%；城镇劳动力与农村劳动力男女比例分别为1.20∶1和1.44∶1；城镇劳动力大专以上人员占比52.87%、有技术特长人员占比59.58%，农村占比则分别为16.87%、18.86%。全区99.11%的劳动力实现充分就业，与上年基本持平。

【2018年度鄞州区大学生实训基地和技能大师工作室评选】 2018年4月28日，区人力社保局开展2018年度鄞州区大学生实训基地和技能大师工作室评选。区大学生实训基地有30家单位申报，区技能大师工作室有11家单位申报。6月26日，区人力社保局公布2018年度鄞州区大学生实训基地和技能大师工作室名单，利时集团股份有限公司、中冠工程管理咨询有限公司、美康生物科技股份有限公司、宁波市城展建设工程有限公司、宁波市化工研究设计院有限公司5家单位入选大学生实训基地。5家技能大师工作室分别是宁波轿辰集团股份有限公司承办的鄞州区景伟技能大师工作室、博格华纳汽车零部件（宁波）有限公司承办的鄞州区刘雁技能大师工作室、宁波甬上外婆桥餐饮管理有限公司承办的鄞州区潘永健技能大师工作室、宁波龙腾艺术品有限公司承办的鄞州区朱永红技能大师工作室和宁波万达国际旅行社有限公司承办的鄞州区吴杰超技能大师工作室。至年底，全区大学生实训基地和技能大师工作室总量分别为25家和30家。

【职业技能大赛】 2018年7月20日，区人力社保局、区总工会、区商务局联合举办2018年鄞州区美发师职业技能竞赛，比赛项目为美发师，等级中级，77名从业者参赛，黄建林获得竞赛第一名。8月18—19日，区人力社保局、区总工会联合举办2018年宁波市汽车维修工职业技能竞赛，比赛项目为汽车维修工，等级高级，56名从业者参赛，孙航雨获竞赛第一名。9月15—16日，区人力社保局举办2018年宁波市技能之星茶艺师职业技能竞赛，比赛项目为茶艺师，等级高级，86名从业人员参赛，陈盼盼获竞赛第一名。10月28日，区人力社保局、区总工会、区商务局联合举办2018年鄞州区中式烹调师职业技能竞赛，比赛项目为中式烹调师，等级中级，61名从业人员参赛，张建斌获竞赛第一名。11月4日，区人力社保局、区总工会联合举办2018年鄞州区育婴员职业技能竞赛，比赛项目为育婴员，等级中级，68名从业人员参赛，高雪亭获竞赛第一名。

（董自龙）

劳动监察

【概况】 2018年，鄞州区开展“无欠薪”县（市、区）创建工作。全年（即省市考核年度2017年10月1日至2018年9月30日）受理举报投诉、来信及上级督办案件547件，案件发生量比上年下降8.50%。开展专项行动6次，检查用人单位8140余家。处置群体性突发性事件41件，为3115名劳动者追讨工资2931.80万元，立案查处劳动用工违法案件72件，全部结案。推进劳动监察工作关口前移，实现70%以上案件在基层化解，全年各镇（街道）劳动监察中队检查企业8240余家，受理各类案件353件，为1692名劳动者追讨工资716.61万元。区劳动保障监察大队获评全省劳动保障监察系统模范集体。

区劳动人事争议仲裁委员会受理劳动人事争议仲裁案件1760件，涉及劳动者2831人。结案1776件（含上年度未结案124件），其中裁决427件、调撤1349件，结案率94.27%、调解率75.96%、终局裁决率57.38%。推进劳动仲裁标准化建设，建立每月仲裁庭审开放日制度。推进基层调解组织建设，五乡镇入选省级乡镇（街道）劳动争议调解综合示范单位。区劳动人事争议仲裁委员会连续20年获评全省劳动人事争议处理工作优秀单位。

【劳动保障监察“两网化”管理工作测评】 2018年1月3—5日，区劳动保障监察大队对辖区内21个镇（街道）劳动保障监察中队2017年度劳动监察“两网化”工作进行测评。根据《鄞州区劳动保障监察“两网化”管理工作考核办法》，检查各中队基层建设、网格划分、网络信息系统运行、投诉举报处理、书面审查、专项检查和日常巡查等工作情况，听取各中队近期存在的劳动隐患情况。测评会上详细讲解劳动监察“两网化”管理的考核要求，指出发现的问题并提出意见建议。测评结果显示，各中队机构建设和业务开展等各方面均较为完善，网格划分和人员保障落实到位，年度工作计划思路清晰，办案程序规范有序，举报投诉处理合法合规，专项行动开展求真求实，台账资料规范化程度提升。

【“庭审开放日”活动】 2018年5月30日，区劳动人事争议仲裁院开展“庭审开放日”活动，派出庭仲裁员、基层调解员、报名群众、媒体记者等20余人参加，通过参观省级示范仲裁庭和旁听劳动报酬争议的案件庭审活动，感受鄞州区仲裁公平公正以诚为本的工作理念。7月6日，安排2个劳动争议案件进行公开庭审，宁波城市职业技术学院人力资源管理专业的40余位师生到场观摩庭审，并于庭后组织场地拍摄和采访活动。该活动是鄞州区首次开展“庭审开放日”活动，6—11月期间，每月举办一次“庭审开放日”活动，并通过区人力社保局网站和微信公众号进行提前公告。

2018年7月18日，40余位高校师生参加鄞州区“庭审开放日”活动

【仲裁社会监督员选聘】 2018年，鄞州区劳动人事仲裁委员会制定出台《鄞州区劳动人事争议仲裁社会监督员管理办法（试行）》，对仲裁监督员的选聘条件、聘任管理、工作职责、权利义务等方面进行制度性规范。8月，鄞州区劳动人事争议仲裁委员会面向社会公开选聘9名首批社会监督员，分别来自区总工会、检察院、高校、律所、企业、基层社区等单位，主要从事人事或法律工作，任期2年。监督员通过庭审旁听、工作通报、座谈交流、投诉调查等方式，对仲裁工作人员的工作态度、服务水平、职务廉洁等进行监督。8月23日，获聘仲裁社会监督员参加全区“庭审开放日”活动，旁听采用“要素式”庭审的案件，并提出意见建议。

（董自龙）

社会保障

【概况】 2018年，鄞州区城镇职工基本养老保险、城镇职工基本医疗保险、工伤保险、生育保险、失业保险参保人数分别为52.60万人、55.27万人、56.62万人、47.21万人和50.37万人。当地户籍人口养老保险、医疗保险参保率分别为98%、99%。城乡居民基本养老保险待遇水平增长，基础养老金每人每月240元。推行工伤认定“边调查边调解”的工作机制，诉讼和复议发生率连续2年下降30%。在全市首创引入商业保险公司参与对定点医疗机构的日常巡查，“点对点”监管范围扩大50%。全区机关事业单位养老保险参保单位427家，其中机关（参公）单位117家、事业单位310家。在

2018年3月30日，社保卡宣传活动在罗蒙环球银泰城举行

职参保缴费19084人，退休享受养老待遇7791人。

城乡居民大病保险合规费用起付标准从2万元下调至1.80万元，各类参保（统筹）人员发生的特殊药品费起付标准从2万元下调为1.80万元。同时，提高报销比例，城乡居民大病保险合规费用起付标准至10万元（含）部分，大病保险支付60%，10万元以上至最高限额部分［50万元（含）］，大病保险支付70%；城乡居民医保、职工医保参保（含医疗统筹）人员发生的特殊药品费起付标准至10万元（含）部分，大病保险支付60%，10万元以上至最高限额部分［50万元（含）］，大病保险支付70%。6月，对符合“小升规”条件的企业，单位缴费比例实行临时性下浮，全区224家上规模小微企业享受减免政策优惠，减征895万元，其中基本养老保险545万元、基本医疗保险费350万元，涉及职工1.14万人。

【鄞州区获评全省老农保清理工作先进单位】 2018年1月3日，浙江省人力资源和社会保障厅通报表扬全省老农保清理工作先进单位，鄞州区名列通报表扬榜单。2017年起，鄞州区坚持“低调稳妥、循序渐进、有序引导、平稳过渡”原则，通过组织召开专题动员会和培训会，加强对镇乡（街道）清理任务督查考核等措施，完成在规定期限内清零任务。清理“老农保”13185人，按照全省要求按时完成老农保并轨工作。

【工伤认定受理业务下放】 2018年，鄞州区开展工伤认定受理业务下放至镇（街道）工作。自1月起，在瞻岐镇、姜山镇、中河街道、下应街道试点下放工伤认定受理工作。3月，新增云龙镇、咸祥镇、邱隘镇、首南街道工伤认定受理窗口。7月1日起，工伤认定受理工作在全区各镇（街道）全面展开，实现窗口设置便民化、业务事项标范化、操作程序标准化。至年底，全区各镇（街道）受理工伤案件1144起。

【社保业务经办实现街道全覆盖】 2018年9月1日，白鹤街道、百丈街道、东郊街道、东胜街道、东柳街道、明楼街道和福明街道7个街道面向在鄞州区参保的居民受理社保业务，社保经办街道由原来的15个增至22个，实现全覆盖。全年下放待遇计发类、医保类等人力社保业务事项78项，其中统征业务下放率在94%以上，“医疗保险转移衔接补缴”“退休医保补缴”业务实现街道办理，为全市首例。

（董自龙）

社会民生

居民生活

民政事务

老龄事业

基层民主自治和社区建设

老区开发建设

慈善公益

关心下一代工作

残疾人工作

居民生活

【概况】 2018年，鄞州区城镇常住居民人均可支配收入64888元，比上年增长8.40%，高于全市平均水平（8%）0.40个百分点；农村常住居民人均可支配收入36589元，增长8.80%，低于全市平均水平（8.90%）0.10个百分点。

城镇居民人均可支配收入高于全市平均4754元，收入水平位居全市各县（市、区）第一；农村居民人均可支配收入高于全市平均2956元，收入水平位居全市各县（市、区）第一。农村居民人均可支配收入增幅高于城镇居民0.40个百分点，城乡居民收入比从上年的1.78∶1缩小至1.77∶1。

表 28　　2018 年鄞州区居民收入与全国、全省和全市比较情况

地区	城镇居民		农村居民	
	绝对值（元）	增幅（%）	绝对值（元）	增幅（%）
全国	39251	7.80	14617	8.80
全省	55574	8.40	27302	9.40
全市	60134	8.00	33633	8.90
鄞州	64888	8.40	36589	8.80

城镇常住居民人均消费支出42027.19元，增长10.04%，恩格尔系数为24.60%，下降1.63个百分点；农村常住居民人均消费支出24225.23元，增长9.05%，恩格尔系数为29.86%，下降2.56个百分点。

【城镇常住居民人均可支配收入】 2018年，城镇常住居民人均工资性收入39985.76元，增长4.99%，下降2.44个百分点，增收贡献率37.97%，贡献率下降20.10个百分点；人均经营净收入7226.23元，增长8.91%，下降1.89个百分点，增收贡献率11.82%，下降4.37个百分点；人均财产净收入8679.63元，增长13.39 %，上升9.26个百分点，增收贡献率20.49%，上升13.56个百分点；人均转移净收入8996.43元，增长19.79%，上升8.94个百分点，增收贡献率29.72%，上升10.91个百分点。可支配收入的构成发生变化，工资性收入占比下降1.98个百分点；财产净收入受村集体分红和房屋租金等收入影响，占比上升0.59个百分点；转移净收入受养老金和医疗报销等收入影响，占比上升1.25个百分点。

【农村常住居民人均可支配收入】 2018年，农村常住居民人均工资性收入20473.40元，增长6.61%，下降1.18个百分点，增收贡献率43.12%，贡献率下降27.55个百分点；人均经营净收入10087.79元，增长8.55%，上升5.02个百分点，增收贡献率26.98%，上升20.82个百分点；人均财产净收入1668.63元，增长18.65 %，上升10.19个百分点，增收贡献率8.91%，上升4.01百分点；人均转移净收入4358.85元，增长16.52%，上升1.89个百分点，增收贡献率20.99%，上升2.71个百分点。

表 29　　2018 年鄞州区城乡居民收支情况

指标名称	城镇居民（元）	增幅（%）	农村居民（元）	增幅（%）
人均可支配收入	64888.04	8.35	36588.67	8.75
其中：工资性收入	39985.76	4.99	20473.40	6.61
经营净收入	7226.23	8.91	10087.79	8.55
财产净收入	8679.63	13.39	1668.63	18.65
转移净收入	8996.43	19.79	4358.85	16.52
消费支出	42027.19	10.04	24225.23	9.05
食品烟酒	10338.10	3.22	7233.52	0.43
衣着	2733.84	14.72	1361.47	0.85
居住	11499.44	17.28	5937.30	18.36
生活用品及服务	2661.62	26.59	1076.40	−10.10
交通通信	6190.84	−1.45	4778.49	25.12
教育文化娱乐	5106.43	10.72	1600.63	9.16
医疗保健	1924.50	47.21	1670.63	32.13
其他用品和服务	1572.44	−6.65	556.81	−38.02

【城镇常住居民消费支出】 2018年，城镇居民人均生活消费支出42027.19元，增长10.04%。人均食品烟酒支出10338.10元，增长3.22%；居住支出11499.44元，增长17.28%，分别占生活消费支出的比重为24.60%和27.36%，食品烟酒支出和居住支出仍是城镇居民生活消费支出中最大的两个组成部分，分别拉动生活消费支出增长0.84和4.44个百分点。人均交通通信支出6190.84元，减少1.45%。人均教育文化支出5106.43元，增长10.72%，拉动消费支出增长1.29个百分点。人均医疗保健支出1924.50元，增长47.21%，拉动消费支出增长1.62个百分点。每百户家庭汽车拥有量为57.50辆，增长4.52%；电冰箱拥有量为102.86台，增长6.34%；空调拥有量为236.43台，增长8.59%；移动电话拥有量为222.86部，减少4.02%，移动电话中可以接入互联网的达到186.43部，增长22.88%；计算机拥有量107.50台，减少0.54%。

【农村常住居民消费支出】 2018年，农村居民人均生活消费支出24225.23元，增长9.05%。人均食品烟酒支出7233.52元，增长0.43%；居住支出5937.30元，增长18.36%，分别占生活消费支出的比重为29.86%和24.51%，食品烟酒支出和居住支出仍是农村居民生活消费支出中最大的两个组成部分，分别拉动生活消费支出增长0.14和4.15个百分点。人均教育文化支出1600.63元，增长9.16%，拉动消费支出增长0.60个百分点。人均医疗保健支出1670.63元，增长32.13%，拉动消费支出增长1.83个百分点。每百户家庭汽车拥有量58.33辆，增长26.09%；电冰箱拥有量100台，增长4.50%；空调拥有量为170台，增长29.60%；移动电话拥有量为215.83部，增长2.44%，移动电话中可以接入互联网的达到179.17部，增长13.52%；计算机拥有量57.50台，减少1.19%。

表30　2018年鄞州区城乡居民耐用消费品拥有情况

指标名称	单位	城镇居民	增幅（%）	农村居民	增幅（%）
期末拥有房屋面积	平方米/人	47.54	11.09	44.58	5.02
其中：自有现住房面积	平方米/人	38.51	16.96	34.73	1.25
家用汽车拥有量	辆/百户	57.50	4.52	58.33	26.09
洗衣机拥有量	台/百户	97.14	6.72	90.83	2.28
电冰箱（柜）拥有量	台/百户	102.86	6.34	100.00	4.50
彩色电视机拥有量	台/百户	190.71	−3.13	173.33	3.72
空调拥有量	台/百户	236.43	8.59	170.00	29.60
固定电话拥有量	线/百户	53.21	−14.51	55.00	−12.84
移动电话拥有量	部/百户	222.86	−4.02	215.83	2.44
其中：接入互联网	部/百户	186.43	22.88	179.17	13.52
计算机拥有量	台/百户	107.50	−0.54	57.50	−1.19
其中：接入互联网	台/百户	97.86	−6.53	54.17	−1.74

（张鹏飞）

民政事务

【概况】 2018年，全区发放社会救助资金9000万元。春节期间走访慰问困难群众19584户（人），发放慰问金2728.65万元。调整社会救助标准，其中2018年城乡居民最低生活保障标准为885元。全区有低保对象2822户3517人，发放低保金3560万元。健全完善镇（街道）"一门受理、协同办理"社会救助窗口。规范社会救助家庭经济状况认定流程，完善居民经济状况核对信息平台，核对14280户次25901人次。

推进民政"最多跑一次"改革，全面实行"一网办理"，79个民政事项进驻区行政服务中心民政窗口，16个民政事项实现"一证通办"。做好水库移民后期扶持工作，发放移民后扶直补资金4046人242.76万元，安排移民后期扶持项目9个，安排扶持资金365.41万元。开展流浪乞讨人员救助工作，委托市救助站接收流浪乞讨人员141人。创建市级及以上综合减灾示范（社区）村9个，62个村（社区）避灾安置点创建省级规范化标准。5月12日，开展"全国防灾减灾日""国际减灾日"宣传活动。

全区有福利企业27家，安置残疾员工569人。建立残疾人集中就业联合共管工作机制。落实福利企业补贴与奖励政策，向福利企业发放补贴405.50万元。销售福利彩票9890.69万元，使用福利彩票公益金1925.91万元，用于残疾人补贴、全区福利机构改扩建、居家养老服务补助、公益性社会组织扶持等项目。调整梅墟街道行政区划，增设聚贤街道。第二次全国地名普查数据部分工作结束，地名普查数据全部录入国家地名数据库。编纂《鄞州地名志》，发布《鄞州区第二批历史地名文化遗产保护名录》，印制《鄞州历史地名（古道）手绘图》。宣传地名文化，在《鄞州日报》开辟《漫步鄞州地名文化长廊》专栏。完成117个项目的门牌编制，新增楼（幢）牌876块，门牌2731块。出具地名证明70份。

全区有社工1418人，新招录社工184人，首次设立残疾人岗位及党务工作者岗位。出台《关于进一步提高城乡社区建设水平的实施意见》和《关于全面推进社区服务标准化建设的实施意见》。《社区便民服务中心服务规范》被国家标准化管理委员会批准为国家标准，成为浙江省首个社区服务类国家标准。开展社会工作专业人才教育培训，举办社区干部培训班、新招录社工岗前培训班、社区党组织书记培训班，首次发布全区社区建设宣传片《品质社区·幸福家园》和画册《城社之声》。举办“你好，社工”——鄞州区社区工作者文艺晚会，宣传社区建设先进典型，弘扬社工文化。开展社工职业资格考试，近600人参加考前培训。

春节、建军节等主要节日期间，区委、区政府向驻鄞州部队赠送慰问金及慰问品289.60万元。镇（街道）开展双拥慰问活动，举办多场军民文艺会演、拥军优属座谈会、茶话会等。解决驻鄞部队在后勤建设、子女就学等方面的实际困难，慈善“爱心固长城”项目资助驻鄞官兵家庭20万元。

实施殡葬惠民政策，入葬生态墓园补助标准提高到2000元每穴，全年殡葬惠民补助4000余人次438万元。完成位于同泰嘉陵的省级树葬试点建设。清明、冬至期间以“文明祭扫、生态安葬”为主题，开展殡葬宣传，倡导海葬、树葬等生态葬法。

结婚登记5622对，离婚登记2752对，补领婚姻证件1832件，收养登记10件。开展婚姻登记信息化建设，完成2006年后婚姻登记数据电子签名工作。

2018年11月7日，鄞州区开展家院互融服务对象评估工作

【专项救助】 2018年，鄞州区重新修订最低生活保障制度，印发《鄞州区城乡居民最低生活保障实施办法》《鄞州区关于切实加强留守儿童关爱保护工作的实施意见》等文件。至年底，全区有特困供养人员341人，发放供养金656万元。落实困难残疾人生活补贴5300余人，年支出资金2163万元；孤儿基本生活保障对象20人，发放54.18万元；困境儿童基本生活保障对象235人，发放273.10万元；精简职工21人，发放37.80万元。医疗救助80675人次（含一站式结算55693人次），发放1285.69万元；临时救助1053户次，发放786.46万元。全年委托市救助站接收流浪乞讨人员141人。

【养老服务】 2018年，全区有养老机构20家，床位数8993张，下拨机构养老建设补助资金820.24万元。深化居家养老服务，区域性居家养老服务中心13个，居家养老服务站点315个。完成市区两级民生实事工程任务，新建示范型居家养老服务中心7家、区域性居家养老服务中心5家，全年下拨居家养老各类服务补助资金4403.71万元。升级家院互融养老服务体系，印发《关于全面推进家院互融养老服务工作的实施意见》《鄞州区家院互融政府购买养老服务实施细则》《鄞州区老年照护等级评估工作实施方案》等系列文件，全区10000余名老年人享受家院互融养老服务，引进嘉和阳光、北京普天、杭州三替等服务企业和社会组织扩大居家养老服务项目，涵盖基本生活照料、基本医疗保健、专业康复护理3大类30余个项目。开展居家养老服务机构社会化运营，区域性居家养老服务中心社会化运营率100%，城镇社区居家养老服务站社会化运营率41%。推动养医融合发展，254家居家养老服务机构完成与基层医疗机构的签约合作，覆盖率80%。

【优抚安置】 2018年，鄞州区发放伤残人员抚恤金1153万元；发放“三属”人员定期抚恤金1106万元；在乡复员军人、带病回乡退伍军人及“两参”人员定期生活补助2418万元；为60周岁以上原农村籍退役士兵发放生活补助1020万元。提高义务兵家庭优待金，发放优抚金1484万元，在校大学生265人，发放大学生生活补助金265万元，合计支出1749万元。接收安置退伍义务兵，发放补助金1017万元。举办退役士兵返乡欢迎仪式，176名退役士兵参加职业技能教育培训，支出150万元。采集退役军人和其他优抚对象信息26500条。建立退役士兵三级服务网络，全区21个镇（街道）和363个社区（村）退役士兵服务站挂牌成立。投入792万元新建鄞州区革命烈士纪念馆，烈士纪念日在鄞州区革命烈士纪念馆举行社会各界悼念革命先烈活动。

【社会组织管理】 2018年，全区登记注册的法人社会组织909家，每万人拥有法人社会组织10.70个，其中社会团体215家、民营非企业692家、基金会2家，连续多年保持10%以上增速。基层社会组织3400余家，每万人拥有备案社会组织44个。开展社会组织网上年检和等级评估，规范提升社会组织参与社会治理工作，明确24项任务清单，责任细化到具体部门。完善社会组织三级服务平台，建设市区两级社会组织创新园，实现镇（街道）级社会组织服务平台全覆盖，新建30个社区（村）级社会组织服务平台。开展“鄞领”公益创投，38个项目获创投资金139.05万元。发动社会组织参与扶贫攻坚，区商超协会帮扶销售和龙市农副产品，区新创会、网商协会200余家会员单位认领“共享稻田”1200块，周秀芳爱心驿站热心智力扶贫，善园获评中华慈善奖。

【“精准帮扶”综合保险项目推出】 2018年3月6日，鄞州区在全省首创面向低保等贫困家庭推出“精准帮扶”综合保险项目。鄞州区与人保财险合作推出“精准帮扶”综合保险，打通帮扶“最后一公里”。保费由财政全额出资，保障内容覆盖因自然灾害和意外事故造成的家庭财产损失、个人综合保险、意外伤害保险等。项目第一年由财政承担保费198万元，惠及低保3323户、低保边缘1500户、孤儿25人、困境儿童262人，为全区贫困家庭提供总风险保障金额13.87亿元。全年受理案件93例，支付理赔金87.20万元。

【基层治理】 2018年，鄞州区推进社区民主自治，“365社区服务工作法”被民政部评为全国优秀社区工作法，且是全国10个最有代表性优秀社区工作法之一。共识论坛、“四方例会”、居民说事、开放空间、鹤声议事厅等居民议事平台发展在全区推广，社区居民、社会组织和驻区单位共同参与社区治理。编制社区小微权力“三清单一流程”，深化和规范全区社区小微权力规范运行，明确涉及社区公权力运行的具体事项，梳理权力事项清单十大项31条。

【社会工作人才建设】 2018年，鄞州区搭建持证社工、管理型（通用型）社工、专业型社工、督导型社工的社会工作人才结构框架。至年底，持证社工数1171人，年新增持证社工298人，增长率25.50%，持证人数为全大市最高。启动社会工作通才培养，全区增设社会工作岗位23个。培育社会工作机构7家，打造社会工作示范基地，区社会工作协会入选市级社会工作示范基地。首批15名区级督导全部完成区“T人才”社会工作人才督导项目实践阶段培训内容。首批“T人才”管理型人才（通才）实训班22名学员全部完成总计40个理论学时、25个团体辅导学时、400个岗位实训学时的培训。首次与乡镇试点开展姜山镇“T人才”社会工作人才培养项目。

【云龙镇实现养老配送餐服务全覆盖】 2018年10月12日，云龙镇“云享晚年”居家养老服务中心正式开业。“云享晚年”居家养老服务中心位于云龙镇园堍村，是一所集机构养老、残疾人托养、日间照料、居家养老、康复指导、文化娱乐为一体的综合福利性养老机构。云龙镇在全区镇级范围内率先实现18个村（社）居家养老配餐送餐服务全覆盖，全镇240余位有需求的高龄老人能在家享受送餐服务。云龙镇实行分片区管理，在甲村片区，采用村级联建和单建居家养老食堂相结合的方式单建食堂；在云龙片区，针对人口相对集中的特点，推进“云享晚年”区域性居家养老服务中心和云达社区中心食堂两个点，作为跨村（社）居家养老食堂。

【退役军人和其他优抚对象信息采集】 2018年9月，鄞州区开始对全区所有退役军人和其他优抚对象进行信息采集。此次信息采集是为摸清全区退役军人和其他优抚对象底数，建立健全服务对象档案和数据库。信息采集包括军队转业干部、退役士兵、军队离休退休干部和退休士官、军队无军籍离休退休退职职工、复员军人、退伍红军老战士、残疾军人、享受国家抚恤的伤残民兵民工、烈士遗属、因公牺牲军人遗属、病故军人遗属、现役军人家属共12类人员，信息采集主要内容包括各类对象的个人基本信息、生活状况、享受待遇、近期照片等主要信息，按照对象类别分别设计相应的信息采集项目和表格，将需采集内容以表格形式直观呈现。

【第二届退役士兵返乡欢迎仪式】 （参见“法治·军事”类目“人民武装”分目）

（周　煜）

老龄事业

【概况】 2018年底，鄞州区（不包括梅墟街道、新明街道、东钱湖镇）有60周岁以上老年人口185139人，占全区户籍总人口的23.08%，其中80周岁以上高龄老年人25445人，占老年人口的13.74%。全区实有百岁老人（含虚岁）65人，其中一百周岁及以上老人38人。鄞州区老龄办获评2018年度全省先进县（市、区）老龄办。

【老年电大教学】 2018年，全区创建老年电大示范点，现有省级示范教学点2家、市级示范点6家，区老龄办统一设计制作鄞州区老年电视大学校徽。整合资源实现联合办学，区老年电大与区老年大学携手办学，在省、市老年电大5门远程教育课程的基础上，补充智能手机操作、剪纸、太极拳、交谊舞、歌咏等面授课程，组织志愿团队与老年学员进行结对帮学。开展第二课堂送课活动，区老龄办与社会组织合作，制定“老龄化国情教育”“老年人应急救护”等21门菜单课程，供基层教学点选课，全年送课60场。抓好教材征订及日常收视，春、秋两季共征订《老年人安全与防范》等省老年电大教材13700本，发放至63家基层教学点，示范教学点开展网上学员注册。落实教学点日常运作补助，根据实体化办学和示范教学点创建情况，区老龄办补助23家教学点18.40万元。区老年电大获评省级办学先进单位，并在浙江老年电视大学建校20周年暨年中工作会议上作交流。

【老年人优待服务】 2018年，鄞州区做好高龄津贴发放，自1月开始实施区域融合后新的高龄津贴政策，印发《鄞州区高龄老年人生活津贴资金管理办法》，将百岁老人长寿补贴并入高龄津贴发放。完成《高龄老人生活津贴发放项目专项资金财政支出绩效评价报告》。全年审核审批6448人，其中增加3280人、注销2465人、信息变更703人，发放高龄津贴1717.98万元，其中区级财政支出1332.43万元。加快老年优待证办理，在原先“提前办理，到龄发放”批量制作的基础上，购置一卡机落实两个即办网点，到龄和补证老人实施优待证即办即领，全年共制作优待证7000余个。组织传统节日慰问活动，元旦、春节和敬老月期间，分两次组织开展困难老人慰问，合计慰问困难老年人560人，发放慰问金28万元。联合鄞州人民医院开展“老年人用眼健康”活动，与8家AAA级以上居家养老中心进行签约服务。

【老年人维权工作】 2018年，鄞州区落实保健品领域的老年维权。落实《宁波市预防食品、保健品欺诈虚假宣传银铃志愿者队伍建设实施方案》，与区市场监管局联合召开动员大会，发动基层老年协会会长、老年组织骨干50余人成立区银铃志愿者队伍，并开展防诈骗知识培训，发动老年人用志愿者的身份配合区市场监管局参与抵制、打击保健品虚假营销。区老龄办与区市场监管局联合开展专项维权宣传活动5场，进行相关知识解答并排演老年人防诈骗小品进村（社区）宣传。组织老年协会参与居家养老亲情关怀与陪伴服务，与重点易受骗对象进行结对，帮助个别受骗老人落实维权。

【敬老月系列活动】 2018年，鄞州区开展公益宣传、走访慰问、先进表彰、为老服务、节庆娱乐五大类活动，活动围绕“营造敬老爱老社会氛围、纪念改革开放40周年”的全国敬老月主题。区老龄办在老年节当天的《鄞州日报》刊登老年节慰问祝语；市主要领导和区四套班子领导分别走访慰问百岁老人、困难老人及养老服务机构代表，送去慰问款物合计23万元；区老龄办、区慈善总会联合开展助老济困送温暖活动；表彰鄞州区“最美助老团队”10家、“最美慈孝家庭”21户、“最美敬老护工”10人；举办全区老年人才艺展演和全区老年人戏曲广播体操交流活动；组织为老志愿服务，开展“老年健康志愿服务”27场、“银龄欢乐汇”活动11场、“红蚂蚁孝行集市”7场；开展送戏下乡，组织夕阳红艺术团、红蚂蚁艺术团、雨花助老演艺部等团队到村（社区）、养老服务机构公益演出24场；组织参与全市“最美长寿村”评比，塘溪镇童村村获得市级表彰。

2018年敬老月系列活动之老年健康志愿服务现场

【养老机构质量提升】 2018年，鄞州区开展养老机构消防整治，针对部分养老机构历史遗留难题，联合区消防大队、区环保局、区住建局等部门，进行分类治理，重点开展养老机构房屋安全鉴定及加固和消防设施整改，提升养老机构风险防范能力。全区撤并养老机构2家、关停4家，完成消防整改联合审批12家。组织养老机构等级评定，对已设立许可的养老机构按照自愿申报的原则开展A、AA、AAA级等级评定。雅戈尔老年乐园等2家机构获评AAA，华信颐养园等3家机构获评AA。推动养老机构标准化建设，怡康院等4家机构择优被列入全省养老机构标准化建设试点单位。落实服务质量对照整改，根据省民政厅120项具体指标，对辖区内20家养老机构开展对照检查并限期整改。配合做好养老机构体制改革，根据区政府常务会议要求，协助鄞城集团等相关部门做好中心城区老年乐园、雅戈尔老年乐园等大型公建养老机构体制调整的相关工作，做好基础情况调研、资料交接和老年人座谈，稳妥推动养老服务社会化发展。

（林晟莹）

基层民主自治和社区建设

【概况】 2018年，全区有行政村201个、社区152个、城镇居委会6个，其中全国和谐社区建设示范社区3个、省级和谐示范社区14个、市级和谐社区109个。撤销钟公庙、铜盆闸、铜盆浦、新林、陈婆渡、石路头、李花桥、茶亭庵和前周9个行政村，新建何郁、和众、锦悦湾与和城4个社区。179名中青年通过社会公开招考、择优录用的方式充实到社工队伍。举办俞复玲名师工作室、全区社区干部培训班及新招录社区专职工作者岗前培训班。评选2018年度先进社区28个，先进专职社区工作者100人。5人获评区社会工作领域享受政府特殊津贴人才。

【全区社区建设大会】 2018年5月25日，全区社区建设大会在区文化艺术中心召开。会议由区委副书记、区长陈国军主持，区领导杨慧芳、郑坤法、朱法传、陈杰农、张相晋、方飞龙、朱晓丽出席会议，460余人参加会议。会议回顾总结2017年度社区建设工作开展情况，部署今后三年社区工作任务。市委常委、区委书记胡军在会上强调，要以习近平新时代中国特色社会主义思想为指导，全面落实中央和省委关于加强和完善城乡社区治理的决策部署，全力促进鄞州社区建设再上新台阶、体现高质量。同时，实地考察东胜街道居家养老服务中心、白鹤街道丹顶鹤社区、百丈街道划船社区、钟公庙街道钟公庙社区随园之家居家养老服务中心。大会通报表彰2017年市、区级品质社区和区级先进社区，市级品质社区有钟公庙街道金色水岸社区、下应街道海创社区2个；区级品质社区有福明街道福城社区，东柳街道东海花园社区，中河街道剑桥社区等10个。

【社区服务标准化建设】 2018年，鄞州区印发《社区服务中心服务规范》《社区包片联户工作规范》和《社区专职工作者职业能力评价体系》，并配套形成《社区服务中心视觉规范》，明确社区服务中心硬件改造相关标准。9月，《社区便民服务中心服务规范》被国家标准化管理委员会批准为国家标准，成为浙江省首个社区服务类国家标准。推进社区服务中心标准化改造，全年有23个社区完成改造。

【"你好，社工"鄞州区社区工作者文艺晚会】 2018年11月22日，"你好，社工"鄞州区社区工作者文艺晚会在宁波文化广场保利大剧院举行。晚会由区委、区政府主办，区民政局、区文明办承办。市民政局副局长杨英、区委副书记朱法传、副区长朱晓丽、区政协副主席华志苗等出席，区有关部门负责人、镇（街道）专职副书记、分管负责人、各社区主要负责人、社工代表等1200人参加。朱法传在晚会致辞中对社工的辛勤工作和社会贡献给予高度评价，强调重视和关怀社工队伍建设，为社区工作者全面发展创造良好条件和环境。晚会分为"贴心无私""爱心全能""服务诚信""专业创新"四个篇章，采用讲述故事、诗歌朗诵、舞蹈表演、小品等表演形式，集中展现鄞州区社区特色和近年来鄞州社区建设的成果，大部分节目由社区工作者自编自导自演。同时俞复玲、黄菊芬等不同年代社工上台表达鄞州社工对这份事业的执着与热情，展现鄞州区社工风采。2018年，全区有社区专职工作者1400余人，其中大专及以上学历占比95.30%，持有社会工作者职称证书占比68%，处于全省领先位置，全区社工队伍建设已进入"高精专"时代。

（邵丹斌）

老区开发建设

【概况】 2018年，鄞州区革命老区镇有瞻岐、咸祥、塘溪、东吴4个镇，所辖面积290.19平方千米，户籍人口9.78万户，革命老区行政村有26个。9月6日，召开第二次会员大会，选举产生新一届理事，会长为唐军，副会长为蔡桂芬，秘书长为吴岳成。

区老促会在调查研究基础上，对革命史迹点和有关老区村的民生项目择急施助，补助资金72万元，向老区村发放荣誉金78万元，给52户困难家庭和52户困难党员户发放慰问金10.40万元。

【老区村饮用水调查】 2018年4月，区老促会按照省革命老区开发建设促进会通知要求，从瞻岐、咸祥、东吴、塘溪4个革命老区镇中各选1个村，每村选择25户，进行"四村百户"调查，从定性和定量上对饮用水质量和村民满意度进行调查分析。同时，委

2018年11月22日，鄞州区社区工作者文艺晚会在宁波文化广场保利大剧院举行

托卫健、综合执法等有关部门专业机构对4个老区镇水质进行检测。检测结果显示，4个老区镇饮用水量能基本保障，水质安全性达标，收取的水费较低，群众满意度较高。但是，革命老区镇纳入全市大网供水势在必行，纳入后水质安全、枯水期供水保障和污水治理等都要好于镇、村单独供水。

【《鄞州革命老区发展史》编纂工作推进】 2018年，区老促会推进《鄞州革命老区发展史》编纂工作。中国老区建设促进会于2017年6月统一部署全国1599个老区县（市、区）于2020年前完成编纂一部老区发展史，作为建党100周年的献礼。鄞州区被列入第一批完成单位，力争在2019年9月完成出版发行，作为向新中国成立七十周年的献礼。区老促会联合区委党史办、宁波大学等单位着手撰写并完成初稿，10月18日，邀请有关专家进行第一轮初审，至年底，完成第二稿。

【区老促会第二届会员大会】 2018年9月6日，区老促会第二届会员大会在区文化艺术中心召开。会议听取和审议第一届理事会工作报告，表彰老区工作先进集体和先进个人，听取和审议第一届理事会财务收支情况报告，审议通过章程修正案，选举产生第二届理事、监事和会长、副会长、秘书长。全区各镇（街道）党委（党工委）副书记、老区镇党委书记、老区村村书记及区级机关有关单位主要领导、全体理事、会员等113人参加会议，省革命老区开发建设促进会会长程渭山，市委常委、区委书记褚银良到会并讲话。褚银良指出，要始终把服务老区、建设老区、发展老区作为义不容辞的责任，坚持以习近平关于老区建设发展系列重要讲话精神为指引，推动鄞州老区开发建设走在省市前列。要始终聚八方之力共建老区，引导社会力量参与老区开发建设，通过联村结对、志愿服务等方式，整合资源、集中力量办大事，真正把绿水青山变为金山银山。要鼓励民间资本和乡贤能人，汇集资源，动员全社会的力量建设革命老区，共同创建鄞州高品质强区。

（徐丹丹）

慈善公益

慈善总会

【概况】 2018年，区慈善总会慈善资金收入1亿余元，其中区第十八次“慈善一日捐”活动募集慈善资金6040.45万元。发放各类救助款6650.75万元。区物资募救中心（慈善超市）募集物资折价103万元，发放救助物资114.18万元。

助困1533.77万元，扶助8564户次；助医338.71万元，扶助1554户次；扶助公益项目690.84万元，扶助50家公益福利单位和敬老院；助孤、助残支出12.30万元，扶助孤儿4人、残疾人251人。赈灾扶助37.95万元，扶助受灾60户。

公布“企业留本冠名基金”和“冠名基金”2017年度使用情况，及时向捐赠人（单位）汇报，接受捐赠人（单位）监督。同时，对2017年度的财务收支情况进行审计。

【慈善工程】 2018年，区慈善总会联合区总工会、区农林局开展“创业脱贫扶一把工程”，向28户受助对象发放创业扶助金39.80万元。在该工程基础上进行的慈善扶贫产业基地救助模式，15家慈善扶贫产业基地年投入248.70万元，帮扶困难家庭200户困难家庭。“关爱生命工程”发放助医金396.09万元，扶助454户贫困重大病患者家庭。“同一片蓝天工程”发放107.78万元，扶助贫困外来民工家庭753户。“阳光育才工程”支出助学奖学金182.35万元，扶助661名贫困生。“慈爱光明工程”支出54.30万元，扶助539名贫困患者。“慈善夕阳工程”支出61.30万元，扶助贫困老人4879人。“爱心固长城工程”支出22.85万元，扶助44人。

【慈善基金】 2018年，“企业留本冠名基金”总数286个，总规模6.56亿元。全区共有1000万元以上规模的“企业留本冠名基金”23个，最高额度的基金3000万元。宁波好阳光集团有限公司一次性捐款1250万元，用于扶助全区贫困家庭。

【春节送温暖活动】 2018年春节前夕，鄞州区举行“吉犬迎新 暖心共享”慈善春节送温暖系列活动，向16713户贫困家庭发放1163.81万元扶助资金。通过中心区超市和各镇（街道）流动超市的形式，向830户贫困家庭发放总价值34万元的扶助物资。1月25日，副区长朱晓丽出席慈善春节送温暖启动仪式，现场除向贫困群体发放慈善慰问金和物资外，区慈善总会还将流动超市开进邱隘体育馆，让贫困群体凭“爱心券”自行挑选价值500元的物资。数十名慈善义工现场进行送春联、义诊、爱心拍卖等服务。

【区第十八次“慈善一日捐”活动】 2018年7月25日，区委办、区政府办举行区第十八次“慈善一日捐”启动仪式。区四套班子领导、“法检”两长、其他副区级领导、区级机关各单位、镇（街道）主要负责人个人捐款共7.86万元。鄞州银行等9家爱心企业新建或扩增冠名基金，基金总规模1.03亿元。活动中还表彰获得区第六届“鄞州慈善奖”的先进镇（街道）和区级机关。

【鄞州银行司法援助慈善基金成立】 2018年3月29日，区慈善总会与鄞州银行举行“鄞州银行司法援助慈善基金”签约仪式，在鄞州人民法院的牵头下，成立全省首个由企业出资建立的司法援助慈善基金，总额达3000万元，专门用于对鄞州人民法院办理的部分涉民生执行不能案件当事人的救助。至年底，鄞州银行司法援助慈善基金向12户受助对象发放扶助金81.17万元。

【“中哲集团涉法未成年人救助基金”成立】 2018年9月25日，“中哲集团涉法未成年人救助基金”捐赠仪式在区检察院举行。区慈善总会会长陈振国，区检察院党组书记、检察长吕益军，区委政法委常务副书记吴敏刚，中哲控股集团有限公司董事长杨和荣等出席仪式，市检察院、区慈善总会、中哲集团、区检察院相关人员参加仪式。该救助基金总额300万元，用于帮扶涉法未成年人。通过该基金的运作，能够让涉法未成年人感受到法律的关怀和社会的温暖，帮助他们更健康地成长。捐赠仪式上，2名受援助对象的监护人和教师领取首笔援助善款。

【区第二届慈善义工代表大会】 2018年4月10日，区第二届慈善义工代表大会在区委党校召开。市慈善总会副会长赵雅飞出席会议，区级机关、各镇（街道）慈善义工大队、分队以及企事业单位的260余名慈善义工参加会议。大会听取区慈善总会第一届慈善义工分会工作报告，任命第二届慈善义工分会会长、副会长、秘书长人选及28支慈善义工大队正、副大队长人选，并表彰6家第一届先进慈善义工集体、30个义工优秀品牌、60位优秀慈善义工。会上，区慈善总会会长陈振国向区慈善义工分会会长杨亚飞颁发“鄞州区慈善总会义工分会”牌匾，并向28支慈善义工大队授予队旗。

【区外慈善救助】 2018年，鄞州区向对口扶贫的吉林省和龙市、延吉市发放救助款198万元，用于当地贫困群体的助医、助学；向新疆、贵州、四川、安徽、浙江等地发放救助款326万元，用于当地的学校、医院、敬老院修建等基础设施建设或贫困群体帮扶。区慈善总会联合宁波酩荟贸易有限公司共同建立全区首个帮扶贵州留守儿童的100万元慈善爱心基金，助力贵州省慈善总会发起的“善行贵州·益童乐园”活动，用于未来三年帮扶贵州省兴仁县新龙场镇项目点的学习设备添置、儿童活动开展、活动物资采购、陪伴服务等。推出“共享稻田”慈善项目，用于帮扶吉林省和龙市光东村农户拓宽增收渠道。向社会各界人士、企事业单位进行推广认领，收到认领款359.10万元，认领面积35.91公顷。

【“慈善文化进学校”推进会暨《慈善读本》捐赠仪式】 2018年5月30日，“慈善文化进学校”推进会暨《慈善读本》捐赠仪式在镇安小学举行。市慈善总会副会长谢永康、区教育局党委书记杨飞华出席仪式，全区中小学分管德育负责人等100余人参加仪式。镇安小学学生作汇报表演，相关领导为部分学校代表捐赠《慈善读本》，镇安小学校长顾秋红就学校如何推行慈善文化作经验介绍，区江东中心小学和钟公庙中学领导作表态发言。杨飞华在发言中列举身边真实案例，如“支教奶奶”周秀芳筹集善款，为山区孩子圆梦等，强调要探索“慈善文化进校园”活动的途径。区慈善总会会长陈振国表示会大力支持慈善文化活动的开展，带动《慈善读本》阅读工程的实行。至年底，向全区初中、高年级段小学生发放《慈善读本》6万册。

【“慈善文化进农村”活动】 2018年5月，区慈善总会与区农办、区民政局联合印发《关于开展“慈善文化进农村”活动的实施方案》，分别选择村级经济实力强、慈善氛围较浓厚的下应街道湾底村，村级经济相对较弱、村风民风改观明显的云龙镇冠英村，村级经济实力薄弱、获评全国文明村称号的姜山镇陆家堰村为试点村。区慈善总会以“义乡鄞州 慈善可风”为主题，进行3场“送课下乡”活动，并“送书下乡”，分别向3个村各发放5万元慈善书籍，促进民主法治建设、文明村建设、美丽乡村建设，形成慈善文化氛围。

【“义乡鄞州、与爱同行”慈善之夜大型文艺晚会】 2018年9月6日，“义乡鄞州、与爱同行”慈善之夜大型文艺晚会在区文化艺术中心举行。褚银良、陈国军、杨慧芳、郑坤法等区四套班子主要领导出席晚会。区委副书记朱法传指出，要把握慈善事业发展新形势新要求，弘扬慈善文化、扩大慈善影响力，创新募集方式、强化慈善支撑力，优化救助机制、增强慈善感召力，规范运作体系、提升慈善公信力，推进慈善事业快速健康发展，打造“义乡鄞州”。会上举行区第六届“鄞州慈善奖”颁奖，雅戈尔集团股份有限公司等24家公司获“慈善之光”称号，周秀芳等10人获“慈善之星”称号，五乡镇等33个单位获“慈善工作先进集体”称号，席欣等10人获“慈善先进个人”称号。有10家爱心企业捐献总金额为795万元的10个善款认领救助项目，帮扶范围包括助学、助医、关爱问题青少年等。并向8位身患重病、家境贫寒的受助对象发放6.40万元扶助金。

（王冠宇）

善　园

【概况】 2018年，“善园”项目获第十届“中华慈善奖”，宁波市善园公益基金会入选“中国慈善信用榜TOP30”。孵化首家慈善组织——浙江聪园健齿公益基金会获批。举办善园·善集第二季：端午善集大型公益游园活动、善园·慈善周系列活动，“善荷计划”——宁波青年公益创业大赛。“腾讯99公益日”期间，筹集善款200余万元。

【宁波鄞州银行公益基金会】 2018年，宁波鄞州银行公益基金会年度公益资金收入10433543.28元，其中捐赠性收入4180255.69元、政府补助收入100000元、资金增益收入6153287.59元；公益项目支出17584166.44元，基金会行政管理费用支出925738.03元，基金会筹资费用120200元。年末净资产127577774.20元。

【宁波市善园公益基金会】 2018年，宁波市善园公益基金会年度公益资金收入33828167.93元，其中捐赠性收入31734629.04元、政府补助收入140000元、资金增益收入1953538.89元；公益项目支出28454631.79元，基金会行政管理费用支出1323610.17元，基金会筹资费用73324.14元。年末净资产34418986.45元。

【善园网“急难救助”项目】2018年，善园网募集善款1148.80万元，比上年增长122%，新发起公益慈善项目411个，108460人次参与捐赠，公益支出1161.37万元，帮扶求助对象7370人。实施急难救助项目412个，发放善款1153.60万元，帮扶6431人。实施医疗救助项目197个，发放善款692.79万元，帮扶197人。实施教育救助项目50个，发放善款143.61万元，帮扶1056人。实施贫困救助项目102个，发放善款62.70万元，帮扶1910人。实施灾害救助项目1个，发放善款15.13万元。实施特殊群体救助项目13个，发放善款117.56万元，帮扶2768人。

【善荷计划】2018年3月14日，善荷计划——宁波青年公益创业大赛优化培训会在浙江大学宁波理工学院举行，益立方公益学院副院长余志伟和宁波市健康家园公益服务中心理事长詹斌担任培训会主讲人。4月3日，区民政局、区社会工作协会、团区委、浙江大学宁波理工学院和宁波市善园公益基金会专家代表组成评委会在善园展开“善荷计划”初评评审会，评选出20份优秀项目书入围获奖，其中有13个项目兼具公益性、创业性、实践性和创新性，并受邀参加决赛现场路演，另外7个项目获“优秀项目奖”并得到相应资源对接。此外，“善荷计划”还举办系列培训会和公益分享会。至年底，“善荷计划”参赛项目筹得款项86166.86元，带动4644人次参与捐赠，有6个善荷计划获奖项目签订项目资助协议，并申请第一期项目资助款。

【端午“善园·善集”公益集市】2018年6月16日，端午“善园·善集”公益集市开市仪式在善园举行，市委常委、区委书记胡军，市委宣传部副部长、市文明办主任李正平，市委教育工委书记朱达，市民政局局长周忠贤，区慈善总会会长陈振国，区委常委、宣传部部长方飞龙，副区长朱晓丽，以及鄞州银行公益基金会理事长陈耀芳等出席该次活动。到场的还有敦和基金会、华茂基金会、杨帆久久基金会等基金会代表，区相关部门负责人、各镇（街道）宣传委员，第十二届“最美鄞州人”、各社会组织、街道、学校和爱心企业等社会各界代表150人参加。开市仪式分“善园善行”“善荷盛开”和“善瑞端午”3个篇章。整个开市仪式贯穿“善园一周年”“最美鄞州人”“周秀芳爱心工作室”“第一期善园善集”等主题视频播放，市、区领导分别表彰区第十二届“最美鄞州人”，为“周秀芳奶奶爱心工作室”挂牌并成立爱心帮扶基金，为“善荷计划”青年公益创业大赛获奖选手和善园善集优秀公益伙伴颁奖。

2018年4月22日，善荷计划——首届青年公益创业大赛决赛举行

【善园慈善周系列活动】2018年9月5—9日，善园结合每年中华慈善日与99公益日相关活动打造公益嘉年华。慈善周期间，善园推出系列活动，形成多区域、多维度、多行业的活动矩阵，扩大受众、提升公益传播面及影响力，以期将其打造成宁波当地重要的公益节日之一。9月5日，善园与鄞州区女企业家联谊会共同发起举办善园慈善大使游园会。善园慈善周期间，“谈书论道”——读书会与公益沙龙在善园举行。如何结合公益，来运作读书会，引导全民阅读，成为这次谈书论道的话题。宁波城市读书会、城市书院读书会、明心咸集书院、大董书画院、天一读书会、传恩读书会、今今乐道读书会、樊登书店、V书荟等共25位读书会大咖，分别从公益和读书会两个角度做交流分享。9月8—9日，101位孩子参与善园组织的“善募官”活动，用行动表达他们的心声，用爱和善意为22个公益项目筹款。整个善园慈善周期间，宁波市善园公益基金会联合来自全国共18家公益机构和社会团体发起22个公益项目参加腾讯99公益日，项目类别涵盖教育助学、特殊关爱、动物保护、环境保护、志愿服务、传统文化、扶贫救灾、急救救助等多个公益领域。2018年99公益日宁波市善园公益基金会共筹到善款2610234.33元。

【“善园”项目获第十届“中华慈善奖”】2018年9月13日，第十届“中华慈善奖”表彰大会在北京召开。国务委员王勇、中国人民政治协商会议副主席汪永清和其他相关部门负责人出席大会。会上宣读《民政部关于表彰第十届“中华慈善奖”获得者的决定》，“善园”项目（浙江省宁波鄞州银行公益基金会）获第十届中华慈善奖。“中华慈善奖”创立于2005年，由民政部组织评选和表彰，是中国政府在慈善领域的最高奖项，也是中国慈善表彰制度的重要组成部分。

【宁波市善园公益基金会入选“中国慈善信用榜TOP30”】 2018年9月3日，清华大学公益慈善研究院和北京易善信用管理有限公司联合推出的“2018中国慈善信用榜”对外发布，宁波市善园公益基金会位列榜单TOP30。该榜单的制定以民政部“慈善中国”网站上公布的面向社会募捐的4000余家慈善组织为样本，综合分析每个样本三年来在民政部门慈善组织信息公开平台、互联网媒体平台、中基透明指数平台上的公开数据，分别从信息公开、财务和团队能力、合作伙伴背景、合作风险、品牌知名度和美誉度五个维度建立慈善组织信用评估模型。

【浙江聪园健齿公益基金会获批】 2018年8月21日，浙江省民政厅批准成立聪园基金会。浙江聪园健齿公益基金会创始基金1000万元，由医者仁心定向捐赠，基金会主要通过资助专业机构组织开展口腔健康教育宣教活动（以进学校、社区、企业为主），普及群众的口腔健康知识，降低常见口腔疾病的发病率；基金会通过对社会上口腔健康问题严重的贫困人员，自闭症、脑瘫儿童等特殊群体进行资助以减少其家庭负担，提升其生活质量，进行健康扶贫。

（杨洪涛）

志愿者协会

【概况】 2018年，鄞州区以“两高四好示范区”建设为总抓手，全区志愿服务工作主动融合扶贫帮困、生态环保、文明倡导、平安建设等社会治理实践，推动志愿服务事业不断发展。至12月底，注册志愿者达231268人，646支志愿服务队伍，年均志愿服务时长保持在89万小时以上。涌现“支教奶奶”周秀芳、“甬动爱心”志愿服务中心等一大批有较大影响力的明星志愿者和优秀志愿服务组织。在志愿服务项目化运作中，涌现“一米阳光·温暖童心”“蓝精灵·水上安全”“小娘舅握握团”“排队上车日”“快乐星期六”等多个品牌项目。全区志愿服务工作会议在11月召开，调整区志工委成员单位，充分发挥志工委、志工办的牵头统筹作用，不断完善志愿服务组织架构体系。结合宁波市文明创建、鄞州区省级文明区复评、文明指数测评行动等，组织发动2.23万名团员青年志愿者参与文明创建、平安创建、环境综合整治、“最多跑一次”，为宁波文明城市创建贡献青春志愿力量。

【“3·5学雷锋”志愿服务邀约行动】（参见“民主党派·人民团体”类目“共青团鄞州区委员会”分目）

【志愿服务校地合作对接会】 11月23日，鄞州区志愿服务校地合作对接会在浙江万里学院举行。团区委联合城南高校大学生智创联盟发布高校志愿服务项目进村（社区）的全覆盖清单，百余个涉及垃圾分类、文明创建、平安巡防、居家养老等志愿服务项目将进驻全区162个村（社区），常态化开展志愿服务。活动现场，还成立鄞州区“南高教志愿者分会”和鄞领驿站·高校志愿服务团。

【全区志愿服务工作大会】 2018年11月29日，全区志愿服务工作大会在区行政中心二楼西边大会场召开。区级机关志愿服务工作分管领导，各镇（街道）党（工）委副书记、宣传委员、宣传干事、团干部，省级以上文明村、社区负责人、志愿服务机构、组织负责人代表，优秀志愿者代表190余人参会。会上，介绍鄞州区We志愿服务平台的创建和试运行相关情况，解读《关于进一步加强和改进全区志愿服务工作的实施意见》《鄞州区建立社会组织开展志愿服务制度的实施意见》。区文广新局、云龙镇、白鹤街道、中河街道春城社区、甬动爱心服务中心等代表作交流发言，会议还对下阶段志愿服务工作进行部署。会议指出，要完善制度体系，规范平台运行，突出品牌特色，扩大社会参与，打造鄞州特色的志愿服务工作新格局。区委副书记、政法委书记、区志工委主任朱法传，区委常委、宣传部部长、区志工委常务副主任方飞龙出席会议，副区长、区志工委副主任卜明长主持会议。

【平安鄞州建设志愿服务】 2018年，为助力建设“平安鄞州”，提升“平安三率”，团区委组织平安志愿者队伍参与全区“平安大巡防”行动。结合全区开展的“三进”行动、周二夜访等，集中开展党员干部+综治人员+团干部+青年平安志愿者的平安夜巡、做好安全隐患排查、平安工作宣传等。共组织发动2.43万人参与平安大巡防，切实提升百姓对基层平安建设工

2018年11月29日，全区志愿服务工作大会召开

作的认知度、理解度，为小区居民“保驾护航”。

（郑小龙）

关心下一代工作

【概况】 2018年，全区有基层关工委组织917家，其中村关工委202家、社区关工委141家、民营企业关工委487家、学校关工委84家。参与关心下一代工作的“五老”（老干部、老战士、老教师、老专家、老模范）2398人。区本级有4支“五老”骨干队伍，共355人，分别为思想道德教育宣讲团、关爱工作团、中小学校外辅导员、网吧义务监督员。

区关工委印发《关于开展“弘扬‘红船精神’争当时代新人”主题教育活动的实施意见》，组织“五老”骨干，到上海中共一大会址和嘉兴南湖实地参观，学习建党历史，重温入党誓词。与区电影发行放映公司联合开展“红色电影进基层”放映活动，集中放映以党史国史为主题的红色经典爱国主义电影。组织“弘扬‘红船精神’争当时代新人”教育展板制作、展示、评比，在善园、宁波大学园区图书馆、全省基层关工委建设工作会议现场等地进行展示，云龙镇关工委选送的“假日学校是青少年健康成长的乐园”等16块展板分获一、二、三等奖和优秀奖。

【“假日学校”和“四点钟学校”建设】 2018年，全区开办“假日学校”158所，实现镇（街道）办学全覆盖。6月，召开暑期关心下一代工作动员会，对“假日学校”的开办进行部署。7月，组织力量，走访18个镇（街道）的30所“假日学校”，慰问“五老”志愿者。10月，开展全区优秀“假日学校”评选活动，38所“假日学校”分别获评示范“假日学校”、满意“假日学校”和特色“假日学校”；4个镇（街道）获“假日学校”优秀组织奖；同时，还评选出精品讲课教材5件、精品实践活动案例4例。全区开办“四点钟学校”46所，坚持按需服务，注重提升品质，做到政治性、知识性、趣味性、娱乐性和实践性相结合，成为加强未成年人思想道德建设的品牌。中国关心下一代工作委员会常务副主任杨志海、刘峰岩，省关心下一代工作委员会副主任江坪、陈仲方先后到镇安小学调研“四点钟学校”建设并给予肯定。10月，全省基层关工委建设工作会议在宁波召开，与会代表到贺丞社区“四点钟学校”进行考察。

【青少年夏令营和清明祭英烈活动】 暑期，区关工委与区教育局关工委联合组织“传承红色基因 争做时代新人”全区青少年夏令营活动，祭扫余姚梁弄革命烈士纪念碑，参观横坎头村中共浙东区委旧址、新四军浙东游击纵队军史陈列馆，组织徒步行军，举行主题演讲比赛和文艺演出等。通过老少牵手，共同回顾革命历程，熟悉党史国史，帮助青少年树立和践行社会主义核心价值观。全区百余名优秀学生参加活动。清明节期间，区关工委在云龙镇举行“鄞州区‘缅怀先烈 铭记历史’教育实践活动”，“五老”志愿者向青少年们宣讲当地革命烈士英勇事迹，老少携手参观徐婴烈士纪念馆，实地祭扫革命前辈墓。各镇（街道）、村（社区）关工委也分别组织开展唱红歌、读红书、讲红色故事、游红色古道、访烈士故居（革命活动旧址）及网上网下清明祭英烈活动。

【青少年校外教育基地建设】 2018年，鄞州区挖掘、整合区域内教育资源，坚持建设、使用、管理并重，推进青少年校外基地建设，收到较好社会效益。11月，善园青少年教育基地、潘火街道“假日学校”活动基地（蔡氏祠堂）获评市关工委命名的“第六批宁波市关心下一代校外教育阵地”并获授牌。同时，新增塘溪镇宁波第一农村支部（农会）陈列馆及名人故居、咸祥镇“咸祥人民营救美国飞行员纪念亭”等新建爱国主义教育基地。至年底，全区有校外教育基地60家。

【“联谊结对共发展”活动】 2018年3月，区关工委印发《关于开展镇（街道）关心下一代工作“联谊结对共发展”活动的通知》，将全区21个镇（街道）分成7个结对组，以“工作互促、队伍互动、活动互通、发展互鉴”为活动内容。各结对组制订实施方案，组织联谊活动，互相交流工作经验，参观考察青少年教育阵地，达到取长补短、共同提高的目的。至年底，全区举办结对联谊活动15场，推动基层关工委工作平衡发展。

【区关心下一代志愿者协会】 2018年，区关心下一代志愿者协会召开理事会议，通过协会各项制度和运行办法，制定11个工作室的职能。组织理事及各工作室负责人到海曙区、江北区学习考察关心下一代志愿者协会工作。区关协共承接和实施市、区两级“暑期‘五老’关爱服务青少年”“春泥计划”“国学经典走进四点钟学校”和汉字棋科普夏令营公益推广4个项目，惠及青少年16200余人。关爱工作室与区法院少年及家事审判庭联系协作，对两起民事案件中受害的未成年人进行相应的心理干预和疏导；爱心妈妈工作室募集善款7000元，用于帮扶特殊青少年；汉字棋工作室举办“鄞州区小学生汉字棋大赛”；校外辅导工作室组织老教师上门为残疾学生辅导上课；阳光心理咨询工作室每周五开通心理咨询电话；护航工作室、爱心妈妈工作室和鄞星才艺工作室联合对区内5所特殊学校进行“六一”节慰问；科创工作室与白鹤街道关工委共同举办为期7天的科创制作活动。

（陈 晛）

残疾人工作

【概况】 2018年，区残联对残疾人参加城乡居民养老保险个人缴费部分按照缴费档次给予100元或50%补贴，将原鄞州区残疾人生活补助金制度并轨至城乡居民基本养老和医疗保险补贴办法。全区享受低保残疾人家庭2701户，“两项补贴”制度惠及5292名困难残疾人和8386名重度残疾人，残疾人养老保险参保率、医疗保险参保率分别提升至98.99%、99.95%，社保参保缴费补贴率98.90%。慰问贫困残疾人家庭5200余户，发放590余万元；助学423人次，发放74万元；改造残疾人家庭农村破旧房2户，发放租赁补贴9户。

实施残疾人精准康复服务行动，启动省级残疾人社区精准康复服务试点工作，投入康复救助款约440万元，有1.25万名残疾人受益，4016人享受辅助器具服务，康复服务率和辅具适配率均100%。实施残疾人免费签约全覆盖，"三类"重点残疾人家庭医生签约率93%。建立"鄞州区精神残疾人服药救助实时结算结报系统"，掌握全区2000余名持证精神残疾人服药情况。

推进残疾人就业创业工作，全区597家企事业单位累计分散安置残疾人就业1135人，31家福利企业（工疗机构）安置残疾职工711人，14家阳光家园满足280名智力、精神以及重度残疾人的庇护性就业需求，在全市创新推出社工招聘专设残疾人岗位，录用残疾人社工3人。制定出台鄞州区残疾人扶贫基地创建管理办法，申报市级示范基地2家，带动38名农村残疾人就业增收，7个镇（街道）11户残疾人被列入"自强创业示范户"。侯菲菲获"魔豆妈妈"创业扶贫大赛浙江区域赛"十佳"路演活动第二名。东柳阳光驿站被列入"宁波市残健共融开放式服务示范基地"。

开展单身残健人士联谊会、畅游科探中心、公益骑行、手语演讲比赛、飞镖比赛等活动，参与残疾人1000人次。组建由100余名优秀残疾人组成的文体人才库，组队参加"市九残会"，获金牌榜、奖牌榜"双第一"和优秀组织奖。伦敦残疾人奥运会冠军黄成创办的云龙残疾人赛艇基地建成投用。

举办"蓝丝带飘起来——鄞州区关爱孤独症儿童公益倡导行动"主题音乐会以及爱耳日、残疾预防日等宣传活动10余场。与鄞州电视台、鄞州日报社全面合作，开通区残联微信公众号，《民情面对面》《鄞视聚焦》栏目把镜头对准残疾人事业。推进无障碍社区创建，首南陈婆渡社区和钟公庙都市森林社区入选省首批无障碍社区。东柳街道东海花园社区、东胜街道泰和社区、中河街道天城社区3个社区的创建工作全面开展。

完成267户残疾人家庭收入状况监测以及2万余名持证残疾人基本状况和需求专项调查工作，成立残疾评定专家库和监督小组，规范新申请残疾人证流程，开展"二代证"清库工作，为智能化残疾人证换发作准备。建立阳光助残基金，为残疾人提供生活救助、创业培训、大病医疗等资金帮扶，基金捐赠额10万元，专款专用。先天性肢体畸形矫正和脑瘫儿童康复救助项目获批，被列入新增救助项目。

【参加宁波市第九届残疾人运动会】 2018年7月25日，宁波市第九届残疾人运动会在象山高教园区体艺馆闭幕，鄞州区代表队获较好成绩。该届残疾人运动会设田径、游泳、乒乓球、羽毛球、飞镖、象棋、围棋、坐式排球8个大项。其中，围棋、中国象棋、飞镖在宁波市老年体育活动中心、坐式排球在奉化区体育馆已先期举办。"市九残会"前后有近400名残疾人运动员参加。鄞州区代表队15名运动员参加田径、游泳、羽毛球三大项的比赛，获得37金、6银，加上提前举行的坐排、飞镖、象棋和围棋4个项目，收获49金、7银、2铜，总分位居金牌榜和奖牌榜首位，创造鄞州区在宁波市残运会上的最好成绩，并与江北区代表团、慈溪市代表团、象山县代表团获"组织奖"。

【区首届聋人手语演讲大赛】 2018年9月20日，鄞州区首届聋人手语演讲大赛在宁波市文化广场小剧场举行。全区16位选手用手语诠释"我有一双会说话的手"，150余名听障人士观看比赛，共同庆祝第61个国际聋人节。评委根据演讲内容、手语表达能力、形象风度、会场效果等方面对选手进行打分评定，东柳街道周亚玉的《青年梦，中国梦》获一等奖，五乡镇李丽的《前进的中国，永远的骄傲》、东吴镇乐耀军的《中残联第七次代表大会——我的中国梦》获二等奖，咸祥镇丁伟伟的《全面建成小康社会，残疾人一个也不能少》、白鹤街道那艳文的《创业历程》、东胜街道徐志浩的《滥竽充数与宁波梦》获三等奖。

【羽人竞渡残疾人赛艇基地投入运营】 2018年10月1日，羽人竞渡残疾人赛艇基地在云龙镇投入运营。该基地由2012年伦敦残疾人奥运会冠军、鄞州籍残疾人运动员黄成创办，位于云龙镇顿岙村的原区自来水厂云龙泵站，占地面积0.20公顷、建筑面积600平方米，主河道长2000米、宽110米，能同时容纳赛艇20艘。2017年，黄成回乡创业，成立宁波市羽人竞渡体育管理有限公司，筹建创立羽人竞渡残疾人赛艇基地，区政府免费提供房屋以支持残疾人创业。该基地配备有全市唯一适合赛艇训练和组织赛事的赛道，可在引进国内外赛事、承接运动员训练基础上，发展水上休闲运动项目，对外承接党建团建活动，带动周边残疾人等困难群体就业。

（蒋炜福）

街道·镇

潘火街道

福明街道

东柳街道

中河街道

东郊街道

下应街道

明楼街道

百丈街道

东胜街道

白鹤街道

首南街道

钟公庙街道

梅墟街道

新明街道

瞻岐镇

咸祥镇

东吴镇

塘溪镇

五乡镇

邱隘镇

云龙镇

横溪镇

姜山镇

东钱湖镇

鄞州年鉴

2019 YINZHOU YEARBOOK

潘火街道

【概况】 2018年，潘火街道辖16个社区、13个行政村，区域面积14.25平方千米，户籍人口3万人，流动人口6.12万人。实现地区生产总值81.86亿元。财政总收入29.35亿元，比上年增长3%；一般公共预算收入16.47亿元，增长9.80%。

38家产值上亿元企业实现总产值160.80亿元，增长6%，占规模以上工业总产值的87.70%。宁波荣大昌办公设备有限公司获评省“专精特新”培育企业，博格华纳汽车零部件（宁波）有限公司、浙江中哲控股集团有限公司入选区“大力神鼎”奖，宁波圣龙（集团）有限公司、宁波高发汽车控制系统股份有限公司入选区“大力鼎”奖，浙江中哲控股集团有限公司、博格华纳汽车零部件（宁波）有限公司、宁波高发汽车控制系统股份有限公司、欧琳集团有限公司、宁波圣龙（集团）有限公司、宁波利之星汽车服务有限公司6家企业入选区“百强企业”。推进宁波中哲慕尚控股有限公司、宁波舒普机电股份有限公司、宁波音王集团有限公司、欧琳集团有限公司等6家区级培育企业上市进程，其中宁波中哲慕尚控股有限公司通过香港交易及结算所有限公司聆讯。全年研究与试验发展经费支出6亿元，高新技术产业产值占规模以上工业产值的60%以上，高新技术产业增加值占规模以上工业增加值的80%以上。推进汽车4S店一条街建设，增加“红旗”“吉利领克”“长城哈弗”3个品牌，汽车4S店扩展到23家、28个品牌。都市工业示范园的浙江开天工程技术有限公司、宁波金科磁业有限公司、宁波中哲微电子科技有限公司、宁波中物光电杀菌技术有限公司4个项目完成施工准备。辖区商务楼宇面积达到23.70万平方米，入驻企业213家，实现税收1600万元。引进总投资3000万美元的哥伦比亚养老项目。实到外资1200万美元，引进内资3.25亿元，浙商回归资金6.06亿元。推进中物院宁波军转民科技园、清华长三角研究院宁波分院两大科创平台发展，举办全国光电技术联盟年会、“清华学子鄞州行”等活动，吸引高端人才1200人，落实项目14个，鄞州投资创业中心获省级军民融合产业基地考核优良。盘活浙江浙天通信工程有限公司、宁波商卡立服装科技有限公司、原宁波佳虹实业有限公司闲置厂房8.90万平方米，入驻企业14家。规模以上工业亩均产值和税收分别达到662.40万元和79.40万元，博格华纳汽车零部件（宁波）有限公司、宁波高发汽车控制系统股份有限公司等14家企业入选2017年度全市工业企业“亩产英雄500强”。推进“千人计划产业园”建设，建立博士后工作站1家、市级以上企业工程技术中心8家，增加高新技术企业5家、初创型企业25家，培育“国家万人计划”专家1人，引进高层次人才67人。浙江开天工程技术有限公司项目获全区首个国家科技进步一等奖，宁波伏尔肯科技股份有限公司项目获国家机械行业类科技进步一等奖。

完成王家弄安置小区主体结构验收及潘火实验中学标准化验收，启动东南小学金达路校区、潘火卫生院改扩建等民生项目。完成金阳路、紫城路人行道维修，以及下应北路景观改造提升工程，基本完成轨道交通4号线地块收储、轨道交通5号线政策处理及场地移交。完成曹隘地块土地出让。全年拆迁9.90万平方米，拆违6.60万平方米。完成童王小区、殷家花园小区雨污水分流，中塘河、大洋江、沧海河等主要河道沿河排口截污纳管工程。通过市级“污水零直排街道”复检，以及国家环境保护局黑臭河专项督查。发放排水许可证51个。整合智慧城管、E宁波、网络舆情等平台，开发党建管理、工程管理、社区管理等模块，网格员走访巡查109万次，处置事件1.40万起。完成辖区学校、幼儿园监控设施，投创片区信号灯，泗港菜场、潘火菜场停车场智能化改造。整治金谷北路、启明路等“桥头跳车”16处，增加停车位370个。

以“5S”标准推进“一窗受理”改革，优化“最多跑一次”业务48项。街道公共事务服务中心受理事项2.80万件，按时办结率、群众满意率均达100%。投入专项资金2593万元完善各校（园）软硬件设施，优化辖区学前教育资源配置。荣安香园、格兰郡庭幼儿园开园。投入700万元优化提升公共卫生资源，完善分级诊疗服务体系，组建家庭医生签约团队11个，签约重点人群6456人。全年慈善支出150万元。街道总工会获评区“工会工作先进单位”，花园学校获评区“十佳”示范两新妇女组织，金桥花园社区“心连心工作室2.0版本”获评区“十佳创新项目”。举办第三届汽车文化节、第六届群众文化艺术节、“阿拉艺起来”综艺巡演等活动，累计开展“周日文化”活动190余场次，“天天演”108场次。推进“雪亮工程”建设，安装村社一级监控480个。开展二手车专项整治，排查企业144家次，取缔3家。全年调解案件338起。签订安全生产承诺书372份，完成二级网格检查339家次，三级网格巡查3760家次，查处、整改隐患点392处，事前“行政处罚”企业32家，罚款24.15万元。举办街道生活垃圾分类誓师大会暨知识竞赛，招募社区垃圾分类志愿者748人，开展垃圾分类工作培训会80场，签订垃圾分类入户承诺指导手册1.20万份。金桥花园社区创建为全区首批社区文化家园。成立街道社会组织服务中心，孵化雅苑“盲人电影室”、潘火桥“纤源坊”工作室、金桥“悦F”等特色品牌。东方丽都区域性居家养老中心建成投用。

表 31　　2018 年潘火街道各社区（行政村）基本情况

行政村（社区）	面积（平方千米）	户数（户）	人口数（人）	集体经济总收入（万元）	集体经济总费用（万元）	总资产（万元）
东方丽都社区	0.13	2490	8715	—	—	—
东南社区	0.29	3549	15000	—	—	—
东莺社区	0.20	3610	10994	—	—	—
金桥花园社区	0.13	2474	7723	—	—	—
金谷社区	0.26	2898	7340	—	—	—
潘火桥社区	0.87	3351	8953	—	—	—
尚城社区	0.21	2870	9560	—	—	—
世纪社区	0.13	2335	6163	—	—	—
同欣社区	0.13	1803	4639	—	—	—
星苑社区	0.29	2658	6645	—	—	—
殷家社区	0.06	1392	3526	—	—	—
宜家社区	0.14	2186	4355	—	—	—
雅苑社区	0.25	1821	3700	—	—	—
紫郡社区	0.25	3110	13250	—	—	—
海璟园社区	0.11	2101	5900	—	—	—
香园社区	0.20	3468	10404	—	—	—
王家弄村	0.95	568	1430	10655	1258	17894
殷家坑村	6.30	371	1061	2141	1338	15708
童王村	0.60	352	856	659	752	15248
潘火桥村	1.51	595	1545	1817	1537	15784
小花园村	0.60	217	644	706	756	5786
曹隘村	0.85	329	808	496	736	21462
妙胜村	0.90	390	991	2466	1070	7665
齐心村	0.80	300	707	671	625	5321
泗港村	0.95	315	805	1313	1175	6728
土桥村	2.00	540	1317	1052	1094	8705
童家村	0.80	293	780	391	376	4424
蔼家村	0.80	259	640	384	343	3839
中鹅村	0.60	171	425	508	304	3662

说明：表格中数据为调查数

【浙江开天工程技术有限公司项目获国家科技进步一等奖】（参见“科学技术”类目“概述”分目）

【宁波伏尔肯科技股份有限公司项目获中国机械工业科学技术奖一等奖】 2018年10月，中国机械工业科学技术奖奖励工作办公室公布2018年度中国机械工业科学技术奖获奖项目名单，宁波伏尔肯科技股份有限公司的“高端陶瓷密封环成套技术开发及应用”项目获一等奖。该项目由宁波伏尔肯科技股份有限公司联合合肥通用机械研究院有限公司、清华大学共同完成，于2008年1月启动研发，2016年12月完成，总投资额2185万元。项目通过研制制备碳化硅陶瓷的新原料、新助剂以及新配方，结合无压与热压烧结工艺采用变温变压技术，解决碳化硅陶瓷普遍存在的韧性不足及致密度不高的材料设计问题，实现碳化硅陶瓷的高性能。并基于分瓣式结构原理设计针对大尺寸密封环的新模具，开发出低烧结开裂率外径达500毫米

2018年10月22日，第三届潘火汽车文化节在潘火街道959电商园举行

的超大尺寸密封环，实现碳化硅密封环的尺寸高参数。至年底，该项目的相关技术获授权发明专利6项，实现销售收入1.53亿元，利润2635万元。

【哥伦比亚养老机构项目引进】 2018年6月8日，在宁波市国际投资合作洽谈会暨重大项目签约仪式上，宁波凯健夏映养老服务有限公司引进哥伦比亚养老机构项目。该项目位于下应北路282号，占地面积5800平方米，建筑面积17000平方米，总投资3000万美元，计划于2019年4月投入使用。养老机构定位于为宁波市及周边地区中高端家庭老人提供国际品质的专业医疗护理、康复治疗和文化娱乐活动等综合性、一站式的养老专业服务。哥伦比亚（中国）医疗集团是由美国哥伦比亚太平洋管理公司和新加坡 Sheares医疗集团共同建立的合资企业，总部设立在上海，在国内设有多家综合、专科医院、诊所和康复养老机构，凯健夏映养老项目是哥伦比亚（中国）医疗集团旗下的业务板块之一。

【格兰郡庭幼儿园开园】 2018年10月19日，格兰郡庭幼儿园开园。该幼儿园是鄞州实验幼儿园教育集团的第三个园区，位于潘火街道郡城花苑小区内，占地面积7000平方米，建筑面积5128平方米，总投资约5500万元。于2017年开工建设，2018年8月竣工交付，按15个班级规模设计，配备美工室、阅览室、科学室等功能用房9个。2018年，开设托班1个、小班2个，招收幼儿72人，有教职工15人。

【第三届潘火汽车文化节】 2018年10月22日，第三届潘火汽车文化节在潘火街道959电商园举行。活动由潘火街道办事处（投创中心）主办，宁波人民广播电台、中国人民保险股份有限公司宁波市分公司承办，23家汽车品牌4S店参加。副区长杜伟出席活动并致辞。开幕式上，举行女子提琴协奏、中国风舞蹈表演、公益宣传片播放、吉祥物亮相、关爱特殊儿童捐赠仪式等活动。文化节活动持续至10月28日。其间，举行“王牌对王牌”“抖音PK大赛”“摄影爱好者的狂欢日”“大人物下午茶”“汽车圆桌会”“星星音乐会”“车险课堂”等系列汽车主题活动。至年底，汽车街区21家4S店实现销售额77.80亿元、利润14722万元。

（孙建阳）

福明街道

【概况】 2018年，福明街道辖17个社区、11个股份经济合作社，区域面积14.60平方千米，户籍人口49941人。实现地区生产总值70.40亿元。财政总收入6.37亿元，其中一般公共预算收入2.88亿元。

实现限额以上批发零售业销售额304.54亿元，比上年增长34.40%；规模以上工业产值3.26亿元，同比增长3.38%。引进内资企业388家，注册资本36.90亿元。实到外资0.52亿美元，市外内资14.93亿元，省外浙商回归资金9.82亿元。引进小米金融区域性总部等重大项目，波兰船级社等项目签约。“金融硅谷”产业园入驻企业400余家，入驻率达95%以上。引进楼宇企业315家，实现楼宇税收33.78亿元，其中千万元税收楼宇15幢、亿元楼宇6家。整规楼宇142家，规范楼宇面积5363.53平方米。

实现固定资产投资总额70.10亿元。38个重点项目中，东部新城门户区建设启动，富邦中心、庆丰地段徐戎路西侧3号地块等3个新建项目开工，世界中华总商会、阪急阪神项目推进，效实中学东部校区、泊景庭二期等7个项目交付。3个10%留用地项目，王家园办公楼主体建筑、戚隘桥商业地块中3个地块补桩基本完成，国际汽车城以东陆家留用地项目进入前期手续办理及施工图纸设计阶段。房屋征迁签约33.22万平方米，拆除10.60万平方米。完成“拔钉清零”项目5个，南余、桑家剩余非住宅整体拆迁。余隘人家小区近1500套安置房抽签定位，交付安置1441套。集中整治重点地块12个，美化围挡8000平方米，覆盖绿膜26000平方米。拆除违章建筑15.60万平方米。发放排水许可证57家，解决河道环境问题80余个。

新建或改扩建社区服务中心5家。建成新城社区区域性居家养老服务中心、宁城社区A级居家养老服务站。东城社区被评为区十佳品质社区。“最多跑一次”改革服务居民38912人次、企业870家。劳动监察年检企业3257家。开展无欠款专项行动6次，检查企业380余家，调解各类案件42件，涉及金额31万元。开发就业岗位信息1285个，就业率99.90%。宁波甬剧艺术博物馆建成试运行。与宁波甬剧研究传习中心联合出品《甬港往事》等精品剧目，编排创作音诗画作品《双心阿姨》。加入甬江两岸文化联盟，举办街道首届“巾帼风采节”和“5·15国际家庭日”等特色活动。开展阿拉“艺起来”基层文艺团队巡演、“天天演”文化惠民等活动演出30余场，举办培训课程500余次。受理并办结信访案件442件，调解重大矛盾纠纷22起，调解成功率100%。11个股份经济合作社完成换届选举。街道团工委获2017年度“全国五四红旗团委（团支部）”称号。

表 32　　2018 年福明街道各社区基本情况

社　区	面　积（平方千米）	户数（户）	人口数（人）	集体经济总收入（万元）	集体经济总费用（万元）	总资产（万元）
福明家园社区	0.21	3806	10320	—	—	—
新源社区	0.27	4797	12489	—	—	—
陆嘉社区	0.18	3017	5635	—	—	—
波波城社区	0.55	2720	8600	—	—	—
碧城社区	0.17	2663	6657	—	—	—
新城社区	0.90	6342	15000	—	—	—
福城社区	0.27	3250	10081	—	—	—
东城社区	0.28	1896	4836	—	—	—
江城社区	2.16	2625	4000	—	—	—
宁城社区	1.48	2739	3678	—	—	—
明城社区	1.32	6632	8544	—	—	—
和城社区	0.12	235	517	—	—	—
明一社区	0.03	214	399	5335	7224	66337
南余社区	0.15	175	303	8614	5838	9767
余隘社区	0.04	437	856	601	4244	13634
江南社区	0.50	479	886	7312	4734	45220
桑家社区	0.74	676	1490	986	17851	13270

说明：表格中数据为调查数

【和城社区成立】 2018年1月，和城社区成立。和城社区东起中兴北路，南接曙光北路，西至丰余路和朝晖路，北到江东北路和甬江，由余隘人家和忆江南2个小区组成。该社区为原明一、南余、余隘、江南4个自然村相融组成的拆迁安置社区，社区面积0.12平方千米，总户数3320户，常住人口517人。社区居委会办公地点设在余隘人家小区13幢41号，有在编专职社工4人。

【福明街道团工委获评2017年度“全国五四红旗团委（团支部）”】 2018年5月2日，福明街道团工委被共青团中央表彰为2017年度“全国五四红旗团委（团支部）”，为浙江省唯一一家被表彰的镇（街道）。福明街道团工委成立于1984年10月，有支部数36个，团员223人。自2016年起，团工委组建“河小二”志愿服务队，开展巡河护河行动；通过“大手牵小手”、智趣互动多种形式，开展垃圾分类督导、宣传等工作，组织青年参加鄞青“智战”垃圾分类等活动。2018年，共开展各类活动20余次，服务青年人群超过2000人次，并涌现出“淘青年”、“相约新城”青年交友驿站、友善的墙、小娘舅握握团等一批优秀团建品牌。团工委曾获浙江省先进团委、宁波市共青团强镇（示范街道）、宁波市优秀大学生暑期实践队伍、宁波市先进团组织、宁波市五四红旗团支部等荣誉。

【效实中学东部校区启用】 2018年9月7日，效实中学东部校区落成启用。校区位于东部新城核心区百丈东路1907号，于2016年1月开工建设，2018年8月竣工验收，总投资4.85亿元，占地面积6.67万平方米，总建筑面积5.68万平方米，设有教学楼、图书馆、大礼堂、行政楼、校史馆等主要建筑，并配备有400米标准田径运动场、室外篮球场、排球场。校区建设规模36个班，可容纳学生1440人。2018年，招收高一8个班级以及国际部的学生，有在校学生320人、教职员工72人。

【福明街道首届“巾帼风采节”】 2018年3月7日，福明街道首届“巾帼风采节”在宁波报业集团报告厅举行。活动由福明街道党工委、办事处主办，福明街道妇女联合会、文化站承办，东城社区协办，街道居民约300人参加

2018年3月7日，福明街道首届“巾帼风采节”主题晚会举行

晚会。晚会以“中国梦，巾帼情”为主题，分“最美家风”“最美家庭”“最美巾帼”3个篇章。现场表演《看，这一座东部新城》《张灯结彩》《天之大》《妈妈的花背带》《我爱我家》《中国梦太极情》等节目。活动还评选表彰10户“最美家庭”。

【小米金融区域性总部项目引进】2018年6月7日，在第二十届中国浙江投资贸易洽谈会上，福明街道与北京小米保险经纪有限公司宁波分公司签约，引进小米金融区域性总部项目。项目位于湖下路217号，计划总投资20亿元。北京小米保险经纪有限公司宁波分公司是小米公司旗下的综合性金融服务平台，主营保险经纪、支付、投资、信贷等业务。9月27日，该项目完成注册。

（谢琼艳）

东柳街道

【概况】2018年，东柳街道辖11个社区，区域面积5.30平方千米，总人口8万人。实现地区生产总值43.25亿元，比上年增长11.40%。财政总收入4.10亿元，增长7.30%；一般公共预算收入1.82亿元，增长7.70%。

限额以上批发零售业销售额73.45亿元，增长7.60%。限额以上社会消费品零售额3.57亿元，增长38.10%。完成进出口总额8.04亿美元，其中出口额7.71亿美元，增长17.30%。累计引进企业近200家。其中，北京多牛互动传媒股份有限公司海外上市主体企业、用友网络科技股份有限公司宁波分公司、宁波智慧交通研究院股份有限公司3家企业，注册资金3000万元；浙江砼易供应链管理有限公司、浙江同迈供应链管理有限公司、宁波昶平供应链管理有限公司等15家企业，注册资金8500余万元。实到市外内资7.40亿元，浙商回归资金6.08亿元，外资2288万美元。开展第四次经济普查，累计清查6330家，其中企业3595家、个体工商户2735家。整规企业65家，涉及注册资金1.51亿元，增加楼宇可用资源面积3370余平方米。26家楼宇企业完成注册或变更注册。增加产税千万元楼宇2幢。完成有效投资总量2.44亿元，其中建筑安装工程投资1.37亿元、民间投资6800万元。宁波乐普信息科技有限公司入选国家高新技术企业，宁波科创制造技术开发有限公司、宁波酷旺智能科技有限公司进入区高新技术企业培育库，1人入选市首批“泛3315”计划创新个人。

开展“创精品 展魅力”城市品质提档行动，在宁波市争创全国文明城市“五连冠”中获市政府集体嘉奖。拆除违章建筑5460平方米、违规大型广告牌18块，清理沿街商铺违规灯箱140个，专项治理围挡8处，整改中兴小区违规出租车棚车库150户。创建省级垃圾分类示范街道，增加各类垃圾分类宣传牌320余处，完成20个垃圾房、644个垃圾点位改造，实现垃圾分类全覆盖。投入2230万元完成9个住宅小区管网疏通等7个工程，发放排水许可证52家。累计拆除涉河违章建筑250平方米，清理沿河垃圾70000余千克，修复沿河各类绿化1500余平方米。排查各类排水户100余家，下发整改书40余份，立案查处5户。

推进“最多跑一次”改革，梳理21项权力清单和45项服务事项，实行“5S”窗口管理，推出“红蓝绿三色助跑”服务。推进公共就业服务标准体系建设，创建成为鄞州区唯一一家国家级就业标准化试点单位。启动国家级社区便民服务标准化试点工作，并通过省专家组验收。推进居家养老、爱心助残、慈善救助等服务品牌建设，指导东海花园创建省级无障碍社区，引入小柏家护等专业养老机构实行社会化运营，建成全市首个配备远程专家诊疗功能的社区养老服务站点。发放困难人员临时救助资金211人次25.34万元。排查摸底备案社区社会组织141个，撤销休眠、松散社会组织18家，培育扶持韩阿婆工作室、芳燕红线等一批优秀社会组织。华光城社区成为区级第二届“十佳品质社区”及宁波市社会工作示范基地。全区首创街道级“领雁”公益创投。发放残疾人精准康复卡70张，为残疾儿童申请配备器材22件。培训红十字救护员211人，动员180名志愿者献血5.20万毫升，募集造血干细胞捐献志愿者8人，颜旭东成为全区第九例造血干细胞成功捐献志愿者。受理及发放生育申请5594份，发放奖扶金额729.36万元。辖区网格处置各类事件5638件，办结率100%。打造“老潘警调中心”多元化解纠纷平台，达成人民调解协议53起，疑难复杂纠纷19起，累计金额1000余万元。两级调解委员会受理各类矛盾纠纷162起，调处成功161起。

表 33　　2018 年东柳街道各社区基本情况

社区	面积（平方千米）	户数（户）	户籍人口数（人）	集体经济总收入（万元）	集体经济总费用（万元）	总资产（万元）
安居社区	0.16	2441	5600	—	—	—
东海花园社区	0.16	1300	2864	—	—	—
东柳坊社区	0.37	3787	4845	—	—	—
华侨城社区	0.36	3551	5339	—	—	—
华光城社区	0.20	2812	7120	—	—	—
锦苑社区	0.30	3374	6329	—	—	—
幸福苑社区	0.28	2834	7085	—	—	—
太古城社区	0.32	3961	8500	—	—	—
园丁社区	0.25	2957	4023	—	—	—
月季社区	2.00	2524	6108	—	—	—
中兴社区	0.24	2120	5060	—	—	—

说明：表格中数据为调查数

【宁波乐普信息科技有限公司获评国家高新技术企业】 2018年11月27日，宁波乐普信息科技有限公司获评国家高新技术企业。该公司成立于2015年6月，注册资本500万元，内设移动智能工程（技术）中心，面积200平方米，有专业技术人员和管理人员16人，提供软件研发、整体解决方案、UI设计、软件测试等服务，年服务产值200万元。至2018年，公司开展科技研发项目12个，获得计算机软件著作权8项，技术成果应用于考拉爱家智能家居系统、乐购易购客户端软件、企业圈社交平台等系列产品。

【"老潘少数民族工作室"揭牌成立】 2018年1月17日，鄞州区首个镇（街道）少数民族工作室——"老潘少数民族工作室"在东柳街道华光城社区揭牌成立。该工作室由区委统战部、区民宗局联合东柳街道，在2013年成立的"老潘联调工作室"基础上设立。创始人潘明杰为东柳街道人民调解委员会驻东柳派出所专职人民调解员，2017年获"全国模范人民调解员"称号。工作室位于华光城社区居委会二楼，由民族团结文化墙、民族风情书画廊和民族议事厅组成。吸纳3名少数民族骨干担任班子成员，有调解员10余人，通过开通"老潘24小时民族热线"、"老潘论道"微博以及"少数民族公益基金"等平台，为鄞州区及宁波市少数民族群众提供服务。至年底，共为少数民族群众提供调解服务30人次。

2018年12月12日，东柳街道第五届睦邻文化节主题晚会在文化广场保利大剧院举行

【东柳街道第五届睦邻文化节主题晚会】 2018年12月12日，东柳街道第五届睦邻文化节主题晚会在文化广场保利大剧院举行。晚会由东柳街道党工委、办事处主办，东柳街道文化站协办，以"筑梦奋进，共享幸福"为主题，街道文化站、园丁社区、幸福苑社区及街道柳之韵合唱团、恒宏文化公司等8支文化团队163名人员参加演出。现场表演非洲鼓《鼓乐东柳》、音舞说唱《都市园区东柳美》、舞蹈《芳华》、音舞诗《这就是我的东柳》、情景舞蹈《筑·梦》、情景剧《理应情合》、舞蹈《茉莉花》、领唱与合唱《共筑中国梦》8个节目，1000名观众观看演出。

（陆颖聪）

中河街道

【概况】 2018年，中河街道辖17个社区、3个行政村、10个股份经济合作社，区域面积8.80平方千米，总人口22万人，其中户籍人口9.20万人。实现地区生产总值61.09亿元，比上年增长13.40%。财政总收入8.57亿元，增长22.96%。

完成固定资产投资13.36亿元，其中民间投资12.31亿元。斯玛特广场（宝龙广场）、宁波钱湖乐都汇购物广场等7个区级重点项目推进，盛世天城小区雨污分流改造等34个项目基本完成，精成车业投产项目建成运营，唐人制造（宁波）有限公司产业项目引进。实到外资2240万美元、内资3.64亿元、浙商回归资金3.03亿元。外贸进出口总额92.86亿元，增长13%，其中出口总额86.46亿元，增长11.10%，服务外包执行总额9236万元。鄞州区大学生（青年）电商园区、NB568跨境电商园区入选全市首批跨境电商产业园。实现规模以上工业产值11亿元、销售10.59亿元、利润7053万元，其中高新技术产业产值6.03亿元。“小升规”企业入库6家、“专精特”新企业入库8家，宁波市富来电子科技有限公司、中国国旅（宁波）国际旅行社有限公司、宁波华孚进出口有限公司等重点企业获评区级实力骨干企业，浙江沧海市政园林建设有限公司、宁波精成车业有限公司获评区政府质量奖。现代服务业占GDP比重为85.40%，规模以上服务业增加值28.88亿元，规模以上营利性服务业营业收入41.91亿元。宁波东遇文创园项目入选市级文创产业重点签约项目。整规楼宇企业80家。研究与试验发展经费支出4379万元，高新技术产业投资4453万元，规模以上科技服务业增加值1.85亿元，增长12.20%。申请高新技术企业2家、入库4家，申报创新型初创企业10家、区级工程技术中心2家，专利申请70件、授权41件，引进高素质人才29人、“创业鄞州·精英引领计划”人才1人。鄞州区大学生（青年）创业园获评省级就业创业基地。

中河都市工业区规划建设，钢材市场区块启动开发，黄泥桥地块完成出让，东裕老旧厂房地块、鄞青花鸟市场地块改造提升。东湖邻里中心、中河便民服务中心、孙马安置小区二期工程等项目推进。轨道交通3号线、4号线、5号线建设全面推进，春园路拓宽改造工程恢复通车。开展“清零拔钉”专项行动，征迁签约1.08万平方米。改造旧厂房9.12万平方米，宁波良波凯文工贸有限公司厂区等一批个私企业转型升级项目推进。天静巷小资风情街建设方案会审确定，一期主题灯光改造实施。凤凰社区、宋诏桥社区、兴裕新村等老旧小区防盗门及智能化改造工程基本完成，疏通清理地下管网20千米，东城水岸、四明春晓等8个小区二次供水改造完成，东裕社区停车场建设启动实施。生活垃圾分类工作覆盖率达到93%，新（改）建垃圾房7座，改建垃圾点位797个，增设引导牌2300个。“两路两侧”环境整治拆除农棚田舍40间，取缔非法废品回收点8处，提升围挡整治6千米。建立河道社会化巡查养护机制，完成“零直排创建”项目16个，排查测绘小区38个，CCTV检测疏通24千米。东裕餐饮街和孙马餐饮街标准化管理成为整治样板，通过上级“零直排街道”创建验收和国家城市黑臭水体专项督查。拆除违章建筑9.48万平方米。开展城市精细化管理三年行动，清理垃圾杂物1000余车，清除垃圾2000余立方米，处置“僵尸车”100余辆。开展跨门经营、店招规范、流动摊贩等整治专项行动，劝离无证摊贩1270起，立案查处14起，抄告违停11814辆，清除各类广告787个，修复退红区域点位3200处，整改环境问题1000余个。彩虹社区小巷法官入围鄞领公益项目，社区社会工作室和社团组织总数分别达到16个、395个。宋诏桥社区、凤凰社区物业管理实现市场化转制，40个小区实行阳光财务公示，16个小区推行电梯安全综合保险制度，8个小区完成新一轮业委会组建。

推进“最多跑一次”改革事项标准化建设，完成政府办事事项76项，公共事务服务中心接处群众各类事项6.19万件次。增加就业岗位545个，开发（保持）公益性岗位17个，创业带动就业95人，零就业家庭实现基数归零、动态归零。开展保险社会化管理，企事业单位社保基数申报完成率为98.37%，户籍人口参保覆盖率在97%以上。企业劳动保障书面审查申报2442家。募集慈善捐款86.20万元，发放社会救助资金91.90万元，结对帮扶象山县泗洲头镇资金100万元，对口协作和龙市福洞镇和南坪镇。建设家园互融养老信息平台，锦寓社区居家养老服务站创建为AA级。堇山教育集团南校区投入使用，宋诏桥中学扩建项目、中河初中新建项目推进。宁波鄞州浙东骨科医院、鄞州肛肠医院建成运营。街道获得区级乐器类表演金奖、声乐类创作银奖、表演铜奖以及区十六届木球比赛团体第一名。举办城市生活周暨文化艺术节，推出“中河十周年”系列活动。“艺起来”、“天天”系列等活动推出各类巡演3场、戏剧演出30场、免费电影100场、公益服务200余次。东城社区建成首个街道级社区文化家园，东湖社区开设纯公益性图书馆，剑桥社区建成平安法治公园。春城社区获评全国“最美志愿服务社区”。

表 34　2018年中河街道各社区（行政村）基本情况

社区（行政村）	面积（平方千米）	户数（户）	人口数（人）	集体经济总收入（万元）	集体经济总费用（万元）	总资产（万元）
彩虹社区	0.15	2470	4237	—	—	—
城兴社区	0.28	3636	6346	—	—	—

续表34

社区（行政村）	面积（平方千米）	户数（户）	人口数（人）	集体经济总收入（万元）	集体经济总费用（万元）	总资产（万元）
春城社区	0.19	3512	4507	—	—	—
东城社区	0.98	3499	4104	—	—	—
东湖社区	0.46	5025	8532	—	—	—
东裕社区	0.41	4020	7600	—	—	—
飞虹社区	0.30	4006	5444	—	—	—
凤凰社区	0.18	2884	3880	—	—	—
剑桥社区	0.35	3302	6595	—	—	—
金馨社区	0.32	3032	7026	—	—	—
桑菊社区	0.32	2600	4543	—	—	—
宋诏桥社区	0.26	3270	5920	—	—	—
天城社区	0.35	4029	4100	—	—	—
汪董社区	0.50	3751	7288	—	—	—
兴裕社区	0.36	3732	5458	—	—	—
锦寓社区	0.18	1550	2113	—	—	—
金城社区	0.52	3567	1738	—	—	—
孙马村	0.56	280	742	1238	731	10030
潘一村	0.55	226	678	1509	1051	7387
宋诏桥村	0.70	990	2340	1424	997	35491

说明：表格中数据为调查数

【春城社区获“2017年全国最美志愿服务社区”称号】 2018年4月，中河街道春城社区被中央文明办评为“2017年全国100个最美志愿服务社区”之一。春城社区成立于2009年12月，2011年起，社区先后成立爱心传递、8090、健康加分、快意人生4支志愿服务队，分别由社区党员、团员、退休医务人员、健身爱好者组成，并以小区楼道为单位，对志愿者实行网格化管理。2012年5月，建立“博爱之家”、红十字“博爱家园”，设立红十字博爱救助金，建设红十字文化主题园区，开展红十字应急救护进社区活动，与宁波卫生职业技术学院开展“健康家园”志愿服务合作项目，提供特色便民服务等活动，累计组织志愿服务500余次，受益居民6500余人次，培训红十字救护员97人，普及培训1200余人次。社区先后获得宁波市文明社区、和谐社区、志愿服务先进集体等20余项荣誉。

【区大学生（青年）创业园获评国家级“海峡两岸青年就业创业基地”】（参见“中共宁波市鄞州区委员会”类目“台湾事务”分目）

【2018中河城市生活周暨第十届文化艺术节】 2018年9月25日，2018中河城市生活周暨第十届文化艺术节开幕式在钱湖天地广场举行。现场播放VCR《核心城区品质中河》，表演诗朗诵《故事中河》、歌曲《给幸福加油》、舞蹈《春晓》、说唱《物以类聚》、沙画《城事和畅》等节目。艺术节由中河街道党工委、办事处主办，以“城市和

2018年9月25日，2018中河城市生活周暨第十届文化艺术节开幕式在钱湖天地广场举行

畅——中河十周年”为主题，举行启幕·光影世界、欢腾·城市和畅、艺享·生活灵感、暖心·故事中河、流变·时光手作、纷呈·幸福邻里、遇见·善意善美7个系列活动。活动持续至9月30日，参与人数22000余人。

【堇山小学教育集团南校区投入使用】 2018年9月，堇山小学教育集团南校区投入使用。学校位于堇山中路与锦寓路交叉口西南侧，2016年5月启动建设，总投资1.60亿元，占地面积1.90万平方米，建筑面积2.30万平方米，按照30个教学班规模设计，配备有舞蹈室、合唱室、科探室、美术室、书法室、体艺馆、报告厅等功能教室。2018年，该校区招录班级20个，学生数900人，有教职工75人。

【宁波鄞州浙东骨科医院建成运营】 2018年6月6日，宁波鄞州浙东骨科医院开业典礼举行。该院位于鄞州区四明东路628号，于2015年启动建设，先期投资1.50亿元，建筑面积2万平方米，是按照三级骨科专科医院目标建设的集医疗、康复、保健为一体的医院。医院分5个病区，设床位200张，有中高级职称专家50余人，拥有美国GE64排螺旋CT、1.5T核磁共振等高端医疗设备，设置创伤骨科中心、关节骨病中心、手足外科中心、脊柱外科中心，以及运动医学、康复科、疼痛科、中医骨科、重症监护室和急诊科等核心科室。医院与美国哥伦比亚大学医学中心、凤凰城Hedley医生集团、HJY-YESS鸿建裕-杨氏医疗集团等国际骨科机构建立专业联盟，特邀国内外一流骨科专家定期坐诊。至年底，医院门诊量达到1.10万人。

【东裕“十里街区”特色街建成运营】 2018年5月，东裕“十里街区”特色街建成对外运营。该街区位于贸城东路与东裕路交叉口，占地面积1.50万平方米，于2015年8月动工建设，投资额2000万元，由六村股份经济合作社招商运营，按照年轻态、品质化开放式街区的定位，以半露天敞开式建筑风格为主，集聚潮流文化、涂鸦艺术、集装箱工业元素、公共创意等业态，主打年轻消费群体，是集合购物、餐饮、娱乐、休闲、文化于一体的室外潮流街区。至年底，该街区共有商户150余家，月客流量6万人次以上。

（王　晶）

东郊街道

【概况】 2018年，东郊街道辖5个社区和11个股份经济合作社，区域面积2.98平方千米，户籍人口7802人，股份经济合作社股民11465人。实现地区生产总值46.17亿元，比上年增长17.80%。财政总收入5.71亿元，增长4.70%；一般公共预算收入2.59亿元，增长5.20%。

实现规模以上工业增加值1.61亿元，增长19.70%。规模以上服务业增加值23.87亿元，增长27.39%。限额以上批发零售业销售额222.67亿元，增长15%。进出口总额16.51亿美元，增长44.87%。其中出口总额7.90亿美元，增长21.67%；进口总额8.61亿美元，增长75.60%。完成固定资产投资额68.96亿元。全年引进企业327家，注册资金36.70亿元，消化楼宇面积3万平方米。实到市外内资6.84亿元，省外浙商回归资金6.27亿元，外资2700万美元。总投资1500万美元的众政供应链、总投资5000万元的云裳谷产业园项目完成签约，宁波广盛房地产有限公司、宁波泓祥房地产开发有限公司、浙江瀛宁律师事务所、宁波和荣鼎新投资管理合伙企业（有限合伙）、佳兆业物业管理（深圳）有限公司宁波分公司、零售便利店总部项目浙江正大莲花佳商业管理有限公司等重点项目引进。宁波伟立投资集团有限公司、宁波轿辰集团股份有限公司、宁波市产城生态建设集团有限公司、宁波好阳光集团有限公司、韵升控股集团有限公司获区“大力鼎”奖，宁波港东南物流集团有限公司、斐戈集团股份有限公司获区实力骨干企业。推进E淘电商园、东进双创园区等小微企业双创高地建设，累计引进智能硬件、互联网等项目200余家。楼友会·宁波云创空间被评为省级众创空间，斐戈云裳谷成功申报宁波纺织服装产业创新服务综合体。引进高层次人才44人，宁波酶赛生物工程有限公司的黄勇开入选2018年科技部国家“万人计划”创业人才。增加区级大学生就业实践基地2个。宁波韵升股份有限公司主持、参与制（修）订国家行业标准2项；发明专利申请10件、授权6项。

6个“拔钉清零”项目中，东胜农场签约拆除“清零”，宁穿路区块签约“清零”。轨道交通5号线前殷停车场地块4.60万平方米房屋拆除“清零”，轨道交通4号线矮潘区块矮柳公寓1000余承租户腾空、3万平方米房屋拆除并交地。海田项目地块开工建设，宁丰银邦储运地块实现土地挂牌。中海宁波湾一期工程完工，中海宁波湾二期、永达路站地块、百宁街东侧地块开工建设，宁丰2-1地块一期、滨江商业广场二期交付。开展铁路两侧、拆迁地块和建筑工地等专项环境整治行动，累计整治点位50余处，清理垃圾7500万千克、3200余车次。覆盖绿膜12万平方米，制作墙绘2500余平方米。开展小区垃圾分类培训60余次，改造垃圾分类投放点指引牌59处，组建垃圾分类志愿者队伍102人，入户指导1500余户。推进“零直排”创建，实施小区雨污分流工程1个，河岸排口整治工程3个，巡河发现并处置21处。

承接区“最多跑一次”下放办理事项业务75项。宁丰社区居家养老服务中心和海悦社区长者生活服务中心分别通过AA级等级评定。海悦社区获评区第二届十佳品质社区，宁丰社区通过国家级社区便民服务标准化试点工作中期评估。办理小额担保贷款企业7家170万元。办理12家创业带动就业岗位补贴31人6.20万元，发放15家企业创业者社保补贴14.60万元。发布用工信息436条。办理居民医保893人，参保率98.60%。慈善分会募捐172万元。享受家院互融老人164人、高龄补贴163人。

表 35　　2018 年东郊街道各社区（股份经济合作社）基本情况

社　区（股份经济合作社）	面积（平方千米）	户数（户）	人口数（人）	集体经济总收入（万元）	集体经济总费用（万元）	总资产（万元）
宁丰社区	0.61	1105	2513	—	—	—
仇毕社区	2.00	1034	2617	—	—	—
海悦社区	0.39	1018	2672	—	—	—
江丰社区	—	3273	—	—	—	—
横石桥社区	—	3003	—	—	—	—
惊驾股份经济合作社	—	577	1696	2542	800	78546
徐家股份经济合作社	—	225	598	2763	305	37780
戎家股份经济合作社	—	289	597	1454	159	14491
东升股份经济合作社	—	198	443	707	150	11709
甬升股份经济合作社	—	325	645	2531	208	32835
宁东股份经济合作社	—	250	551	1541	128	21217
宁舟股份经济合作社	—	454	831	1793	174	18696
宁江股份经济合作社	—	347	1189	1771	262	34709
宁丰股份经济合作社	—	516	1119	2782	431	53116
仇毕股份经济合作社	—	750	2167	4533	458	44676
矮柳股份经济合作社	—	810	1531	4075	205	37547

说明：表格中数据为调查数

【楼友会·宁波云创空间被评为省级众创空间】 2018年11月，楼友会·宁波云创空间被省科学技术厅评为2018年度省级众创空间。楼友会·宁波云创空间是由宁波日报报业集团和国家级孵化器杭州楼友会共同搭建，以创业者、创业项目、投资人、创业资源为核心的创业生态圈。楼友会位于颐高数码广场，于2016年1月启动运营，占地面积约2000平方米，内设170个开放办公位、数个会议室及大型演播厅、活动室、咖啡馆等。围绕创业辅导、人才服务、金融对接等主题，每周为创业者及投资人提供3—4场主题活动。至2018年，累计入驻企业200余家，孵化企业数十家，融资总额约3000万元，先后获评区级众创空间、市级众创空间、宁波市小微双创企业等荣誉。

【宁波轿辰集团股份有限公司入选“2018中国汽车流通行业经销商集团百强排行榜”】 2018年8月，中国汽车流通协会在北京发布“2018中国汽车流通行业经销商集团百强排行榜”，宁波轿辰集团股份有限公司以89.91亿元的年度营业收入和46.27万台的年度销量，列排行榜第46位。宁波轿辰集团股份有限公司成立于2006年1月，旗下拥有控股和全资子公司50余家，其中品牌4S店38家，代理宝马、奥迪、通用系、大众、广本、丰田、传祺等15个知名品牌，拥有车友会员40万人。至2018年，公司先后获“中国民营500强企业”“中国服务业企业500强”“浙江省服务业名牌”“浙江省服务业重点企业”“浙江省服务业企业百强”“浙江省商贸流通业十二五百强企业”等荣誉。

【宁波港东南物流集团有限公司获评全国AAAAA级物流企业】 2018年8月15日，中国物流与采购联合会公布全国第二十六批A级物流企业名单，宁波港东南物流集团有限公司升为全国AAAAA级物流企业，成为宁波市首家当地国家标准全国AAAAA级综合服务型物流企业。宁波港东南物流集团有限公司创立于2008年12月，是原宁波致远国际货运代理有限公司与宁波舟山港集团合资的AAAAA级大型综合物流企业，专营国际海运货代、国际船舶代理、仓储、多式联运等全物流链综合物流服务，具备年海运出口60万箱的操作能力，为浙江、上海、天津、青岛等沿江、沿海、沿线区域客户提供综合物流服务。公司拥有海运公共订舱平台，多年列宁波口岸集装箱出口箱量第一名，2017年度中国国际货代物流百强海运第18名，曾获全国优秀报关企业、浙江省服务业百强企业、浙江省首批海关高级认证企业。

【“云裳谷时尚（科技）创业园”项目签约】 2018年6月7日，在2018中国·宁波新材料产融高峰论坛暨鄞州区重大项目签约仪式上，斐戈集团股份有限公司的“云裳谷时尚（科技）创业园”项目完成签约。该项目是由宁波市知名时尚服装服饰企业斐戈集团股份有限公司发起，联合国内外高端智库、知名高校、科研院所、金融机构等共同创

云裳谷时尚（科技）创业园

建的产业创新服务综合体。云裳谷时尚（科技）创业园位于鄞县大道东钱湖段11号，由生产厂房改造而成，占地面积4万平方米，规划3年内投资5亿元，具备产业信息发布、创意设计孵化、时尚服装服饰展示交易、面辅料展示、服装产业技术测试和产品质量鉴定、企业经营管理和技术咨询等公共服务功能，为创新创业提供供应链管理、业务流程再造、个性化设计、定制化生产、精准化服务及整体解决方案。项目前期预计总投资超过5000万元，主要依托大数据、云计算、人工智能、区块链等技术，通过实施纺织服装产业资源重组、产业链重构、产业技术改造提升与产业新兴业态培育相结合的系统工程，建成集时尚科技信息中心、时尚服饰产业设计技术创意中心和纺织服饰产业展示交易中心三大功能中心为一体的时尚服饰产业联合服务平台。至年底，项目一期投入运营，占地面积1.20万平方米，入驻小微企业40余家。

【江丰社区和横石桥社区成立】 2018年12月14日，江丰社区和横石桥社区成立。江丰社区东起王隘南路和江宁路，南接长丰河和江东南路，西至奉化江，北到桃源街和建兴西路，由3个小区组成，总户数3273户，社区居民委员会办公地点设在东茂府小区内。横石桥社区东起潘火街道边界，南接中塘河，西至中河街道边界，北到萧甬铁路，由2个小区组成，总户数为3003户，社区居民委员会办公地点设在仇毕村1号。

（张朝霞　周　璐　劳柯雯）

下应街道

【概况】 2018年，下应街道辖9个行政村、5个社区、1个渔业社和1个居委会，区域面积9平方千米，户籍人口17887人，流动人口15437人。实现地区生产总值22.04亿元，比上年增长8.30%。财政总收入8.59亿元，增长6%；其中一般公共预算收入4.89亿元，增长16%。

实现农林牧渔业总产值4658万元，增长28.60%。13个村（社）财务总收入1.21亿元。农村常住居民人均可支配收入36198元，增长8.40%。实现工业总产值25.25亿元。12家规模以上企业实现产值18.94亿元、销售18.24亿元、利润总额3.10亿元。全社会固定资产投资23.86亿元。规模以上服务业增加值2.41亿元，增长17.70%。限额以上商品零售额1.02亿元，增长14.90%。进出口总额2.36亿美元，其中出口总额1.55亿美元。引进内资13.20亿元，实到外资1.10亿美元，浙商回归资金7.50亿元。引进人才803人，其中“四高”（高学历、高职称、高技能、高级经营管理）人才28人、国家“万人计划”1人、省“万人计划”1人。宁波保险科技产业园引进企业25家，“汇聚·创业里”引进宁波传奇农业科技有限公司、浙江汇果出行科技有限公司等科技研发类企业10余家。贝斯美总部基地项目引进，百优卡阿里二手车服务平台运行，大飞机机翼生产基地项目推进。美康生物科技股份有限公司被评为国家技术创新示范企业，宁波传奇农业科技有限公司（农业产业孵化园）成为科技部第三批国家级“星创天地”，宁波培罗成股份有限公司获“浙江名牌”称号。

完成河西村昇桥路沙贤龙厂房、金达路吴菊红民宅、商住地块鲁伟康项目3个年度区级“拔钉清零”重点项目。全年拆迁签约58户5.80万平方米。完成洋江水岸一期剩余280余户房屋抽签安置，启动君睿名苑小区安置计划。君睿名苑一期进入工程审计决算，君睿名苑二期室外附属工程收尾，洋江水岸幼儿园竣工验收，万科桂语里、融创涌宁府、城投邻悦雅苑等楼盘建设推进。做好220千伏天新天乐线改道工程和110千伏姜村变福庆路段的电缆土建工程，推进首南东路、崇实路、虹麓路、泰康东路、金达南路等道路建设。

对东兴小区、湾底小区、启明南路和湖下路沿街店铺以及黎明村工业区进行管网改造，对汽车行业和机关团体排水进行专项整治。投入500万元疏通修复老旧小区、路网的管网普查。景湖社区获鄞州区十佳品质社区。公共事务服务中心共增设流动人口量化积分窗口及综合窗口，代办村（社区）各类业务400余件。企业养老保险网上基数申报完成率100%，退休人员资格认证率90%。发放中小微企业招聘高校毕业生社保补贴43家271万元，高校毕业生就业补助36家36.52万元。处置劳动仲裁、农民工欠薪等案件26起，结案率100%，裁决及调解金额155.70万元。完成“一初中三小学六幼儿园”的布局。15位教师被评为区级教坛新秀，27个课题在国家、省、市、区立项、获奖；李关弟中学普高上线率达47%。户籍儿童体检覆盖率98.93%，优生健康检查完成率106.10%。举办“周日文化”、“天天”系列、阿拉“艺起来”等公益活动近300场。调解矛盾纠纷103起，涉及标的金额330.65万元，调解成功率100%。处理信访案件251批次，办结率100%。排摸安全生产隐患736处，完成整改723处，整改率98.20%。

表36　2018年下应街道各行政村（社区、渔业社、居委会）基本情况

行政村（社区、渔业社、居委会）	面积（平方千米）	户数（户）	人口数（人）	集体经济总收入（万元）	集体经济总费用（万元）	总资产（万元）
江六村	0.92	470	1298	1078	104	8157
黎明村	0.83	330	850	887	890	5421
史家码村	0.89	323	903	993	106	5099
河东村	0.68	284	748	836	253	3445
河西村	0.62	296	737	821	102	4996
胜利村	0.77	350	921	601	106	5449
东升村	0.83	296	840	369	35	1538
姜村村	1.52	505	1288	1043	132	10900
湾底村	1.60	401	1087	3559	437	59008
天宫社区	0.17	843	2498	—	—	—
景湖社区	0.12	850	2200	—	—	—
海创家园社区	0.38	4800	15000	—	—	—
洋江水岸社区	0.27	1200	2950	—	—	—
东兴社区	0.24	2901	5023	—	—	—
渔业社	—	—	—	—	—	—
下应居委会	0.34	485	1201	—	—	—

说明：表格中数据为调查数

【村（社区）史志编纂研讨会暨“九方下应”系列丛书首发式】 2018年1月8日，“记住深厚乡愁、建设美好家园”——村（社区）史志编纂研讨会暨“九方下应”系列丛书首发式在湾底村举行。活动由区委宣传部、宁波大学公众史学研究中心指导，下应街道党工委、办事处和鄞州区人民政府地方志办公室主办。首发式上，下应街道将“九方下应”系列丛书赠给国家图书馆、宁波天一阁博物馆、宁波图书馆、宁波大学公众史学研究中心、鄞州图书馆、鄞州区人民政府地方志办公室，镇属社区、企业、学校、文化站等单位，与会专家对系列丛书进行研讨与点评。2010年起，随着东南新城的开发建设，下应街道9个村有8个村被陆续拆迁。2014年，街道以“九方下应，编史留根”为主线，启动各村修志编史工作，并邀请区人民政府地方志办公室、区委党校、宁波大学公众史学研究中心的专家参与编纂。此项工作被区委宣传部列为区级文艺精品项目。至2018年，《天宫庄园湾底村志》《河西村志》《河东村志》《黎明村志》

2018年1月8日，村（社区）史志编纂研讨会暨“九方下应”系列丛书首发式举行

《江六村史》《史家码村史》《下应胜利村史》出版，《姜村村志》《东升村村志》尚在编纂中。系列丛书记述下应街道各村由穷到富、由农民到居民、由农村到社区的历史沿革和社会变迁，包括村政事务、礼仪习俗、方言称谓、农牧副业发展、村民生活变化等内容，总计约130万字。

【湾底村获评浙江省首批休闲旅游示范村】 2018年2月7日，省旅游局公布浙江省首批休闲旅游示范村名单，湾底村入选。2004年，湾底村启动发展休闲旅游业。村内建有玫瑰园酒店、游客中心等接待场所，游乐城、天宫城堡儿童职业体验馆等游戏休闲场馆，非遗文化馆、服装博物馆、中国插花艺术馆、西江古村等景点，热带植物园、药用植物园、现代生态农业园、橄榄园、木棉花园等全国中小学生农业科普基地。挖掘当地人文、民俗、农耕、乡土等文化资源，定期举办各类地方特色节庆活动。其中，一年一度的桑果节，被评为宁波市十大节庆活动之一。还有红心火龙果、七彩番茄、草莓、蓝莓、无花果、梨、葡萄、车厘子采摘节，以及春季郁金香花展节及秋季名品花卉展。至2018年，湾底村拥有会务旅游类、休闲放松类、运动健身类、演艺表演类、文化休闲类、康体疗养类、游戏休闲类、产业融合类等旅游项目，先后获国家级生态村、国家AAAA级旅游景区、全国农业旅游示范点、全国休闲农业与乡村旅游五星级园区等荣誉。

【2018年天宫庄园第十五届桑果文化节】 2018年4月21日，2018年天宫庄园第十五届桑果文化节开幕式在下应街道天宫庄园举行。活动由区文广新局（风景旅游管理局）、下应街道办事处主办，区长跑协会、下应街道湾底村、宁波天宫庄园休闲旅游有限公司承办，宁波市旅游发展委员会、区农林局指导。桑果文化节以“快乐农庄 紫色诱惑”为主题，举行2018第二届天宫庄园趣味马拉松、缤纷桑果采摘趣玩互动、特色蔬菜采摘体验、蚕桑非遗文化互动体验、亲子乡村童玩节、真人版绝地求生——桑园竞技赛六大系列活动。活动持续至5月30日结束，参与人数13.80万人。

【宁波鄞州中医院合作项目签约】 2018年6月26日，宁波美康盛德医疗管理有限公司与宁波市鄞州区城市建设投资发展有限公司就鄞州中医院合作项目进行签约。该项目是宁波市重点工程项目，为全市第一家有国资背景的大型民营医院，位于鄞州东南新城智慧健康产业中心内，一期投资6亿元，建筑面积约5万平方米，预计2019年开业接诊。医院设开放床位500张，下设心血管内科、消化内科、呼吸内科、重症医学科、老年病综合诊疗中心等30余个科室和中心。至年底，该项目工程基本完成结顶。

【区政治生活馆和湾底村幸福生活馆开馆】 2018年6月27日，鄞州区政治生活馆和湾底村幸福生活馆开馆。鄞州区政治生活馆为浙江省首家政治生活馆，由区委组织部会同区委党史办、区革命老区开发建设促进会、区新四军研究会、下应街道党工委联合筹建。馆址位于湾底村，面积约400平方米，设置党史厅（鄞州革命历史陈列馆）、党视厅、党誓厅、党师室、党识厅、党事厅6个功能厅，先锋驿站、代表驿站、党群驿站3个配套设施。湾底村幸福生活馆是宁波市首个村级幸福生活展馆，面积约400平方米，由序篇、村史区、幸福生活区、展望区构成，展现湾底村从“烂眼村”发展到“都市里的村庄 城市里的花园”的历史变迁和发展轨迹。至年底，参观人数约5300人。

【中国农民丰收节暨2018鄞州区美丽乡村庆典活动】 2018年9月16日，“丰收鄞州·情满大地”中国农民丰收节暨2018鄞州区美丽乡村庆典活动在下应街道天宫庄园举行。活动由区政府主办，区农林局、区农办、区文广新局（风景旅游管理局）、区妇联、区农合联、下应街道办事处承办，区旅游协会、鄞州日报乡恋创意工作室协办。区委副书记、区长陈国军，市农业局局长李强，区领导朱法传、夏素贞、朱晓丽、王孝嗣等参加庆典活动。现场表演《劳动托起中国梦》《咸祥海鲜》《在希望的田野上》《老吃货》《丰收喜庆》等歌舞节目，举行“美丽乡村·食在鄞州”鄞州区美丽乡村厨娘技能邀请赛。在天宫庄园植物园内设农产品展示区，展示鄞州雪菜、提味西瓜、鄞红（甬优一号）葡萄、咸祥甲鱼、瞻岐紫菜、五乡榨菜、横溪灵芝、下应火龙果等100余种特色农产品，以及木耳、松茸、大米、松子等来自延边的特色农产品；在茶文化展示区，举行品茶、听古琴、看舞蹈等活动。

（叶　逸）

明楼街道

【概况】 2018年，明楼街道辖11个社区，区域面积3.60平方千米，总人口36171人。实现地区生产总值33亿元，比上年增长7.40%。财政总收入3.60亿元，增长45.50%；一般公共预算收入1.70亿元，增长46.80%。

实现规模以上工业总产值0.64亿元；限额以上批发零售业销售总额45.40亿元，增长17.60%；进出口总额1.77亿美元，增长61.30%，其中出口总额0.95亿美元。实到市外资金6.50亿元，浙商回归资金6.20亿元，外资0.12亿美元。引进企业246家，其中楼宇企业109家。培育京东众创宁波创新设计产业基地、和丰工业设计众创空间、伯乐工场三大孵化平台，引进优质企业80余家。增加市创新型初创企业9家，宁波韵升智能技术有限公司、宁波卡哥信息技术有限公司、浙江艾汇教育科技有限公司高新技术企业3家，宁波菲仕工业设计有限公司、宁波华聪建筑节能有限公司等6家企业入围区高新技术企业培育库。北极星AI教育、智能活鲜运输、道路安全服务平台3个项目申报“创业鄞州·精英引领计划”，其中北极星AI教育平台获得创业C类资助。

引进硕士22人。开展第四次全国经济普查，清查企业及工商个体户4600余家。

推进徐戎地块拆迁、庆丰地块土壤修复等重点项目。开展城市环境系列整治，建立宁徐路、朝晖巷背街小巷市容街景长效管理机制。推进“五水共治”项目，沿街店铺截污纳管工程及林励家河清淤工程竣工，雨污分流项目进入施工。实施河长巡河制，清理河道两岸垃圾2万余千克，补种河岸绿化6000余平方米。启动民安小区老小区提升改造试点，以及明东、明南、明北3个社区全维立体提升工程。徐戎地块拆迁进入地块挂牌出让和安置房建设前期筹备阶段，橡胶厂宿舍拆迁项目签约。整治车棚出租330余户，基本实现辖区车棚违规出租零住人目标。改造垃圾房26个、垃圾桶点位211个。对7个老旧小区开展环境综合整治，增加停车位2227个。

深化“最多跑一次”窗口服务改革，实现“最多跑一次”事项全覆盖。建立社会组织星级管理制度，采取“补贴+购买+奖励”扶持形式，引导社会组织开展特色社区服务项目。引入社区“开放空间”议事模式，建立“居民议事厅”，引导社会各方参与社区事务管理。推动社工队伍专业化建设，街道有全国社会工作师50人、助理工作师38人，持证比率达79%。引进万科随园之家，提档升级社区养老服务中心。走访失业人员5139人，提供岗位信息1382条，就业率达到99.80%。帮扶救助弱势群体，落实“四送四必到”等结对帮扶机制。3个社区创建成为区级红十字博爱家园。成立“益丰巢”社会组织（党建）孵化基地，入驻星宝自闭症家庭支援中心、宁波星级培训师演讲俱乐部等专业社会组织20余个。提炼和丰“创益+”品牌，成立“和学苑”，开设精品化班级20余班次。推进残疾人服务基地建设，成立“绿丝带康复e站”，建立“医院社区一体化”精神康复实践基地。开展重大安全隐患整治工作，消除安全隐患260余处。完成楼道防盗门安装253扇、维修119扇，街道“鹰眼系统”接入数字高清互联网视频监控670个，刑事案件下降51%。受理各类纠纷293起，涉及金额400余万元，调解成功率100%。和丰社区获评区2018年度社区文明创建十佳创新品牌、区十佳品质社区。

表37　2018年明楼街道各社区基本情况

社区	面积（平方千米）	户数（户）	人口数（人）	集体经济总收入（万元）	集体经济总费用（万元）	总资产（万元）
明东社区	0.25	1665	4029	—	—	—
明南社区	0.08	1572	3632	—	—	—
明北社区	0.09	1741	4089	—	—	—
常青藤社区	0.40	1999	5224	—	—	—
朝晖社区	0.29	895	2276	—	—	—
徐家社区	0.08	1806	4464	—	—	—
徐戎社区	0.15	1780	4179	—	—	—
东海社区	0.10	1252	3121	—	—	—
惊驾社区	0.66	866	2109	—	—	—
庆丰社区	0.81	899	1975	—	—	—
和丰社区	0.69	424	1073	—	—	—

说明：表格中数据为调查数

【“如是之家”设计大咖汇被评为宁波市新的社会阶层人士统战工作实践创新基地】 2018年10月18日，市委统战部授予“如是之家”设计大咖汇为第一批“宁波市新的社会阶层人士统战工作实践创新基地”称号。“如是之家”设计大咖汇成立于2016年，位于“如是咖啡馆”内，占地面积700平方米，设置“新语心愿”“新力量公益汇”“新力量交流角”“如是沙龙”“新设计展示”等10项功能板块。基地每个月邀请国内外设计大咖开展“工业设计名师沙龙”，吸引和丰创意广场内的当地设计师参加。结合鄞州区“人才周”活动，开展“工业+设计”行业对接，组织全区20余家设计企业与60余家制造业企业现场对接交流，达成合作意向7项。引导新的社会阶层人士参政议政，通过区委统战部《同心直通车》平台，报送《关于鄞州区工业设计对接产业转型升级存在的问题和建议》专题调研报告，得到区长批示，推进2018年工业设计相关扶持政策实施。组织规划设计等专业人士参加“我为老旧住宅小区环境整治献一策”“垃圾分类 你我同行”等志愿服务活动。2018年，和丰创意广场6家设计机构16件作品入围2018年中国优秀工业设计奖复评项目公示榜单，2名设计名师获“2018光华龙腾奖浙江设计业十大杰出青年”称号。

【互联网平台“海智在线”引进】 2018年5月23日，“海智在线”召开新闻发布会，宣布宁波海智在线信息技术有限公司落户明楼街道。“海智在线”成立于2015年11月，是国内领先的工业零部件垂直领域的产业链综合服务平台，采用以工业非标件订单和需求为导向的逆向对接模式，服务具备成长性的工厂，打造采购供应链及制造业生态社群。“海智在线”拥有超过15万家采购商数据、60万家工厂数据和2万家第三方工业服务商数据。

【宁波工投产业投资基金有限公司成立】 2018年12月4日，宁波工投产业投资基金有限公司成立。该公司位于江东北路和丰创意广场内，注册资金5亿元，为宁波工投集团打造的市场化母基金平台，承担工投集团股权投资战略任务，推进“基金+产业”协同发展模式，推动数字经济、智能制造产业转型升级。公司依托工投集团在高端制造、金融服务等领域的产业协同优势，通过市场化运作模式，筛选国内优秀的股权基金管理人进行投资合作，实施优中选优选择性跟投，并引进国内优质创投资本及高端项目。至年底，该公司与深创投深圳市创新投资集团有限公司、中国国投高新产业投资有限公司等一批国内顶尖投资机构达成合作意向，组建完成2—3支子基金，首期规模27亿元，并启动实施工业互联网、人工智能、大健康等重大项目投资。

【明楼街道“绿丝带康复e站”揭牌成立】 2018年5月8日，明楼街道“绿丝带康复e站”揭牌仪式在明楼街道“阳光工坊”举行。“绿丝带康复e站”由明楼街道社区卫生服务中心与明楼街道“阳光工坊”联合建立，位于明楼街道庆丰社区内，面积300平方米，设有心理咨询室、技能培训室、康复训练室、多功能活动室、阅览室、休息室6个功能用房。“绿丝带康复e站”组建有一支由专业医生、护士以及30余名助残志愿者组成的“绿丝带心灵使者”志愿团队，采用“医院社区一体化”模式，为居住在辖区内的精神残疾者，以及在医院治疗后回到社区的精神疾病康复期患者及其家庭提供专业的精神康复服务。至年底，共为120名精神残疾者提供服务12次。

【明楼街道首届职工运动会】 2018年12月26日，明楼街道首届职工运动会在和丰创意广场举行。运动会由明楼街道党工委、办事处主办，明楼街道总工会、明楼街道机关党总支、明楼街道机关工会、明楼街道文体站、明楼街道庆丰社区承办，街道机关、社区、辖区企业10支代表队300名运动员参赛。比赛设拔河、百发百中、砥砺前行3个团体项目，定点投篮、小李飞镖、羽毛球、乒乓球、跳绳5项个人项目。明楼派出所代表队获拔河第一名，常青藤、明北、明南社区联合代表队获百发百中第一名，庆丰、和丰社区联合代表队获砥砺前行第一名。

（葛行忠）

2018年12月26日，明楼街道首届职工运动会在和丰创意广场举行

百丈街道

【概况】 2018年，百丈街道辖10个社区，区域面积1.98平方千米，户籍人口5.48万人。实现地区生产总值40.07亿元，比上年增长5.60%。财政总收入8.63亿元，其中一般公共预算收入3.72亿元。

实现限额以上批发零售销售额139.17亿元，增长24%；规模以上工业总产值1.24亿元；出口总额8.53亿元，增长4.72%。实到外资0.31亿美元，市外内资7.30亿元，省外浙商回归资金8.76亿元。引进企业361家，总投资50亿元的和荣华竞投资管理、浙江锦宁国际贸易2个项目签约。宁波银行股份有限公司获区“大力神鼎”奖，中国农业银行股份有限公司宁波市分行、宁波通商银行股份有限公司、宁波捷骏汽车销售服务有限公司获区“大力鼎”奖，4家企业获评区实力骨干企业，2家企业获评区创新成长企业。新世界广场项目建设推进，其中1—3号地块召开扩初会议，4号地块完成规划许可，5号地块主体结构施工至26层，6号地块施工许可证报批申领，7—11号地块主体结构封顶，12号地块完成地下室施工。宁波国华金融大厦大楼塔楼43层结顶。

雷公巷、百丈东路104号、潜龙二期拆迁项目完成签约，七塔禅寺周边地块、宁舟巷地块二期项目启动签约。波特曼欧陆风情街改造工程完成。开展“我爱我家”环境大整治，整改外墙脱落、乱堆乱放、跨门营业、毁坏公绿、车辆乱停、路面保洁等老小区顽疾。推进9个社区、35个小区垃圾分类，改造垃圾房41处，设置垃圾投放点415个。划船小区、雍和苑、维科星晨3个小区创建为省高标准生活垃圾分类示范小区，荣合公馆、星辰四季、金鹰金宝、晶华名园等8个小区创建为市生活垃圾分类达标小区。打通舟孟北路至中山路、舟孟巷至甬港路等雨污管线，万兴小区、星辰四季、宁舟一村、宁舟二村等雨污分流项目完成主体工程。街道被评为市“污水零直排街道”。“三改一拆”拆违13296平方米，整治美化背街小巷11条。

细化“最多跑一次”公共服务目录，创新“社工口袋手册”特色做法，公共事务服务中心连续2年被评为区级先进公共事务服务中心。慰问困难家庭280户，发放慰问金42.40万元。低保在册人员149户178人，发放低保金110.78万元。募集慈善资金100余万元，累计成立冠名基金21个。朱雀社区、舟孟社区、华严社区、演武社区和潜龙社区被评为市级慈善社区。演武社区“轮胎花园”、潜龙社区“鸡棚改花园”、朱雀社区“星光大道”等“微景观”项目改造完成。举行社区营造“知·著”主题分享会，与中国社区建设培训基地联合举办社区治理和服务创新培训班。划船社区“365社区服务工作法”入选全国100个优秀社区工作法，并作为10个最具代表性的社区工作法之一在民政部官网展示。《“划船经验”及对宁波推进基层社会治理创新的启示》成为全区唯一入围2018年度浙江省社科“四个强省”战略研究课题典型案例。举办划船社区精神文明成果展、“中山有藏”馆开馆仪式暨艺术节开幕式等活动。百丈“艺起来”巡演组举行走亲活动3场，组织越剧、甬剧、童话剧进社区活动20场。曲艺协会会长张红坤入选中国曲艺牡丹奖新人入围奖，并被评为宁波市“六个一批”（文艺）人才。甬之美文化交流中心挂牌成立百丈街道青少年教育活动基地。

表38　2018年百丈街道各社区基本情况

社　区	面积（平方千米）	户数（户）	人口数（人）	集体经济总收入（万元）	集体经济总费用（万元）	总资产（万元）
朱雀社区	0.09	3064	6300	—	—	—
宁舟社区	0.12	1885	4532	—	—	—
舟孟社区	0.10	1848	3856	—	—	—
划船社区	0.19	3891	10420	—	—	—
华严社区	0.07	2389	4092	—	—	—
演武社区	0.21	3761	8700	—	—	—
中山社区	0.35	2884	7300	—	—	—
潜龙社区	0.30	3633	4091	—	—	—
七塔社区	0.41	2972	4366	—	—	—
后塘社区	0.14	748	1200	—	—	—

说明：表格中数据为调查数

【“鄞州区百丈街道划船社区工作法”入选全国100个优秀社区工作法】 2018年12月18日，民政部办公厅印发《关于公布优秀社区工作法遴选结果的通知》，“鄞州区百丈街道划船社区工作法”入选全国100个优秀社区工作法。2013年，划船社区创建“俞复玲365社区服务工作法”。该工作法倡导全年365天时时处处为社区居民提供快速、便捷、精细化服务，内容包括“三联”“六服务”“五机制”，即联合社工联勤、党员联动、志愿联盟3支服务队伍，提供区域党建服务、综合便民服务、智慧信息服务、社会公益服务、特色精细服务、共享文化服务6项服务举措，建立民情收集、民情分析、民情处置、民情反馈、民情评议5项工作机制。成立社区居家养老服务中心、“爱心超市”、残疾人“阳光乐园”、青少年“四点钟学校”和“新宁波人之家”“天音矫正工作室”“老娘舅调解室”“姐妹话聊室”等特色服务室，为不同群体提供服务。至2018年底，社区有登记在册党员440人、志愿者2000余人，开展各类志愿服务1万余人次。划船社区曾获全国文明社区、全国和谐社区建设示范社区等荣誉。

【彩虹服饰广场客运扶梯更新改造完成】 2018年5月10日，彩虹服饰广场举行“客运扶梯更新”剪彩仪式，4部扶梯更新改造后投入使用。彩虹服饰广场位于彩虹南路与百丈东路交叉口，于2003年建成运营，为宁波市较早一批建造的3层商业广场。广场内有4部客运扶梯，运行近16年，各部件老化严重，故障频发，并出现两次夹脚伤人事故。2017年11月，广场业主、天德物业、街道三方选出代表，组成“彩虹服饰广场扶梯改造工作小组”，负责扶梯改造工作。采取“楼层+商铺面积”方式综合筹资，不同楼层缴纳比例不同，业主缴纳金额从400—5000元不等，共筹得款项68万元。2018年3月，扶梯改造更新工程启动；4月底，扶梯更新改造完工并投入试运行。

【政企招商服务窗口揭牌仪式暨宁波城市投资营商发展论坛】 2018年5月4日，政企招商服务窗口揭牌仪式暨宁波城市投资营商发展论坛在宁波

2018年5月4日，政企招商服务窗口揭牌仪式举行

新世界城市客厅举行。活动由区政府、宁波市国际投资促进局主办，百丈街道、宁波新世界承办。副区长梅益进到会致辞，宁波市国际投资促进局局长曹敬之讲话。论坛围绕宁波产业招商变化与方向、宁波楼宇经济发展及未来趋势等主题做分享与探讨。区商务局局长严岩平为百丈街道和宁波新世界政企招商服务窗口授牌。该招商服务窗口主要承担企业对接政府部门、了解产业政策、寻求落户服务等功能。宁波新世界广场位于百丈路与豫源街交叉口，由12个地块组成，占地面积约10万平方米，总建筑面积约85万平方米，于2014年6月启动建设，计划2021年12月竣工，总投资约150亿元，是一个集大型商业、超五星酒店、甲级写字楼、高端住宅、立体交通、生态公园于一体的大型城市综合体。

【中山社区“中山有藏”馆开馆】 2018年10月19日，百丈街道中山社区“中山有藏”馆建成开馆。该馆位于甬港北路48弄51号，面积100平方米，总投资26万元，于6月开工建设，9月完工。馆内分设“中山有名”“中山有品”“中山有智”“中山有和”“中山有+”五大板块，有各类展品120余件，多角度展示中山社区的人物事迹、文艺团队、人文家庭、摄影作品、创作书籍和学术研究等。馆内配置书桌椅、投影仪、电子触摸屏等设备，是一个集展示、休闲、阅读、活动、培训等功能于一体的综合性场馆。至年底，到场馆参观、培训人数450人。

（闻静雯）

东胜街道

【概况】 2018年，东胜街道辖9个社区，区域面积2平方千米，总人口4.94万人，其中户籍人口3.56万人、流动人口1.38万人。实现地区生产总值38.10亿元，比上年增长9.10%。财政税收9.76亿元，增长37.30%；一般公共预算收入4.34亿元，增长41.20%。

实现进出口总额11.47亿美元，其中出口总额10.26亿元，增长46.57%。固定资产投资1.10亿元。引进企业175家，9家企业进入区百强企业。形成以昆仑信托全国性总部、平安银行宁波市分行、恒丰银行宁波市分行等大型金融机构为主的金融集聚区，以宁波书城、集盒跨界产业园等文化创意产业为主的文创基地。创建“文创双园”品牌，宁波书香文化园引进芝麻花开文创园、共青团中央“红领巾”创客、亚朵创意酒店等重点文创项目10余个；集盒园二期开工建设，文化体育公园、创业SOHO公寓、文创市集等项目启动建设。开展楼宇整规专项行动，整规企业45家。拥有产税亿元楼宇1幢、千万元楼宇3幢。实到市外内资7.06亿元，外资2310万美元，浙商回归资金7.70亿元。开展第四次经济普查，清查单位2069家，底册核查率100%。申报市“3315”创业个人项目2个，引进博士研究生1人、硕士研究生8人、副高级职称12人。

荷池新村、荷池路2个区块拆除房屋20幢545户，累计拆房47740平方米；曙光地块拆迁房腾空率达到98%；曙光路综合整治拆迁启动。对张斌桥菜场、渔轮厂等重点区域及“三地三化”围挡开展专项整治。房屋使用安全巡查12844幢次，排摸建档建筑幕墙33幢。36个小区全面开展垃圾分类，新建、改建垃圾房9座，史家巷创建成为省级高标准垃圾分类示范小区，泰和家园、甬城和庭创建成为市级优秀垃圾分类示范小区。集中清除各种垃圾550车2.50万千克，清洗道路积尘、油污110余处，修补小区路面开裂破损71处，换（修）各类井盖37块，补种老小区绿化4600余平方米，清除牛皮癣、小广告10万余处。拆除违章建筑10120平方米、老旧小区搭棚20余处、户外广告256处。投入655万元实施樱花小区雨污分流改造等4项工程，发放排水许可证52张。开展水环境执法行动20余次，立案查处违法行为6起。获评全市首批“污水零直排街道”。受理办结智慧城管、“行走甬城”、“鄞领城市”督查案件4054件。开展专项执法整治120余次，市容整治40余批，执法处罚12万余元。

“东胜大食堂”建成投用。推进东胜养老十年品牌建设，理顺嘉和颐养院的权属和运营体制。月发放低保户、低保边缘户救助金12.30万元，慰问困难群众418户，发放慰问金51.26万元。公租房年审及住房补贴系统审核671户次。采集退伍军人信息1233人，发放优抚补助金71万余元。募集善款123万元，增加小额冠名基金5个，慈善救助2246人次83万元。有慈善义工队伍13支，街道被评为宁波市慈善街道，大河妈妈红娘团和史家社区“81890”慈善义工分队被评为区义工优秀品牌。慰问救助困难残疾人102户22人，发放慰问金10万余元，补贴320余万元。泰和社区创建成为省级无障碍社区。承接78项就业创业社保下放业务，发放自主创业小额贷款498万元，就业和失业救济金补贴6800余人次。办理灵活就业人员社保补贴2088人次，发放金额685.60万元。创建"无欠薪街道"，检查企业812家，网上书面审查1982家。成立街道劳动争议调解中心，调解劳动投诉案件34例，追回欠薪229.50万元；调解工伤事故赔偿7例，赔偿31.60万元；获评市级"劳动保障检查工作成绩突出单位"。建立全区首家公共法律服务站，打造泰和"娘舅大石头"、陈效邦调解工作室、红黄绿管理法等平安建设金名片，获评2018年度宁波市县（市、区）和市直功能园区平安建设及综治工作优秀单位。审核特殊家庭奖扶特扶对象4961人，发放奖扶特扶金额683万余元。签约家庭医生3706人，建立街道、社区二级社会心理咨询室。樱花公园建成区级健康主题公园，曙光、庆安、王家社区建成区级"红十字博爱家园"。招募造血干细胞、遗体、器官、角膜捐献志愿者12人，培训红十字救护员70人，募集红十字博爱救助金5万元。

表39　2018年东胜街道各社区基本情况

社区	面积（平方千米）	户数（户）	人口数（人）	集体经济总收入（万元）	集体经济总费用（万元）	总资产（万元）
曙光社区	0.30	2611	6029	—	—	—
史家社区	0.10	2064	5040	—	—	—
庆安社区	0.32	2754	3982	—	—	—
大河社区	0.24	2045	2945	—	—	—
王家社区	0.24	1893	4436	—	—	—
戎家社区	0.25	2942	3840	—	—	—
泰和社区	0.13	1769	4390	—	—	—
张斌社区	0.13	3128	5625	—	—	—
樱花社区	0.17	2758	5328	—	—	—

说明：表格中数据为调查数

【2018城市青年文化节在鄞州区举行】 2018年9月14日，2018城市青年文化节开幕式在东胜街道集盒青年广场举行。活动由市委宣传部、市委两新工委、团市委、市就业管理服务局指导，区委宣传部、区委组织部（区委两新工委）、区委统战部、团区委、区总工会、区妇联、区人力社保局、区商务局主办，东胜街道、宁波集盒青年广场承办，全市近500名青年参加。开幕式上，区委常委、宣传部部长方飞龙到场致辞，并举行集盒红创空间启幕、阵地揭牌，青年代表倡议宣言，集盒新战略合作伙伴签约，集盒最IN商家颁奖等仪式。城市青年文化节是宁波市民文化节的组成部分，以"集HE全城，逐初心造未来"为主题，分为"时间仓计划""BOX ART""青年创客周""玩味集盒""公益反哺"5个部分，举行街舞赛、涂鸦展示、旧物展、创客市集、创客论坛、特色招聘会、美食分享等系列活动。活动时间从8月持续至年底，参与人数1000余人。

【东胜街道居家养老服务中心暨东胜大食堂开业】 2018年3月2日，东胜街道居家养老服务中心暨东胜大食堂开业。该中心为宁波市民生实事子项目，位于曙光路80号，占地面积1000平方米，改建装修投资300万元，于2017年9月开始施工，12月竣工。服务中心分上下两层，一楼设置前台接待区、餐饮区、红绳康复区和水疗康复区；二楼设有中央厨房（配送中心）信息平台、阅

2018年3月2日，东胜街道居家养老服务中心暨东胜大食堂开业

览室、休闲活动区和日托中心，是集餐饮中心、康复中心、活动中心、日托中心和家政中心“五中心合一”为一体的养老综合体。其中位于一楼的东胜大食堂成立全省首创的老年人健康食品研发中心，为老年人提供“堂食+送餐”“固定套餐+心愿套餐”服务，辖区60周岁以上老年人均可享受就餐减免优惠。服务中心还推出助浴、洗衣功能，设立服务专线预约家政、生活照料、救急应急服务，开设红绳子瑜伽、水疗保健、日间托养和文化休闲等服务功能，所有服务项目实行公益性低偿服务。至年底，中心有固定办卡老年人600余人，累计就餐逾5万人次，定制每日送餐服务的老年人60余人。

【宁波东外滩社会科学普及基地被评为省社会科学普及基地】 2018年9月10日，宁波东外滩社会科学普及基地被浙江省社会科学界联合会命名为第八批省社会科学普及基地。2006年，东胜街道社会科学普及基地建立，开展人文讲坛、咨询服务、社科展览、理论宣讲等社会科学普及活动。2012年，该基地被命名为市级社会科学普及基地。2015年底，东胜街道投入近100万元在宁波书城租赁800平方米场地，建立集教学、展览、阅读、休闲为一体的街道社会科学普及基地主阵地——宁波东外滩党群服务中心。2016年9月，宁波东外滩党群服务中心投入使用，并成为街道“人文讲坛”主授课点。至2018年，基地共举行社科讲座、理论宣讲、阅读沙龙、咨询等活动200余场次，参与人数超过2万人次，并连续11年被评为宁波市社科讲坛优秀授课点。

【东胜街道特色化社区建设三年成果展示暨“特·社东胜”新三年行动启动仪式】 2018年12月26日，东胜街道特色化社区建设三年成果展示暨“特·社东胜”新三年行动启动仪式在平安宾馆举行。活动由东胜街道办事处主办，区政府相关领导、街道全体领导班子出席，100余名街道、社区工作人员参加活动。成果展由忆初心、展风采、畅未来三大板块组成。活动现场，9个社区书记发表“社区建设宣言”，表演快板《乐居史家》、小品《诚信经营》、场景秀《丝路情·民俗梦》、音话剧《惇叙戎情》等各社区自编自演的原创节目，表扬特色化社区建设十佳达人、十佳团队、十佳案例以及30名基层社区工作者，并举行东胜街道2019—2021“特·社东胜”新三年行动计划启动仪式。2016年，街道出台《东胜街道“一社一特”特色化社区建设指导方案》以及各社区《特色化社区建设三年行动计划》，实施社区差异化、特色化发展，打造一批“可看+可听”的特色化社区。至2018年，提炼形成咱家趣事、咱家喜事、咱家烦事、咱家难事、咱家达人、咱家团队、咱家节庆、咱家家训8个特色项目，建成“惇叙戎家”“睦邻樱花”“诚信张斌”“和合泰和”“民俗庆安”“同馨王家”“乐居史家”“巷弄曙光”“健康大河”9个社区特色品牌。

【泰和社区创建成为省级民主法治示范社区】 2018年11月12日，东胜街道泰和社区创建成为省级民主法治示范社区。泰和社区成立于2001年6月。2017年3月，街道以泰和社区为试点，启动基层民主法治建设样板创建。泰和社区通过设立“三务公开”栏，建立成员代表大会制度，成立新一届泰和家园业委会，制定小区《停车收费管理办法》，修改《泰和社区居民公约》，主导实施小区单向行驶，规范房屋公共部位维修金使用办法。建立泰和家园法治路、平安家园百“和”墙，“周五讲大道”平安法治宣教阵地、陈效邦调解工作室等社区平安法治宣传阵地。发挥宁波市巡特勤大队、浙商银行宁波江东支行、平安宾馆等共建单位经营特色，开展类金融、食品安全等“特长性”法治宣传服务，开展“无邪教社区”“无毒社区”创建活动。至2018年底，社区共开展各类活动20余次，先后获评区第一届“十佳品质社区”、2017年度区平安示范社区、2018年宁波市人民调解委员会规范化建设示范社区等荣誉。

（寿施军）

白鹤街道

【概况】 2018年，白鹤街道辖11个社区，区域面积3.20平方千米，总人口74372人，其中常住人口55473人、外来人口18899人。实现地区生产总值37.86亿元，比上年增长5.40%。财政总收入5.21亿元，其中一般公共预算收入2.30亿元。

实现限额以上批发零售业销售额190.83亿元，增长29.40%；规模以上工业总产值1.92亿元，增长65.60%；规模以上服务业营业收入296.06亿元，增长21.80%；进出口贸易总额9.54亿美元，增长19.50%。引进外资2200万美元，实到市外内资7.20亿元、浙商回归资金2.10亿元。引进注册企业108家，其中注册资金1000万元以上优质企业30家。建筑业实现税收1.30亿元，金融业实现税收1.41亿元。宁波建工工程集团有限公司连续2年获区“大力鼎”奖，永赢金融租赁有限公司、宁波世贸通国际贸易有限公司、五矿物流浙江有限公司和中海油销售浙江有限公司分别获区金融服务类、信息服务类、航运物流类和现代商贸类实力骨干企业，宁波世贸通国际贸易有限公司获评全国“首批外贸综合服务优质服务商”。第四次全国经济普查填表企业1406家，实现核查率100%。

王隘一村、二村地块危旧房改造项目签约“清零”，注销产权证2780本。轨道交通4号线白鹤站、兴宁桥东站站点拆迁“清零”，金钟地块签约337户，宁丰安置房抽签分房。实施“老屋新生”行动计划、369社区环境整治工作法，清理楼道1901个、垃圾60余万千克、共享单车1.50万辆、“僵尸车”86辆。孔雀小区6个楼道试点“老小区物业维修专项资金”补缴工作，并承办全市全区老旧小区整治现场会。黄鹂、丹凤、紫鹃等6个老小区增加停车位1800个。11个社区签订垃圾分类承诺书27837份，增加或更换垃圾分类宣传板320个，改扩建垃圾房10个，增设垃圾投放引导牌627块，招募垃圾分类志愿者1109人，入户指导24130家。推进"污水零直排街道"创建工作，排查管网250千米，竣工验收项目9个。"三改一拆"处置违法建筑14处12270平方米。完成新河路328号恒涛食府顶棚、黄鹂简易棚、李惠利中学黄鹂分校体育馆、黄鹂新村干休所等"蓝改灰"工程3000平方米。改造提升游龙河丹凤段河岸，建成流光健身步道。成立全区首家爱心主题公园，建造全区首个"鄞领驿站"爱心点。开展市容环境秩序整治行动，整治商铺400家次，发放限期责任整改书70余份，取缔无证流动摊贩200余起。

增加社保1892人次，单位经办数277件。完成小额贷款申请受理指标330万元，惠及14人。灵活就业补贴申请3790人次，再就业援助补贴18人次，"三车"人员社保补贴18人次。享受失业救济金550人，农民工失业金申请122人。发放低保金189.46万元，困境儿童补助金16.09万元，临时救助金、医疗救助金80人次12.50万元。提供公租房589户，廉租房补贴364户。升级改造黄鹂社区"中央厨房"，实现辖区独居老人送餐服务全覆盖。排查中小学生校外培训机构，发现无证有照19家、无证无照18家。建设健身设施路径348条，增设广场舞健身团队（点）9个。组织开展街道企退人员快乐健康嘉年华活动，参与活动人数160余人。

表40　2018年白鹤街道各社区基本情况

社区	面积（平方千米）	户数（户）	人口数（人）	集体经济总收入（万元）	集体经济总费用（万元）	总资产（万元）
白鹤社区	0.27	3668	9746	—	—	—
丹顶鹤社区	0.17	1261	2372	—	—	—
贺丞社区	0.21	3263	7169	—	—	—
黄鹂社区	0.60	5118	8691	—	—	—
孔雀社区	0.19	1830	5184	—	—	—
日月星城社区	0.31	2446	6135	—	—	—
王隘社区	0.30	2008	5996	—	—	—
镇安社区	0.21	2389	4871	—	—	—
周宿渡社区	0.30	1252	2378	—	—	—
紫鹃社区	0.10	1786	4250	—	—	—
丹凤社区	0.14	2972	6218	—	—	—

说明：表格中数据为调查数

【孔雀小区加装电梯启用】 2018年1月9日，孔雀小区加装电梯启用仪式举行。现场，区市场监督管理局工作人员宣读电梯注册结果，白鹤街道向业主赠送电梯维护公益基金1万元，施工方移交电梯钥匙和运行合格证。孔雀小区建于1997年，为宁波市首个加装电梯试点小区。加装电梯位于孔雀小区贺丞路188弄14号楼，共有6层12户居民。电梯建于墙门北侧楼梯口铁门外约3米处，轿厢尺寸1.50平方米，载重630千克，限载8人。工程于2017年11月9日动工，总费用45万元，其中政府补助20万元，居民按比例承担25万元。电梯运行每年电费约2000元，维护保养费约3000元，由居民按比例承担。

【宁丰铭庭安置房抽签分房】 2018年5月30日，宁丰铭庭安置房抽签分房在宁波市国际会展中心四号馆启动。分房涉及曙光路延伸段项目（宋家巷）、江东南路165号、宁丰改造地块项目（江东南路177号）及轨道交通4号线白鹤站4个征收项目，共284户人家参与抽签，抽取房屋556套，分65平方米、75平方米、85平方米、95平方米、105平方米、115平方米、125平方米7种套型。宁丰铭庭小区位于兴宁路42弄延伸段以南，于2014年7月开工，2018年1月竣工，项目总投资10.56亿元，有住宅楼24幢，机动车位965个。

【宁波世贸通国际贸易有限公司获评全国首批"外贸综合服务优质服务商"】 2018年11月6日，由中国服务贸易协会举办的"外贸综合服务优质服务商"授牌仪式在上海举行，宁波世贸通国际贸易有限公司获评全国首批"外贸综合服务优质服务商"，是浙江省唯一入围企业。宁波世贸通国际贸易有限公司成立于2011年，主营业务为外贸企业提供单证、物流、仓储、通关、退税、外汇、结算、保险、金融、会展、海外仓、跨境电商等综合性全流程服务，2012年被评为国家首批电子商务试点项目，2016年获评首批国家级外贸综合服务试点企业。2018年，公司实现营业收入47.05亿元，利润总额576万元，税收3699万元。

【丹凤爱心公园开园】 2018年5月14日，丹凤爱心公园建成开园。公园位于丹凤小区内，占地面积约3000平方米，投资6万余元，于3月对原丹凤公园进行提升改造，建造为一个以"爱心公益一起做"为主题的爱心公园。公园内设有敬老亭、爱幼亭、志愿小广场、仁爱孝义互动带，以及益人益语、益人益项主题墙等点位。其中，全区

2018年5月14日，丹凤爱心公园建成开园

首个“鄞领驿站”爱心点位于公园主干道路口，内设报刊角、爱心伞、工具箱、微波炉、饮水机、微心愿认领墙等功能，每日由一名党员志愿者负责管理维护。至年底，爱心公园共开展爱心理发、中医保健、流动车管所进社区、金融防诈骗服务宣传等广场公益服务192场次，举办母亲节花艺比拼、端午节爱心粽子等主题日活动5场，受益群众5000余人次。

【“老屋新生”行动计划推出】 2018年5月，白鹤街道在全市首推“老屋新生”行动计划。该计划从“清爽老屋”“健康老屋”“慢享老屋”“共治老屋”4个方面，推进建设保洁保序常态化、地下管网维护常态化、垃圾分类常态化、公共安全监管常态化、“护房安居”常态化、出行安全治理常态化、社区服务阵地运营常态化、“全科网格”服务常态化、“协同决策”机制运行常态化、多元主体参与机制建设常态化10个常态化工程。以黄鹂社区为试点，探索出“政府适当补贴、居民不掏钱、第三方投资运营、以门养门”的物联网防盗门建设运维模式，即建设经费的50%由该公司承担，50%由区、街道承担。至年底，共加装防盗门205扇，完成“中央厨房”“小棉袄服务社”等阵地升级改造，9个“污水零直排工程”通过验收，清理楼道1901个、垃圾60余万千克、共享单车1.50万辆、“僵尸车”86辆。

（王晓华）

首南街道

【概况】 2018年，首南街道辖6个行政村、5个股份经济合作社、12个社区和1个社区居委会筹备组，区域面积23.10平方千米，总人口15.80万人，其中户籍人口3.90万人、暂住人口4.20万人、学生7.70万人。实现地区生产总值63.61亿元，比上年增长10.90%。财政总收入12.10亿元，增长91%，其中一般公共预算收入7.40亿元。

规模以上工业企业实现总产值25亿元，增长17.60%。完成销售23.80亿元、利润1.60亿元。全社会固定资产投资56.50亿元。实到内资16.60亿元、外资3150万美元、浙商回归资金7.66亿元。引进高素质人才54人。入选“创业鄞州·精英引领计划”项目3个、市“3315资本引才计划”团队3个。增加市创新型初创企业55家、市级以上工程中心10家，培育创新型初创企业60家。微电子创新产业园注册落户企业45家。宁波安盾微电子技术有限公司、宁波隔空智能科技有限公司等主要企业完成计税销售4.10亿元，纳税总额1050万元；中茵集成项目厂房完成施工；宁波计氏新材料项目投产。宁波精华电子科技股份有限公司投入800余万元实施汽车氛围灯模组生产技改项目，宁波圻亿科技有限公司手术机器人关键部件项目投产。盘活闲置土地3.33万平方米，引进宁波豪洋智能科技有限公司及宁波计氏新材料有限公司。整治“低小散危”企业147家，整规楼宇企业75家，腾退“低小散”厂房2万平方米，利用闲置厂房1.50万平方米，增加规模以上工业企业19家，限额以上服务业企业15家。

市经济适用房一期、茶桃路拓宽等5个地块拆迁“清零”。九曲二期、德盛家园等安置房屋711套，石家、三里村货币安置465户。拆除违章建筑10.20万平方米。总投资约9亿元的九曲三期南区结顶，总投资4.30亿元的和众家园项目进入桩基施工；宁波市鄞州区首南街道学士小学进入主体施工，首南商会大厦项目基本完工，陈婆渡片区CPD30107B地块开始主体施工；九曲二期、鲍家埲三期竣工审计基本结束。完成干墩、石家、石路头等13个村（社）征地任务。解决“桥头跳车”问题6处，改造公厕2座。完成工业涉水污染源普查、3个老小区排水管网普查和51家排水许可证申领工作。21个小区垃圾分类工作全部通过验收，承诺书及入户指导完成率达100%。集中整治“两路两侧”、拆后地块，宁姜路、明光路等主干道两侧，高教园区、辖区“飞地”以及拆迁安置小区等重点区块，拆除违章建筑约5900平方米，清运垃圾2160立方米。“五水共治”清理各类垃圾25万千克，拆除破旧农舍266个。整改车棚车库56个，整治群租房67间。对村级集体厂房、危化品企业、电镀园区开展专项隐患检查200余家次，处罚企业21家。开展无证摊贩集中整治行动53次，出动人员近2000人次。拆除各类广告牌126块，拆除面积2766平方米。处置智慧城管平台案件8127起，受理办结“行走甬城”督办件450余起，“鄞领城事”督办件1400余起。4个平台共受理事件4516件，均按时办结。对南裕一期、陈婆渡小区、九曲一期等安置小区开展环境“微整治”专项行动，整治点位800余个。对新交付小区创新实施“三位一体”防违控违，拆除违章建筑20余起。

完成首南泰安学校搬迁、陈婆渡

幼儿园撤并、句章幼儿园和首南第三小学开班工作。推进首南卫生院国医堂工程建设，按照五星级服务站创建标准新建首南街道南裕社区卫生服务站。完成健康社区、无烟单位申报复评工作。推进家庭医生签约服务和健康体检工作，家庭医生重点人群签约率达84.20%。开展送戏下乡、公益性培训讲座、农村电影放映工程等活动800余场，举办首南街道善文化艺术节系列活动，获得天天文化志愿者“十大典型团队”“十大品牌活动”等荣誉。实现辖区户籍人员养老参保率97.10%，医疗保险参保率99.70%。帮扶就业困难人员3162人次，发放补贴1157万元；办理失业登记532人，发放失业救济金501人；帮扶被征地人员107人次，发放补贴42万元；惠及高校毕业生805人次，发放高校毕业生社会保险补贴285万元。落实高校毕业生“梦翔”计划，扶持大学生创业企业163家，其中新增大学生创业企业155家。调处各类举报、投诉案件53件，维护劳动者合法权益金额达82万元。承办劳动争议仲裁案件118件，结案率98.30%，调解率77.50%，首南派出庭被评为2018年度全省劳动人事争议案件处理工作优秀派出庭。公共服务中心创新推行5S标准管理体系，111项办理事项实现“最多跑一次”，全年受理各类事件5万余件。日丽社区获区十佳品质社区，并入围市十佳品质社区评选。“橄榄绿”老兵频道工作室获区首届城市管理优秀志愿者团队，“地球村”国际志愿者队获评区2018年度社区文明创建十佳创新品牌。

表41　2018年首南街道各行政村（股份经济合作社、社区）基本情况

行政村（股份经济合作社、社区）	面 积（平方千米）	户数（户）	人口数（人）	集体经济总收入（万元）	集体经济总费用（万元）	总资产（万元）
桃江村	1.80	595	1739	921	489	4676
傅家村	0.50	294	710	189	114	399
石家村	1.00	600	1402	2160	198	2285
三里村	0.70	246	645	625	411	1694
肖皋碶村	0.50	163	437	370	548	4708
高塘桥村	2.20	604	1590	1252	908	11257
陈婆渡股份经济合作社	0.30	368	813	1818	848	6805
石路头股份经济合作社	0.70	204	592	933	424	6101
李花桥股份经济合作社	2.10	550	1480	840	1065	7789
茶亭庵股份经济合作社	0.90	289	796	681	384	2501
前周股份经济合作社	1.80	529	1475	4067	714	6370
南裕社区	0.12	2446	3504	—	—	—
雍城社区	0.20	2718	2105	—	—	—
格兰春天社区	0.20	2862	1391	—	—	—
陈婆渡社区	0.53	3663	3770	—	—	—
鲍家埭社区	0.96	3268	1504	—	—	—
九曲社区	0.16	2600	534	—	—	—
文华社区	0.08	2138	202	—	—	—
学府社区	0.14	2735	1332	—	—	—
日丽社区	0.11	2282	742	—	—	—
和顺社区	0.42	2485	141	—	—	—
和众社区	0.28	3275	8857	—	—	—
锦悦湾社区	0.80	2600	2112	—	—	—
都市工业社区（筹）	0.03	—	3859	—	—	—

说明：表格中数据为调查数

【宁波市鄞州区首南泰安学校迁址】 2018年2月，宁波市鄞州区首南泰安学校完成搬迁。学校新址位于宁南南路和句章路交叉口西北角，总建筑面积10355平方米，其中学校改造面积6793平方米，总投资1700万元，建设规模为24个班，可容纳1000名学生就读。学校由三桥村集体厂房改建而成，包括室内装修改造、室外场地改造、屋顶防水层改造、学校屋顶运动场、配电房改造等。2017年8月，中央环保督察组发现原泰安学校位于李花桥工业区内，即新建的电镀集聚区东南侧，离最近的电镀企业厂房约170米，小于电镀集聚区防护距离。按照中央环保督察和省、市环保专项检查要求，宁波市鄞州区首南泰安学校必须整体搬迁。 3月5日，新校址投入使用。

【德盛家园抽签分房】 2018年6月4日，德盛家园（鲍家埄三期）抽签分房。德盛家园（鲍家埄三期）位于首南街道鲍家埄村，东临规划道路，西至天童南路，南至庆元大道，北至规划道路。项目于2013年9月20日开工建设，2017年1月22日竣工，总投资2.70亿元，总用地面积27661平方米，总建筑面积66816平方米，地上单体住宅9幢，其中高层住宅3幢、小高层住宅6幢，分50平方米、60平方米、65平方米、75平方米、90平方米、100平方米、105平方米、110平方米、120平方米9种套型。首南街道第一期解困户和鲍家埄村部分村民共193户入住。

【商用住地出让】 2018年6月4日，鄞州新城区首南地段YZ08-09-15商用住地被宝龙旗下上海展梅实业发展有限公司竞得，成交楼面价每平方米6510元，总价234978万元，溢价8.50%。该地块位于首南街道鲍家埄村，东、西至规划河流，南至鄞州大道，北至泰安中路，出让面积121124平方米，容积率2—2.98，建筑面积36.10万平方米，地块起价216570万元，起始楼面价每平方米6000元。该地块规划土地用途为城镇住宅、商务金融、餐饮、旅馆、零售商业用地，其中计容积率住宅及其配套设施建筑面积不大于15.20万平方米，计容积率商业、商务办公及其配套设施建筑面积不小于20.80万平方米。

【2018首南街道善文化艺术节】 2018年6月，2018首南街道善文化艺术节举行。活动由街道党工委、街道办事处主办，街道文化站、总工会、团工委、妇联、慈善分会及各有关村、社区承办。艺术节以“千年陈婆渡·奋进新首南”为主题，分为“最美乡情·印象首南”——改革开放40周年图片展、纪念改革开放40周年暨首南街道成立10周年优秀书画作品展、首南“善故事”征文、首南“最美阳台”评比活动、各社区“善文化”系列活动、首南2018年度“最美”系列评比活动、首南街道善文化艺术节主题晚会七大系列活动。活动时间持续至11月，参与群众约2万人次。

（王竹莹）

2018年10月23日，2018首南街道善文化艺术节主题晚会举行

钟公庙街道

【概况】 2018年，钟公庙街道辖15个社区、11个股份经济合作社，区域面积11.37平方千米，总人口约14万人，其中户籍人口4.31万人。实现地区生产总值38.46亿元，比上年增长3.70%，财政总收入　　亿元，其中一般公共预算收入4.36亿元。

实现规模以上工业总产值14.75亿元，增长12.90%；限额以上批发零售业销售额81.08亿元，增长11.40%。万达广场、明州里广场、聚亿广场等商业综合体，实现限额以上批发零售销售额79亿元，增长10%。实到外资1500万美元、内资8.07亿元。完成进出口总额15.11亿美元，增长150%。其中出口总额7.91亿美元，增长80%。引进浙江省公共安全技术研究院宁波分院、浙江舒是生物科技有限公司等重点项目，签约宁波汇峰沛瑞文化传媒有限公司影视后期制作外资项目，新注册宁波路尼奥光学设备有限公司等一批进出口企业。整规楼宇企业340余家，整理出楼宇面积1万余平方米。7幢主要商务楼宇入驻企业344家，增加千万元税收楼宇3幢，其中“星空间”被评为区级众创空间。完成固定资产投资47亿元，在建项目26个，新开工项目6个，竣工项目10个。引进各类高层次人才35人，其中“鄞州金匠”2人、“鄞州银匠”1人。

章家、陈家南北地块、公园南一号地块及365地块拆迁“清零”，施家塘地块签约、腾空房屋5户。慧灯寺章家住宅地块、派出所东侧和北侧商业、公园南一号4个地块土地出让；天韵地块和长永地块“退二进三”、宏大地块用地性质临时改性、嵩江茶城项目推进。开展“无违建街道”创建，处置各类违章建筑11.57万平方米，处置铜盆浦沙场地块等4宗违法土地。开展环境整治，共处置各类事件6463件，处置率95.35%。整治车棚出租住人113间，清理“僵尸车”254辆。完成新都美地小区阳台雨污水管网改造、金庭名苑等6个老小区地下管网检查，领取排水许可证50个。通过宁波市首批“污水零直排街道”复验。

启动新都美地“四保”改造，实施繁裕新村老小区整治，以及万达公寓、金家漕小区等6个小区的二次水改。金家漕小学、惠风书院改扩建项目建设推进。长丰二村片区危房整治腾空签约135户。泰安卫生服务站、长丰卫生服务站装修完成，鄞州区第二医院入驻长丰卫生服务站。凌江社区区域性居家养老服务中心启用，钟公庙社区居家养老服务中心服务老年人5000余人次。举办街道第十五届商贸文化艺术节等文体活动150余场，开展公益性培训220余场次，受益群众达4万余人次。开展“居民说事”181次，解决事项176件。推出金色水岸“金色YI动”青春社区服务品牌。惠风社区获评鄞州区第二届“十佳品质社区”。全年受理各类服务事项8.45万件，其中“最多跑一次”事项8.31万件，群众办事满意率达到100%。办理享受各项优惠政策6041人次，登记失业人员619人，发放社保补贴、就业补助2014万元。担保小额贷款申请企业15家395万元，签订企业无欠薪承诺书156家，整治企业16家。用人单位劳动保障年度书面网上申报企业1399家，评定A级企业5家。受理工伤认定37件，处理劳资纠纷74起、劳动争议仲裁案件93件。

表 42　　2018 年钟公庙街道各社区基本情况

社　区	面积（平方千米）	户数（户）	人口数（人）	集体经济总收入（万元）	集体经济总费用（万元）	总资产（万元）
都市森林社区	0.93	4096	12011	—	—	—
金宁社区	0.50	1630	4819	—	—	—
金色水岸社区	0.30	4582	12280	—	—	—
钟公庙社区	0.80	3997	11000	—	—	—
宁广社区	0.34	3148	7488	—	—	—
泰安社区	0.46	4372	7136	—	—	—
泰康社区	0.48	2644	—	—	—	—
钟裕社区	0.86	5361	4826	—	—	—
凌江社区	0.90	3013	8738	—	—	—
金家漕社区	0.31	3302	12262	—	—	—
长丰社区	0.80	4860	11267	—	—	—
惠风社区	0.60	1874	6559	—	—	—
后庙社区	0.80	2254	8182	—	—	—
欢乐海岸社区	0.64	212	552	—	—	—
繁裕社区	0.70	3613	11000	—	—	—

说明：表格中数据为调查数

【泰康社区成立】 2018年12月，泰康社区成立。泰康社区东起宁南南路，南接泰康西路，西至小江湖路，北到日丽西路，由美邸园、风澜熹园、江山万里五期3个小区组成，社区面积0.48平方千米，总户数2644户，社区居民委员会办公地点设在日丽西路157号、159号。

【繁裕一期老小区改造提升工程启动】 2018年10月，钟公庙街道繁裕一期老小区改造提升工程启动。繁裕一期小区建于2003年，有住宅909套、商铺47间，建筑面积8.35万平方米。改造提升共涉及37栋居民建筑，用地面积约6万平方米，总投资约5450万元，包括房屋整治修缮、停车泊位整治、架空线路整治、地下管网改造、道路空间改造、小区风貌改造、园林绿化改造、服务功能提升、公共空间整治等。工程计划2019年10月完工。

【钟公庙街道第十五届商贸文化艺术节】 2018年10月11日，钟公庙街道第十五届商贸文化艺术节开幕式在宁波华茂外国语学校体育馆举行。艺术节由钟公庙街道党工委、办事处主办，钟公庙街道文化站承办。晚会以“歌声飘过四十年”为主题，分“大地回春”“激情岁月”“世纪和声”“同心筑梦”四个篇章，表演女声独唱《绒花》、男中音三重唱《我和我的祖国》、童声合唱《歌声与微笑》、男生二重唱《红

2018年10月11日，钟公庙街道第十五届商贸文化艺术节开幕式在宁波华茂外国语学校体育馆举行

旗飘飘》、领唱与合唱《相约九八》、交响诗朗诵《永远跟你走》、男女声二重唱《幸福社区里》等14个节目。活动历时3个月，以“改革开放四十周年”与“街道行政区域调整十周年”为主题，举行排舞大赛、梅花讲堂、戏曲大观园、文化天天演等文体活动150余场次，开展公益性培训220余场次，参与群众4万余人次。

【宁波攸品邻里商业管理股份有限公司在新三板挂牌】 2018年2月6日，宁波攸品邻里商业管理股份有限公司在新三板挂牌。证券简称：攸品邻里；证券代码：872604。该公司成立于2013年8月，注册资本1000万元，主营业务为商业管理、物业管理、酒店管理、房屋租赁、房地产信息咨询、企业管理咨询、园林绿化管理咨询、广告服务、商务信息咨询、企业营销策划等，曾获“浙江商业领域‘三百’创建示范优秀运营项目”“宁波商贸流通业新锐奖”等荣誉。2018年，公司营业收入1069万元，缴纳税款341.60万元。

【金家漕小学改扩建工程项目启动】 2018年4月，金家漕小学改扩建工程项目启动。项目位于金家一路159弄2号，总投资1.30亿元，总用地面积15997平方米，总建筑面积20770平方米，其中保留改建建筑5770平方米，新建教学及教学辅助用房6555平方米、办公用房682平方米、生活服务用房3263平方米、地下室4500平方米，以及一座具备国际比赛标准的手球馆。改扩建后，学校规模由24个班扩大为36个班。项目计划2019年12月完工，2020年9月交付。

（周　凯）

梅墟街道

【概况】 2018年，梅墟街道辖8个社区、3个行政村、12个股份经济合作社，区域面积16.80平方千米，总人口4.94万人，其中户籍人口2.50万人、流动人口2.44万人。实现地区生产总值49亿元，比上年增长35%。财政总收入4.10亿元，其中一般公共预算收入2.19亿元。

实现工业总产值33.80亿元；服务业总收入216亿元，增长38%；技工贸总收入250亿元，增长28.20%。实际招商引资28.70亿元，其中引进企业营业收入13.56亿元、税收收入6213万元。引进新材料、电子信息、智能制造、科技服务、互联网+、商贸物流等相关产业研发、生产与服务企业322家，其中注册资本1亿元以上企业5家、5000万元以上企业10家。推进第四次全国经济普查工作，入户清查市场主体9400家。发放扶持及稳增促调专项补助资金1711万元，引进海外高端人才6人。

拆迁房屋6.86万平方米，其中钱家、上王、梅墟村个人住宅完成签约57户，学校地块个人住宅拆迁“清零”。完成非住宅回购签约5.94万平方米，推进扬帆路、梅景路改造项目企业回购签约。梅南四期、滨江三期、滨江四期安置小区完成抽签安置。高新区养老院主体工程、GX03-01-32地块金融中心完成基础工程建设。扬帆路北侧企业厂房局部拆迁修复、文体中心设施改造、梅福园绿化改造提升工程完工。推进“清爽梅墟”专项行动，完成创苑路东侧等9个地块场地处置、上王村道口等8个地块绿化提升、民和家园北侧等20余个地块垃圾清理工作，拆除违建棚舍300余个，绿化改造11.73万平方米。创建皇冠花园、金地东御等区级垃圾分类示范小区3个。推进“污水零直排”建设，梅墟街道社区卫生服务中心、梅墟农贸市场和鄞州职业高级中学截污纳管工程完工。

推进“最多跑一次”事项改革，社会保障、民政救助、行政审批等公共服务事项与政务服务网完成对接，建成“一站式”便民服务平台。举（承）办城乡统筹就业招聘会4场，推出就业岗位2300个。发放就业创业补贴720余万元，惠及群众1563人。办理社保医保申报与补缴1600人。“老娘舅”调解工作室调解矛盾纠纷172起，调解成功率97%。开展“梅墟无欠薪”创建工作，受理劳动调解案件43起，涉及102人156万元。检查安全生产企业316家，排查隐患1300条，开展专题消防演习29场，街道安全生产监督管理所被评为宁波市四星级标准化安全生产监督管理所。推进网格化管理，收到上报事件4729起，办结4573起，办结率99%。举办“印象梅墟”摄影比赛、街道十五周年建设成果展、和睦邻里节和“最美梅墟人”“最美家庭”评比等系列活动。形成长效性志愿服务队伍45支，开展各类志愿服务1000余次。

表 43　2018年梅墟街道各社区（行政村、股份经济合作社）基本情况

社区（行政村、股份经济合作社）	面积（平方千米）	户数（户）	人口数（人）	集体经济总收入（万元）	集体经济总费用（万元）	总资产（万元）
梅墟社区	0.80	2162	2312	—	—	—
梅苑社区	0.26	5083	4487	—	—	—
梅福社区	1.75	5654	5806	—	—	—
梅沁社区	0.20	3865	3396	—	—	—
广贤社区	0.30	5064	3934	—	—	—
聚贤社区	0.23	5170	2235	—	—	—
翔云社区	1.60	5645	2748	—	—	—
菁华社区	0.04	2900	37	—	—	—
涂田涨村	—	—	—	368	2079	5434
庄前村	—	—	—	391	3307	6486
上王村	—	—	—	427	5841	223
徐家洼股份经济合作社	—	—	—	28	28	61
钱家股份经济合作社	—	—	—	391	3313	293
姜陇股份经济合作社	—	—	—	33	321	359
潭头河股份经济合作社	—	—	—	5	64	727
龙山股份经济合作社	—	—	—	325	44	1415
大漕股份经济合作社	—	—	—	196	1370	1392
澳嘉桥股份经济合作社	—	—	—	47	2083	1721
大池股份经济合作社	—	—	—	152	1693	2191
方家桥股份经济合作社	—	—	—	690	1179	12006
滕园股份经济合作社	—	—	—	668	6614	2536
宝桥金股份经济合作社	—	—	—	701	3705	8934
梅墟股份经济合作社	—	—	—	55	2230	1990

说明：表格中数据为调查数

【梅墟街道行政区划调整】 2018年9月21日，鄞州区委十四届五次全体会议审议通过《关于梅墟街道行政区划调整的决议》，会议同意以剑兰路为界，将原梅墟街道划分为梅墟街道与聚贤街道。调整后，梅墟街道位于剑兰路以东，东界北仑区小港街道，南邻五乡镇、邱隘镇，西至剑兰路，北临甬江，面积7.88平方千米，下辖梅沁、梅墟、梅福、梅苑4个社区，上王村通过撤村建居并入梅苑社区。街道办事处驻枫香路378号。聚贤街道位于剑兰路以西，东界梅墟街道，南邻五乡镇、邱隘镇，西邻新明街道、福明街道，北临甬江，面积8.94平方千米，下辖翔云、聚贤、广贤、菁华4个社区，涂田涨村通过撤村建居并入聚贤社区。街道办事处驻腊梅路799号。

【安置小区抽签分房】 2018年7月10—11日，滨江三期（庄和家园）安置房抽签分房。大漕村、大池村、庄前村、澳嘉桥村等325户拆迁户参与抽签，实际申报507套，抽签安置501套，分为60平方米、70平方米、80平方米、90平方米、100平方米、110平方米、120平方米、130平方米面积8种户型。滨江三期东邻创苑路，南至杨东河路，西邻翔云路，北至紫荆路，于2014年开工建设，2018年竣工，项目总投资6.80亿元，总建筑面积7.30万平方米，地上单体建筑6幢高层，房屋548套。8月14—15日，梅南四期（东和雅苑）安置房抽签分房。上王村、龙山村、钱家村、梅墟村、方桥村、滕园村等487户拆迁户参与抽签，实际申报749套，抽签安置726套，分为60平方米、70平方米、80平方米、90平方米、100平方米、110平方米、120平方米、130平方米面积8种户型。梅南四期东邻东环北路，西至界碑碶河，北邻江南公路，于2014年开工建设，2017年竣工，总投资额9.63亿元，总建筑面积18.86万平方米，地上单体建筑11幢高层，房屋1433套。11月14—16日，滨江四期（涨馨苑）安置房抽签分房。325户拆迁户参与抽签，实际申报1412套，抽签安置1406

2018年12月28日，首届"最美梅墟人"颁奖典礼在梅墟剧场举行

套，分为60平方米、70平方米、80平方米、90平方米、100平方米、110平方米、120平方米、130平方米面积8种户型。滨江四期东邻新舟路，南至玉兰路，西邻大东江，北至丹桂路，于2015年开工建设，2018年建成，总投资额10.61亿元，总建筑面积19.80万平方米，地上单体建筑16幢高层，房屋1515套。

【梅墟街道成立十五周年系列文化艺术活动】 2018年4月1日，梅墟街道成立十五周年系列文化艺术活动启动。活动由梅墟街道党工委、办事处主办，街道党政办协办，以"品质梅墟·宜居生活"为主题，分为体育嘉年华、和睦邻里节、"印象梅墟"摄影展、书画心情、戏曲电影月5个板块。活动持续至12月28日，其间，举行羽毛球赛、乒乓球赛、趣味运动会、老年兜球赛、邻里好声音、邻里百家宴、最美家庭评选活动、公益市集、魅力旗袍秀、戏曲汇演、电影月、征文比赛、涂鸦比赛、摄影展、广场舞比赛、"最美梅墟人"评选系列活动16场，参加人数2万余人。

【梅墟街道首届青少年创客竞赛】 2018年7月16日，梅墟街道首届青少年创客竞赛举行。赛事由梅墟街道科协主办，菁华、梅苑、聚贤、广贤、翔云、梅沁、梅福、梅墟8个社区协办，宁波创溢未来教育科技有限公司承办。比赛以"造物吧+趣味科学"为核心，在8个社区各举行一场常规赛，每个社区的优胜组共8组16人进入总决赛。8月2日，总决赛在梅沁社区举行。决赛以"桥梁承重"为主题，采用选手两人搭档形式，在1个小时内用20根木棒搭建桥梁，从搭建、外观、承重三方面进行评分，评选出一等奖、二等奖、三等奖各一组，其中聚贤社区脱雅婷、王圣瑜获得冠军。

（褚琦玮）

新明街道

【概况】 2018年，新明街道辖4个社区、2个股份经济合作社，区域面积5.32平方千米，户籍人口2.10万人，流动人口1.72万人。财政总收入5.64亿元，比上年增长27.60%；其中一般公共预算收入2.82亿元，增长17.40%。

技工贸总收入213.75亿元，增长35.50%。其中，规模以上工业总产值9.68亿元，增长16.70%；限额以上服务业企业主营业务收入204.10亿元，增长36.60%。完成招商引资17亿元，引进企业217家，其中注册资本5000万元以上企业18家、1000万元以上企业85家。引进浙江中力联众进出口有限公司、宁波市甬连机电有限公司、浙江艾尔压缩机有限公司、宁波东海兴业航空旅游有限公司、宁波荃盛电子商务有限公司、浙江科诚建设监理有限公司等年税收超百万元高成长项目。兑现发放企业扶持资金6311万元，受益企业106家。区级扶持资金1.44亿元，受益企业37家。补发2016年稳增促调专项补助资金58.04万元，受益企业14家。2017年度稳增促调专项补助资金77.83万元，受益企业18家。第四次全国经济普查第一阶段清查企业5718家，个体户1093家。出台街道领导干部联系服务企业实施方案，建立街道领导干部"一对一"联系服务企业机制，重点走访企业39家。

陆家工业园、科丰热力等项目完成拆迁，征收拆迁面积36726.72平方米。涨浦景苑安置小区维修整治工程、街道外围改造工程、街道三楼和涌金大厦一楼党群商宇港湾室内装修竣工通过验收，滨江卫生服务站临时房建设、明珠社区便民服务中心装修工程完工，新晖社区居家养老装修工程开始施工。常洪隧道东侧地块、港隆南侧街道地块环境综合整治工程，分别平整场地约68000平方米、38000平方米。开展黑臭水体整治环境保护专项行动，清理甬新支河岸边菜地近700平方米，滨江河两岸菜地近400平方米，并进行绿化补种。对辖区24个小区进行雨污分流改造。开展"无违建街道"创建工作，建立落实违法建筑防控网格化管理机制。垃圾分类工作通过省、市级高标准小区及垃圾分类达标小区市级考核验收。

分类设置"一窗通办"综合服务窗口，61项事项实现"最多跑一次"。152户老年家庭享受政府购买居家养老服务。慰问困难居民158人，发放慰问金20.60万元。募集慈善捐款15.50万元。发放各类社保补贴1244人次455.69万元。办理失业登记265人次、灵活就业登记36人次，受理创业者社保补贴企业47家43.27万元。创业带动就业岗位补贴90人18万元。"两网化"管理收集用人单位信息采集表652份，开展农民工工资支付情况专项检查和规范企业劳动用工专项联动执法检查，检查企业150余家，处理110联动5件、群体性事件3件、劳动投诉15件。组织协办招聘活动3场次。基层综合治理"一张网"信息完整率在90%以上，排查群租房上报事件43个。开展2018年度网格长业务考核竞赛，组织网格长和网格长助理进修培训、校地产学研暑期大学生实习项。在新晖、明珠社区开展"居民说事"制度试点，更新《高新区新明街道社区权力"两清单一流程"操作手册》。建设明月社区"睦邻乐活型"特色社区、滨江社区关爱空巢老人特色服务、新晖社区微公益平台、明珠社区科普教育基地等特色品牌。明月社区、明珠社区获评宁波市巾帼文明岗，明珠社区获评宁波市青年文明号。

表44　2018年新明街道各社区（股份经济合作社）基本情况

社　区（股份经济合作社）	面积（平方千米）	户数（户）	户籍人口数（人）	集体经济总收入（万元）	集体经济总费用（万元）	总资产（万元）
明月社区	0.64	4569	7106	—	—	—
滨江社区	0.66	5253	4980	—	—	—
新晖社区	2.30	10397	5732	—	—	—
明珠社区	1.20	3281	3133	—	—	—
朱一股份经济合作社	—	—	—	1455	4068	18520
老庙股份经济合作社	—	—	—	1144	3241	45936

说明：表格中数据为调查数

【"阿尔法鹰眼"技术获2017中国国际大数据挖掘大赛"数字经济贡献奖"一等奖】　2018年1月，宁波阿尔法鹰眼安防科技有限公司的"阿尔法鹰眼"技术获2017中国国际大数据挖掘大赛"数字经济贡献奖"一等奖。宁波阿尔法鹰眼安防科技有限公司成立于2016年6月，是一家人工智能高科技企业，主要提供"阿尔法鹰眼"安检系列产品。该公司的"阿尔法鹰眼"技术是情感人工智能反恐安防系统，只需人的脸部颈部3—5秒的动态视频流，便可智能分析每个像素点的肌肉微振动，对人的当前情绪状态进行实时监测，甄别出有自体原发性焦虑紧张状态的潜在可疑危险人员，及时做出预警防控措施。该产品被成功应用于国内外海关、边防、治安、铁路等重要领域。2017年10月，宁波阿尔法鹰眼安防科技有限公司被评为中国安防十大视频监控品牌。

【"党群商宇港湾"建成投用】　2018年8月，新明街道党建阵地"党群商宇港湾"建成投用。党群商宇港湾是街道总部基地党群服务中心，位于星海南路8号涌金大厦一楼，总面积500余平方米，总投资90余万元，于2017年底启动建设，分A馆和B馆两个功能区块，设有党建展示区、群团工作区、志愿服务区、人才交流区、创意休闲区，以及"两代表一委员"工作室、多功能培训中心、远程教育中心、心理咨询室、温馨调解室和文体活动区等功能区域。至年底，商宇港湾开展各类活动35次，参与党员群众2000余人次。

【新明街道第三届职工运动会】　2018年10月20日，新明街道第三届职工运动会在高新区实验学校举行。运动会由新明街道总工会主办，街道团工委和妇联协办，来自机关、学校、社区和企业的26支队伍近300人参赛。比赛采用团体赛形式，设乒乓球、羽毛球等球类比赛项目，拔河大赛、螃蟹运球、跳长绳、趣味接力、趣味五子棋、无敌风火轮、毛毛虫等趣味运动项目。新晖社区代表队、明月社区代表队、高新区外国语学校代表队分别获乒乓球、羽毛球和趣味运动项目团体第一名。

（邹一娜）

2018年10月20日，明月社区代表队获新明街道第三届职工运动会羽毛球团体第一名

瞻岐镇

【概况】2018年，瞻岐镇辖17个行政村和1个社区，镇域面积94平方千米，其中海域面积11平方千米，总户数10264户，户籍人口25548人。实现地区生产总值14.61亿元，比上年增长10.90%。财政总收入1.51亿元，增长4.10%；其中一般公共预算收入0.84亿元，增长8.90%。

实现农业总产值3.48亿元。镇农合联大楼完工投入使用，农产品展示、现代农业服务、农民培训、财务代理等七大中心逐步完善，保险、供销、金融等部门入驻并开展服务，承办区农合联建设工作现场会。与宁波国研软件技术有限公司战略合作启动，搭建农产品线上供销平台，宁波市鄞州大岭农业发展有限公司被列入省级现代农业科技示范基地。耕除新种花木耕地21块，全年减少花木种植面积136万平方米，增加土地流转面积64.60万平方米。推进沿海中线两侧300米范围内土地流转，土地委托流转率达85%。拆除农棚田舍211间，拆除面积3910平方米。投入800万元推进东一村水田垦造、姚家村高标准农田、南一村土地喷滴灌等5个“611”耕地保护工程，投资500万元完成金山谷喷滴灌、联胜二碶改造、永安外碶改造等7个田间水利工程。实现工业总产值24.30亿元，增长20.30%。其中，规模以上企业工业实现产值15.30亿元、销售14.30亿元、利润1亿元，分别增长18.70%、18%和28%。规模以上服务业增加值4857万元，增长8.10%；限额以上批发零售业销售额8600万元，增长58.30%。进出口总额4800万美元，增长52.30%，其中出口4700万美元，增长52.10%。高新技术行业产值8.10亿元，增长21.20%，高新技术增加值1.53亿元，研究与试验发展经费支出2800万元。高新技术培育企业入库3家，增加市创新型初创企业3家，完成智能技术改造项目2个。引进浙商回归项目2个8900万元，外资项目2个628万美元。增加4亿元企业1家、2亿元企业1家、上亿元企业1家、规模以上企业3家，宁波力达物流设备有限公司、宁波市鄞州建筑有限公司获评区实力骨干企业。引进高层次人才2人，“鄞州工匠”1人。

总投资1900万元的岐西村项目完成招标，被列入2018年市级美丽宜居示范村建设；总投资1000万元的岐化村项目进场施工；周一村项目完成26套老宅拆旧购新，二期被列入甬派民居试点村项目；方桥村创建为AA级旅游景区村庄。振兴路路面改造提升，四民民俗风尚街改造项目完工；方桥村农村公路A线、C线投入使用；合一村沿山公路完成路基工程的80%；瞻虹路路面改造、镇自来水厂二期、穿咸线（中心小学至岐下洋）道路两侧改造等项目启动；疏港高速瞻岐段项目完成沿线坟墓迁移等前期工作。落实13条镇级河道、66条村级河道巡查和保洁机制，完成大嵩江国控断面水质监测点建设。推进水环境Ⅱ期项目，瞻岐溪上游溪坑治理、瞻岐溪东一村支流、瞻岐大溪坑整治提升等工程完工，疏浚河道5千米。创建市级水环境示范镇，东港河为区级生态示范河道。合一村农村污水治理项目工程进度达到70%，瞻岐镇沿街店铺截污纳管工程、黄沙区块和东城区块收集管网提升工程3个“污水零直排”项目完工，发放排水许可证36家，通过“污水零直排”市级考核验收。开展跨门经营、油烟扰民、占道经营等专项整治行动14次。拆除违建5.40万平方米。推进“清爽行动”，检查、整改问题点位1500余处，岐下洋村获评区第三届最洁美村庄。推进生活垃圾分类减量综合体项目建设。实施厕所革命，改造旅游A级公厕1座、城市二类公厕2座、省级标准农村公厕54座。通过国家卫生镇创建市级考核及省级暗访。

深化“最多跑一次”改革，推进办事窗口5S标准化建设，服务窗口入驻职能科室5个，增加办理事项36项。启用公共事务服务中心“审批专用章”，设立瞻岐镇劳动人事争议仲裁派出庭。调解欠薪纠纷33件，办结案件232件。户籍居民养老保险参保率96.50%，居民医疗保险参保率99.68%。发放各类救助金800余万元，受助群众1200余人次。注销低保户123户，调整34户。区域性居家养老服务中心项目一期工程完工。瞻岐中学普高上线率达到38.50%，瞻岐小学获评市传统体育项目学校，瞻岐镇成人文化技术学校获评市特色示范成人学校A等，社区教育项目《瞻岐“花甲春”》获评市社区品牌项目A等。举办第四届瞻岐山海节，开展春、夏、秋、冬4个篇章系列活动，“瞻岐彩船台湾行”在中央广播电视总台《海峡两岸》播出。建成岐山书院、大嵩古城陈列室。增加“糯米琼醋”“南二马灯”2个市级非遗项目，创建方桥村、张东周村2个市级文明村。岐化村、张东周村文化礼堂建成，东一村、南二村文化礼堂星级提升，组织开展农村文化活动100余场。获评省文化强镇和市公共文化示范区。

表45 2018年瞻岐镇各行政村（社区）基本情况

行政村（社区）	面积（平方千米）	户数（户）	人口数（人）	集体经济总收入（万元）	集体经济总费用（万元）	总资产（万元）
卢一村	5.19	558	1364	196	256	1745
合一村	4.35	1094	2774	593	686	11101
南一村	3.71	780	1964	479	381	2489
南二村	2.25	628	1513	336	591	2751

续表45

行政村(社区)	面积(平方千米)	户数(户)	人口数(人)	集体经济总收入(万元)	集体经济总费用(万元)	总资产(万元)
东一村	4.53	947	2355	426	656	3495
东二村	3.87	921	2288	817	616	4244
岐西村	3.72	463	1218	302	356	3688
唐家村	2.55	285	699	625	216	2125
姚家村	2.87	340	871	156	173	888
岐化村	1.71	576	1397	227	291	3205
东城村	2.77	850	2037	389	323	1163
西城村	8.96	982	2346	592	406	1251
嵩一村	3.05	359	890	202	227	948
方桥村	7.73	557	1434	327	290	1152
周一村	2.54	229	573	201	143	1684
岐下洋村	1.34	357	879	630	247	1950
张东周村	3.28	256	690	114	130	700
瞻虹社区	0.05	82	274	36	32	32

说明：表格中数据为调查数

【第四届瞻岐山海节】 2018年1月24日，第四届瞻岐山海节开幕式在瞻岐镇文体中心举行。活动由瞻岐镇政府主办，镇社会事务办承办，镇旅游办、农办等单位协办。开幕式现场，表演原创快板《夸瞻岐》、舞蹈《紫竹风吟》等4个节目。山海节以"山海季会·四民同声"为主题，分为"春·岐山风情""夏·四民同声""秋·瞻海明月""冬·季会恋歌"4个篇章，按照"起源""奋进""丰收""颂歌"为脉络，举行"宁波号"彩船"文化走亲台湾行"、"翰墨书写·走进瞻岐"、岐山春舞寻茶记、"心有力量·歌声嘹亮"千人合唱大赛、"爸爸·去瞻岐吧"农业采摘节、"舌尖上的瞻岐"海鲜节、"最美瞻岐·四民风采"评选等系列活动。活动持续时间12个月，参与人数6万余人。

2018年6月28日，"心有力量·歌声嘹亮"千人合唱大赛举行

【宁波市鄞州大岭农业发展有限公司获评省级现代农业科技示范基地】 2018年10月，宁波市鄞州大岭农业发展有限公司获评省级现代农业科技示范基地。该公司成立于2011年4月，主要经营绿茶、红茶、白茶生产及相关产品技术研发。基地位于瞻岐镇南一村大岭墩，种植茶叶面积约20万平方米，建有1100余平方米的标准化名茶加工厂，配备国内先进的名优绿茶、红茶生产设备，具备日产100千克名优茶的生产能力。公司生产的甬茗大岭牌绿茶获第九届中绿杯中国名优绿茶评比金奖，甬茗大岭牌红茶获2018浙茶杯优质红茶推选活动金奖、第十二届国际名茶评比特别金奖。

【瞻岐镇农民合作经济组织联合会现代农业服务中心被评为省级现代农业综合服务中心】 2018年1月，瞻岐镇农民合作经济组织联合会现代农业服务中心被评为省级现代农业综合服务中心。该服务中心于2018年8月建成并投入使用，总投入近400万元，面积1323平方米，配有农业展厅、农残监测、三资管理、招投标服务、青创中心等功能设施。2016年12月，瞻岐镇农民合作经济组织联合会成立，是全区第一个镇级农民合作经济组织，有会员59家，主要涉农企业、农民专业合作社、家庭农场，涵盖雪菜、紫菜、对虾、橘子、牛肉、茶叶等主要农产品经营主体。2018年，服务中心组织开展鄞州区农民合作经济组织联合会现场会、微旅小镇“寻茶记”、企业研讨会、农技培训等活动5次，参与人数440人。

（童诗涵）

咸祥镇

【概况】2018年，咸祥镇辖17个行政村、1个渔业社和1个社区，镇域面积64.54平方千米，其中海域面积2.74平方千米，户籍人口26849人。实现地区生产总值15.40亿元。财政总收入1.73亿元，其中一般公共预算收入0.92亿元。

实现农业总产值4.60亿元。投资1070万元完成南头村等4个村46个大棚养虾池改造建设；投资1000余万元推进粮食功能区、高标准农田、农田水利等涉农项目建设；各投资250万元启动虹祥水果采摘体验园、咸祥鲜2°水产养殖园区等特色农业提升项目；投资200余万元建设咸祥农副产品交易集散中心、渔耕文化科普基地及渔业研究院基地。供应早稻良种750千克，增加高标准基本农田162万平方米。政策性农业保险参保1157户，投保金额8583万元，保费金额10.20亿元。除咸三村和南头村外，其他各村完成土地确权合同签订。咸五村、球东村共13万平方米垦造耕地项目和渔工商33万平方米滩涂垦造水田项目进场施工。实现规模以上工业总产值14.60亿元、销售12.70亿元、利润1.23亿元，分别增长17.40%、7.60%、246.90%。实现进出口总额0.17亿美元，增长33.80%。引进内资8670万元、外资500万美元，浙商回归资金9622万元。宁波普锐明汽车零部件有限公司的数字工厂改造项目，入选2018年第一批宁波市工业投资（技术改造）市级项目计划名单。3家企业入选区百强企业，其中天苑景观有限公司获区“大力鼎”奖，申江控股集团有限公司获区实力骨干企业，普锐明汽车零部件有限公司获区创新成长型企业。限额以上社会消费品零售总额8000万元，增长11.40%。引进第一家咸祥地接旅行社门店，开通“海洋王国游历记”和“老人与海”两条旅游路线。举办“咸祥马鲛鱼文化节”“鲜2°杨梅采摘节”“夜宿南头 天长地久”等主题特色节庆活动，接待游客4万余人次。投资150万元的蓝海观景平台一期新湾亲水沙滩项目完成沙子铺设，投资240余万元的鲜2°渔业公园项目完成养殖塘基础设施改造，海南、横山、芦浦、西宅4个村A级旅游景区化村庄建设与南头村AAA级旅游景区化村庄建设通过验收。

投资4000万元的咸祥河综合整治工程、投资2900万元的咸兴路街景改造工程、投资1500万元的环咸祥河两侧立面亮化提升工程、金山公园一期优化改造工程基本完工。投资7600万元的咸祥中路出镇段拓宽工程完成路基填筑、强电下埋和桥梁工程，投资2500万元的老街至菜场周边地块提升改造项目进度过半，投资500万元的镇区智能化综合管线工程完成主要道路管线下埋。竹山三期A地块、咸四村大龄青年安置房交付分房。西宅新村完成改造；外蔡村、横山村、海南村完成部分区块提升；串联咸四村、西宅村、咸六村，启动“鲜美咸祥”风景线、文明示范线。处理跨门占道210起、无证设摊660起、违反公共交通事件1020起。开展“整洁田园 美丽农业”行动，收集农资包装废弃物13350千克，拆除农棚田舍3500平方米、整改5000平方米，完成土地流转提质180万平方米，清理花木约67万平方米。开展“一打三整治”行动，清理地笼网1200余顶，非法捕鱼网238项，查获非法捕捞作业行为1起，查处“三无”钓鱼小快艇11艘。垃圾分类覆盖17个行政村，2万余户家庭，覆盖率达100%。对11条镇级河、52条村级河实施动态化检测，疏浚河道5.28万立方米。金江花园雨污分流、工业园区污水支管铺设、咸球路老旧管道提升工程项目完工，获评市级“五水共治”突出贡献集体、省级剿灭劣V类水工作突出贡献集体。对9个问题点位实施清脏、治乱、增绿，累计清理垃圾42万千克，改造蓝色屋顶7200平方米。“三改一拆”拆除7.37万平方米，拆后利用率97%。咸祥镇被评为宁波市十佳美丽乡镇。

实现“最多跑一次”事项111项，窗口办件量27787件，政务网办件3815件。发放社会救助、扶贫帮困资金452万元，惠及1669人次。“慈善一日捐”募集善款111.19万元。养老保险参保率95.80%，城乡居民医保参保11939人。办理灵活就业登记10人，失业登记225人次；被征地做证5564人；灵活就业社保补贴158人涉及金额约66万元。处理各类咨询、投诉等平台信息4222项，办结率100%。对企业开展安全生产检查217家次，发现并督促整改隐患410条，开具现场检查记录113份，责令限期整改指令书104份，查处违法企业22家12.15万元。举办“咸祥首届乡村振兴嘉年华暨咸祥八月半渔棉会”“2018海上美食·海鲜节暨‘鄞州银行杯’海上明月马拉松”“首届全国青少年大提琴艺术周”等活动，被中国音乐家协会授予“CELLO TOWN大提琴小镇”称号。出版《咸祥庙志》《近代咸祥文存》地域文化书籍，完成《海渔印谱》篆刻和《八月半风情图》长卷创作。走书《一颗失落的珍珠》参加浙江省第五届乡镇（街道）文艺团队文艺会演获大赛金奖，越剧小戏《酒埕口里捞铜钿》获浙江省新农村建设题材小戏大赛金奖、省民营艺术团体折子戏精品展演金奖。开展“传统文化显魅力 文艺明星进校园”活动，组织文艺类教育活动百余场，受益学生千余人次。与陈建德美国霍普金斯大学医学院胃肠动力实验室签约，建设咸祥中心卫生院功能性胃肠道疾病中西医结合专科。

表 46　　2018 年咸祥镇各行政村（渔业社、社区）基本情况

行政村（渔业社、社区）	面积（平方千米）	户数（户）	人口数（人）	集体经济总收入（万元）	集体经济总费用（万元）	总资产（万元）
芦浦村	3.33	652	1726	363	327	1240
里蔡村	2.63	534	1443	147	137	1389
外蔡村	1.26	389	1038	162	157	1109
横山村	1.79	618	1715	301	447	2007
咸一村	1.29	615	1704	194	210	826
咸二村	0.83	295	835	177	81	1753
咸三村	1.37	465	1197	287	189	1613
咸四村	2.81	628	1805	412	247	9441
咸五村	1.32	461	1232	138	119	742
咸六村	2.13	653	1879	135	196	4204
西宅村	1.48	422	1152	560	784	2254
王家村	0.85	250	696	145	65	604
粪犊村	2.14	368	962	617	354	3012
球东村	1.17	685	1833	111	235	1010
球山村	2.15	1334	3401	357	345	1162
南头村	0.70	578	1493	138	241	2160
海南村	1.47	828	2234	168	146	1912
渔业社	—	—	—	63	148	1996
金竹社区	—	1232	2127	—	—	—

说明：表格中数据为调查数

【咸祥CELLO TOWN大提琴小镇主题活动】2018年8月26日，咸祥CELLO TOWN大提琴小镇主题活动在咸祥镇举行。该活动为首届全国青少年大提琴艺术周暨第七届青少年大提琴比赛主题活动之一。在咸祥镇文化广场地块举行友友音乐剧院奠基仪式，副区长卜明长，纽约COS乐团负责人、马友友姐姐马友乘，纽约COS乐团指挥迈克尔，澳门演艺学院大提琴导师、澳门大提琴协会会长周游，吉林艺术学院教授、硕士生导师胡广权，纽约COS乐团副董事长冯文君，纽约COS乐团首席廖姵珑，咸祥镇党委书记洪峰以及镇长荆英姿等人共同为项目开工培土奠基。在咸祥镇侨基地马友友祖居，马友友的姐姐马友乘捐赠父亲马孝骏生前手稿以及她和马友友小时候的画作等一批珍贵实物。在咸祥镇天地生态农庄，举行首届全国青少年大提琴高峰论坛，由上海音乐学院大提琴教授、英国皇家音乐学院院士李继武主持，国际著名大提琴演奏家王建、中央音乐学院大提琴教授及博士生导师俞明青、中央音乐学院附中校长及大提琴教授娜木拉、纽约COS乐团负责人马友乘、宁波市音乐家协会主席陈民宪等专家以“中国青少年大提琴演奏艺术现状及展望”为主题进行交流。在鹰龙海畔海边音乐厅，举行以“CELLO TOWN音乐之夜”为主题的大提琴音乐会。咸

2018年8月26日，咸祥友友音乐剧院奠基典礼举行

祥镇是著名大提琴演奏家马友友的故乡，2016年起开展咸祥特色大提琴小镇建设。在8月24日首届全国青少年大提琴艺术周暨第七届青少年大提琴比赛开幕式音乐会现场，咸祥镇被授予“CELLO TOWN大提琴小镇”称号。

【咸祥首届乡村振兴嘉年华暨咸祥八月半渔棉会】 2018年9月24日，咸祥首届乡村振兴嘉年华暨咸祥八月半渔棉会在咸祥镇文化广场举行。活动由咸祥镇政府主办，由各行政村、企业、学校等组成的23个文艺方阵，以及23支民间纱船抬阁队、民俗民艺表演队参加踩街巡游仪式。巡游队伍在镇文化广场进行集中展示表演，有纱船、抬阁、渔船、花轿船、亭阁船、虎头官船、龙船、凤船、双龙船、龙凤亭阁船等各色彩船，每支巡游队伍后面都有农民乐队吹打地方民乐，表演舞龙、舞狮、秧歌、走秀、瑜伽等。巡游路线沿文广路、咸祥中路、咸兴路至咸祥镇中学，其中有一支彩船队至西宅村文化礼堂。街边集市展示鄞州区灰雕、渔船、打铁等30余个非物质文化遗产项目，多宝米馒头等农业特色产品以及富有咸祥地域特色的大松石。走马楼古建筑内展出“大美咸祥”摄影书画作品。全镇3万余人参与活动，吸引游客约6万人。“咸祥八月半渔棉会”始于清代，定于每年农历八月十五举行，是旧时咸祥百姓为庆祝鱼虾满仓、棉花丰收而举办的盛会。2014年，咸祥八月半渔棉会被省文化厅列入浙江省第二批传统文化节日。2016年12月，入选第五批浙江省非物质文化遗产代表性项目名录。

【“鲜美咸祥”文明示范线开线仪式】 2018年12月13日，“鲜美咸祥”文明示范线开线仪式暨“个十百千万”文明创建咸祥总动员活动在咸祥镇文化广场举行。活动由区委宣传部、区文明办主办，咸祥镇政府承办，市文明办副主任祝建平，区委常委、宣传部部长方飞龙，副区长朱晓丽等领导出席活动。开线仪式分风情咸祥、风韵咸祥和风尚咸祥三个篇章，现场表演大提琴演奏、舞龙、渔腔民谣等节目，播放《鲜美咸祥》宣传片，展出26米长的《咸祥八月半风情图》，举行《海渔印谱》《咸祥裴君庙杨公祠志》《近代咸祥文存》首发式。“鲜美咸祥”文明示范线是鄞州区第三条文明示范线，是一条兼具水乡风味和滨海特色的文明风景线。该线以咸祥河为纽带，挖掘沿线各村的乡风民俗、人文历史等特色，串联古韵咸四、明礼西宅、非遗咸六、怡人南头、活力海南、烽火横山线路，分两期开通。此次开线的是一期咸四村、西宅村、咸六村。其中，咸四村有浙江省非物质文化遗产传承基地咸祥庙、传承积善余庆家风的历史建筑走马楼，西宅村有咸祥河慢行空间、百余米乡土风情的3D彩绘墙，咸六村有纺布、灰雕、彩船等非遗文化和杰出乡贤事迹展。

【“鄞州银行”杯海上明月马拉松】 参见“文化·传媒·体育”类目“体育”分目。

【竹山三期安置房抽签分房】 2018年6月30日，竹山三期大龄青年安置房抽签分房。公开抽签分配的安置房有房源510套，分65档、75档、85档、95档、105档、110档6种套型。该安置房位于咸祥镇咸一村，是镇新村建设项目中的重点工程之一，2015年12月1日开工，2018年6月27日通过验收，总建筑面积6.40万平方米，总投资额2.10亿元。至年底，共抽签安置房屋192套。

（黄　燕）

东吴镇

【概 况】 2018年，东吴镇辖12个行政村和1个居委会，镇域面积71.40平方千米，户籍人口16625人。实现地区生产总值29.09亿元，比上年增长3.61%。财政总收入4.89亿元，增长2.79%；其中公共财政预算收入2.67亿元，增长9.55%。

实现农业总产值1.83亿元。开展基本农田花木整治，减少花木种植面积13万平方米，完成主要道路两侧规模土地流转124万平方米，整治农棚田舍2226平方米，拆除2880平方米。推进高标准农田提升项目、景富农场花海项目、林间道路工程项目建设。完成岙里溪坑整治和小白、周家岙标准化水站建设，创建为市级基层防汛体系示范镇。南村“美丽乡村”项目、平塘“文化活动室”项目完工。完成区域性农民合作经济组织联合会创建、农村土地确权登记。建立粮食高产示范区、粮食监测点，农业政策性保险投保金额4100万元，参保户数985户。实现规模以上工业产值69.49亿元、销售67.64亿元、利润4.47亿元。增加上亿元企业2家，规模以上企业19家。推进宁波欣达（集团）有限公司数字化电梯生产车间扩建、宁波欧菱电梯配件有限公司厂房扩建、日月重工股份有限公司3D打印产业化技改等重大项目。日月重工股份有限公司获评宁波市制造业单项冠军示范企业，宁波欣达电配有限公司被列入宁波市单项冠军培育企业，宁波港波电子有限公司、宁波引发绿色食品有限公司、宁波中易电子有限公司3家企业在宁波股权交易中心挂牌。实现高新技术产业产值48.53亿元，增长10.30%；工业企业研发项目经费投入1.92亿元，占GDP的比重超过6%。引进外资1729万美元，实到内资7072万元，浙商回归资金16117万元。盘活低效厂房4.90万平方米，镇南小微产业园招商引进宁波享昇机械有限公司、宁波氟冠密封工业有限公司等6家企业。实现服务业增加值4.67亿元，占GDP总量的16.10%。完成服务业投资额1.14亿元，限额以上批发零售业销售额13.79亿元，增长24.64%。投资1200万元的大乐之野·乡叙勤勇民宿建成运营，与北大青鸟科技产业发展有限公司合作启动三塘村、画龙村两个地块精品民宿开发。三塘村创建为AAA级旅游景区村庄，小白村、天童村、童一村、画龙村创建为A级旅游景区村庄。东吴镇入围市级全域旅游示范区创建单位。

镇南路南段“工业情怀漫道”改造工程、东吴中路“风情商业区建设”工程、镇南路改造提升二期工程、省放心农贸市场创建工程完工。启动天童片区小城镇环境综合整治，编制《天童片区小城镇环境综合整治规划》，涉及整治项目27个，投资金额1.90亿元。推进天童老街街景改造提升、污水设施建设等工程，实现小城镇环境综合整治全域化覆盖。东吴镇创建成为省级小城镇环境综合整治样板镇。“天童禅镇”被列入省级重大产业预选项目。制订出台三塘、童一村美丽宜居示范村创建计划，启动生姜、平塘、画龙村村庄规划设计，实现全镇12个行政村新村建设全覆盖。302套镇级大龄青年安置房交付。国家卫生镇创建通过省级暗访验收。累计投入财政资金300余万元，建成全区首个厨余垃圾处理站，改建垃圾中转站2座，实现全镇生活垃圾分类全覆盖。整改厕所41座，新建改建高标准旅游厕所7座。投入200余万元对东吴市场进行改造升级。创建“污水零直排区”，完成管网建设4千米，申办通过排水许可证37家，实现农村生活污水处理全覆盖。“三改一拆”拆除违章建筑9.50万平方米。

发放各类就业社保补贴800万元。规范开展公共资源交易工作，区镇两级平台完成招标42个，交易金额7166万元。推进“四个平台”建设，镇域社会治安视频监控总数达120个。接待群众来访217人次，初信初访化解率100%，三塘村成功创建省级民主法治示范村，东吴镇连续7年获评市级社会治安综合治理先进集体。打造村级志愿者服务站12个。西村村创建为区级“最洁美村庄”。北村村、生姜村、天童村文化礼堂建成，并被评为省级文化礼堂示范镇。开展“周日文化”活动，通过“艺起来”全民艺术平台推送文艺精品节目下乡入户，举办各类文化活动180场，放映免费电影356场，创建为市级公共文化示范区。

表47　2018年东吴镇各行政村（居委会）基本情况

行政村（居委会）	面积（平方千米）	户数（户）	人口数（人）	集体经济总收入（万元）	集体经济总费用（万元）	总资产（万元）
东村村	5.26	383	855	281	300	12084
南村村	3.04	516	1041	228	251	1155
西村村	8.18	696	1482	585	310	21254
北村村	3.49	519	1172	301	357	1720
生姜村	1.12	264	598	160	219	1547
小白村	4.52	836	1989	344	295	11108
平塘村	4.20	635	1445	573	492	2522
童一村	8.17	694	1498	609	672	7083
天童村	5.90	620	1381	213	212	2223
三塘村	4.35	621	1328	443	370	6419
勤勇村	6.58	570	1254	377	394	3425
画龙村	2.49	621	1340	331	263	820
东吴镇居委会	—	572	1242	—	—	—

说明：表格中数据为调查数

【2018“日月杯”宁波太白湖国际马拉松】（参见“文化·传媒·体育”类目“体育”分目）

【东吴镇获评2017年度全省小城镇环境综合整治省级样板镇】 2018年2月11日，浙江省小城镇环境综合整治行动领导小组办公室公布2017年度全省小城镇环境综合整治行动省级样板名单，东吴镇入选，成为鄞州区第一批获评浙江省小城镇环境综合整治达标乡镇。2016年12月，东吴镇作为全区首批达标创建镇，启动小城镇环境综合整治行动。以治脏、治乱、治差、治违、治污为核心，编制东吴镇环境综合整治规划与实施方案，筛选入库项目56个，总投资5.88亿元。至2018年，投资1.18亿元，完成镇南路（小白段）风貌街区、“五凤朝阳”主题地标、太白公园、东吴菜场、文体中心健康馆等工程项目18个。其中，新建、改造公厕2座；新建垃圾中转站2座，厨余垃圾处理站1座；铺设污水管网13千米；整治“低小散”问题企业18家；清理卫生死角637处，垃圾28万余千克，乱堆物254处，乱粘乱贴1000余处；处理乱摆摊102起，乱停车378起，交通违法行为2543起；新建便民停车场2个，增加停车位207个；完成8条道路缆线“上改下”6.79千米；拆迁房屋面积4.17万平方米，拆除违法建筑54处10.60万平方米。

东吴镇“五凤朝阳”主题地标

【乡叙丨大乐之野·勤勇民宿开业】 2018年12月25日，乡叙丨大乐之野·勤勇民宿举行开业仪式。市旅游发展委员会副主任周明力，副区长卜明长，宁波市旅游投资发展有限公司总经理陈刚等领导，以及相关部门负责人共100余人参加仪式。该民宿位于东吴镇勤勇村，由宁波市旅游投资发展有限公司开发建造，于2018年年初动工，占地面积4500平方米，建筑面积6900平方米，总投资额1200万元，由“乡叙”和“大乐之野”两大民宿品牌公司合力运营。民宿由原勤勇小学修缮改建而成，采用新中式与简约设计风格，内设22间客房、咖啡厅、多功能厅、室外草坪广场、露天泳池、农事体验区等功能区块。该项目是东吴镇全域旅游发展的重要节点，也是勤勇大寨田园旅游风情小镇建设一期板块的启动项目之一。

【宁波市文明村镇暨文明示范线创建工作现场会在东吴镇举行】 2018年6月14日，宁波市文明村镇与文明示范线创建工作现场会在东吴镇举行。市文明办主要领导，各县（市、区）文明办负责人，创建文明线相关镇乡、村代表150人，到东吴镇省级文明村勤勇村、市级文明村小白村考察调研，现场交流文明村镇与文明示范线创建工作。2017年5月，东吴镇将太白山麓沿线的小白村、天童村、童一村、三塘村、勤勇村进行串联，开辟出鄞州区首条文明示范线。2017年11月，东吴镇获评全国文明镇。2018年，东吴镇结合小城镇环境综合整治和全域旅游开发，对文明示范线沿线村庄进行提档升级，增加黄土文化墙、八行文化柱、核心价值观大型雕塑等文明节点8处，全镇12个行政村全部创建为市级以上文明村，其中省级文明村4个。

（顾鹏翔）

塘溪镇

【概况】 2018年，塘溪镇辖17个行政村，镇域面积94.60平方千米，户籍人口26120人，外来人口12875人。实现地区生产总值17.67亿元，比上年增长5.70%。财政总收入2.24亿元，增长4.63%；其中一般公共预算收入1.18亿元，增长4.23%。

全镇有山林面积5975公顷，生态公益林面积2289公顷。实现农林牧渔业总产值1.51亿元，增长0.60%。前溪头村开展整村土地流转试点，早晚稻种植面积394公顷，参保农作物及设施399公顷。以亚大集团有限公司为龙头的29家规模以上工业企业实现产值20.99亿元、销售19.92亿元、利润总额1.30亿元，分别增长14.68%和13.90%。实现进出口额0.75亿美元，增长25.83%。限额以上商贸业销售额3.91亿元、社会消费品零售额1.51亿元。高新技术产业产值11.16亿元，增长7.80%。阿能集团有限公司获得区“大力鼎”奖，宁波市鄞州亚大汽车管件有限公司被列入市第一批制造业单项冠军培育企业名单。宁波奥达智能家居有限公司与宁波大学完成科技合作项目，宁波荣华办公用品有限公司获市科技进步三等奖。招商引进宁波市鄞州钰欣金属科技有限公司、宁波金圆新型材料科技有限公司、宁波市皓铖凯休闲用品有限公司。申报创新型初创企业5家，引进各类人才147人，增加各类发明专利授权26件。

小城镇环境综合整治省级达标，创建成为宁波市级样板镇。新村建设建新1.34万平方米。塘头新村建设进场施工，观山新村完成主体建设。拆除农田棚舍1.04万平方米。整治劣V类小微水体10条，疏浚岳塘河1.07千米、王家碶河1.17千米、岳塘新河373米，清理淤泥2.60千米，整治入河排水口39个，安装排水口标志牌200余块。处置违章建筑6.25万平方米，处理环保相关投诉案件53件。前溪头村、沙村、上城村、童村、童夏家村、东山村、鹳山村创建为宁波市美丽乡村合格村，童村、童夏家村、前溪头村创建为鄞州区AA级旅游景区化村庄，东山村、沙村创建为鄞州区A级旅游景区化村庄。童村与童夏家村分别创建四星级、三星级文化礼堂。投入3亿元用于塘盛路提升改造、215省道塘兴路段绿化提升改造、区环境综合整治工程等17个民生工程项目。清除垃圾100余万千克，规范跨门营业320起，取缔无证摊贩44起，整治主要道路沿路乱堆放物35处，乱竖广告牌6处，乱摆摊30余起，占道经营100余次，清理卫生死角、乱张贴、乱堆放等脏乱差点4000余处，拆除215省道两侧违章搭建棚屋60余处。拆除违法建筑6.30万平方米，拆后土地利用面积58570平方米。建成游客服务中心5个、休憩设施23个、旅游停车场7个、旅游厕所3座、旅游标识标牌128个。

投入146万元用于塘溪镇中学、塘溪镇中心小学、塘溪镇第二中心小学、塘溪镇幼儿园和塘溪镇成人文化技术学校教育基础设备设施建设。建立居民健康档案34621份，完成各类体检646人次，全镇65岁以上老年人体检率达到67%，家庭医生签约服务在签人数6946人，累计签约1.84万人。开展全民健康教育讲座或宣传活动，发放防治肺结核、艾滋病、登革热等宣传资料3000余份，送课37次，邀请市区专家义诊服务9次，创建成为省级卫生镇。增加计划生育奖励扶助对象152人，特殊扶助对象2人。徐兰芳家庭获评第十一届全国五好家庭，周妙亚获评第二届鄞州区道德模范。总结梳理"最多跑一次"事项清单78项。户籍养老保险、医疗保险参保率分别为95.40%、99.40%。开发公益性岗位2个。募集慈善款105万元，其中企业冠名基金69万元。救助各类困难人员276户，发放救助金98万元。镇临时过渡敬老院投入使用，区域性居家养老服务中心开始装修。受理各类劳资纠纷争议121起，调解各种工伤事故116起232万余元。处理各类欠薪案件10起，追讨欠薪17.80万元。塘溪镇劳动监察中队被评为宁波市2018年度劳动保障监察工作成绩突出单位、浙江省劳动人事争议基层调解先进单位。

表48　2018年塘溪镇各行政村基本情况

行政村	面积（平方千米）	户数（户）	人口数（人）	集体经济总收入（万元）	集体经济总费用（万元）	总资产（万元）
华山村	3.96	493	1168	144	52	295
东山村	9.00	1140	2592	412	45	2441
北岙村	3.80	443	1176	313	55	1470
上城村	3.00	399	987	113	35	1519
管江村	1.90	652	1524	92	39	1876
前溪头村	2.60	411	924	252	26	592
育碶村	4.22	619	1482	154	61	887
东西岙村	9.31	562	1399	358	39	1368
鹳山村	3.50	418	1056	233	28	1853
大碧浦村	1.62	270	664	120	20	233
邹溪村	7.73	1328	3210	182	36	665
塘头村	2.42	544	1288	135	28	555
施村	7.36	897	2112	184	39	746
沙村	2.87	687	1493	156	24	662
童村	9.60	1023	2245	352	38	1422
上周村	5.96	802	1896	99	26	5771
童夏家村	4.64	407	901	212	30	463

说明：表格中数据为调查数

【塘溪镇创建为省级卫生镇】 2018年12月27日，塘溪镇被浙江省爱国卫生运动委员会办公室命名为浙江省卫生镇。年初，塘溪镇出台创建工作实施方案，启动创建工作。投入3000万元用于环卫保洁、垃圾填埋、绿化养护、河道保洁、除"四害"消杀、市政维修、健康体检和健康宣教等常规性费用支出。镇区采取市场化保洁，有保洁人员80人，保洁车辆27辆，动态保洁时间不少于12小时；17个行政村有保洁人员127人，每日保洁时间不少于8小时。开展"最洁美村庄"评选、"美丽庭院"评比、春秋两季爱国卫生月活动、重大节日全民大扫除行动等群众性活动。完成拆违项目10个，10条小微水体全部销号，整治清理脏乱差点位4000余处。投入近3亿元，启动小城镇环境综合整治项目建设17个，其中塘盛路街景提升改造工程、垃圾中转站项目、建筑垃圾消纳场、中心菜场改造工程等项目完工。至年底，全镇行政村省级卫生村创建率达17.60%，生活垃圾无害化处理率100%，卫生厕所普及率97.23%，自来水普及率100%，绿化覆盖率31.40%，无甲类、乙类传染病疫情暴发，无重大食物中毒事故、无食品与饮水污染事故的发生。

【宁波第一农村支部（农会）陈列馆开馆】 2018年7月1日，宁波第一农村支部（农会）陈列馆开馆仪式在塘溪镇沙村举行。现场，区委常委、组织部部长陈杰农和塘溪镇党委书记陈德全共同为陈列馆揭牌，区委组织部副部长、两新工委书记罗峥嵘为塘溪镇五星级

2018年5月26日，塘溪镇第八届名人文化旅游节开幕式在鄞州环球银泰城举行

鄞领开放式组织生活基地授牌。陈列馆位于沙村沙氏故居旁，2018年3月开始筹建，投入资金100余万元，占地面积280平方米，建筑面积400平方米，由陈列主体楼和宣誓广场两部分组成，内设第一支部、不忘初心、沙村农会、从严治党、牢记使命5个主题展馆。1926年5月，中共宁波地委农民运动委员、沙村农民运动特派员沙文求在农会积极分子中发展4名党员成立中共沙村支部，沙文求任书记。这是宁波地区最早的农村党支部之一。2018年，宁波第一农村支部（农会）陈列馆获评宁波市第一批清廉教育基地、首批鄞州区干部教育培训现场教学示范基地。至年底，陈列馆举行活动20余次，参观人数30余批2000余人。

【塘溪镇第八届名人文化旅游节】 2018年5月26日，塘溪镇第八届名人文化旅游节开幕式在鄞州环球银泰城举行。活动由塘溪镇政府主办，鄞州日报乡恋创意工作室协办，市委宣传部副部长张文杰，区委常委、宣传部部长方飞龙，区委常委、公安分局局长蔡利丰，副区长卜明长等领导出席开幕式。开幕式现场，表演快闪、舞蹈《竹儿青青》、书画展示等节目。6月23日，名人文化旅游节闭幕式在塘溪镇堇山湖畔举行，现场举行“鄞州区文学艺术创作基地”授牌仪式，并设民俗风情展示摊17个。旅游节以“光影之旅·续梦塘溪”为主题，举行电影《策反》首映礼、鄞州·塘溪乡村旅游发展论坛、鄞州区首届发呆大赛、“乡约古村”网络主播带你看塘溪、美丽乡村风景线建设启动仪式、塘溪环游骑行之旅等系列活动，参与人数15000余人。

【微视频《宪法照亮绿水青山》获奖】 2018年12月，微视频《宪法照亮绿水青山》在司法部、国家互联网信息办公室、全国普法办公室开展的“我与宪法”优秀微视频征集展播活动中获全国优秀奖，浙江省“我与宪法”优秀微视频作品征集展播活动讲述类一等奖。该微视频由区司法局指导，塘溪镇政府组织拍摄，视频时长3分钟，以塘溪镇宪法主题园和当地普法亮点工作为主线，采用第三人称讲述加环境同期声的方式，展示塘溪镇不同职业普法志愿者的普法风采，以及组织开展的各类普法工作成果。

【徐兰芳家庭获评第十一届全国五好家庭】 2018年5月，塘溪镇塘头村的徐兰芳家庭被中华全国妇女联合会授予“第十一届全国五好家庭”称号。2002年，徐兰芳的丈夫患上尿毒症，26户村民自发捐款4000余元。2015年，丈夫患肿瘤去世后，徐兰芳为偿还“欠款”，每天省吃俭用，辛苦劳作。2017年大年初六，徐兰芳拿着账本上门还钱，感谢村民当年的帮助。深受感动的村民把徐兰芳的举动上传到网络，引发各方关注。新华社、中央人民广播电视台和《经济日报》、《浙江日报》等中央级和省、市20余家媒体对徐兰芳事迹进行报道和转载，新浪、网易等70余家网络媒体站点、新闻客户端转发相关内容800余篇。省委常委、市委书记、代市长唐一军对此事作出批示。2017年，徐兰芳入选“中国好人榜”，获2017年第二季度浙江“最美家庭”、“浙江好人”、第五届宁波市道德模范、“宁波好人”等荣誉。

（戴庆来）

五乡镇

【概况】 2018年，五乡镇辖19个行政区、1个渔业社、1个居委会和1个社区，镇域面积47.38平方千米，户籍人口2.95万人，外来人口6.05万人。实现地区生产总值52.30亿元，比上年增长7.10%。财政总收入10.54亿元，增长9%；其中一般公共预算收入6.30亿元，增长13.60%。

实现农林牧渔业总产值3.50亿元，增长3.50%。20个村（社）村级集体净资产3.24亿元，村级经营性收入8679万元，增长6%，其中2个村村级经营性收入超千万元、14个村超百万元。完成粮食订单任务40万千克，实现各类农作物保险132万平方米，创建农业科技示范户33户，农村土地承包经营权确权登记586万平方米。推进高标准基本农田建设、垦造田开发、龙兴采石场边坡治理等项目。石山弄村生态型河道整治、宝幢桥拆建、明伦村南山国海纸箱厂和嘉威织带厂边坡治理等工程完成验收。131家规模以上工业企业完成工业总产值116.03亿元、主营业务收入114.15亿元、利润总额5.75亿元，分别增长5.30%、8.75%和51.48%，其中中车宁波产业基地实现工业总产值28.77亿元。全社会固定资产投资14.67亿元，增长1.31%，其中工业投资12.76亿元，增长7.92%。限额以上商贸业销售额126.98亿元，增长46.90%。进出口总额8.90亿美元，增长16.62%。宁波圣龙智能汽车系统有限公司、宁波源霸投资有限公司、卓尔博(宁波)精密机电股份有限公司、宁波日兴电子有限公司、宁波南车产业基地联合进出口有限公司等6个产业项目开工建设。鄞州现代电车小镇入围省级特色小镇第四批创建名单;宁波中车产业基地入选宁波市特色产业园(第二批)创建名单,并被列入浙江省万亿交通产业发展规划。宁波中车新能源科技有限公司获评2018年浙江省“隐形冠军”企业,浙江中车电车有限公司、宁波恒达高智能科技股份有限公司获评浙江省第一批上云标杆企业。引进高层次人才15人,其中硕士研究生9人、副高级职称6人;入选第二届“鄞州金匠”4人,“鄞州银匠”2人。建成院士工作站2家,博士后工作站1家。增加高新技术企业3家,市创新型初创企业25家。申请发明专利326个,授权发明申请量29个。

总投资4.18亿元的20个小城镇环境综合整治入库项目中,宝幢停车场、轨道宝幢站公交首末站、美迪斯路工程项目基本完工,环卫站迁建工程完成桩基建设,背街小巷整治提升工程完成80%,五乡菜场改造工程完成招投标,3个铁路下穿引道工程即将开工。建成停车场10个,增加停车位2000余个、充电桩32个。涵玉村完成近5000平方米的整理式改造,获评省级美丽宜居示范村;明伦村完成6000平方米的新村住宅建设,获评2018年度区十佳“最洁美村庄”;明堂岙村完成7000平方米的新村住宅分配和近8000平方米的新村住宅主体工程建设;仁久村被评为省级卫生村。五乡镇通过省级小城镇环境综合整治考核验收。安置小区泰和馨苑四期竣工验收,泰和馨苑五期完成试桩。拆除镇核心区块3号地块77户民宅11500平方米,爱民路下穿铁路通道工程项目22户房屋3680平方米,轨道交通1号线天童庄基地配套道路项目3家企业52300平方米。宁波动车所项目完成五乡段区域22.50万平方米征迁资金测算,宝幢西侧道路即将竣工。宁东路及铁路北仑支线电气化改造项目建成,李家洋铁路桥洞拆除,协助完成东外环快速路改造项目329国道路面改造。完成线路“上改下”22.64千米,规范跨门经营户2200余户,处理酒驾、醉驾、无证驾驶近200起,强制拖离僵尸车185辆,查处“散乱污”问题企业137家。疏浚河道5.70千米,清理河道蚌珠100余万只。后塘河(五乡段)入选浙江省首届“美丽河湖”,五乡镇获评宁波市第七届水利“大禹杯”优秀乡镇二等奖。在全区率先完成农村生活污水治理行政村全覆盖,完成镇乡污水收集管网62.86千米,“污水零直排镇”创建通过市级验收。处置违法建筑10万余平方米,“无违建”乡镇创建通过省级验收。整治“两路两侧”“四边三化”市区督查点位及自查点位120处,迁移、深埋坟墓30座,整改空穴寿坟、超面积大坟215座。

办理各类公共服务事项14.40万件。深化“最多跑一次”改革,申报成为区第一批“5S现场管理”试点单位。提供就业岗位1000余个,500余人达成就业意向。办理城镇职工基本社会保险申报4500余件,发放社保卡500余张,认证养老保险企业退休人员近8000人。发放各类民政补助救助、低保等生活保障金351万元。开展“春暖行动”和“春雷专项行动”规范企业用工,处理劳资纠纷案件122件,涉及230人1000万元,五乡镇劳动人事争议调解中心被评为省级乡镇基层多元化调解组织先进单位。创建市级公共文化示范区,实现浙江省村级体育俱乐部和宁波市体育特色村创建行政村全覆盖。举办、承办各类文艺活动37场次,演出各类戏剧、歌舞等63场次,镇图书馆图书借阅量6.50万册,惠及人数3.60万人次,推进建设“群众大舞台”“乒乓球运动”和省非物质文化遗产“四明内家拳”三大活动品牌。宁波逸夫中学获评浙江省标准化“心理健康教育示范点”,五乡镇中心小学和贵玉小学通过浙江省中小学心理健康教育标准化评估,五乡镇中心幼儿园南园获评浙江省二级幼儿园,五乡镇中心小学获评区“文明校园”。五乡镇卫生院获评宁波市治安安全单位。开展打击非法行医专项行动10次,查处非法诊所4处,打造美丽庭院3039户。留本冠名基金和镇村两级慈善扶贫年增值额、专项捐赠、一日捐等共募集资金近400万元,发放救助资金280余万元,获评2018年度区慈善先进工作集体。

表49　2018年五乡镇各行政村(渔业社、居委会、社区)基本情况

行政村(渔业社、居会委、社区)	面积(平方千米)	户数(户)	人口数(人)	集体经济总收入(万元)	集体经济总费用(万元)	总资产(万元)
石山弄村	3.73	790	1846	420	561	1532
钟家沙村	2.19	637	1539	332	409	613
李家洋村	1.15	467	1161	413	361	406
仁久村	1.64	631	1514	653	546	2590
皎碶何村	1.43	431	1002	245	200	6328
蟠龙村	1.10	430	1079	790	707	2630
汇纤村	0.60	267	643	272	189	12628
四安村	1.71	634	1527	157	294	7211
天童庄村	0.94	320	822	320	404	2144

续表49

行政村（渔业社、居会委、社区）	面积（平方千米）	户数（户）	人口数（人）	集体经济总收入（万元）	集体经济总费用（万元）	总资产（万元）
新诚村	0.90	312	795	438	415	1915
龙兴村	2.14	725	1825	844	675	1737
项隘村	1.18	515	1255	7978	4023	6051
明堂岙村	8.37	534	1236	222	337	2599
沙堰村	3.72	418	1036	508	375	1270
明伦村	2.96	450	1102	995	1245	5056
永乐村	0.77	361	788	273	2687	4663
宝同村	5.00	400	929	1575	1610	8743
联合村	4.31	848	2068	2465	1301	11414
涵玉村	3.50	680	1579	797	897	1065
渔业社	—	418	787	640	756	6421
宝居居委会	—	383	679	26	24	25
泰悦社区	—	1876	4307	87	91	65

说明：表格中数据为调查数

【鄞州现代电车小镇入围省级特色小镇第四批创建名单】 2018年9月13日，全省特色小镇规划建设工作现场推进会公布省级特色小镇名单，鄞州现代电车小镇入围省级特色小镇第四批创建名单。鄞州现代电车小镇位于五乡镇，北至五乡北路，南至南外环，西至前埠河，东至宝瞻公路，规划面积3.01平方千米，规划建设面积1.13平方千米，是中国中车集团有限公司于2011年1月投资建立的新兴产业集聚区。小镇采取“新制造业+新旅游业”发展模式，以现代新能源交通装备、现代储能装备及材料为主导产业，引进培育相关配套产业，发展电车文化游和古镇文化游，形成产业核心片、小镇功能片、小镇核心区、小镇门厅区、公共休闲区、物流服务区、生活居住区、养生文化区“二片六区”的空间格局，建设成为世界一流的现代电车产业城，及产、镇、景融合发展的宜业宜游宜居小镇。2016年1月，小镇被列入省级特色小镇培育类名单。至2018年，小镇总投资27亿元，建成项目7个，实现总产值69亿元，税收收入2.22亿元。

【后塘河（五乡段）入选浙江省首届“美丽河湖”】 2018年12月25日，后塘河（五乡段）入选浙江省首届“美丽河湖”。后塘河是宁波“六大塘河”之一，为东西走向，向东流经小浃江入海，向西流经大河头入甬江，全长23.88千米，流经东吴镇、五乡镇、邱隘镇3个镇。其中，五乡段东起大涵山港，西至皎碶何村，自东向西依次经过涵玉村、联合村、仁久村、皎碶何村4个行政村，长度为3.19千米，水域面积0.19平方千米。2013年，后塘河（五乡段）整治被列入全国中小河流重点县综合整治建设项目，五乡镇开始推进后塘河（五乡段）环境提升改造工程。对仁久、皎碶何、涵玉村等涉河村庄实施农村生活污水治理工程，全面开展“污水零直排”创建工作，整治沿河养殖场；采用生态式护岸，沿岸采用植物护坡，岸上设置景观亭、木栈道等设施；修缮古堰道，保留旧时航船拉纤、泊船等古迹。至2018年，总投入1000余万元，整治河段中心线长3.19千米，建成河道护岸7.30千米，沿岸绿化1.10万平方米，入选宁波市15条市级“美丽河湖”。

后塘河（五乡段）

【"傅其芳杯"鄞州区第九届乒乓球等级赛】（参见"文化·传媒·体育"类目"体育"分目）

【五乡镇通过全省小城镇环境综合整治考核验收】 2018年11月15日，浙江省城乡环境整治工作领导小组公布2018年度全省小城镇环境综合整治工作第二批机动考核验收结果，五乡镇考核达标。2017年，五乡镇编制《五乡镇小城镇环境综合整治规划》，制定历史文化提升、城市品质提升、环境卫生整治、城镇秩序整治、乡容镇貌整治的总体整治策略，启动小城镇环境综合整治。计划总投资4.18亿元，将20个项目纳入小城镇环境综合整治项目区项目库，其中2018年实施完工15个，2019计划完工5个。至2018年，投入资金1.70亿元，完成电车小镇生态漫步系统工程、爱民北路提升等项目15个，整治329国道沿线、宝瞻公路等立面8.30千米，线路"上改下"22.64千米，建成停车场10个，增加停车位2000余个，处置违章建筑24万平方米。

（汪益刚）

邱隘镇

【概况】 2018年，邱隘镇辖14个行政村、1个渔业社和5个社区，镇域面积22.82平方千米，户籍人口4.20万人，外来人口6.40万人。实现地区生产总值39.90亿元，比上年增长3%。财政总收入11.95亿元，增长63.20%；其中一般公共预算收入7亿元，增长65.80%。

30家规模以上企业分别完成产值17.50亿元、销售17亿元、利润总额0.85亿元，分别增长3.70%、2.50%、57.50%。限额以上商贸业营业收入38.70亿元，限额以上社会消费品零售总额2.09亿元。自营进出口额2.54亿美元，增长11.30%。引进外资3050万美元，引进市外内资16.25亿元，浙商回归资金7.50亿元。全社会固定资产投资100亿元。研究与试验发展经费投入0.38亿元。有高新技术企业5家，市级以上工程中心6家，区级工程中心14家，"专精特新"企业培育入库16家，培育初创企业7家。宁波微萌种业有限公司获评省级农业研究院，获市科技进步奖二等奖。引进国家高层次人才特殊支持计划人才3人，省海外高层次人才引进计划人才2人。

累计完成拆迁16万平方米，其中住宅11万平方米，非住宅5万平方米。兴宁路延伸段（小三房）58户签约"清零"，盛莫路以西地块5个项目189户国有房屋和邱一村棚改一期678户完成签约，羊毛衫市场、环城南路东段、天童庄配套基地等8个"拔钉"项目"清零"。抽签安置分房913套，完成6家单位B1-5安置货币回购工作。明湖北区工程进入桩基施工，B1-4地块安置房主体施工，C1-6九年制学校项目开工。宁东路延伸段（学苑路—盛梅路）建成通车，芳草路工程、新邱路万里路一期新建工程基本建成。镇区局部道路整理、镇区治安监控、邱中河截污纳管、双丘市场整治提升项目和振兴路综合整治工程竣工。上万龄村投入1870万元创建市级美丽宜居示范村，张家瀛村投入1600万元创建区级美丽宜居示范村。改造农村公厕60个。开展"两路两侧""四边三化"等各类环境卫生专项整治30余次，清除存量垃圾500车、12万余千克。整治拆迁场地、待拆迁场地、闲置地块问题点位46个，涉及面积10万余平方米，新建围墙2800米。清淤疏浚河道0.57千米，后殷小微水体销号，综合治理陶家河、柴桥河、大东江、蓝青河、方庄河5条河道，清理各类垃圾70余处。34家企业领取排水许可证。建成镇级污水管网4.20千米，浅水湾、方庄新村、江家新村污水改造工程基本完成。累计拆除各类广告牌59块、灯箱140余个，查处违法行为3000余起，劝阻制止车辆违停3000余辆。排查拖离"僵尸车"184辆，查扣非法营运三轮车58辆。建造垃圾桶集中收集点6个，改造垃圾桶摆放点306个、垃圾清洗点15个。

明湖幼儿园开园。创建市区文明校园，先后投入600余万元完善校园配套建设。推进"一校一品"建设，邱隘实验小学获评全国篮球特色学校，回龙小学获省第11届青少年健美操锦标赛特等奖。"天天演"系列文体活动累计演出105次，举行"唱响邱隘"庆祝改革开放40周年合唱比赛。开展全镇范围内的灭蚊行动和3次应急消杀。家庭医生服务重点人群在签9260人，提供门诊出诊90次，转诊就诊755次。全镇63个网格累计巡查走访74万余次，上报并办结事件3102起。开展"联动式"矛盾纠纷调解，调解矛盾纠纷312起。签订安全生产责任书943份。检查生产经营单位3500家次，集中整治群租房、公寓楼31家。推进"最多跑一次"改革，承接区级延伸服务51项，窗口受理各类业务8.30万件，按时办结率达100%。新乐村、五都王村撤村建居，成立明湖、银东两个社区。增加参保企业211家，户籍养老保险参保率96.60%，医疗保险参保率99.40%。提供公益性岗位36个，发放就业补贴1687万元。救助困难人员1365人次，发放救助金331.50万元。临时过渡敬老院投入使用，区域性居家养老服务中心开业。

表50　2018年邱隘镇各行政村（渔业社、社区）基本情况

行政村（渔业社、社区）	面积（平方千米）	户数（户）	人口数（人）	集体经济总收入（万元）	集体经济总费用（万元）	总资产（万元）
邱一村	2.00	803	2076	2122	5292	8076
邱二村	0.50	1005	2650	28653	6873	39030

续表50

行政村（渔业社、社区）	面积（平方千米）	户数（户）	人口数（人）	集体经济总收入（万元）	集体经济总费用（万元）	总资产（万元）
沈家村	0.71	422	1158	1256	1198	7369
横泾村	0.90	502	1354	11923	2555	18995
后殷村	0.70	299	781	3219	1070	3494
前殷村	0.50	329	871	5085	2730	5613
渔全村	1.04	716	1936	5647	1663	9321
回龙村	2.50	652	1622	1117	1032	3703
田郑村	0.86	227	584	1361	806	5351
张家瀛村	1.40	420	1092	646	803	3716
东雅村	1.10	292	718	2096	2000	38488
汇头村	1.00	373	957	761	667	1997
上万龄村	0.78	252	631	277	278	2214
下万龄村	0.91	324	850	418	560	2083
渔业社	0.02	41	91	91	199	1183
镇南社区	1.50	2732	7115	—	—	—
镇北社区	1.20	1866	4664	—	—	—
方庄社区	1.50	2732	7224	—	—	—
银东社区	1.01	415	1041	—	—	—
明湖社区	0.47	2866	6887	—	—	—

说明：表格中数据为调查数

【邱隘镇区域性居家养老服务中心开业】 2018年3月28日，邱隘镇区域性居家养老服务中心开业。该服务中心位于田郑村田郑家园，总投资约400万元，2017年8月开工，计划2019年1月竣工，建筑面积1000平方米，共分为两层。其中，一层为康复、娱乐、供餐3个功能区；二层为日托区，共有床位22张，房间11个。有针对性地推出预约饮食、康复管理、精神慰藉等私人订制服务，提供优质的一站式居家养老服务，是一个集“就餐、康复、日托、文化休闲”等多种功能于一体的养老综合体。2018年，入住老年人30人次，累计服务老人1860人次。

【邱一村棚户区改造一期项目签约完成】 2018年9月23日，邱隘镇邱一村棚户区改造项目一期完成签约。该项目为邱隘镇第一个棚改项目，征收范围东至东外环，南至横河江，西至卜嘉河，北至后塘河，共涉及民宅1800户，面积22万平方米。拆迁签约将分三期进行，其中一期项目签约期限为9月3—23日。至签约结束日期，完成签约678户，签约率99.70%。

【回龙村文化礼堂获评全省2017年度五星级农村文化礼堂】 2018年1月，邱隘镇回龙村文化礼堂获评全省2017年度五星级农村文化礼堂。该文化礼堂于2014年年底启动建设，2015年

回龙村文化礼堂

年底竣工，总投资近1000万元，建筑面积2000平方米，在徐家祠堂基础上进行改造建设，内设礼堂、讲堂、展厅、篮球场、羽毛球场、气排球场、室内泳池、健身房、多功能舞台、会议室等功能区。2018年，开展各类讲座、健康义诊、主题党日活动、志愿者活动、知识宣传、节庆活动等180余次，参观人数3万余人次。

【明湖社区和银东社区成立】 2018年3月16日，明湖社区和银东社区成立。明湖社区东起盛梅北路，南接会展路，西至福明街道边界，北到通途路，总面积15.50万平方米，总户数1312户，由明湖花苑一、二、三、四期4个小区组成，社区居民委员会办公地点设在芳草路2号。银东社区东起盛莫路，南接百丈东路，西至河清南路和福庆南路，北到中山东路和后塘河，总面积108.80万平方米，总户数3200户，由风花树小区、东寅府、汇悦湾花苑一期与二期、红景公寓等6个小区组成，社区居民委员会办公地点设在善嘉路286弄28号。

（蒋　哲）

云龙镇

【概况】 2018年，云龙镇辖17个行政村、2个渔业社、1个社区和1个居委会，镇域面积40平方千米，户籍人口26857人，外来人口57289人。实现地区生产总值44.83亿元，比上年增长2.80%。财政总收入8.38亿元，增长8.70%；其中一般公共预算收入4.50亿元，增长10.80%。

实现农林牧渔业总产值1.50亿元，下降19.92%。完成早晚稻种植面积1667公顷，参保农作物及设施1933公顷。陈黄、园垟、任新、云龙4个村累计流转土地285公顷。实现工业总产值165.66亿元。完善“一核四极”工业产业体系，总量占全镇规模以上工业总产值的88.70%。116家规模以上工业企业实现产值135.26亿元、销售128.23亿元、利润总额10.09亿元，其中产值增长2.70%。以博威集团有限公司为龙头的20强企业完成工业总产值96亿元，经济总量比重占全镇规模以上工业的73.20%。规模以上高新技术产业产值86亿元，占全镇规模以上工业产值的63.70%。完成限额以上商贸业销售额53.96亿元、社会消费品零售额4.91亿元，分别增长70.70%和90.90%。实现进出口额7.86亿美元，增长22%。实施“云龙智造2020”及人才引领计划。整治规范低端企业35家，完成低效厂房改造提升3.30万平方米。宁波东昊电力科技股份有限公司在新三板挂牌，推动宁波金汇精密铸造有限公司主板上市。完成17家小微企业上规模，培育创新型初创企业22家。引进各类人才1224人，其中高素质人才17人。深化校企合作机制，组织浙江大学42名教授组团考察云龙企业，聘请中国农业大学教授担任企业技术顾问。镇商会获区先进基层商会。

长山江路等5条污水主管网工程，冠英、顿岙、上李家村农村生活污水工程，云龙片区、甲村片区工业污水工程完成验收。发放排水许可证57张。推进“三改一拆”“清爽行动”“两路两侧”和农田棚舍整治工作，累计拆除各类违章建筑2.40万平方米。实施环境卫生整治“百日攻坚”行动。前徐村吴家桥工程、园垟村大池畈整治工程开工，陈黄村陈岐横河、任新村任家横河河道护岸建设以及园垟村庙江大桥完工，前后陈村前塘河项目通过验收。完成云龙嘉苑三期分房安置及11号地块农转用手续，确定云龙菜场设计方案。做好甬金铁路前期和戴江岸轻轨4号线相关政策处理工作，完成110千伏姜村变、云龙变、下岙线输变电工程。龙湾公园建成，长山江两侧休闲慢行步道贯通。镇核心区4个村建设启动，云龙村二期、双桥村一期新村项目推进，荻江村、王夹岙村、双桥村二期通过规划方案审批。上李家村新村四期、任新村整体改建完工，荷花桥杜村新村、徐东埭新村二期完成扫尾工作。

开展平安云龙建设，推进“雪亮工程”建设，增加监控点位122个。加强“一中心四平台”建设，网格员走访巡查62万人次，上报处置各类事件3485起。创新推行出租房“旅馆式”服务管理机制。组建“律云”法律服务团，设立“律云”法律服务站，开通“律云”在线服务，累计提供法律咨询、公证服务、司法鉴定等公共法律服务1万余人次。组织律师开展免费法律体检活动，进村入企宣讲100余次，服务中小微企业200余家。开展小城镇文明专项行动，获评2017年度全区唯一的省级样板。举办第十届龙舟赛、全民运动会、全民登山节、“云中歌”系列之“见证初心”朗诵比赛、“我为艺狂”迎国庆晚会等群众文化活动。承办全区农村文化礼堂建设工作推进会，建成云龙村、姚家浦村2家文化礼堂，增加四星级文化礼堂2家。港胞黄庆苗祖居修缮完工并对外开放，“领云志・初心馆”志愿服务基地建成，发行全国首张“时间银行”信用卡。推进甲南小学改扩建工程和新中学建设前期工作，拟订甲村片区小学搬迁撤并方案。前徐小学教师李瑞桃相关论文获国家教研成果一等奖，云龙中学教师李逸钧获省春蚕奖，中心幼儿园幼儿足球获省团体一等奖。开展国家卫生镇创建工作，健全农村公共卫生服务体系。深化“最多跑一次”改革，推行公共服务中心“5S”规范化管理。全镇参加“五大保险”人数32673人，规模以上企业外来务工人员社保参保率达到100%。受理各类劳资纠纷65起，调解各类工伤事故457起。救助扶助各类困难人员777人，发放各类救助资金222.80万元，发放优抚金、安置费76万元。由残疾人奥运会冠军黄成牵头的赛艇基地投入运营。“云享晚年”居家养老服务中心投入使用，实现居家养老助餐配送餐服务全覆盖。

表 51　　2018 云龙镇各行政村（渔业社、社区、居委会）基本情况

行政村（渔业社、社区、居委会）	面积（平方千米）	户数（户）	人口数（人）	集体经济总收入（万元）	集体经济总费用（万元）	总资产（万元）
任新村	1.50	626	1429	107	421	6273
前后陈村	2.50	818	1908	511	568	10509
云龙村	1.20	293	670	344	123	13695
石桥村	4.00	1020	2279	248	380	5454
甲村村	4.60	1780	3999	443	798	6597
园垅村	1.30	355	791	217	173	1687
冠英村	2.30	846	1851	245	295	1828
上李家村	0.43	198	456	349	452	12025
荻江村	1.12	347	754	318	306	5959
徐东埭村	1.50	727	1656	296	290	12866
顿岙村	2.50	389	919	814	489	5852
姚家浦村	1.35	331	808	190	167	1481
前徐村	2.20	900	2021	300	375	3200
王夹岙村	1.50	280	648	1041	238	7458
双桥村	0.36	219	466	137	147	11083
陈黄村	3.40	977	2358	353	406	5041
荷花桥村	2.50	569	1342	192	234	6548
云达社区	0.73	643	1740	—	—	—
云龙渔业社	—	105	140	—	—	—
甲村渔业社	—	23	31	—	—	—
居委会	—	354	667	—	—	—

说明：表格中数据为调查数

【宁波东昊电力科技股份有限公司在新三板挂牌】 2018年1月30日，宁波东昊电力科技股份有限公司在新三板挂牌。证券简称：东昊电力；证券代码：8726377。该公司成立于1997年，注册资金600万元，是国内最早从事研发、生产交联电缆护层保护装置的专业性企业，生产涉及五大类10多种产品，覆盖10千伏~500千伏的所有电压等级。2015年，获得高新科技企业证书。至年底，公司完成销售543.89万元，年利润43.25万元。

【第十届“我们的节日——端午看云龙”大型民俗活动】 2018年6月14日，云龙镇第十届“我们的节日——端午看云龙”大型民俗活动启动仪式在云龙镇长山江水上舞台举行。活动由市民间文艺家协会、区文学艺术界联合会、区文明办、区文广新局（风景旅游管理局、体育局）、云龙镇政府主办，区民间文艺家协会、镇文学艺术界联合会、镇文化站、镇龙舟文化协会承办，镇商会、镇新创会协办，以村、企为单位选拔出的14支男子龙

2018年6月14日，云龙镇第十届“我们的节日——端午看云龙”大型民俗活动在长山江举行

舟队和6支女子龙舟队在长山江进行龙舟竞渡比赛，3万余名群众到场观赛。前后陈村龙舟队、云龙镇商会龙舟队、冠英村龙舟队分获男子组前三名，云龙渔业龙舟队获女子组冠军。活动现场，表演诗歌朗诵《龙舟精神，我们的精神》，男生独唱《赛龙舟》，男生小组唱《众人划桨开大船》《世界需要热心肠》节目，市文学艺术界联合会、市民间文艺家协会向云龙镇赠送民间艺术品《龙舟彩灯》和农民画《端午赛龙舟》，举行云龙镇“龙舟雕塑”落成仪式。

【云龙镇第五届全民运动会】2018年11月4日，云龙镇第五届全民运动会在王笙舲小学举行。运动会由云龙镇政府主办，镇文化站、镇商会承办，来自各个行政村、社区、企事业单位的23支代表队616名运动员参赛。比赛设爬山、拔河、60米接力往返跑、乒乓球混合团体、篮下一分钟投篮4个团体项目和女子一分钟跳绳1个个人项目。徐东埭村代表队、教育系统代表队、机关队分别获乒乓球混合团体赛、60米往返跑、登山比赛第一名，陈黄村获一分钟投篮和拔河比赛第一名，教育系统的李彩周获女子一分钟跳绳第一名。

【“云享晚年”居家养老服务中心投入使用】2018年10月12日，云龙镇“云享晚年”区域性居家养老服务中心投入运营。市民政局副局长俞曹平、副区长朱晓丽等领导参加开业仪式并讲话。“云享晚年”居家养老服务中心2018年初被列入鄞州区十大民生实事工程之一，位于园垮村，由原敬老院改建而成，总投入300余万元，建筑面积2500平方米，配备助餐送餐、日间照料、康复治疗、文化技艺、生活体验等10余个功能用房，能提供10大类48项无偿和低偿服务。至年底，累计服务老人8000余人次。

【云龙镇“领云志·初心馆”成立暨志愿者联盟助力“品质云龙”建设启动仪式】2018年7月20日，云龙镇“领云志·初心馆”成立暨志愿者联盟助力“品质云龙”建设启动仪式在镇文化中心举行。“领云志·初心馆”位于王夹岙村122号，面积约1000平方米，由一家企业的老厂房改建而成，设有鄞领驿站、志愿服务、蜜蜂之家、公益培训4个功能区块，是云龙镇镇级志愿服务中心，也是宁波市首个镇级志愿服务枢纽。仪式现场，前后陈村“0092”志愿服务队、陈黄村红船志愿服务队、云达社区365志愿服务队、冠英村红太阳志愿服务队、云龙村星星志愿服务队、石桥村阿拉来志愿服务队、“甬益社”敬老爱老公益团队7个优秀志愿者团队受到表彰，志愿者团队代表上台宣誓，文艺志愿者们表演自创的垃圾分类主题小品《垃圾分类从我做起》。3月，云龙镇“领云志”志愿者服务联盟成立。5月，志愿服务基地“领云志·初心馆”开始动工改造。至年底，“领云志”旗下共有注册志愿者队伍123支，注册志愿者1.40万人，开展志愿服务活动2500余次，服务时长5万余小时。

（吴科伟）

横溪镇

【概况】2018年，横溪镇辖15个行政村、1个居委会和1个社区，镇域面积87.53平方千米，户籍人口2.80万人，在册外来人口1.80万人。实现地区生产总值24.90亿元，比上年增长3.70%。财政总收入3.60亿元，增长3.20%。

开展“整洁田园、美丽农业”行动，集中流转土地400余公顷。实施稻畈麦稻草覆盖栽培技术应用面积23.33公顷，晚稻秸秆冬耕（快腐）还田107.53公顷。推进农村土地承包经营权确权登记颁证工作，全镇农户合同签订率97%。投资约540万元的金峨溪支流小流域治理工程，投资约935万元的上街溪坑治理工程，投资约225万元的高标准农田建设项目建设完成。编制《乡村产业振兴专项规划》，完成镇农创园、茶文化博物园等建设。实现规模以上工业总产值48.50亿元、限额以上批发零售业销售额16.20亿元、社会消费品零售额1.10亿元，分别增长6.60%、59%和20.40%。引进外资1375万美元，实到内资1.95亿元。申报及重新认定高新技术企业4家，增加科技型初创企业10家，省级研究院1家，“浙江制造”企业1家。申报市级技改项目2家。增加甬股交挂牌企业2家，入围“创业鄞州·精英引领计划”创业团队1家。引进各类人才600余人，累计获评“鄞州金匠”“鄞州银匠”共9人。

编制《横溪镇小城镇环境综合整治专项规划》，总结提炼出《横溪镇小城镇环境综合整治三四五工作法》，相关做法在人民网、浙江新闻网、宁波日报等媒体宣传报道。创建宁波市乡村全域旅游，修缮厕所50余座，改善提升梅岭山体公路15千米。智慧旅游投入250余万元，其中智慧旅游项目（沉浸式影院）为乡镇层面宁波市首家。完善精品古道26条。重点完成蒋公行迹、一六大市、航船埠头、埕窑路、名人长廊等经典历史文化街区建设，以及乐园巷、岐山新村、老宁横厂房等老旧小区、厂房提档整治。建设特色游步道4.50千米。建造非遗文化公园，朱金漆木雕博物馆二期和横溪镇非遗博物馆开馆。增加拓野、月白风清园等精品民宿2家，建成营业农家客栈20余家。总投近2亿元的36个重点项目库完工率达到100%。其中，梅岭山区异地迁建项目主体完工，中昇佳苑完成意向性分配，人民路、环镇路综合整治提升等重点工程完工，周夹、横溪、大岙村等美丽乡村示范村62个精品节点亮相，美丽横溪风景线50余个项目整体收尾。建设八角大潭、岐山公园等海绵湿地公园。实施“三网合一”技术，主次干道沿线线路整治“上改下”比率达到91.50%。组织开展卫生大扫除50余次，清运垃圾1000余车，清除占道经营600余户，清理乱停车400余辆、“僵尸车”200余辆。启动“拆违铁拳行动”，重点完成菜场及周边、河道边等违建违搭800余处，拆除违章建筑8000余平方米，拆除周夹黄桃山塑料厂违规搭棚500余平方米。集中清理夜宵摊60余家。整治沿河雨污混排口57个。开展涉水企业联合督查行动40余次，查处涉排污水企业120家，处罚60家，化解矛盾纠纷60余件。

发放救济、优抚、残联、慈善等救助金700余万元6000余人次，区级以上被征地社保补贴、灵活就业补贴等就业类补助480余万元1100余人次。完成城镇职工、城乡居民、被征地等三类人员资格认证1.30万人。受理工伤案件124个，出具书面调解书106份。开展退役军人大走访行动，分层分批慰问500余人，解决相关工作、生活问题60余个。推进南山书院品牌建设，组织"周日课堂"、社科普及等各类讲座80余次，受众近1万人次。征集"美丽庭院"100余家，评选出四星以上20余家。普高升学率达到39%。梳理乡贤30余人，对接中国科学院院士王建宇、省民政厅副厅长俞志壮等一批乡贤回乡调研，民营企业家孙菊波、朱森君等出资捐助修缮九阔岭、云雾岭等古道。

表52　2018年横溪镇各行政村（居委会、社区）基本情况

行政村（居委会、社区）	面积（平方千米）	户数（户）	人口数（人）	集体经济总收入（万元）	集体经济总费用（万元）	总资产（万元）
横溪村	8.03	1151	2753	1266	848	10197
周夹村	7.22	468	1223	1546	632	12109
栎斜村	6.91	574	1549	816	317	9477
金溪村	3.79	714	1732	1684	1289	27068
吴徐村	4.05	388	984	78	86	818
金山村	3.67	372	990	90	411	1102
梅山村	2.30	424	1098	324	355	1997
梅岭村	2.51	389	1080	58	133	1215
梅溪村	3.17	451	1147	178	144	868
梅福村	7.07	654	1642	249	230	1258
大岙村	13.76	1253	3097	400	485	7357
上任村	4.00	541	1232	141	156	2938
金峨村	4.69	560	1405	238	205	8367
道成村	6.76	910	2308	173	161	2044
杨山村	2.68	241	621	87	102	1060
居委会	—	1578	3344	—	—	—
丰乐社区	0.30	388	855	—	—	—

说明：表格中数据为调查数

【鄞州区第六届古道文化节】 2018年12月30日，鄞州区第六届古道文化节启动仪式在横溪镇文化广场举行。活动由浙江省环境保护联合会、浙江在线新闻网站指导，鄞州区政府、浙江生态环保新闻网主办，区文广新局（风景旅游管理局、体育局）、横溪镇政府承办，鄞州区横溪古道开发保护协会协办。仪式现场，表演横溪民俗舞龙祈福礼，发布横溪古道生态环境（水质）指数、横溪十大民生实事建设成果、以横溪各古道为中心点的慢生活民宿与美食地图，宣布横溪镇非遗文化公园落成，举行系福绳吉福活动。文化节

2018年12月30日，鄞州区第六届古道文化节启动仪式举行

以“慢游横溪 福步万里”为主题，设“游古道”“赏民俗”“享生活”三个场景，举行“我当非遗传承人”民俗游园会及亲子登山游、寻宝登山游、赏景登山游等活动。活动持续时间10天，参与人数2万余人。

【鄞州区第三届非物质文化遗产节暨第十四届“灵秀横溪”文体艺术节】2018年6月10日，鄞州区第三届非物质文化遗产节暨第十四届“灵秀横溪”文体艺术节开幕式在镇文化广场举行。活动由区文广新局（风景旅游管理局、体育局）、横溪镇政府和宁波日报“乡下头”工作室主办，鄞州区“下乡头”工作室、鄞州区古道保护协会协办。现场，举行第六批区级非物质遗产代表性项目、“浙江省非物质文化遗产旅游景区非遗主题（实验）小镇”授牌仪式，表演方言歌曲《宁波老吃货》《热死类》、水火流星、少年龙4个“非遗”类节目。文化节以“文化自信 乡村振兴”为主题，设置“一人一艺”“一村一味”等环节，现场展示朱金漆木雕、彩灯扎制非遗文化项目和古字画修复、夹纻漆器、钉碗等“老底子”技艺，举办“一带一路”中日韩非遗项目图片展、“一地一韵”甬上老腔调曲艺展演专场、“一村一品”乡村文化振兴横溪实践、“一城一礼”横溪旅游伴手礼创意设计大赛4项活动。活动持续到11月结束，参与人数3万人。

【横溪镇农创园建成】2018年11月10日，横溪镇农创园建成投用。该农创园位于大岙村，占地面积5000平方米，总投资约600万元，由原茶场改造而成，包括1200平方米的茶文化体验园、1200平方米的现代农合联服务中心和2600平方米的青年创业园。其中，茶文化体验园设置茶叶晾晒间、茶艺制作间、茶叶展示间等；现代农合联服务中心设有农业展示厅、窗口服务大厅；青年创业园设置有办公室、农产品质量检测室、服务大厅、展示厅、培训室等；集培育、招商、销售、技术培训于一体。至年底，农创园举办横溪镇第七届樱桃节、横溪镇第三届杨梅节等活动，接待游客近1万人。

【横溪镇非遗文化公园建成】2018年10月15日，横溪镇非遗文化公园建成开放。公园位于横溪镇人民路东侧，占地面积5333平方米，总投资200万元，融入横溪镇著名的王家大屋建筑元素，设有展示横溪镇非遗场景的浮雕4个、雕塑2个，走廊两侧设有横溪镇朱金漆木雕1项国家级非遗名录项目，舞龙、箍桶、打镴、水火流星、彩灯5项市级非遗名录项目，舞狮、烧酒、竹椅3项区级非遗名录项目简介版面。

（陈凯跃）

姜山镇

【概况】2018年，姜山镇辖55个行政村、7个社区、1个居委会、1个淡水渔业社和1个良种繁育场，镇域面积87.80平方千米，户籍人口8.04万人，常住人口14.83万人，登记在册流动人口9.15万人。实现地区生产总值115.90亿元，比上年增长1.80%。财政总收入21.50亿元，其中一般公共预算收入11.50亿元。

全年粮食种植面积6003.20公顷。33个村完成土地承包权确权，签约率94.60%；35个村完成整村土地流转，流转率92%。姜山镇农民合作经济组织联合会创建为第二批省级现代农业综合服务中心、宁波市第一批现代农业服务示范中心。推进龙甲天下生态水产综合体等一批现代农业项目建设；狮山公园彩色田园入选浙江省“最美田园”，中国进士第一村田园乡村观光一日游被列入浙江省“休闲农业和乡村旅游精品线路”。实现工业总产值507.90亿元，增长7.40%，其中214家规模以上企业实现产值415.60亿元、销售444.80亿元、利润15.30亿元。完成固定资产投资44.50亿元。“小升规”企业32家。实行“标准地+承诺制”改革，引进各类项目31个，总投资28.50亿元。引进各类人才7066人，其中高层次人才104人。研究与试验发展经费支出占GDP的比重为8%。建立一舟外籍院士工作站和华瑞院士工作站，设立博格华纳新能源汽车电池热管理全球研发中心。宁波启迪之星加速器管理有限公司、宁波鄞州中物炜业加速器管理有限公司两大科技加速器集聚科创企业16家，建立中瑞孵化园等一批科创平台。实现限额以上服务业增加值5.74亿元，增长5.60%；限额以上批发零售业销售额114.80亿元，增长27.50%。外贸进出口总额20.10亿美元，增长21.50%；其中出口总额19.50亿美元，增长21.30%。海港城商业综合体实现营业收入1.93亿元，增长55.60%。引进甬道实业、招商平台等服务业项目9个，启动利时商业地块开发建设。

总投资65.30亿元，推进6个房地产项目和核心一号棚改安置小区项目建设，交付商品房1729套。完成拆迁18万平方米，棚户区、危旧房改造面积2.40万平方米。开展小城镇环境综合整治创建活动，获评小城镇环境综合整治省级样板镇。推进总投资8.74亿元的15条主次干道项目和5条农村公路项目建设，改造提升道路20.50千米。姜山菜场及周边改造、180个农村公厕改造、30千米“上改下”、建筑垃圾消纳场地建造、南北门户节点打造等项目完工。4个新村建设项目竣工验收，陆家堰整理式改造等4个项目建设推进。新村拆旧4.50万平方米，建新10万平方米。整治“蓝色屋面”1.50万平方米、“赤膊墙”2.65万平方米、跨门经营2193户，增加绿化16.60万平方米、停车位10215个。启动16.90千米污水主管网建设，完成农村生活污水治理项目18个，农村生活污水官网覆盖率达89%，发放排水许可证169家。“三改一拆”拆迁20万平方米，拆后利用10.60万平方米；拆除整改农棚田舍1501间、47071平方米。整治提升“散乱污”企业218家，关停9家，环保立案查处12起。

资源配置和审批服务中心办理各类服务事项12万余件，“零上门”和“最多跑一次”事项数比重达到90%以上。完成各类公共资源交易项目161

宗。开展“鄞州无欠薪”创建行动，处理各类劳动者投诉900余件，劳动争议案件197件，受理办结率100%。丽水小学扩建、部分教学楼改造等项目推进，建成幼儿园2所。建成居家养老服务点56家，陆家堰村等区域性养老服务站启动建设。8个文化礼堂、2个文化家园开建，开展星级文化礼堂创建。推进“一村一品”文化工程，举办第三届“姜山如画”群众文化艺术节、“周日文化”等活动1200余场次。建成鄞州区首家乡镇文化数字分馆，培育文化团队131支。创建市区级“最洁美村庄”6个，市区“最洁美村庄”提名3个，镇级“最洁美村庄”16个，市级“一村万树”示范村1个。通过省卫生镇复评。开展社区“四位一体”管理，姜山社区被评为区十佳品质社区。

表53　2018年姜山镇各行政村（社区、居委会、渔业社、良种场）基本情况

行政村（社区、居委会、渔业社、良种场）	面积（平方千米）	户数（户）	人口数（人）	集体经济总收入（万元）	集体经济总费用（万元）	总资产（万元）
蔡郎桥村	1.80	497	1136	302	198	7050
陈家团村	1.35	528	1207	389	391	1309
陈鑑桥村	2.50	691	1661	291	246	753
定桥村	3.80	518	1252	514	751	13064
东光村	1.36	491	1189	754	1084	39546
东林寺村	0.90	304	739	275	1199	777
东西郑村	1.90	440	1091	521	410	1156
董家跳村	2.10	526	1284	167	182	1057
翻石渡村	1.50	455	1191	3807	3910	53179
奉先桥村	0.75	249	618	141	197	1386
顾家村	1.80	481	1195	415	295	518
和益村	2.10	493	1208	495	321	847
宏洲村	3.00	605	1400	536	402	1709
侯家村	0.50	165	417	246	316	31272
后鄮村	1.20	393	997	319	264	570
胡家坟村	3.50	539	1276	239	266	2940
虎啸漕村	2.30	556	1327	202	145	786
花园村	1.70	350	864	420	251	1020
姜南村	2.10	565	1431	680	320	2198
姜山头村	1.00	214	565	922	193	3318
井亭村	1.54	611	1449	233	359	31647
景江岸村	0.76	219	530	263	236	730
黎山后村	2.50	707	1691	288	240	5521
励江岸村	1.70	579	1480	279	310	1032
联荣村	1.80	592	1394	308	280	436
陆家堰村	1.20	365	865	401	434	1203
茅东村	1.67	623	1517	227	152	956
茅山村	3.00	639	1545	442	277	1023
南林村	2.60	693	1639	310	266	531
墙弄村	0.19	327	749	391	387	1183
乔里村	1.17	349	888	695	289	2699
蓉江村	2.10	639	1569	350	253	1172
山西村	2.50	487	1214	697	315	3491

续表53

行政村（社区、居委会、渔业社、良种场）	面积（平方千米）	户数（户）	人口数（人）	集体经济总收入（万元）	集体经济总费用（万元）	总资产（万元）
上何村	1.10	294	715	1373	381	4483
上游村	2.47	578	1414	360	287	1541
上张村	1.80	672	1502	210	239	1317
沈风水村	1.50	540	1291	328	295	2082
狮山渔业村	—	412	861	243	204	1834
曙光村	0.80	235	598	179	277	23027
唐叶村	1.50	469	1163	712	391	52699
同三村	4.00	879	2074	241	222	614
王伯桥村	1.60	430	963	2484	468	7113
五龙桥村	3.80	1007	2473	1059	331	2186
夏施村	0.70	178	436	323	207	2971
新汪村	1.98	585	1467	289	322	1546
新张俞村	3.00	813	1960	1055	594	2787
阳府兴村	1.57	535	1327	229	243	663
杨家弄村	1.04	285	687	130	178	742
仪门村	1.50	498	1185	658	1450	5592
甬江村	1.50	397	962	369	314	2029
郁家村	0.50	279	694	341	329	3440
张村庙村	2.20	607	1458	164	270	954
张华山村	0.98	343	860	389	370	18255
周韩村	2.18	584	1424	591	567	5422
走马塘村	2.00	623	1445	230	429	8818
小城春秋社区	0.24	816	2312	—	—	—
狮山社区	1.80	2254	5360	—	—	—
姜山社区	0.54	1706	4650	—	—	—
望府社区	0.21	369	891	—	—	—
明南社区	0.14	302	779	—	—	—
华泰星城社区	0.11	584	1486	—	—	—
何郁社区	0.49	9	21	—	—	—
茅山居委会	0.18	178	445	—	—	—
淡水渔业社	—	55	88	326	566	1538
良种繁育场	1.10	102	227	426	249	3153

说明：表格中数据为调查数

【姜山镇再生资源分拣中心投入运行】 2018年11月，姜山镇再生资源分拣中心投入运行。该分拣中心位于姜山镇西一路26号，由宁波供销集团公司与宁波富邦控股集团有限公司合作成立，投资额550万元，占地面积6667平方米，为国内首创的“智慧车联网物流+智能互联网+智能物联网回收设施”智能型再生资源回收体系。该体系采取从居民源头分类投售、物流清运，到分拣中心专业处理、终端利用全产业链方式，整合废品回收商、再生资源自用产业、垃圾处理单位，回收利用纸类、塑料、金属等高附加值可回收物，以及玻璃、织物、电器电子产品、大件垃圾等低附加值回收物。以现代智慧车联网、互联网+智能物联网、大数据信息技术为支撑，打通线上线下回收生态圈。其中，智能化物联网回收系统，实现智能化管理，智能识别、资源分类投售、积分结算、商品兑换一体化；智能车联网物流配送系统，实现物流智能派单、接单，快速流动回收服务，即时回收清运。全镇依托该分拣中心建立社区智能化物联回收资源站1个，社区再生资源回收点7个。至年底，该中心处理可回收物12万千克，家电689台。

【浙江一舟电子科技股份有限公司签约引进首位外籍院士】 2018年5月18日，浙江一舟电子科技股份有限公司签约引进来自瑞典的院士安德森·林奎斯特（Anders Lindquist）。林奎斯特，是中国科学院外籍院士、瑞典皇家工程院院士、俄罗斯科学院外籍院士。他的研究领域涉及系统和控制、信号处理、系统辨识等方面，他的团队在机器人、人工智能、机器学习、系统识别、信号处理、模式识别、自动控制等领域有领先的理论研究与项目经验。林奎斯特及其技术团队将与浙江一舟电子科技股份有限公司，联合开展智慧城市数据大脑平台系统科技攻关项目——"大数据采集、管理、分析、运用的智能化研发项目"计划项目，在网络通信的工业设施设备改造、网络能源的新型设备与解决方案、智慧城市的SHIP智脑平台等方面开展合作。

【2018姜山镇第三届"姜山如画"草垛文化艺术节】 2018年7月13日，2018姜山镇第三届"姜山如画"草垛文化艺术节开幕式暨"乡情归'荷'处"综艺晚会在姜山镇走马塘村举行。活动由姜山镇党委、姜山镇人民政府、鄞州工业园区管委会主办，姜山镇文联、姜山镇文化站承办。晚会以"乡情归'荷'处"为主题，分为"风情""风俗""风尚"三个篇章，表演开场舞《莲》，歌曲《乡音乡情》《父亲》，情景诗朗诵《故土》，合唱《时间都去哪了》，历史情景舞蹈《雨巷》，舞蹈《鄞地酒歌》，小品《荷风凉凉》，古筝演奏《荷塘月色》，越剧《情韵》，歌曲《好人好梦》《又见走马塘》12个节目。艺术节期间，举行"时代绽放·映画姜山"——庆祝改革开放40周年书画摄影大赛、"四季大舞台 文艺新风采"暨小城镇环境综合整治文艺巡回演出、"点靓姜山"——第二届"一村（社）一品"优秀文艺会演大赛暨第三届"姜山之星"颁奖晚会等系列活动，各村、社区及部门举行各类文艺活动45场次。活动持续至11月结束，参与活动人数20万人次。

【中国进士第一村田园乡村观光一日游入选浙江省"休闲农业和乡村旅游精品线路"】 2018年4月27日，在浙江省农业厅、浙江省旅游局、浙江省广电集团联合开展的浙江省"休闲农业和乡村旅游精品线路"推介和"最美田园"推选活动发布会上，中国进士第一村田园乡村观光一日游入选全省100条"休闲农业和乡村旅游精品线路"。该一日游精品线路为狮山公园—姜丽路田园观光带—景秀园农场、港城农业示范园—"中国进士第一村"走马塘村，全程免门票，最佳观光时间为每年的4—5月。其中，狮山公园有约6.67公顷彩色图案水稻，20余公顷油菜、紫云英，休闲登山步道等，每年举办"姜山如画"群众文化节、草垛音乐节等活动；从天童南路至宁波港城农业示范园的姜丽路两侧，种植有53.33公顷油菜和20公顷紫云英；宁波港城农业示范园为国家级现代农业示范园区，主要种植葡萄、草莓、红心火龙果及各种时令蔬菜等经济作物；走马塘村为千年古村、AAA级旅游景区村庄，被誉为"中国进士第一村"。

（郑爽爽　范丁杰）

狮山公园彩色图案水稻

东钱湖镇

【概况】 2018年，东钱湖镇辖25个行政村、4个渔业社、1个农牧场、12个股份经济合作社、4个居委会和8个社区，镇域面积130平方千米，总人口8.80万人，其中户籍人口4.78万人。实现地区生产总值48.90亿元，比上年增长6%。财政总收入12.76亿元，增长1.60%。其中，一般公共预算收入2.53亿元，增长8.90%。

64家规模以上企业完成工业总产值60.10亿元，增长10%。完成销售收入59.20亿元，增长9%；实现利润总额4.60亿元，增长9%。增加上亿元企业1家，规模以上企业8家。自营出口交货值2.80亿美元，增长12.20%。实现工业增加值20.20亿元，增长6.50%。研究与试验发展经费支出1.26亿元，增长13%；增加专利授权16个。高新技术行业产值35.90亿元，占规模以上工业产值的59.70%。宁波天益医疗器械有限公司血液透析耗材国内领先，宁波大为金属制品有限公司研发的全自动智能保管箱完成试样，浙江阿路佑邦新材料科技有限公司A级防火材料完成生产。宁波万金现代钣金有限公司、宁波可挺汽车零部件有限公司启动股改前期工作，宁波光华电池有限公司、宁波凯普电子有限公司准备上市。宁波凯普电子有限公司、宁波爱贝斯特儿童用品有限公司、宁波志豪塑业有限公司等企业电商换市工作推进。兑现镇级工业政策奖励资金511万元，惠及企业

62家。创新工业园、镇工业区和奋河工业点改造绿化5000平方米，增加道路停车位1000个。创新工业区服务中心投入使用，品牌指导站完成装修。第四次全国经济普查登记法人单位2400家、个体经营户2900家。

健康主题公园建成，高钱村、东钱湖镇中心小学、东湖观邸垃圾收集站改造提升完成。改造农村公厕48座、社区垃圾桶点位9个，推进8个村垃圾分类工作。国家卫生镇创建通过省级暗访检查，病媒生物防制工作通过专项考核。殷湾村民宿、新民桥改造、建设村石板路一期、洋山村环村森林古道、城杨村道路景观提升一期等工程项目完工；俞塘村文化礼堂、殷湾村文化礼堂及游客服务中心、洋山村菜场及廊桥、陶公村文化长廊、利民村一级导视及公园等项目开工；建设村石板路二期项目进入招标；韩岭古村老街前段修缮、景观河道基本完工。东西村集中建房完成60%，城杨村建房工程开工建设，绿野、洋山村建房启动。推进“万村景区”创建，增加殷湾村、东西村2个省AAA级旅游景区村庄，建设村、俞塘村和洋山村分别创建为AA级和A级旅游景区村庄。郑隘安置房沿路广告美化工程完工，旧宅鹿山、倒马漕、老虎坑等区块完成整治，拆除违章建筑约4万平方米。实施后横河清淤工程，完成寨基9个水库山塘提升工程，做好3个村级工业点污水纳管，补建镇工业区污水管道900余米，改造上阳河雨水口7个。拆除农业设施用房8000余平方米，清理农田垃圾9万余千克。投资315万元完成124.93公顷高标准农田建设。全镇13个拆迁项目完成签约657户8.90万平方米，安置新房（含店铺）1422套12.30万平方米。6个拆迁区块拆除房屋14.80万平方米，完成1100户约13万平方米房屋调查。5个项目征用土地17.40公顷，完成12个地块土地定界，及16个项目作物政策处理。

实施东钱湖中学和韩岭小学校舍维修提升工程，完成钱湖人家小学数字化校园改造、高钱幼儿园和新城幼儿园方案设计。普通高中升学率为50.70%。契约式家庭医生累计签约20507人次，居民健康建档率83.60%。投入资金600余万元，完成中海玫瑰园、锦绣钱湖便民服务中心装修，推进澜湖郡便民服务中心和万金人家婚庆礼堂建设，实施老旧小区路面、围墙、河道护栏等维修工程，修缮、更换电子门140余道，增加停车位250余个、监控摄像头184个。社区举办各类文体活动、社科讲坛150余次。发放低保救助金428人400万元，各项救助金252人118万元，困难残疾人生活补贴278人101万元，重度残疾人护理补贴748人284万元。设立5家居家养老服务中心，启动东村、陶公村、俞塘村等6家文化礼堂建设。开展纪念中国共产党成立97周年、改革开放40周年、“不忘初心、牢记使命”、“六争攻坚，三年攀高”、美丽乡村建设、国家卫生镇创建等各类宣传活动，举办首届东钱湖农村文化礼堂“我们的村晚”文艺会演、“爱征途”环湖骑行、群众舞蹈大赛、最美庭院评选、学雷锋系列主题服务活动等群众性活动。

表54　2018年东钱湖镇各行政村（渔业社、农牧场、居委会、社区）基本情况

行政村（渔业社、农牧场、居委会、社区）	面积（平方千米）	户数（户）	人口数（人）	集体经济总收入（万元）	集体经济总费用（万元）	总资产（万元）
西　村	5.67	514	1096	71	356	682
东　村	4.56	460	1181	100	149	1827
绿野村	4.34	375	956	196	99	2242
洋山村	3.31	282	702	199	144	952
郭家峙村	2.75	672	1434	68	158	335
象坎村	1.54	273	659	76	71	353
韩岭村	6.38	689	1987	460	487	2830
横街村	—	444	1061	20	50	422
俞塘村	4.09	610	1607	872	162	595
城杨村	2.99	353	924	166	171	1875
莫枝村	0.03	464	1146	525	260	1005
殷湾村	0.06	439	1021	153	74	4578
红林村	0.08	376	775	308	56	129
红舒村	—	322	758	52	27	2696
黄隘村	—	126	282	147	42	1420
沙家垫村	0.75	605	1285	173	156	1699
建设村	0.11	324	889	110	111	2346
陶公村	1.14	657	1583	358	187	3706

续表54

行政村（渔业社、农牧场、居委会、社区）	面积（平方千米）	户数（户）	人口数（人）	集体经济总收入（万元）	集体经济总费用（万元）	总资产（万元）
利民村	0.96	642	1504	344	185	4088
大堰村	—	590	1379	51	68	1143
高钱村	1.72	694	1652	488	540	1979
前堰头村	1.51	548	1314	243	319	1259
梅湖村	—	230	497	84	192	2273
方水村	0.31	324	718	223	272	2661
下王村	0.65	288	653	248	189	751
莫枝渔业社	0.61	152	423	115	42	1346
大公渔业社	0.26	112	220	32	17	179
钱湖外海社	—	108	203	12	9	96
高钱渔业社	0.50	165	353	122	51	727
农牧场	—	53	146	50	19	231
莫枝居委会	0.83	1089	2210	—	—	—
新村居委会	0.17	1069	2483	—	—	—
大公居委会	—	678	1155	—	—	—
韩岭居委会	0.42	474	816	—	—	—
钱湖人家社区	0.63	1593	4190	—	—	—
隐学山庄社区	0.16	116	261	—	—	—
钱湖丽园社区	0.22	861	2471	—	—	—
钱湖景苑社区	0.14	210	514	—	—	—
清泉山庄社区	0.23	725	1657	—	—	—
仙枰社区	0.10	200	648	—	—	—
万金社区	0.23	388	932	—	—	—
东湖观邸社区	—	620	1667	—	—	—

说明：表格中数据为调查数

【钱湖医院与鄞州人民医院结成医共体】 2018年4月28日，鄞州人民医院—钱湖医院医共体签约授牌仪式在东钱湖钱湖医院举行。鄞州人民医院领导班子、钱湖医院领导班子及中层干部60余人出席仪式。鄞州人民医院院长陆勤康和钱湖医院院长胡勤勇分别进行表态发言，共同签署《医疗服务共同体协议书》，东钱湖社会事务管理局局长施晓君和区卫生计生局党委委员朱宇向两家医院授予“鄞州人民医院—钱湖医院医共体”牌匾。鄞州人民医院选派妇产科、呼吸内科、肝胆外科、眼科、耳鼻喉科、特检科等专家到钱湖医院开设门诊，并建立病人双向转诊机制。至年底，鄞州人民医院专家开展妇产科门诊669人次，呼吸内科门诊598人次，肝胆外科门诊968人次，眼科及耳鼻喉科门诊318人次，特检科门诊1889人次。

【东钱湖入选中国体育旅游十佳目的地】 2018年12月11日，在中国体育旅游博览会上，东钱湖入选中国体育旅游十佳目的地，成为浙江省唯一一家入选单位。2001年起，东钱湖启动体育旅游业开发建设，建成中高端酒店19家（旅游床位数3300张），环湖自行车道30千米，登山游步道35千米，莫枝皮划艇、陶公龙舟、郭家峙水上乐园、象坎帆船、上水露营地、启新高尔夫、皮艇球国家队集训基地、上水国际房车度假基地等环湖体育设施。2009年起，每年举办中国湖泊休闲节节庆活动；举办中国铁人三项联赛总决赛、全国青年帆船锦标赛、“东钱湖”杯全国皮艇球锦标赛等多项国家A级赛事；举办东钱湖健步大会、宁波市东钱湖冬泳邀请赛、迷你马拉松接力赛、全民休闲皮划艇大赛、东钱湖绕湖毅行、水上运动嘉年华、音乐露营大会、“万科白石湖东杯”长三角市民休闲定向赛等群众性体育活动。引进皮艇球国家队集训基地、小隐上水国际房车度假基地、上水帐篷营地等运动休闲基地，培育海岸线划艇俱乐部、逸帆航海俱乐部、游艇俱乐部等一批体育俱乐部，扶持宁波育品复合材料有限公司等体育用品制造企业。2016年9月，东钱湖旅游度假区被评为浙江省最受欢迎运动休闲地，并创建为浙江省运动休闲旅游示范基地。2017年，被国家旅游局、国家体育总局公布为“国家体育旅游示范基地”创建单位。

【东钱湖环湖绿道获评全省“最美绿道”】 2018年11月1日，在全省绿道网建设工作现场会上，东钱湖环湖绿道入选第二届“浙江最美十佳绿道”。2010年，东钱湖环湖绿道网启动建设，环湖东路非机动车改造工程率先开工建设。东钱湖环湖绿道系统主要由环湖自行车道和游步道、栈道系统组成，其中环湖自行车道采用依山傍湖的独立车道设计，是中国内地首条环湖生态休闲自行车专用道。每个主题段设有单车驿站，能提供休憩、淋浴、餐饮、旅游信息等服务。车道每隔约1千米，设有临时休憩点，可供临时停车、遮阳避雨和景色观光等。至2018年，累计投资近亿元，完成东南线动物天堂、生态绿洲、茶香山地、追风大道“四大主题”路段，建设绿道近22千米，沿途建有服务中心、单车驿站、休闲基地等配套场所设施6处。

【第十届东钱湖湖泊休闲节】 2018年6月6日，第十届东钱湖湖泊休闲节开幕式暨国际湖泊之家落成典礼在国际湖泊之家举行。湖泊休闲节由宁波市政府、浙江省旅游局、中国青年报主办，宁波市旅游发展委员会、东钱湖旅游度假区管理委员会承办，3000余人次参与活动。湖泊休闲节以“湖泊休闲·幸福水岸”为主题，上半年活动时间为6月5—17日，举行国际休闲湖泊论坛、中东欧美食节暨国际休闲湖泊论坛招待晚宴、首届东钱湖国际湖畔音乐会、丝路骑迹国际休闲湖泊东钱湖骑行活动、全国翻波板锦标赛、东钱湖新业态国际体验周等活动。下半年活动时间为10月，举办2018全国青年帆船冠军赛、2018宁波东钱湖中国铁人三项联赛总决赛等活动。

【全国青年帆船冠军赛在东钱湖举行】 2018年10月9—13日，全国青年帆船冠军赛开幕式在东钱湖国际帆船港湾举行。赛事由中国帆船帆板运动协会主办，浙江省水上运动管理中心、宁波市体育局、东钱湖旅游度假区管理委员会承办，来自广东、内蒙古、山西、四川等地的8支参赛队伍近100名运动员参加。国家体育总局水上运动管理中心运动一部部长、中国帆船帆板运动协会副秘书长苏科，浙江省水上运动管理中心书记赵伟军出席开幕式并致辞。比赛设置男子470级、女子470级、男子激光级、女子激光雷迪尔4个级别帆船项目，分别进行场地赛与长距离赛。内蒙古队的温在鼎、李云博，海南队的周明莹、周明晶，四川队的韩林，广东队的刘佳妮分别获长距离赛项目冠军，内蒙古队的温在鼎、李云博，浙江队的王可欣、钱芊妤、王坚雄，广东队的刘佳妮分别获场地赛项目冠军。

2018年6月6日，第十届湖泊休闲节“国际魅力湖泊”颁奖仪式举行

【2018年宁波·东钱湖中国铁人三项联赛总决赛暨全国铁人三项锦标赛在东钱湖举行】 2018年10月27日，2018年宁波·东钱湖中国铁人三项联赛总决赛暨全国铁人三项锦标赛开幕式在东钱湖湖滨公园举行。赛事由中国铁人三项协会和浙江省体育局主办，宁波市政府支持，宁波市体育局和东钱湖管理委员会承办，北京奥天国际体育发展有限公司独家运营，来自全国13个省、市专业代表队和70余个铁人三项运动俱乐部近800名运动员参赛。27日，举行全国铁人三项锦标赛青少年U系列赛事组、男女子优秀组以及业余组混合接力比赛。山东浩沙铁人三项队的沙田骐获男子U19组冠军，河南铁人三项队的范俊杰获男子U17组冠军，八一铁人三项队的韦雯获女子U19组冠军，河北铁人三项队的黄安琪获女子U17组冠军；八一铁人三项队的徐正获男子优秀组冠军，八一队的熊春燕获女子优秀组冠军；上海毅力特铁人三项俱乐部获混合接力赛冠军。28日，举行中国铁人三项联赛男女子大师组、全程分龄组、半程分龄组与体验组比赛。魏臣获男子大师组冠军，于姝珺获女子大师组冠军；八一铁人三项队获优秀组混合接力冠军；八一队的青年运动员队伍获青年组混合接力冠军，山东浩沙铁人三项队获少年组混合接力冠军。

【2018“东钱湖杯”全国皮艇球锦标赛在东钱湖举行】 2018年11月7—11日，2018“东钱湖杯”全国皮艇球锦标赛在东钱湖举行。赛事由中国皮划艇协会主办，浙江省水上运动管理中心、宁波市体育局承办，东钱湖旅游度假区管理委员会、宁波市水上运动基地协办，来自全国15个省市的11支男队和8支女队约150名运动员参加比赛。贵州省水上运动中心、广东省水上运动中心、宁波东钱湖队分获比赛前三名。

（曹文斌　谢春燕）

人物·先进集体

新任区领导

市“五一劳动奖章”获得者

其他典型人物

逝世人物

先进个人

先进集体

新任区领导

【褚银良】 男，汉族，1965年6月出生，浙江余姚人，中共党员，研究生学历，工学硕士研究生学历，高级工程师。1987年3月至1992年5月，任宁波市城乡建委干部、建工处副处长（1990年3月起）；1992年5月至1994年11月，任宁波市中房公司副总经理、党委委员；1994年11月至1999年7月，任宁波市甬江新区管委会委员、市五环发展有限公司副总经理、党委委员（1995年3月任甬江新区党工委委员）；1999年7月至2000年4月，任宁波市科技园区党工委委员、管委会主任助理，兼市五环发展有限公司总经理、党委副书记；2000年4月至2001年12月，任宁波市城乡建委党工委委员、主任助理；2001年12月至2002年4月，任宁波市建委党工委委员、主任助理；2002年4月至2007年2月，任宁波市建委副主任、党工委委员（2004年9月兼任市东部新城开发建设指挥部常务副总指挥、党委副书记）；2007年2月至2007年8月，任宁波市东部新城开发建设指挥部总指挥、党委副书记，市建委副主任（兼）；2007年8月至2008年5月，任宁波市政府副秘书长（正局长级）、办公厅党组成员；2008年5月至2009年2月，任宁海县委副书记、副县长、代县长，2009年2月至2014年1月，任宁海县委副书记、县长；2014年1月至2014年4月，任宁海县委书记、县长；2014年4月至2016年11月，任宁海县委书记［2014年8月兼任宁波南部（宁海）滨海新区党工委书记］；2016年11月至2017年4月，任宁波市委副秘书长（正局长级）；2017年4月至2018年8月，任宁波市副市长、市政府党组成员，市轨道交通工程建设指挥部总指挥（兼）（2017年9月兼任市沪嘉甬铁路筹建办公室主任）；2018年8月至2018年10月，任宁波市委常委、鄞州区委书记；2018年10月，任宁波市委常委、鄞州区委书记，宁波东钱湖旅游度假区党委书记（兼）。

【王兆波】 男，汉族，1971年3月出生，浙江宁波人，中共党员，中央党校硕士研究生毕业。1991年1月至1992年5月，任宁波市镇海区长石乡团委书记；1992年5月至1995年10月，任宁波市镇海区骆驼镇组织干事（1995年4月任骆驼镇党委委员）；1995年10月至1997年11月，任共青团宁波市镇海区委副书记；1997年11至1998年9月，任共青团宁波市镇海区委书记；1998年9月至2001年9月，任宁波市镇海区庄市镇党委副书记、纪委书记；2001年9月至2002年11月，任宁波市镇海区庄市街道党工委副书记、办事处主任；2002年11月至2004年3月，任宁波市镇海区蛟川街道党工委书记；2004年3月至2006年4月，任宁波市镇海区庄市街道党工委书记；2006年4月至2006年12月，任宁波市镇海区新城管委会党组书记、常务副主任；2006年12月至2013年7月，任宁波市镇海区政府党组成员、副区长、九龙湖旅游区管委会主任（2011年6月至2011年12月挂职任浙江省建设厅政策法规处副处长）；2013年7月至2013年8月，任宁波市镇海区副区长，宁波国家高新区（新材料科技城）党工委委员；2013年8月至2013年12月，任宁波市镇海区副区长，宁波国家高新区（新材料科技城）管委会副主任（兼）、党工委委员；2013年12月至2015年5月，任宁波市镇海区委常委（兼）、副区长，宁波国家高新区（新材料科技城）管委会副主任（兼）、党工委委员；2015年5月至2016年11月，任宁波市发改委副主任、党委委员；2016年11月至2018年12月，任宁波市鄞州区委常委、常务副区长；2018年12月，任宁波市鄞州区委副书记、代区长。

市“五一劳动奖章”获得者

【阮殿波】 男，汉族，1969年9月出生，黑龙江省木兰县柳河镇万宝村人，九三学社社员，博士研究生学历，宁波中车新能源科技有限公司总工程师。他是教授级高级工程师（享国务院特殊津贴），中国中车首席技术专家，国家百千万人才工程专家，宁波市政协委员、鄞州区人大常委。阮殿波从事超级电容器研究近20年，先后开发出“石墨烯/活性炭复合材料”“干法电极”等20余项创新型工程工艺技术，在全球范围内率先研制出世界最高容量2.7伏/7500法拉、2.7伏/9500法拉、3.0伏/12000法拉、3.6伏/60000法拉等系列超级电容器，打破国外高功率核心部件的垄断地位，并创造性地将其作为主动力电源应用于全球首创的储能式公交车辆。2016年，中央电视台《五年规划》和《走进科学》以及2017年《走遍中国》对此进行专题报道。先后获国家技术发明奖1项、国家发明专利金奖1项，省部级科技奖6项，拥有省部级技术成果鉴定6项，撰写专著1本，发表论文30余篇，第一完成人授权发明专利27项；先后主持或承担国家863项目、工业强基工程、国家重点研发计划、军委科技项目等重大专项；获国家科学技术学术著作出版基金资助；负责起草交通用储能器件规范行业标准等3项；负责编写超级电容器国际标准1项。

【秦雷】 男，汉族，1969年11月出生，宁波市镇海区九龙湖镇汶溪村人，中共党员，大学本科学历，蓝海绿业生态建设股份有限公司技术总监。全省首批中国插花花艺大师，发起并推动中国馆插花艺术馆的成立，带领宁波插花通过市级非遗项目，个人也被列入代表性传承人。2017年，获批浙江省秦雷插花花艺大师工作室，获评宁波市鄞州十佳工匠工作室。多次担任插花“中国杯”中国园林博览会、中国绿博会、全国职业院校技能大赛等各种国家级赛事插花项目评委，中国花卉报、浙江电视台、宁波市电视台，《宁波日报》等全国几十家媒体都有报道，中国馆插花艺术馆成为传统文化教育与插花艺术宣传、推广重要场所。同时带领所辖各级插花花艺协会的会员获多个国家、省、市各类插花比赛金奖、银奖，连续多届主持开展省、市职业插花员技能大赛，走出国门宣传中国传统插花，在荷兰、日本、马来西亚等国家宣传推荐中国传统插花，获各国插花爱好者好评。开展插花花艺各项培训工作，累计培训插花学员近3万人次。培养的徒弟、学生获评浙江省花艺大师3人，获评高级插花师及插花技师20余人。

【张瑛】 女，汉族，1971年7月出生，宁波市鄞州区首南街道石路头村人，群众，大专学历，宁波宏纬食品有限公司财务部长。张瑛在宏纬食品有限公司工作20余年，担任公司财务部管理职务。2005年，张瑛倡导公司引入财务A3软件，减少财务、仓库人员记账及做账的时间，探索出减少及再利用水电气等能源消耗的思路，提高公司效益；宏纬公司财务部多数为女职工，在张瑛倡导和带领下，财务部员工齐心协力，每年都能出色的完成本职工作并且为公司的开源节流提供数据支持，由此财务部在2016年获鄞州区“巾帼文明岗”称号；帮助员工争取更多权益，与企业方实现互利共赢，促成劳资双方多次谈判，为员工争取高低温补贴、基本工资提升、餐费补贴、食堂菜式增加等多项权益，连续多年完成《工资集体商协》并受到上级领导肯定；会同办公室人员建立多媒体功能室、乒乓球室，并且举办丰富多彩的活动。2002年，当选钟公庙街道第十六届人民代表大会代表；2007年当选宁波市总工会第十三次代表大会代表；2007年获评浙江省先进女职工工作者；2004—2016年，多次获评区级优秀工会工作者；2017年，当选鄞州区第十五次妇女代表大会代表。

【裘久龙】 男，汉族，1988年3月出生，宁波市奉化区裘村镇裘二村人，共青团员，大学本科学历，宁波富邦电池有限公司电工班长。2007年毕业于宁波第二技师学院，随即进入宁波富邦电池有限公司。通过师傅帮传带，仅用一年时间就升为电工班班长。作为技术骨干在工作期间参与设备创新与改进，多年累积获发明专利5项（申请中1项），获实用新型专利10项。2012年，裘久龙主持研制的新防爆压力检测装置投入使用，研制经费仅为市场价格20%，申请并获3项实用新型专利。同年，他还主持研制密封圈检测装置，检测速度500只每分钟，检测合格率100%，每台可以节省人工4—5人，该项技术获2项实用新型专利授权，填补行业空白并申请发明专利。参与或主持各类项目10余项，累计为公司创造经济效益200余万元。2012年获鄞州区职工职业技能大赛维修电工第一名，获“宁波市首席工人”称号；2014年，获宁波职工职业技能大赛维修电工（plc编程）第一名，获宁波市“技能之星”称号，获评鄞州区“优秀高技能人才”；2015年，建立鄞州区裘久龙技能大师工作室，2017年，获评鄞州区十佳技能工作室。

【陈宏武】 男，汉族，1979年2月出生，宁波市鄞州区龙观乡大庄村人，中共党员，大学本科学历，现为奥克斯空调股份有限公司总经理办公室主任。陈宏武在奥克斯空调股份有限公司工会第一届代表大会暨职工代表大会上当选第一届工会主席，推进企业民主管理、推进职工素质教育、推进企业文化建设和维护职工的合法权益，推动职工子女就学，投入1500万元新建公司幼儿园，解决公司职工子女就学需求；关心员工生活，投入20余万元改造职工活动中心，配置职工书屋、网络室、放映室、乒乓球室等；2018年，投入资金近200万元，补贴返乡职工约2800人；热心慈善，推动公司自2017年开始向鄞州区捐赠“留本冠名基金”，第一期5年，每年100万元；首创窗口服务指引栏，梳理、汇编共计17本手册（单页、折页）、涉及24项福利政策上墙，实现高效、务实、简单的阅览方式，员工好评率92%。

【陈寒军】 男，汉族，1973年5月出生，宁波市鄞州区东吴镇生姜村人，中共党员，大专学历，日月重工股份有限公司主要干部及主要技术人员。1988年毕业于东吴中学，2001年至2004年，担任造型工，配合车间主任协调好各项生产运行，在2003、2004年连续2年获评造型优胜。2005年，调到品管部检验岗位，一年内掌握质检部相关检验技能，

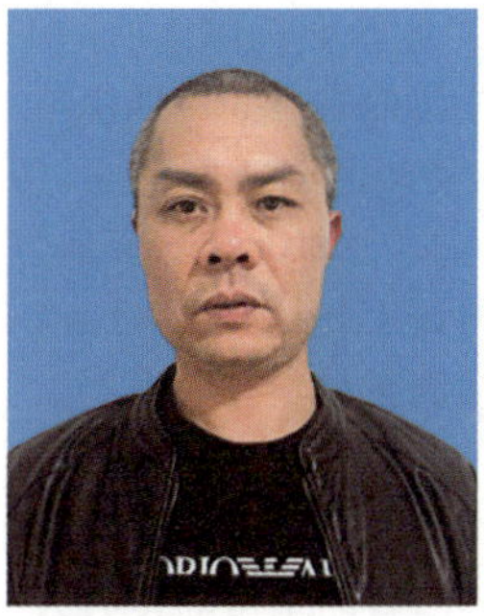

2006年，升为品管部部长助理，2007年至2017年，升为为品管部部长，出厂合格率从原来95%左右提升至99%以上，公司综合报废率从5%以上下降至3.50%以下。2012年，经公司党委推荐，获评东吴镇优秀党员。2015年，公司根据实际情况，任命他为技术部长，通过一年控制，员工基本上都做到按技术工艺要求进行现场操作，产品质量得到保证。2016年，调回品管部担任部长一职，2017年，公司组织机构改革调整到铸造一车间任主任、技术总监，负责车间整体生产及质量技术监督，产量、质量、成本上比往年有大幅度提升，产量比以前提升22%，质量综合废率下降40%，成本下降6.30%，员工工资实现大幅提升。

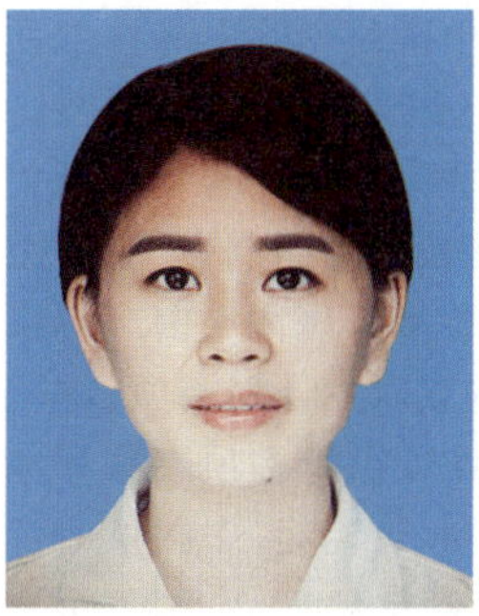

【储科珍】 女，汉族，1982年3月出生，浙江宁海县明港镇洞门村人，中共党员，大学本科（双学士学位）学历。2005年6月，进入建设银行鄞州支行工作，先后在甬东支行、百丈支行、支行财会部、下应支行、支行营业部等部门工作。坚持“以客户为中心”服务理念，以为客户提供更好服务，为股东创造更大价值，以“追求卓越，创造一流”为目标，以“敬业、协作、创优、奉献”职业精神持续推进优质服务精细化管理；先后多次获评鄞州支行优秀党员、宁波分行优秀党员、宁波分行优秀党务工作者。她深入开展个人高端客户艺术沙龙活动、高端客户金秋亲子活动、开展金融知识、健康养生讲座等，组织青年员工到余姚进行志愿服务，精心策划并开展“迎三八，送暖馨”活动，组织同事开展义务献血活动，2017年管辖客户AUM1000万元以上私人银行级高端客户提升13户，占整个宁波分行整体提升量50%，个人时点存款新增1亿元，日均新增5000万元，位居分行前列。

【梁雪琴】 女，汉族，1965年2月出生，宁波鄞州人，中共党员，宁波鄞州农村商业银行股份有限公司党委副书记、纪委书记、监事长。她先后获全国、市金融系统思想政治工作先进工作者等荣誉。她提出“四项结合”法，要求审计突出重点与兼顾全面性相结合，发现问题与分析原因相结合，审计解决问题与处罚责任人相结合，审计成果运用与机制建设相结合，加强审计成果的运用，强调内部审计独立性；打造有温度的企业，建议提高在职员工和退休人员的薪酬福利，提升企业活力，保障企业活力长久不衰；深化干部选拔机制，落实零起点竞聘机制，不拘一格选拔人才，形成更加科学的干部队伍工作机制，同时提出构建“监督和服务并重”的履职模式。

【赵晓航】 男，汉族，1974年8月出生，内蒙古自治区通辽市开鲁县开鲁镇区人，大学本科学历，宁波通达精密铸造有限公司项目负责人。他致力于开发研究高端球墨铸铁奥贝球铁（ADI），1999年6月，受聘宁波通达精密铸造有限公司，进行消失模铸造车间的总体规划、设计、制造，2000年8月投入生产；2003年5月开发消失模铝合金链轮及水泵体产品，为公司生产消失模铝合金铸件填补空白；2005—2008年，公司委托设计、安装、调试、产品试制生产几个公司消失模铸造项目；2010年，公司原消失模铸造车间进行搬迁、改造，主要负责新的消失模车间的总体规划、设计、采购、指导安装调试，并与2010年6月正式投产，运行良好；2014年8月，负责引进消失模生产球墨铸铁采用喂丝法球化处理，为公司提高球墨铸铁产品质量，节能减排，降低成本作出贡献；2014年，参与熔模铸造车间生产线设计，生产线运行稳定且环保达标；2014年6月至10月，试验成功球铁欧洲新标准的3个新的高性能球铁牌号材料，牌号分别是EN-GJS-450-18、EN-GJS-500-14、EN-GJS-600-10。2016年获宁波市铸造协会评选的第一届“行业技术铸造能手”，2017年获评鄞州区总工会“鄞城十大工匠”。撰写论文1篇，成功申请国家知识产权局授权专利7个，其中实用新型专利4个、发明专利3个。

其他典型人物

【薄永明】 男，1970年10月出生，宁波市海曙区鄞江镇张家垫村人，大学本科学历，高级农艺师，宁波微萌种业有限公司法人代表，总经理。浙江省种子产业协会会长，2017年3月当选为宁波市第十五届人大代表。1992年至2011年在宁波市种子公司工作，从事瓜菜品种的选育和推广，主持或参加育成并通过审（认）定瓜菜品种16个，推广面积超过666667公顷；作为第一完成人或主要完成人获省、市奖励多项。2012年，创办宁波微萌种业有限公司。2016

年，主持浙江省“十三五”农业（蔬菜）新品种选育重大专项“叶菜新品种选育和育种技术研究”，参加2018年农业农村部“国家青梗菜良种联合攻关”“国家西兰花良种联合攻关”项目。利用常规育种技术结合生物育种技术，自主育成并通过审（认）定的品种4个，8个品种获农业农村部植物新品种保护权，18个品种获农业农村部非主要农作物品种登记证书。获实用新型专利授权12项，获发明专利授权1项。公司有注册商标27个，其中“微萌”系列种子获评浙江省名牌产品。公司杂交青菜新品种“夏语”销量10万余千克，打破国外种子垄断局面，青梗白菜育种达到国际先进水平，相关成果获省农业厅农业科技进步一等奖；西瓜“美都”在南方冬季大棚西瓜市场占有率95%。公司先后获评“全国种子行业企业信用评价AAA信用企业”“国家高新技术企业”“浙江省骨干农业龙头企业”“鄞州区百强企业”。

【吴慧明】 女，汉族，1967年9月3日出生，江苏南通人，研究生学历，博士教授级高级工程师，大连理工大学特聘教授，《地基处理》杂志副理事长，现为浙江开天工程技术有限公司总经理。她先后获2017年中国岩石力学与工程学会科技进步特等奖、2018年国家科技进步一等奖。吴慧明是岩土工程界兼具深厚理论功底和丰富实践经验的青年领军人物，在岩土工程领域取得多项具有国际水平的原创性成果，是“柔性基础复合地基”的开创者和奠基者，推动复合地基的深入研究；主持的“高压气溶胶排水固结地基处理”构建全新立体排水固结系统，大大缩短处理时间、大幅降低处理成本、显著提高处理质量，特别适合拥有丰富软土地基的沿海地区的开发建设，获赞“国内外首创，国际领先”，在渣土大规模资源化利用、软土地基处理等领域产生较好的社会和经济效益。

【谢识才】 男，汉族，1961年1月出生，宁波市鄞州区云龙镇荷花桥村人，中共党员，大学本科学历，高级经济师，现任博威集团有限公司董事长。他曾获宁波市科技创新特别奖、浙江省第六届“科技新浙商”、优秀中国特色社会主义事业建设者、宁波市劳动模范等荣誉。他1987年创业，在其带领下博威集团发展成为拥有上海主板上市的宁波博威合金材料股份有限公司、宁波博威合金板带有限公司、宁波博德高科股份有限公司、宁波博曼特工业有限公司、博威尔特（越南）太阳能有限公司、伊泰丽莎（越南）有限公司6家生产型企业，形成以合金材料、切割丝和精密零件为主体的专业化制造集团，为中国工业企业提供优质的工业产品。2016年度，博威集团进入中国制造业500强榜单。在其带领下，博威集团先后获评国家首批创新型企业、国家技术创新示范企业、国家认定企业技术中心、国家地方联合工程研究中心、国家级博士后科研工作站和国家CNAS认可实验室等荣誉，引领全国有色金属新材料行业发展。

【闻路红】 男，汉族，1978年7月出生，云南省曲靖市陆良县人，中共党员，博士学位研究生学历，现任宁波华仪宁创智能科技有限公司总经理。宁波大学教授、博士生导师，浙江省“万人计划”领军人才、中国仪器仪表学会青年科技人才，创办宁波华仪宁创智能科技有限公司，担任公司CEO。2004年，中国科学院上海技术物理研究所博士研究生毕业，师从著名航天仪器专家陈桂林。有20年从事质谱、光电、化学、生物等高端仪器装备及关键部件研究、开发及产业化经验，擅长仪器研制、产学研用合作和成果转化，带领公司研制多款填补国内空白高端科学仪器。主持国家重大科学仪器重点研发计划专项、国家863计划项目、浙江省重大国际合作项目等多项国家和地方重大科研项目；获浙江省科学技术二等奖、中国仪器仪表学会科学技术奖、国内装备制造业首台套、中国分析测试协会BCEIA金奖、中国仪器仪表行业协会自主创新金奖、中国技术市场金桥奖等多项省部级科技奖励。

【潘超宇】 男，汉族，1974年3月出生，余姚市郑巷方潘沈村人，中共党员，省委党校公共管理本科学历，宁波培罗成股份有限公司首席技师、鄞州区工会兼职副主席、鄞州区党代表、省级潘超宇技能大师工作室领办人，中国工会十七大代表，国家高级考评员。他是宁波市服装协会定制专业委员会技术专家、宁波市职业技能人才培养技能导师、浙江纺织服装职业技术学院客座教授，享受国务院政府特殊津贴，先后获评宁波市首席工人、港城工匠、宁波市优秀高技能人才奖、浙江工匠、浙江省“金蓝领”高技能人才、浙江省首席技师、浙江省“百千万”高技能人才“拔尖技能人才”、浙江省万名好党员、全国纺织工业劳动模范、全国技术能手等荣誉。1996年，潘超宇进入培罗成从事服装版型设计工作；2008年，为企业承接起草国家标准《职业服装检验规则》的主要起草人；2012年，攻克毛衬工艺在职业装单量单裁批量生产中的应用难题，每年为企业增效600余万元；2014年，

设计出“双抽缩分烫定型工艺”解决某航空女乘务贴体插肩袖肩端扭裂的缺陷。2015年，设计出“弹力面料防扩张工艺”解决某银行女装胸型扩散等难题。带领工作室致力于版型创新、工艺创新、工具创新、材料更新、设备改造等，并申报国家专利，团队持有专利22项，个人持有12项。带领工作室开展以师带徒、企业技能人才自主评价等活动，引领公司70余人获技师资质，200余人成为国家高技能人才，70余人为专项技能人才，为企业技能人才培养作出贡献。

逝世人物

【朱恺杰】 男，汉族，1991年12月出生，宁波市鄞州区咸祥镇球山村人，共青团员，大学本科学历。2011年12月就读大学期间入伍，2013年，以台州片区第一名成绩考入中国人民解放军武警学院边防系指挥专业。毕业后分配至宁波一边防派出所，成为一名副连职干部，武警中尉警衔。因表现优异，获“浙江边防总队年度优秀带兵干部”称号。2018年5月，支队抽调其参与组建杭州湾新区边防派出所。8月1日，朱恺杰和战友接到出警任务，在打捞海漂时，他为保护身边战友，不慎陷入滩涂，又遇上涨潮，因公殉职。8月9日，公安部批准朱恺杰为革命烈士，浙江公安边防总队为他追记个人二等功。2018年8月，由原公安部边防局追认其为中共党员。

【金儒宗】 男，汉族，1947年1月出生，宁波市海曙区鄞江镇金陆村人。1982年，毕业于杭州大学历史系，曾任鄞县政协常委、鄞县政协文史资料委员会副主任，中国乡村文化研究会会员，浙江省历史学会会员、浙江省地方志学会会员，宁波文化研究会会员、宁波历史学会会员，鄞县文联民间文艺家协会副主席等。1982年起，任高中历史教师，1987年起，到鄞县县志办公室工作，曾任《鄞县志》（北京中华书局1996年9月出版）副主编，同时研究地方文献，所写文章发表于《浙江方志》等。1987年至1999年，任《鄞县年鉴》副主编。撰写省级部门志，如《浙江市场志》《浙江乡镇年鉴》等鄞县部分内容。编著《骨气·志气·正气——浙江古代名人故事》，参与撰写《中国少年儿童百科全书》，是该书《人类·社会》卷撰稿之一；合作编著《钱湖经纬》。

先进个人

表55　　2018年鄞州区获国家级表彰的先进个人

姓　名	荣　誉	工作单位
张　迪	2018年度中国统一战线宣传先进个人	统战部
刘优珍	2018年度中国红十字会总会报刊宣传先进个人二等奖	红十字会

表56　　2018年鄞州区获省级表彰的先进个人

姓　名	荣　誉	工作单位
齐泽仁	2017年度个人二等功	法院
潘敏敏	2018年度全省党校系统成绩突出个人	党校
孙伟儿	浙江省基层宣讲名师	党校

续表56

姓　名	荣　誉	工作单位
姚燕君	浙江省优秀妇联干部	妇联
高依敏	2017年度省“小升规”培育及小微企业运行监测工作考核优秀个人	经信局
仇　波	“609”专案一等功	公安分局
赵丹杨	“609”专案二等功	公安分局
戴旭东、黄振飞	第四届互联网大会·乌镇峰会安保工作突出贡献个人	公安分局
徐光耀	浙江省党的十九大维稳安保工作先进个人	司法局
周晶晶	2017年度全省司法行政新闻和网络宣传工作嘉奖	司法局
张　倩	2017年度全省司法行政系统信息工作嘉奖	司法局
王丽萍	“千村示范、万村整治”工程和美丽浙江建设突出贡献个人二等功	环保局
孙　浩	环境执法个人三等功	环保局
唐元震	“千村示范、万村整治”工程和美丽浙江建设突出贡献个人三等功	住建局
鲁思佳	2017年度浙江省智慧城管工作先进个人	综合行政执法局
朱李坚	实行最严格水资源管理制度成绩突出个人	水利局
史红霞	浙江省森林资源保护管理工作突出贡献个人	农林局
刘保锋	2017年度全省政务信息工作先进个人	市场监管局
竺妗波	全省剿灭劣V类水突出贡献个人	“五水共治”办
范丽娜	2017年度“无违建县（市、区）”创建工作先进个人	“三改一拆”办
黄晓兰	气象工作嘉奖	气象局
徐明星	浙江省森林资源保护管理工作突出贡献个人	瞻岐镇
张　巍、史昊宇、周微阳、俞世军、许哲军、李政一	“千村示范、万村整治”工程和美丽浙江建设突出贡献个人	住建局、环保局、咸祥镇、东吴镇、横溪镇、姜山镇
蔡璐璐	全省“优秀网格员”	潘火街道

表57　2018年鄞州区获市级表彰的先进个人

姓　名	荣誉称号	工作单位
陈国军、王兆波、朱法传、方飞龙、吕红琴、卜明长、朱剑涛、沈剑波	争创全国文明城市“五连冠”工作三等功	区委、区人大常委会、区政府、区政协
蔡正元、陈琪树、忻明飞、张行君、施　洋、张　华、梁　诚、徐宁军、刘学文、董嘉平、徐红光、严岩平、蔡建泓、戴　路、禤　慧、胡　畏、姚红军、陈伟智	争创全国文明城市“五连冠”工作三等功	区委办、区人大机关、区政府办、宣传部、团区委、公安分局、住建局、综合行政执法局、交通运输局、商务局、文广新局、市场监管局、金融办、交警大队、东胜街道

续表57

姓　名	荣誉称号	工作单位
傅利国	2018年度全市党委系统信息工作先进个人	区委办
余学超	2018年度全市党委系统督查工作先进个人	区委办
王发振	2017年度市“两会”建议提案办理先进个人	区政府办
毛孟波	2018年政务督查工作先进个人	区政府办
陈萍萍	2017年度宁波市党政系统优秀调研成果奖	社科院
陈春玲、巫利民、俞泳、陆立平、徐宏光、刘军涛	宁波市党的十九大维稳安保工作先进个人	法院、信访局、教育局、文广新局、交通运输局、百丈街道
胡校生、赵文强、李建杰	2017年度推进“中国制造2025”试点示范城市建设工作先进个人	科技局、经信局、经信局
陈逸明	宁波市第七届水利“大禹杯”优秀个人	水利局
周宏杰、钱海波	2017年度宁波市治安综合治理工作先进个人	中河街道、潘火街道
孙亚飞、钱小蕴、储秀科、郑红年、施武能、许佳锋、周　冲、马晓英、陈　凌、李国定、王　芸、刘莹姿、郑儿君、高　燕、周盼盼、陆显志、黄　阳、郁健平、应林辉、何小红、钟正中、徐　铭、杨　磊、石碧辉、梁侃亮、应争宏、郑　磊、杜元波、郜凌云、高培霞、肖圣华、励一恺、徐静建、任　意、唐永华、张　莳、徐　荣、钱赛红、陈立基、陈　斌、蔡浩平、王春微、潘敏敏、徐　滨、孙自昌、赵　涵、忻春意、贾俏丽、蔡豪斌、吴志远、王冠宇、李鹏程、陈　晛、张　静、高依敏、郑锡军、徐　超、张松鹤、潘　利、郑科杰、顾小华、毛盈飞、王伟伟、王丽萍、祁文杰、罗张勇、金吕才、胡祖璟、卢　彤、张　莺、邬冬骥、忻贤滨、应冬乐、杨　丽、许苏甬、葛豪杰、忻继霞、黄雪萍、徐慧娟、徐　伦、陈七一、王　飞、李　璐、徐亚辉、陈伯水、王　涛、李春丽、施诗韵、周永宽、周坤山、陈幼云、洪晓薇、张高峰、叶慧娜、张剑列、张振斌、童建华、汪国新、夏瑜蕾、陈　敏、宣林萍、吴海霞、史芸飞、胡雯雯、励　黎、钱升德、程新科、林　桑、冯宇钦、谭　红、叶　玲、黄　红、潘群威、毛超芳、朱巧玲、周燕华、李成光、荆英姿、吕　君、钟维红、邵志明、陈　勇、孙华怡、吴祈德、毛伟亮、周时奋、周飞波、俞仲良、李蓝倩、姜国民、毛亚听、钱璐娜、任　恩、汪　磊、汤浩梁、凌锡辉、严频燕、舒佩蕾、张　宾、周　萍、袁红锋、吴王斌、徐寒江、汪海云、应钟铱、盛文柯、王朱芸、夏腾峰、陈　启、朱风华、陈　锐、张天鸣、叶海东、许国华、竺培勤、俞培珍、邱　春、张君平、刘兴邦、倪　骋、沈　婧、夏红霞、马道永、杨晓丽、马荧波、胡军涛、陆　雁、蔡永江、王力波、严志勇、林佩燕、卢娟华、周　涛、石　艳、应培培、周明峰、卢　豪、沈　远、张银飞、蒋　诺、钱亨通、崔素琴、柴建忠、王竹莹、金建永、董家俊、严　俊、沈晓威、徐　波、施　南、施鼎鸣	争创全国文明城市“五连冠”工作嘉奖	区政协、区委办、区人大机关、区政府办、区政协机关、纪委、法院、检察院、组织部、宣传部、统战部、政法委、政研室、农办、机关党工委、信访局、老干部局、档案局、党校、总工会、团区委、妇联、文联、社科院、慈善总会、红十字会、关工委、发改局、经信局、教育局、科协、公安分局、司法局、民政局、财政局、人力社保局、环保局、住建局、综合行政执法局、交通运输局、水利局、农林局、商务局、文广新局、卫生计生局、统计局、市场监管局、金融办、审管办、南部商务区管委会、长丰开发建设指挥部、广播电视台、征管办、城区办、供销社、城投公司、规划分局、国土分局、国税局、地税局、鄞州日报社、供电公司、邮政局、消防大队、移动分公司、电信分公司、联通分公司、瞻岐镇、咸祥镇、东吴镇、塘溪镇、五乡镇、邱隘镇、云龙镇、横溪镇、姜山镇、潘火街道、福明街道、东柳街道、中河街道、下应街道、明楼街道、百丈街道、东胜街道、白鹤街道、钟公庙街道

先进集体

表58　2018年鄞州区获国家级表彰的先进集体

获奖单位	荣　誉
鄞州区（商务局）	国家级出口工业产品质量安全示范区
鄞州区（卫生计生局、区流动人口办）	2017年度流动人口基本公共卫生计生服务均等化示范区
统战部	2018年度中国统一战线宣传先进单位
台　办	2018年度中央台办“两刊”对台宣传工作先进单位
总工会	2017年度工会财务工作先进单位
红十字会	2018年度中国红十字会总会报刊宣传先进集体一等奖
科技局（科协）	2018年全国科普日活动优秀组织单位
卫生计生局	2017年度全国生育状况抽样调查优秀单位
市场监管局	2018年全国清理整顿人力资源市场秩序专项行动突出成绩单位、全国工商和市场监督管理部门广告工作表现突出单位
国税第一稽查局	2017年打击骗取出口退税和虚开增值税专用发票专项工作成绩突出集体

表59　2018年鄞州区获省级表彰的先进集体

获奖单位	荣　誉
鄞州区（政法委）	2017年度省级平安县（市、区）
鄞州区（农办）	2017年度社会主义新农村建设优秀单位
鄞州区（水利局）	2018年度全省市县水利工作综合考核优秀市县
鄞州区（农林局）	省级农产品质量安全放心县、2017年度森林浙江建设目标责任制考核优秀单位、农业绿色发展先行区
鄞州区政府（农办）	结对帮扶工作先进集体
鄞州区政府（五水共治办）、咸祥镇	全省剿灭劣V类水突出贡献集体
检察院、公安分局	2017—2018年度全省政法系统先进集体
检察院	2018年度检察工作成绩突出基层检察院
统战部	2018年度全省统战工作实践创新优秀奖
台　办	2018年度浙台经济社会融合发展突出贡献单位
团区委	2017年度省级先进团委
工商联	2018年度全省工商联系统先进单位

续表59

获奖单位	荣　誉
红十字会	2017年度全省红十字工作考评综合优秀单位
社科院（社科联）	2018年度县社科联测评优秀单位
科技局（科协）	2018年度全省科协工作考核优秀单位
民政局	2017年度民政工作考核先进单位
环保局	“千村示范、万村整治”工程和美丽浙江建设突出贡献集体三等功
综合行政执法局	2017年度浙江省智慧城管工作先进集体
农林局	2017年度全省农业工作考核优秀单位
审计局	2018年度全省审计机关考核先进单位
鄞州四明金融小镇（金融办）	省级特色小镇创建考核优秀小镇
鄞州现代电车小镇（产城公司）	省级特色小镇创建单位
调查队	2017年度全省调查队系统综合考核优秀
广播电视台	2018年全省广播电视新闻协作县级广播一等奖
瞻岐镇	浙江省文化强镇
云龙镇	2017年度浙江省小城镇文明行动样板小城镇
鄞州区（信访局）	2018年度基本实现无信访积案县（市、区）
区政府办	2018年度政务信息工作考核优秀单位三等奖
扫黑办、公安分局	2018年度全省扫黑除恶专项斗争先进集体
公安分局	专案办理工作集体二等功
司法局	全省人民调解工作先进集体
农林局	浙江省水稻高产创建工作突出贡献集体

表60　2018年鄞州区获市级表彰的先进集体

获奖单位	荣　誉
鄞州区	2017年全市目标管理考核优秀单位
鄞州区（组织部、人力社保局）	2017年度人才工作先进区金奖
鄞州区（科技局）	2017年度科技进步目标责任考核良好单位
鄞州区（商务局）	2017年度粮食安全责任制考核优秀单位
鄞州区政府（发改局）	2018年度重点工程综合先进奖建设类金奖
鄞州区政府（经信局）	2017年度推进“中国制造2025”试点示范城市建设工作先进单位

续表60

获奖单位	荣　誉
宣传部	争创全国文明城市“五连冠”工作三等功、全市宣传思想文化工作创新大奖
综合行政执法局	全市党的十九大维稳安保工作先进集体
卫生计生局、东吴镇、云龙镇、百丈街道	2017年度社会治安综合治理工作考核优秀单位
瞻岐镇	宁波市文明镇
区委办、区人大办、区政府办、区政协办、政法委、团区委、公安分局、教育局、民政局、财政局、住建局、综合行政执法局、交通运输局、商务局、文广新局、卫生计生局、市场监管局、金融办、广播电视台、城投公司、鄞州日报社、交警大队、消防大队、瞻岐镇、咸祥镇、东吴镇、塘溪镇、五乡镇、邱隘镇、云龙镇、横溪镇、姜山镇、潘火街道、福明街道、东柳街道、中河街道、东郊街道、下应街道、明楼街道、百丈街道、东胜街道、白鹤街道、首南街道、钟公庙街道	争创全国文明城市“五连冠”工作嘉奖
鄞州区（政法委）	2017年度社会治安综合治理工作单项考核优秀单位
鄞州区（教育局）	宁波市实施第二轮学前教育提升行动计划先进单位
鄞州区政府（区政府办）	2017年度浙江政务服务网宁波平台建设工作先进单位、2018年度政务公开工作先进单位、2018年度宁波市政府系统网站综合评测结果良好单位、2018年度政务督查工作先进单位、2018年度宁波市法治政府建设先进单位
鄞州区政府（交通运输局）	2017年度宁波市交通拥堵治理工作先进单位
鄞州区政府（住建局）	2017年度宁波市物业管理工作优秀单位、2017年度宁波市地下综合管廊建设工作优秀单位、2017年度宁波市中心城区暨美丽县城品质提升工作优秀单位、2017年度宁波市小城镇环境综合整治工作优秀单位、2018年度宁波市城乡危旧房治理工作优秀单位、2018年度宁波市建筑业发展工作优秀单位、2018年度宁波市装配式建筑发展工作优秀单位、2018年度宁波市海绵城市建设工作优秀单位、2018年度宁波市公共设施投资工作优秀单位、2018年度宁波市棚户区改造工作优秀单位、2018年度宁波市农村“三居”专项行动工作优秀单位
鄞州区政府（商务局）	2017年度宁波市商贸流通业发展大奖金奖、2017年度宁波市服务贸易工作先进奖金奖、2017年度宁波市电子商务工作大奖金奖、2017年度宁波市外贸工作先进奖银奖、2017年度宁波市外经工作先进奖铜奖
鄞州区政府（商务局、投资合作局）	2017年度宁波市开放型经济工作大奖金奖
鄞州区政府（征管办）	2017年度宁波市国有土地上房屋征收工作优秀单位
鄞州区政府（投资合作局）	2017年度支持浙商创业创新促进宁波发展工作银奖、2017年度宁波市外资工作先进奖银奖
区委办	2018年度宁波市党委系统信息工作先进单位一等奖、2018年度宁波市党委系统督查工作先进单位
区政府办	2018年度政务信息工作先进单位
人力社保局	2018年中国宁波青年大学生创业大赛最佳组织奖
东郊街道、福明街道、潘火街道	宁波市无违建街道

统计资料

2018年鄞州区经济和社会主要指标

2018年鄞州区农村基本情况

2018年鄞州区农林牧渔业分项产值和增加值

2018年鄞州区规模以上工业企业基本情况

2018年鄞州区工业主要产品产量

2018年鄞州区自营进出口贸易情况

2018年鄞州区利用外资情况

2018年鄞州区旅游业基本情况

2018年鄞州区交通运输、邮电基本情况

2018年鄞州区财政分项目收入、全区及区本级财政支出情况

2018年鄞州区金融系统本级人民币年末存款、贷款情况

2018年鄞州区保险公司业务经济技术指标

2018年鄞州区学校基本情况

2018年鄞州区文化、广播、电视基本情况

2018年鄞州区卫生事业基本情况

2018年鄞州区体育工作情况

2018年浙江省部分经济强县（市、区）主要经济指标

2018年沿海部分县（市、区）主要经济指标

2018年全国、浙江省、宁波市、鄞州区主要经济指标

鄞州年鉴

2019 YINZHOU YEARBOOK

表 61

2018 年鄞州区经济和社会主要指标

指　标	单　位	2018年	2017年
一、概况			
区域面积	平方千米	814.20	814.20
年末总户数（户籍）	万户	35.62	34.17
年末总人口（户籍）	万人	90.22	87.17
其中：乡村人口	万人	19.02	19.25
其中：城镇人口	万人	71.20	67.92
人口密度	人/平方千米	1108	1071
人口出生率	‰	10.83	12.74
人口死亡率	‰	5.77	5.94
人口自然增长率	‰	5.06	6.79
二、生产总值			
地区生产总值	亿元	1623.35	1508.05
其中：第一产业	亿元	24.79	25.34
第二产业	亿元	549.04	525.77
其中：工业	亿元	466.88	455.02
第三产业	亿元	1049.52	956.94
人均地区生产总值	元	193881	185935
三、农业			
农业总产值	亿元	36.25	36.61
粮食播种面积	千公顷	12.91	14.34
粮食总产量	万吨	8.66	9.84
蔬菜面积	千公顷	8.30	8.68
蔬菜总产值	万吨	28.47	29.39
水果总产值	万吨	9.63	9.87
生猪年末存栏数	万头	0.64	0.97
生猪年内出栏数	万头	0.78	1.78
家禽年末存栏数	万只	11.83	9.15
家禽年内出栏数	万只	9.45	12.25
肉类总产量	万吨	0.10	0.18
禽蛋产量	万吨	0.09	0.08
水产品总产量	万吨	1.46	1.43
四、工业			
全部工业企业家数	家	12573	14533
其中：规模以上工业企业	家	984	1030
其中：1亿元–10亿元企业	家	230	241
10亿元及以上企业	家	16	19
全部工业总产值	亿元	1788	1986.96
规模以上工业总产值	亿元	1401.45	1576.82

续表61

指　标	单　位	2018年	2017年
规模以上工业销售产值	亿元	1389.42	1532.88
规模以上工业出口交货值	亿元	338.35	370.06
规模以上工业主营业务收入	亿元	1405.29	1534.27
规模以上利税总额	亿元	124.94	147.09
规模以上利润总额	亿元	84.44	101.89
五、固定资产投资			
固定资产投资额	亿元	550.25	815.04
合计中：工业投资	亿元	60.89	95.53
服务业投资	亿元	489.24	719.46
其中：房地产投资	亿元	346.95	486.94
基础设施投资	亿元	62.48	94.77
六、国内贸易			
批发零售业贸易业销售总额	亿元	4677.19	4408.07
住宿餐饮业营业额	亿元	133.97	112.46
社会消费品零售总额	亿元	811.14	837.26
其中：批零零售业	亿元	708.79	746.04
住宿餐饮业	亿元	102.35	91.22
亿元以上商品交易市场成交额	亿元	351.03	—
七、外经外贸			
当年新签项目（合同）数	个	113	107
合同利用外资	万美元	87345	75608
实际利用外资	万美元	79050	64252
进出口总额	万美元	2444602	1966051
其中：出口	万美元	1872010	1564188
进口	万美元	572591	401862
八、财政、金融			
财政总收入	亿元	453.91	410.91
其中：公共财政预算收入	亿元	252.99	241.65
公共财政预算支出	亿元	212.51	201.22
金融机构年末存款余额（本外币）	亿元	6304.69	—
金融机构年末贷款余额（本外币）	亿元	7586.95	—
金融机构年末存款余额（人民币）	亿元	6101.81	5766.89
其中：居民储蓄	亿元	1557.53	1438.92
金融机构年末贷款余额（人民币）	亿元	7262.20	6312.81
保费收入	亿元	69.35	66.14
九、电力			
全社会用电量	亿千瓦时	90.47	82.84
其中：工业用电量	亿千瓦时	45.35	41.91
城乡居民生活用电量	亿千瓦时	17.32	15.30

续表61

指 标	单 位	2018年	2017年
十、城乡居民收入			
城镇常住居民人均可支配收入	元	64888	59482
城镇常住居民人均消费支出	元	42027	36036
农村常住居民人均可支配收入	元	36589	32743
农村常住居民人均生活消费支出	元	24225	21163

说明：1、GDP和农业总产值增幅按可比价计算
2、由于户籍改革，自2015年起取消农业与非农业人口登记，统计口径改为乡村人口与城镇人口
3、财政有关数据含高新区和东钱湖旅游度假区
4、(国内贸易、餐饮和营利性服务业)数据均不含梅墟街道和新明街道

表62 2018年鄞州区农村基本情况

指 标	单 位	数 值	指 标	单 位	数 值
农村基层组织			农村人口	万人	44.36
镇乡政府	个	10	**农村社会基础设施**		
其中：镇政府	个	10	自来水受益村数	个	228
乡政府	个	0	通汽车村数	个	228
农村街道办事处	个	4	通邮村数	个	228
农村住户数、人口			通电话村数	个	228
农村住户数	万户	17.35	通电村数	个	228

说明：1、农村居委会住户数、人口数包科农村社区居委会住户数、人口数
2、从2010年开始，中河街道划分为城镇街道，不列入农村统计范围；从2014年开始，梅墟街道划分为城镇街道，不列入农村统计范围

表63 2018年鄞州区农林牧渔业分项产值和增加值

单位：万元

指 标	产 值	增加值	指 标	产 值	增加值
合计	362456	-3641	**林业产值**	10562	527
农业产值	263951	-8083	其中：人造林木生长	3346	-398
其中：副产品产值	还未统计好	还未统计好	林产品	4296	335
粮食作物	31633	-5854	村及村以下竹木采伐	2178	201
谷物	26387	-5768	采集野生作物	742	389
豆类	1891	-1	**牧业产值**	11313	857
薯类	3355	-85	其中：牲畜	2356	-2430
油料	1230	-57	家禽饲养	910	286
棉花	24	-1	活的畜禽产品	7292	2840
甘蔗	208	-951	捕猎野兽野禽	275	20
药材类	4936	-2328	其他动物饲养	480	139
蔬菜	127701	-2826	**渔业产值**	51205	633
花卉园艺	16199	-25	其中：海水产品	33483	514
茶、桑、果	80158	-386	淡水产品	17722	118
其他	662	281	农林牧渔服务业	25425	2425

表 64

2018 年鄞州区规模以上工业企业基本情况

单位：万元

指 标	企业家数（家）	工业总产值	工业销售产值	主营业务收入	利润总额
总计	984	14014531	13894225	14052899	844401
按注册登记类型分					
国有企业	2	7391	5317	10864	-62
集体企业	1	2449	2449	2012	906
股份合作企业	6	104672	104293	104213	10519
有限责任公司	52	1683595	1652515	1719227	88741
股份有限公司	25	3233574	3430602	3492008	196745
私营企业	736	5698498	5504070	5521420	280141
港澳台商投资企业	89	1997314	1937246	1938013	124294
外商投资企业	73	1287038	1257735	1265143	143116
在总计中：亏损企业	167	1187108	1156296	1155130	-60265
在总计中：国有及国有控股	15	973415	951086	953653	46530
按轻重工业分					
轻工业	359	5357110	5461444	5610958	171595
重工业	625	8657421	8432781	8441941	672806
按规模分					
大型企业	10	3488979	3674805	3784587	200370
中型企业	94	3990844	3898017	3899329	314836
小型企业	844	6256326	6053612	6090562	294791
微型企业	36	278381	267792	278421	34404
按工业行业分					
非金属矿采选业	1	25730	23652	23652	3002
农副食品加工业	6	38059	36589	36510	1381
食品制造业	3	12316	12181	12162	297
酒、饮料和精制茶制造业	2	20728	17506	17496	211
纺织业	41	360951	353794	358487	4976
纺织服装、服饰业	65	588707	581773	578273	11504
皮革、毛皮、羽毛及其制品和制鞋业	2	6642	5609	5356	62
木材加工和木、竹、藤、棕、草制品业	4	15076	14977	15293	-265
家具制造业	30	215160	206390	217892	4184
造纸和纸制品业	8	135439	134174	127559	709
印刷和记录媒介复制业	22	145113	138761	138523	13468
文教、工美、体育和娱乐用品制造业	32	173695	173649	173778	12759
石油加工、炼焦和核燃料加工业	1	10343	10437	10436	-1608
化学原料和化学制品制造业	19	323801	297605	300836	11961
医药制造业	5	137283	128663	131356	28279

续表64

指　标	企业家数(家)	工业总产值	工业销售产值	主营业务收入	利润总额
化学纤维制造业	1	5234	5225	5224	133
橡胶和塑料制品业	42	364833	355746	354140	18595
非金属矿物制品业	31	389579	379389	387755	22880
黑色金属冶炼和压延加工业	14	190628	181852	174742	445
有色金属冶炼和压延加工业	19	578164	560715	559813	38053
金属制品业	131	1303947	1279388	1319310	100634
通用设备制造业	129	1263346	1233181	1205960	72076
专用设备制造业	53	497582	479824	481729	40729
汽车制造业	99	1673182	1615115	1617171	236377
铁路、船舶、航空航天和其他运输设备制造业	12	132750	121789	127217	3586
电气机械和器材制造业	112	3375562	3517940	3656056	101241
计算机、通信和其他电子设备制造业	74	956054	927094	923369	70856
仪器仪表制造业	14	308318	335231	326271	23609
其他制造业	5	78055	77849	77863	1300
废弃资源综合利用业	—	—	—	—	—
电力、热力生产和供应业	5	553472	553346	556814	8630
燃气生产和供应业	—	—	—	—	—
水的生产和供应业	2	134784	134784	131859	14338

说明：1.规模以上工业是指年主营业务收入2000万元以上企业
2.2015年及以前数据含梅墟街道，2016年起新鄞州口径数据不含梅墟和新明街道

表65　2018年鄞州区工业主要产品产量

产　品	单　位	产　量	产　品	单　位	产　量
大米	万吨	0	水泥	万吨	—
冷冻水产品	万吨	0.81	散装水泥	万吨	—
罐头	万吨	1.20	铜材	万吨	0.41
精制茶	万吨	0.61	铝材	万吨	0.87
纱	万吨	2.69	液压元件	万件	1223.61
布	万米	3886	气动元件	万件	—
印染布	万米	9655	粉末冶金制品	万吨	—
帘子布	万米	0	塑料加工专用设备	万台	0.44
毛机织物(呢绒)	万米	646.49	摩托车	万辆	—
服装	万件	13364.67	民用钢质船舶	综合吨	—
梭织服装	万件	2914.89	变压器	万千伏安	128.72
羽绒服装	万件	—	电力电缆	万千米	2.96
西服及西服套装	万件	144.62	原电池(折一号电池)	万只	57055.67

续表65

产 品	单 位	产 量	产 品	单 位	产 量
衬衫	万件	690.39	家用洗衣机	万台	110.83
针织服装	万件	10449.78	家用电风扇	万台	—
机制纸及纸板	万吨	24.14	房间空气调节器	万台	1428.58
纸制品	万吨	11.8928	家用吸排油烟机	万台	4.62
化学药品原药	吨	—	光学仪器	万台	2.51
塑料制品	万吨	20.21	发电量	亿千瓦时	4.19

表66　2018年鄞州区自营进出口贸易情况

单位：万美元

类 别	进出口		出 口		进 口	
	贸易额	增幅（%）	贸易额	增幅（%）	贸易额	增幅（%）
企业性质						
国有企业	46673	16.1	23746	-15.2	22927	88.1
三资企业	354384	31.9	263405	20.7	90979	80.9
合作	1078	6.9	1016	4.1	62	91.0
合资	199138	44.5	124034	17.9	75104	130.1
独资	154167	18.8	138355	23.4	15813	-10.2
集体企业	18880	-8.4	18529	-8.6	351	2.1
私营企业	2022330	23.5	1564067	20.3	458263	35.8
其他企业	2335	14.4	2263	13.4	71	62.0
贸易方式						
一般贸易	2349196	26.0	1801070	20.5	548126	47.8
来料加工	28134	16.3	15657	14.6	12477	18.4
进料加工	63208	-7.8	54880	-9.2	8328	3.0
外商投资企业作为投资进口的设备、物品	106	-89.6	0	0	106	-89.6
保税仓库进出境货物	3125	-67.0	50	265.4	3075	-67.5
其他	833	-16.0	353	-34.6	481	6.0
地区						
亚洲	761589	28.6	490564	21.8	271025	42.9
东盟	202552	44.1	123885	31.6	78666	69.3
中国香港	29025	52.7	28413	54.3	612	1.7
日本	87309	38.2	57159	22.1	30149	84.4
韩国	82933	15.8	31056	21.5	51876	12.6
中国台湾	27314	35.7	13537	12.2	13777	70.7
非洲	117751	22.7	104064	20.0	13687	48.0

续表66

类别	进出口		出口		进口	
	贸易额	增幅（%）	贸易额	增幅（%）	贸易额	增幅（%）
欧洲	672361	19.2	577930	17.6	94431	30.5
欧盟	535435	14.0	496607	16.6	38828	-11.4
拉丁美洲	258790	24.2	177825	18.1	80965	40.2
北美洲	487348	24.0	449772	21.8	37576	58.4
美国	441458	25.5	411526	22.1	29931	105.7
大洋洲	146754	26.9	71856	5.7	74898	57.1

表67 2018年鄞州区利用外资情况

单位：万美元

指标	新批项目数（个）	合同利用外资	实际利用外资
总计	113	87345	79050
外商直接投资	113	87345	79050
合资经营	23	4961	10001
独资企业	90	82384	69649
其他	—	—	—

表68 2018年鄞州区旅游业基本情况

指标	单位	数值	指标	单位	数值
国际旅行社（含分社）	家	30	台湾同胞	人	18206
国内旅行社	家	92	香港同胞	人	25167
旅游星级饭店	家	17	澳门同胞	人	688
国内旅游总人数	万人次	2664	**接待过夜境外旅游者人天数**	**人天**	477211
旅游总收入	亿元	294.50	其中：外国人	人天	388560
其中：旅游创汇	万美元	10826	台湾同胞	人天	35450
国内旅游总收入	亿元	287.34	香港同胞	人天	50664
接待过夜境外旅游者人数	**人**	215583	澳门同胞	人天	2537
其中：外国人	人	171521	—	—	—

表69 2018年鄞州区交通运输、邮电基本情况

项目	单位	数值	项目	单位	数值
货运量	万吨	4318	水路机动船	艘	98
公路	万吨	3152	公路通车里程	千米	892
水路	万吨	1166	高速公路	千米	94

续表69

项　目	单　位	数　值	项　目	单　位	数　值
客运量	万人	496	按技术等级：		
公路	万人	478	一级公路	千米	74
水路	万人	18	二级公路	千米	109
旅客周转量	万人千米	84044	三级公路	千米	155
公路	万人千米	83858	四级公路	千米	460
水路	万人千米	186	按行政等级：		
货物周转量	万吨千米	1278575	国道公路	千米	78
公路	万吨千米	265379	省道公路	千米	55
水路	万吨千米	1013196	县级公路	千米	253
公路营业性运输工具拥有量	辆	—	乡级公路	千米	120
客运车辆	辆	—	村道公路里程	千米	386
	客位	—	内河通航里程	千米	111
货运车辆	辆	—	邮政局、所	处	41
	吨位	—	邮路总长度（单程）	千米	4547
水路运输工具拥有量	艘	98	农村投递路线	千米	3345
			邮政业务总量	万元	5164

说明：公路货运指营运货车，客运指长途客车，全社会口径不作统计

表70　2018年鄞州区财政分项目收入、全区及区本级财政支出情况

单位：万元

指　标	数　值	指　标	数　值	
			全　区	区本级
财政收入	5599788	**公共财政预算支出**	2125104	1561273
财政总收入	4359081	一般公共服务	207563	174765
中央财政收入	1829145	国防	9703	5971
消费税	3208	公共安全	112672	94727
增值税	844693	教育	262353	231013
一般公共预算收入	2529936	科学技术	152357	105427
增值税	844693	文化体育与传媒	38712	28878
营业税	903	社会保障和就业	236747	197318
企业所得税	454698	医疗卫生	150169	132140
个人所得税	174571	节能环保	36499	31066
资源税	940	城乡社区事务	392617	262249
城市维护建设税	124641	农林水事务	79731	70650
房产税	111207	交通运输	26829	21788
印花税	33701	资源勘探电力信息等事务	121002	44257
城镇土地使用税	32706	商业服务业等事务	77055	25797

续表70

指 标	数 值	指 标	数 值	
			全 区	区本级
土地增值税	208121	金融监管等事务支出	21649	20749
车船使用税	16309	援助其他地区支出	7239	5609
耕地占用税	945	国土资源气象等事务	23029	11325
契税	212567	住房保障支出	76193	61541
环保税	370	粮油物资储备管理事务	4580	4580
国有资产经营收益	290	债务付息支出	37438	30815
国有企业计划亏损补贴	—	其他支出	50967	608
行政性收费收入	32719	**政府性基金支出**	1242798	704399
罚没收入	13692	—	—	—
专项收入	178996	—	—	—
其他收入	87867	—	—	—
基金收入	1240707	—	—	—

说明：2015年1月1日起，文化事业建设费收入、地方教育附加收入、森林植被恢复费、地方水利建设基金收入、残疾人就业保障金收入、教育资金收入、农田水利建设资金收入从基金预算转列公共预算

表71 2018年鄞州区金融系统本级人民币年末存款、贷款情况

单位：万元

项 目	数 值	项 目	数 值
各项存款年末余额	61018077	**各项贷款年末余额**	72622049
储蓄存款	15575261	短期贷款	20453103
机关团体存款	3149080	中长期贷款	38276024
企业存款	24729259	企业贷款	32844417
代理财政性存款	149355	**基本建设贷款**	15258696
其他存款	374064	—	—

表72 2018年鄞州区保险公司业务经济技术指标

单位：万元

指 标	保费收入		赔付支出	
	绝对量	增幅（%）	绝对量	增幅（%）
合计	693535	17.6	286258	32.4
财产险	212150	4.0	185586	17.2
机动车辆保险	183743	4.3	115341	14.9
人身险	394935	25.1	100672	74.2
人身意外伤害险	16555	17.7	5533	20.5
健康险	37878	89.1	5935	96.8
寿险	340502	20.9	89204	77.7

表 73　　2018 年鄞州区学校基本情况

单位：人

<table>
<tr><th>项　目</th><th>学校数（所）</th><th>班级数（个）</th><th>毕业人数</th><th>招生人数</th><th>在校学生</th><th>教职工</th><th>专任教师</th></tr>
<tr><td>高　中：完全中学</td><td>1</td><td rowspan="3">12</td><td rowspan="3">119</td><td rowspan="3">115</td><td rowspan="3">328</td><td rowspan="5">2885</td><td rowspan="5">2549</td></tr>
<tr><td>高级中学</td><td>—</td></tr>
<tr><td>十二年一贯制学校</td><td>1</td></tr>
<tr><td>初　中：初级中学</td><td>20</td><td rowspan="2">697</td><td rowspan="2">8386</td><td rowspan="2">10358</td><td rowspan="2">30204</td></tr>
<tr><td>九年一贯制学校</td><td>6</td></tr>
<tr><td>职业中学</td><td>—</td><td>—</td><td>—</td><td>—</td><td>—</td><td>—</td><td>—</td></tr>
<tr><td>小　学</td><td>59</td><td>1911</td><td>11575</td><td>15019</td><td>76095</td><td>4609</td><td>4081</td></tr>
<tr><td>幼儿园</td><td>140</td><td>1540</td><td>—</td><td>—</td><td>44831</td><td>6340</td><td>3394</td></tr>
<tr><td>特殊教育</td><td>1</td><td>21</td><td>13</td><td>16</td><td>174</td><td>—</td><td>—</td></tr>
</table>

表 74　　2018 年鄞州区文化、广播、电视基本情况

项　目	单　位	数　值	项　目	单　位	数　值
艺术表演团体	个	1	博物馆.纪念馆	个	21
机构人员数	人	62	**电影放映单位**		
国内演出场次	场次	140	放映管理机构	个	1
国内观众人次	千人	132	电影院	个	6
公共图书馆	个	1	放映队	个	15
机构人员数	人	42	电影放映场次	场	5910
总藏量	万册	210.97	电影观众人次	万人次	87
古籍	千册	1.09	**广播电视机构**		
图书	万册	202.07	电台和转播台	座	1
群艺馆.文化馆	个	1	电视台和转差台	座	1
机构人员数	人	24	**全年播出公共节目时间**		
文化站	个	22	广播播音时间	千小时	8
机构人员数	人	36	电视播出时间	千小时	7
文物单位			**公共电视套数**	套	1
文物保护管理机构	个	1	**公共广播套数**	套	1
国家级文保单位	个	5	**有线电视用户数**	万户	34.5

说明：电影放映单位数据中不包括商业电影院数据

表 75　　2018 年鄞州区卫生事业基本情况

项　目	单　位	数　值	项　目	单　位	数　值
卫生事业机构数	个	581	其他卫生机构	个	2
医院合计	家	36	**从业人员总计（人）**	人	17593
综合医院	家	13	卫生技术人员	人	14363
中医医院	家	2	医生数	人	5360

续表75

项　目	单　位	数　值	项　目	单　位	数　值
中西医结合医院	家	2	执业医师	人	5041
专科医院	家	18	执业助理医师	人	319
口腔医院	家	6	注册护士	人	6223
骨科医院	家	2	药剂人员	人	824
其他专科医院	家	10	检验人员	人	529
社区卫生服务中心	个	12	其他	人	1171
卫生院	个	9	其他技术人员	人	455
街道卫生院	个		管理人员	人	1058
乡镇卫生院	个	9	工勤人员	人	1675
中心卫生院	个	3	每千人拥有卫生技术人员	人	10.70
乡卫生院	个	6	每千人拥有医生	人	3.99
急救中心(站)	个	1	每千人拥有护师、护士	人	4.64
门诊部	个	74	**卫生事业床位数(张)**	张	8590
妇幼保健院(所、站)	个	2	医院床位	张	8282
专科疾病防治院(所、站)	个	1	社区卫生服务中心床位	张	23
疾病预防控制中心(防疫站)	个	1	卫生院床位	张	246
卫生监督所	个	1	每千人拥有总床位	张	6.40
诊所、卫生保健所、医务室社区卫生服务站合计	个	281	每千人拥有医院卫生院床位	张	6.17

表76　　2018鄞州区体育工作情况

体育工作情况	单　位	数　值	体育工作情况	单　位	数　值
各类体校情况			参加射击学生	人	55
业余体校个数	个	1	参加蓝球学生	人	100
重点业余体校	个	—	参加排球学生	人	40
业余体校在校学生数	人	140	参加足球学生	人	360
业余体校送入优秀运动队	人	5	参加乒乓排球学生	人	240
业余体校考入高等院校	人	4	参加羽毛球学生	人	320
传统项目布局情况			**游泳池情况(体育系统)**		
分布学校数	个	55	游泳池个数	个	3
中学	个	24	室内游泳池	个	2
小学	个	31	游泳池活动场次	场次	—
市区健身路径年新增数	套	13	室内游泳池	场次	—
传统项目活动情况			**参赛获奖数**	枚	129
参加活动学生人数	人	1615	省级及以上金牌	枚	56
参加田径学生	人	180	省级及以上银牌	枚	32
参加游泳学生	人	320	省级及以上铜牌	枚	41

表 77 **2018 年浙江省部分经济强县（市、区）主要经济指标**

县（市、区）	生产总值（亿元）	人均生产总值（按户籍人口计算，元）	社会消费品零售总额（亿元）	实际利用外资（万美元）	自营进出口（亿元）	自营出口（亿元）	财政总收入（亿元）	其中：一般公共预算收入（亿元）	城镇常住居民人均可支配收入（元）	农村常住居民人均可支配收入（元）
鄞州区	1820.11	205220	874.99	90080	1841	1387	435.91	252.99	64888	36589
柯桥区	1404.55	207307	305.49	28898	793	751	198.58	126.36	63768	37345
萧山区	2106.37	161016	738.21	160905	916	684	474.23	270.32	65465	37770
余杭区	2312.45	216208	515.79	105468	462	414	623.86	336.38	62819	37691
慈溪市	1737.03	164770	625.78	68367	852	743	331.77	180.00	59264	34927
余姚市	1105.08	132057	471.78	50074	821	540	169.37	100.63	57250	33792
海宁市	948.73	136701	439.43	42204	563	506	153.08	89.00	60600	35440
桐乡市	893.51	127744	392.74	36143	426	286	129.43	72.40	56707	34886
上虞区	916.52	117380	342.24	40429	287	255	141.25	82.65	60042	32423
温岭市	1091.07	89378	633.34	3327	328	304	130.70	77.29	57793	30743
诸暨市	1225.25	112880	350.99	30103	405	349	137.80	87.37	62623	36053
瑞安市	948.02	75850	452.68	6478	273	237	117.72	71.09	59507	30455
义乌市	1248.11	154242	668.77	14731	2560	2522	153.45	95.20	71207	36389
乐清市	1078.52	82577	461.42	7206	161	155	160.31	94.30	59063	32158
平湖市	693.92	139311	216.54	44503	651	311	135.70	81.88	58397	34443
富阳区	764.61	112384	270.47	28903	281	129	123.18	72.70	55985	32448
永康市	557.71	91035	238.37	2	308	302	93.94	56.36	54581	28342

说明：本表部分数据为快报数，最终以各地统计局公布数为准

表 78 **2018 年沿海部分县（市、区）主要经济指标**

县（市、区）	地区生产总值（亿元）	全部工业总产值（亿元）	固定资产投资完成额（亿元）	进出口总额（亿元）	其中：出口总额（亿元）	实际到账外资（亿美元）	社会消费品零售总额（亿元）	财政总收入（亿元）	其中：一般公共预算收入（亿元）	农民人均可支配收入（元）	城镇居民人均可支配收入（元）
鄞州区	1820.11	—	—	1841.13	1386.61	9.01	874.99	435.91	252.99	36589	64888
武进区	2380.13	4959.49	—	797.02	565.00	7.70	645.43	314.63	178.48	29826	56610
江阴市	3806.18	—	—	—	—	9.51	949.29	—	254.04	33136	63957
昆山市	3832.06	—	701.19	5898.04	3841.42	7.50	1021.77	—	387.89	32916	63926
柯桥区	1404.55	—	470.30	793.22	751.00	2.89	305.49	198.58	126.36	37345	63768
顺德区	3163.93	7464.25	955.28	1867.54	1464.07	2.73	971.90	884.83	235.78	—	54038
常熟市	2400.23	4784.33	450.44	—	—	4.87	824.92	574.83	211.06	32820	63712
张家港市	2720.18	—	389.79	—	—	5.02	605.87	610.25	233.43	32664	64055
通州区	1269.00	—		248.07	204.24	3.17	405.04	—	72.25	23830	48138

续表78

县（市、区）	地区生产总值（亿元）	全部工业总产值（亿元）	固定资产投资完成额（亿元）	进出口总额（亿元）	其中：出口总额（亿元）	实际到账外资（亿美元）	社会消费品零售总额（亿元）	财政总收入（亿元）	其中：一般公共预算收入（亿元）	农民人均可支配收入（元）	城镇居民人均可支配收入（元）
靖江市	1002.05	—	352.94	186.25	132.04	0.90	204.07	175.54	65.71	23220	46777
启东市	1063.33	—	450.78	194.35	151.57	3.08	376.94	—	72.31	23687	44248
海门市	1249.00	—	450.43	202.20	177.75	3.26	399.36	—	71.01	24654	47877
宜兴市	1713.28	4162.17	420.67	—	—	4.79	667.27	289.20	120.01	27860	53891
江宁区	2163.60	—	—	1006.93	696.89	8.42	571.20	457.68	225.06	25946	57474
太仓市	1330.72	2728.29	—	—	—	4.85	338.44	486.36	155.06	32458	63076
萧山区	1802.08	—	—	790.28	599.60	—	681.18	393.79	230.01	37770	65465
慈溪市	1737.03	—	—	851.85	742.60	6.84	—	331.77	180.00	34927	59264
诸暨市	1225.25	—	341.21	405.45	348.97	3.01	350.99	137.80	87.37	36053	62623
余杭区	2312.45	—		462.43	414.30	10.55	515.79	623.86	336.38	37691	62819
南海区	2809.09	6736.87	1106.03	1393.10	966.80	—	1122.68	584.31	239.03	33491	51295
三水区	1227.96	—	636.61	211.76	169.53	—	240.68	281.29	62.44	27319	37367
高明区	879.49	3062.94	—	200.60	175.90	—	139.47	158.98	40.40	24161	35449
荣成市	1211.24	—	—	229.30	175.20	1.56	381.50	180.80	74.80	22307	44369
莱州市	805.64	—	—	93.78	70.74	—	343.92	127.48	61.50	20906	44632
滕州市	1196.32	—	—	35.39	33.60	—	411.53	—	70.60	16441	35319
嘉定区	2362.70	—	380.20	1472.80	701.00	6.70	1203.60	1015.50	269.90	—	—
青浦区	1001.22	—	579.84	761.27	415.05	6.19	580.97	572.40	203.10	—	—
晋江市	2229.00	5399.07	—	749.05	527.59	2.14	710.53	230.01	135.20	23781	49719
吴江区	1925.03	4500.00	574.22	—	—	3.98	535.86	—	202.90	32194	63425
锡山区	883.31	—	460.09	—	—	4.68	203.37	214.38	86.69	31106	54198
惠山区	907.38	1841.39	—	—	—	2.26	216.15	223.05	92.35	31095	55262
义乌市	1248.10	—	—	2560.00	2521.60	—	668.80	153.40	95.20	36389	71207
即墨市	1413.40		788.20	355.42	300.33	9.35	498.16	241.44	111.19	21194	45997

表79　　2018年全国、浙江省、宁波市、鄞州区主要经济指标

指　标	单　位	全　国		浙江省		宁波市		鄞州区	
		实绩	增长（%）	实绩	增长（%）	实绩	增长（%）	实绩	增长（%）
地区生产总值	亿元	900309	6.6	56197	7.1	10745	7.0	1623	4.7
其中：第一产业	亿元	64734	3.5	1967	1.9	306	2.2	25	0.9

续表79

指标	单位	全国		浙江省		宁波市		鄞州区	
		实绩	增长（%）	实绩	增长（%）	实绩	增长（%）	实绩	增长（%）
第二产业	亿元	366001	5.8	23506	6.7	5508	6.2	549	3.1
其中：工业	亿元	305160	6.1	20500	7.5	4954	6.7	467	2.6
第三产业	亿元	469575	7.6	30724	7.8	4932	8.1	1050	5.6
规上工业销售产值	亿元	—	—	67384	10.6	16513	10.0	1408	7.7
规上工业利润总额	亿元	66351	10.3	4452	5.3	1228	−1.4	82	4.1
固定资产投资总额	亿元	645675	5.9	—	7.1	3403	3.6	550	−18.5
其中：工业投资	亿元	—	—	—	—	743	−0.3	61	13.4
服务业投资	亿元	375324	5.5	—	—	2656	4.8	489	−21.3
社会消费品零售总额	亿元	380987	9.0	25008	9.0	4155	8.1	811	8.5
财政总收入	亿元	183352	6.2	11706	13.6	2655	9.9	360	6.2
其中：一般公共预算收入	亿元	97905	7.0	6598	11.1	1380	10.8	209	3.5
公共财政预算支出	亿元	220906	8.7	8628	14.6	1594	13.0	171	6.8
全社会用电量	亿千瓦时	68449	8.5	4533	8.1	775	9.3	90	9.2
其中：工业用电	亿千瓦时	46456	7.1	3177	6.6	572	8.9	45	8.0
进出口总额	亿元	305050	9.7	28519	11.4	8576	12.9	1611	20.7
其中：出口总额	亿元	164177	7.1	21182	9.0	5551	11.4	1234	16.0
合同利用外资	亿美元	—	—	431	24.1	73	18.3	87345	15.5
实际利用外资	亿美元	1350	3.0	186	4.1	43	7.2	79050	23.0
农村常住居民人均可支配收入	元	14617	8.8	27302	9.4	33633	8.9	36589	8.8
农村常住居民人均生活消费支出	元	12124	10.7	19707	8.9	21248	5.0	24225	9.1
城镇常住居民人均可支配收入	元	39251	7.8	55574	8.4	60134	8.0	64888	8.4
城镇常住居民人均生活消费支出	元	26112	6.8	34598	8.4	36712	10.6	42027	10.0

说明：1、本表部分数据为快报数，最终以各级统计局公布数为准
2、全国财政支出数据为总支出

（区统计局）

附　录

文件选编

媒体看鄞州

鄞州年鉴

2019 YINZHOU YEARBOOK

文件选编

宁波市鄞州区高水平推进农村人居环境提升三年实施方案（2018—2020年）

为贯彻落实中央、省委省政府和市委市政府关于农村人居环境整治提升有关文件精神，高水平推进鄞州区农村人居环境建设，特制订实施方案。

一、总体要求

（一）指导思想。高举习近平新时代中国特色社会主义思想伟大旗帜，深入贯彻党的十九大精神和省、市有关乡村振兴系列决策部署，坚持以人民为中心的发展思想，深入践行“绿水青山就是金山银山”理念，充分结合我区“治环境、创特色”美丽乡村建设专项行动方案，按照规划先行、分类施策、注重保护、彰显特色、多方参与、共建共享原则，高起点规划、高标准整治、高水平推进农村人居环境提升行动，着力解决城乡关系、环境面貌、风貌特色和管理体制机制等方面不平衡不充分问题，使鄞州区农村人居环境更优，在美丽宜居乡村建设中走在全市前列。

（二）主要目标。着力实施以全面提升农村生态环境保护、提升农村基础设施建设、提升农村美丽乡村建设、提升村落保护利用、提升城乡环境融合发展“五项提升”为主要内容的农村人居环境提升行动，到2020年，力争构建起“宜居整洁村庄美、生态绿色田园美、和谐淳朴人文美、活力创新生活美”的美丽宜居乡村建设新格局，力争早日成为浙江省美丽乡村示范区。

二、重点任务

（一）提升农村生态环境保护

1.严格生态环境保护。开展省级生态文明建设示范区创建工作，统筹山水林田湖系统治理。落实城镇、农业、生态空间和生态保护、永久基本农田保护、城镇开发边界三条红线，加强耕地资源保护和绿色空间守护。加强生物多样性保护，推进自然保护区、森林公园和湿地公园建设。落实最严格的水资源管理制度，加强山区小流域治理和水土保持生态建设。建设海洋生态建设示范区，推进海岸线整治修复，严守海洋生态红线。（责任单位：区环保局、区国土分局、区规划分局、区水利局、区农林局）

2.加大农业生态治理。深化畜禽养殖场污染治理和病死动物无害化处理，全力推进农业面源污染防治，开展水产养殖污染治理，强化土壤环境综合治理。加大“散乱污”企业整治力度，实现行业结构合理化、区域集聚化、企业生产清洁化、环保管理规范化。加强农村环境监管能力建设，严禁工业和城镇污染向农业农村转移，全面实行主要污染物排放财政收费制度。（责任单位：区农林局、区经信局、区环保局）

3.治理河道生态环境。全方位落实河道问题排摸机制，实现河道监管升级。提升改善农村河道水质，积极开展生态示范河道建设，努力优化调水活水方案，提高河网水体流动性。加大河道市场化动态保洁力度，积极开展河道生态补水。完善落实河长制、湖长制，深入实施河湖库塘清淤工程，建立健全轮疏机制，加强水系连通，巩固提升农村剿灭劣V类水成果。（责任单位：区水利局）

4.推动村庄绿化建设。开展“一村万树”行动和绿色生态村庄建设，大力发展珍贵树种、乡土树种，充分利用闲置土地开展植树造林、湿地恢复。编制美丽森林村庄建设方案，根据村庄现有条件，选择适宜的彩色树种，对围村林、进村道路、村内公园等村域进行美化彩化香化，使村庄达到“春季观花，秋季观叶，四季有绿”的景观效果，构建多树种、多层次、多功能的村庄森林生态系统。健全村庄绿化长效管养制度，注重古树名木保护，预防和制止各类侵绿、占绿和毁绿行为。（责任单位：区农林局、区规划分局）

5.打造生态田园环境。深入推进整洁田园、美丽农业建设，开展农棚田舍整治扫尾巩固工作，整治农田废弃农电杆线。指导铁路和主要道路两侧300米范围土地流转提质、农业产业结构调整、化肥农药减量使用、秸秆综合利用、农资废弃物回收等工作，推进农业投入品合理有效利用。深入推进农村“三改一拆”、平原绿化、地质灾害防治等工作，按照宜耕则耕、宜建则建、宜绿则绿、宜通则通的原则，积极开展村庄生态化有机更新和改造提升，深化“无违建区”创建。（责任单位：区农林局、区综合执法局、区国土分局）

（二）提升农村基础设施建设

6.深入推进厕所革命。全面开展卫生镇、卫生村创建活动，重点深化农村用户厕所无害化改造，普及卫生厕所。强化规划引导，推进农村公厕合理布局。按照卫生实用、环保美观、管理规范的要求，大力推进农村公厕和旅游厕所改造建设，开展农村社区综合服务中心、公共场所、集贸市场等厕所建设，积极建设生态公厕。推动镇区内有条件的企事业单位和公共场所内的公厕对外开放行动，明确车站、码头、加油站、普通国省干线公路等交通节点内厕所的责任主体，免费对外开放，力争厕所建设不留死角。全面实施厕所粪污同步治理，达标排放或资源化利用，做好改厕和城乡生活污水治理的有效衔接、纳管排放。建立健全公厕运营管理长效机制，确保公厕干净卫生。（责任单位：区住建局、区卫生计生局、区文广新局）

7.统筹治理生活污水。加强农家乐、民宿等经营主体的污水治理，规范隔油池建设，推进农村污水处理设施提标改造。完成农村生活污水治理续建工程，加快新建、在建项目推进进度，抓好污水规划应治未治村的扩面提升工作，实现农污应治理村全覆盖。推动城乡生活污水治理统一规划、统一建设、统一运行、统一管理。强化政府监管主体责任，健全治污设施专业公司统一运行、运维经费区镇统筹的市场化运作模式，确保无缝移交、高效运维，统筹推进生活污水系统治理。（责任单位：区农办、区综合执法局、区环保局）

8.普及垃圾分类处理。实施农村生活垃圾农户分类、回收利用、设施提升、制度建设、长效管理等专项行动。完善农村生活垃圾户分、村收、镇运、区处理和厨余垃圾就地处理模式。健全分类投放、分类收集、分类运输、分类处理机制。加快推进生活垃圾减量化资源化无害化处理，加强农村生活垃圾分类处理资源化站点建设。抓好非正规垃圾堆放点排查整治，推进村庄及庭院垃圾治理，重点整治垃圾山、垃圾围村、工业污染"上山下乡"。（责任单位：区农办、区综合执法局、区环保局）

9.提档升级基础设施。高水平推进"四好农村路"建设，完善农村公共交通服务体系，提升农村公路建、管、养、运一体化水平。加强农村公路建设和监督管理，加大农村公路养护资金投入，各镇配套资金足额用于农村公路养护。加快实施"百项千亿防洪排涝"工程和"百河综治"工程，打造美丽河湖，巩固提升农村饮水安全。实施数字乡村战略，推进信息进村入户。加强乡村通信和广电网络建设，扩大光纤和移动网络覆盖范围，提升农村宽带接入和视（音）频服务能力。完善邮政网点，推动邮政快递合作，促进邮政业服务农村电子商务发展。实施农村电网改造升级工程，完善村庄公共照明设施。（责任单位：区交通运输局、区水利局、区经信局、区文广新局、区邮政局、区供电公司）

（三）提升农村美丽乡村建设

10.全面加强规划设计。推进全区乡村建设规划编制全覆盖，推动全区乡村建设规划与美丽乡村建设规划、土地利用规划等多规合一。大力开展村庄设计，实行农房通用图集全覆盖，全面提升村庄设计和农房设计水平。用好《乡村地域风貌特色营造技术指南》和《乡村建设色彩控制导则》，加强村容村貌整治。建设"坡地村镇"，结合鄞州民居特色，加快甬派民居建设。（责任单位：区规划分局、区住建局）

11.开展全域土地整治。实施全域土地综合整治试点，对农村生态、农业、建设空间进行全域化优化布局，对田、水、路、林、村等进行全要素综合整治，对高标准农田进行连片提质建设，对存量建设用地进行集中盘活，对美丽乡村和产业融合发展用地进行集约精准保障，对农村人居环境进行统一治理修复，实现农田集中连片、建设用地集中集聚、空间形态高效节约的土地利用格局。（责任单位：区国土分局）

12.规范农房改造建设。深化地质灾害隐患综合治理"除险安居"三年行动，健全完善农村危旧房风险防范机制和处置措施，及时发现和排除各类安全隐患。全面推进农村危房治理改造，严守质量安全底线。以安全实用、节能减排、经济美观、健康舒适为导向，开展绿色农房建设。抓好农村住房建设管理，开展村庄墙院和"赤膊墙"整治，形成区、镇、村农房管理机制，切实解决乱搭乱建问题。（责任单位：区住建局、区国土分局）

13.强化景观风貌管控。按照先规划、后许可、再建设的原则和有项目必设计、无设计不施工的要求，严格规范乡村建设规划许可管理，认真落实农房建设管理规定。强化镇属地综合管理职责，实现基层规划、国土资源、综合行政执法等部门联合监管。村庄规划的主要内容应纳入村规民约。鼓励各镇统一组织实施村庄环境整治、风貌提升等涉农工程项目。（责任单位：区规划分局、区国土分局、区综合执法局）

14.深入开展分类创建。坚持以点带面和点线面片相结合，全域提升美丽乡村建设水平。推进示范村串点成线、连线成片，促进乡村资源配置更为合理、服务功能更为完善、景观风貌更为协调、地域文化韵味更为彰显。深入开展"美丽庭院"创建活动，打造家风文明"一镇一特色（示范）"品牌。扎实推进美丽宜居村庄示范建设，重点推行整理改造及联户自建的模式，打造一批生态型、文化型、休闲型、旅游型、智慧型等特色村庄。积极创建美丽乡村示范区，加快示范镇、示范村、风景线、合格村创建，打造美丽乡村建设升级版。〔责任单位：区农办、区住建局、区委宣传部（文明办）、区妇联〕

15.推进村庄景区化建设。将建房建村建景有机结合，大力实施"村庄景区化"工程。完善游客服务中心、生态停车场、标识标牌等旅游公共配套设施建设，提升村落景观质量。加快旅游景区厕所建设改造，提升全区旅游形象。优化民宿报批工作流程，完善民宿扶持政策，加快促进民宿产业。每年打造一批宜居宜业宜游的A级旅游景区村庄，培育成我区旅游产业和农业经济发展新的增长极，建成全市领先的乡村旅游目的地。（责任单位：区文广新局、区农办）

16.推进农村环境卫生长效管理。加强农村环境卫生集中整治，全面消除镇、村卫生死角和敞开式垃圾房。开展农村环境秩序综合治理，重点整治乱停车、乱设摊、乱堆放、乱占道等现象。组织开展"最洁美村庄"评选活动，实现村庄洁化、序化、美化、人文化。完善长效保洁管理体制，推行专业化保洁，逐步提高保洁标准和保洁水平。建立健全“区-镇-村”三级监管考核体系，加强环卫网格管理，巩固农村环境卫生集中整治成果。〔责任单位：区委宣传部（文明办）〕

（四）提升村落保护利用

17.推进全面系统保护。依托宁波市历史文化（传统）村落保护信息管理平台，加强对各类保护对象的挂牌保护，完善分级保护体系。探索开展传统建筑认领保护制度、传统民居产权制度改革，引导社会力量通过多途径参与保护。注重保护的完整性、真实性和延续性，展现村落与地域环境相融的景观风貌特色。加大基础设施项目建设，健全保护管理体制，加强防灾能力建设，改善生产生活环境，增强村落保护发展综合能力。（责任单位：区规划分局、区农办、区文广新局）

18.加强保护利用监管。编制区域历史文化（传统）村落保护利用规划，统筹推进村落系统保护和整体利用。严格执行村落保护规划，加强技术指导，加快历史建筑和传统民居抢救性保护，使村落、传统民居与周边建筑景观环境相协调，彰显村落整体风貌。健全预警和退出机制，防止损害文化遗产价值。（责任单位：区规划分局、区住建局）

19.传承弘扬优秀传统文化。实施农村优秀传统文化保护振兴工程，加强非物质文化遗产传承发展和抢救性保护工作，挖掘农耕文化，复兴民俗活动，提升民间技艺，做好鄞州非遗保护数据库筹备工作。加大对传统工艺、民俗、戏剧、曲艺等的发掘力度，发挥优秀传统文化在凝聚人心、教化群众、淳化民风、培育产业中的重要作用。普查、挖掘、整理、新增一批文保单位（点）。（责任单位：区文广新局）

20.开展文明乡风建设。深入推进义乡鄞州建设，进一步弘扬最美现象，实施社会主义核心价值观促进行动、文明行为促进行动、文明乡风培育行动、“最美人物”宣传实践深化行动，推动镇村级最美人物评选机制落地固化。建立健全镇级志工委组织领导体系，推动各镇建立志愿服务中心，各村建立志愿服务站。加快农村文明示范线的规划建设，做好文明示范线提档升级工作。推进农村文明校园创建，强化分类指导。大力推进农村文化礼堂建设，进一步完善农村文化礼堂建管用育机制，加强文明村镇创建力度和动态管理。深化以“垃圾不落地、出行讲秩序、办酒不铺张、邻里讲和睦”为主要内容的小城镇文明行动，着力抓好小城镇文明行动。〔责任单位：区委宣传部（文明办）、区文广新局〕

（五）提升城乡环境融合发展

21.深化小城镇环境整治行动。加大小城镇环境综合整治攻坚力度，进一步改善小城镇环境面貌，优化小城镇空间布局，完善小城镇基础服务功能。深化“腾笼换鸟”，加强老旧工业区改造，推进产镇融合，打造一批有文化、有特色、有产业的样板镇。巩固整治成果，健全长效管理机制，推进数字城管、智慧城镇等建设，提升治理水平。（责任单位：区住建局）

22.加快特色小城镇培育建设。按照特色鲜明、产城融合、市场主体、惠及群众的要求，结合鄞州自然禀赋、轨道交通TOD开发等，推进小城镇有重点、有特色发展，构建特色鲜明的产业形态、和谐宜居的美丽环境、彰显特色的传统文化、便捷完善的设施服务和充满活力的体制机制。参照执行省特色小镇规划设计编制标准，提高规划设计编制和项目实施水平。（责任单位：区住建局、区发改局、区规划分局）

23.培育特色优势农业及新型经营主体。编制省特色农业强镇和省级现代农业园区规划。推进省特色农业创建，开展省级现代农业园区申报前期准备工作。鼓励普通农户和各类新型农业经营主体开展多种形式的合作与联合。积极组织和支持新型农业经营主体，参与各类展示展销及考察活动。开展市级、省级示范家庭农场创建活动，引领带动家庭农场提升标准化生产和经营管理水平。推进专业合作社市级、省级规范化建设，加强合作社规范建设和带动作用。（责任单位：区农林局）

24.深化农村社会综合治理。深化平安村（社区）建设，提升农村基层平安综治组织机构、综治干部队伍、群防群治队伍水平，加强农村“全科网格”建设，创新和完善乡村德治、法治、自治“三治融合”的机制和载体，完成“雪亮工程”建设任务，夯实乡村平安综治工作基层基础。开展农村地区扫黑除恶专项斗争和其他平安建设重点领域专项整治，完善警调衔接机制建设，多元化化解农村各类矛盾纠纷。加大平安宣传工作力度，组建和提升农村平安志愿者队伍，助力提升全区平安“三率”。（责任单位：区委政法委、鄞州公安分局）

三、保障措施

（一）加强组织领导。建立党委和政府负责、相关部门各司其职、各镇（街道）组织实施的工作机制，把农村人居环境提升作为推进实施乡村振兴战略和高水平全面建成小康社会的重要抓手，切实负起农村人居环境提升行动主体责任。区级有关部门、各镇（街道）要明确年度工作目标、建设任务、实施项目、责任部门和资金等要素保障以及体制机制创新等各项工作和措施，并对实施效果负责，齐心协力推进农村人居环境提升工作。

（二）加大要素保障。区级相关责任单位要坚持以现实问题为导向、以改革创新为动力、以统筹整合为手段，着力整合源头资金、整合重点平台、整合工作流程，建立涉农资金归口合理、安排科学、使用高效、运行安全的投入管理新机制，为提升农村人居环境、打造品质新鄞州提供有力支撑。加强金融支持，调动社会力量，倡导乡贤文化，支持农村人居环境提升。鼓励农村集体经济组织通过依法盘活集体经营性建设用地、空闲农房及宅基地等途径筹措资金，用于农村人居环境提升。

（三）加强指导服务。加强农村人居环境建设和工程质量安全监管，完善有制度、有标准、有队伍、有经费、有监督的

“五有”建管长效机制。深化农村“最多跑一次”改革，简化项目审批和招投标程序，全面推行驻镇（村）规划师，加快推进街路长制、网格长制、站长制等管理。建立领导对口联系机制和技术帮扶机制，加强组织协调和督促指导。加强对镇领导干部、基层工作人员的教育培训，提高理论水平和实践能力。

（四）发挥主体作用。构建政府牵头、行政村实施、村民参与等各方共谋、共建、共管、共评、共享“五共”机制，积极鼓励农民群众参与人居环境整治提升有关项目规划、设计、建设和运行。进一步明确发挥基层组织作用、健全村民自治机制、“一事一议”民主决策机制，建立农村人居环境提升公示制度，完善村规民约修编措施。

（五）实行监督考核。积极推进美丽乡村示范区建设，加快农村生活垃圾分类利用示范镇村创建。将改善农村人居环境工作纳入区政府目标责任考核范围，作为干部政绩考核和配合环保督察的重要内容。定期组织开展督导评估，评估结果向区委区政府专题报告，并以适当形式进行通报公布。

（六）加强宣传引导。广泛宣传农村人居环境提升的目的意义和重要举措，形成全社会参与支持的良好氛围。加强典型宣传报道，讲好美丽乡村建设鄞州故事。引导广大农村群众养成良好的生产、生活方式和行为习惯，不断增强生态环境保护和环境卫生意识，全面提升文明素质。充分发挥镇、村基层党员干部的示范带头作用以及桥梁纽带作用，争取群众的理解支持，为农村人居环境提升行动营造良好的外部环境。

——摘自《关于印发宁波市鄞州区高水平推进农村人居环境提升三年实施方案（2018—2020年）的通知》（鄞党办〔2018〕64号）

关于建设宁波城南智创大走廊的总体方案

为全面落实中央关于加快建设创新型国家的要求，深入实施科教兴区战略、人才强区战略、创新驱动战略，充分发挥科技人才对经济社会发展的引领支撑作用，规划建设宁波城南智创大走廊，全力打造具有鄞州特色的创新大格局、发展新平台，特制订本方案。

一、重要意义

（一）建设宁波城南智创大走廊是加快创新型城市建设的重要途径。党的十九大指出，创新是引领发展的第一动力，是建设现代化经济体系的战略支撑。把加快建设创新型国家作为贯彻新发展理念、建设现代化经济体系的一项重大战略任务，把坚定实施科教兴国战略、人才强国战略、创新驱动战略作为决胜全面建成小康社会的重大举措。鄞州作为宁波市的行政中心、经济中心、科教中心，要充分发挥核心城区的区位优势、先进制造业和现代服务业发达的产业优势、国家双创示范基地的创新优势，抢抓建设创新型国家的重大机遇，通过宁波城南智创大走廊建设，进一步集聚创新资源要素、优化创新生态体系、增强区域创新能力，全力建设创新型城市，成为具有较强影响力的区域创新中心。

（二）建设宁波城南智创大走廊是主动融入浙东南国家自主创新示范区的重要举措。当前，区域竞争更多体现在科技与人才的竞争，“沪嘉金杭科创走廊”“杭州城西科创大走廊”等区域创新共同体正加快建设。浙江省正在以宁波国家高新区为核心，联合温州国家高新区，辐射带动舟山、台州，共建浙东南国家自主创新示范区。建设宁波城南智创大走廊，是鄞州主动对接和融入浙东南国家自主创新示范区战略部署的重大举措，通过智创大走廊将各类创新平台有机串联起来，强化与宁波国家高新区的协同创新，着力构建更大范围、更高层次、更强能级的区域创新体系。

（三）建设宁波城南智创大走廊是鄞州增创发展新优势的重要抓手。当前，创新已经成为鄞州经济社会发展的主要驱动力，创新能力已经成为区域综合竞争力的核心能力。建设宁波城南智创大走廊，能够充分整合我区各类创新资源和创新平台，串点成线，连线成廊，进一步优化全区智创空间布局；能够促进创新带、人才带与产业带的无缝衔接，实现产学、产研、产融、产城等有机结合；能够促进各类创新要素加速集聚、创新资源高效整合，使智创大走廊成为鄞州区创新的主战场和推动发展的主引擎。

二、现实基础

（一）区位优势明显。宁波城南智创大走廊北从通途路沿着世纪大道、甬台温高速向南延伸至鄞城大道，大部分区域位于宁波绕城高速以内，串联宁波最具发展实力和发展潜力的东部新城、南部新城，地理位置处于宁波中心城区以南，交通连接处于城区枢纽地位，功能承载处于宁波极核位置，是宁波区位条件最优越、高端要素最集聚的区域。

（二）产业基础雄厚。宁波城南智创大走廊范围内既有鄞州投资创业中心、鄞州工业园区等先进制造业基地，汽车零部件制造、智能制造等产业基础扎实；又有东部新城中央商务区、南部商务区等现代服务业集聚区，金融服务、航运物流、会展贸易、软件信息、文化创意、电子商务等新兴产业集聚发展，是宁波市先进制造业和现代服务业融合发展的示范区域。

（三）智力资源丰富。宁波城南智创大走廊范围内高等院校、高端人才等智力资源云集，宁波南高教园区座落在区域中心位置，宁波诺丁汉大学、浙江大学宁波理工学院、浙江万里学院等高等院校支撑有力，浙江大学宁波"五位一体"校区建设正加快推进。区域内拥有国家和省"千人计划"专家28名，院士和博士后工作站47个、高层次人才6000余人，正着力建设省级千人计划产业园。

（四）配套服务完善。宁波城南智创大走廊范围内拥有国家级众创空间7个、国家级孵化器3家、省级众创空间5家，各类创业创新载体总面积达30万平方米，承办了中国大学生创业创新大赛、中国电商武林大会等知名赛事。东部新城中央商务区、南部商务区汇集了大量的金融服务、中介服务、人力资源服务等机构，拥有浙江首个省级人力资源服务产业园、省级四明金融小镇、省级军民融合产业示范基地等一批高端专业平台。

三、总体思路

（一）指导思想

认真贯彻落实习近平新时代中国特色社会主义思想，坚持质量第一、效益优先，深入实施科教兴区、人才强区、创新驱动战略，坚持把创新作为发展第一动力、人才作为发展第一资源，发挥区域特色优势，促进资源要素集聚，完善创新生态体系，全力打造浙东南综合性开放型的高端人才集聚区、科技创新示范区、智能产业先行区。

（二）总体框架

1.区域范围。宁波城南智创大走廊规划区域以世纪大道—甬台温高速为主轴，北到通途路，南到鄞城大道，东到福庆路，西到中兴路、广德湖路，南北向长约20千米，东西向各延伸约2千米，形成以六大专业园区平台为核心、多点专业创新区块为支撑、其他智能创新载体为补充的南北向廊状空间体系，总面积约80平方千米。

2.空间布局。总体构建"一廊三园三谷多点"的空间结构：

"一廊"：宁波城南智创大走廊

"三园"：千人产业园、鄞南智造园、人力资源产业园

千人产业园（位于鄞州投资创业中心）：以鄞州投资创业中心为载体，园内集聚了一批海内外顶尖人才、国家级领军人才和领军型创业创新团队，中物院宁波军转民科技园、清华长三角研究院宁波分院、启迪孵化器等创新载体，获评2017年度省级军民融合产业示范基地，引进孵化的企业维真显示公司夺得全国创新创业大赛新材料行业总决赛冠军，是宁波高端汽车零部件、光电设备等领域研发生产的样板区，在集聚人才和创业创新方面的基础扎实、优势明显，将规划打造成为省级千人计划产业园。（责任单位：潘火街道、鄞州投资创业中心）

鄞南智造园（位于鄞州工业园区）：是战略性新兴产业培育发展和传统特色产业改造提升的主要区域，也是智能仪表、智能空调等智能家电的主要制造基地，园内集聚了奥克斯、一舟投资、东睦新材料等领军型企业，培育了祥瑞机械、东联密封件、海德工业等专精特新高成长性中小企业，将聚焦智能电器、新材料、新一代信息技术等重点领域，主攻智能终端产品、信息软件等细分行业，着力打造智能家电小镇，筹备建设中瑞产业园。（责任单位：姜山镇、鄞州工业园区管委会、区经信局）

人力资源产业园（位于东部新城八骏湾）：是浙江首个省级人力资源服务产业园区，汇聚了世界500强企业德科人力、万宝盛华，行业龙头企业前程无忧、智联招聘、科锐国际等66家知名机构，近5年园区累计实现产值109亿元、税收1.55亿元，成为长三角南翼最大的高端人力资源服务采购和供应基地，在中国人事科学研究院发布的省级园区排名中，园区综合实力位列第三，将进一步厚植基础、扩大优势，着力创建国家级人力资源产业园区。（责任单位：区人力社保局）

"三谷"：东部金融谷、大学科创谷、南商创意谷

东部金融谷（位于东部新城）：是宁波高端服务业创新发展的核心区域，也是宁波金融服务、产业投资、基金管理等金融产业中心，拥有宁波国际金融中心、金融硅谷等重大平台，以及中国银行、建设银行、交通银行等全市三分之二市级分行以上银行金融机构和宁波银行等一批金融总部机构，将进一步巩固行业领先优势，着力打造宁波金融产业集聚区。（责任单位：区金融办、区商务局、福明街道）

大学科创谷（位于宁波南高教园区）：是培育战略性新兴产业、高新技术产业的重点区块，也是实施科技合作、科技成果转化的重要载体，拥有宁波南高教园区主平台，以及鄞州科技信息孵化园、宁波诺丁汉中英科技创新园、大学生青年创业园等一批高端创业孵化平台，将进一步集聚各类创新资源、完善创新服务平台功能，着力打造科技创新高地。（责任单位：区科技局、区教育局、首南街道）

南商创意谷（位于南部商务区）：是宁波首屈一指的总部经济、楼宇经济标志性区域，也是广告设计、电子商务、动漫软件等新兴产业的集聚地，拥有国家级宁波广告产业园区和各类商务楼宇50余幢、文创企业500余家、软件信息企业300余家，涌现出广告创意、对外贸易等一批特色专业楼宇，将进一步聚焦引育重大平台和重点企业，着力打造宁波创意产业新高地。（责任单位：南部商务区管委会、宁波广告产业园区管委会）

"多点"：多个专业创新区块

系宁波城南智创大走廊规划范围内分布的其他具备不同功能的各个专业创新区块，主要包括宁波微电子产业园、盛世方舟、宁波集盒、芯空间、摩米创新工场等科技创新平台，四明金融小镇、时尚创客小镇、匠心智造小镇等特色小镇平台，宁波和丰创意广场、宁波文化广场、宁波数字传媒基地、宁波书香文化园等文创产业平台，宁波国家保险创新产业园、宁波汽车零部件检测中心、鄞州财富管理总部等中介服务平台，e淘电商园、汇聚·创业里、九五九产业园、NB568电商园等电子商务平台。

3.发展定位。推进智能技术与先进制造的深度融合，形成以智能经济为引领、高端服务业为主导，高端装备、智能家电、创意设计、创业孵化、人力资源服务、电子商务等新经济为核心的宁波城南智创大走廊产业体系，成为浙东南综合性开放型的高端人才集聚区、科技创新示范区和智能产业先行区。

高端人才集聚区。深入实施“人才强区”战略，进一步整合各类人才要素资源，搭建开放式的人才创业创新平台，充分发挥重大平台引才聚才、企业识才用才、高校院所储才育才作用，促进各类人才优先发展，激发各类人才创新活力，提高人力资源服务水平，打造术业精深、结构合理、素质优良的高端人才和实用人才队伍，以人才优势争创发展优势，以人才领先推动发展率先，成为浙东南各类人才最多、人才生态最优的标杆区域。

科技创新示范区。围绕“国家双创示范基地”建设，积极对接上海全球创新中心，充分发挥重大创新平台的集聚示范作用，加大科技研发、项目孵化、成果转化、军民融合力度，高新技术企业、创业创新人才、发明专利、科技合作等总量和层次省市领先，创新链、产业链、技术链、人才链、资本链深度融合，成为浙东南创业创新体系最完善、氛围最浓厚的示范区域。

智能产业先行区。围绕宁波“中国制造2025试点示范城市”建设，立足鄞州产业基础和发展导向，促进工业化与信息化、制造业与服务业的深入融合，提高智能制造产品、智能制造平台的能级水平，集聚发展以智造创新为引领的先进制造业、以互联智慧为引领的新兴服务业，成为浙东南智造创新、智能经济、智慧城市的先行区域。

4.目标任务。到2020年，新经济、新业态初具规模，创业人才、创新主体快速增长，创新资源集聚辐射能力、创新人才引进培育能力、创新成果转移转化能力、创新经济持续发展能力显著增强，基本形成智创要素密集、功能错位发展、产业梯度布局的省内一流智创大走廊总体布局。到2030年，全域创新生态体系全面形成，创业创新环境全面优化，创新人才、创新要素、创新企业、创新组织规模和质量全国领先，全面建成浙东南综合性开放型的高端人才集聚区、科技创新示范区和智能产业先行区。

到2020年具体目标：人才智力支撑有力，新增“省千”和“市3315”人才（团队）40人（个）以上，引进高水平双创人才1000名以上，引领1万名以上青年大学生创业就业;创新主体日益壮大，新增上市企业8家以上、高新技术企业120家以上、创新型初创企业700家以上，打造合理企业梯队；创新效益显著增强，R&D经费投入占GDP比重提高到2.90%，规上工业全员劳动生产率达到18.90万元/人，高新技术产业增加值占规上工业增加值比重达到58%；平台载体专业高效，众创空间和孵化器面积达到50万平方米，新增产业创新公共服务平台3个，创建成为国家级人力资源服务产业园。

到2030年长远目标：“一廊三园三谷多点”全面建成，创新驱动发展走在全国前列，信息技术与实体经济深度融合，智能经济大量替代传统经济，科技创新成为城市核心功能，重要科技领域和重大产业领域涌现一批具有国内外领先水平、拥有自主知识产权和核心技术的创业人才、科技成果和产业化项目。

四、组织实施

（一）加强组织领导。在组织架构上，成立宁波城南智创大走廊建设工作领导小组，由区长任组长，常务副区长、区委组织部部长、分管科技副区长任副组长，协调推进智创大走廊的整体建设，领导小组下设办公室，办公室设在区委人才办。由区委人才办牵头，组建“智创大联盟”，联盟成员由区委宣传部、区委统战部、团区委、区工商联、区侨联、区发改局、区经信局、区教育局、区科技局、区财政局、区人力社保局、区商务局、区规划分局、区国土分局、区金融办、鄞州工业园区管委会、南部商务区管委会、区投资合作局等有关单位，各镇、街道，中物院宁波军转民科技园、清华长三角研究院宁波分院、鄞州科技信息孵化园等有关企事业单位组成，根据职责具体抓好智创大走廊建设有关工作。研究制订智创大走廊领导小组及其办公室、智创大联盟的组织架构、工作职责、运作模式等具体方案，全力推进智创大走廊建设。在工作机制上，坚持统一领导、统分结合，建立领导小组统一领导下区委人才办牵头、“智创大联盟”成员单位既各司其职又协作配合的推进工作机制，实行统一规划编制、统一产业政策，建设、招商、管理等工作由联盟各有关单位具体负责。在沟通协调上，建立信息通报、资源共享、工作例会、交流协作等制度，由领导小组办公室牵头各功能区块、各产业平台统筹推进智创大走廊建设，协调解决日常工作中的问题。

（二）注重整体推进。抓紧规划编制，由区发改局牵头编制宁波城南智创大走廊总体规划，梳理优化智创大走廊涉及区域或平台的各类产业规划，协调统筹智创大走廊区域范围的城市发展规划、土地利用规划、“双创”基地规划以及各项专项规划的实施衔接，形成“一张总图统筹、多点分步推进”的规划格局。各相关部门按照总体规划，结合各自发展定位、产业重点、目标任务和具体实际，科学制定具体推进方案，确保规划落地见效。加强与市级有关单位的对接联系，争取把智创大走廊纳入市级规划。明确具体目标，着手制定计划表、时间表、项目表，明确平台建设、项目投资、创新成果、质量效益等具体指标，采取实质性的举措和办法，更加注重建设质量和实际效果，扎实推进智创大走廊建设，有效支撑区域经济发展、产业升级、动能转换。

（三）强化要素保障。加强宣传推介，以宁波城南智创大走廊作为共同的宣传品牌，通过组织专场推介会、创业创新大赛、各类论坛活动等，突出重点、把握节点，全面加大宣传推介力度，增强智创大走廊的辐射力、影响力，着力打造特色品牌。加强工作合力，有效整合各部门资源，充分调动全区各镇（街道）工作积极性，推进智创大走廊廊内廊外的互动交流，促进先进制造业与新兴服务业的融合创新，形成智创大走廊建设的强大合力。加强政策扶持，建立智创大走廊项目优先机制，楼宇资源、财政资金、存量土地等要素依法优先考虑智创大走廊涉及的重大产业项目和重大基础设施项目，整合各类人才平台、服务平台、金融平台，集中向智创大走廊布局。加强市场运营，建立市场化的运营模式，以市场化途径推进产业培育、项目招商和人才引进，推进平台公司向资产运营公司转型。

——摘自《关于印发〈关于建设宁波城南智创大走廊的总体方案〉的通知》（鄞党办〔2018〕21号）

鄞州区政府"两强三提高"建设行动计划（2018—2022年）实施方案

为认真贯彻党的十九大和省、市、区党代会精神，推动政府更好地履职尽责，根据《浙江省人民政府关于印发政府"两强三提高"建设行动计划（2018—2022年）的通知》（浙政发〔2018〕16号）要求，结合我区政府自身建设实际，制订本实施方案。

一、总体要求

（一）指导思想。高举习近平新时代中国特色社会主义思想伟大旗帜，全面贯彻党的十九大和省第十四次党代会、市第十三次党代会、区第十四次党代会精神，紧紧围绕"五位一体"总体布局和"四个全面"战略布局，坚决贯彻党的基本理论、基本路线、基本方略，按照现代化经济体系和现代政府建设要求，聚焦"强谋划、强执行，提高行政质量、效率和政府公信力"（以下简称"两强三提高"），牢牢坚持执政为民、依法行政、高效施政、实干勤政、从严治政，全面履行政治职能，全方位提升政府治理能力，建设人民满意的服务型政府，为建设都市核心区、打造品质新鄞州提供强有力保障，加快推动鄞州实现高质量发展。

（二）总体目标。牢固树立以人民为中心的发展思想，聚焦聚力高质量竞争力现代化，以"两强三提高"为目标，深入推进政府自身建设，力争到2022年，基本建立机构设置科学、职能定位准确、运行高效透明的现代政府，政府职能转变和治理数字化转型基本完成，行政质量和效率、政府执行力和公信力明显提升，政务环境、营商环境和社会环境进一步优化，政府治理体系和治理能力现代化建设走在全省全市前列。

二、重点任务

（一）推进实施政府系统党的建设工程

1.强化政治建设。以习近平新时代中国特色社会主义思想为指导，牢固树立"四个意识"，坚定"四个自信"，坚定不移忠诚核心、拥戴核心、维护核心、紧跟核心，在政治立场、政治方向、政治原则、政治道路上同以习近平同志为核心的党中央保持高度一致，自觉、坚决维护总书记习近平的核心地位，维护以习近平同志为核心的党中央权威和集中统一领导，坚决贯彻党中央、国务院和省委省政府、市委市政府、区委的决策部署。严格执行新形势下党内政治生活若干准则，认真落实民主集中制。[责任单位：区政府各部门党委（党组）]

2.强化思想建设。学懂弄通做实党的十九大精神，用习近平新时代中国特色社会主义思想武装头脑。高质量开展"不忘初心、牢记使命"主题教育。大力弘扬红船精神、秉承浙江精神、传承宁波精神、丰富发展鄞州精神。认真实施《鄞州区党委（党组）理论学习中心组学习实施细则》（鄞党办〔2018〕27号），落实意识形态工作责任制。[责任单位：区政府各部门党委（党组）]

3.强化组织建设。认真落实《中国共产党党组工作条例（试行）》，严格执行政府党组工作规则。加强政府机关基层党组织建设，创新组织活动方式，全面开展主题党日活动，从严教育管理监督党员。[责任单位：区政府各部门党委（党组）]

4.强化作风建设。严格执行中央八项规定实施细则、浙江省"36条办法"、市委市政府和区委区政府贯彻落实中央"八项规定"实施细则的具体措施和具体办法。完善领导干部联系群众和基层制度，深入开展"大学习、大调研、大抓落实"活动，全面深化"七联七促"活动，提高调研的针对性和实效性。深入整治"四风"难题，严把办文办会关，2018年起政府文件、会议数量和会议经费原则上不得增加。[责任单位：区政府各部门党委（党组）]

5.强化纪律建设。认真履行全面从严治党主体责任、党风廉政建设主体责任和“一岗双责”，支持派驻纪检监察机构监督执纪问责。严格执行《宁波市鄞州区人民政府工作规则》、“三重一大”事项集体决策制度、述职述廉制度、领导干部个人事项报告和抽查核实制度等规定。坚持无禁区、全覆盖、零容忍，加强对重点领域、重点单位、重点岗位的廉政风险管控。[责任单位：区政府各部门党委（党组）]

（二）推进实施行政决策能力提升工程

6.提高科学谋划能力。深入学习贯彻习近平新时代中国特色社会主义思想和总书记习近平对浙江工作和宁波发展的重要指示精神，围绕高质量发展、构建现代化经济体系、“六争攻坚、三年攀高”、建设“名城强区”、“六大专项行动”等推进系统研究，着力解决区域发展中的素质性结构性矛盾，巩固鄞州领跑领先地位。加强与相关高校院所、研究机构、社科专家的交流合作，加快构建区级各部门、各镇（街道）、相关高校院所等协同研究机制。区级各部门、各镇（政府）加强调查研究工作，每年确定10个左右重点课题，将课题成果转化为政府决策和工作成效。（责任单位：区政府各部门，各镇政府、街道办事处）

7.发挥智库决策咨询作用。不断壮大决策咨询队伍，推进民间智库协同研究常态化。根据国家、省市重大战略、重大改革、重大政策、重大举措，立足鄞州实际，提高决策的针对性和实效性、科学谋划的前瞻性和精准度。（责任单位：区政府办、区政研室、区咨询委，区政府各部门）

8.完善行政决策机制。认真贯彻党中央关于各级政府重大决策出台前向本级人大报告的实施意见，重视研究政协协商意见。落实《浙江省重大行政决策程序规定》，开展重大行政决策目录化管理，履行公开征求意见、专家论证、风险评估、集体讨论等法定程序，积极发挥法律顾问作用。围绕重大项目建设、区块开发、招商引资等中心工作，加强重大决策事项合法性审查。严格落实行政机关合同合法性审查和重大合同报备工作，强化行政机关合同规范化管理。[责任单位：区政府办（法制办），区政府各部门，各镇政府、街道办事处]

9.建立第三方评估制度。制订重大行政决策执行情况第三方评估实施办法和年度评估计划。建立评估结果反馈整改、二次评估、结果运用监督等机制。[责任单位：区政府办（法制办），区政府各部门，各镇政府、街道办事处]

（三）推进实施政府执行力提升工程

10.实行重点工作清单管理。推行重点工作清单制度，明确每项重点工作的任务表、时间表、责任表。建立重点工作清单“执行台账”制度，强化重点工作“执行台账”管理，健全“清单+台账+考评”制度体系，实现年初有清单、年中有督查、年末有考评、全年有台账。（责任单位：区政府办，区政府各部门，各镇政府、街道办事处）

11.改进创新政务督查工作。强化政务督查活动的计划统筹，制定年度计划。完善政务督查工作机制，建立有清单、有督查、有考评、有激励、有问责“五位一体”的大督查工作体系。坚持问题和效果导向，提高督查精准度和实效性。进一步规范政务督查的工作流程，开展联合督查，实现对政府重大决策部署贯彻落实的全过程、动态化管理。建立健全政府重大决策部署落实情况通报制度和责任追究制度。（责任单位：区政府办、区级有关部门）

12.完善政府绩效考核评价制度。深入实施区政府部门、镇（街道）、园区管委会目标管理考核实施意见，完善考核体系，推进指标项目设置科学化。创新考核办法，加大社会评价力度和覆盖面。注重考核评价结果运用，扩大考核结果运用范围，提高政府系统工作积极性与执行力。（责任单位：区人力社保局，区政研室，各镇政府、街道办事处）

13.健全行政问责和容错免责机制。深化行政问责规范化、制度化建设，着力消除不作为、慢作为、乱作为现象，重点惩治庸政懒政怠政行为。贯彻实施《关于建立容错免责机制促进干部干事创业的实施办法（试行）》（鄞党办〔2016〕45号）。（责任单位：区政府各部门，各镇政府、街道办事处）

（四）推进实施行政质量提升工程

14.改革政府机构设置。落实党中央关于深化党和国家机构改革的决策部署，在省、市、区委统一领导下，调整优化政府机构设置和职能配置。进一步理顺政府部门间和部门内设机构间的职能分工，着力破解部门职责交叉和分散问题，研究改革部门内设机构设置。加快转变政府职能，加强和完善政府经济调节、市场监管、社会管理、公共服务、生态环境保护职能。（责任单位：区编委办）

15.规范行政权力运行。动态调整权力清单，优化行政权力运行流程，推进政务服务无差别全科受理和“一网通办”。推行企业投资项目“标准地+承诺制”改革。强化事中事后监管，全面推行“双随机、一公开”监管，构建事前管标准、事中管达标、事后管信用的监管体系。[责任单位：区编委办、区发改局、区审管办、区政府办（法制办）、区市场监管局、区国土分局和其他区级部门]

16.加强制度政策供给。健全完善政策体系，以高质量发展为根本要求，以创新为第一动力，以“最多跑一次”改革为重要牵引，围绕现代化经济体系建设、打赢三大攻坚战、乡村振兴战略、“一带一路”建设、城市品质提升、“六大专项行动”等重大任务，高质量制定规划、政策、方案等。（责任单位：区级有关部门，各镇政府、街道办事处）

17.健全政务服务标准。认真实施省级政务标准，推进重点改革领域和便民服务领域标准化工作。完善“最多跑一次”

改革和“一窗受理、集成服务”标准，推行企业投资项目“快速审批”改革和建设工程项目竣工“测验合一”“快速验收”。围绕提高“最多跑一次”改革实现率满意率，加快落实“两集中两到位”，按要求完成事项单位进驻，确保窗口一号位由在编人员担任，整体在编人员达到50%以上。（责任单位：区审管办、区编委办、区发改局、区市场监管局、区国土分局和其他区级部门，各镇政府、街道办事处）

（五）推进实施依法行政能力提升工程

18.强化行政规范性文件管理。严格落实行政规范性文件“三统一”制度和公众参与、集体讨论等必经程序。加大行政规范性文件合法性审查和备案审查纠错力度，健全拟发规范性文件未采纳合法性审查意见沟通机制。加强与党委、人大备案审查工作机构的联动协作。认真落实公平竞争审查制度和性别平等咨询评估机制。定期对行政规范性文件进行清理。[责任单位：区政府办（法制办）]

19.深化行政执法体制改革。推动执法力量下沉，充实基层一线执法力量。全面推进综合行政执法改革，健全联合执法协调机制，统筹配置行政处罚职能和执法资源，相对集中行政处罚权。建立健全行政执法监管系统，完善网上执法办案机制。[责任单位：区编委办、区综合行政执法局（区城管局）、区政府办（法制办）]

20.严格规范公正文明执法。严格实施《浙江省行政程序办法》，全面落实行政执法公示、执法全过程记录、重大行政执法决定法制审核等制度。严格行政执法责任制和执法过错追究制，落实《浙江省行政处罚裁量基准办法》，加强裁量基准动态化管理。强化重点领域行政执法监督，探索建立常态化、长效化的行政执法监督体系。加大重大具体行政行为和委托行政执法行为备案审查、案卷评查力度。完善行政执法人员持证上岗和资格管理制度。[责任单位：区政府办（法制办），区级主要执法部门]

21.依法化解社会矛盾纠纷。加快推进行政复议体制改革，加强行政复议规范化建设。依法落实行政应诉职责，加强行政机关主要负责人应诉工作。完善调解、仲裁、行政裁决、行政复议、诉讼等有机衔接、相互协调的多元化纠纷解决机制。健全社会矛盾纠纷预防化解机制，推行诉前调解、审前调解、审中调解、执行调解的“全程调解模式”及人民调解协议的司法确认。加大专业领域民间纠纷的化解力度，实现人民调解与专业调解的有机结合。[责任单位：区政府办（法制办）、区司法局，各镇政府、街道办事处]

22.加强依法行政保障。落实行政机关主要负责人推进法治政府建设第一责任人职责，推进法治政府建设“最佳实践”。实施法治政府建设三年行动计划。健全行政和司法衔接机制，依法执行法院生效判决。全面推行政府法律顾问制度和公职律师制度。大力推进宪法学习宣传，持续深化“宪法入户”工程。夯实基层法制力量，加强镇（街道）法治队伍建设。落实普法责任制，强化重点领域和关键环节的法治宣传教育。[责任单位：区政府办（法制办）、区司法局，各镇政府、街道办事处]

（六）推进实施公共服务能力提升工程

23.推进“互联网+政务服务”。深化电子签章、电子证照在政务服务领域的应用，完善浙江政务服务网身份认证体系，推进浙江政务服务网向基层延伸，通过移动端审批方式不断提升办事审批效率。全面推广政务钉钉，建立工作交流钉钉群，开发钉钉文件轮阅、会议签到、移动办公等功能。（责任单位：区政府办、区编委办、区审管办）

24.推进公共服务均等化标准化。加快义务教育、公共卫生、社会保障等基本公共服务均等化建设，推动城乡基本公共服务规划、政策、投入、项目等统筹衔接。推进落实省市公共服务标准体系，开展公共服务标准化试点，实现公共服务的专业化、系统化发展。加大政府在公共服务领域的财政投入，逐步完善政府购买公共服务指导性目录及标准。（责任单位：区发改局、区财政局、区教育局、区市场监管局、区卫生计生局、区民政局和其他区级有关部门，各镇政府、街道办事处）

25.优化营商环境。对标国际标准，营造更加开放的投资环境、更加便利的国际贸易环境、更具成本优势的生产经营环境、更具活力的创业创新环境、更加公平规范的法治环境及“最多跑一次”的政务服务环境，着力打造法治化、国际化、便利化的一流营商环境。（责任单位：区级有关部门，各镇政府、街道办事处）

（七）推进实施政府数字化转型工程

26.强化公共数据资源管理。对接省政府“大系统、大数据、大平台”和市级大数据中心建设，打破信息孤岛。配合省市二级部门做好相关数据整合工作，推动部门业务专网向省电子政务网归集。进一步理顺数据资源管理职责，促进公共数据整合共享和开放利用。配合做好全市电子政务专网改造工作，建成安全可信的政府办公业务网。[责任单位：区政府办、区经信局（智慧办）、区编委办和其他区级有关部门，各镇政府、街道办事处]

27.推进政府数字化转型。推动政府大数据应用，强化综合集成和体系推动。加强技术保障，着力完善基础设施、数据体系和应用支撑体系。以政府数字化转型为先导，撬动经济、社会数字化转型，有序推进审批服务、执法监管、社会管理、城市管理、安全管控、智慧办公等数字化协同工程建设。[责任单位：区政府办、区经信局（智慧办）、区编委办和其他区级有关部门，各镇政府、街道办事处]

28.建立健全数据标准和安全制度。规范公共数据管理，制定公共数据采集归集、开放共享、安全保密、运维管理、权属责任等标准。严格落实国家信息安全等级保护制度，加强关键信息基础设施和政府网站安全防护。[责任单位：区政府办、区经信局（智慧办）、鄞州公安分局]

（八）推进实施基层政府综合治理能力提升工程

29.完善基层治理体系“四个平台”建设。落实镇（街道）“四个平台”建设工作导则，提升基层治理力量协调联动能力。全面推进镇（街道）综合信息指挥室规范化建设和“全科网格”建设，加快网格队伍建设，建立镇（街道）全面覆盖、功能集成、互联互通、运行协同的基础治理体系。（责任单位：区社会治理综合指挥中心、区编委办和其他区级部门，各镇政府、街道办事处）

30.实施“最多跑一次”改革向基层延伸工程。理清镇（街道）“最多跑一次”事项，推进各基层站所统一进驻属地镇（街道）公共事务服务中心和基层政务办事流程再造，完善“最多跑一次”与基层治理“四个平台”有效联动机制，持续推动社会治理重心向基层下移，逐步构建起全区通办、全线经办、全程协办的“三全”服务体系。（责任单位：区审管办、区编委办、区社会治理综合指挥中心和其他区级部门，各镇政府、街道办事处）

31.深化镇（街道）综合管理体制改革。制订基层政府权力清单、责任清单和公共服务事项目录，明确不同类型镇（街道）的功能定位，从重发展轻治理向经济发展与社会治理并重转变。做实做细“村（居）民说事”制度，积极探索基层社会治理新模式。（责任单位：区编委办、区综治办、区人力社保局和其他区级部门，各镇政府、街道办事处）

（九）推进实施政府公信力提升工程

32. 全面推进政务公开。进一步规范信息公开发布，大力推进“五公开”，不断拓展主动公开广度和深度，力争2022年全面实现政务公开标准化规范化。建立健全政务信息发布和政策解读机制，大力推进政府信息公开平台载体建设。提高依申请公开答复水平，健全政务舆情监测研判和处置回应机制。[责任单位：区政府办（法制办）、区网信办，各镇政府、街道办事处]

33.建立健全守信践诺和失信惩戒机制。健全承诺履行情况主动报告、客观评价、社会监督制度，建立政府信用评价体系。加强重点领域政务诚信建设，加大对政府失信行为惩处和曝光力度，开展政务失信易发多发重点领域专项整治。（责任单位：区发改局、区财政局、区审管办，各镇政府、街道办事处）

34.健全政务诚信监督体系。建立健全政务和行政承诺考核制度，加强考评结果运用。深化省统一政务咨询投诉举报平台规范化应用。强化信用信息共享，推广第三方信用评级机构产品应用，建立社会监督和第三方机构评估机制。（责任单位：区发改局、区信访局，各镇政府、街道办事处）

（十）推进实施公务员素质能力提升工程

35.加快建设学习型机关和学习型政府。全面建立政府机关学习机制，认真落实政府常务会议集体学法、理论学习等制度。全力推进《浙江省公务员培训“十三五”规划》，扎实做好全区公务员学法用法轮训，深入开展初任培训、任职培训、在职培训、专门业务培训，强化网络培训。全面开展职业道德教育培训，持续推进公务员职业道德养成。[责任单位：区人力社保局、区政府办（法制办），各镇政府、街道办事处]

36.深化公务员分类改革和选录工作。稳步推进职务与职级并行制度，稳慎实施公务员分类改革，探索聘任制公务员试点管理。落实公务员考录改革举措，拓宽优秀人才来源渠道，提升优秀毕业生录取比例。继续做好面向优秀村（社区）干部考录公务员工作。制订区级机关公务员公开选调办法，加强基层公务员轮岗交流。（责任单位：区人力社保局）

37.完善公务员考核评价机制。科学设置考核指标，分类分级确定考核具体内容。落实公务员带薪年休假、疗休养等政策。注重考核实效，加大公务员正向激励力度，将考核结果与奖惩措施紧密挂钩。（责任单位：区人力社保局）

三、保障措施

（一）强化组织领导。各镇政府、街道办事处和区级各部门，要根据本实施方案的要求，进一步明确工作目标、重点任务、责任主体和配套措施，推进落实情况要按年度向区政府报告。

（二）完善工作举措。各牵头部门要在2018年9月底前，组织制订重点任务专项具体工作计划，加强统筹协调，着重解决跨部门跨层级跨领域难题，区级有关部门要积极支持、主动配合。

（三）健全督查和追责机制。加强过程管理，按年度进行督查和追责，对行动计划推进落实工作突出、成效显著的镇（街道）和部门按有关规定予以褒扬；对执行不力、责任不落实、工作不到位、反馈不及时的镇（街道）和部门予以通报批评并督促整改。

——摘自《关于印发政府“两强三提高”建设行动计划（2018—2022年）实施方案的通知》（鄞政发〔2018〕66号）

关于促进镇级农合联和现代农业服务中心实体化运行的实施意见

为进一步贯彻落实《中共宁波市委 宁波市人民政府关于创新构建“三位一体”农民合作经济组织体系的指导意见》（甬党发〔2016〕44号）、《浙江省供销合作社联合社 浙江省农民合作经济组织联合会理事会执行委员会关于开展基层服务示范窗口创建活动的实施意见》（浙供合发〔2017〕76号）精神，着力服务乡村振兴战略，深入推进鄞州区“治环境、创特色”美丽乡村行动，现就促进镇级农合联和现代农业服务中心实体化运行提出如下实施意见。

一、总体目标

以深化“三位一体”农民合作经济组织体系改革为主线，充分发挥镇农合联为农服务资源，按照“能进则进、嵌入式集成”要求，合理设置现代农业服务中心服务窗口。在2019年底前，示范性现代农业服务中心的服务窗口全部达到示范窗口，一般性现代农业服务中心全部投入实体化运行。

二、实体化运行内容

（一）加强基本制度建设

1.建立健全“三会”制度。建立健全农合联（会员）代表大会、理事会、监事会制度，加强组织机构建设，提高工作保障能力。

2.建立健全预备会员制度。对自愿申请加入农合联的农民专业合作社及联合社（涉农企业）进行为期一年的预备期培育，形成“自愿申报、预备期培育、理事会批准”的筛选准入机制。

3.建立联络员制度。各镇农合联应确定一名联络员，负责所在镇农合联及其会员与区农合联的工作联系，报送所在镇农合联动态信息，反映和收集会员中存在的难点、热点问题及诉求。建立集综合信息采集、发布、汇总、查询、分析、考核、上报、审核等应用于一体的综合信息系统，对农合联会员实行信息化管理。

4.建立技术专家顾问团制度。区农合联、区农林局筹建畜牧、林特、水产、水果、雪菜、种子、种植、植保、农机、质量检测等技术服务专家人才库。

（二）强化农业综合服务

1.农业生产服务。鼓励和支持农技推广、农产品质量检测、农民培训、农资供应、庄稼医院等生产服务。

2.农业供销服务。重点开展以农产品展览展销服务、农村电商为主要内容的农业供销服务，支持有条件的镇农合联开展实体化农产品营销活动。

3.农业信用服务。重点开展以“农合贷”为主要内容的农业贷款和农业政策性保险、农产品商业性农业保险等信用服务工作。

4.农事节庆活动。各镇农合联应充分结合本地农业生产实际，大力联合当地农合联会员，积极争取区农合联工作支持，合作开展各具特色的农事节庆活动。

5.农产品品牌培育服务。支持整合农产品资源，积极配合区农林、市场监督部门，打造农产品区域公共品牌，大力培育雪菜、茶叶、葡萄、水产以及林地特产等农产品区域公共品牌。

6.农业人才培育服务。鼓励和支持各镇农合联选派新型职业农民、优秀农业创业团队入驻区农合联与团区委合作的“青创农场”服务平台，孵化和培育农业人才。

7.示范服务窗口争创。结合“最多跑一次”改革和基层服务窗口规范化建设工作要求，开展公共服务、经营性服务、农业信用服务等示范性服务窗口创建活动。

三、保障措施

（一）市区两级对示范性现代农业服务中心政策扶持

区农合联每年给予示范性现代农业服务中心政策扶持，促进实体化运行，并按照宁波市为农服务专项扶持资金分配的额度，结合鄞州实际，再给予示范性现代农业服务中心配套扶持政策，形成市、区两级政策扶持合力。

（二）实施“农合贷”优惠利率贷款

区农合联联合鄞州银行共同实施“农合贷”信用服务政策，对镇、区两级农合联会员，在鄞州银行市场执行利率基础上分别给予下浮10%和15%的利率优惠。对于农合联会员属于相对贫困户的或劳动模范的，分别在上述优惠利率基础上再给予下浮5%—10%的优惠。

（三）支持区和镇两级联办、合办特色农事节庆活动

支持各镇农合联，尤其是已建成现代农业服务中心的镇农合联，立足本地农业生产实际，积极组织实施能体现当地特色的农事节庆活动，努力争取区农合联、区文广新局、区农林局等单位的政策扶持，联办、合办农事节庆活动。

（四）强化农产品公共品牌培育的扶持力度

积极培育打造农产品区域公共品牌，结合市农合联推行的“甬创千品、品牌农业+互联网”行动，积极配合区农林、市场监督部门，着力培育鄞州区农产品公共品牌。

（五）享受青创农场人才培育服务

鼓励各镇农合联积极推荐优秀的新型职业农民和创业青年入驻区农合联与团区委合作的青创农场项目，并为其提供人才培育相关配套优惠政策。

（六）提供法律免费咨询服务

区农合联与浙东律师事务所开展合作，区和镇两级农合联会员提出的法律咨询、合同把关及司法诉讼等需求均可通过农合联渠道，向专门委派的2名资深律师免费咨询，对诉讼服务费用实行一律5折的优惠政策，切实减轻会员负担，保障会员合法权益。

（七）组织技术专家顾问团巡回服务

区农合联组织有关技术专家顾问团成员，开展定期巡回服务活动，同时结合各镇农合联实际需求，实施订单式、不定期巡回服务活动。

四、强化考核

区农合联每年安排不少于50万元的经费用于对各镇农合联现代农业服务中心实体化运行工作进行考核。考核分为组织保障、规范运行、服务成效、创新培育以及社会影响等五个方面（具体考核评分表见附件1），并对考核总分进行排名，对考核得分在90分以上的，排名在前4名的，分别给予10—15万元的资金奖励。考核成绩直接与目标管理考核挂钩。

五、工作要求

（一）统一思想，提高认识。区、镇两级农合联要切实统一思想、提高认识，将尽快促进现代农业服务中心实体化运行工作当作“治环境、创特色”美丽乡村行动和特色小镇创建工作的重要内容来抓，确保现代农业服务中心早运行、农合联会员早得益。

（二）结合实际，突出特色。各镇农合联在开展现代农业服务中心实体化运行工作时，应充分借鉴示范性镇农合联的经验做法，对照运行内容要求，结合本地农业产业发展实际，重点突出当地特色，针对性地完成建设任务。

（三）规范运作，注重实效。各镇农合联要切实按照区农合联制定出台的有关工作机制要求，尽快建立健全现代农业服务中心规章制度，尽早安排服务功能、服务人员入驻，确保规范运作。通过现代农业服务中心的实体化运作，切实发挥农合联为农服务功能。

——摘自《关于促进镇级农合联和现代农业服务中心实体化运行的实施意见》（鄞政发〔2018〕63号）

宁波市鄞州区城乡居民最低生活保障实施办法

第一章　总　则

第一条　为保障本区困难家庭的基本生活，根据《社会救助暂行办法》《浙江省社会救助条例》《宁波市最低生活保障办法》，结合本区实际，制定本实施办法。

第二条　本区行政区域内困难家庭的最低生活保障工作，适用本办法。

第三条　最低生活保障坚持保障居民基本生活，实行国家保障与社会帮扶、劳动自救相结合，应保尽保与引导就业相结合。

最低生活保障工作遵循公开、公平、公正的原则。

第四条　最低生活保障工作实行分级管理和政府负责制。

区民政部门负责全区最低生活保障的管理和审批工作。

财政、统计、审计、教育、人力资源和社会保障、住房和建设、交通运输、国土资源、卫生计生、公安、市场监督等部门，应当在各自职责范围内做好最低生活保障的有关工作。

镇人民政府、街道办事处负责辖区内最低生活保障的申请受理、初审及服务工作。村（居）民委员会协助镇人民政府、街道办事处做好最低生活保障的相关工作。

第五条　最低生活保障所需资金，列入区财政年度预算，纳入社会救济专项资金支出项目，实行专户管理，专款专用。

最低生活保障标准根据宁波市民政局、宁波市财政局有关文件规定，结合我区经济发展、物价水平确定。

第六条 区人民政府应当建立激励机制，鼓励、支持社会工作服务机构、社会工作者、志愿服务组织等发挥专业优势和特长，为最低生活保障对象提供生活帮扶、精神慰藉、社会融入、能力提升、心理疏导等服务。

第二章 保障对象和标准

第七条 持有本区行政区域内（不含东钱湖镇、梅墟街道、新明街道，下同）常住户籍的家庭，其共同生活家庭成员人均月收入低于我区最低生活保障标准，且家庭财产符合《宁波市鄞州区社会救助家庭经济状况认定办法》规定的，给予最低生活保障。

第八条 本区户籍家庭在规定的期限内，家庭总收入扣除家庭支出的医疗费用后，共同生活的家庭成员人均月收入低于我区最低生活保障标准，且家庭财产符合《宁波市鄞州区社会救助家庭经济状况认定办法》规定的，可以申请最低生活保障。医疗支出型最低生活保障的具体实施参照《宁波市医疗支出型家庭享受最低生活保障实施办法》（甬民〔2017〕56号）执行。

前款所称的家庭支出的医疗费用，是指共同生活的家庭成员因患重特大疾病、慢性病或者遭受意外人身伤害，按规定在医保定点医疗机构就医，扣除各类医疗保险补偿、商业保险赔付、各类补助和医疗救助后，个人负担的医疗费总和。

第九条 按规定认定的低保边缘家庭中的重度残疾人，以及依靠家庭供养、本人按规定核定的收入低于当地低保标准的本区户籍成年重度残疾人和成年三、四级精神、智力残疾人，可按照单人户申请最低生活保障。

本办法所称的残疾人均指持有户籍所在地核发的有效《中华人民共和国残疾人证》的残疾人，其中，重度残疾人均指残疾等级为一级、二级的残疾人。

第十条 共同生活的家庭成员主要包括下列人员：

（一）配偶；

（二）未成年子女；

（三）已成年但不能独立生活的子女，包括在校接受本科及其以下学历教育子女；

（四）其他具有法定赡（抚、扶）养义务关系并长期共同生活的人员。

下列人员不计入共同生活的家庭成员：

（一）连续3年以上（含3年）脱离家庭独立生活的宗教教职人员或与家庭失去联系的人员；

（二）在监狱内服刑的人员；

（三）省级民政部门认定的其他人员。

第三章 申请与审批

第十一条 申请最低生活保障应当以户为单位，由共同生活的家庭成员向户籍所在地镇人民政府、街道办事处提出申请。家庭成员提出申请有困难的，可以委托村（居）民委员会代为提出申请。

第十二条 共同生活的家庭成员户籍不在一起的，可以向多数家庭成员或者主要家庭成员户籍所在地镇人民政府、街道办事处提出申请，户籍为异地的其他家庭成员，应当分别提供本人户籍所在地区县（市）民政部门出具的未享受最低生活保障的证明。

第十三条 申请人应当填写申请表及共同生活家庭成员状况、收入状况、财产状况登记表，签署诚信承诺书和家庭经济状况核对委托书，并提交相关证明材料。

第十四条 镇人民政府、街道办事处应当对申请人提交的材料进行审查，确认其齐备的，应当当场受理；材料不齐备的，应当一次性告知申请人需要补正的材料。

第十五条 申请最低生活保障的家庭成员与最低生活保障经办人员、村（居）民委员会成员有近亲属关系的，应当如实申明，镇人民政府、街道办事处应当单独予以登记，并提请由区民政部门组织进行入户调查。

第十六条 镇人民政府、街道办事处应当自接受最低生活保障申请之日起十五个工作日内，通过入户调查、邻里访问、民主评议、信息核查等方式，对申请最低生活保障家庭的收入状况和财产状况进行调查核实，提出初审意见。

第十七条 镇人民政府、街道办事处组织对申请最低生活保障家庭进行入户调查，调查人员不得少于两人，并如实记录调查情况。有条件的镇人民政府、街道办事处，入户调查可以委托社会组织、专业机构承办。

第十八条 区居民家庭经济状况核对中心应当根据申请最低生活保障家庭的委托，通过户籍管理、税务、社会保险、不动产登记、工商登记、住房公积金管理、车船管理等单位和银行、保险、证券等金融机构，代为查询、核对其家庭收入状况、财产状况，为镇人民政府、街道办事处审核最低生活保障家庭提供依据；有关单位和金融机构应当予以配合，及时、如实提供相关信息数据。

第十九条 有以下情形之一的，镇人民政府、街道办事处应当组织民主评议：

（一）申请人家庭情况较为复杂的；

（二）申请材料的真实性、准确性存在异议的；

（三）申请人主动要求进行民主评议的。

民主评议由镇人民政府、街道办事处工作人员，村（居）民委员会成员和熟悉申请最低生活保障家庭情况的居民代表参加。参加民主评议的居民代表人数不得少于参加评议总人数的三分之二。

第二十条　镇人民政府、街道办事处应当将初审意见在申请最低生活保障家庭所在的村、社区公示七日。公示过程中出现异议的，应当重新组织调查核实。公示无异议的，应当将申请、调查、公示、初审意见等相关材料报区民政部门审批。

第二十一条　区民政部门自收到镇人民政府、街道办事处初审意见起，应当按照规定组织入户抽查，并在五个工作日内予以审批。对符合条件的家庭，确定保障金额，发放最低生活保障证，并在申请最低生活保障家庭所在村、社区公布。对不符合条件的申请，在作出不予批准决定之日起三个工作日内，通过镇人民政府、街道办事处书面告知申请人并说明理由。

第二十二条　申请人对初审意见、审批决定有异议的，应当向作出决定的镇人民政府、街道办事处或者区民政部门提出，并提供相关证明材料。作出初审意见、审批决定的相关部门应当组织复查，并在五个工作日内出具处理意见。

第二十三条　最低生活保障家庭的户籍在本区内发生变动的，应当在三十日内办理最低生活保障关系转移和变更手续；跨区县（市）变动的，应当重新申请办理最低生活保障。

第二十四条　最低生活保障家庭按照共同生活的家庭成员人均月收入与我区最低生活保障标准的差额乘以共同生活的家庭成员人数计发最低生活保障金。最低生活保障金人均差额低于我区最低生活保障标准百分之三十的，按照百分之三十计发。

第二十五条　对获得最低生活保障后仍有生活困难的老年人、未成年人、重度残疾人和重病患者，区人民政府应当采取必要措施给予生活保障。

第二十六条　本办法所称家庭收入，是指申请人及其共同生活的家庭成员在一定期限内拥有的全部可支配收入，主要包括扣除缴纳的个人所得税及缴纳的社会保障性支出后的工资性收入、经营性收入、财产性收入和转移性收入等。具体按照《鄞州区社会救助家庭经济状况认定办法》规定执行。

其中对于按照单人户纳入最低生活保障的残疾人，财产认定限于残疾人本人及配偶名下的家庭财产；收入认定应计算子女赡养费、父母的抚养费、配偶的扶养费。赡养费（扶养费）原则上按赡养人（扶养人）的家庭收入扣减其家庭成员人均当地最低生活保障标准的3倍后推算；父母对成年残疾人的抚养费原则上按父母收入扣减当地人均可支配收入后推算。

第二十七条　最低生活保障金自批准之日次月起计发，按月发放。取消最低生活保障或者调整最低生活保障金的，自作出取消、调整决定的次月起执行。

第二十八条　最低生活保障家庭成员可以按照国家、省、市和区有关规定享受医疗、住房、教育、就业等政策扶持和相关待遇。

第四章　监督管理

第二十九条　区民政部门应当建立最低生活保障信息管理网络，健全面向公众的最低生活保障对象信息查询机制，对最低生活保障家庭实行网上长期公示，公示中应当保护最低生活保障对象的个人隐私。

镇人民政府、街道办事处应当按照一户一档的要求建立最低生活保障对象信息档案，纸质档案参照《浙江省最低生活保障档案管理办法》管理，及时更新最低生活保障家庭人口、经济状况、救助金额等信息。

第三十条　对最低生活保障家庭实行分类管理。

共同生活的家庭成员全部是老年人或者其中有重病、重度残疾人，且家庭收入基本无变化的，镇人民政府、街道办事处可以每年复核一次；共同生活的家庭成员和家庭收入状况相对稳定的，镇人民政府、街道办事处可以每半年复核一次；共同生活的家庭成员有劳动能力和劳动条件的，镇人民政府、街道办事处应当按月或者按季度复核一次。

最低生活保障家庭应当主动向镇人民政府、街道办事处或者村（居）民委员会报告家庭成员人口状况、收入状况和财产状况变化情况。根据复核情况，镇人民政府、街道办事处应当报请区民政部门作出保留、变更或者取消最低生活保障待遇的意见；对取消最低生活保障待遇应当书面说明理由。

第三十一条　最低生活保障家庭中法定劳动年龄内有劳动能力但未就业的成员，应当接受人力资源和社会保障等部门的就业推荐。无正当理由，在六个月内连续三次拒绝接受推荐的与其健康状况、劳动能力等相适应工作的，区民政部门应当决定减发或者停发其本人的最低生活保障金。

低保家庭成员首次就业或者自主创业当月起12个月内所取得的收入，低保家庭残疾人初次就业、再就业3年内所获得的就业收入可不计入家庭收入。

镇人民政府、街道办事处应当鼓励、引导、组织法定劳动年龄内有劳动能力的最低生活保障对象参加公益性社会服务。

第三十二条　财政、审计部门应当对最低生活保障资金的预算安排、科目设置和资金管理使用情况依法实施监督。

第三十三条　区民政部门和镇人民政府、街道办事处应当建立健全投诉举报核查制度，公开最低生活保障监督咨询电话，接受社会和群众的监督、投诉和举报。对实名举报，应当逐一核查，并及时向举报者反馈核查处理结果。

第三十四条　对违反本办法规定的行为，法律、法规、规章已有法律责任规定的，从其规定。

第五章　附则

第三十五条　未纳入最低生活保障范围，但共同生活的家庭成员人均月收入在我区最低生活保障标准一点五倍以下，且家庭财产状况符合《宁波市鄞州区社会救助家庭经济状况认定办法》规定的本区户籍家庭，为最低生活保障边缘家庭，可以申请有关专项社会救助。

最低生活保障边缘家庭的申请、审批程序适用本办法。

第三十六条　本办法涉及的法定赡养人、扶养人或抚养人及其权利与义务关系，按照《中华人民共和国民法总则》《中华人民共和国婚姻法》的有关规定确定。

第三十七条　本办法自公布之日起施行。2011年6月20日区人民政府发布的《宁波市鄞州区城乡居民最低生活保障实施办法》（鄞政发〔2011〕69号）同时废止。

——摘自《关于印发宁波市鄞州区城乡居民最低生活保障实施办法的通知》（鄞政办发〔2018〕5号）

关于全面推进家院互融养老服务工作的实施意见

为进一步完善我区社会养老服务体系，大力发展养老服务业，根据《浙江省人民政府关于加快发展养老服务业的实施意见》（浙政发〔2014〕13号）、《宁波市人民政府关于宁波市居家和社区养老服务改革试点工作的实施意见》（甬政发〔2017〕69号）等文件精神，经区政府同意，现就推进家院互融养老服务工作，提出如下实施意见。

一、指导思想

贯彻落实党中央、国务院、省、市有关养老服务的方针政策和重要决策部署，按照供给侧结构性改革和补齐短板的要求，完善政策，加大投入，整合居家与机构养老服务资源，满足广大老年人多层次、多样化的养老服务需求，切实增强人民群众的获得感，为我区加快建设“名城强区”打下坚实基础。

二、工作目标

2018年年底前完成鄞州区家院互融中心建设，每个镇（街道）建有1个家院互融服务站，家院互融养老服务实现全覆盖。2020年年底前完成区域性居家养老服务机构布点建设，建立起与经济社会发展相适应的“组织融合、信息融合、功能融合、情感融合”的家院互融养老服务体系，使居家老人能够享受到多样化、专业化服务，养老机构内老人享受到更多家庭般的照料，把家院互融养老服务打造成机构养老和居家养老互通、专业化和市场化并重、政府购买和社会服务互补、医养相结合的社会化养老服务体系。

三、主要任务

（一）完善养老服务设施网络布局

1.推进服务设施建设。落实《宁波市养老服务设施布局专项规划（2012—2020）》，分级规划养老服务设施，充分整合基层各类为老服务资源，合理布局设施功能。严格按照养老机构设立许可和等级评定要求，切实加大公办养老机构消防整改和设施升级改造力度，加强对民办养老机构的选址、建设等方面的指导和管理，加快推进养老机构服务质量提升。优化居家养老服务机构建设布局，镇（街道）至少建设1个具备功能辐射、资源配置、服务转介、人员培训等作用的区域性居家养老服务中心，内设具备社会化机构实施家院互融政府购买服务管理功能的家院互融服务站，与区域性居家养老服务中心同步规划、同步建设。村（社区）一般建设1个具备生活照料、康复保健、文化娱乐、精神慰藉、法律咨询等功能的居家养老服务站。面积较小、老年人口较少的村（社区）可与邻近村（社区）共享共建；面积较大、老年人口较多的村（社区）可在居民小区、自然村设立若干个服务网点或老年活动室，形成“一中心、一站点、多网点”的家院互融居家养老服务网络。

2.保障服务用房面积。居家养老服务用房列入城市社区配套用房，新建住宅小区按照每百户不少于20平方米建筑面积的标准配建，并与住宅同步规划、同步建设、同步验收、同步交付使用;在建或者已建成住宅小区按照每百户建筑面积不少于15平方米的标准配置居家养老服务用房，用房不足的通过购置、置换、租赁、改造等方式予以解决，服务用房应相对集中。农村居家养老服务用房应按照宁波市地方标准《居家养老服务机构等级规范》相关规定予以配置。

3.培育新型服务形态。鼓励养老机构通过开放或者开辟服务场所、与居家养老服务机构合作等方式，参与提供居家养老服务。老年人较为集中的村（社区）可根据自身实际，开办嵌入式养老机构，因地制宜设置适当数量的护理床位为需要护理的老年人提供机构照护服务，同时辐射周边村（社区），提供日间托养、短期托养、居家照护以及家庭照护人员和志愿者培训等服务。养老机构提供居家养老服务符合要求的，可同时享受居家养老服务相关补助政策。

4.提升农村服务水平。从农村实际出发，建设符合农村现状的养老服务设施，设置符合农村老人实际需求的养老服务项目，因地制宜开展老年助餐、康复护理等服务功能。鼓励兴建村级老年乐园、老年公寓等农村互助型养老服务设施，满足农村老人家门口养老的服务需求。完善农村敬老院服务功能，引导敬老院在承担政府保障供养服务的基础上，将多余床位向社会开放，为农村老年人提供居家养老服务，真正实现家院互融。农村基层自治组织要重视老年人的生活、心理和安全等问题，健全农村困难、留守等老年群体的关爱帮扶机制。鼓励专业社会工作者、社区工作者、志愿者为农村留守、困难、孤寡、独居老年人提供关爱保护和心理疏导、咨询等服务。农村集体经济、土地流转等收益分配应充分考虑解决本村老年人的养老问题。

（二）提升家院互融服务运营品质

1.深化家院互融中心建设。家院互融中心和社会养老服务指导中心合署办公，负责指导全区的家院互融服务工作。一是升级智慧养老信息平台，打造"一库（老年人基本数据库）一线（服务热线）一机（老人机）一系统（家院互融管理系统）一公众号（家院互融微信公众号）"的信息化服务网络，连接全区养老服务机构，是全区养老资源信息中心，也是全区养老服务的监管中心。二是孵化志愿助老组织，引进志愿助老社会服务组织，通过减免房租和水电费用、补助开办经费等，重点培育"红蚂蚁""雨花助老"等优秀助老志愿组织，设立时间银行，建立志愿助老长效反馈机制。三是创立健康养老中心，建立集康复理疗、智能化健康服务和日间照料中心为一体的示范性健康服务中心，依托智能化社区卫生服务站或配备健康自测等智能化健康服务设备、引进社会化康复理疗机构和专业心理治疗机构，开设健康自测管理、推拿、理疗、心理援助和日间照护等服务。四是建设为老服务基地，引进优质社会化养老服务机构，辐射全区养老服务，发展成为区级"枢纽式为老服务综合体"，进一步提高我区养老服务品质。将家院互融中心打造成省内外有较大知名度的社会化养老示范基地和专业化服务辐射基地。

2.探索社会化运营机制。家院互融政府购买服务按照政府采购法律法规和规章制度规定，统一纳入政府采购管理，根据政府购买服务项目的采购需求特点，采用公开招标的形式，确定若干家社会化承接主体入围，承接我区的家院互融政府购买服务。鼓励社会力量投资举办或以承包、租赁、委托等方式参与养老服务机构运营。各镇（街道）按照先易后难、逐年推进的原则，选择一批社会化运营意愿强、基础条件较好的养老服务机构优先开展社会化运营工作，通过社会化资源配置，实现养老服务机构运营效益的有效提升。加强对社会化承接主体的监督管理，建立政府指导下的养老服务市场定价机制，养老服务机构服务收费价格向社会公开，接受有关部门监管。

3.拓展养老服务内涵。加强老年助餐服务，AAA级及以上居家养老服务机构应具备老年助餐能力。在示范性和区域性居家养老服务中心建设"中心食堂"，向周边村（社区）辐射，村（社区）设立助餐点。老年人居住较为集中的、需求旺盛的村（社区）可单独设立老年食堂，到2018年年底，通过兴建食堂、中央厨房配送和邻里协助等实现助餐、配送餐服务覆盖80%以上城乡社区，逐步实现老年助餐服务全覆盖。增强居家养老服务机构的医养融合能力，鼓励村（社区）居家养老服务机构与医疗卫生服务设施毗邻而建、资源共享。完善居家养老服务机构与基层医疗卫生机构签约合作机制，提供医疗巡诊、健康管理、保健咨询、预约就诊、中医养生保健等服务。鼓励医疗卫生服务机构将健康管理服务延伸至社区、家庭，通过家庭医生签约服务、基本公共卫生服务、城乡居民健康体检等工作，为老年人提供医养护一体化服务。探索为失能老人设立"家庭病床"。深入推动家院互融"健康直通车"服务，完善服务项目，为老年人提供定期体检、上门巡诊、慢病管理、健康指导等服务。

4.推进智慧养老服务。通过融合家院互融信息化和"机构—日托—居家"三位一体为老服务两个管理平台，建设集老年人基本信息和养老服务资源信息于一体，管理和服务功能兼备，区、镇（街道）和村（社区）三级互通、数据共享的智慧养老服务平台。适时推广适合老年人的智能化产品、健康监测可穿戴设备、健康养老移动应用软件（App）等，鼓励运用互联网、物联网、大数据、云计算等技术，探索线上线下相结合的养老服务新模式，为老年人提供更加多元、精准的养老服务。到"十三五"期末，所有镇（街道）和村（社区）要全面建立老年人基本信息数据库，完善81890老年人应急求助信息服务平台，继续为符合条件的老年人免费安装"一键通"电话机。

（三）健全完善政府购买服务制度

1.明确服务对象。通过政府购买服务和实施分类管理等方式，不断扩大服务的受益面，优化服务内容，提高服务水平。

A类：重点对象

具有鄞州区户籍并实际居住在鄞州区的特困人员、最低生活保障家庭及最低生活保障边缘家庭、计划生育家庭特别扶助对象、享受国家定期抚恤补助的优抚对象、本人或其子女获得过区级以上见义勇为荣誉称号，经评估照护等级为重度、中度、轻度的老年人。重度标准为每人每月45小时，中度为每人每月30小时，轻度为每人每月12小时。

B类：高龄对象

具有鄞州区户籍并实际居住在鄞州区的80周岁及以上空巢老年人、70周岁及以上属于计划生育家庭特别扶助对象的老年人，标准为每人每月3小时。

C类：一般对象

具有鄞州区户籍并实际居住在鄞州区的60周岁-79周岁的经评估照护等级为轻度及以上的独居老年人，标准为每人每月2小时。

以上标准均为基本居家养老服务时间或等价的可选择性服务时间。《宁波市居家养老服务条例》相关实施细则出台后，高龄对象将根据实施细则再行调整。

2.优化评估机制。通过公开招投标方式，引进有资质、有服务能力的第三方老年照护等级评估机构，对申请对象的生理、精神、生活状况等方面进行综合评估，根据评估结果确定照护等级、照护方式与服务内容，作为其享受家院互融政府购买服务、养老服务补贴、入住公办养老机构的资格准入条件。老年人照护等级评估根据《鄞州区老年照护等级评估工作实施方案》（附件）执行。

3.严格审核程序。符合家院互融政府购买服务对象条件的老年人可由本人或家属向户籍地村（社区）提出申请，由受理村（社区）进行基本情况初步核实，并提出初步意见报镇（街道）。镇（街道）对村（社区）的核实意见进行初审，汇总报区民政局审核，区民政局将符合条件的老年人交由第三方评估机构进行老年照护等级评估，根据评估结果明确老年人享受的政府购买服务类别，及时将审核结果反馈至镇（街道）及服务承接单位，并由村（社区）将审核结果告知申请人。镇（街道）应对每月新增及类别调整家院互融政府购买服务对象开展动态报审。服务对象因死亡、户口迁移或居住地移到区外、入住养老机构等不再符合服务对象条件的，要及时退出服务并予以注销。

4.建立调整机制。建立家院互融政府购买服务经费标准与最低工资标准的联动机制，以宁波市非全日制最低工资的1.5倍作为家院互融基本居家养老服务的小时工资标准。家院互融政府购买服务与养老服务补贴、困难残疾人生活补贴和重度残疾人护理补贴等不能同时享受，服务对象可按照就高、自愿原则选择。

（四）落实老年人安全守护措施

1.完善活动场所无障碍设施改造。加快推进已建成住宅小区的坡道、公厕、楼梯扶手等与老年人日常生活密切相关的公共设施无障碍改造。鼓励和支持符合条件的多层住宅加装电梯。鼓励老年人家庭对日常生活设施进行无障碍改造，区财政按照省市有关规定对最低生活保障家庭及最低生活保障边缘老年人家庭的无障碍改造给予一定的补助。区民政部门应当在区域性居家养老服务中心和城乡社区居家养老服务站配置或者鼓励社会力量提供方便老年人出行、上下楼梯的辅助器具，供社区内失能、半失能、高龄居家老年人借用。

2.建立老年人意外伤害保障机制。为鄞州区户籍80周岁及以上老年人、计划生育家庭特别扶助对象、最低生活保障家庭及最低生活保障边缘家庭的老年人购买意外伤害保险，减轻老年人家庭因意外伤害造成的经济负担，提高老人及其家庭的伤害防护保障能力。

3.加强老年人紧急救援服务能力。为鄞州区户籍80周岁及以上老年人以及患有重度慢性疾病的老年人家庭免费安装应急呼叫设施，提供紧急救援信息服务。

（五）加强养老服务人才队伍建设

1.配强养老服务专职管理人员。各镇（街道）要配强养老服务管理人员，指导村（社区）及社会承接机构落实日常管理职责。区域性居家养老服务中心、村（社区）居家养老服务站要配备专职的养老服务协管员，原则上区域性居家养老服务中心配备不少于3名，村（社区）居家养老服务站至少配备1名，所需人员可通过政府购买服务、安排公益性岗位或向社会招聘等途径解决。对进入养老机构和居家养老服务机构工作的大中专毕业生和养老护理员，可享受相应的大中专毕业生入职奖补及养老护理员特殊岗位津贴等政府补助。

2.加强专业技术人员岗位培训。建立健全职业化的服务队伍培训机制，将培训机制与激励机制相结合，依托宁波市老年照护与管理学院等社会化培训机构，引导服务队伍积极参与培训，提升养老从业人员的专业技术能力和业务素质。鼓励开展技能比武、师徒结对等活动，培养一批专业的养老服务人才队伍。

（六）充分发挥为老志愿服务力量

1.扩大公益慈善组织参与服务广度。积极培育发展为老服务公益慈善组织，引导公益慈善组织参与养老服务。发挥工青妇团、残联、红十字会等组织作用，开展老年人关爱帮扶活动，丰富养老服务内容。扶持发展各类为老服务志愿组织，广泛开展养老助老志愿服务活动。倡导机关干部和企事业单位职工、在校学生参加养老服务志愿活动。建立志愿服务奖励、回馈等激励制度，探索养老志愿服务积分或时间储蓄银行等制度，推动养老助老公益志愿服务的项目化运作。支持社会服务窗口行业开展“敬老文明号”创建活动。

2.深化老年群众组织参与服务深度。加大对基层老年协会的资金扶持力度，采取财政投一点、福利彩票公益金出一点、社会力量帮一点的办法，为基层老年协会建设“乐龄工程”、开展日常活动提供必要的保障。加强基层老年协会建设，鼓励基层老年协会参与居家养老服务设施的运营和管理。培育发展老年互助会、“爱心敲门团”等各类老年互助组织，倡导低龄健康老人帮扶高龄、困难老人，深入开展银龄互助、以老助老、邻里守望等活动。

（七）发挥家庭照料护理基础作用

1.提升家庭照护能力。鼓励家庭成员与老年人共同生活或就近居住，对老年人进行亲情照顾。设立家庭照护人员培训基地，实施家庭照护人员培训项目，帮助老年人子女、赡养人、扶养人等家庭照护人员掌握老年人护理知识和技能，提高失能失智老人的家庭照护水平。

2.弘扬孝亲敬老美德。有关部门和新闻媒体要利用春节、重阳节、中秋节等传统节庆和“敬老月”活动载体，大力弘扬孝亲敬老美德，深入推进孝文化进社区、进家庭、进学校，加大“孝亲敬老人物”“最美家庭”“好媳妇”等典型挖掘和宣传，倡导社会尊老助老、家庭孝老爱老的良好风尚。

四、工作要求和保障措施

（一）加强组织领导。推进家院互融养老服务工作是“十三五”期间我区全面改善民生、促进社会和谐、提升老年人生活品质的一项重要工作内容。各镇（街道）、各有关部门要充分认识开展家院互融养老服务工作的重要性和必要性，按照全区统一部署和总体要求，认真组织实施，切实抓好落实。

（二）明确工作职责。区民政局要加强对推进家院互融养老服务工作的统筹、指导、协调和监督，推进家院互融养老服务工作健康开展。区财政局要做好资金预算安排，为全面推开家院互融养老服务工作提供资金保障，对政府购买服务资金实施补助，一类（镇）街道补助50%，二类（镇）街道补助90%，实行部门预算的9个街道全额由区财政承担。区卫生部门要做好老年人照护等级评估、医养融合等工作的指导和监督。区公安、交通、消防等部门要加强对养老服务机构周边环境的整治和管理。区残联要建立老年残疾人参与社会养老服务的共享机制，不断完善扶残养老的政策体系。区审计局要加强资金使用情况的审计和监管。各镇（街道）、村（社区）要加大经费投入，安排足额配套资金，切实做好家院互融养老服务站建设和服务对象基础数据的采集对接工作，按月做好信息系统和服务对象的动态数据维护。

（三）完善政策体系。围绕家院互融养老服务工作推进各项任务，针对家院互融养老服务发展中存在的问题和困难，制定和完善实施细则、资金管理办法、考核管理办法、老年照护等级评估细则等相关配套政策文件，建立健全家院互融养老服务政策体系。

（四）强化督查评估。相关单位要把推进家院互融养老服务工作列入年度重点工作，及时总结工作经验，完善事前、事中和事后监管体系。区民政局要加强督促指导，评估工作绩效，对工作成效显著、作用发挥突出的单位和服务机构通过以奖代补的方式给予激励，推动家院互融养老服务工作深入开展。

（五）营造社会氛围。各镇（街道）、村（社区）要加大对家院互融养老服务工作的宣传力度，使广大群众家喻户晓。要创新思路积极争取社会各界的支持和参与，继续发挥“红蚂蚁”等社会各类助老志愿组织的优势，动员更多的社会组织和群众关注、参与家院互融养老服务工作。要充分利用广播电视和新媒体等各类宣传手段，广泛开展家院互融政策措施、先进事迹等宣传，在全社会形成孝老、爱老、敬老、助老的良好氛围。

——摘自《关于全面推进家院互融养老服务工作的实施意见》（鄞政办发〔2018〕70号）

关于进一步推进降本减负促进实体经济稳增长的实施意见

为进一步减轻企业负担，打造一流营商环境，促进我区实体经济平稳增长，经区政府第35次常务会议审议通过，现提出如下意见。

一、全面落实国家、省、市降本减负政策

全面落实《财政部 税务总局 科技部关于提高研究开发费用税前加计扣除比例的通知》（财税〔2018〕99号）、《人力资源社会保障部办公厅关于贯彻落实国务院常务会议精神，切实做好稳定社保费征收工作的紧急通知》（人社厅函〔2018〕246号）、《浙江省人民政府办公厅关于进一步减轻企业负担增强企业竞争力的若干意见》（浙政办发〔2018〕99号）和《宁波市人民政府办公厅关于进一步推进降本减负促进实体经济稳增长的若干意见》（甬政办发〔2018〕125号）等文件精神，确保国家、省、市降本减负系列政策落地。未经区政府批准，各部门不得新增出台增加企业成本的各类政府性项目（科目）。

二、降低制度性交易成本

深化“最多跑一次改革”，全面清理行政审批事项前置服务项目，没有法律法规依据的行政审批前置服务事项一律取消。推进行政审批标准化建设，梳理“一件事”事项、“一证通办”事项，强化联合审批机制。强化投资项目审批“一站式”审批机制，实现快速审批、快速验收。完善公共资源交易管理，建立统一规范的公共资源交易平台，创新投标保证金收退模式，允许投标人依法使用工程投标保证金保险替代投标保证金。公共资源交易平台的各项交易服务费按市物

价局新调整的各类项目收取，免收政府采购项目、国有土地使用权出让项目、排污权出让等竞价项目和特许经营转让项目的交易服务费，并取消信息服务费、场地租赁费和席位费等费用，开放招标文件免费在线浏览功能，降低企业获得有效信息的成本。

三、落实税收优惠政策

深化增值税改革，从2018年5月1日起，将原17%、11%的增值税税率，分别调整为16%、10%；统一小规模纳税人标准，将工业企业和商业企业小规模纳税人的年销售额标准由50万元和80万元上调至500万元，并在一定期限内允许符合条件的已登记为一般纳税人的企业转登记为小规模纳税人。对装备制造等先进制造业、研发等现代服务业符合条件的企业在一定时期内未抵扣完的进项税额予以一次性退还。

严格落实高新技术企业减按15%税率征收企业所得税。支持符合条件的企业参加高新技术企业认定，对通过认定的企业按照国家税法规定享受相关税收优惠政策。首次通过认定，若当年税收享受额不足20万元的，给予补足20万元的奖励；对进入高新技术培育库的企业给予每家10万元的支持。落实企业研发费用加计扣除政策，企业开展研发活动中实际发生的研发费用，未形成无形资产计入当期损益的，在按规定据实扣除的基础上，在2018年1月1日至2020年12月31日期间，再按照实际发生额的75%在税前加计扣除；形成无形资产的，在上述期间按照无形资产成本的175%在税前摊销，相关政策口径和管理要求按照相关税收文件规定执行。企业为获得创新性、创意性、突破性的产品进行创意设计活动而发生的相关费用按照税法相关规定加计扣除。对符合条件的纳税人提供技术转让、技术开发和与之相关的技术咨询、技术服务免征增值税。

落实设备、器具税前扣除政策，企业在2018年1月1日至2020年12月31日期间新购进的设备、器具，单位价值不超过500万元的，允许一次性计入当期成本费用在计算应纳税所得额时扣除，不再分年度计算折旧；单位价值超过500万元的，仍按企业所得税法实施条例等文件相关规定执行。

四、降低小微企业税费负担

对月营业额不超过3万元（按季纳税9万元）的小微企业，免征增值税。对年应纳税所得额低于100万元（含）的符合条件的小型微利企业，其所得减按50%计入应纳税所得额，按20%的税率缴纳企业所得税。对金融机构与小微企业签订的借款合同免征印花税。对按月纳税的月销售额或营业额不超过10万元（含）的缴纳义务人，免征教育费附加、地方教育附加。对所得税汇算纳税调整后所得为负数的小微企业，减半征收城镇土地使用税。自2019年1月1日起，降低符合条件的工、商企业购销合同印花税核定征收标准，分别减按70%、40%征收。全区核定征收企业所得税应税所得率，按国家规定的最低应税所得率确定。

五、取消、免征、停征和调整部分行政事业性收费

取消城市公用事业附加和新型墙体材料专项基金、白蚁防治费，停征船舶及船用产品设施检验费、出入境检验检疫费、产品质量监督检验费，暂免征收证券期货行业机构监管费，停征和调整部分专利收费等行政事业性收费。阶段性降低城市基础设施配套费，至2019年12月31日，城市基础设施配套费按甬鄞建〔2017〕30号文件标准的70%征收。对尚未建立工会组织的企业暂缓收取建会筹备金。残疾人就业保障金继续按2015年标准征收，自工商登记之日起3年内，对安排残疾人就业未达到规定比例、在职职工总数30人以下（含30人）的企业，免征残疾人就业保障金。实施涉企行政事业性收费和政府性基金目录公示制度，确保清单外“零收费”。

六、降低企业用工和物流成本

自2019年起，阶段性降低企业职工医疗保险单位缴费费率，3年内每年下浮幅度相当于医疗保险单位缴纳部分1个月的额度。改进住房公积金缴存机制，允许企业在规定上下限区间范围内，自主确定缴存比例，不再履行报批手续。降低口岸综合成本，建立口岸涉企进出口经营服务性收费目录清单，实现口岸集装箱货物进出口成本同比降低5%。

七、降低企业用地成本

在符合国家法律法规和军事航空限高等前提下，对于满足本区产业发展导向、土地亩均产出率不低于行业平均水平，且用于企业自身发展的项目（包括工业和仓储），经相关部门审核同意，其容积率、建筑高度、绿地率指标按以下要求控制：在城乡规划建设用地外，存量工业用地新建、改建、扩建项目实行“一事一议”。城乡规划建设用地范围内，项目与城乡规划建设用地性质相符，在满足消防、环保、交通等规范，能处理好周边关系的前提下，容积率、建筑高度原则上不再设定上限值，绿地率不再设定下限值。项目与城乡规划建设用地性质不相符，近期建设规划中暂不实施改造的项目，在属地镇、街道征得区人民政府同意的前提下，可以进行改、扩建，容积率原则上不超过2.0，建筑限高小于等于50米。规划用地性质已经调整为城市道路、公共绿地、河道、轨道交通、管廊带等用地的，不得扩建，改建的不得超过原建设规模。生态带内的项目按照《宁波市人民政府关于进一步加强中心城生态带管理的实施意见》（甬政发〔2016〕13号）文件执行。支持标准厂房建设。将标准厂房建设用地纳入年度土地供应计划。鼓励利用“三改一拆”拆改土地、城镇低效用地建设标准厂房。鼓励标准厂房微利出租。结合上级自然资源管理部门的要求，逐步创新供地方式，组织开展工业用地弹性出让区域试点工

作，鼓励采取长期租赁、先租后让、租让结合等出让方式，降低企业用地成本。完善工业用地政府回购、流转和收储机制，适当下调产业用地履约保证金比例。

八、降低水电气等要素价格

贯彻落实水、电、天然气等要素价格调整政策。进一步扩大执行农业生产用电价格的农产品初加工范围，对符合要求的农产品初加工用电量执行农业生产用电价格。做好相关企业参与电力直接交易试点，享受电力直接交易试点平台集中竞价出清价格。对列入我区战略性新兴产业培育的企业继续执行每立方米0.2元的优惠差别水价政策。全面清理规范转供电环节不合理加价行为，一般工商业电价比2017年度平均降低10%以上。通过市场化机制实现企业客户接电工程平均造价比2017年度降低10%以上。全面取消临时接电费用，取消电力负荷管理终端费、用电申请变更手续费、供电方案更改费、受电装置重复检验费、复电费等营业服务收费。高可靠性供电费比2017年度平均降低20元/千伏安。

九、加大金融支持实体经济力度

引导金融机构推动专利权、商标权、股权、应收账款等抵质押融资和“银税互动”、供应链金融等新型业务模式，大力推广年审制、循环贷等还款方式。鼓励金融机构推进小微企业续贷方式应用的增量扩面，对符合条件的小微企业，符合条件的在鄞银行业金融机构积极推进无还本续贷业务。引导金融机构依托宁波市普惠金融信用信息服务平台，加快涉企信息整合、共享，提高企业融资需求精准对接度。按照“最多跑一次”理念引导金融机构提升服务效率，以简单化、标准化信贷产品为突破口，优化信贷流程、明确办理时限、精简耗时环节，提高信贷审批和服务效率。定期通报在鄞各银行业金融机构的制造业贷款和小微企业贷款投放情况，力争全区金融机构制造业贷款余额年均增速达到10%以上，中长期贷款占比逐步提高。修订完善对银行业金融机构年度考评办法，将金融机构对制造业和小微企业的贷款总量、增速等情况作为核心指标，将银行与政府性转贷机构、融资担保机构合作情况作为重要指标。

十、支持企业拓展国内市场

鼓励企业参加国内展览展销等经贸活动，对企业参加行业协会、政府部门组织的专业性重点展会活动，给予扶持。积极推荐我区产品入围《宁波市优质产品推荐目录》、《宁波市重点自主创新产品推荐目录》和《鄞州区政府优先采购创新产品、品牌产品目录》。同等条件下，政府采购实施单位和国有投资项目建设单位优先采购《宁波市优质产品推荐目录》、《宁波市重点自主创新产品推荐目录》和《鄞州区政府优先采购创新产品、品牌产品目录》入选产品，对列入《宁波市重点自主创新产品推荐目录》和《鄞州区政府优先采购创新产品、品牌产品目录》的产品且符合相应条件的，允许政府采购实施单位和国有投资项目建设单位按单一来源方式进行采购。

十一、强化政策性融资担保体系建设

降低小微企业融资担保成本，对年化担保费率不超过银行同期贷款基准利率50%、不收保证金的政策性融资担保业务加大资金补助。扩大“政银担”风险分担机制覆盖范围，融资担保代偿基金服务范围从单户授信不超过300万元提升至不超过500万元。积极争取国家、市融资担保基金对我区再担保和融资担保的支持。完善政府性融资担保机构考评办法，取消盈利性的考核指标。

十二、支持中小企业创业创新发展

加快扶持中小企业成长，重点支持中小企业创业创新。举办“创客中国”创新创业大赛、“甬创鄞造”创客大赛、“和丰奖”工业设计大赛等重点活动，鼓励支持国内外各类大赛优秀创业创新项目落户我区。鼓励小微企业创新创业，对新入驻科技企业加速器的加速企业给予一次性房租补助。对首次上规模的小微企业，给予5万元的奖励，并在享受阶段性降低职工医疗保险费率的基础上，连续3年对基本养老保险、基本医疗保险单位缴纳部分按照1个月的额度下浮缴费比例。支持小微企业“专精特新”发展，对获评省、市级新上规模小微企业“创业之星”“创新型示范中小企业”的，给予每家最高不超过50万元的奖励。推动中小企业管理创新，培育壮大专业化管理机构队伍。对合同金额在30万元及以上的管理咨询创新项目，推荐为市级项目并享受相关政策。

十三、推进中小企业公共服务平台建设

加快推进中小企业公共服务平台建设，不断提升平台服务能力。对市级认定的中小企业公共服务平台建设项目，在享受市级政策基础上，再给予投资额的10%和为鄞州区企业服务收入的5%、最高不超过20万元的补助；对国家级中小企业公共服务平台建设项目，给予不超过投资额30%、最高100万元的补助。对获评市级、国家级公共服务平台网络示范（优秀）平台分别给予每家不超过50万元、100万元的奖励。深入实施企业经营管理人才、科技型人才、技能型人才素质提升工程，依托市内外高水平高校和培训机构，开展各项培训活动。加大集成电路人才、软件与工业互联网人才开发力度，积极培育和引进紧缺专业型人才。

十四、加快小微企业园建设

加快推进小微企业园高质量发展，新建和提升一批小微企业园，推动小微企业入园集聚转型提升发展。全区小微企业园建设用地纳入年度供地计划，统筹当年新增建设用地、历年批而未供土地、存量建设用地等指标，优先保障小微企业园

建设用地。允许小微企业园进行定制化预售和产权分割并办理权证，降低物业维修基金缴存标准，入园小微企业购置的厂房可办理按揭贷款。

十五、加强统筹协调服务

加强对推进降本减负、促进实体经济稳增长工作的统筹协调，建立部门联席会议制度，定期研究解决企业困难，确保政策落地。强化工作联动，完善区镇（街道）联动、部门联动工作机制，落实企业服务责任人制度，深入开展服务企业、服务项目、服务基层活动，协调解决企业发展中的困难和问题。

——摘自《关于进一步推进降本减负促进实体经济稳增长的实施意见》（鄞政办发〔2018〕158号）

表80　2018年中共宁波市鄞州区委部分文件目录

日期	发文字号	文件目录
1月3日	鄞党办〔2018〕1号	关于抓紧做好2017年度鄞州区镇（街道）、工业园区和南部商务区管委会目标管理考核工作的通知
1月3日	鄞党办〔2018〕3号	关于深化和完善2018年度领导干部接待群众来访工作制度的通知
1月9日	鄞党办〔2018〕6号	关于印发《区委定期专题研究经济社会形势工作制度》《区级机关主要负责人工作交流会制度》《镇（街道）党（工）委书记工作交流会制度》的通知
1月10日	鄞党办〔2018〕5号	转发《区委宣传部、区委组织部关于做好〈习近平谈治国理政〉第二卷学习宣传工作的通知》的通知
2月13日	鄞党办〔2018〕9号	关于印发《〈宁波市鄞州区国民经济和社会发展第十三个五年规划纲要（修编）〉重点目标任务分工方案》的通知
2月13日	鄞党办〔2018〕10号	关于印发《中共宁波市鄞州区委落实市纪委市监委“四见”执纪监督反馈意见整改方案》的通知
3月9日	鄞党办〔2018〕11号	关于贯彻落实市委书记郑栅洁来鄞调研指示精神11个重大具体事项的通知
3月15日	鄞党办〔2018〕12号	关于印发《中共宁波市鄞州区委 宁波市鄞州区人民政府政协宁波市鄞州区委员会2018年度协商工作计划》的通知
3月15日	鄞党办〔2018〕13号	关于印发《鄞州区贯彻落实平安建设和社会治安综合治理领导责任制实施细则》的通知
3月26日	鄞党办〔2018〕14号	关于表彰优秀农村工作指导员的通报
3月26日	鄞党办〔2018〕15号	关于印发《中共宁波市鄞州区全面深化改革领导小组2018年工作要点》的通知
4月4日	鄞党办〔2018〕17号	关于印发《2018年区委理论学习中心组学习意见》的通知
4月12日	鄞党办〔2018〕18号	关于印发2018年度全区房屋征迁“拔钉清零”行动实施方案的通知
4月12日	鄞党办〔2018〕19号	关于明确鄞州区“六大专项行动”领导小组办公室工作职责的通知
4月19日	鄞党办〔2018〕21号	关于印发《关于建设宁波城南智创大走廊的总体方案》的通知
4月19日	鄞党办〔2018〕22号	关于印发《鄞州区2018年度镇（街道）目标管理考核实施意见》、《鄞州区2018年度工业园区目标管理考核实施意见》和《鄞州区2018年度南部商务区管委会目标管理考核实施意见》的通知
4月19日	鄞党办〔2018〕23号	关于印发《鄞州区省级生态文明建设示范区创建工作实施方案》的通知
4月19日	鄞党办〔2018〕24号	关于印发《鄞州区生态文明建设示范区创建工作实施意见》的通知
4月19日	鄞党办〔2018〕25号	关于印发《鄞州区2018年党风廉政建设和反腐败工作组织领导与责任分工》的通知
4月19日	鄞党办〔2018〕26号	关于印发《2018年区领导重点工作调研课题》的通知
4月19日	鄞党办〔2018〕27号	关于印发《鄞州区党委（党组）理论学习中心组学习实施细则》的通知
4月19日	鄞党办〔2018〕28号	关于印发《关于进一步激发人才创业创新活力加快建设国内一流人才强区的若干意见》的通知
5月7日	鄞党办〔2018〕30号	关于表彰2017年度引进高素质人才先进镇（街道、园区）的通知
5月9日	鄞党办〔2018〕34号	关于进一步严肃会议纪律的通知
5月17日	鄞党办〔2018〕35号	关于印发《2018年区领导“七联七促”活动实施方案》的通知
5月18日	鄞党办〔2018〕36号	关于要求加强社会宣传促进创建活动群众“三率”提升的通知

续表80

日期	发文字号	文件目录
5月23日	鄞党办〔2018〕38号	关于印发《宁波市鄞州区食品安全党政同责实施细则》的通知
6月1日	鄞党办〔2018〕39号	关于深化推行村级小微权力清单制度的通知
6月6日	鄞党办〔2018〕40号	关于印发《鄞州区党政主要负责人履行推进法治建设第一责任人职责清单》的通知
6月15日	鄞党办〔2018〕42号	关于印发《2018年宁波市鄞州区委落实全面从严治党主体责任工作要点》的通知
6月21日	鄞党办〔2018〕45号	关于印发《2018年鄞州与和龙、延吉扶贫协作工作实施意见》和《鄞州与和龙、延吉扶贫协作三年行动计划（2018—2020年）》的通知
6月29日	鄞党办〔2018〕47号	关于成立区国税地税征管体制改革专项协调小组的通知
7月6日	鄞党办〔2018〕49号	关于印发《2018年上半年度安全生产工作履职督查方案》的通知
7月17日	鄞党办〔2018〕50号	关于印发《2018年度区级机关目标管理考核意见》的通知
7月18日	鄞党办〔2018〕54号	关于加强调查研究工作提高决策参谋水平的意见
7月18日	鄞党办〔2018〕55号	关于印发《鄞州区2018年度民主评议机关工作的实施意见》的通知
7月19日	鄞党办〔2018〕56号	关于印发《鄞州区"名城强区"战略指标体系》的通知
7月19日	鄞党办〔2018〕57号	关于深入开展"大学习大调研大抓落实"活动的通知
7月23日	鄞党办〔2018〕58号	关于组织开展全区机关干部"进社区、听民意、治环境"活动的通知
8月3日	鄞党办〔2018〕63号	关于认真学习贯彻省委十四届三次全体（扩大）会议精神的通知
8月10日	鄞党办〔2018〕64号	关于印发宁波市鄞州区高水平推进农村人居环境提升三年实施方案（2018—2020年）的通知
8月15日	鄞党办〔2018〕65号	转发《区委宣传部、区委组织部、区直机关党工委关于深入开展基层党员群众学习教育的实施意见》的通知
8月15日	鄞党办〔2018〕66号	关于成立鄞州区涉港涉海涉水领域违法建筑物专项整治工作领导小组的通知
8月14日	鄞党办〔2018〕67号	关于印发《2018年下半年鄞州区落实省、市督查检查活动计划安排及任务分解》的通知
8月21日	鄞党办〔2018〕68号	关于成立鄞州区姜山镇卫星城市发展试点领导小组的通知
8月28日	鄞党办〔2018〕70号	关于印发《2018年度镇目标管理考核部门计分细则及单项奖评选办法》和《2018年度街道目标管理考核部门计分细则及单项奖评选办法》的通知
9月4日	鄞党办〔2018〕71号	关于对2018年全区信息督查保密工作实行目标责任制考核的通知
9月4日	鄞党办〔2018〕72号	关于印发《鄞州区关于开展干部"进企业进社区进农村"活动的实施意见》的通知
9月7日	鄞党办〔2018〕73号	关于印发《宁波市鄞州区迎接省级环境保护督察工作方案》的通知
9月19日	鄞党办〔2018〕74号	关于调整区委主要领导担任区级议事协调机构领导职务的通知
10月8日	鄞党办〔2018〕75号	关于成立鄞州区创建"中国海丝文化之乡"领导小组的通知
10月22日	鄞党办〔2018〕78号	关于加强"进企业进社区进农村"活动组织保障的通知
10月22日	鄞党办〔2018〕76号	关于印发《关于加强新闻舆论监督工作的实施意见（试行）》的通知
10月22日	鄞党办〔2018〕77号	关于印发《鄞州区改革创新和实干攻坚容错纠错实施办法（试行）》的通知
10月22日	鄞党办〔2018〕80号	关于印发《鄞州区"党建争强"三年攻坚行动实施意见》的通知
10月23日	鄞党办〔2018〕79号	关于进一步加强全区领导班子思想政治建设的实施意见
10月23日	鄞党办〔2018〕81号	关于进一步激励党员干部实干担当奋进全力推动高质量发展建设高品质强区的实施意见
10月25日	鄞党办〔2018〕84号	关于印发《鄞州区工业厂房改建公寓楼安全隐患整治工作方案》的通知
10月29日	鄞党办〔2018〕85号	关于切实做好2019年度党报党刊发行工作严格规范报刊发行秩序的通知
10月29日	鄞党办〔2018〕86号	印发《关于打造鄞州—衢江山海协作工程升级版工作实施意见》的通知

续表80

日期	发文字号	文件目录
11月12日	鄞党办〔2018〕87号	关于成立鄞州区深化机构改革协调小组及明确各成员单位职责分工的通知
11月21日	鄞党办〔2018〕89号	关于进一步健全完善普法责任制的实施意见
11月21日	鄞党办〔2018〕90号	印发《关于进一步加强审计整改工作的意见》的通知
11月29日	鄞党办〔2018〕91号	关于印发《鄞州区姜山镇卫星城市体制改革方案》的通知
12月3日	鄞党办〔2018〕93号	关于印发《关于建设"请你来协商"基层政协协商民主平台的意见（试行）》的通知
12月3日	鄞党办〔2018〕94号	关于做好2018年度安全生产目标管理责任制考核暨安全生产履职督查工作的通知
12月5日	鄞党办〔2018〕92号	关于印发鄞州区城市精细化管理三年行动方案（2019—2021年）的通知
12月5日	鄞党办〔2018〕96号	转发区档案局《关于做好全区机构改革中档案工作的意见》的通知
12月6日	鄞党办〔2018〕97号	关于开展"以案为鉴·警钟长鸣"系列警示教育活动的通知
12月10日	鄞党办〔2018〕98号	关于下达2018年军转干部安置计划的通知
12月14日	鄞党办〔2018〕102号	印发《关于成立区乡村振兴工作领导小组的通知》《区乡村振兴领导小组议事规则》、《区实施乡村振兴实绩考核暂行办法》《2018年市对区乡村振兴战略实绩考核评分细则》的通知
12月13日	鄞党办〔2018〕103号	转发《中共宁波市委办公厅关于坚决制止和查处打着领导旗号违规办事行为的通知》的通知
12月24日	鄞党办〔2018〕109号	印发《关于进一步加强和改进离退休干部工作的实施意见》的通知
12月25日	鄞党办〔2018〕110号	关于印发《关于进一步促进村级集体经济发展壮大的实施意见》和《鄞州区村级集体经济发展项目扶持管理办法》的通知
12月24日	鄞党办〔2018〕111号	关于进一步加强村务监督委员会建设的通知
12月28日	鄞党办〔2018〕114号	关于印发《关于深化湖长制的实施意见》的通知
12月28日	鄞党办〔2018〕115号	关于印发《鄞州区姜山镇卫星城市发展三年行动计划（2018–2020年）》的通知

表81　　2018年宁波市鄞州区人民政府部分文件目录

日期	发文字号	文件目录
1月11日	鄞政办发〔2018〕4号	宁波市鄞州区人民政府办公室关于切实加强留守儿童关爱保护工作的实施意见
1月12日	鄞政办发〔2018〕3号	宁波市鄞州区人民政府办公室关于印发鄞州区城市基础设施工程移交接管办法（试行）的通知
1月16日	鄞政办发〔2018〕6号	宁波市鄞州区人民政府办公室关于印发办理区人大代表建议区政协提案工作细则的通知
1月17日	鄞政办发〔2018〕5号	宁波市鄞州区人民政府办公室关于印发宁波市鄞州区城乡居民最低生活保障实施办法的通知
1月24日	鄞政发〔2018〕6号	宁波市鄞州区人民政府关于实施"凤凰行动"鄞州计划加快推进企业参与利用多层次资本市场的意见
2月2日	鄞政办发〔2018〕10号	宁波市鄞州区人民政府办公室关于印发宁波市鄞州区"十三五"人才发展规划的通知
2月7日	鄞政办发〔2018〕13号	宁波市鄞州区人民政府办公室关于印发鄞州区"一企一策"项目服务跟踪工作方案的通知
2月11日	鄞政办发〔2018〕16号	宁波市鄞州区人民政府办公室关于印发宁波市鄞州区农村宅基地及住房确权登记发证工作实施方案的通知
2月14日	鄞政办发〔2018〕17号	宁波市鄞州区人民政府办公室关于建立鄞州区中小学（幼儿园）校舍安全保障长效机制的实施意见
3月6日	鄞政发〔2018〕17号	宁波市鄞州区人民政府关于进一步完善城乡义务教育经费保障机制的通知
3月8日	鄞政办发〔2018〕26号	宁波市鄞州区人民政府办公室关于认真做好区政协委员持证视察接待工作的通知

续表81

日期	发文字号	文件目录
3月12日	鄞政办发〔2018〕28号	宁波市鄞州区人民政府办公室关于印发中国-中东欧国家贸易便利化国检试验区（宁波国展中心区块）建设实施方案的通知
3月19日	鄞政办发〔2018〕32号	宁波市鄞州区人民政府办公室关于全面推进社区服务标准化建设的实施意见
3月22日	鄞政发〔2018〕20号	宁波市鄞州区人民政府关于公布第十一批区级文物保护单位的通知
3月26日	鄞政办发〔2018〕36号	宁波市鄞州区人民政府办公室关于印发鄞州区科技众创空间、科技企业孵化器和科技企业加速器认定与管理办法的通知
3月30日	鄞政办发〔2018〕37号	宁波市鄞州区人民政府办公室关于印发宁波市鄞州区食盐储备管理暂行办法的通知
4月3日	鄞政发〔2018〕23号	宁波市鄞州区人民政府关于贯彻《宁波市文明行为促进条例》的实施意见
4月3日	鄞政办发〔2018〕40号	宁波市鄞州区人民政府办公室关于增补鄞州区非物质文化遗产代表性传承基地和传承人及公布鄞州区第六批非物质文化遗产代表性项目名录的通知
4月11日	鄞政办发〔2018〕43号	宁波市鄞州区人民政府办公室关于印发鄞州区现代农业园区提升行动实施方案的通知
4月16日	鄞政办发〔2018〕44号	宁波市鄞州区人民政府办公室转发区市场监管局关于助力“六大专项行动”打造优质高效营商环境若干意见的通知
4月19日	鄞政办发〔2018〕49号	宁波市鄞州区人民政府办公室关于印发鄞州区创建省级农业“机器换人”示范区实施方案的通知
4月28日	鄞政办发〔2018〕54号	宁波市鄞州区人民政府办公室关于印发宁波市鄞州区第二次全国污染源普查实施方案的通知
5月8日	鄞政办发〔2018〕59号	宁波市鄞州区人民政府办公室关于构建高质量基层社会保障和公共就业服务体系的指导意见
5月10日	鄞政办发〔2018〕60号	宁波市鄞州区人民政府办公室关于进一步做好农贸市场等场所日常巡查监管工作的通知
5月14日	鄞政办发〔2018〕57号	宁波市鄞州区人民政府办公室关于印发鄞州区“十三五”工业经济发展规划（修编）的通知
5月15日	鄞政办发〔2018〕62号	宁波市鄞州区人民政府办公室关于开展省级学校艺术教育实验区工作的实施意见
5月17日	鄞政办发〔2018〕64号	宁波市鄞州区人民政府办公室关于印发鄞州区政府质量奖评审管理办法的通知
5月21日	鄞政办发〔2018〕70号	宁波市鄞州区人民政府办公室关于全面推进家院互融养老服务工作的实施意见
5月22日	鄞政办发〔2018〕68号	宁波市鄞州区人民政府办公室贯彻落实市政府办公厅关于进一步加强“地沟油”治理工作实施意见的通知
5月23日	鄞政发〔2018〕41号	宁波市鄞州区人民政府关于在市场体系建设中建立公平竞争审查制度的实施意见
5月25日	鄞政办发〔2018〕76号	宁波市鄞州区人民政府办公室关于重新确定区级治安保卫重点单位的通知
6月7日	鄞政办发〔2018〕79号	宁波市鄞州区人民政府办公室关于印发鄞州区推进“城乡争优”三年攻坚行动方案的通知
6月12日	鄞政办发〔2018〕81号	宁波市鄞州区人民政府办公室关于印发鄞州区消防安全责任制实施办法的通知
6月21日	鄞政办发〔2018〕84号	宁波市鄞州区人民政府办公室关于印发深化落实鄞州区市容环境卫生门前责任区管理制度实施方案的通知
6月21日	鄞政办发〔2018〕85号	宁波市鄞州区人民政府办公室关于做好2018年粮食收购工作的通知
6月22日	鄞政办发〔2018〕86号	宁波市鄞州区人民政府办公室关于印发宁波市鄞州区建设工程项目竣工“快速验收”实施方案的通知
6月27日	鄞政办发〔2018〕88号	宁波市鄞州区人民政府办公室关于深入推进美丽宜居村建设专项行动的实施意见
7月3日	鄞政办发〔2018〕94号	宁波市鄞州区人民政府办公室关于印发鄞州区村庄景区化创建工作实施方案的通知
7月4日	鄞政办发〔2018〕93号	宁波市鄞州区人民政府办公室关于印发鄞州区2018年度有序用电方案的通知
7月5日	鄞政发〔2018〕52号	宁波市鄞州区人民政府关于征收污水处理费的公告
7月5日	鄞政发〔2018〕53号	宁波市鄞州区人民政府关于开展第四次经济普查的通知

续表81

日期	发文字号	文件目录
7月16日	鄞政办发〔2018〕97号	宁波市鄞州区人民政府办公室关于加强土地执法共管责任机制建设的实施意见
7月18日	鄞政办发〔2018〕101号	宁波市鄞州区人民政府办公室关于印发鄞州区农村公厕改造提升实施方案的通知
7月27日	鄞政办发〔2018〕103号	宁波市鄞州区人民政府办公室关于印发鄞州区生活垃圾分类实施方案（2018—2022年）的通知
8月10日	鄞政办发〔2018〕108号	宁波市鄞州区人民政府办公室关于印发宁波市鄞州区燃气突发事件应急预案的通知
8月13日	鄞政办发〔2018〕109号	宁波市鄞州区人民政府办公室关于印发鄞州区第三轮学前教育行动计划（2018—2020年）的通知
8月14日	鄞政办发〔2018〕110号	宁波市鄞州区人民政府办公室关于印发全区殡葬领域突出问题专项整治行动方案的通知
8月14日	鄞政办发〔2018〕111号	宁波市鄞州区人民政府办公室关于印发宁波市鄞州区2018年度法治政府建设重点任务分工方案的通知
8月14日	鄞政办发〔2018〕112号	宁波市鄞州区人民政府办公室关于印发宁波市鄞州区行政机关主要负责人履行法治政府建设第一责任人职责“最佳实践”工作方案的通知
8月22日	鄞政发〔2018〕63号	宁波市鄞州区人民政府关于促进镇级农合联和现代农业服务中心实体化运行的实施意见
8月22日	鄞政发〔2018〕66号	宁波市鄞州区人民政府关于印发政府“两强三提高”建设行动计划（2018—2022年）实施方案的通知
9月11日	鄞政办发〔2018〕124号	宁波市鄞州区人民政府办公室关于印发鄞州区永久基本农田内花木种植整治工作方案的通知
9月25日	鄞政办发〔2018〕128号	宁波市鄞州区人民政府办公室关于印发鄞州区推进城区老旧住宅小区环境整治工作行动方案的通知
9月29日	鄞政发〔2018〕78号	宁波市鄞州区人民政府关于开展第三次全区国土调查的通知
9月30日	鄞政办发〔2018〕130号	宁波市鄞州区人民政府办公室关于公布《鄞州区第二批历史地名文化遗产保护名录》的通知
9月30日	鄞政办发〔2018〕131号	宁波市鄞州区人民政府办公室关于印发鄞州区企业投资项目“最多跑一次、最多100天”改革实施方案的通知
9月30日	鄞政办发〔2018〕132号	宁波市鄞州区人民政府办公室关于印发鄞州区加快推进“标准地”改革实施方案的通知
10月17日	鄞政办发〔2018〕136号	宁波市鄞州区人民政府办公室关于印发鄞州区“阅起来”全民阅读示范镇（街道）创建工作实施办法的通知
10月25日	鄞政办发〔2018〕139号	宁波市鄞州区人民政府办公室关于公布鄞州区县级河道名录的通知
11月27日	鄞政发〔2018〕101号	宁波市鄞州区人民政府关于高水平建设“四好农村路”的实施意见
11月30日	鄞政办发〔2018〕144号	宁波市鄞州区人民政府办公室关于明确国有划拨土地使用权补办出让有关事项的通知
12月10日	鄞政办发〔2018〕148号	宁波市鄞州区人民政府办公室关于印发鄞州区全面推进“四好农村路”路长制实施方案的通知
12月12日	鄞政发〔2018〕102号	宁波市鄞州区人民政府关于深化“亩均论英雄”改革的实施意见
12月14日	鄞政办发〔2018〕149号	宁波市鄞州区人民政府办公室关于开展全国青少年校园足球试点区建设的实施意见
12月19日	鄞政发〔2018〕111号	宁波市鄞州区人民政府关于限制养犬区域的公告
12月20日	鄞政办发〔2018〕151号	宁波市鄞州区人民政府办公室关于推行企业投资项目承诺制改革的实施意见
12月21日	鄞政办发〔2018〕152号	宁波市鄞州区人民政府办公室关于印发鄞州区创建省区域推进语言文字规范化区工作实施方案的通知
12月27日	鄞政办发〔2018〕154号	宁波市鄞州区人民政府办公室关于印发宁波市鄞州区农村假冒伪劣食品专项整治行动实施方案的通知
12月27日	鄞政办发〔2018〕155号	宁波市鄞州区人民政府办公室关于印发鄞州区畜禽养殖废弃物资源化利用工作方案的通知
12月29日	鄞政办发〔2018〕158号	宁波市鄞州区人民政府办公室关于进一步推进降本减负促进实体经济稳增长的实施意见

媒体看鄞州

“网红书记”的“好声音”

——宁波鄞州充分利用微党课宣讲十九大精神

“当前，认真研读党的十九大报告，准确领会和把握党的十九大精神的思想精髓、核心要义，原原本本、原汁原味学习好党的十九大精神，是基层党务工作者、一线思想政治工作者的重大任务和光荣责任……”打开网络电台“喜马拉雅FM”的国福频道，手机里沉稳有力的男声，直奔听众的耳朵。

电波的另一头，是全国党建研究会非公专委会特约研究员、浙江省十大基层优秀宣讲员、博威集团党委副书记董国福。今年58岁的他已经做了30余年党务工作，是宁波非公企业党建领域的开拓者。2年前一次偶然的机会，董国福在网络上开设了自己的专属频道，发布了第一个党课音频，从此开启了他的微党课之旅。十九大以来，《十九大 微宣讲》《网红书记精讲十九大》等一系列音频的陆续发布，十余万人次的收听记录，更是让他成为名副其实的“网红书记”。

“党课也要与时俱进。网络电台不受时间、空间限制，不仅方便听众聆听学习，还能将课堂传播得更远，是一个全新的党员教育平台和思想传播阵地。”提起微党课的开设，董国福非常自豪：“微型党课短小精悍、见微知著，大家很喜欢听。”

从“两学一做”系列音频课堂到十九大系列微课堂，国福频道的年轻听众队伍也随着党课的增多而日益壮大。宁波市鄞州区东郊街道现代商城80后党总支副书记何丽娜，就是董国福的忠实听众。在午餐间隙、上班路上，只要是闲暇时间她都会拿起手机点开软件，认真收听“国福频道”的节目。鄞州区许多年轻党员，在听了董国福的微党课后就成了他的铁杆粉丝。

“讲得清楚听得明白，是我的讲课要义，也是吸引党员听众的关键所在。”董国福解释道，“比如十九大的微党课，我首先会把十九大精神弄通、学懂、吃透，做到融会贯通。然后在讲课时尽量做到从小事切入，多运用鲜活的群众语言和贴合党员实际的例子。久而久之，大家的注意力就会被吸引到课堂上来。”

不久前，在宁波市鄞州区委组织部的支持下，“董国福名师工作室”授牌启用，“网红书记”的影响力从线上延伸到了线下。工作室以提供党建服务为主要任务，采取“导师+专家”的形式组建导师团，由董国福担任核心导师，并聘请宁波市委组织部等相关单位专家，共同培养一批优秀的党组织书记或党务工作者。首期已遴选出20名左右的学员进行培训。

“党的十九大报告旗帜鲜明地指出要坚持和加强党的全面领导。对于有经验的基层党建工作者来说，开设个人工作室是学习领会十九大精神的一种实践。”董国福说。

在鄞州，董国福并不是第一位以个人名字命名“名师工作室”的基层书记。在他之前，全国先进基层党组织划船社区俞复玲和湾底村党委书记吴祖楣也分别设立了自己的工作室，并已累计开展教学活动60余次，培训学员2500余人次。“名师工作室是我们大力实施‘红匠工程’的重要抓手之一。”宁波市鄞州区委组织部相关负责人介绍道，“‘红匠工程’，就是利用好发挥好吴祖楣、俞复玲和董国福等人的示范引领作用，同时构建具有地方特色的培训路径和实践基地，力争通过3到5年的时间，锻造100名‘红匠书记’，储备1000名后备人才，为鄞州培养一批优秀的基层党建工作者。”

据介绍，目前，鄞州已实现村、社区、两新组织等基层党建重点领域的基层干部培训阵地全覆盖。在此基础上，鄞州牢固树立“基层人才观”理念，通过启动“青苗计划”、深化“亮绩竞标”、引导“能人回归”、完善“立体保障”，进一步建好“红匠”生力军，助力“红匠工程”的顺利实施。

（《光明日报》2018年1月23日5版）

宁波博物馆

年方十岁有“海味”（你所不知道的一级馆）

西汉鎏金铜骑马俑、宋代鹊纹银盘、清代银茶碗、茶树木雕佛像……春夏之交，一场展现茶马古道风土与人文的文物联展，在宁波博物馆亮相。在开馆十周年之际，宁波博物馆为广大观众奉上338件（套）来自中国8个省区的珍贵文物。

2008年12月正式开放的宁波博物馆，在全国130家国家一级博物馆中属于特别年轻的。它位于浙江省宁波市鄞州区，总建筑面积3万平方米，由首位中国籍“普利兹克建筑奖”得主王澍设计，建筑本身具有浓浓的艺术气息。

宁波博物馆以展示宁波人文、历史和艺术为主，是一家富有地域特色的综合性博物馆，常设展览包括“东方‘神舟’——宁波史迹陈列”“‘阿拉’老宁波——宁波民俗风物展”“竹刻艺术——秦秉年捐赠明清竹刻珍品展”等。馆内藏品丰富，囊括了从史前河姆渡文化至近代以来的珍贵青铜器、瓷器、竹刻、玉器、书画、金银器、民俗等文物6万余件。

建筑本身也是展品

第一次到访宁波博物馆的游人，都禁不住驻足馆前流连、观赏。博物馆的建筑是王澍“新乡土主义”风格的代表作，将宁波地域文化特征、中国传统建筑元素和现代建筑工艺融为一体，造型简约灵动而颇具创意，建筑本身就堪称是一件展品。博物馆外墙的直壁采用的是浙东地区常见的“瓦爿墙”，呈古旧的青灰色，仔细看还能发现砖瓦上当年烧制时留下的符号，仿佛让人回到了明清时期的江南古镇。

“这些砖瓦绝大部分是宁波旧城改造时留下来的旧物，其中青砖数量最多，年代在明清至民国时期不等，甚至有部分是汉晋时期的古砖。”宁波博物馆馆长王力军告诉笔者。

按每平方米100块砖瓦的使用比例，整个博物馆1.3万平方米的瓦爿墙需要一百多万块砖瓦，用这些旧城改造时收购来的旧砖瓦，能节约一半以上的材料费，充分体现了循环利用这一中华传统美德。

除了大量使用旧砖瓦、陶片，博物馆的外观设计还运用了具有江南特色的毛竹，制成特殊模板混凝土墙，毛竹开裂后墙面上形成的肌理纹路清晰显现，别具一番风味。建筑外围铺有大面积的鹅卵石坪，点缀着长满芦苇、水草的湿地式水系，轻巧地写意着江南水乡的清幽。

在博物馆外，常能看到有游客拓印瓦爿墙，考古出身的王力军忍不住会上前支招、指导。“博物馆是收藏记忆、收集历史的。”王力军说，“人们愿意与博物馆的角角落落合影，就是文化认同感与亲近感。”

越窑珍品折射港城文化

宁波博物馆藏有一件国内罕见的唐代秘色瓷荷花托盏，堪称越窑青瓷代表作。

该托盏为1975年宁波市和义路遗址唐大中二年纪年墓出土，包括茶盏和盏托两件套。茶盏造型犹如一朵盛开的莲花，口沿作五瓣花口弧形，外壁压出内凹的五条棱线，形成五个花瓣的界线效果。盏托中心内凹，刚好稳稳地承接茶盏，构成了一幅轻风吹卷的荷叶载着一朵怒放的荷花在水中摇曳的画景。

宁波（鄞州）博物馆

当时，越窑的主要窑场在越州的余姚、东钱湖、上虞一带。唐代中期，余姚县上林湖（今属慈溪）窑产品因质地超凡被朝廷录为贡瓷，并置官监烧。从晚唐起至五代时期，越瓷中的贡品又得了一个千古绝唱的“秘色瓷”称谓。

据宋代文献记载，相传五代时吴越国王钱缪命烧造瓷器专供钱氏宫廷所用，并入贡中原朝廷，臣下庶民不得使用，其釉药配方和制作工艺秘而不宣，故称为“秘色瓷”，属越窑瓷中最好的产品。宁波博物馆收藏的这件越窑青瓷荷花形托盏，造型精美、釉色清亮、如冰似玉，被鉴定为国家一级文物，无疑是越窑上品。

王力军说，这件珍贵瓷器充分折射出唐代宁波佛教文化和茶文化的兴盛，证明了宁波是东西方文明交流的“海上丝绸之路”核心港口，也是最早接受西方文明的港城。

宁波博物馆还有一件宝贝，是制作于清末民初的宁波“万工轿”。轿高3米，长1.5米，宽0.95米，重量在200公斤上下，要8个大汉才能抬起。花轿的轿顶由5座大小不等的牌楼组成，称“五岳朝天”，象征崇高之意。中亭顶上站着一个面目狰狞、手擎毛笔的“魁星点状元”，象征文运昌盛。亭角是群龙舞首，飞檐翘角则为凤凰展翅。轿檐由刻着《三国演义》人物故事的16块朱金花板组成，每块花板下悬挂金银彩绣排穗，与朱金花板相互辉映。轿身围以麒麟送子、百子喜庆等彩绘玻璃，圆雕戎装跃马的各路护卫神祇布满上下。全轿共展示了300多个姿态各异的人物形象，雕绘精细，栩栩如生。据说制作这顶轿子需费一个工匠的一万个工作日，故称“万工轿”。

“万工轿”也是宁波著名的传统工艺——朱金木雕的代表作。朱金木雕工艺已有1000多年历史，其艺术效果主要来自漆工的修磨、刮填、彩绘和贴金，故有“三分雕，七分漆”之说。自明清以来，朱金木雕普遍应用于民间日常生活，如日用陈设、佛像雕刻、家具装饰，特别是婚嫁喜事中的床和轿。

让逛博物馆成为生活方式

什么是博物馆的核心价值？博物馆对现代都市人意味着什么？如何吸引公众多逛博物馆？从建馆至今，宁波博物馆一直在努力探索。

王力军认为，宁波博物馆是个年轻的馆，首先要有“大资源观”，按照“天下文物资源为我所用”的思路，积极引进各种临特展，这也正是这座港口城市的海洋思维。在他看来，博物馆是一个城市文化和历史的浓缩，要“高大上”也要“接地气”，让公众在润物无声中接受优秀文化的熏陶。

开馆以来，宁波博物馆秉持“百姓博物馆”“休闲博物馆”理念，开展丰富多彩的文化活动，努力满足公众文化需求。从策展选题到服务设施，充分考虑公众所需，以舒适的方式为游客提供知识服务和浸入式游览体验，焚香、听琴、饮茶……为公众构筑起一种新的文化生活方式。宁波博物馆还推出大量富有创意的文创产品，受到市场欢迎。2014年，宁波博物馆被中国博物馆协会评为“全国最具创新力博物馆”，同年获此荣誉的博物馆总共只有3家。

（《人民日报》2018年5月15日海外版7版）

浙江鄞州发展民宿带动村民致富

一个小渔村的变迁

“我家的农家小旅馆开张了。”浙江宁波鄞州区南头村村民冯秀朝高兴地说，儿女都成家了，在外面工作，家里就剩他们老两口，也没太多事情做。得知南头村要开发湿地观光园的消息后，老冯觉得机会来了。他将房子按照农家小旅馆的格局进行了改造，隔出8个标间，成了整洁、敞亮的民宿旅馆。据了解，像老冯这样开民宿旅馆的，村里还有10多户。

南头村是一个紧邻宁波象山港的小渔村。昔日渔民捕鱼、晒盐、种棉花，如今经商、养虾、做旅游。南头村村支书朱元兵说，南头村早在5年前就被评为浙江省特色旅游村，今年又被评为宁波市“最洁美村庄”。

“南港明轩”是村里已经建设完成的民宿之一。一幢4层小楼，建筑面积1000多平方米，去年旺季时，接待了160多名游客。“最多可以接纳30个人入住，近200人一起用餐。”民宿主人说，现在各方面条件都很好，就想着尽快搭上发展乡村旅游的快车，增加收入，早日致富脱贫。

“我们是鄞州区咸祥镇第一个启动新村建设的村庄。”朱元兵说，经过3年的美丽乡村建设，共投入了3000多万元，南头村从“脏乱差”蜕变成为极具渔村风情的秀丽村庄。同时，乡村旅游的发展也带动了基础设施建设的提升。比如，在电力等基础设施方面，变压器扩容到了6台，村民再也不用因为工作、生活用电不够发愁了。据介绍，目前南头村内所有管理、服务、接待性岗位90%面向村民，可直接解决村内闲置劳动力150多名。渔村内一些对外招商的商铺、店面更是以优惠价优先向村民提供。此外，渔村开发还间接带动了附近农家旅馆、渔家饭店以及小海鲜等项目。

咸祥镇南头村

“如今，村里的海水养殖场，养殖了南美虾、梭子蟹、蛏子等；村里的农家乐、滩涂游乐场吸引着大量游客；一到周末，很多摄影爱好者就来到村里拍摄渔村美景。”朱元兵说着村里的发展变化，喜悦之情溢于言表。

（《人民日报》2018年6月11日 10版）

宁波鄞州破解电梯维保难题

维保计划完成率达100%、维保成本下降50%、故障率下降40%……近日，宁波市鄞州区发布了千余部电梯的“体检表”。这些电梯全在一年多前上了保险，如今，这一连串的数字表明鄞州在破解电梯维保监管这一全国性难题上走在了全国前列。

2016年6月，宁波获批建设国家保险创新综合试验区。同年8月，宁波市鄞州区都市森林小区业委会、雅戈尔物业、宁波仁捷电梯设备工程有限公司以及人保财险宁波分公司，共同签订了电梯安全综合保险保单及电梯维修保养合同，同时开通配套网络系统，实现了电梯保险和维保服务同步配套，成为全国首个全程参与电梯综合管理的保险试点项目。截至今年4月1日，鄞州全区累计有45个小区试点电梯安全综合保险，共有1403台电梯系上了“保险绳”，平均维保时间从以前的35分钟延长到60分钟，与此同时，平均电梯维保成本和电梯故障率比去年同期分别下降50%和40%。

“鄞州区的住宅小区现有垂直电梯5000余台，有些电梯都用了十几年了，这些老电梯就经常发生故障，影响到居民的出行安全。”鄞州区住建局相关负责人表示，大量问题电梯的出现，除了因电梯随着使用年限的增加而逐渐老旧外，还有着电梯维保单位良莠不齐、维保台账记录不完整、物业公司对电梯缺少专业了解等原因。

为此，鄞州电梯综合保险试点项目首先对维保费用支付方式进行创新。由业委会、物业、保险公司共同委托维保公司按照要求对电梯进行维修保养。并由原来的物业单位直接向维保单位支付维保服务费变为由物业单位向保险公司缴纳保费，在维保单位按时且高质量完成保养工作前提下，再由保险公司将相关维保费用支付给维保服务单位。

紧接着，鄞州与保险公司合作开发了“PICC电梯卫士”系统，实现了维保服务的全程监督。在电梯日常维保过程中，维保单位通过系统完成维保信息上传；保险公司监控运行风险并及时处理；市场监督管理部门随时上网监督维保单位日常工作。“我们给系统配套了打卡功能，和系统流程设置的照片及影响上传功能，以督促维保单位执行统一严格的标准，防止偷工减料。”人保财险鄞州支公司高级主管舒衡介绍，目前公司共监督维保单位完成维保近2万次，发回重做

300余次。

宁波市鄞州区都市森林小区物业经理朱永春说，自从试点电梯安全综合保险以来，居民、物业都可以通过扫描电梯门上的二维码，进入“PICC电梯卫士”系统查看电梯状态，因此维保人员来得更勤，工作更认真，大家都对此拍手称赞。

“总的来说，这种电梯安全监管模式让电梯安全的事前防范、事中维保过程监管，和事后责任溯源、赔付都有了切实的抓手。今年，我们将逐步开始扩面工作，覆盖80%以上电梯，计划为近4000部电梯系上‘安全绳’。”鄞州区住建局相关负责人说。

（《光明日报》2018年04月09日 10版）

宁波鄞州区建设“智创大走廊”

时下，面积6.5万平方米的浙江（宁波）人力资源产业园三期正在紧锣密鼓地筹建中，该产业园位于宁波高教园区南区和南部商务区之间，建成后将为宁波乃至长三角发展提供强有力的人力资源服务和保障。这是宁波鄞州区正在加紧建设的宁波城南智创大走廊，旨在打造一条横跨宁波东部新城、南部新城，串联国家级众创空间、专业化园区、知名高等院校的大走廊。

鄞州区委负责人介绍说，智创大走廊建设是鄞州区深入实施科教兴区、人才强区、创新驱动“三大战略”，推进新旧动能转换的重要举措，是主动融入浙东南国家自主创新示范区等省市重大部署的关键之举。目前，鄞州坐拥国家级企业技术中心7个、国家级众创空间7个、国家级孵化器3家、院士和博士后工作站47个，是浙江省唯一入选国家双创示范基地的行政区域。智创大走廊建设将推动各类智创平台聚合裂变，促进产研、产学、产融、产城等的有机融合，实现创新带、人才带、产业带无缝衔接，构建更大范围、更高层次、更强能级的区域创新体系。

据了解，宁波城南智创大走廊以宁波世纪大道—甬台温高速为主轴，北起通途路，南到鄞城大道，南北跨径20公里，覆盖总面积约80平方公里，产值达千亿元，形成“一廊三园三谷多点”空间布局。“三园”为浙江省首家省级人力资源产业园——浙江（宁波）人力资源产业园、以省级军民融合示范基地鄞州投资创业中心为主体的千人产业园、以省级鄞州工业园区为载体的鄞南智造园；“三谷”为位于东部新城的宁波金融谷、南高教园区的大学科创谷和南部商务区的南商创意谷；“多点”包括全国首批4家“中国工业设计示范基地”和丰创意广场、省级特色小镇四明金融小镇等26个创新区块。

近年来，鄞州区实施先进制造业和现代服务业“双轮驱动”成效显著。通过“宁波城南智创大走廊”建设，鄞州一方面充分整合各类创新资源和创新平台，串点成线，连线成廊，进一步优化智创空间布局；另一方面，通过智创大走廊将各类创新平台有机串联起来，促进创新要素加速集聚、创新资源高效整合，打造高质量发展的主引擎。

（《经济日报》2018年2月8日 10版）

浙江宁波鄞州区外贸综合服务平台助企业“出海”

浙江宁波市鄞州区加快建设外贸综合服务平台，拉动外贸增长。今年一季度，全区实现进出口总额359亿元，同比增长22.5%。不久前，鄞州区还以全省第二的年进出口额，入选2017年度浙江省外贸十强县（市、区）榜单。

宁波赛柯国际贸易有限公司最近刚通过宁波世贸通外贸服务平台，将一批价值逾5.7万美元的胎压气泵发到俄罗斯。该公司总经理朱灵峰说，他们在世贸通平台上轻点鼠标就能应付复杂的出口环节，公司每年能降低20万元左右的综合成本。“对企业来讲，我们可以只专注于跟客户的沟通、产品的研发和生产，后续的出口、物流、金融、保险等环节，都可以请世贸通帮助处理。”

另一家受益于“世贸通”的鄞州小微外贸企业——宁波星阳贸易有限公司负责人黎杨说，“目前，公司正处于发展初期，成立专门的外贸服务团队不切实际，专注于制造才是最迫切的事”。自从企业把报关、单证、退税等一系列进出口手续服务外包到宁波世贸通外贸综合服务平台后，总体费用节省了近一半，公司外贸业务发展得以提速。

总部位于宁波市鄞州区的“世贸通”，是长三角地区唯一的国家级外贸综合服务平台试点企业。该公司副总经理王平说，中小微外贸企业只要支付较少的服务费，就能享受平台所提供的物流、金融方案，解决融资难、成本高等问题，还能在出口报关等环节上少走很多弯路。“经过几年发展，如今世贸通的客户已经有五六千家，尽管报关元素都差不多，但是报关单据的格式还是有差别的。世贸通把这些单据进行标准化、统一化处理，对促进外贸企业出口业务非常有效。”

而鄞州的另一家外贸综合服务企业叫中基惠通。他们整合了海内外优质服务商，近年来的服务规模保持20%的年增速，7.2亿美元的年出口额领跑鄞州同类企业。宁波中基惠通集团股份有限公司总裁应秀珍说，“中基惠通要打造的平台是第三方公共服务平台。这个平台的客户，如果要到亚马逊、Ebay这些地方去开店，我们可以帮他培训、帮他打理、帮他经营”。

目前，鄞州区经商务部门认定的外贸综合服务平台企业达到6家，已成为浙江全省外贸综合服务平台最为集聚的区域。2017年，鄞州区实现外贸进出口总额1300多亿元，居全省第二，同比增长超过20%。其中，世贸通、中基惠通、一达通等外贸综合服务企业拉动全区外贸增长近10个百分点。

宁波市鄞州区有关负责人说，外贸综合服务企业的崛起，标志着鄞州外贸发展进入信息化、集约化、核心化、专业化时代。下一步，鄞州将对这些平台进一步加强风险管控，促进企业健康发展。

（《经济日报》2018年6月21日10版）

宁波鄞州：高层次人才助力高质量发展

9月16日，2018年鄞州人才科技智创周盛大开幕。15个重大项目签约落地，7个海内外人才工作站集中授牌，9位院士、专家被聘为宁波城南智创大走廊顾问……这些都为推动鄞州“高质量发展、建设高品质强区”提供了坚实的人才保障和智力支撑。

鄞州，这个入选国家双创示范基地的行政区域，始终秉承“创新驱动、人才先行”理念，海纳百川，筑巢引凤，大力实施“人才强区”战略，政策多管齐下、平台创新拓展、尊才之风盛行，已成为国内外人才的“梧桐树”，成为集万千高端要素为一体的创业创新沃土。

截至目前，鄞州区各类人才总量达到34.6万，其中高层次人才8000余人，保持市级以上院士工作站、博士后工作站和企业技术创新团队等重点指标位居宁波市前列。

登高望远再出发，鄞州区蓄势而为，正着力打造创业创新生态最优区，迈上高质量发展新征程。

广拓平台　创活形式引人才

9月16日上午，在2018年鄞州人才科技智创周活动上，鄞州区举行了宁波城南智创大走廊“院士专家顾问团”聘任仪式，9位院士、专家被聘为宁波城南智创大走廊顾问团，他们将为大走廊的建设和鄞州的发展出谋划策、贡献智慧。现场还举行了15个重大项目签约落地，7个海内外人才工作站集中授牌。

在此之前，9月12日，鄞州区第三届“甬创·鄞造”创客大赛暨2018 Ingenuity第一届国际创新创业大赛正式开赛，海内外创客精英集结鄞州争夺“三国论剑”入场券。

本届活动周注重培育壮大新动能、集聚发展新优势，亮点突出，特色鲜明。

更加突出精准对接。一方面聚焦产业，围绕先进制造业重点产业、现代服务业新兴业态等鄞州重点产业领域，邀请400多名海内外高层次人才，让符合鄞州产业方向的人才团队更加深入了解鄞州，加快在鄞落地发展；另一方面聚焦要素，通过举办独角兽创新峰会、知名高校院所产业化成果发布会、人力资源服务供需对接洽谈会、“工业+设计”融合发展交流会等，加速人才、项目、资本、平台对接。

更加对标国际化高水准。2018年，鄞州新建人才工作站3家，并成功引进瑞士优秀创业创新资源，成立中瑞（宁波）科技孵化器，相关人士也将携带成果亮相活动周。

通过本届活动周，鄞州区希望引进一批带动性好的海内外领军型创业创新团队，转化一批针对性强的先进科技成果，共建一批示范性明显的高端创业创新载体，为“推动高质量发展、建设高品质强区”提供坚实的人才保障和智力支撑。

人才科技智创周营造的人才强力磁场，正在转化成鄞州区域发展新经济的巨大优势。

多方联手　创新机制聚人才

吸引追梦人，留住追梦人，让每一个追梦人都能在鄞州梦想成真。鄞州区精心耕耘厚植沃土，制定政策，不拘一格积聚英才。

拥有一大批人才，是创新活力所在，也是高质量发展的关键所在。近年来，鄞州区大力实施“人才强区”战略，瞄准先进制造业、现代服务业等核心主导产业，先后出台精英引领计划、外智柔引计划、四大“精英”培养计划等，努力实现人才智力常态引进、精准引进和有效引进。

截至目前，鄞州已连续8年获得浙江省科技进步与人才工作目标责任制考核优秀单位，全区各类人才总量达到34.6万人，形成了涵盖7个国家众创空间、3个国家孵化器、65个省级高新技术企业研发中心的创业创新平台体系。

2018年年初，鄞州区出台《关于进一步激发人才创业创新活力加快建设国内一流人才强区的若干意见》，剑指国内一流人才强区建设，举全区之力打造人才高地，为贯彻落实“六争攻坚、三年攀高”专项部署，推进“建设高品质强区”再放“大招”。综观新政，政策体系更全、支持力度更大、发展理念更新、服务内容更实，重点包括延揽高精尖人才、培育本土骨干人才、打造高端引才平台、完善服务体制机制、加强发展保障等六大领域。

引才要“上接天线”，也需要“下接地气”。2018年，鄞州区在各镇（街道）创新推出了“一镇（街道）一品牌”的揽才新举措。云龙镇大力实施“云智GET”计划，以人才助推“工业强镇”建设，邀请浙大老教授协会43位成员为其把脉人才工作；咸祥镇结合乡村振兴战略，推出“蓝海行动”人才计划，制定全市首个乡镇级人才蓝皮书，并与世界一流大学胃肠动力学实验室签订合作协议，全面开展医学技术和人才培养合作。

积极探索市场化引育机制。鄞州充分发挥人力资源产业在精准式评价人才、宽视野招揽人才、全方位服务人才等方面具有的独特优势，打造集融资、投资、投后服务于一体的“人才+资本+互联网”全生态链。

2018年上半年，全区引进各类人才1.7万余名，高端创业创新团队27个。在创新实践中不断发现人才，聚焦特色优势产业，多举措拓展引才渠道，加快集聚“高、精、尖、缺”高端领军人才。

在政府种梧桐树的“目标引领”下，鄞州企业也走上了一条涓涓小河汇成大河的引智之路。

圣龙集团在开放式选才育才用才体系的助力下，年产值以25%的幅度增长，发动机油泵、变速箱油泵等产品产销量位居全球前三位；美康生物以10多名博士、60多名硕士为核心的研发团队，每年至少推出10项原发研制产品，成为引领市场的风向标。

精准细致　创优服务留人才

为了让各类人才落地生根开花结果，鄞州区积极搭建平台，打造创新创业“主阵地”。

2018年年初，鄞州举全区之力打造的一条横跨东部新城、南部新城，串联诸多国家众创空间、专业化园区、知名高等院校的“宁波城南智创大走廊”，将区域内现有的60多个双创平台“串珠成链”，加速聚合裂变，实现创新带、人才带、产业带无缝衔接。

鄞州区融合了更为多元的人才发展产业环境和更为齐全的创新创业要素配备，有实力也有底气，去打造形成一批专业化、特色化，具有较强服务能力的人才科创平台集群。

不久前，电商巨头亚马逊正式“落户”鄞州，目前已进入紧张的装修阶段，2019年年初可正式投入运营。这是继杭州和厦门之后，亚马逊全球开店在中国落户的第三个跨境电商园。

创新要素加快集聚，各类创新平台不断涌现。鄞州区借力宁波建设国家保险创新综合试验区的机遇，落户保险科技产业园；与瑞中创新中心合作设立中瑞（宁波）科技孵化器，打通国际人才智力输送渠道；发挥千人产业园引才作用，园内企业伏尔肯签约引进国内流体密封行业“大咖”中国工程院院士王玉明为首席科学家；与创新工场合作成立创新奇智宁波公司，推进人工智能与本土实体经济的深度融合，加快推进鄞州“3311”产业发展。

枝繁巢暖引凤来，鄞州区以细致周到的服务留人留心。

深化“3S”人才服务法（便捷Simple、真诚Sincerity、满意Satisfy），健全人才工作服务联盟运行机制，配备创业导师和创业助理，为人才项目提供“店小二式”服务。落户“千人产业园”仅一年的宁波视睿迪光电有限公司，首条裸眼3D产品生产线已经投入运行。而自企业入驻以来，该园区主动对接，不仅为其提供了办公场地，还提供了快速注册、项目申报、人才招聘、本地产业资源对接等一系列服务。

鄞州在宁波市首推高层次人才精英卡，“内外兼修”促进人才服务再升级；对新引进的各类人才项目，为企业配备专门“理才助理”，提供专业人力资源服务；面向企事业单位开拓创新、技术攻关的高端人才，入选后分层次给予补助；实施鄞州区人才租房补贴政策，对企业新引进或新培养的无房“双一流”全日制本科生及以上学历人才、各类专技人才、高技能人才等给予租房补贴。

奥克斯空调打造了一支全部由“80后”“90后”构成的年轻研发管理团队，充分发挥青年人才创造力，提升质量构建品牌，每年投入到产品研发上的费用占销售额的3%以上，奥克斯空调主持起草了《家用落地式变频节能舒适空调器》“浙江制造”团体标准，并成为浙江省实现“品字标浙江制造”及“一带一路”国际认证的企业。2018年1月份至7月份，奥克斯空调连续保持电商规模、电商增长率名列前茅，市场规模已稳居行业前三名。

目前，鄞州人才“红利”正持续释放，为产业升级和企业转型发展带来澎湃动能，奋力推动鄞州高质量发展，建设高品质强区。

（《经济日报》2018年9月19日12版）

外贸出口的“鄞州路径”

从破千万到破千亿厚植开放沃土

1978年，外贸进出口245万美元，其中出口178万美元，进口67万美元；2017年，外贸进出口1332.4亿元（人民币，下同），其中出口额1060.7亿元，进口额271.7亿元，外贸出口额首次突破千亿元。

从破千万到破千亿，一组组数据诉说着浙江省宁波市鄞州区改革开放四十年的发展变迁。改革开放四十年，鄞州以外贸出口为引领，唱响开放经济，厚植发展优势。

享改革开放红利　促外贸发展蜕变

40年前，鄞州还是一座偏居浙江东南一隅的小县城。而在改革开放后的40年时间里，鄞州被改革开放的浪潮推到了中国城市发展前沿，经历了一次次蜕变，也成就了一次次发展。

彼时，搭乘改革开放的春风，外贸经营权从1979年开始逐步下放到地方省级外贸公司和国有大中型企业。1987年，外贸公司开始实施承包制改革，地方公司和总公司脱钩。1991年起，外贸企业全面实行自负盈亏。

而在全国取消进出口指令性计划的大背景下，外贸企业逐步建立起现代企业制度。

在这波改革浪潮中，鄞州身先士卒，不少央企改制成为民企，比如中基宁波集团股份有限公司（以下简称“中基集团”）。

中基宁波集团股份有限公司总部大楼

据悉，中基集团成立于1985年，前身是央企中国出口商品基地建设总公司宁波分公司，1999年，周巨乐推动中基集团改制为民营股份制企业，成为全国首家跨行业完成改制的国有外贸企业。

经历了近20年的发展，中基集团一跃成为中国民营外贸企业十强。对于公司发展实力，中基集团董事长周巨乐坦言，主要归功于外贸经营权的下放及经营理念的创新，“20年来，我们的营业额提增了26倍、进出口额提增了15倍，从当初年利润总额只有200多万元到现在近3亿元，公司也发生了翻天覆地的变化。”

中基集团的发展路径是鄞州乃至宁波企业改制的缩影。在改革开放的浪潮中，走在工商业前沿的甬商，经历了解放思想、转变机制、合纵连横、发展壮大等一系列变化，诉说着改革开放带来的无尽“红利”。

苦练“内功” 提高自身含金量

作为开放型经济大区，外贸一直在鄞州的国民经济中占据重要地位。但在改革开放之初，鄞州区外贸产品品种比较单一、附加值低，通常以劳动密集型产品为主。而随着改革开放步伐加大，企业紧抓机遇开展转型升级、技术创新，逐步向微笑曲线两端延伸。

鄞州区商务局副局长元波表示，自加入WTO以来，鄞州区外贸企业遭遇了来自欧美国家反倾销反补贴压力，“十一五”期间，鄞州外贸劳动密集型、加工贸易的传统发展模式就已经走到了尽头，“要想百尺竿头更进一步，就得突破原有的体制、政策、市场限制，创造新的竞争优势。”

因此，纺织服装、五金工具等企业纷纷进行转型升级、产业出现了优胜劣汰。

“虽然我区纺织服装出口比重逐年下降，但企业通过资源的全球配置，经济效益并未减少，品牌优势和国际竞争力不断提高。”元波如是说道。

尽管推进外贸增长方式转变、外贸转型升级，这些长远目标并非一朝一夕就能够实现，但是外贸企业苦练内功，提升出口产品的附加值，实现出口结构多元化，让鄞州外贸行业信心倍增。

从机械版电视机支架到智能化支架、升降桌，乐歌人体工学科技控股有限公司不断修炼内功，提高旗下产品的含金量。以乐歌显示器支架为例，能实现显示器360° 全方位的旋转调节，高低、前后、上下、左右调节，适应舒适坐姿和颈椎舒适度。

“未来一定是个健康的、智能化、数据化的时代。”该公司董事长项乐宏表示，基于对未来的定位，未来的产品也应该将这三个特征融入，“我们的产品就着眼于健康，为更多的伏案人士和久坐人群服务，在坚持以数据和智能化手段，往着健康方向前进。”

全球化布局 厚植外贸服务平台

2018年，随着全球经济的下行，国内经济进入新常态，对鄞州区外贸发展的挑战更大，困难更多。

“如今外贸市场历经诸多变迁，环境早不可同日而语。”在周巨乐看来，面对国内经济下行压力的不断增大和国际市场贸易保护的不断加剧，外贸出口已进入增速换挡期，“要继续保持增长势头，在新常态下实现外贸逆势坚挺，不管是制造业还是流通业，都需要拿出逆水行舟的勇气和干劲。”

据悉，该公司旗下的“中基惠通”平台通过强大的集聚效应，将外贸产业中除制造端以外的众多环节整合集约，形成成熟的外贸产业配套体系，帮助中小企业提升接单能力。

“中基惠通”是鄞州厚植外贸综合服务平台的缩影。

“世贸通”“中基惠通”“一达通”……如今鄞州已成为宁波全市乃至浙江全省外贸综合服务平台企业最为集聚的区域。

作为政府部门，元波表示将为企业创造更好的营商环境，做好服务工作，“我们促进外贸发展的定力不变、信心不变、目标不变，鄞州区将抓牢‘转型升级、提质增效’这一主线，把握‘创新驱动、改革推动’这一关键，探索‘稳增长、促融合、优结构、提质量’的转型升级之路，努力构建外贸发展新优势。”

（中国新闻网 2018年8月30日）

索　引

主题词索引

人名索引

缩略语和名词解释索引

鄞州年鉴

2019 YINZHOU YEARBOOK

说 明

一、索引采用主题分析法编制，全书各栏目均做索引，其中，“特载”“附录”两个栏目做简略索引，“大事记”等栏目均做详细索引。

二、个别标引词后有二级索引，二级索引标引词均缩进一个字符。

三、栏目名标引词用黑体，其他标引词用宋体，以示区别。

四、索引均按标引词汉语拼音升序排列。

五、标引词后的阿拉伯数字表示内容所在页码。

主题词索引

0~9

A

B

D

I

J

K

L

N

R

Y

Z

人名索引

G

H

J

K

L

Z

缩略语和名词解释索引

0~9

A

B

D

E

J

L

M

P

S

T

W

X

Y

Z